서경집전

下

신역
新譯

서경집전 下

성백효 역

한국인문고전연구소

일러두기

1. 본서(本書)는 내각본(內閣本;언해본(諺解本) 포함)을 국역대본(國譯臺本)으로 하고, 진사개(陳師凱)의 《채전방통(蔡傳旁通)》· 임지기(林之奇)의 《상서전해(尙書全解)》· 소식(蘇軾)의 《소장공서전(蘇長公書傳)》· 여조겸(呂祖謙)의 《동래서설(東萊書說)》· 호산(壺山) 박문호(朴文鎬)의 《서집전상설(書集傳詳說)》과 일본(日本)의 한문대계본(漢文大系本) 및 우리나라의 경학자료집성(經學資料集成) 《서경(書經)》을 참고하여 상·하 2책으로 번역(飜譯)하였다.
2. 원문(原文) 이해의 도움을 위하여 현토(懸吐)하였다.
   본문(本文)의 토(吐)는 관본(官本) 언해(諺解)를 위주하고, 다만 필요에 따라 조정(調整)하였다.
3. 번역은 원의(原義)에 충실하게 하여 원전 강독(原典講讀)에 도움이 되도록 하였다.
4. 역주(譯註)는 중요한 출전(出典)이나 난해(難解)한 문맥(文脈)과 타당성이 있다고 여겨지는 이설(異說), 참고할 만한 영재(寧齋) 오윤상(吳允常)의 《서전차기(書傳箚記)》, 호산의 《상설(詳說)》 및 오탈자(誤脫字)를 대상으로 하였고, 원문의 난해자(難解字)는 자의(字義)를 하단에 실었다.
5. 본문(本文)의 오자(誤字), 가차자(假借字) 등은 다음 부호(符號)를 사용하였다.

(오자) (정자)

오자의 예(例) : 天秩有禮하시니 自我五禮하사 (有)〔五〕를 庸哉하소서

가차자의 예 : 克明俊(峻)德

6. 원문 가운데 본문과 《집전》은 글자의 대소(大小)로 구분하고 번역문도 이에 따랐다.
7. 각 편별(篇別)로 일련번호를 붙여 구분하였다.
8. 각 편의 첫머리에, 해당하는 〈소서(小序)〉와 【변설(辨說)】을 부기하고 번역하였다.
9. 본서의 이해를 돕고자 상권(上卷)에 서전도(書傳圖)를 부록(附錄)하였다.
10. 《서경》〈소서(小序)〉를 부록에 실었으며 이외에도 일서(逸書) 등이 있어 '상서백편(尙書百篇)'으로 전해오는바, 금고문(今古文)의 수록 상태를 파악하기 위하여 이동표(異同表)를 부록하여 참고하게 하였다.
11. 본서의 사용 부호는 다음과 같다.

〈 〉:보충역(補充譯)　　　( ):간주(間註) 및 참고사항

〈 〉:편명(篇名)　　　　　〔 〕:참고원문 및 한자

《 》:서명(書名)　　　　　﹅:원문에서는 동격나열(同格羅列)

書經集傳

下

주서周書

〈주서(周書)〉

周는 文王國號니 後에 武王이 因以爲有天下之號하니라 書凡三十二篇이라

　　주(周)는 문왕의 국명(國名)이니, 뒤에 무왕이 인하여 천하를 소유(所有)한 칭호로 삼았다. 〈주서(周書)〉는 모두 32편이다.

周王朝 世系

- **西周 以前**

  〈邰〉后稷 - 不窋 - 鞠 - 〈豳〉公劉 - 慶節 - 皇僕 - 差弗 - 毁隃 - 公非 -
  高圉 - 亞圉 - 公叔祖類 - 〈岐山〉太王 - 王季 - 〈豐〉文王

- **西周時代**：鎬京, BC1046 ～ BC771

  武王 - 成王 - 康王 - 昭王 - 穆王 - 共王 - 懿王 - 孝王 - 夷王 - 厲王 -
  (共和) - 宣王 - 幽王
  ※共和時代：BC841 ～ BC828

- **東周時代**：洛邑(洛陽), BC771 ～ BC256

  春秋時代：BC771 ～ BC403

  平王〈東遷〉- 桓王 - 莊王 - 釐王 - 惠王 - 襄王 - 頃王 - 匡王 - 定王 -
  簡王 - 靈王 - 景王 - 悼王 - 敬王 - 元王 - 貞定王 - 哀王 - 思王 -
  考王 - 威烈王

  戰國時代：BC403 ～ BC221

  威烈王〈三晉 公認〉- 安王 - 烈王 - 顯王 - 愼靚王 - 赧王

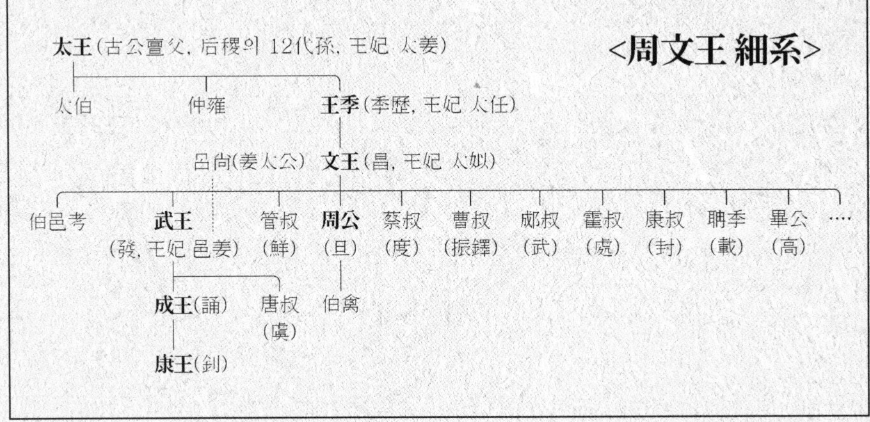

〈태서 상(泰誓上)〉

泰는 大(太)同하니 國語에 作大하니라 武王伐殷한대 史錄其誓師之言하니 以其大會孟津일새 編書者因以泰誓名之하니라 上篇은 未渡河作이요 後二篇은 旣渡河作이라 今文無, 古文有하니라

　'태(泰)'는 태(太)와 같으니, 《국어(國語)》〈정어(鄭語)〉에는 태(大)로 되어 있다. 무왕이 은나라를 정벌하니, 사관은 무왕이 군사들에게 맹세한 말씀을 기록하였는데, 맹진(孟津)에서 크게 모였으므로 책을 엮는 자가 인하여 태서라고 이름하였다. 상편(上篇)은 하수(河水;황하)를 건너기 전에 지은 것이고, 뒤의 두 편은 이미 하수를 건넌 뒤에 지은 것이다. 금문(今文)에는 없고 고문(古文)에는 있다.

○ 按伏生二十八篇에 本無泰誓러니 武帝時에 僞泰誓出하여 與伏生今文書로 合爲二十九篇이라 孔壁書[1]雖出이나 而未傳於世라 故로 漢儒所引은 皆用僞泰誓하니 如曰 白魚入于王舟하고 有火復于王屋하여 流爲烏[2]니 太史公記周本紀에도 亦載其語라 然僞泰誓[3]雖知剽竊經傳所引이로되 而古書亦不能盡見이라 故로 後漢馬融이 得疑其僞하여 謂泰誓는 按其文若淺露하고 吾又見書傳이 多矣로되 所引泰誓而不在泰誓者甚多라하더니 至晉孔壁古文書行하여 而僞泰誓始廢하니라

　○ 살펴보건대, 복생(伏生)의 28편에는 본래 〈태서〉가 없었는데, 진 무제(晉武帝) 때에 위서(僞書)인 〈태서〉가 나와서 복생의 금문 서경(今文書經)과 합하여 29편이 되었다. 공벽(孔壁;공씨 집의 벽장에 보관되어 있던)의 책이 비록 나왔으나 세상에 전해지지 않았으므로 한유(漢儒)들이 인용한 것은 모두 위태서(僞泰誓)였으니, 예를 들면 '흰 물고기가 왕의 배에 들어왔다.'는 것과 '불이 왕이 머물고 있는 집의 지붕으로 돌아왔다가 흘러가 까마귀가 되었다.'는 것이니, 태사공(太史公;사마천)이 〈주본기(周本紀)〉를 기

......

1　孔壁書:공자의 후손인 공부(孔鮒)의 집 벽 속에 감춰져 있던 죽간(竹簡)으로 노벽서(魯壁書) 또는 노벽이라고도 하는데, 고문(古文)인 과두문자(蝌蚪文字)로 기록되어 있다.

2　白魚入于王舟 有火復于王屋 流爲烏:은(殷)나라는 백색(白色)을 숭상하였으므로 백어(白魚)가 무왕의 배에 들어온 것은 주나라가 은나라를 이길 조짐이며, 왕옥(王屋)은 왕이 머물고 있는 집의 지붕으로, 불이 이곳으로 돌아왔다가 까마귀가 됨은 무왕이 천자가 될 상(象)이라 한다.

3　僞泰誓:위태서(僞泰誓)를 지은 자는 한(漢)나라의 장패(張霸) 등으로 102편의 〈상서(尚書)〉를 지었다.

록할 때에도 또한 이 말을 기재하였다. 그러나 위태서를 지은 자가 비록 경전(經傳)에서 인용한 〈태서〉의 글을 표절한 것임을 알았으나 〈제유(諸儒)가 인용한〉 옛 책을 또한 다 볼 수 없었다. 그러므로 후한(後漢)의 마융(馬融)은 위작(僞作)임을 의심하여 이르기를 “〈태서〉는 살펴보건대 그 글이 너무 천근(淺近)하고 드러난 듯하며, 내가 또 옛 《서전(書傳)》을 본 것이 많았는데 〈태서〉라고 인용하였지만, 〈태서〉에 들어 있지 않은 것이 매우 많다.” 하였다. 그러다가 진(晉)나라 때 공벽(孔壁)의 고문 서경(古文書經)이 행해짐에 이르러 위태서가 비로소 폐기되었다.

○ 吳氏曰 湯‧武皆以兵受命이나 然湯之辭는 裕하고 武王之辭는 迫하며 湯之數桀也는 恭하고 武之數紂也는 傲하니 學者不能無憾이라 疑其書之晩出하여 或非盡當時之本文也로라

　○ 오씨(吳氏)가 말하였다. “탕왕과 무왕이 모두 무력(武力)으로 천명(天命)을 받았으나 탕왕의 말씀은 너그럽고 무왕의 말씀은 박절하며, 탕왕이 걸(桀)의 죄를 열거한 것은 공손하고 무왕이 주(紂)의 죄를 열거한 것은 오만하니, 배우는 자가 〈태서(泰誓)〉에 대해 유감이 없지 못하다. 생각하건대 이 글이 뒤늦게 나와서 혹 다 당시의 본문(本文)이 아닌 듯하다.”

【小序】 惟十有一年에 武王伐殷[4]이러시니 一月戊午에 師渡孟津[5]하여 作泰誓三篇[6]하니라

　11년에 무왕이 은나라를 정벌하셨는데, 1월 무오일(戊午日)에 군대가 맹진(孟津)을 건너가자 〈태서〉 3편을 지었다.

【辨說】　十一年者는 十三年之誤也라 序本依放經文하여 無所發明이요 偶三誤而爲一이어늘 漢孔氏遂以爲十一年觀兵하고 十三年伐紂라하니 武王觀兵이면 是는 以臣脅君也라 張子曰 此事間不容髮하니 一日而命未絶이면 則是君臣이요 當日

......

4　惟十有一年 武王伐殷 : 공씨가 말하였다. “무왕이 맹진(孟津)에서 관병(觀兵)하고 마침내 물러간 것이다.〔觀兵孟津, 乃退.〕”

5　一月戊午 師渡孟津 : 공씨가 말하였다. “13년 정월(正月) 여름에 제후와 회합하였다.〔十三年正月夏, 與諸侯會.〕”

6　作泰誓三篇 : 공씨가 말하였다. “〈태서〉는 크게 모여 무리(군사)에게 맹세한 것이다.” ○ 〈주서(周書)〉는 모두 40편이다.〔孔氏曰 大會以誓衆. ○ 周書, 凡四十篇.〕

而命絶이면 則爲獨夫라하니 豈有觀兵二年而後始伐之哉아 蓋泰誓序文에 旣有
十一年之誤하고 而篇中에 又有觀政于商之語한대 僞泰誓得之傳聞[7]이라 故上篇은
言觀兵之事하고 次篇은 言伐紂之事라하니라 司馬遷作周本紀에 因亦謂十一年觀
兵하고 十三年伐紂라하여 訛繆相承하여 展(輾)轉左驗[8]하니 後世儒者 遂謂實然이
라하여 而不知武王이 蓋未始有十一年觀兵之事也라 且序言 惟十有一年에 武王
伐殷하고 繼以一月戊午에 師渡孟津이라하니 卽記其年其月其日之事也라 夫一月
戊午가 旣爲十三年之事면 則上文十一年之誤審矣어늘 孔氏乃離而二之하여 於
十有一年武王伐殷엔 則釋爲觀兵之時하고 於一月戊午師渡孟津엔 則釋爲伐紂
之時하여 上文則年無所繫之月하고 下文則月無所繫之年[9]이라 又序言十一年伐
殷이어늘 而孔氏乃謂十一年觀兵하고 十三年伐殷이라하니 是蓋繆中之繆라 遂使
武王蒙數千百年脅君之惡하니 一字之誤 其流害乃至於此哉인저

　‘11년’은 ‘13년’의 오류이다. 〈서서〉는 본래 경문을 그대로 따라서 발명한 바가 없
고 우연히 ‘삼(三)’ 자가 잘못되어 ‘일(一)’이 되었다. 그런데 한나라 공씨는 마침내 이
르기를 ‘11년에 관병(觀兵;열병(閱兵))하고, 13년에 주(紂)를 정벌했다.’ 하였으니, 무
왕이 관병을 했으면 이것은 신하(제후)로서 군주(천자)를 위협한 것이다.

　장자(張子)가 말씀하기를 “이 일은 사이에 털끝을 용납하지 않으니, 하루라도 천명
이 끊기지 않았으면 이는 군신간이요, 당일이라도 천명이 끊겼으면 독부(獨夫)가 된
다.” 하였으니, 어찌 관병한지 2년 뒤에 비로소 정벌함이 있었겠는가. 〈태서〉의 〈서
문〉에 이미 11년이라는 오류가 있었고, 편 가운데에 또 ‘상나라에 정사를 살펴본다.’
는 말이 있자, 〈위태서(僞泰誓)〉를 지은 자가 이것을 전하여 들어 얻었다. 그러므로 ‘상
편(上篇)은 관병의 일을 말하였고 차편(次篇)은 주(紂)를 정벌한 일을 말했다.’ 하였다.
사마천(司馬遷)이 〈주본기(周本紀)〉를 지을 적에도 이를 따라 또한 ‘11년에 관병하고
13년에 주를 정벌했다.’라고 말해서 잘못됨이 서로 이어져서 전전(輾轉)하여 이것이

......

7　僞泰誓得之傳聞 : 〈위태서(僞泰誓)〉를 지은 자가 관정(觀政)했다는 말을 전하여 들은 것이
다.〔作僞書者 傳聞觀政之語.〕

8　左驗 : 좌계(左契;약속의 증거문서)란 말과 같다.〔猶言左契〕

9　上文則年無所繫之月 下文則月無所繫之年 : 상문(上文)은 〈소서(小序)〉의 ‘惟十有一年, 武王伐
殷.’을 가리키고, 하문(下文)은 ‘一月戊午, 師渡孟津.’을 가리킨다. 윗글에는 ‘11년’ 다음에 ○월이
있어야 하는데 월수(月數)가 없고, 아랫글에는 ‘1월 무오’ 위에 연도(年度)가 있어야 하는데 모두
없으므로 말한 것이다.

···　訛 : 그릇될 와　繆 : 그릇될 류

징험이 되니, 후세의 유자(儒者)들은 마침내 이것을 실제라고 생각하여 무왕이 일찍이 11년에 관병한 일이 있지 않음을 알지 못하였다.

또 〈서서〉에 '11년에 무왕이 은나라를 정벌했다.' 하였고, 뒤이어 '1월 무오(戊午)에 군대가 맹진을 건너갔다.' 하였으니, 이는 그 해와 그 달과 그 날짜에 있었던 일을 기록한 것이다. 1월 무오가 이미 13년의 일이 된다면 윗글에 11년의 오류가 분명한데, 공씨는 도리어 이것을 분리하여 둘로 만들어서 11년에 무왕이 은나라를 정벌했다는 글에는 관병한 때라고 해석하고, 1월 무오에 군대가 맹진을 건너갔다는 글에는 주(紂)를 정벌한 때라고 해석해서, 윗글은 연도에 매달린 달이 없고 아랫글은 달에 매달린 연도가 없다. 또 〈서〉에는 '11년에 은을 정벌했다.'고 말하였는데, 공씨는 마침내 '11년에 관병을 하고 13년에 은을 정벌했다.'고 말하였으니, 이는 오류 중에 오류이다. 그리하여 마침내 무왕으로 하여금 수천백 년 동안 군주를 위협한 악명을 받게 하였으니, 한 글자의 오류가 그 폐해가 마침내 여기에 이른 것이다.

1. 惟十有三年春에 大會于孟津하시다
　13년 봄에 맹진에서 제후들을 크게 모으셨다.

十三年者는 武王卽位之十三年也라 春者는 孟春建寅之月也라 孟津은 見(현)禹貢하니라

　13년은 무왕이 즉위(卽位)한 13년이다. 봄은 맹춘(孟春)인 건인월(建寅月)이다. '맹진(孟津)'은 〈우공(禹貢)〉에 보인다.

○ 按漢孔氏言 虞、芮(예)質成이 爲文王受命改元之年이니 凡九年而文王崩하고 武王立二年而觀兵하고 三年而伐紂하니 合爲十有三年이라하니 此皆惑於僞書泰誓之文[10]하여 而誤解九年大統未集與夫觀政于商之語也라 古者에 人君卽位면 則稱元年하여 以計其在位之久近이 常事也라 自秦惠文始改十四年하여 爲後元年하고 漢文帝亦改十七年하여 爲後元年하니 自後로 說春秋에 因以改元爲重[11]하니라

．．．．．．
10　此皆惑於僞書泰誓之文 : 호산은 "짐작컨대 위태서(僞泰誓)에도 또한 개원하고 관병했다는 등의 글이 있었던 듯하다.〔意僞泰誓亦有改元觀兵等文.〕" 하였다. 《詳說》

11　自後說春秋 因以改元爲重 : 호산은 《춘추》에는 본래 개원(改元)의 일에 관한 내용이 없는데

‥‥ 芮 : 물가 예

歐陽氏曰 果重事歟인댄 西伯卽位하여 已改元年하니 中間에 不宜改元而又改元하고 至武王卽位하여늘 宜改元而反不改元하고 乃上冒先君之元年하여 幷其居喪하여 稱十一年하고 及其滅商而得天下하여는 其事大於聽訟이 遠矣어늘 而又不改元하니 由是言之컨대 謂文王受命改元과 武王冒文王之元年者는 皆妄也라하니 歐陽氏之辨이 極爲明著라 但其曰十一年者는 亦惑於書序十一年之誤[12]也니 詳見序篇하니라

○ 살펴보건대, 한나라 공씨가 말하기를 "우(虞)나라와 예(芮)나라가 쟁송(爭訟)을 문왕에게 질정(質正)하여 화평하게 한 것이 문왕이 천명을 받아 개원(改元)한 해였으니, 그후 무릇 9년에 문왕이 붕(崩)하였고, 무왕이 즉위한 지 2년에 맹진에서 열병하였고, 3년에 주(紂)를 정벌하셨으니, 합하여 13년이다." 하였으니, 이는 모두 위태서(僞泰誓)의 글에 혹하여 '9년에 대통(大統)을 이루지 못했다.'는 것과 '상나라에 정사를 관찰했다.'는 글을 잘못 해석한 것이다. 옛날에 인군이 즉위하면 원년(元年)을 칭하여 그 재위(在位)의 오래고 짧음을 계산하였으니, 이는 떳떳한(늘상 있는) 일이다. 진(秦)나라의 혜문왕(惠文王) 때 처음으로 14년을 고쳐 후원년(後元年)이라 하였고, 한(漢)나라 문제(文帝) 또한 17년을 고쳐 후원년이라 하였으니, 이후로 춘추(春秋;사책(史册))를 말할 적에 인하여 개원을 중요한 일로 여기게 되었다.

구양씨(歐陽氏;구양수(歐陽脩))가 말씀하기를 "과연 이것(개원)이 중요한 일일진댄, 서백(西伯;문왕)이 즉위하여 이미 원년을 고쳤으니, 중간에 개원을 해서는 안 되는데 또 개원을 하였고, 무왕이 즉위함에 이르러는 마땅히 개원해야 하는데 도리어 개원하지 않고는 위로 선군(先君;문왕)의 원년을 무릅써서(그대로 사용해서) 거상(居喪)한 기간까지 아울러 11년이라 칭하였고, 상나라를 멸하여 천하를 얻음에 이르러는 그 일이 우(虞)·예(芮)의 쟁송을 다스린 것보다 훨씬 중대(重大)한데도 또 개원하지 않았으니, 이로 말미암아 말한다면 문왕이 천명을 받아 개원했다는 것과 무왕이 문왕의 원년을

••••••

후세에 해설하는 자가 망녕되이 춘추(역사서)의 중요한 일로 여겼다.〔春秋本無改元事, 而後世說者, 妄以爲春秋之重事.〕" 하였다. 《詳說》

12 但其曰十一年者 亦惑於書序十一年之誤 : 호산은 이에 대해 "十一年의 一 자는 바로 三 자의 오류인데, 구양씨가 도리어 이것을 그대로 들어 써서 비록 공씨가 위로 문왕의 연호를 무릅쓴 잘못을 배척하였으나 또한 그 말을 이루어 11년이라 하였으므로 〈서서〉에 혹했다고 한 것이다.〔十一年之一字, 是三字之誤, 而歐陽氏乃擧用之, 雖斥孔氏上冒之非, 亦成之爲十一年, 故謂之惑於序.〕" 하였다. 《詳說》

··· 冒 : 무릅쓸 모

그대로 무릅썼다는 것은 다 망령된 말이다." 하였으니, 구양씨의 변론이 지극히 분명
하고 드러난다. 다만 11년이라고 말씀한 것은 또한 〈서서(書序)〉의 11년의 잘못에 현
혹된 것이니, 서편(序篇;서서에 대한 변설)에 자세히 보인다.

又按 漢孔氏以春爲建子之月이라하니 蓋謂三代改正朔이면 必改月數요 改月數면
必以其正으로 爲四時之首라 序에 言一月戊午라하여 旣以一月爲建子之月이요 而
經又係之以春이라 故로 遂以建子之月爲春이라 夫改正朔하고 不改月數는 於太
甲에 辨之詳矣요 而四時改易은 尤爲無藝하니 冬不可以爲春이요 寒不可以爲暖
은 固不待辨而明也라 或曰 鄭氏箋詩에 維莫(暮)之春은 亦言周之季春이니 於夏
에 爲孟春이라하니 曰 此漢儒承襲之誤耳라 且臣工詩에 言 維莫之春이어늘 亦又何
求오 如何新畬(여)오 於(오)皇來牟 將受厥明이라하니 蓋言暮春則當治其新畬矣니
今如何哉아 然牟麥將熟이면 可以受上帝之明賜라하니 夫牟麥將熟이면 則建辰之
月이니 夏正季春이 審矣라 鄭氏於詩에도 且不得其義하니 則其攷之固不審也라 不
然則商以季冬爲春하고 周以仲冬爲春하여 四時反逆하여 皆不得其正하리니 豈三
代聖人奉天之政乎아

　　또 살펴보건대, 한나라 공씨는 "'惟十有三年春'의 봄은 건자월(建子月;음력 동짓달)
이다." 하였으니, 이는 삼대(三代)가 정삭(正朔)을 고쳤으면 반드시 월수(月數)를 고쳤
을 것이요, 월수를 고쳤으면 반드시 그 정월을 사시(四時)의 첫 번째로 삼았을 것이라
고 여긴 것이다. 〈서(序)〉에 '1월 무오(戊午)'라 하여, 이미 1월을 건자월이라고 하였
고, 경문(經文)에 또 봄이라고 달았으므로 마침내 건자월을 봄이라고 여긴 것이다. 정
삭만 고치고 월수를 고치지 않은 것은 위 〈태갑(太甲)〉에서 자세히 변론하였으며, 사
시를 고치고 바꿈은 더더욱 의의가 없으니[無藝], 겨울을 봄이라고 할 수 없고 추운 것
을 따뜻하다고 할 수 없음은 진실로 변론하기를 기다리지 않아도 자명(自明)한 것이다.

　　혹자는 말하기를 "정씨(鄭氏;정현)가 시(詩)를 해석함에 〈신공(臣工)〉의 유모지춘(維
暮之春)은 또한 주나라의 계춘(季春)을 말한 것이다.'라고 하였으니, 이는 하나라에 있
어서는 맹춘(孟春)이 된다."라고 한다. 그러나 이는 한유(漢儒)들이 잘못 이어온 오류
일 뿐이다. 또 〈신공〉의 시(詩)에 "늦은 봄이 되었으니, 또한 무엇을 챙겨야 하나. 새로
개간한 밭을 어이할까. 아! 훌륭한 보리 장차 밝게 주심을 받겠다." 하였으니, 이는 모
춘(暮春;음력 삼월)이 되면 마땅히 새로 개간한 밭을 다스려야 할 것이니, 지금 어이할
까? 그러나 모맥(牟麥;대맥과 소맥)이 장차 성숙하면 상제(上帝)가 밝게 주시는 것을 받

··· 藝:기준할 예 箋:주낼 전 畬:밭일굴 여 來:보리 래 牟:보리 모(麰通)

을 수 있다고 말한 것이다. 모맥이 장차 성숙하였다면 건진월(建辰月)이니, 하정(夏正)의 계춘임이 분명하다.

정씨는 시에서도 그 뜻을 얻지 못했으니, 고찰함이 진실로 자세하지 못하다. 그렇지 않다면 상나라는 계동(季冬;12월)을 봄이라 하고 주나라는 중동(仲冬;11월)을 봄이라 하여, 사시가 뒤바뀌고 거슬려 모두 그 바름을 얻지 못할 것이니, 이것이 어찌 삼대의 성인이 하늘을 받드는 정사이겠는가.

2. **王曰嗟我友邦冢君과 越我御事庶士아 明聽誓**하라

무왕이 말씀하였다.

"아! 우리 우방(友邦)의 총군(冢君)과 나의 어사(御事)와 서사(庶士)들아. 분명히 맹세하는 말을 들어라.

王曰者는 史臣追稱之也라 友邦은 親之也요 冢君은 尊之也라 越은 及也라 御事는 治事者요 庶士는 衆士也니 告以伐商之意하고 且欲其聽之審也니라

'왕왈(王曰)'은 사신이 추후에 칭한 것이다. '우방'은 친하게 여김이요, '총군'은 높인 것이다. '월(越)'은 및이다. '어사(御事)'는 일을 다스리는 자이고, '서사(庶士)'는 여러 군사들이니, 상나라를 정벌하는 뜻을 고(告)하고 또 듣기를 자세히 하고자 한 것이다.

3. **惟天地는 萬物父母요 惟人은 萬物之靈이니 亶(단)聰明이 作元后요 元后作民父母**니라

하늘과 땅은 만물의 아버지와 어머니이고, 사람은 만물의 영장(靈長)이니, 진실로 총명한 자가 원후(元后;천자)가 되고 원후가 백성의 부모가 된다.

亶은 誠實無妄之謂니 言聰明出於天性然也라 大哉라 乾元이여 萬物資始하고 至哉라 坤元이여 萬物資生[13]하니 天地者는 萬物之父母也라 萬物之生에 惟人이 得其秀而靈하여 具四端하고 備萬善하여 知覺이 獨異於物이요 而聖人은 又得其最秀而最靈者라 天性聰明하여 無待勉强이요 其知先知하고 其覺先覺하여 首出庶物이라

<hr>

13 大哉乾元……萬物資生 : 이 내용은 《주역》의 건괘(乾卦)와 곤괘(坤卦)의 〈단전(彖傳)〉의 내용을 각각 인용한 것이다.

··· 冢 : 클 총 越 : 및 월 亶 : 진실로 단

故로 能爲大君於天下니 而天下之疲癃(륭)殘疾이 得其生하고 鰥、寡、孤、獨이 得其養하여 擧萬民之衆이 無一而不得其所焉하니 則元后者는 又所以爲民之父母也라 夫天地生物而厚於人하고 天地生人而厚於聖人하니 其所以厚於聖人者는 亦惟欲其君長乎民하여 而推天地父母斯民之心而已라 天之爲民이 如此하니 則任元后之責者 可不知所以作民父母之義乎아 商紂失君民之道라 故로 武王發此하시니 是雖一時誓師之言이나 而實萬世人君之所當體念也니라

'단(亶)'은 성실하여 망령됨이 없음을 이르니, '단총명(亶聰明)'은 총명이 천성(天性)에서 나옴을 말한 것이다. 위대하다. 건(乾)의 원(元)이여! 만물이 자뢰(의뢰)하여 시작하고, 지극하다. 곤(坤)의 원(元)이여! 만물이 자뢰하여 태어나니, 하늘과 땅은 만물의 아버지와 어머니인 것이다. 만물이 생겨날 적에 오직 사람만이 그 빼어난 기운을 얻어 영특해서 사단(四端)을 구비하고 만선(萬善)을 갖추어 지각(知覺)이 유독(특별히) 물건(동물)과 다르며 성인은 또 가장 빼어남을 얻어 가장 영특한 분이다.

천성(天性;천연적으로)으로 총명해서 면강(勉强)함을 기다리지(필요로 하지) 아니하여 그 앎이 다른 사람보다 먼저 알고 그 깨달음이 다른 사람보다 먼저 깨달아 서물(庶物) 중에 으뜸으로 나온다. 그러므로 능히 천하에 대군(大君)이 되는 것이니, 천하의 피폐(疲弊)하고 잔질(殘疾)이 있는 자가 그 삶을 얻고 환(鰥)·과(寡)·고(孤)·독(獨)이 그 길러줌을 얻어서 온 만민(萬民)의 무리가 한 사람이라도 제 살 곳을 얻지 못함이 없다. 그렇다면 원후(元后)는 또 백성의 아버지와 어머니가 되는 것이다.

천지가 만물을 낼 적에 사람에게 후(厚)하게 하고, 천지가 사람을 낼 적에 성인에게 후하게 하였으니, 성인에게 후하게 한 까닭은 또한 백성들에게 군장(君長)이 되어서 천지가 이 백성을 부모처럼 사랑하는 마음을 미루게 하고자 할 뿐이다. 하늘이 백성을 위함이 이와 같으니, 원후의 책임을 맡은 자가 백성의 부모가 된 의의(意義)를 알지 않을 수 있겠는가. 상 주(商紂)가 백성들에게 군주가 된 도리를 잃었으므로 무왕이 이것을 말씀하셨으니, 이는 비록 한때 군사들에게 맹세한 말씀이나 실로 만세의 인군이 마땅히 체념(體念)해야 할 바이다.

4. 今商王受 弗敬上天하며 降災下民하나다

지금 상왕 수(受)가 상천(上天)을 공경하지 않고 하민들에게 재앙을 내리고 있다.

受는 紂名也[14]라 言紂慢天虐民하여 不知所以作民父母也라 慢天虐民之實은 卽下
文所云也라

'수(受)'는 주(紂)의 이름이다. 주가 하늘을 불경(不敬)하고 백성들을 학대하여 백성
의 부모가 된 까닭을 알지 못함을 말한 것이다. 하늘을 불경하고 백성을 학대한 실제
는 곧 하문(下文)에 말한 것이다.

5. 沈湎(면)冒色하여 敢行暴虐하여 罪人以族하고 官人以世하며 惟宮室、臺
榭、陂(피)池、侈服으로 以殘害于爾萬姓하며 焚炙(적)忠良하며 刳剔(고척)孕
婦한대 皇天이 震怒하사 命我文考하사 肅將天威러시니(하시니) 大勳을 未集하
시니라

술에 빠지고 여색에 혼란해서 감히 포학함을 행하여, 사람을 죄주되 〈형벌을 그〉 친
족에까지 미치고, 사람을 벼슬시키되 대대로 하며, 궁실(宮室)과 대사(臺榭:누대)와 피
지(陂池:연못)와 사치한 의복으로 너희 만백성들을 잔해(殘害)하며, 충량(忠良)한 사람
을 불태워 죽이고, 아이 밴 부인의 배를 갈라 보니, 황천(皇天)이 진노(震怒)하사 우리
문고(文考:문왕)에게 명하시어 엄숙히 하늘의 위엄을 받들어 행하게 하셨는데, 아직
대훈(大勳)을 이루지 못하셨다.

沈湎은 溺於酒也요 冒色은 冒亂女色也라 族은 親族也니 一人有罪면 刑及親族也
라 世는 子弟也니 官使를 不擇賢才하고 惟因父兄而寵任子弟也라 土高曰臺요 有
木曰榭라 澤障曰陂요 停水曰池라 侈는 奢也라 焚炙은 炮烙(포락)刑[15]之類요 刳剔
은 割剝也라 皇甫謐(밀)云 紂剖比干妻하여 以視其胎라하니 未知何據라 紂虐害無
道如此라 故로 皇天震怒하사 命我文王하사 敬將天威하여 以除邪虐이러시니 大功
未集에 而文王崩이라 愚謂 大勳은 在文王時에 未嘗有意요 至紂惡貫盈하여 武王

· · · · · ·
14 受 紂名也 : 오씨(吳氏)가 말하였다. "주(紂)·수(受) 두 글자는 혹 옛날에 통용한 듯하다.〔紂受
二字, 或古通用.〕○ 마씨(馬氏)가 말하였다. "수(受)는 주(紂)로 읽는다.〔受讀曰紂〕"《詳說》그러
나 이제《언해》를 따라 통일하지 않았음을 밝혀둔다.

15 炮烙刑 : 포락형(炮烙刑)은 불에 태워 죽이는 형벌이다. 주(紂)는 제후 중에 배반하는 자가 있
으면 형벌을 무겁게 하여 구리 기둥을 만들어 여기에 기름을 바르고 숯불 위에 올려놓은 다음, 죄
를 지은 자로 하여금 기둥 위를 걸어가게 하였는데, 기름에 발이 미끄러져 불 속으로 떨어져 사망
하는 것을 총애하는 달기(妲己)와 함께 구경하고 크게 즐거워하면서 이것을 '포락지형(炮烙之刑)'
이라 하였다.《十八史略 卷一 殷紀》

· · ·　湎 : 빠질 면　榭 : 누대 사　陂 : 제방 피　炙 : 구울 적　刳 : 쪼갤 고　剔 : 뼈발라낼 척　孕 : 임신할 잉
　　　炮 : 구울 포　烙 : 지질 락　謐 : 편안할 밀

伐之시나 敍文王之辭에 不得不爾니 學者當言外得之니라

　'침면(沈湎)'은 술에 빠짐이요, '모색(冒色)'은 여색에 혼란함이다. '족(族)'은 친족이니, 한 사람이 죄가 있으면 형벌이 친족에까지 미치는 것이다. '세(世)'는 자제이니, 벼슬을 시키고 부림에 어진이와 재주 있는 이를 가리지 않고 오직 부형으로 인하여 자제들을 총임(寵任)한 것이다. 흙으로 높이 쌓은 것을 '대(臺)'라 하고, 나무가 있는 것을 '사(榭)'라 한다. 못을 막은 것을 '피(陂)'라 하고, 물이 고여 있는 것을 '지(池)'라 한다. '치(侈)'는 사치함이다. '분적(焚炙)'은 포락(炮烙)의 형벌 따위이며, '고척(刳剔)'은 배를 가르는 것이다. 황보밀(皇甫謐)이 말하기를 "주(紂)가 비간(比干)의 아내를 해부하여 그 태(胎;애기보)를 보았다." 하였으니, 무엇을 근거했는지 알 수 없다. 주(紂)의 학해(虐害)와 무도(無道)함이 이와 같았으므로 황천(皇天;위대한 하늘)이 진노하사 우리 문왕에게 명하시어 하늘의 위엄을 공경히 받들어 사악하고 포악한 자를 제거하게 하셨는데, 대공(大功)을 이루기 전에 문왕이 붕(崩)하셨다.

　내가 생각하건대 대훈(大勳)은 문왕의 때에는 일찍이 이에 뜻이 있지 않았고, 주(紂)의 죄악이 관통하여 가득차서 무왕이 정벌한 것이다. 그러나 문왕을 서술하는 말에는 이렇게 하지 않을 수 없는 것이니, 배우는 자가 마땅히 말 밖에서 얻어야(알아야) 할 것이다.

6. 肆予小子發이 以爾友邦家君으로 觀政于商[16]하니 惟受罔有悛(전)心하여 乃夷居하여 弗事上帝神祇(기)하며 遺厥先宗廟하여 弗祀하여 犧牲、粢盛이 旣于凶盜어늘 乃曰吾有民有命이라하여 罔懲其侮하나다

　그러므로 나 소자 발(發;무왕의 이름)이 너희 우방(友邦)의 총군(家君)들을 데리고 상(商)나라의 정사를 살펴보니, 수(受;紂)가 개전(改悛)할 마음이 없어서 마침내 오만하게 걸터앉아 상제(上帝)와 신기(神祇)를 섬기지 않고, 선조의 종묘를 버려 제사하지 아니하여 희생(犧牲)과 자성(粢盛)을 흉악한 도적에게 이미 모두 빼앗겼는데도, 도리어 말하기를 '내가 백성을 소유하고 천명을 소유했다' 하며, 업신여기고 오만한 생각을 징

......

16　觀政于商：이에 대하여 오윤상은 "공전(孔傳)에 '관정(觀政)'을 관병(觀兵)이라 하였으니 진실로 의리에 어긋나고, 채침의 《집전》에 '제후들이 상나라를 배반하고 주나라로 돌아간 것'을 관정이라 한 것도 또한 딱 맞지 않는 듯하니, 〈관정은 다만 주(紂)가 잘못을 고쳤는가의 여부를 살펴볼 뿐인 듯하다.〔孔傳以觀政爲觀兵, 固悖於義理, 蔡傳之以諸侯背商歸周爲觀政, 亦未妥協, 恐只是觀省悛改與否耳.〕" 하였다. 채침의 설은 아래 《집전》의 '八百諸侯, 背商歸周, 則商政可知.'라고 보인다.

···　肆 : 그러므로 사　悛 : 고칠 전　夷 : 걸터앉을 이　祇 : 땅귀신 기　粢 : 곡식 자　旣 : 다할 기

계하지 않는구나.

肆는 故也라 觀政은 猶伊尹所謂萬夫之長에 可以觀政이라 八百諸侯 背商歸周면 則商政可知라 先儒以觀政爲觀兵하니 誤矣라 悛은 改也라 夷는 蹲踞(준거)也라 武王이 言 故我小子 以爾諸侯之向背로 觀政之失得於商이러니 今諸侯背叛이 旣已如此어늘 而紂無有悔悟改過之心하고 夷踞而居하여 廢上帝百神宗廟之祀하여 犧牲粢盛以爲祭祀之備者 皆盡于凶惡盜賊之人하니 卽箕子所謂攘竊神祇之犧牷牲者也라 受之慢神이 如此어늘 乃謂我有民社하고 我有天命이라하여 而無有懲戒其侮慢之意하니라

'사(肆)'는 고(故;그러므로)이다. '관정(觀政)'은 위 〈함유일덕(咸有一德)〉에 이윤(伊尹)이 말한 '만부(萬夫)의 우두머리에 정사를 관찰한다.'는 것과 같다. 8백 명의 제후가 상나라를 배반하고 주나라로 돌아왔다면 상나라의 정사를 알 만하다. 선유(先儒)가 관정(觀政)을 관병(觀兵)이라 하였으니, 잘못이다. '전(悛)'은 고침이다. '이(夷)'는 오만하게 걸터앉음이다.

무왕이 말씀하기를 "그러므로 나 소자가 너희 제후들의 향배(向背)로써 정사의 득실을 상나라에서 관찰하였더니, 지금 제후들의 배반함이 이미 이와 같은데도 주(紂)가 뉘우쳐 깨달아 개과(改過)하려는 마음이 없고, 오만하게 걸터앉아 있어 상제와 백신(百神)과 종묘의 제사를 폐하여, 희생과 자성(粢盛)으로서 제사에 갖추어야 하는 것(재물)들을 흉악한 도적들에게 모두 빼앗기니, 이는 곧 위 〈미자(微子)〉에 기자(箕子)가 말씀한 '신기(神祇)의 희전(犧牷)의 희생을 훔쳐갔다.'는 것이다. 수(受)가 신(神)을 불경함이 이와 같은데도 도리어 '내가 백성과 사직(社稷)을 소유하고 내가 천명을 소유했다.'고 말하여, 그 업신여기고 오만한 생각을 징계함이 없다."고 한 것이다.

7. 天佑下民하사 作之君, 作之師는(하사든) 惟其克相上帝하여 寵綏四方이시니 有罪無罪에 予는 曷敢有越厥志리오(호리오)

하늘이 하민(下民)들을 도우시어 군주를 만들고 스승을 만드심은 능히 상제를 도와 사방을 사랑하고 편안하게 하려 하신 것이니, 죄가 있는 자를 토벌하고 죄가 없는 자를 용서함에 내 어찌 감히 그 마음을 지나치게 함이 있겠는가.

佑는 助요 寵은 愛也라 天助下民하여 爲之君以長之하고 爲之師以敎之하시니 君師

者는 惟其能左右(佐佑)¹⁷上帝하여 以寵安天下니 則夫有罪之當討와 無罪之當赦
에 我何敢有過用其心乎아 言一聽於天而已니라

　'우(佑)'는 도움이요, '총(寵)'은 사랑함이다. 하늘이 하민들을 도우시어 군주를 삼
아 장(長)이 되게 하고 스승을 삼아 가르치게 하셨으니, 군사(君師)는 능히 상제를 좌
우(左右;보필)하여 천하를 사랑하고 편안하게 하여야 할 것이니, 죄가 있는 자를 마땅
히 토벌하고 죄가 없는 자를 마땅히 사면함에 내 어찌 감히 내 마음을 지나치게(잘못)
씀이 있겠는가. 이는 한결같이 하늘을 따를 뿐임을 말씀한 것이다.

8. 同力이어든(커든) 度(탁)德하고 同德이어든(커든) 度義¹⁸하리니 受有臣億萬하
나 惟億萬心이어니와 予有臣三千하니 惟一心이니라
　힘이 같을 경우에는 덕(德)을 헤아리고, 덕이 같을 경우에는 의(義)를 헤아리니, 수
(受)는 신하 억만 명이 있으나 마음이 억만으로 다르지만 나는 신하 3천 명이 있으나
한 마음이다.

度은 量度也라 德은 得也니 行道有得於身(心)也라 義는 宜也니 制事達時之宜也
라 同力度德과 同德度義는 意古者兵志之詞니 武王이 擧以明伐商之必克也라 林
氏曰 左氏襄三十一年에 魯穆叔曰 年鈞擇賢하고 義鈞以卜이라하고 昭二十六年
에 王子朝曰 年鈞以德하고 德鈞以卜이라하니 蓋亦擧古人之語니 文勢正與此同하
니라 百萬曰億¹⁹이라 紂雖有億萬臣이나 而有億萬心하니 衆叛親離하여 寡助之至에
力且不同하니 況德與義乎아
　'탁(度)'은 헤아림이다. '덕(德)'은 얻음이니, 도(道)를 행하여 마음에 얻음이 있는
것이다. '의(義)'는 마땅함이니, 일을 함에 때의 마땅함에 통달하는 것이다. '힘이 같을
경우에는 덕을 헤아리고 덕이 같을 경우에는 의를 헤아린다'는 것은, 짐작컨대 옛날

17　左右:좌우(左右)는 좌우(佐佑)와 같은 뜻으로 돕는 것을 이르는바, 예전에는 음(音)을 '자우'
로 읽었다.

18　同力度德 同德度義:덕(德)은 평소 행실의 선악(善惡)을 말하고 의(義)는 일의 시비(是非)와
곡직(曲直)을 말한 것으로, 힘이 같을 경우에는 평소 행실의 선악을 살펴보고, 평소의 행실 역시
비슷할 경우에는 현재 하는 일의 시비와 곡직을 살펴봄을 이른다.

19　百萬曰億:고대에는 십만을 억(億)이라 하다가 진(秦)나라 이후 현재의 억 단위(單位)인 만만
(萬萬)을 지칭하게 되었으며, 백만(百萬)을 억이라 한 경우는 찾아보기 어려우므로 이 역시 십만
을 가리킨 것으로 보인다. 그러나 후세에는 십만·백만·천만·만만을 모두 가리키기도 하였다.

···　鈞:고를 균

병지(兵志;병서(兵書))의 말인데, 무왕이 군대를 동원하여 상나라를 정벌함에 반드시 이길 수 있음을 밝힌 것인 듯하다.

임씨(林氏)가 말하였다. "《춘추좌씨전》 양공(襄公) 31년에 노(魯)나라 목숙(穆叔)이 말하기를 '나이가 똑같을 경우에는 어진이를 가리고, 의(義)가 똑같을 경우에는 점괘(占卦)로 가린다.' 하였고, 소공(昭公) 26년에 왕자(王子) 조(朝)가 말하기를 '나이가 똑같을 경우에는 덕으로 선발하고, 덕이 똑같을 경우에는 점괘로 선발한다.' 하였으니, 이 또한 옛사람의 말을 든 것이니, 문세(文勢)가 바로 이와 같다."

백만(百萬)을 '억(億)'이라 한다. 주(紂)가 비록 억만 명의 신하가 있으나 마음이 억만으로 다르니, 무리가 배반하고 친척이 떠나가서 돕는 이가 적음이 지극함에 힘도 똑같지 않으니, 하물며 덕과 의(義)에 있어서랴.

9. **商罪貫盈**이라 **天命誅之**하시나니 **予弗順天**하면 **厥罪惟鈞**하리라

　상나라의 죄가 관통(貫通)하여 가득하기에 하늘이 명하여 주벌(誅伐)하게 하시니, 내가 하늘의 뜻을 순종하지 않으면 그 죄가 주(紂)와 똑같을 것이다.

貫은 **通**이요 **盈**은 **滿也**라 言紂積惡如此하여 天命誅之하시니 今不誅紂면 是長惡也니 其罪豈不與紂鈞乎아 如律에 故縱者는 與同罪也라

　'관(貫)'은 관통함이요 '영(盈)'은 가득함이다. "주(紂)가 악을 쌓은 것이 이와 같아 하늘이 명하여 주벌(誅伐)하게 하시니, 이제 주를 주벌하지 않으면 이는 악을 조장함이니, 그 죄가 어찌 주와 똑같지 않겠는가."라고 말한 것이다. 이는 형률(刑律)에 고의로 죄인을 놓아준 자는 그 죄인과 똑같이 처벌하는 것과 같다.

10. **予小子**는 **夙夜祗懼**하여 **受命文考**하여 **類于上帝**하며 **宜于冢土**하여 **以爾有衆**으로 **底**(지)**天之罰**하노라

　나 소자(小子)는 밤낮으로 공경하고 두려워하여 문고(文考)에게 명령을 받아 상제(上帝)에게 유제(類祭)를 지내고 총토(冢土)에 의제(宜祭)를 지내고서 너희 무리를 데리고 하늘의 벌을 이루려(내리려) 하노라.

底는 **致也**라 **冢土**는 **大**(太)**社也**니 祭社曰宜라 上文에 言縱紂不誅면 則罪與紂鈞이라 故로 此言予小子 畏天之威하여 早夜敬懼하여 不敢自寧하고 受命于文王之廟

하여 **告于天神, 地祇**(기)하고 **以爾有衆**으로 **致天之罰於商也**라 **王制**曰 **天子將出**에 **類乎上帝**하고 **宜乎社**하고 **造乎禰**(녜)라하니 **受命文考**는 **卽造乎禰也**라 **王制**는 **以神尊卑爲序**어늘 **此先言受命文考者**는 **以伐紂之擧**를 **天本命之文王**이니 **武王**이 **特稟文王之命**하여 **以卒其成功而已**일새니라

'지(底)'는 이룸(내림)이다. '총토(冢土)'는 태사(太社)이니, 사(社)에 제사함을 '의(宜)'라 한다. 상문(上文)에는 주(紂)를 놓아주고 주벌하지 않으면 그 죄가 주와 똑같음을 말하였다. 그러므로 여기서는 "나 소자가 하늘의 위엄을 두려워하여 밤낮으로 공경하고 두려워해서 감히 스스로 편안하지 못하여 문왕의 사당에서 명(命)을 받아 천신(天神)과 지기(地祇)에게 고유하고서 너희 무리들을 데리고 하늘의 벌을 상나라에 이루려 한다."고 말한 것이다. 《예기》〈왕제(王制)〉에 "천자가 장차 출동할 때에는 상제에게 유제(類祭)를 지내고 사(社)에 의제(宜祭)를 지내고 아버지 사당에 나아간다." 하였으니, 문고(文考)에게 명을 받음은 곧 아버지 사당에 나아간 것이다.

〈왕제〉는 신(神)의 존비(尊卑)로 차례를 삼았는데 여기서는 먼저 문고에게 명령을 받았다고 말한 것은 주를 정벌하는 일을 하늘이 본래 문왕에게 명했으니, 무왕은 단지 문왕의 명을 받아서 그 성공을 끝마쳤을 뿐이기 때문이다.

11. **天矜于民**이라 **民之所欲**을 **天必從之**하시나니 **爾尙弼予一人**하여 **永淸四海**하라 **時哉**라 **弗可失**이니라

하늘이 백성들을 가엾게 여기시어 백성들이 하고자 하는 바를 하늘이 반드시 따르시니, 너희들은 부디 나 한 사람을 보필하여 사해를 길이 깨끗하게 하라. 이 때를 놓쳐서는 안 된다."

天矜憐於民하여 **民有所欲**을 **天必從之**하시나니 **今民欲亡紂如此**하면 **則天意可知**라 **爾庶幾輔我一人**하여 **除其邪穢**하여 **永淸四海**하라 **是乃天人合應之時**니 **不可失也**니라

하늘이 백성들을 불쌍히 여겨 백성들이 하고자 하는 바가 있으면 하늘이 반드시 따르시니, 이제 백성들이 주(紂)를 멸망하고자 함이 이와 같다면 하늘의 뜻을 알 수 있다. 너희들은 부디 나 한 사람을 보필하여 그 사악하고 더러움을 제거해서 사해를 길이 깨끗하게 하라. 이는 바로 하늘과 인간이 합하여 응하는 때이니, 이 때를 잃어서는 안 된다.

〈태서 중(泰誓中)〉

1. **惟戊午**에 **王**이 **次于河朔**커시늘 **羣后以師畢會**한대 **王**이 **乃徇師而誓**하시다

무오일(戊午日)에 왕(王)이 하북(河北)에 머물러 계시니, 여러 제후들이 군대를 거느리고 다 모였다. 이에 왕은 군대를 순행(徇行)하며 다음과 같이 맹세하셨다.

次는 **止**요 **徇**은 **循也**라 **河朔**은 **河北也**라 **戊午**는 **以武成考之**하면 **是一月二十八日**[20]이라

'차(次)'는 머묾이요, '순(徇)'은 순행함이다. '하삭(河朔)'은 하북(河北)이다. '무오(戊午)'는 〈무성(武成)〉으로 상고해 보면 1월 28일이다.

2. **曰 嗚呼**라 **西土有衆**아 **咸聽朕言**하라

"아! 서토(西土;서쪽 지방)의 무리들아. 모두 내 말을 들어라.

周都豐鎬하여 **其地在西**하니 **從武王渡河者 皆西方諸侯**라 **故曰 西土有衆**이라하니라

주나라는 풍(豐)·호(鎬)에 도읍하여 그 땅이 서쪽에 있으니, 무왕을 따라 황하를 건너온 자가 모두 서방의 제후였다. 그러므로 '서토유중(西土有衆)'이라 한 것이다.

3. **我聞吉人**은 **爲善**호되 **惟日不足**이어든 **凶人**은 **爲不善**호되 **亦惟日不足**이라하니 **今商王受 力行無度**하여 **播棄犂**(리)**老**하고 **昵**(닐)**比罪人**하며 **淫酗**(후)**肆虐**한대 **臣下化之**하여 **朋家作仇**하여 **脅權相滅**한대 **無辜籲**(유)**天**하여 **穢德**이 **彰聞**하니라

내가 들으니, '길(吉)한 사람은 선행(善行)을 하되 날마다 부족하게 여기는데 흉(凶)한 사람은 날마다 불선(不善)을 하되 또한 날마다 부족하게 여긴다.' 하였다. 지금 상왕(商王) 수(受)가 법도가 없는 일을 힘써 행하여 머리가 검으면서도 누른 노인들을 버

......

20 戊午……一月二十八日 : 아래 〈무성(武成)〉에 '유일월임진방사백(惟一月壬辰旁死魄)'이라 하였는바, 방사백(旁死魄)은 달의 흑색이 죽어가는 날짜(그믐)의 곁이란 뜻으로 초이일(初二日)이니, 초하루는 신묘일(辛卯日)이 되며 신묘일로부터 무오일(戊午日)까지는 28일이 되므로 말한 것이다. 초하루〔朔〕부터 달빛이 소생하기 시작하여 3일이면 초생달이 보이므로 초3일을 재생명(哉生明;비로소 밝은 달빛이 생김)이라 한다.

··· 犂 : 검을 리 昵 : 친할 닐 酗 : 술주정할 후 辜 : 허물 고 籲 : 부르짖을 유

리고 죄악을 저지른 자들을 가까이하며 음탕하고 술주정하여 사나움을 부리니, 신하들이 이에 동화되어 집집마다 붕당(朋黨)을 지어 원수가 되어서 권세를 믿고(보유하고) 서로 멸하자, 죄 없는 자들이 하늘에 부르짖어 더러운 덕(德:행위)이 위에 드러나 알려졌다.

惟日不足者는 言終日爲之而猶爲不足也라 將言紂力行無度故로 以古人語發之라 無度者는 無法度之事라 播는 放也라 犂는 鸝(리)通이니 黑而黃也니 微子所謂 耄遜于荒이 是也라 老成之臣은 所當親近者어늘 紂乃放棄之하고 罪惡之人은 所當斥逐者어늘 紂乃親比之라 酗는 醉怒也라 肆는 縱也라 臣下亦化紂惡하여 各立朋黨하여 相爲仇讐하고 脅上權命[21]하여 以相誅滅하여 流毒天下한대 無辜之人이 呼天告冤하여 腥穢之德이 顯聞于上하니라 呂氏曰 爲善至極이면 則至治馨香하고 爲惡至極이면 則穢德彰聞이니라

'유일부족(惟日不足)'은 종일토록 하고도 오히려 부족하게 여기는 것이다. 주(紂)가 법도가 없는 일을 힘써 행함을 장차 말하려 하였으므로 옛사람의 말로 꺼낸 것이다. '무도(無度)'는 법도가 없는 일이다. '파(播)'는 추방함이다. '리(犂)'는 리(鸝)와 통하니, 머리가 검으면서 누런 것이니, 위 〈미자(微子)〉에 미자가 이른바 '노성한 사람들이 황야로 도망했다.'는 것이 이것이다. 노성한 신하는 마땅히 친근히 하여야 할 자인데 주(紂)가 도리어 이들을 방기(放棄)하였고, 죄악을 저지른 사람은 마땅히 배척하고 축출하여야 할 자인데 주가 도리어 이들을 친근히 하였다. '후(酗)'는 술에 취하여 성냄이다. '사(肆)'는 부림이다. 신하들 또한 주의 악에 동화되어 각각 붕당을 세워서 서로 원수가 되어, 군상(君上)의 권세를 믿고 명하여 서로 주멸(誅滅)해서 천하에 해독을 퍼뜨리니, 죄 없는 사람들이 하늘을 부르며 원통함을 하소연하여 비린내나고 더러운 덕(행위)이 위에 드러나 알려졌다.

여씨(呂氏)가 말하였다. "선행(善行)을 함이 지극하면 지극한 정치가 향기롭고, 악행(惡行)을 함이 지극하면 더러운 덕(행위)이 드러나 알려진다."

......

21 脅上權命:경문의 '협권(脅權)'을 부연 설명한 것으로, 호산은 "협(脅)은 겨드랑이 아래이니, 그 권세를 보유함을 이른다. 《언해》에는 '권세로써 위협하는 것'으로 해석하였으니, 다시 자세히 살펴보아야 한다.〔脅, 腋下也, 謂挾其權也. 諺釋作脅以權, 更詳之.〕" 하였다. 《詳說》《언해》에는 '權으로 脅하여'로 해석하였는바, 호산의 설을 따라 경문과 주를 모두 수정 번역하였다. 그러나 협(脅)은 권세나 재력 또는 힘으로 위협, 또는 협박한다는 뜻이 있어 《언해》대로 보아도 될 듯하다.

··· 鸝:검을 리 耄:늙은이 모 遜:도망할 손 腥:비릴 성 馨:향기 형

4. **惟天**이 **惠民**이어시든 **惟辟**은 **奉天**하나니 **惟夏桀**이 **弗克若天**하여 **流毒下國**한대 **天乃佑命成湯**하사 **降黜夏命**하시니라

　하늘이 백성을 사랑하시거든 군주는 하늘의 뜻을 받들어야 하니, 하(夏)나라 걸(桀)이 능히 하늘을 순히 따르지 못하여 하국(下國)에 해독을 퍼뜨리자, 하늘이 마침내 성탕(成湯)을 도와 명하시어 하나라의 명을 내치셨다.

言天惠愛斯民하시니 **君當奉承天意**라 **昔**에 **桀不能順天**하여 **流毒下國**이라 **故**로 **天命成湯**하여 **降黜夏命**하시니라

　하늘이 이 백성들을 사랑하시니, 군주는 마땅히 하늘의 뜻을 받들어야 한다. 옛날에 걸(桀)이 하늘을 순히 따르지 못하여 하국에 해독을 퍼뜨렸으므로 하늘이 성탕을 명하여 하나라의 명을 내치신 것이다.

5. **惟受**는 **罪浮于桀**하니 **剝喪元良**하며 **賊虐諫輔**하며 **謂己有天命**이라하며 **謂敬不足行**이라하며 **謂祭無益**이라하고 **謂暴無傷**이라하나니 **厥鑒(鑑)**이 **惟不遠**하여 **在彼夏王**하니라 **天其以予乂民**이라 **朕夢協朕卜**하여 **襲于休祥**하니 **戎商必克**하리라

　수(受)는 죄악이 걸(桀)보다 더하니, 원량(元良;미자)을 박해하여 지위를 잃게 하고 간(諫)하는 보필(輔弼;비간)을 적해(賊害)하며, 자기가 천명을 소유했다 하고 공경을 굳이 행할 것이 없다 하며, 제사를 지내는 것이 무익(無益)하다 하고 포악한 행동이 해로울 것이 없다고 하니, 그가 살펴볼 것이 멀리 있지 않아 저 하왕(夏王)에게 있다. 하늘이 나로 하여금 백성을 다스리게 하셨다. 그리하여 짐(朕)의 꿈이 짐의 점괘와 합하여 거듭 아름다운 상서가 있으니, 상나라를 정벌하면 반드시 이길 것이다.

浮는 **過**요 **剝**은 **落**이라 **喪**은 **去也**니 **古者**에 **去國爲喪**이라 **元良**은 **微子也**요 **諫輔**는 **比干也**라 **謂己有天命**은 **如答祖伊我生不有命在天之類**니 **下三句**도 **亦紂所嘗言者**라 **鑒(鑑)**은 **視也**니 **其所鑒視**가 **初不在遠**이라 **有夏多罪**어늘 **天既命湯**하여 **黜其命矣**시니 **今紂多罪**하니 **天其以我乂民乎**인저 **襲**은 **重也**라 **言我之夢**이 **協我之卜**하

⋯ **黜**：내칠 출　**浮**：더할 부　**剝**：해칠 박　**乂**：다스릴 예　**襲**：거듭할 습

여 重有休祥之應[22]하니 知伐商而必勝之也라 此는 言天意有必克之理하니라

'부(浮)'는 과(過;더함)함이요, '박(剝)'은 떨어짐(해침)이다. '상(喪)'은 떠남이니, 옛날에 나라를 떠남을 상(喪)이라 하였다. '원량(元良)'은 미자(微子)이고, '간보(諫輔)'는 비간(比干)이다. 자기가 천명을 소유했다고 말한 것은 《〈서백감려(西伯戡黎)〉에 주(紂)가〉 조이(祖伊)에게 답하기를 "나의 삶은 명(命)이 하늘에 달려 있지 않은가."라고 한 것과 같은 따위이니, 아래의 세 구(句)도 또한 주(紂)가 일찍이 말한 것이다. '감(鑒)'은 살펴봄이니, 그 살펴볼 것이 애당초 먼데 있지 않다. 하나라가 죄가 많으므로 하늘이 이미 성탕에게 명하여 그 명을 내쳤는데, 이제 주(紂)가 죄가 많으니 하늘이 아마도 나로써 백성을 다스리게 하실 것이다. '습(襲)'은 거듭함이다. 나의 꿈이 나의 점괘와 합하여 거듭 아름다운 상서의 응함이 있으니, 상나라를 정벌하면 반드시 이길 것임을 알 수 있다. 이는 하늘의 뜻에 반드시 이길 이치가 있음을 말씀한 것이다.

6. 受有億兆夷人이나 離心離德이어니와 予有亂臣十人하니 同心同德하니 雖有周親하나 不如仁人하니라

수(受)는 억조의 평범한 사람이 있으나 마음이 이반되고 덕이 이반되지만, 나는 난(亂)을 다스리는 신하 열 사람이 있는데 마음이 같고 덕이 같으니, 〈수(受)가〉 비록 지극히 친한 친족들이 있으나 나의 인인(仁人)만 못하다.

夷는 平也니 夷人은 言其智識不相上下也라 治亂曰亂이라 十人은 周公旦、召公奭、太公望、畢公、榮公、太顚、閎夭、散宜生、南宮括이요 其一은 文母라 孔子曰 有婦人焉하니 九人而已[23]라하시니 劉侍讀以爲子無臣母之義하니 蓋邑姜也니 九臣은 治外하고 邑姜은 治內라하니라 言紂雖有夷人之多나 不如周治臣之少而盡忠也라 周는 至也라 紂雖有至親之臣이나 不如周仁人之賢而可恃也라 此는 言人事有必克之理하니라

'이(夷)'는 평범함이니, '이인(夷人)'은 그의 지혜와 식견이 서로 오르내리지(비슷하

......

22　重有休祥之應：경문의 '습우휴상(襲于休祥;거듭 아름다운 상서가 있음)'을 부연 설명한 것으로, 호산은 "《언해》의 해석은 주의 뜻에 위배됨이 있다.〔諺釋有違註意〕"하였다. 《詳說》《언해》에는 "休한 祥이 襲하니"로 해석하였는바, 호산의 설에 따라 수정 번역하였다.

23　孔子曰……九人而已：이 내용은 《논어》〈태백(泰伯)〉에 보이며, 위 난신(亂臣) 10인의 이름과 유시독(劉侍讀) 이하 읍강치내(邑姜治內) 역시 《논어집주》에 그대로 보인다.

···　亂 : 다스릴 란　奭 : 클 석　閎 : 클 굉

여 크게 뛰어나지) 못함을 말한 것이다. 난(亂)을 다스림을 '난(亂)'이라 한다. 열 사람은 주공 단(周公旦)·소공 석(召公奭)·태공 망(太公望)·필공(畢公)·영공(榮公)·태전(太顚)·굉요(閎夭)·산의생(散宜生)·남궁괄(南宮括)이요, 그 하나는 문모(文母;문왕의 후비(后妃)인 태사(太姒))이다. 공자가 말씀하기를 "〈이 열 사람 가운데〉 부인(婦人)이 있으니, 9명뿐이다." 하셨는데, 유시독(劉侍讀;유창(劉敞))이 이르기를 "자식이 어머니를 신하로 삼는 의(義)가 없으니, 무왕의 후비인 읍강(邑姜)이니, 아홉 신하는 밖을 다스리고 읍강은 안을 다스렸다." 하였다.

　주(紂)가 비록 보통 사람들이 많이 있으나 주나라에 다스리는 신하가 적으면서 충성을 다함만 못함을 말한 것이다. '주(周)'는 지극함이다. 주(紂)가 비록 지친(至親)의 신하가 있으나 주나라에 인인(仁人)이 어질어서 믿을 수 있음만 못하다. 이는 인간의 일〔人事〕에 반드시 이길 수 있는 이치가 있음을 말씀한 것이다.

7. 天視 自我民視하시며 天聽이 自我民聽하시나니 百姓有過²⁴ 在予一人하니 今朕은 必往하리라

　하늘의 보심은 우리 백성의 봄을 통하여 보시며 하늘의 들으심은 우리 백성의 들음을 통하여 들으신다. 백성들의 책망이 나 한 사람에게 있으니, 이제 짐(朕)은 반드시 정벌하러 가리라.

過는 廣韻에 責也라하니라 武王言 天之視聽이 皆自乎民하나니 今民이 皆有責於我하여 謂我不正商罪라하니 以民心而察天意컨대 則我之伐商이 斷必往矣라 蓋百姓이 畏紂之虐하고 望周之深하여 而責武王不卽拯己於水火也하니 如湯東面而征에 西夷怨하고 南面而征에 北狄怨之意니라

• • • • • •

24　百姓有過 : 이에 대하여 오윤상은 《집전》에 과(過)를 책(責)으로 훈하여 오로지 위아래 글을 이어 연접하는 문세(文勢)로 삼았으니, 끝내 억지로 끌어다가 맞춘 듯하다. '만방에 죄가 있다〔萬方有罪〕.'는 뜻으로 보면 문장이 연속되지 않는 듯하나 또한 서로 일관(一貫)되지 않는 것이 아니다.〔傳, 訓過以責, 專爲上下文承接之勢, 終似牽強. 看以萬方有罪之意, 文似不續, 而意則亦未爲不相貫也.〕 하였다. '만방유죄(萬方有罪)'는 위 〈탕고(湯誥)〉에 "짐의 몸에 죄가 있음은 만방 때문이 아니요, 만방에 죄가 있음은 그 죄(책임)가 짐의 몸에 있다.〔朕躬有罪, 無以萬方; 萬方有罪, 罪在朕躬.〕"라고 보이는바, 호산은 "백성들이 잘못이 있음은 〈그 책임이〉 나 한 사람에게 있다.〔百姓有過, 在予一人.〕라고 해석하면 〈탕고〉의 '萬方有罪, 罪在朕躬'과 뜻이 일관된다." 하였다. 만방(萬方)은 만방(萬邦)과 뜻이 같다.

• • •　拯 : 구원할 증

'과(過)'는 《광운(廣韻)》에 "책함이다." 하였다. 무왕이 말씀하기를 "하늘의 보고 들음은 모두 우리 백성들을 통하여 한다. 이제 백성들이 모두 나에게 책망함이 있어 나에게 이르기를 '상나라의 죄를 바로잡지 않는다.'고 하니, 민심(民心)을 가지고 천의(天意)를 살펴보면 내가 상나라를 정벌하러 결단코 반드시 가야 할 것이다."라고 한 것이다. 백성들이 주(紂)의 학정(虐政)을 두려워하고 주나라에 바라기를 깊이 하여 무왕이 즉시 자기들을 수화(水火:도탄)에서 구제해 주지 않음을 책망하였으니, 이는 위 〈함유일덕(咸有一德)〉에 '탕왕(湯王)이 동면(東面:동향)하여 정벌하면 서이(西夷)가 원망하고 남면(南面:남향)하여 정벌하면 북적(北狄)이 원망함'과 같은 뜻이다.

8. 我武를 惟揚하여 侵于之疆하여 取彼凶殘하여 我伐이 用張하면 于湯에 有光하리라

우리의 무용(武勇)을 드날려 저들의 국경을 침입해서 저 흉잔(凶殘)한 자를 취하여 우리의 정벌이 장대(張大)되면 성탕(成湯)에게 비함에 빛남이 있을 것이다.

揚은 擧요 侵은 入也라 凶殘은 紂也니 猶孟子謂之殘賊[25]이라 武王이 弔民伐罪하시니 於湯之心에 爲益明白於天下也[26]라 自世俗觀之하면 武王이 伐湯之子孫하고 覆湯之宗社하시니 謂之湯讐 可也라 然湯放桀과 武王伐紂는 皆公天下爲心이요 非有私於己者니 武之事를 質之湯而無愧하고 湯之心을 驗之武而益顯하니 是則伐商之擧가 豈不於湯에 爲有光也哉리오

'양(揚)'은 듦(드날림)이요, '침(侵)'은 들어감(침입)이다. '흉잔(凶殘)'은 주(紂)이니, 맹자가 잔적(殘賊)이라고 말씀한 것과 같다. 무왕이 백성들을 위로하고 죄가 있는 자(주)를 정벌하시니, 탕왕의 마음에 징험하면 더욱 천하에 명백해진다. 세속의 입장에

......

25 猶孟子謂之殘賊:《맹자》〈양혜왕 하(梁惠王下)〉에 "인(仁)을 해치는 자를 잔(殘)이라 하고, 의(義)를 해치는 자를 적이라 하며, 잔적한 사람을 일부(一夫)라 하니, 일부인 주(紂)를 주살했다는 말은 들었고 군주를 시해했다는 말은 듣지 못했다.〔賊仁者, 謂之賊; 賊義者, 謂之殘; 殘賊之人, 謂之一夫. 聞誅一夫紂矣, 未聞弑君也.〕"라고 한 맹자의 말씀이 보인다.

26 於湯之心 爲益明白於天下也:경문의 '우탕유광(于湯有光)'을 부연 설명한 것인데, 《맹자》〈등문공 하(滕文公下)〉에도 재인용되었는바, 주자는 《집주》에서 "탕왕이 걸(桀)을 정벌한 것에 비하면 더욱 빛남이 있다.〔比於湯之伐桀, 又有光焉.〕" 하였다. 이에 대하여 호산은 여러 설을 소개하고 "마땅히 《맹자》의 주를 바른 것으로 삼아야 한다.〔當以孟註爲正〕" 하였다. 《詳說》《서경언해》에는 "湯께 光이 있으리라"라고 해석하였는바, 《맹자》의 주를 따라 경문을 수정 번역하였다.

··· 殘 : 해칠 잔 賊 : 해칠 적

서 보면 무왕이 성탕의 자손을 정벌하고 성탕의 종묘 사직을 전복(顚覆)하셨으니, 성탕의 원수라고 해도 될 것이다. 그러나 성탕이 걸(桀)을 추방한 것과 무왕이 주(紂)를 정벌한 것은, 다 천하를 공변되게 함을 마음으로 삼은 것이요 자기에게 사사로움이 있는 것이 아니다. 무왕의 일을 성탕에게 질정(質正)하면 부끄러움이 없고, 성탕의 마음을 무왕에게 징험하면 더욱 드러나니, 이는 상나라를 정벌하는 일이 어찌 성탕에게 빛남이 있음이 되지 않겠는가.

9. 勖(욱)哉夫子는 罔或無畏하여 寧執非敵이라하라 百姓이 懍(름)懍하여 若崩厥角하나니 嗚呼라 乃一德一心하여 立定厥功하여 惟克永世하라

　힘쓸지어다. 장사(將士)들은 혹시라도 〈주(紂)를〉 두려워할 것이 없다고 여기지 말고 차라리 우리가 대적할 바가 아니라는 마음을 가져라. 백성들이 두려워하여 벌벌 떨어 짐승의 뿔이 부러진 듯이 하니, 아! 너희들은 덕을 한결같이 하고 마음을 한결같이 하여 공을 세워 능히 세상을 영원토록 하라.”

勖은 勉也라 夫子는 將士也라 勉哉將士는 無或以紂爲不足畏하여 寧執心以爲非我所敵也라하라 商民이 畏紂之虐하여 懍懍若崩摧其頭角然이라 言人心危懼如此하니 汝當一德一心하여 立定厥功하여 以克永世也라

　‘욱(勖)’은 힘씀이다. ‘부자(夫子)’는 장사(장병)들이다. 힘쓸지어다. 장사들은 혹시라도 주(紂)를 두려워할 것이 못된다고 여기지 말고 차라리 마음 갖기를 우리가 대적할 상대가 아니라고 여기라고 한 것이다. 상나라 백성들은 주의 학정을 두려워하여 벌벌 떨어 마치 짐승이 머리의 뿔이 부러진듯이 하고 있다. 인심(人心)이 위태롭게 여기고 두려워함이 이와 같으니, 너희들은 마땅히 덕을 한결같이 하고 마음을 한결같이 하여 그 공(功)을 세워서 능히 세상을 영원토록 하라고 말씀한 것이다.

··· 勖 : 힘쓸 욱　懍 : 두려울 름　摧 : 꺾을 최

〈태서 하(泰誓下)〉

1. 時厥明에 **王**이 **乃大巡六師**하사 **明誓衆士**하시다

그 다음날에 왕이 육사(六師)를 크게 순행하여 여러 군사들에게 분명히 맹세하였다.

厥明은 **戊午之明日也**라 **古者**에 **天子**는 **六軍**이요 **大國**은 **三軍**이라 **是時**에 **武王**이 **未備六軍**하니 **牧誓敍三卿**에 **可見**[27]이어늘 **此日六師者**는 **史臣之詞也**라

　'궐명(厥明)'은 무오일의 다음날이다. 옛날에 천자는 육군(六軍)이고, 대국(大國;큰 제후국)은 삼군(三軍)이었다. 이때 무왕은 육군을 구비하지 못하였으니, 〈목서(牧誓)〉에 삼경(三卿)을 서술함에서 이것을 볼 수 있다. 그런데도 여기서 육사(六師)라고 말한 것은 사신(史臣)이 추후에 부풀려서 쓴 말이다.

2. 王曰 嗚呼라 **我西土君子**아 **天有顯道**하여 **厥類惟彰**하니 **今商王受 狎侮五常**하며 **荒怠弗敬**하여 **自絶于天**하며 **結怨于民**하나다

　무왕이 다음과 같이 말씀하였다.

　"아! 우리 서토(西土)의 군자들아. 하늘은 드러난 도(道)가 있어 그 의류(義類;종류)가 밝으니, 이제 상왕(商王) 수(受)가 오상(五常)을 설만히 하여 업신여기며 황기(荒棄)하고 태만하여 공경하지 않아서 스스로 하늘을 끊으며 백성들에게 원망을 맺고 있다.

天有至顯之理하여 **其義類甚明**하니 **至顯之理**는 **卽典常之理也**라 **紂於君臣、父子、兄弟、夫婦典常之道**에 **褻狎侮慢**하며 **荒棄怠惰**하여 **無所敬畏**하여 **上自絶于天**하고 **下結怨于民**하니 **結怨者**는 **非一之謂**라 **下文**은 **自絶結怨之實也**라

　하늘은 지극히 밝은 이치가 있어서 그 의류(義類)가 심히 밝으니, 지극히 밝은 이치는 곧 떳떳한 도리이다. 주(紂)는 군신·부자·형제·부부의 떳떳한 도리를 설압(褻狎)하여 업신여기며 황기(荒棄)하고 태만하여 공경하고 두려워하는 바가 없어, 위로는

- - - - - -

27　**是時……可見** : 옛날의 군사 제도는 1군(軍)이 1만2천5백 명이었으며, 출전하게 되면 원임(原任)인 경(卿)이 군장(軍將)이 되었다. 〈목서(牧誓)〉는 바로 다음에 보이는 편명으로 여기에 "무왕은 '아! 우리 우방(友邦)의 총군(冢君)과 일을 다스리는 사도와 사마와 사공이다.〔王曰, 嗟我友邦冢君, 御事司徒司馬司空.〕' 하였다."라고 보이는데, 《집전》에 "사도와 사마와 사공은 세 경이니, 무왕이 이때에 아직 제후였으므로 육경(六卿)을 갖추지 못한 것이다." 하였다.

···　狎 : 친압할 압　褻 : 함부로할 설

하늘을 끊고 아래로는 백성들에게 원망을 맺고 있으니, 원망을 맺고 있다는 것은 한 가지 일이 아님을 말한 것이다. 하문(下文)은 스스로 끊고 원망을 맺은 실제이다.

3. 斮(작)朝涉之脛하며 剖賢人之心하며 作威殺戮으로 毒痛(부)四海하며 崇信姦回하고 放黜師保하며 屛棄典刑하고 囚奴正士하며 郊社를 不修하고 宗廟를 不享하며 作奇技淫巧하여 以悅婦人한대 上帝弗順하사 祝降時喪하시나니 爾其孜孜하여 奉予一人하여 恭行天罰하라

〈수(受)는〉 아침에 물을 건너가는 자의 정강이를 찍어 보고, 어진 사람의 배를 갈라 심장을 도려내며, 위엄을 세워 살륙(殺戮)함으로 천하에 해독을 끼치며, 간사한 사람을 높이고 믿으며 사보(師保)들을 추방하고 내치며, 전형(典刑)을 버리고 바른 선비들을 가두어 노예로 삼으며, 교(郊)·사(社)의 제사를 지내지 않고 종묘를 제향하지 않으며, 기이한 재주와 도(度)에 지나친 솜씨를 만들어 부인(婦人)을 기쁘게 하였다. 이에 상제가 순하게 여기지 않으시어 단절하여 이 망함을 내리시니, 너희들은 부지런히 힘써서 나 한 사람을 받들어 공손히 천벌(天罰)을 행하라.

斮은 斫(작)也라 孔氏曰 冬月에 見朝涉水者하고 謂其脛耐寒이라하여 斫而視之라하니라 史記云 比干强諫하니 紂怒曰 吾聞聖人은 心有七竅(규)라하고 遂剖比干하여 觀其心이라하니라 痛는 病也라 作刑威以殺戮爲事하여 毒病四海之人하니 言其禍之所及者遠也라 回는 邪也라 正士는 箕子也라 郊는 所以祭天이요 社는 所以祭地라 奇技는 謂奇異技能이요 淫巧는 爲過度之巧라 列女傳에 紂膏銅柱하고 下加炭하여 令有罪者行하여 輒墮炭中이어든 妲己乃笑라하니 夫欲妲己之笑하여 至爲炮烙之刑이면 則其奇技淫巧以悅之者 宜無所不至矣라 祝은 斷也라 言紂於姦邪則尊信之하고 師保則放逐之하며 屛棄先王之法하고 囚奴中正之士하며 輕廢奉祀之禮하고 專意汚蔑之行하여 悖亂天常이라 故로 天弗順而斷然降是喪亡也[28]하시니 爾衆士는 其勉力不怠하여 奉我一人而敬行天罰乎인저

....

28 斷然降是喪亡也 : 경문의 '축강시상(祝降時喪)'을 부연 설명한 것으로, 주에는 '단연(斷然)'이라고 훈하였으나, 호산은 "마땅히 공안국의 서전(書傳)에 보이는 '단절(斷絕)'의 뜻을 따라야 한다.〔宜從孔傳斷絕之義〕" 하였다. 《언해》에는 '祝히 이 喪을 降하시나니'로 해석하였으나 호산의 설을 따라 경문과 《집전》을 수정 번역하였다.

··· 斮 : 쪼갤 작 脛 : 정강이 경 剖 : 가를 부 痛 : 병들 부(보) 屛 : 물리칠 병 祝 : 끊을 축 斫 : 쪼갤 작
   竅 : 구멍 규 炮 : 구울 포 烙 : 지질 락

'작(斮)'은 찍음이다. 공씨가 말하기를 "주(紂)가 겨울철에 아침에 물을 건너가는 자를 보고는 그 정강이가 추위를 견딘다고 하여 정강이를 찍어서 보았다." 하였다. 《사기》〈은기(殷紀)〉에 "비간(比干)이 강력히 간(諫)하니, 주(紂)가 노하여 말하기를 '내 들으니, 성인은 심장에 일곱 구멍이 있다.' 하고는, 마침내 비간의 배를 갈라 그 심장을 보았다." 하였다. '부(痡)'는 병듦이다. 형벌과 위엄을 세워 살륙을 일삼아서 사해의 사람들에게 해독을 끼치고 병들게 하니, 그 화(禍)의 미침이 넓음을 말한 것이다. '회(回)'는 간사함이다. '정사(正士)'는 기자(箕子)이다.

'교(郊)'는 하늘에 제사하는 것이요, '사(社)'는 땅에 제사하는 것이다. '기기(奇技)'는 기이한 기능(기예)을 이르고, '음교(淫巧)'는 도(度)에 지나친〔淫〕 솜씨를 이른다. 《열녀전》에 "주(紂)가 구리기둥을 가로로 세워놓고 기름을 칠하고 아래에는 숯불을 피워놓은 다음 죄가 있는 자로 하여금 구리 기둥을 걸어가게 하여 곧 미끄러져 숯불 속으로 떨어져 죽으면 달기(妲己)가 이것을 보고 비로소 웃었다." 하였다. 달기가 웃기를 바라서 포락(炮烙)의 형벌까지 했다면 그 기이한 기예와 지나친 솜씨로써 그녀를 기쁘게 한 것이 마땅히 이르지 않는 바가 없었을 것이다.

'축(祝)'은 단절함이다. 주(紂)가 간사한 자를 높이고 믿고, 사보(師保)를 추방하고 내치며, 선왕의 법을 버리고 중정(中正)한 선비(기자)를 가두어 노예로 삼으며, 제사를 받드는 예(禮)를 가벼이 버리고, 더럽고 설만한 행실에 전념하여 하늘의 떳떳한 도(道)를 패란(悖亂)하였다. 그러므로 하늘이 순하게 여기지 않아 단절하여 이 상망(喪亡)을 내린 것이니, 너희 여러 군사들은 힘써 게을리하지 말아 나 한 사람을 받들어서 공경히 천벌을 행해야 할 것이다.

4. **古人**이 **有言曰 撫我則后**요 **虐我則讎**라하니 **獨夫受 洪惟作威**하나니 **乃汝世讎**니라 **樹德**엔 (호대) **務滋**요 **除惡**엔 **務本**이니 **肆予小子 誕以爾衆士**로 **殄殲** (진섬) **乃讎**하노니 **爾衆士**는 **其尙迪果毅**하여 **以登乃辟**이어다 **功多**하면 **有厚賞**하고 **不迪**하면 **有顯戮**하리라

옛사람이 말하기를 '나를 어루만져주면 임금이고 나를 학대하면 원수이다.' 하였으니, 독부(獨夫)인 수(受)가 크게 위엄을 일으키니, 바로 너희들 대대로의 원수이다. 덕(德)을 세움에는 덕이 불어남을 힘써야 하고, 악(惡)을 제거함에는 악의 뿌리를 제거함을 힘써야 한다. 그러므로 나 소자가 크게 너희 여러 군사들을 데리고 너희들의 원수를 끊고 섬멸하려 하노니, 너희 여러 군사들은 부디 과의(果毅)를 행하여 너희 군주

··· 殄 : 끊을 진 殲 : 죽일 섬 迪 : 행할 적 辟 : 임금 벽

를 성공시키도록 하라. 공(功)이 많으면 후한 상(賞)이 있고, 과의를 행하지 않으면 드러난 죽임이 있을 것이다.

洪은 大也라 獨夫는 言天命已絕하고 人心已去하여 但一獨夫耳라 孟子曰 殘賊之人을 謂之一夫라하니라 武王이 引古人之言에 謂撫我則我之君也요 虐我則我之讐也하여 今獨夫受 大作威虐하여 以殘害于爾百姓하니 是乃爾之世讐也라 務는 專力也라 植德則務其滋長이요 去惡則務絕根本이니 兩句意亦古語니 喻紂爲衆惡之本이니 在所當去라 故로 我小子大以爾衆士而殄絕殲滅汝之世讐也라 迪은 蹈요 登은 成也라 殺敵爲果요 致果爲毅[29]라 爾衆士는 其庶幾蹈行果毅하여 以成汝君하라 若功多면 則有厚賞이니 非特一爵一級而已요 不迪果毅면 則有顯戮이라 謂之顯戮인댄 則必肆諸市朝하여 以示衆庶리라

　'홍(洪)'은 큼이다. '독부(獨夫)'는 천명이 이미 끊기고 인심이 이미 떠나가서 〈군주가 아니라〉 단지 한 독부일 뿐임을 말한 것이다. 《맹자》〈양혜왕 하〉에 "잔적(殘賊)한 사람을 일부(一夫)라 한다." 하였다. 무왕이 옛사람의 말에 '나를 어루만져주면 나의 군주이고 나를 학대하면 나의 원수이다.' 한 것을 인용하여 "이제 독부인 수(受)가 크게 위엄과 사나움을 일으켜 너희 백성들을 잔해(殘害)하니, 이는 바로 너희 백성들의 대대로 원수이다." 한 것이다.

　'무(務)'는 오로지 힘씀이다. 덕을 세움에는 불어나고 자라나게 함을 힘써야 하고, 악을 제거함에는 근본을 끊음을 힘써야 하니, 이 두 구(句)는 짐작컨대 또한 옛말일 것이니, 주(紂)가 여러 악의 근본이 되므로 마땅히 제거할 바(대상)에 있음을 비유한 것이다. 그러므로 나 소자가 크게 너희 여러 군사들을 데리고 너희들 대대로의 원수를 진절(殄絕)하고 섬멸(殲滅)하려는 것이다.

　'적(迪)'은 밟음(실천함)이요, '등(登)'은 이룸이다. 적(敵)을 죽임을 '과(果)'라 하고, 과를 지극히 함을 '의(毅)'라 한다. 너희 여러 군사들은 부디 과의(果毅)를 실행하여 너희 군주를 성공시키도록 하라. 만약 공(功)이 많으면 후한 상(賞)이 있을 것이니, 단지 한 작위(爵位)와 한 계급일 뿐만이 아니요, 과의를 행하지 않으면 드러난 죽임이 있을 것이다. 드러난 죽임이라고 일렀으면 반드시 시신을 시장과 조정〔市朝〕에 진열하여

29　殺敵爲果 致果爲毅 : 이 내용은 《춘추좌씨전》 선공(宣公) 2년에 보인다.

여러 사람들에게 보일 것이다.

5. 嗚呼라 惟我文考 若日月之照臨하사 光于四方하시며 顯于西土하시니 惟
我有周는 誕受多方이리라

　아! 우리 문고(文考:문왕)께서 해와 달이 비추고 임하듯이 하시어 사방에 빛나시며
서토(西土)에 드러나셨으니, 우리 주나라는 크게 다방(多方:여러 지방)을 받을 것이다.

若日月照臨은 言其德之輝光也요 光于四方은 言其德之遠被也요 顯于西土는 言
其德尤著於所發之地也라 文王之地는 止於百里로되 文王之德은 達于天下하니
多方之受는 非周면 其誰受之리오 文王之德은 實天命人心之所歸라 故로 武王이
於誓師之末에 歎息而言之하시니라

　　해와 달이 조림(照臨)함과 같음은 그 덕이 빛남을 말한 것이요, 사방에 빛남은 그
덕이 멀리까지 입혀짐을 말한 것이요, 서토에 드러남은 그 덕이 특히 발상지(發祥地)
에 드러남을 말한 것이다. 문왕의 땅은 백 리에 그쳤으나 문왕의 덕은 천하에 도달하
였으니, 다방(多方)을 받는 것은 주나라가 아니면 그 누가 받겠는가. 문왕의 덕은 실로
천명과 인심이 돌아온 바였다. 그러므로 무왕이 군사들에게 맹세한 끝에 탄식하고 이
것을 말씀한 것이다.

6. 予克受라도 非予武라 惟朕文考無罪시며 受克予라도 非朕文考有罪라 惟
予小子無良이니라

　내가 수(受)를 이기더라도 내가 무용(武勇)이 있어서가 아니라 짐(朕)의 문고(文考)께
서 죄가(허물이) 없으시기 때문이며, 수가 나를 이기더라도 짐의 문고께서 죄가 있어
서가 아니라 나 소자가 훌륭하지 못하기 때문이다.”

無罪는 猶言無過也요 無良은 猶言無善也라 商、周之不敵이 久矣로되 武王이 猶有
勝負之慮하사 恐爲文王羞者는 聖人臨事而懼也如此하시니라

　　‘무죄(無罪)’는 허물이 없다는 말과 같고, ‘무량(無良)’은 선(善)이 없다는 말과 같다.
상나라와 주나라가 대적할 수 없음이 오래되었는데도 무왕이 오히려 승부(勝負)에 대
한 우려가 있어 문왕에게 수치가 될까 두려워하신 것은 성인(聖人)이 전쟁하는 일에
임하여 두려워함이 이와 같았던 것이다.

〈목서(牧誓)〉

牧은 地名이니 在朝歌南하니 卽今衛州治之南也라 武王이 軍於牧野하여 臨戰誓衆하니 前旣有泰誓三篇일새 因以地名別之하니 今文古文皆有하니라

'목(牧)'은 지명으로 〈상(은)나라의 도성인〉 조가(朝歌)의 남쪽에 있었으니, 바로 지금의 위주(衛州)의 치소(治所) 남쪽이다. 무왕이 목야(牧野)에 군대를 주둔하였는데 싸움에 임하여 군사들에게 맹세하니, 앞에 이미 〈태서〉 세 편이 있으므로 인하여 지명으로 구별한 것이다. 금문(今文)과 고문(古文)에 모두 있다.

【小序】 武王이 戎車三百兩과 虎賁三百人으로 與受戰于牧野할새 作牧誓하니라

무왕(武王)이 융거(戎車) 삼백 량과 호분(虎賁) 삼백 명으로 수(受)와 목야(牧野)에서 싸우면서 〈목서(牧誓)〉를 지었다.

【辨說】 戎車는 馳車也라 古者에 馳車一乘이면 則革車一乘이니 馳車는 戰車요 革車는 輜車니 載器械、財貨、衣裝者也라 司馬法曰 一車에 甲士三人이요 步卒七十二人이요 炊家子十人이요 固守衣裝五人이요 廄養五人이요 樵汲五人이니 馳車七十五人이요 革車二十五人이라 凡百人이라하니라 二車故로 謂之兩이니 三百兩은 三萬人也라 虎賁은 若虎賁獸之勇士[30]니 百人之長也라

'융거(戎車)'는 치거(馳車;치달려 적과 싸우는 수레)이다. 옛날에 치거 1승(乘)에는 혁거(革車)가 1승이다. 치거는 싸우는 수레이고 혁거는 짐을 싣는 수레이니, 혁거는 병기(兵器)와 재화와 옷과 행장을 싣는다. 《사마법(司馬法)》에 '수레 한 대에는 갑사(甲士)가 3인이고 보졸(步卒)이 72인이고 취사(炊事)하는 자가 10인이고 옷과 행장을 굳게 지키는 자가 5인이고 말과 소를 기르는 자가 5인이고 나무하고 물 긷는 자가 5인이니, 치거에는 75인이 있고 혁거에는 25인이 있어서 모두 100명이다.' 하였다. 수레가 두 대이기 때문에 량(兩)이라고 말한 것이니, 융거 300량은 병사가 3만 명이다. '호분(虎賁)'은 호분이란 짐승과 같은 용사이니, 백 명의 우두머리이다.

1. 時甲子昧爽에 王이 朝至于商郊牧野하사 乃誓하시니 王이 左杖黃鉞하시

------

30 虎賁 若虎賁獸之勇士:살펴보건대 〈공전(孔傳)〉에 "이미 호분(虎賁)을 짐승의 이름이라 했다.〔已以虎賁爲獸名.〕" 하였다.

∴ 輜:수레 치 炊:불땔 취 裝:행장 장 廄:마굿간 구 樵:나무할 초 爽:밝을 상 鉞:도끼 월

고 **右秉白旄**하사 **以麾日逖矣**라 **西土之人**아

 갑자일 매상(昧爽)에 왕이 아침에 상나라의 교(郊)인 목야(牧野)에 이르시어 군사들에게 맹세하시니, 왕이 왼손에는 황월(黃鉞;황금으로 꾸민 도끼)을 잡고 오른손에는 흰 깃발을 잡고서 깃발을 휘두르며 말씀하기를 "멀리 왔다. 서토의 사람들아!" 하셨다.

甲子는 **二月四日也**[31]라 **昧**는 **冥**이요 **爽**은 **明也**니 **昧爽**은 **將明未明之時也**라 **鉞**은 **斧也**니 **以黃金爲飾**이라 **王**은 **無自用鉞之理**하니 **左杖以爲儀耳**라 **旄**는 **軍中指麾**니 **白則見**(현)**遠**이라 **麾非右手**면 **不能故**로 **右秉白旄也**라 **按武成**에 **言癸亥陳于商郊**라하니 **則癸亥之日**에 **周師已陳牧野矣**요 **甲子昧爽**에 **武王始至而誓師焉**이라 **日者**는 **武王之言也**라 **逖**은 **遠也**니 **以其行役之遠而慰勞之也**라

 '갑자일'은 2월 4일이다. '매(昧)'는 어둠이요 '상(爽)'은 밝음이니, '매상(昧爽)'은 날이 장차 밝으려 하나 아직 밝지 않았을 때이다. '월(鉞)'은 도끼이니, 황금으로 꾸몄다. 왕이 직접 도끼를 쓸 리가 없으니, 왼손에 잡고서 의장(儀仗)으로 삼을 뿐이다. '모(旄)'는 군중(軍中)에서 잡고 휘두르는 깃발이니, 깃발의 색깔이 희면 멀리까지 보인다. 깃발을 휘두르는 것은 오른손이 아니면 불가능하므로 오른손에 흰 깃발을 잡은 것이다. 살펴보건대 〈무성(武成)〉에 "계해일에 상나라 교(郊)에 진을 쳤다."고 하였으니, 그렇다면 계해일에 주나라 군대가 이미 목야(牧野)에 진을 쳤고, 다음날인 갑자일 매상에 무왕이 비로소 이르러 군사들에게 맹세한 것이다. '왈(日)'은 무왕의 말씀이다. '적(逖)'은 멂이니, 그 멀리 행군(行軍)한 노고를 위로한 것이다.

2. **王曰 嗟我友邦冢君**[32]과 **御事**인 **司徒**와 **司馬**와 **司空**과 **亞旅**와 **師氏**와 **千**

· · · · · ·

31 甲子二月四日也:〈무성〉의 '유일월임진방사백(惟一月壬辰旁死魄)'이란 말로 미루어볼 때 초하루는 신묘삭(辛卯朔)이며 1월이 30일 경우 2월 초하루는 신유삭(辛酉朔)이고 2일은 임술(壬戌), 3일은 계해(癸亥), 4일은 갑자(甲子)이므로 말한 것이다.

32 王曰 嗟我友邦冢君:이에 대하여 오윤상은 《집전》에 '왕왈(王曰)'은 사신이 추후에 칭한 것이다.' 하였으나, 추씨가 말하기를 '정백규(程伯圭)'의 말에 「탕왕과 무왕이 하늘의 뜻에 응하고 사람(백성)의 마음에 순종하였으니, 만일 왕의 칭호를 말하지 않는다면 이는 신하로서 군주를 범하여 명분이 바르지 못하고 말이 순하지 못한 것이다.」 하였고, 〈탕고(湯誥)〉에 '상천에 밝게 고한다'는 것과 〈태서(泰誓)〉에 '상제에 유제(類祭)를 지냈다'는 것은 바로 천자의 예를 쓴 것이요, 〈태서〉에 '육군을 크게 순시했다'는 것은 천자의 군대를 갖춘 것이다. 예컨대 '도가 있는 증손 주왕 발(周王發)'과 '우리 주왕을 밝힌다'는 것은 바로 당시의 일을 기록한 것이니, 어찌 사신이 추후에 쓴 것이

· · · 旄:깃발 모 麾:두를 휘 逖:멀 적

夫長과 百夫長과

무왕이 말씀하였다. "아! 우리 우방(友邦)의 총군(冢君)과 일을 다스리는 사도(司徒)
·사마(司馬)·사공(司空)과 아(亞)와 려(旅)와 사씨(師氏)와 천부(千夫)의 우두머리와
백부(百夫)의 우두머리와

司徒、司馬、司空은 三卿也라 武王是時에 尙爲諸侯故로 未備六卿이라 唐孔氏曰
司徒는 主民하여 治徒庶之政令하고 司馬는 主兵하여 治軍旅之誓戒하고 司空은 主
土하여 治壘壁以營軍이라하니라 亞는 次요 旅는 衆也라 大國은 三卿이요 下大夫五
人이요 士二十七人이니 亞者는 卿之貳니 大夫 是也요 旅者는 卿之屬이니 士 是也
라 師氏는 以兵守門者니 猶周禮師氏王擧則從者也라 千夫長은 統千人之帥(수)요
百夫長은 統百人之帥也라

　사도·사마·사공은 삼경(三卿)이다. 무왕이 이때 아직 제후였으므로 육경(六卿)을
갖추지 못한 것이다. 당(唐)나라 공씨가 말하기를 "사도는 백성을 주관하여 백성〔徒
庶〕들의 정령(政令)을 다스리고, 사마는 병(兵)을 주관하여 군려(軍旅)의 맹세와 경계
를 다스리고, 사공은 토목(土木)을 주관하여 보루(堡壘)와 성벽(城壁)을 다스려 군영(軍
營)을 만든다." 하였다. '아(亞)'는 다음이고, '려(旅)'는 무리이다. 대국(大國)은 경(卿)
이 3명이고 하대부(下大夫)가 5명이고 사(士)가 27명이니, 아(亞)는 경의 이(貳;부(副))
이니 대부가 이것이고, 려는 경의 속관(屬官)이니 사(士)가 이것이다. 사씨(師氏)는 병
사를 거느리고 문을 지키는 자이니, 《주례》〈지관(地官) 사씨(師氏)〉에 "왕이 거동하면
수행하는 자이다."라는 것과 같다. '천부장(千夫長)'은 천 명을 거느리는 장수이고, '백
부장(百夫長)'은 백 명을 거느리는 장수이다.

3. 及庸、蜀、羌、髳(무)、微、盧、彭、濮人아

　용(庸)·촉(蜀)·강(羌)·무(髳)·미(微)·로(盧)·팽(彭)·복(濮)의 사람들아!

左傳에 庸與百濮伐楚라하니 庸、濮은 在江、漢之南이라 羌은 在西蜀이요 髳、微는

......
졌는가.'라고 했다.〔傳曰 王曰者, 史臣追稱之也. 鄒氏曰, 程伯圭曰, 湯武應天順人, 苟不稱王號, 則
是以臣犯君, 名不正, 言不順矣. 湯誥之昭告于上天, 泰誓之類祭于上帝, 是用天子禮也, 泰誓之大巡
六師, 是備天子軍也. 如有道曾孫周王發, 及昭我周王, 乃記當時之語, 豈史臣追書哉.〕" 하였다.

···　壘:토성루,보루 루　髳:오랑캐 무(모)　濮:물이름 복

在巴蜀이요 盧彭은 在西北이라 武王伐紂에 不期會者八百國이어늘 今誓師에 獨
稱八國者는 蓋八國이 近周西都하여 素所服役일새 乃受約束以戰者요 若上文所
言友邦冢君은 則泛指諸侯而誓者也라

　《춘추좌씨전》 문공(文公) 16년에 "용(庸)이 백복(百濮;여러 복)과 함께 초(楚)나라를
쳤다." 하였으니, 용(庸)과 복(濮)은 강(江)·한(漢)의 남쪽에 있었다. 강(羌)은 서촉(西
蜀)에 있었고, 무(髳)·미(微)는 파촉(巴蜀)에 있었고, 로(盧)·팽(彭)은 서북 지방에 있
었다. 무왕이 주(紂)를 정벌할 적에 약속하지 않고도 모인 것이 8백 개국이었는데, 이
제 군사들에게 맹세함에 유독 8개 국을 칭한 것은 이들 8개 국은 주나라의 서도(西都;
호경(鎬京))와 가까워서 평소에 복종하고 사역(使役)하였기에 마침내 군령〔約束〕을 받
고 싸운 자이며, 상문(上文)에 말한 바 우방(友邦)의 총군은 제후들을 널리 가리켜 맹
세한 것이다.

4. 稱爾戈하며 比爾干하며 立爾矛하라 予其誓하리라
　너희 짧은 창을 들고 너희 방패를 나란히 하고 너희 긴 창을 세워라. 내가 맹세를 하
겠다."

稱은 擧요 戈는 戟이요 干은 楯이라 矛亦戟之屬이니 長二丈이라 唐孔氏曰 戈는 短하
여 人執以擧之라 故로 言稱이요 楯則竝以扞敵이라 故로 言比요 矛는 長하여 立之
於地라 故로 言立이라 器械嚴整이면 則士氣精明하니 然後에 能聽誓命이라

　'칭(稱)'은 듦이요, '과(戈)'는 극(戟;갈라진 창)이요, '간(干)'은 방패이다. '모(矛)' 또
한 극(戟)의 등속이니, 길이가 2장(丈)이다. 당나라 공씨가 말하기를 "과(戈)는 짧아
서 사람들이 잡고 들기 때문에 칭(稱)이라 말하였고, 순(楯)은 나란히 들고서 적의 공
격을 막으므로 비(比)라 말하였고, 모(矛)는 길어서 땅에 세우므로 입(立)이라고 말했
다." 하였다. 기계(器械;병기)가 엄정(嚴整)하면 사기(士氣)가 정명(精明)하니, 그런 뒤에
야 맹세하는 명령을 들을 수 있는 것이다.

5. 王曰 古人有言曰 牝(빈)鷄는 無晨이니 牝鷄之晨은 惟家之索(삭)이라하니
라(이라하도다)
　무왕이 말씀하였다. "옛사람의 말에 '암탉은 새벽에 울지 말아야 하니, 암탉이 새벽
에 울면 집안이 소삭(蕭索;삭막)해진다.' 하였다.

索은 蕭索也라 牝鷄而晨이면 則陰陽反常이니 是爲妖孽而家道索矣라 將言紂惟
婦言是用이라 故로 先發此하니라
　'삭(索)'은 소삭(蕭索)함이다. 암탉이 새벽에 울면 음(陰)·양(陽)이 상도(常道)를 위
반하니, 이는 요얼(妖孽;요망한 재앙)이어서 가도(家道)가 소삭해진다. 주(紂)가 오직 부
인 달기(妲己)의 말을 따름을 말하려 하였으므로 먼저 이 말씀을 한 것이다.

6. 今商王受 惟婦言을 是用하여 昏棄厥肆祀하여 弗答하며 昏棄厥遺王父
母弟하여 不迪하고 乃惟四方之多罪逋(포)逃를 是崇是長하며 是信是使하여
是以爲大夫、卿士하여 俾暴虐于百姓하며 以奸宄于商邑하나다
　지금 상왕(商王) 수(受)가 오직 부인의 말을 따라, 응당 지내야 할 제사를 팽개쳐 보
답하지 않으며, 남기신 왕부모(王父母)의 아우들을 팽개쳐 도리로 대우하지 않고, 사
방에 죄가 많아 도망해온 자들을 높이고 우두머리로 삼아 이들을 믿고 부려서 이들로
써 대부(大夫)와 경사(卿士)를 삼아 백성들에게 포학하게 하고 상나라 읍(邑)에서 간귀
(奸宄;간악)하였다.

肆는 陳이요 答은 報也라 婦는 妲己也라 列女傳云 紂好酒淫樂(락)하고 不離妲己하
여 妲己所擧者를 貴之하고 所憎者를 誅之라하니 惟妲己之言是用이라 故로 顚倒昏
亂이라 祭는 所以報本也어늘 紂以昏亂으로 棄其所當陳之祭祀而不報하고 昆弟는
先王之胤也어늘 紂以昏亂으로 棄其王父母弟[33]而不以道遇之하여 廢宗廟之禮하고
無宗族之義하며 乃惟四方多罪逃亡之人을 尊崇而信使之하여 以爲大夫、卿士하여
使暴虐于百姓하고 奸宄于商邑하니라 蓋紂惑於妲己之嬖(폐)하여 背常亂理하여 遂
至流毒이 如此也라
　'사(肆)'는 제수(祭需)를 진열함이요 '답(答)'은 보답함이다. '부(婦)'는 달기(妲己)이
다. 《열녀전》에 "주(紂)가 술을 좋아하고 향락에 빠지며 달기의 곁을 떠나지 않아서,
달기가 천거하는 자는 귀하게 해주고 미워하는 자는 주벌했다." 하였으니, 오직 달기
의 말을 따랐기 때문에 전도(顚倒)되고 혼란한 것이다. '제(祭)'는 뿌리(조상)에 보답하

･･････
33　王父母弟 : 사계(沙溪)가 말씀하였다. "부모는 선왕이요 왕은 선왕을 높이는 말이니, 왕부모
의 아우는 선왕이 낳으신 아우이다.〔父母, 先王也, 王, 是尊之之辭. 王父母弟, 先王所生之弟也.〕"
《詳說》

…　孽 : 재앙 얼　逋 : 도망갈 포　宄 : 바깥도적 귀　妲 : 계집이름 달　胤 : 맏 윤　嬖 : 총애할 폐

는 것인데 주(紂)는 혼란함으로써 마땅히 지내야 할 제사를 버리고 보답하지 않았으며, 곤제(형제)들은 선왕의 아들인데 주는 혼란함으로써 왕부모(王父母)의 아우들을 버리고 도리로 대우하지 않았다. 그리하여 종묘의 예(禮)를 폐하고 종족(宗族)의 정의(情義)를 없애며, 오직 사방에 죄가 많아 도망해온 사람들을 존숭(尊崇)하여 믿고 부려서 이들로써 대부와 경사를 삼아 백성들에게 포학하게 하고 상나라 읍에서 간귀(姦宄)하였다. 주가 달기의 사랑에 혹하여 떳떳한 도리를 배반하고 이치를 어지럽혀 마침내 해독을 퍼뜨림이 이와 같음에 이른 것이다.

7. 今予發은 惟恭行天之罰하노니 今日之事는 不愆于六步、七步하여 乃止齊焉하리니 夫子는 勖哉하라

　이제 나 발(發)은 공손히 하늘의 벌(罰)을 행하노니, 금일(今日)의 싸우는 일은 6보(步)와 7보를 넘지 말아서 멈추어 정제(整齊)할 것이니, 장사(將士)들은 힘쓸지어다.

　愆은 過요 勖은 勉也라 步는 進趨也요 齊는 齊整也니 今日之戰은 不過六步、七步하여 乃止而齊라 此는 告之以坐作進退之法이니 所以戒其輕進也라

　'건(愆)'은 넘음이요, '욱(勖)'은 힘씀이다. '보(步)'는 나아가 달려감이요 '제(齊)'는 정제함이니, 금일의 싸움은 6보와 7보를 넘지 말아서 멈추어 정제하라고 한 것이다. 이는 좌작(坐作;앉고 일어남)과 진퇴(進退)의 법도를 고(告)한 것이니, 장사들의 경솔한 전진을 경계한 것이다.

8. 不愆于四伐、五伐、六伐、七伐하여 乃止齊焉하리니 勖哉하라 夫子아

　4벌(伐)·5벌·6벌·7벌을 넘지 말아서 멈추어 정제할 것이니, 힘쓸지어다. 장사들아!

　伐은 擊刺(척)也라 少不下四五하고 多不過六七而齊라 此는 告之以攻殺擊刺之法이니 所以戒其貪殺也라 上言夫子勖哉하고 此言勖哉夫子者는 反覆成文하여 以致其丁寧勸勉之意니 下倣此하니라

　'벌(伐)'은 치고 찌름이다. 적어도 4~5번 이하로 내려가지 말고 많아도 6~7번을 넘지 말아서 정제하라고 한 것이다. 이는 적병을 쳐죽이고 찌르는 방법을 가르쳐 준 것이니, 죽임을 탐함을 경계한 것이다. 위에서는 '부자욱재(夫子勖哉)'라 말하고, 여기

··· 勖 : 힘쓸 욱

서는 '욱재부자(勖哉夫子)'라고 말한 것은 반복하여 글을 이루어서 정녕(丁寧)하고 권면(勸勉)하는 뜻을 지극히 한 것이니, 하문(下文)도 이와 같다.

9. 尙桓桓如虎如貔(비)하며 如熊如羆(비)于商郊하되(하여) 弗迓克奔하여 以役西土하라 勖哉하라 夫子아

부디 굳세고 굳세어 범과 같고 비휴(貔貅)와 같으며 곰과 같고 큰곰과 같이 상나라 교(郊)에서 용감히 싸우되, 도망해 온 자들을 맞아 공격하여 서토(西土) 사람들을 노역(勞役)하게 하지 말라. 힘쓸지어다. 장사들아!

桓桓은 威武貌라 貔는 執夷也니 虎屬이라 欲將士如四獸之猛하여 而奮擊于商郊也라 迓는 迎也라 能奔來降者를 勿迎擊之하여 以勞役我西土之人이니 此는 勉其武勇而戒其殺降(항)也라

'환환(桓桓)'은 위엄이 있고 무용(武勇)스러운 모양이다. '비(貔)'는 집이(執夷)이니, 범의 등속이다. 장병들이 네 가지 짐승처럼 용맹하여 상나라 교(郊)에서 분격(奮擊)하기를 바란 것이다. '아(迓)'는 맞이함이다. 달려와 항복하는 자를 맞아 공격하여 우리 서토 사람들을 노역하게 하지 말라 한 것이니, 이는 무용을 권면하고 항복하는 자를 죽임을 경계한 것이다.

10. 爾所弗勖이면 其于爾躬에 有戮하리라

너희들이 힘쓰지 않으면 너희들 몸에 죽임이 있을 것이다."

弗勖은 謂不勉於前三者라 愚謂 此篇은 嚴肅而溫厚하여 與湯誓誥로 相表裏하니 眞聖人之言也라 泰誓、武成은 一篇之中에 似非盡出於一人之口하니 豈獨此爲全書乎아 讀者其味之니라

힘쓰지 않는다는 것은 앞의 세 가지에 힘쓰지 않음을 이른다. 내가 생각건대 이 편은 엄숙하면서도 온후(溫厚)하여 〈탕서(湯誓)〉·〈탕고(湯誥)〉와 서로 표리(表裏)가 되니, 참으로 성인(聖人)의 말씀이다. 〈태서(泰誓)〉·〈무성(武成)〉은 한 편 가운데에 한 사람의 입(말씀)에서 다 나오지 않은 듯하니, 아마도 유독 이것만이 완전한 글이 되는가보다. 읽는 자들은 이것을 잘 음미하여야 한다.

··· 貔 : 비휴 비 羆 : 큰곰 비 迓 : 맞이할 아

〈무성(武成)〉

史氏記武王往伐, 歸獸, 祀羣神, 告羣后와 與其政事하여 共爲一書하니 篇中에 有
武成二字일새 遂以名篇하니라 今文無, 古文有하니라

    사씨(史氏)가 무왕이 가서 정벌하고 짐승(소와 말)을 돌려보내며, 여러 신(神)에게
제사하고 제후들에게 고한 것과 그 정사를 기록하여 함께 한 책을 만들었다. 편(篇)
가운데 무성(武成)이란 두 글자가 있으므로 마침내 이것으로 편명(篇名)을 삼은 것이
다. 금문(今文)에는 없고 고문(古文)에는 있다.

【小序】 武王이 伐殷할새 往伐歸獸하고 識(지)其政事하여 作武成하니라

    무왕이 은나라를 정벌할 적에 가서 정벌하고 〈전쟁에 동원된〉 마소를 돌려보낸 다
음 좋은 정사를 기록하여 〈무성〉을 지었다.

【辨說】 歸獸는 歸馬放牛也라 武成所識(지)는 其事之大者亦多矣어늘 何獨先取
於歸馬放牛哉아

    '귀수(歸獸)'는 말〔馬〕을 돌려보내고 소〔牛〕를 방목한 것이다. 〈무성〉에 기록한 바
는 그 일의 큰 것이 또한 많은데, 어찌 홀로 먼저 말을 돌려보내고 소를 방목한 것을
취하였는가.

1. 惟一月壬辰旁死魄越翼(翌)日癸巳에 王이 朝步自周[34]하사 于征伐商하 시다

  1월 임진일 방사백(旁死魄) 익일(翼日:다음날)인 계사일에 왕이 아침에 주(周:호경(鎬
京))로부터 행차하여 가서 상나라를 정벌하셨다.

一月은 建寅之月이니 不曰正而曰一者는 商建丑하여 以十二月爲正朔이라 故로 曰
一月也니 詳見太甲、泰誓篇하니라 壬辰은 以泰誓戊午推之컨대 當是一月二日이라
死魄은 朔也니 二日故로 曰旁死魄이라 翼은 明也라 先記壬辰旁死魄하고 然後에
言癸巳伐商者는 猶後世言某日에 必先言某朔也라 周는 鎬京也니 在京兆鄠(호)

---

34 朝步自周 : 보(步)는 반드시 도보(徒步)로 걸어서 간 것이 아니요 행(行)의 뜻과 같이 쓴 것이
라 한다.

··· 魄 : 어두울 백　翼 : 내일 익(翌通)　鄠 : 땅이름 호

縣上林하니 卽今長安縣昆明池北鎬陂 是也라

　　1월은 건인월(建寅月)이니, 정월(正月)이라고 말하지 않고 1월이라고 말한 것은 상나라는 건축월(建丑月)을 정월로 하여 12월을 정삭(正朔)으로 삼았으므로 1월이라고 말한 것이니, 이 내용이 〈태갑(太甲)〉과 〈태서(泰誓)〉에 자세히 보인다. 임진은 〈태서〉의 무오일(戊午日)로 미루어 보면 마땅히 1월 2일이 되어야 한다. 사백(死魄;달의 어둠이 죽음)은 초하루이니, 2일이기 때문에 방사백(旁死魄;사백의 곁)이라고 말하였다. '익(翼)'은 명일(明日)이니, 먼저 임진일 방사백이라 기록하고 그런 뒤에 계사일에 상나라를 정벌했다고 말한 것은, 후세에 아무 날을 말할 적에 반드시 먼저 아무 삭(朔)을 말함과 같다. '주(周)'는 호경(鎬京)이니, 경조(京兆)의 호현(鄠縣) 상림(上林)에 있었으니, 바로 지금의 장안현(長安縣) 곤명지(昆明池) 북쪽 호피(鎬陂)가 이곳이다.

厥四月哉生明에 王이 來自商하사 至于豐하사 乃偃武修文하사 歸馬于華山之陽하시며 放牛于桃林之野하사 示天下弗服하시다

　4월 재생명(哉生明;달의 밝음이 처음 생김)에 왕이 상나라에서 오시어 풍(豐)에 이르러 무(武)를 쉬게 하고 문(文)을 닦으시어 군마(軍馬)를 화산(華山)의 남쪽에 돌려보내고 소를 도림(桃林)의 들에 풀어놓아 천하에 〈무력을〉 쓰지 않을 것임을 보이셨다.

哉는 始也니 始生明은 月三日也라 豐은 文王舊都也니 在京兆鄠縣하니 卽今長安縣西北靈臺豐水之上이니 周先王廟在焉이라 山南曰陽이라 桃林은 今華陰縣潼關也라 樂記曰 武王勝商하시고 渡河而西하여 馬를 散之華山之陽而弗復乘하고 牛를 放之桃林之野而弗復服하며 車甲을 釁(衅)(흔)而藏之府庫하고 倒載干戈하여 包以虎皮하시니 天下知武王之不復用兵也라하니라
○ 此는 當在萬姓悅服之下니라
　'재(哉)'는 비로소[始]이니, 시생명(始生明)은 그 달의 3일이다. '풍(豐)'은 문왕의 옛 도읍이니, 경조(京兆)의 호현(鄠縣)에 있었으니, 지금의 장안현(長安縣) 서북쪽 영대(靈臺) 풍수(豐水)의 가이니, 주나라 선왕의 사당이 이곳에 있었다. 산의 남쪽을 '양(陽)'이라 한다. '도림(桃林)'은 지금의 화음현(華陰縣) 동관(潼關)이다. 《예기》〈악기(樂記)〉에 "무왕이 상나라를 이기고 황하를 건너 서쪽으로 와서 말을 화산(華山)의 남쪽에 풀어놓아 다시 타지 않고 소를 도림(桃林)의 들에 풀어놓아 다시 일을 시키지 않았으며, 수레와 갑옷에 피를 발라 부고(府庫)에 보관하고 창과 방패를 거꾸로 실어 호피(虎

…　陂 : 제방 피　潼 : 물이름 동　釁 : 피칠할 흔(衅同)

皮)로 포장하니, 천하에서는 무왕이 다시 병력(무력)을 쓰지 않을 것임을 알았다." 하
였다.

　　○ 이(이 글)는 마땅히 '만성열복(萬姓悅服)'의 아래에 있어야 할 것이다.

丁未에 **祀于周廟**하실새 **邦、甸、侯、衛駿奔走**하여 **執豆籩**하더니 **越三日庚戌**
에 **柴望**하사 **大告武成**하시다

　정미일에 주나라 사당에 제사할 적에 방(邦)·전(甸)과 후(侯)·위(衛)의 제후들이 신
속히 달려와서 두(豆)와 변(籩)을 잡더니, 3일이 지난 경술일에 시(柴)·망(望)을 하여
크게 무공(武功)이 이루어짐을 크게 고유하셨다.

駿은 **爾雅曰 速也**라하니라 **周廟**는 **周祖廟也**라 **武王**이 **以克商之事**로 **祭告祖廟**하실
새 **近而邦、甸**과 **遠而侯、衛**가 **皆駿奔走執事**하여 **以助祭祀**라 **豆**는 **木豆**요 **籩**은 **竹**
豆니 **祭器也**라 **旣告祖廟**하고 **燔柴祭天**하고 **望祀山川**하여 **以告武功之成**하니 **由近**
而遠이요 **由親而尊也**라
○ **此**는 **當在百工受命于周之下**니라

　'준(駿)'은 《이아(爾雅)》에 "신속함이다." 하였다. '주묘(周廟)'는 주나라 선조의 사당
이다. 무왕이 상나라를 이긴 일을 선조의 사당에 제사하여 고(告)할 적에 이때 가까이
는 방(邦)·전(甸)과 멀리는 후(侯)·위(衛)의 제후들이 모두 크게(신속히) 달려와서 제
사하는 일을 잡아서 제사를 도왔다. '두(豆)'는 나무로 만든 그릇이고, '변(籩)'은 대나
무로 만든 그릇이니, 모두 제기(祭器)이다. 이미 선조의 사당에 고유하고 섶을 태워 하
늘에 제사하고 산천(山川)을 바라보고 제사하여 무공(武功)이 이루어짐을 고유하였으
니, 가까운 곳으로부터 먼데 이르고 친함(종묘)으로부터 높은 데(하늘)에 이른 것이다.

　　○ 이는 마땅히 '백공수명우주(百工受命于周)'의 아래에 있어야 한다.

旣生魄에 **庶邦冢君**과 **暨**(기)**百工**이 **受命于周**하니라

　기생백(旣生魄:16일)에 여러 나라의 총군과 백공(백관)들이 주나라에서 명을 받았다.

生魄은 **望後也**라 **四方諸侯及百官**이 **皆於周受命**이라 **蓋武王新卽位**에 **諸侯、百官**
이 **皆朝見**(현)**新君**이니 **所以正始也**라
○ **此**는 **當在示天下弗服之下**니라

⋯　**駿** : 빠를 준　**豆** : 나무그릇 두　**籩** : 대그릇 변　**柴** : 나무 시　**燔** : 태울 번　**暨** : 및 기

생백(生魄:어둠이 생김)은 보름 뒤이다. 사방의 제후와 백관들이 모두 주나라에서 명을 받았다. 무왕이 새로 즉위함에 제후와 백관들이 모두 새 군주를 뵈온 것이니, 시작을 바로잡은 것이다.

○ 이는 마땅히 '시천하불복(示天下弗服)'의 아래에 있어야 한다.

王若曰 嗚呼羣后아 **惟先王**이 **建邦啓土**하시고(하여시늘) **公劉克篤前烈**이러시니(이어시늘) **至于大(太)王**하여 **肇基王迹**하시고(하여시늘) **王季其勤王家**하시며(어시늘) **我文考文王**이 **克成厥勳**하사 **誕膺天命**하사 **以撫方夏**하신대 **大邦**은 **畏其力**하고 **小邦**은 **懷其德**이 **惟九年**이러니 **大統**을 **未集**이어시늘 **予小子其承厥志**호라

무왕이 다음과 같이 말씀하였다.

"아! 여러 제후들아. 선왕(후직(后稷))이 나라를 세워 토지(영토)를 열어 놓으셨고, 공류(公劉)가 전인(前人)의 공렬(功烈)을 돈독히 하셨는데, 태왕(太王)에 이르러 처음으로 왕자(王者)의 자취를 터닦으셨고, 왕계(王季)가 왕가(王家)에 근로하셨다. 그리고 우리 문고(文考)이신 문왕께서 능히 그 공(功)을 이룩하시어 크게 천명(天命)에 응하여 사방의 중하(中夏)를 어루만지시니, 큰 나라는 그 힘을 두려워하고 작은 나라는 그 덕을 그리워한 지가 9년이었는데, 대통(大統)을 이루지 못하시고 별세하셨으므로 나 소자(小子)가 그 뜻을 이었노라.

羣后는 **諸侯也**라 **先王**은 **后稷**이니 **武王追尊之也**라 **后稷**이 **始封於邰**(태)라 **故로曰建邦啓土**라하니라 **公劉**는 **后稷之曾孫**이니 **史記云 能修后稷之業**이라하니라 **太王**은 **古公亶父**(단보)**也**니 **避狄**하여 **去邠**(빈)**居岐**한대 **邠人**이 **仁之**하여 **從之者如歸市**[35]하니라 **詩曰 居岐之陽**하여 **實始翦商**이라하니 **太王**이 **雖未始有翦商之志**나 **然太王**이 **始得民心**하여 **王業之成**이 **實基於此**라 **王季能勤以繼其業**하고 **至於文王**하여는 **克成厥功**하여 **大受天命**하여 **以撫安方夏**하시니 **大邦**은 **畏其威而不敢肆**하고 **小邦**은 **懷其德而得自立**이라 **自爲西伯專征**으로 **而威德**이 **益著於天下**러니 **凡九年**에 **崩**하시니라 **大統未集者**는 **非文王之德**이 **不足以受天下**요 **是時**에 **紂之惡**이 **未至於亡**

. . . .

35 避狄……從之者如歸市 : 이 내용은 《맹자》〈양혜왕 하(梁惠王下)〉에 보인다.

. . . 肇 : 비로소 조 膺 : 받을 응 邰 : 나라이름 태 邠 : 땅이름 빈(豳同)

天下也라 文王이 以安天下爲心이라 故로 予小子亦以安天下爲心이니라
○ 此는 當在大告武成之下니라

　'군후(羣后)'는 제후이다. '선왕'은 후직(后稷)이니, 무왕이 추존(追尊)한 것이다. 후직이 처음 태(邰)나라에 봉해졌으므로 나라를 세우고 토지를 열었다고 말한 것이다. 공류는 후직의 증손(曾孫)이니, 《사기》〈주기(周紀)〉에 "후직의 업(業)을 닦았다." 하였다. 태왕은 고공 단보(古公亶父)이니, 오랑캐[狄]를 피하여 빈(邠)을 떠나 기산(岐山)에 거주하자, 빈(邠) 땅 사람들이 어질게 여겨 따라온 자가 시장에 돌아가는 것과 같았다. 《시경》〈노송(魯頌) 비궁(閟宮)〉에 "기산의 남쪽에 거하여 실로 처음으로 상나라를 정벌했다." 하였으니, 태왕이 비록 일찍이 상나라를 정벌할 뜻이 있지는 않았으나 태왕이 처음으로 민심을 얻어 왕업(王業)의 이루어짐이 실로 이때에 터전한 것이다.

　왕계는 능히 근로하여 그 업(業)을 계승하셨고, 문왕에 이르러서는 능히 그 공(功)을 이루어 천명을 크게 받아서 사방의 중하(中夏)를 어루만져 편안히 하시니, 큰 나라는 그 위엄을 두려워하여 함부로 하지 못하고, 작은 나라는 그 덕을 그리워하여 자립(自立)할 수 있었다. 문왕이 서백(西伯)이 되어 정벌을 마음대로 한 뒤로부터 위엄과 덕이 더욱 천하에 드러났는데 무릇 9년에 붕(崩)하셨다. 대통(大統)을 이루지 못했다는 것은 문왕의 덕이 천하를 받을 수 없어서가 아니요, 이때 주(紂)의 악(惡)이 아직 천하를 잃음에 이르지 않았기 때문이었다. 문왕이 천하를 편안히 함을 마음으로 삼으셨으므로 나 소자(小子) 또한 천하를 편안히 하는 것을 마음으로 삼은 것이다.

　○ 이는 마땅히 '대고무성(大告武成)'의 아래에 있어야 한다.

底(지)商之罪하사 告于皇天、后土와 所過名山、大川하사 曰 惟有道曾孫周王發은 將有大正于商하노니 今商王受無道하여 暴殄天物하며 害虐烝民하며 爲天下逋逃主라 萃(췌)淵藪어늘 予小子旣獲仁人하여 敢祗承上帝하여 以遏亂略하니 華夏、蠻貊이 罔不率俾하나다

　상나라의 죄를 지극히 말하여 황천(皇天)과 후토(后土)와 지나가는 곳의 명산(名山)·대천(大川)에 고유하여 말씀하기를 "도(道)가 있는 사람의 증손(曾孫)인 발(發)은 장차 상나라에 크게 바로잡음이 있을 것이니, 지금 상왕(商王) 수(受)가 무도(無道)하여 하늘이 내린 여러 물건을 함부로 버리며, 증민(烝民;여러 백성)들을 해치고 포학하게 하며, 천하에 도망온 자들의 주인이 되어 마치 〈물고기와 짐승이〉 못과 숲에 모이듯 합니다. 나 소자는 이미 어진 사람을 얻어 감히 상제를 공경히 받들어서 주(紂)의 어

지러운 꾀(모략)를 막으니, 화하(華夏)와 만맥(蠻貊)이 모두 따르지 않는 자가 없습니다.”

底는 至也라 后土는 社也니 句龍爲后土라 周禮大(太)祝云 王過大山川則用事焉이라하니라 孔氏曰 名山은 謂華요 大川은 謂河하니 蓋自豐鎬往朝歌면 必道華涉河也라 曰者는 擧武王告神之語라 有道는 指其父祖而言이라 周王二字는 史臣追增之也라 正은 卽湯誓不敢不正之正이라 萃는 聚也라 紂殄物害民하고 爲天下逋逃罪人之主하여 如魚之聚淵하고 如獸之聚藪也라 仁人은 孔氏曰 太公、周、召之徒라하니라 略은 謀略也라 俾는 廣韻曰 從也라하니라 仁人旣得이면 則可以敬承上帝하여 而遏絕亂謀니 內而華夏와 外而蠻貊이 無不奉從矣라 或曰 太公歸周는 在文王之世요 周、召는 周之懿親이니 不可謂之獲이니 此蓋仁人自商而來者라하니 愚謂獲者는 得之云爾니 卽泰誓之所謂仁人이니 非必自外來也라 不然이면 經傳에 豈無傳乎아

○ 此는 當在于征伐商之下니라

'지(底)'는 지극함이다. '후토'는 사(社)이니, 구룡씨(句龍氏)가 후토가 되었다.《주례》〈춘관(春官) 태축(太祝)〉에 “왕(王)이 큰 산천을 지나게 되면 사(社)에 제사한다.” 하였다. 공씨가 말하기를 “명산은 화산(華山)을 이르고 대천은 하수(황하)를 이르니, 풍(豐)과 호(鎬)로부터 조가(朝歌)에 가려면 반드시 화산을 지나고 황하를 건너간다.” 하였다. '왈(曰)'은 무왕이 신(神)에게 고유한 말씀을 든 것이다. 도(道)가 있다는 것은 그 아버지와 할아버지를 가리켜 말한 것이다. '주왕(周王)' 두 글자는 사신(史臣)이 추후에 더한 것이다. '정(正)'은 곧 〈탕서(湯誓)〉에 “감히 바로잡지 않을 수 없다.〔不敢不正〕”는 정(正)과 같다. '췌(萃)'는 모임이다. 주(紂)가 물건을 버리고 백성을 해치며 천하에 도망 온 죄인들의 주인이 되어서 마치 물고기가 못에 모이듯이 하고 짐승이 숲에 모이듯이 한 것이다.

'인인(仁人)'은 공씨가 말하기를 “태공(太公)・주공(周公)・소공(召公)의 무리이다.” 하였다. '약(略)'은 모략(謀略)이다. '비(俾)'는《광운(廣韻)》에 “따름이다.” 하였다. 인인(仁人)을 이미 얻었으면 공경히 상제를 받들어서 주(紂)의 어지러운 모략을 막고 끊을 수 있으니, 안으로 화하(華夏)와 밖으로 만맥(蠻貊)들이 따르지 않는 자가 없었다.

혹자는 말하기를 “태공이 주나라로 돌아온 것은 문왕의 세대에 있었고, 주공과 소공은 주나라의 가까운 친족이니, 획(獲)이라고 이를 수 없다. 이는 인인(仁人)이 상나

라에서 온 것일 것이다.”라고 말한다. 나는 생각하건대 ‘획(獲)’은 그를 얻었다는 말이니, 〈태서(泰誓)〉에 이른바 인인이니, 반드시 밖으로부터 온 것이 아니다. 그렇지 않다면 경전(經傳)에 어찌 전함이 없겠는가.

　　○ 이는 마땅히 ‘우정벌상(于征伐商)’의 아래에 있어야 한다.

恭天成命하여 **肆予東征**하여 **綏厥士女**하니 **惟其士女 篚厥玄黃**하여 **昭我周王**은 **天休震動**이라 **用附我大邑周**나라

　하늘의 성명(成命)을 공경히 받들어 그러므로 내가 동쪽으로 정벌해서 사녀(士女)들을 편안히 하니, 사녀들이 검은 비단과 누런 비단을 광주리에 담아서 우리 주왕(周王)의 덕을 밝힘은 하늘의 아름다움이 진동하기 때문이었다. 그리하여 우리 큰 읍(邑)인 주나라에 귀부(歸附)하였다.

成命은 **黜商之定命也**라 **篚**는 **竹器**요 **玄黃**은 **色幣也**라 **敬奉天之定命**이라 故로 **我東征**하여 **安其士女**하니 **士女喜周之來**하여 **筐篚**에 **盛其玄黃之幣**하여 **明我周王之德者**는 **是蓋天休之所震動**이라 故로 **民用歸附我大邑周也**라 **或曰 玄黃**은 **天地之色**이니 **篚厥玄黃者**는 **明我周王有天地之德也**라하니라

○ **此**는 **當在其承厥志之下**니라

　‘성명(成命)’은 상나라를 내치는 정해진 명이다. ‘비(篚)’는 대그릇(광주리)이요, ‘현황(玄黃)’은 색깔이 있는 폐백이다. 하늘이 정한 명을 공경히 받들었다. 그러므로 내가 동쪽으로 정벌하여 사녀(士女)들을 편안히 하니, 사녀들은 주나라가 온 것을 기뻐하여 광주리에 현황(검정색과 황색)의 폐백을 담아서 우리 주왕(周王)의 덕을 밝혔으니, 이는 바로 하늘의 아름다움이 진동하기 때문이었다. 그러므로 백성들이 우리 큰 읍(邑)인 주나라에 귀부(歸附)한 것이다.

　혹자는 말하기를 “현(玄)·황(黃)은 하늘과 땅의 색깔이니, 현·황의 비단을 광주리에 담은 것은 우리 주왕이 하늘과 땅의 덕이 있음을 밝힌 것이다.”라고 한다.

　　○ 이는 마땅히 ‘기승궐지(其承厥志)’의 아래에 있어야 한다.

··· 綏 : 따를 수　篚 : 광주리 비

惟爾有神은 尙克相予하여 以濟兆民하여 無作神羞[36]라 旣戊午에 師渡孟津하여 癸亥에 陳于商郊하여 俟天休命하더시니 甲子昧爽에 受率其旅하되 若林하여 會于牧野호되(하니) 罔有敵于我師요 前徒倒戈하여 攻于後以北(배)하여 血流漂杵(표저)하여 一戎衣에 天下大定이라(이어늘) 乃反商政하여 政由舊하시고 釋箕子囚하시며 封比干墓하시며 式商容閭하시며 散鹿臺之財하시며 發鉅橋之粟하사 大賚(뢰)于四海하신대 而萬姓이 悅服하니라

'당신인 신(神)들은 부디 나를 도와서 억조(億兆)의 백성을 구제하여 신의 부끄러움이 되지 말라.' 한 것이다. 이미 무오일에 군대가 맹진(孟津)을 건너가 계해일에 상나라 교(郊)에 진을 치고서 하늘의 아름다운 명을 기다리셨는데, 갑자일 매상(昧爽)에 수(受)가 그 군대를 거느리되 숲처럼 많이 하여 목야(牧野)에 모였으나, 그들은 우리 군대에게 대적하는 자가 없고, 앞에 있는 무리들이 창을 거꾸로 들어 자군(自軍)의 뒤를 공격하여 패배시켜 피가 흘러 방패가 떠다녀 한 번 융의(戎衣;전투복)를 입음에 천하가 크게 안정되었다. 이에 상나라의 정사를 되돌려서 정사는 옛날을 따르고, 갇혀있던 기자(箕子)를 풀어주고 비간(比干)의 묘를 봉표(封表)하고 상용(商容)의 마을에 경례하며, 녹대(鹿臺)의 재물을 흩어주고 거교(鉅橋)의 곡식을 풀어서 크게 사해에 주시니, 만백성들이 기뻐하여 복종하였다.

休命은 勝商之命也라 武王이 頓(屯)兵商郊하고 雍容不迫하여 以待紂師之至而克之어시늘 史臣이 謂之俟天休命이라하니 可謂善形容者矣로다 若林은 卽詩所謂其會如林者라 紂衆이 雖有如林之盛이나 然皆無有肯敵我師之志요 紂之前徒倒戈하여 反攻其在後之衆以走하여 自相屠戮하여 遂至血流漂杵하니 史臣이 指其實而言之라 蓋紂衆이 離心離德이로되 特劫於勢而未敢動耳러니 一旦에 因武王弔伐之師하여 始乘機投隙하여 奮其怨怒하여 反戈相戮하여 其酷烈이 遂至如此하니 亦足以見紂積怨于民이 若是其甚이요 而武王之兵은 則蓋不待血刃也라 此所以一被兵甲而天下遂大定乎인저

'휴명(休命)'은 상나라를 이기는 명이다. 무왕이 군대를 상나라 교(郊)에 주둔하고

••••••

36 　無作神羞:호산은 "무작신수(無作神羞)' 이상은 '망불솔비(罔不率俾)'의 아래에 소속되어 한 절이 되어야 한다.〔神羞以上, 當係率俾下, 爲一節.〕"하였다.《詳說》아래의 고정본(考定本)을 참고할 것.

••• 爽:날밝을 상 漂:흐를 표 杵:절구공이 저 戎:군사 융 鉅:클 거 賚:줄 뢰 屠:무찌를 도 隙:틈 극

옹용(雍容)하여 (여유로워) 핍박하지 않으면서 주(紂)의 군대가 오기를 기다려 이기셨는데, 사신(史臣)이 하늘의 아름다운 명을 기다렸다고 말하였으니, 형용을 잘한 자라고 이를 만하다. 숲과 같다는 것은 《시경》〈대명(大明)〉에 이른바 "그 모임이 숲과 같다."는 것이니, 주(紂)의 무리가 비록 숲과 같이 많았으나 모두 우리 군대에게 대적하려는 뜻을 가진 자가 없었고, 앞에 있던 주의 무리들이 창을 거꾸로 들고서 도리어 뒤에 있는 무리를 공격하여 패주(敗走)시켰다. 그리하여 자기들끼리 도륙(屠戮)하여 마침내 피가 흘러 방패가 표류함에 이르렀으니, 사신(史臣)이 그 실제를 가리켜 말한 것이다.

　주(紂)의 무리가 마음이 떠나고 덕이 떠났으나 다만 형세에 눌려서 감히 움직이지 못할 뿐이었는데, 하루아침에 무왕의 조벌(弔伐;불쌍한 백성을 위문하고 죄인을 토벌함)하는 군대로 인하여 비로소 기회를 타고 틈을 타서 원망과 노여움이 폭발하여 창을 거꾸로 들고서 서로 도륙하여 그 혹렬(酷烈)함이 마침내 이와 같음에 이르렀으니, 또한 주가 백성들에게 원망을 쌓음이 이와 같이 심함을 볼 수 있으며, 무왕의 군대는 칼날에 피를 묻힐 필요가 없었던 것이다. 이 때문에 한 번 병갑(兵甲)을 입음에 천하가 마침내 크게 안정된 것이다.

乃者는 繼事之辭니 反紂之虐政하여 由商先王之舊政也라 式(軾)은 車前橫木이니 有所敬則俯而憑之라 商容은 商之賢人이라 閭는 族居里門也라 齎는 予也라 武王이 除殘去暴하고 顯忠遂良하며 賑窮賙乏(진궁주핍)하사 澤及天下하시니 天下之人이 皆心悅而誠服之라 帝王世紀云 殷民言 王之於仁人也에 死者도 猶封其墓어든 況生者乎아 王之於賢人也에 亡者도 猶表其閭어든 況存者乎아 王之於財也에 聚者도 猶散之어든 況其復籍之乎아하니라 唐孔氏曰 是爲悅服之事니라
○ 此는 當在罔不率俾之下니라

　'내(乃;이에)'는 일을 잇는 말이니, 〈이에〉 주의 학정(虐政)을 되돌려 상나라 선왕의 옛 정사를 따른 것이다. '식(式)'은 수레 앞에 가로로 댄 나무이니, 공경할 대상이 있으면 고개를 숙여 여기에 기댄다. '상용(商容)'은 상나라의 현인(賢人)이다. '려(閭)'는 종족이 거주하는 이문(里門)이다. '뢰(齎)'는 줌이다. 무왕이 백성을 잔해(殘害)하는 자를 제거하고 폭악한 자를 제거하며 충성스러운 자를 드러내고 어진 자를 이루시며, 곤궁한 자를 구휼하고 궁핍한 자를 도와 은택이 천하에 미치시니, 천하 사람들이 모두 마음으로 기뻐하여 정성으로 복종하였다.

　《제왕세기(帝王世紀)》에 "은나라 백성들이 말하기를 '왕이 인인(仁人)에 대해 죽은

자도 오히려 그 묘(墓)를 봉표(封表)해 주시는데 하물며 산 자이겠는가. 왕이 현인에 대해 망자(亡者)에게도 오히려 그 마을에 정표를 하시는데 하물며 생존한 자이겠는가. 왕이 재물에 있어 모은 것도 오히려 흩어주시는데 하물며 〈백성의 재물을〉 다시 장부에 기록하여 소유하겠는가.'라고 말했다." 하였다. 당나라 공씨가 말하기를 "이것이 기뻐하여 복종한 일이다." 하였다.

　　○ 이는 마땅히 '망불솔비(罔不率俾)'의 아래에 있어야 한다.

列爵惟五에 **分土惟三**이며 **建官惟賢**하시고 **位事惟能**하시며 **重民五敎**하사되 **惟食、喪、祭**하시며 **惇信明義**하시며 **崇德報功**하시니 **垂拱而天下治**하나라

　　작위(爵位)를 나열함은 다섯 가지로 하되 땅을 나누어줌은 세 가지로 하며, 벼슬을 세우되 현자(賢者)로 하고, 일을 맡겨 지위에 있게 하되 능력이 있는 자로 하시며, 백성의 다섯 가지 가르침을 소중히 하시되 음식과 상례(喪禮)와 제례(祭禮)에 특히 유념(留念)하시며, 신(信)을 돈독히 하고 의리를 밝히며, 덕(德)을 높이고 공(功)에 보답하시니, 의상(衣裳)을 드리우고 손을 모으고서 (크게 하는 일 없이) 천하가 다스려졌다.

列爵惟五는 公、侯、伯、子、男也요 **分土惟三**은 公、侯百里, 伯七十里, 子、男五十里之三等也라 **建官惟賢**이면 不肖者不得進이요 **位事惟能**이면 不才者不得任이라 五敎는 君臣、父子、夫婦、兄弟、長幼五典之敎也요 食以養生하고 喪以送死하고 祭以追遠하니 五敎, 三事는 所以立人紀而厚風俗이니 聖人之所甚重焉者라 惇은 厚也라 厚其信하고 明其義하여 信義立에 而天下無不勵之俗이요 有德者를 尊之以官하고 有功者를 報之以賞하여 官賞行에 而天下無不勸之善이라 夫分封有法하고 官使有要하며 五敎修而三事擧하고 信義立而官賞行하니 武王於此에 復何爲哉시리오 垂衣拱手而天下自治矣라 史臣이 述武王政治之本末에 言約而事博也 如此哉인저 ○ 此는 當在大邑周之下로되 而上에 猶有缺文이라 按此篇이 編簡錯亂하여 先後失序일새 今考正其文于後하노라

　　작위를 나열함을 다섯 가지로 했다는 것은 공(公)·후(侯)·백(伯)·자(子)·남(男)이며, 땅을 나누어줌을 세 가지로 했다는 것은 공(公)과 후(侯)의 영토는 백 리이고 백(伯)은 70리이고 자(子)와 남(男)은 50리의 세 등급이다. 벼슬을 세우되 현자로 하면 불초(不肖)한 자가 진용(進用)될 수 없고, 지위를 주어 일을 맡기되 능력이 있는 자로 하면 재주 없는 자가 임용될 수 없는 것이다. '오교(五敎)'는 군신·부자·부부·형

・・・　惇 : 돈독할 돈　錯 : 어긋날 착

제·장유의 다섯 가지 떳떳한 가르침이며, 음식으로 산 사람을 봉양하고 상례(喪禮)로 죽은 사람을 장송(葬送)하고 제사로 멀리 가신(이미 매장한) 선조를 추모(追慕)하니, 오교(五敎)와 삼사(三事)는 인기(人紀;인륜)를 세워 풍속을 후하게 하는 것이니, 성인이 매우 중요시하신 것이다. '돈(惇)'은 돈후(敦厚)함이다. 그 신(信)을 돈후하게 하고 그 의(義)를 밝혀서 신(信)과 의(義)가 세워짐에 천하에 힘쓰지 않는 풍속이 없으며, 덕이 있는 자를 관직으로 높여주고 공(功)이 있는 자를 상(賞)으로 보답하여 관직과 상이 행해짐에 천하에 권면되지 않는 선(善)이 없었다.

분봉(分封)함에 법칙(원칙)이 있고 벼슬을 시키고 부림에 요체가 있으며, 오교가 닦여지고 삼사가 거행되며 신(信)과 의(義)가 확립되고 관(官;벼슬시킴)과 상(賞)이 행해지니, 무왕이 이때에 다시 무엇을 하시겠는가. 의상을 드리우고 손을 모으고서도 천하가 저절로 다스려졌다. 사신이 무왕의 정치에 대한 본말(本末)을 서술함에 말이 간략하면서도 일이 넓음이 이와 같았다.

○ 이는 마땅히 '대읍주(大邑周)'의 아래에 있어야 할 터인데 위에 아직도 빠진 글이 있다. 살펴보건대 이 편(篇)은 편간(編簡)이 착란(錯亂)되어 선후(先後)의 순서가 잘못되었으므로 이제 그 글을 상고(詳考)하여 뒤에 바로잡는 바이다.

이제 상고하여 다시 정한 무성(今考定武成)

① **惟一月壬辰旁死魄越翼(翌)日癸巳**에 **王**이 **朝步自周**하사 **于征伐商**하시다

1월 임진일(壬辰日) 방사백(旁死魄) 익일(翼日;다음날)인 계사일에 왕이 아침에 주(周;호경(鎬京))로부터 행차하여 가서 상나라를 정벌하셨다.

② **厎商之罪**하사 **告于皇天、后土**와 **所過名山、大川**하사 **曰 惟有道曾孫 周王發**은 **將有大正于商**하노니 **今商王受 無道**하여 **暴殄天物**하며 **害虐烝民**하며 **爲天下逋逃主**라 **萃淵藪**어늘 **予小子旣獲仁人**하여 **敢祗承上帝**하여 **以**

遏亂略하니 華夏、蠻貊이 罔不率俾³⁷하나다

상나라의 죄를 지극히 말씀하여 황천(皇天)과 후토(后土)와 지나가는 곳의 명산(名山)·대천(大川)에 고유하여 말씀하기를 "도(道)가 있는 사람의 증손(曾孫)인 발(發)은 장차 상나라에 크게 바로잡음이 있을 것이니, 이제 상왕(商王) 수(受)가 무도(無道)하여 하늘이 내린 여러 물건을 함부로 버리며, 여러 백성들을 해치고 포학하게 하며, 천하에 도망온 자들의 주인이 되어 마치 〈물고기와 짐승이〉 못과 숲에 모이듯 합니다. 나 소자는 이미 어진 사람을 얻어 감히 상제를 공경히 받들어서 주(紂)의 어지러운 모략을 막으니, 화하(華夏)와 만맥(蠻貊)이 모두 따르지 않는 자가 없었습니다.

③惟爾有神은 尙克相予하여 以濟兆民하여 無作神羞하라

당신인 신(神)들은 부디 나를 도와서 억조(億兆)의 백성을 구제하여 신의 부끄러움이 되지 말라."

④旣戊午에 師渡孟津하여 癸亥에 陳于商郊하여 俟天休命하더시니 甲子昧爽에 受率其旅호되 若林하여 會于牧野하니 罔有敵于我師요 前徒倒戈하여 攻于後以北하여 血流漂杵하여 一戎衣에 天下大定이라 (이어늘) 乃反商政하여 政由舊하시고 釋箕子囚하시며 封比干墓하시며 式商容閭하시며 散鹿臺之財하시며 發鉅橋之粟하사 大賚于四海하신대 而萬姓이 悅服하니라

이미 무오일에 군대가 맹진을 건너가 계해일에 상나라 교(郊)에 진을 치고서 하늘의 아름다운 명을 기다렸는데, 갑자일 매상(昧爽)에 수(受)가 그 군대를 거느리되 숲처럼 많이 하여 목야(牧野)에 모였는데, 그들은 우리 군대에게 대적하는 자가 없고, 앞에 있는 무리들이 창을 거꾸로 들어 자군의 뒤를 공격하여 패배시켜 피가 흘러 방패가 떠다녔다. 한 번 융의(戎衣:전투복)를 입음에 천하가 크게 안정되었다. 이에 상나라의 정사를 되돌려서 정사는 옛날을 따르시고, 기자(箕子)를 가둔 것을 풀어주고 비간(比干)의 묘를 봉표(封表)하고 상용(商容)의 마을에 경례하시며, 녹대(鹿臺)의 재물을 흩어주고 거교(鉅橋)의 곡식을 풀어주어서 사해에 크게 주시니, 만백성들이 기뻐하여 복종하였다.

••••••

37 惟爾有神……無作神羞:이 절(節)은 개정본 3절의 위 '旣戊午'와 연결되어 있었으나, 호산의 설을 따라 별도로 한 절로 만들었다.

⑤ 厥四月哉生明에 王來自商하사 至于豊하사 乃偃武修文하사 歸馬于華山之陽하시며 放牛于桃林之野하사 示天下弗服하시다

4월 재생명(哉生明;초사흘)에 왕이 상나라에서 오시어 풍(豊)에 이르러 무(武)를 쉬게 하고 문(文)을 닦으시어 군마를 화산(華山)의 남쪽에 돌려보내고 소를 도림(桃林)의 들에 풀어놓아 천하에 〈무력을〉 쓰지 않을 것임을 보이셨다.

⑥ 旣生魄에 庶方冢君과 曁百工이 受命于周하니라

기생백(旣生魄;16일)에 여러 나라의 총군과 백공(백관)들이 주나라에서 명을 받았다.

⑦ 丁未에 祀于周廟하실새 邦、甸、侯、衛駿奔走하여 執豆籩하더니 越三日庚戌에 柴望하사 大告武成하시다

정미일에 주나라 사당에 제사할 적에 방(邦)·전(甸)과 후(侯)·위(衛)의 제후들이 신속히 달려와서 두(豆)와 변(籩)을 잡더니, 3일이 지난 경술일에 시(柴)·망(望)을 하여 무공(武功)이 이루어짐을 크게 고유하셨다.

⑧ 王若曰 嗚呼羣后아 惟先王이 建邦啓土하시고 公劉克篤前烈이러시니 至于大(太)王하여 肇基王迹하시고 王季其勤王家하시며 我文考文王이 克成厥勳하사 誕膺天命하사 以撫方夏하신대 大邦은 畏其力하고 小邦은 懷其德이 惟九年이러니 大統을 未集이어시늘 予小子其承厥志호라

왕이 대략 다음과 같이 말씀하였다. "아! 여러 제후들아. 선왕(先王;후직(后稷))이 나라를 세워 토지를 열어 놓으셨고 공류가 전인(前人)의 공렬(功烈)을 돈독히 하셨는데, 태왕에 이르러 처음으로 왕자(王者)의 자취를 터닦으셨고, 왕계가 왕가(王家)에 근로하셨다. 그리고 우리 문고(文考)이신 문왕께서 능히 공(功)을 이룩하시어 크게 천명에 응하여 사방의 중하(中夏)를 어루만지시니, 큰 나라는 그 힘을 두려워하고 작은 나라는 그 덕을 그리워한 지가 9년이었는데, 대통(大統)을 이루지 못하시고 별세하셨으므로 나 소자가 그 뜻을 이었노라.

⑨ 恭天成命하사 肆予東征하여 綏厥士女하시니 惟其士女 篚厥玄黃하여 昭我周王은 天休震動이라 用附我大邑周니라

하늘의 성명(成命)을 공경히 받들어 그러므로 내가 동쪽으로 정벌하여 그 사녀(士女)

들을 편안히 하시니, 사녀들이 검은 비단과 누런 비단을 광주리에 담아서 우리 주왕
(周王)의 덕을 밝힘은 하늘의 아름다움이 진동하기 때문이었다. 그리하여 우리 큰 읍
(邑)인 주나라에 귀부(歸附)하였다.

⑩ **列爵惟五**에 **分土惟三**이며 **建官惟賢**하시고 **位事惟能**하시며 **重民五敎**하사
되 **惟食、喪、祭**하시며 **惇信明義**하시며 **崇德報功**하시니 **垂拱而天下治**하나라
　작위(爵位)를 나열함은 다섯 가지로 하되 땅을 나누어줌은 세 가지로 하며, 벼슬을
세우되 현자(賢者)로 하고, 일을 맡겨 지위에 있게 하되 능력이 있는 자로 하며, 백성
의 다섯 가지 가르침을 소중히 하되 음식과 상례(喪禮)와 제례(祭禮)에 특히 유념(留
念)하시며, 신(信)을 돈독히 하고 의리를 밝히며, 덕(德)을 높이고 공(功)에 보답하시
니, 의상(衣裳)을 드리우고 손을 모으고서 (크게 하는 일 없이) 천하가 다스려졌다.

按 劉氏、王氏、程子 皆有改正次序일새 今參考定讀如此하니 大略集諸家所長이
라 獨四月、生魄、丁未、庚戌一節은 今以上文及漢志日辰推之하면 其序當如此耳
라 疑先儒以王若日로 宜繫受命于周之下라 故로 以生魄在丁未、庚戌之後라하니
蓋不知生魄之日에 諸侯百工이 雖來請命이나 而武王以未祭祖宗하고 未告天地라
하사 未敢發命이라 故로 且命以助祭하고 乃以丁未、庚戌로 祀于郊廟하여 大告武
功之成而後에 始告諸侯하니 上下之交와 神人之序가 固如此也라 劉氏謂 予小子
其承厥志之下에 當有缺文이라하니 以今考之컨대 固所宜有라 而程子는 從恭天成
命以下三十四字를 屬于其下하니 則已得其一節이요 而用附我大邑周之下는 劉
氏所謂缺文이니 猶當有十數語也라 蓋武王革命之初에 撫有區夏하시니 宜有退托
之辭하여 以示不敢遽當天命而求助於諸侯하고 且以致其交相警勅之意하여 略如
湯誥之文이니 不應但止自序其功而已也라 列爵惟五以下는 又史官之詞요 非武
王之語[38]니 讀者詳之나라
　살펴보건대 유씨(劉氏;유창(劉敞)과 유반(劉攽))와 왕씨(王氏;왕안석(王安石))와 정자
(程子;이천(伊川))가 모두 개정(改正)한 차서가 있으므로 이제 이것을 참고하여 정하여
읽기를 이와 같이 하니, 대략 제가(諸家)의 소장(所長)을 모은 것이다. 다만 사월(四月),

38　又史官之詞 非武王之語 : 호산은 "이 편은 두 번 고유한 글 이외에는 모두 사관의 글이다.〔此
篇, 二告辭之外, 皆史官之詞.〕" 하였다.《詳說》

생백(生魄), 정미(丁未), 경술(庚戌)의 한 절(節)은 이제 상문(上文)과 《한서(漢書)》〈율력지(律曆志)〉의 일진(日辰)으로 미루어 보건대 그 순서가 마땅히 이와 같아야 할 것이다.

의심컨대 선유(先儒)들은 '왕약왈(王若日)'을 마땅히 '수명우주(受命于周)'의 아래에 붙여야 한다고 생각하였다. 그러므로 '생백(生魄)'이 '정미(丁未)'와 '경술(庚戌)'의 뒤에 있어야 한다고 하였으니, 이는 생백의 날에 제후와 백관들이 비록 와서 명을 청하였으나 무왕은 아직 조종(祖宗)에게 제사하지 않았고 천지(天地)에 고유하지 않았다 하여 감히 명령을 발하지 못하였다. 그러므로 우선 명(命)하여 제사를 돕게 하고, 이에 정미일과 경술일에 교(郊)·묘(廟)에 제사하여 크게 무공(武功)이 이루어짐을 고유한 뒤에 비로소 제후에게 고하였음을 알지 못한 것이니, 상(上)·하(下)의 사귐과 신(神)·인(人)의 순서가 진실로 이와 같아야 할 것이다.

유씨(劉氏)는 "'여소자기승궐지(予小子其承厥志)'의 아래에 마땅히 빠진 글이 있다." 하였는데, 지금 살펴보건대 진실로 마땅히 빠진 글이 있어야 한다. 정자(程子)는 '공천성명(恭天成命)'부터 이하의 34자(字)를 그 아래에 연결하셨으니, 이미 그 한 절(節)을 얻은 것이며, '용부아대읍주(用附我大邑周)'의 아래는 유씨(劉氏)의 이른바 빠진 글이라는 것이니, 아직도 마땅히 십수 마디의 말이 있어야 한다. 무왕이 혁명한 초기에 구하(區夏)를 어루만져 소유하셨으니, 마땅히 퇴탁(退托;겸양)하는 말씀이 있어, 감히 갑작스레 천명을 감당하지 못해서 제후들에게 도움을 요청하는 뜻을 보이고, 또 서로 경계하고 삼가는 뜻을 지극히 하여, 대략 〈탕고(湯誥)〉의 글과 같이 하여야 할 것이니, 단지 스스로 자기의 공(功)을 서술함에 그쳐서는 안 된다. '열작유오(列爵惟五)' 이하는 또 사관(史官)의 말이요, 무왕의 말씀이 아니니, 읽는 자가 이것을 살펴보아야 한다.

〈홍범(洪範)〉

漢志曰 禹治洪水에 錫洛書어늘 法而陳之하시니 洪範이 是也라하고 史記에 武王克殷하시고 訪問箕子以天道하신대 箕子以洪範陳之라하니라 按篇內에 曰而, 曰汝者는 箕子告武王之辭니 意洪範은 發之於禹어늘 箕子推衍增益以成篇歟인저 今文古文皆有하니라

《한서(漢書)》〈오행지(五行志)〉에 "우(禹)가 홍수를 다스림에 〈하늘이〉 낙서(洛書)를 내려주므로 이것을 본받아 진열하니, 〈홍범(洪範)〉이 이것이다." 하였으며,《사기》〈주기(周紀)〉에 "무왕이 은나라를 이기고 기자(箕子)에게 찾아가 천도(天道)를 묻자 기자가 〈홍범〉을 말씀했다." 하였다. 살펴보건대 편(篇) 안에 '너〔而〕'라 말하고 '너〔汝〕'라고 말한 것은 기자가 무왕에게 아뢴 말씀이니, 짐작컨대 〈홍범〉은 우(禹)에게서 나왔는데, 기자가 미루어 부연(敷衍)하고 증익(增益)하여 이 편을 이루었나보다. 금문(今文)과 고문(古文)에 모두 있다.

【小序】 武王勝殷하시고 殺受立武庚하고 以箕子歸하여 作洪範하니라

　무왕이 은나라를 이기고는 수(受)를 죽이고 무경(武庚)을 세우고 기자(箕子)를 데리고 돌아와 〈홍범〉을 지었다.

【辨說】 唐孔氏曰 言殺受立武庚者는 序自相顧爲文이니 未見意也로라

　당나라 공씨가 말하였다. "수(受)를 죽이고 무경(武庚)을 세웠다고 말한 것은 〈소서〉가 본래 서로 돌아보고 글을 만든 것이니, 〈경문(經文)〉에 이러한 뜻을 볼 수 없다."

1. 惟十有三祀에 王이 訪于箕子하시다

　13사(祀;년)에 왕이 기자(箕子)를 방문하셨다.

商曰祀요 周曰年이니 此曰祀者는 因箕子之辭也라 箕子嘗言 商其淪喪이라도 我罔爲臣僕이라하고 史記에 亦載箕子陳洪範之後에 武王이 封于朝鮮而不臣也라하니 蓋箕子不可臣이니 武王이 亦遂其志而不臣之也라 訪은 就而問之也라 箕는 國名이요 子는 爵也라

　상나라는 사(祀)라 하고 주(周)나라는 년(年)이라 하였는데, 여기에서 사(祀)라고 말한 것은 기자의 나라인 은나라를 따른 말이다. 〈미자〉에 기자가 일찍이 말씀하기를

"상나라가 윤상(淪喪;멸망)하더라도 나는 신복(臣僕)이 되지 않겠다." 하였으며,《사기》
〈주기(周紀)〉에 또한 "기자가 〈홍범〉을 말씀한 뒤에 무왕이 조선(朝鮮)에 봉(封)해주고
신하로 삼지 않았다."고 기재되어 있다. 기자는 신하가 될 수 없으니, 무왕 또한 그 뜻
을 이루어 신하로 삼지 않은 것이다. '방(訪)'은 찾아가 물은 것이다. '기(箕)'는 국명(國
名)이고, '자(子)'는 작위(爵位)이다.

○ 蘇氏曰 箕子之不臣周也어늘 而曷爲爲武王陳洪範也오 天以是道畀(비)之禹하
여 傳至於我하니 不可使自我而絶이요 以武王而不傳이면 則天下無可傳者矣라 故
로 爲箕子之道者는 傳道則可어니와 仕則不可하니라
　　○ 소씨(蘇氏)가 말하였다. "기자가 주나라에 신하 노릇을 하지 않았는데, 어찌하
여 무왕을 위해 〈홍범〉을 말씀하였는가. 하늘이 이 도(道)를 우(禹)에게 주어서 전하여
자신에게 이르렀으니, 자신으로부터 끊기게 할 수 없으며, 무왕 같은 성인에게 전하
지 않으면 천하에 전할 만한 자가 없다. 그러므로 기자의 도리는 도를 전하는 것은 가
(可)하나 벼슬하는 것은 불가(不可)한 것이다."

2. 王이 乃言曰 嗚呼라 箕子아 惟天이 陰騭(즐) 下民하사 相協厥居하시니 我
는 不知其彝倫의 攸敍하노라
　왕이 그제야(이에) 말씀하였다.
　"아! 기자여. 하늘이 속으로 하민(下民)들을 안정시켜 그 사는 것을 도와 화합하게 하
시니, 나는 그 이륜(彝倫;떳떳한 윤리)이 펴지게 된 이유를 알지 못하노라."

乃言者는 難辭니 重其問也라 箕子를 稱舊邑爵者는 方歸自商하여 未新封爵也일새
라 騭은 定이요 協은 合이라 彝는 常이요 倫은 理也니 所謂秉彝人倫也라 武王之問
은 蓋曰 天於冥冥之中에 默有以安定其民하여 輔相保合其居止어시늘 而我不知
其彝倫之所以敍者 如何也라
　'내언(乃言;그제야 말씀함)'은 어렵게 여기는 말이니, 그 물음을 신중히 한 것이다.
기자를 옛 읍(邑)의 작호(爵號)로 칭한 것은 막 상나라에서 돌아와 새로 작위를 봉하지
않았기 때문이다. '즐(騭)'은 정함이요, '협(協)'은 화합함이다. '이(彝)'는 떳떳함이요
'윤(倫)'은 윤리(倫理)이니, 이른바 병이(秉彝)와 인륜(人倫)이란 것이다. 무왕의 물음은
"하늘이 어둡고 어두운 가운데에 묵묵히(속으로) 백성들을 안정시켜 그 거지(居止;삶)

… 畀:줄 비 騭:안정할 즐 相:도울 상 彝:떳떳할 이 敍:펼 서

를 도와주어 보합(保合;보화하고 화합시킴)함이 있게 하셨는데, 나는 이륜(彝倫)이 펴지는 이유가 어떠한 것인 줄을 모른다."고 한 것이다.

3. 箕子乃言曰 我聞호니 在昔鯀이 陻(인)洪水하여 汩(골)陳其五行한대 帝乃震怒하사 不畀洪範九疇하시니 彝倫의 攸斁(두)러라 鯀則殛死어늘 禹乃嗣興하신대 天乃錫禹洪範九疇하시니 彝倫의 攸敍니라

　기자가 그제야 말씀하였다.

　"내가 들으니, 옛날〔在昔〕 곤(鯀)이 홍수를 막아 오행(五行)의 진열을 어지럽히자, 상제(上帝)가 진노(震怒)하사 홍범구주(洪範九疇)를 내려주지 않으시니, 이륜(彝倫)이 무너지게 되었다. 곤이 귀양가 죽고 우왕(禹王)이 뒤이어 일어나시자 하늘이 우왕에게 홍범구주를 내려 주시니, 이륜이 펴지게 되었다.

乃言者는 重其答也라 陻은 塞이요 汩은 亂이요 陳은 列이요 畀는 與요 洪은 大요 範은 法이요 疇는 類요 斁는 敗요 錫은 賜也라 帝는 以主宰言이요 天은 以理言也라 洪範九疇는 治天下之大法으로 其類有九하니 卽下文初一至次九者라 箕子之答은 蓋曰 洪範九疇는 原出於天이어늘 鯀逆水性하여 汩陳五行이라 故로 帝震怒하사 不以與之하시니 此彝倫之所以敗也요 禹順水之性하사 地平天成이라 故로 天出書于洛이어시늘 禹別之하여 以爲洪範九疇하시니 此彝倫之所以敍也라 彝倫之敍는 卽九疇之所敍者也라

　'내언(乃言)'은 그 답을 신중히 한 것이다. '인(陻)'은 막음이요, '골(汩)'은 어지럽힘이요, '진(陳)'은 진열함이요, '비(畀)'는 줌이요, '홍(洪)'은 큼이요, '범(範)'은 법(法)이요, '주(疇)'는 무리(종류)요, '두(斁)'는 무너짐이요, '석(錫)'은 줌이다. '제(帝;상제)'는 주재(主宰)로써 말한 것이요, '천(天)'은 이치로써 말한 것이다. 홍범구주는 천하를 다스리는 대법(大法)으로 그 종류가 아홉 가지가 있으니, 곧 하문(下文)의 초일(初一)부터 차구(次九)까지이다. 기자의 대답은 "홍범구주는 원래 하늘에서 나왔는데 곤(鯀)이 물의 성질을 거슬려 오행의 진열을 어지럽혔다. 그러므로 상제가 진노하사 이것을 주지 않으시니 이는 이륜이 무너지게 된 소이(所以)이며, 우왕이 물의 성질을 순히 하여 땅이 다스려지고 하늘이 이루어졌다. 그러므로 하늘이 낙수(洛水)에 글을 내놓자, 우왕이 이것을 구별하여 홍범구주를 만드시니, 이는 이륜이 펴지게 된 소이이다."라고 한 것이다. 이륜이 펴진다는 것은 곧 구주(九疇)가 펴지는 것이다.

⋯　陻 : 막을 인　汩 : 무너질 골　疇 : 무리 주　斁 : 무너질 두　殛 : 귀양갈 극

○ 按孔氏曰 天與禹神龜하사 負文而出에 列於背하니 有數至九어늘 禹遂因而第
之하여 以成九類라 易言河出圖하고 洛出書[39]어늘 聖人則之라하니 蓋治水功成에 洛
龜呈瑞라 如簫韶奏而鳳儀하고 春秋作而麟至[40]니 亦其理也라 世傳戴九履一이요
左三右七이요 二四爲肩이요 六八爲足이 卽洛書之數也라

○ 살펴보건대 공씨(公氏)(공안국)가 말하기를 “하늘이 우왕에게 신귀(神龜)를 주시어 무
늬(문양)를 등에 지고 나와 나열되었는데, 수(數)가 1에서 9까지 였으므로 우왕이 마
침내 이것을 인하여 차례로 나열해서 구류(九類)를 이루었다.” 하였다. 《주역》〈계사전
상(繫辭傳上)〉에 “하수(河水)에서 도(圖)가 나오고 낙수(洛水)에서 서(書)가 나오므로 성
인이 이것을 본받았다.” 하였으니, 홍수를 다스려 공(功)이 이루어짐에 낙수의 거북이
상서(祥瑞)를 올린 것이다. 소소(簫韶)를 아홉 번 연주함에 봉황이 와서 춤을 추고,《춘
추》를 지음에 기린이 이른 것과 같으니, 또한 그 이치이다. 세상에 전하기를 ‘구(九)
를 위에 이고(위에 두고) 일(一)을 아래로 밟으며, 좌(左)는 삼(三)이고 우(右)는 칠(七)
이며, 이(二)와 사(四)는 어깨가 되고, 육(六)과 팔(八)은 발이 되는 것’이 곧 낙서의 수
(數)라 한다.

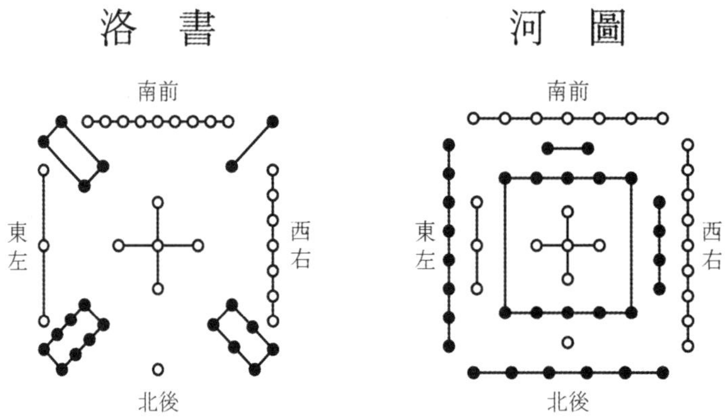

······

39 易言河出圖 洛出書:이 내용은 《주역》〈계사전 상(繫辭傳 上)〉에 보이는바, 복희씨(伏羲氏) 때
등에 1에서부터 10까지의 그림(문양)이 그려진 용마(龍馬)가 나오니, 이것이 곧 하도(河圖)로 복희
씨가 이것을 보고 괘(卦)를 그었다 하며, 하(夏)나라 우왕(禹王) 때 등에 1에서부터 9까지의 점이
박혀 있는 거북이 나오니, 이것이 곧 낙서(洛書)로 〈홍범〉의 근원이 되었다 한다. ○은 양(陽), ●은
음(陰)을 나타낸다.

40 簫韶奏而鳳儀 春秋作而麟至:위의 〈익직(益稷)〉에 “소소(簫韶)를 아홉 번 연주하자, 봉황이
와서 거동에 맞게 춤을 추었다.〔簫韶九成, 鳳凰來儀.〕”라고 보이며, 《춘추(春秋)》 애공(哀公) 14년
에 “봄에 서쪽으로 사냥을 가서 기린을 잡았다.〔春西狩獲麟.〕” 하였는바, 기린은 성왕(聖王)의 상
서로운 짐승으로 공자(孔子)가 이것을 보시고 《춘추》를 지었다 하므로 말한 것이다.

4. 初一은 曰五行이요 次二는 曰敬用五事요 次三은 曰農用八政이요 次四는 曰協用五紀요 次五는 曰建用皇極이요 次六은 曰乂(예)用三德이요 次七은 曰明用稽疑요 次八은 曰念用庶徵이요 次九는 曰嚮用五福이요 威用六極[41]이니라

　첫 번째는 오행(五行)이요, 다음 두 번째는 공경하되 오사(五事)로써 함이요, 다음 세 번째는 후(厚)하게 하되 팔정(八政)으로써 함이요, 다음 네 번째는 합함을 오기(五紀)로써 함이요, 다음 다섯 번째는 세움을 황극(皇極)으로써 함이요, 다음 여섯 번째는 다스림을 삼덕(三德)으로써 함이요, 다음 일곱 번째는 밝힘을 계의(稽疑)로써 함이요, 다음 여덟 번째는 상고함을 서징(庶徵)으로써 함이요, 다음 아홉 번째는 향함을 오복(五福)으로써 하고 위엄을 보임을 육극(六極)으로써 하는 것이다.

　此는 九疇之綱也라 在天에 惟五行이요 在人에 惟五事니 以五事參五行이면 天人合矣라 八政者는 人之所以因乎天이요 五紀者는 天之所以示乎人이라 皇極[42]者는 君之所以建極也요 三德者는 治之所以應變也라 稽疑者는 以人而聽於天也요 庶徵者는 推天而徵之人也요 福、極者는 人感而天應也라 五事曰敬은 所以誠身也요 八政曰農은 所以厚生也요 五紀曰協은 所以合天也요 皇極曰建은 所以立極也요 三德曰乂는 所以治民也요 稽疑曰明은 所以辨惑也요 庶徵曰念은 所以省驗也요 五福曰嚮은 所以勸也요 六極曰威는 所以懲也라 五行에 不言用은 無適而非用也요 皇極에 不言數는 非可以數明也일새라 本之以五行하고 敬之以五事하고 厚之以八政[43]하고 協之以五紀는 皇極之所以建也요 乂之以三德하고 明之以稽疑하고 驗之以庶徵하고 勸懲之以福、極은 皇極之所以行也라 人君治天下之法이 是孰有

⋯⋯⋯⋯⋯⋯

41　六極 : 소씨(蘇氏)는 "육극(六極)의 극은 곤궁함이며 괴로움이다.〔六極之極, 窮也, 苦也.〕" 하였다. 《詳說》

42　皇極 : 극(極)에 대하여 주자는 "극은 바로 지극함이니, 한유(漢儒 ; 한대의 학자로 공안국 등)들이 '대중(大中)'이라고 설명하였으니, 잘못이다. 바로 중의 극이요 중이 아니다.〔極乃極至, 漢儒說作大中, 非也. 乃中之極, 非中也.〕" 하였다. 《詳說》

43　厚之以八政 : 호산은 윗 주(註)의 '농소이후생야(農所以厚生也)'에서 "농은 후와 같다.〔農猶厚也〕"고 훈하였는데, 여기서는 《언해》에 '농용(農用)'을 해석한 것이 분명치 못하니, 주의 뜻에 위배됨이 있다.〔諺釋農用未瑩, 有違註意.〕" 하였다. 《詳說》 《언해》에 '農用八政'을 '農에 八政으로써 홈이요'라고 해석하였는데, 호산의 설에 따라 農을 厚로 바꾸어 번역하였다. 厚는 '후생(厚生)'의 厚로, 잘 살게 함을 이른다.

⋯　嚮 : 향할 향

加於此哉리오

　이는 구주(九疇)의 강령이다. 하늘에 있으면 오행이고 사람에 있으면 오사(五事)이니, 오사를 가지고 오행을 참고하면 하늘과 인간(사람)이 합한다. '팔정(八政)'은 사람이 하늘의 철에 따르는 것이요, '오기(五紀)'는 하늘이 사람에게 보여주는 것이다. '황극(皇極)'은 군주가 극(極)을 세우는 것이요, '삼덕(三德)'은 다스림에 변화에 응하는 것이다. '계의(稽疑)'는 사람으로 하늘을 따름이요, '서징(庶徵)'은 하늘을 미루어 사람에게 징험함이요, '복(福)'과 '극(極)'은 사람이 감동함에 하늘이 응하는 것이다.

　오사(五事)를 경(敬)이라 한 것은 몸을 성실히 하기 때문이요, 팔정(八政)을 농(農)이라 한 것은 생활을 후(厚)하게 하기 때문이요, 오기(五紀)를 협(協)이라 한 것은 하늘에 합하기 때문이요, 황극을 건(建)이라 한 것은 극(極)을 세우기 때문이요, 삼덕(三德)을 예(乂)라 한 것은 백성을 다스리기 때문이요, 계의(稽疑)를 명(明)이라 한 것은 의혹을 분변하기 때문이요, 서징(庶徵)을 염(念)이라 한 것은 살펴서 징험하기 때문이요, 오복(五福)을 향(嚮)이라 한 것은 권면하기 위한 것이요, 육극(六極)을 위(威)라 한 것은 징계하기 위한 것이다.

　오행에 용(用)을 말하지 않은 것은 가는 곳마다 용(用) 아님이 없기 때문이요, 황극에 수(數)를 말하지 않은 것은 수로써 밝힐 수가 없기 때문이다. 오행으로써 근본(주장)을 삼고 공경함을 오사로써 하고 후하게 함을 팔정으로써 하고 합함을 오기로써 함은 황극이 세워지는 소이(所以)이며, 다스림을 삼덕으로써 하고 밝힘을 계의로써 하고 징험을 서징으로써 하고 권면과 징계를 오복과 육극으로써 함은 황극이 행해지는 소이(所以)이다. 인군이 천하를 다스리는 방법이 무엇이 이(황극)보다 더한 것이 있겠는가.

5. 一五行은 一曰水요 二曰火요 三曰木이요 四曰金이요 五曰土니라 水曰潤下요 火曰炎上이요 木曰曲直이요 金曰從革이요 土爰稼穡이니라 潤下는 作鹹하고 炎上은 作苦하고 曲直은 作酸하고 從革은 作辛하고 稼穡은 作甘이니라

　첫 번째 오행은 첫 번째는 수(水)이고, 두 번째는 화(火)이고, 세 번째는 목(木)이고, 네 번째는 금(金)이고, 다섯 번째는 토(土)이다. 수(水)는 윤하(潤下)이고, 화(火)는 염상(炎上)이고, 목(木)은 곡직(曲直)이고, 금(金)은 종혁(從革)이고, 토(土)는 이에 가색(稼穡:곡식을 심고 거둠)을 한다. 윤하(潤下)는 짠맛이 되고, 염상(炎上)은 쓴맛이 되고, 곡직(曲直)은 신맛이 되고, 종혁(從革)은 매운맛이 되고, 가색(稼穡)은 단맛이 된다.

··· 爰 : 이에 원　稼 : 심을 가　穡 : 거둘 색　鹹 : 짤 함

洪範九疇圖

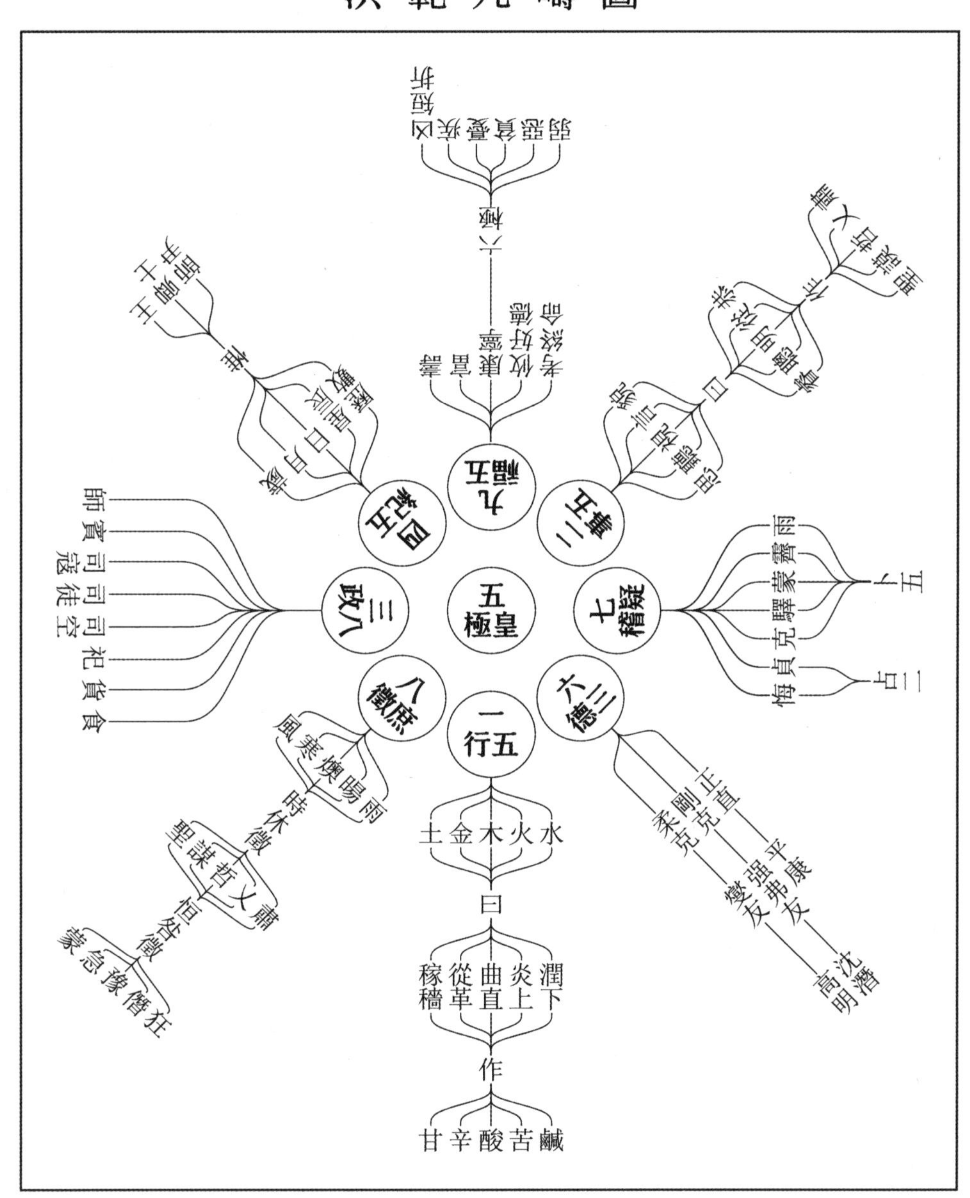

此下는 九疇之目也라 水、火、木、金、土者는 五行之生序也니 天一生水하고 地二
生火하고 天三生木하고 地四生金하고 天五生土⁴⁴라 唐孔氏曰 萬物成形에 以微著
爲漸하니 五行先後 亦以微著爲次라 五行之體에 水最微하니 爲一이요 火漸著하니
爲二요 木形實하니 爲三이요 金體固하니 爲四요 土質大하니 爲五라 潤下, 炎上, 曲
直, 從革은 以性言也요 稼穡은 以德言也라 潤下者는 潤而又下也요 炎上者는 炎
而又上也요 曲直者는 曲而又直也요 從革者는 從而又革也요 稼穡者는 稼而又穡
也니 稼穡에 獨以德言者는 土兼五行하여 無正位하고 無成性이로되 而其生之德이
莫盛於稼穡이라 故로 以稼穡言也라 稼穡은 不可以爲性也라 故로 不曰曰而曰爰
이라 爰은 於也니 於是稼穡而已요 非所以名也라 作은 爲也라 鹹、苦、酸、辛、甘者는
五行之味也라 五行이 有聲、色、氣、味⁴⁵로되 而獨言味者는 以其切於民用也일새니라

　　이 이하는 구주의 조목이다. 수(水)·화(火)·목(木)·금(金)·토(土)는 오행이 태
어난 순서이니, 하늘이 일(一)로 수(水)를 내고, 땅이 이(二)로 화(火)를 내고, 하늘이 삼
(三)으로 목(木)을 내고, 땅이 사(四)로 금(金)을 내고, 하늘이 오(五)로 토(土)를 낸다.

　　당나라 공씨가 말하기를 "만물이 형체를 이룸에 은미하게 드러남으로써 점점 나아
가니, 오행의 선후 또한 은미하게 드러남으로써 차례를 삼았다. 오행의 형체에 수(水)
가 가장 작으니(은미하니) 첫 번째가 되고, 화(火)는 점점 드러나니 두 번째가 되고, 목
(木)은 형체가 실(實)하니 세 번째가 되고, 금(金)은 형체가 견고하니 네 번째가 되고,
토(土)는 형질(形質)이 크니 다섯 번째가 된다." 하였다.

　　윤하(潤下)·염상(炎上)·곡직(曲直)·종혁(從革)은 오행의 성질로 말한 것이고, 가
색(稼穡)은 덕(德;공용(功用))으로 말한 것이다. 윤하는 윤택하고 아래로 내려감이요,
염상은 불타고 또 올라감이요, 곡직은 굽고 또 곧음이요, 종혁은 그대로 따르고 또 변

44　天一生水……天五生土 : 하도(河圖)의 수(數)는 1에서 10까지가 있는데 이중 1에서 5까지를
생수(生數;낳는 수), 6에서 10까지를 성수(成數;완성하는 수)라 한다. 그리하여 천(天)이 1로 수
(水)를 내면 지(地)가 6으로 수를 완성하고, 지(地)가 2로 화(火)를 내면 천(天)이 7로 화를 완성
하고, 천(天)이 3으로 목(木)을 내면 지(地)가 8로 목을 완성하고, 지(地)가 4로 금(金)을 내면 천
(天)이 9로 금을 완성하고, 천(天)이 5로 토(土)를 내면 지(地)가 10으로 토를 완성한다. 그리하여
1·6은 수(水), 2·7은 화(火), 3·8은 목(木), 4·9는 금(金), 5·10은 토(土)가 되는 것이다.

45　五行有聲色氣味 : 궁(宮;토)·상(商;금)·각(角;목)·치(徵;화)·우(羽;수)를 오성(五聲)이라 하고
청(靑;목)·황(黃;토)·적(赤;화)·백(白;금)·흑(黑;수)을 오색(五色)이라 하며, 기(氣)는 냄새로 오기
(五氣)는 썩은내[朽;수]·탄내[焦;화]·누린내[羶;목]·비린내[腥;금]·향내[香;토]이고 오미(五味)는
신맛[酸;목]·짠맛[鹹;수]·매운맛[辛;금]·단맛[甘;토]·쓴맛[苦;화]이다.

함이요, 가색은 곡식을 심고 또 거두는 것이니, 가색에 유독 덕(德)으로 말한 것은 토(土)는 오행을 겸하여 바른 위치가 없고 이루어진 성질이 없으며, 그 낳는 덕이 가색(농사)보다 더 큼이 없다. 그러므로 가색으로 말한 것이다. 가색은 성(性)이라 할 수 없으므로 '왈(曰)'이라 말하지 않고 '원(爰)'이라고 말한 것이다. '원(爰)'은 '이에'이니, 이에 심고 거둘 뿐이요, 명칭할 수 있는 것이 아니다. '작(作)'은 위(爲;만듦, 또는 됨)이다. 함(鹹;짬)·고(苦;씀)·산(酸;심)·신(辛;매움)·감(甘;닮)은 오행의 맛이다. 오행은 성(聲)과 색(色), 기(氣)와 미(味)가 있는데 유독 맛을 말한 것은 백성들이 사용함에 간절하기 때문이다.

6. 二五事는 一曰貌요 二曰言이요 三曰視요 四曰聽이요 五曰思니라 貌曰恭이요 言曰從이요 視曰明이요 聽曰聰이요 思曰睿니라 恭은 作肅하며 從은 作乂하며 明은 作哲하며 聰은 作謀하며 睿는 作聖이니라

두 번째 오사(五事)는 첫 번째는 용모[貌]이고, 두 번째는 말[言]이고, 세 번째는 봄[視]이고, 네 번째는 들음[聽]이고, 다섯 번째는 생각함[思]이다. 용모는 공손하고, 말은 순종하고, 봄은 밝고, 들음은 귀밝고, 생각함은 지혜롭다. 공손함은 엄숙함을 만들고, 순종함은 다스림을 만들고, 밝음은 지혜를 만들고, 귀밝음은 헤아림을 만들고, 지혜로움은 성스러움을 만든다.

貌、言、視、聽、思者는 五事之紋(序)也라 貌는 澤하니 水也요 言은 揚하니 火也요 視는 散하니 木也요 聽은 收하니 金也[46]요 思는 通하니 土也라 亦人事發見(현)先後之紋니 人始生則形色具矣요 旣生則聲音發矣니 旣又而後能視하고 而後能聽하고 而後能思也라 恭、從、明、聰、睿者는 五事之德也니 恭者는 敬也요 從者는 順也요 明者는 無不見也요 聰者는 無不聞也요 睿者는 通乎微也라 肅、乂、哲、謀、聖者는 五德之用也니 肅者는 嚴正也요 乂者는 條理也요 哲者는 智也요 謀者는 度(탁)也요 聖者는 無不通也라

모(貌)·언(言)·시(視)·청(聽)·사(思)는 오사의 순서이다. 용모는 윤택하니 수

. . . . . .
46 視散木也 聽收金也：《경서변의》에 "봄은 안으로부터 밖에 베풀어지므로 흩어진다고 말하였고, 들음은 밖으로부터 안으로 들어오므로 거둔다고 말한 것이다.〔視自內而施於外, 故曰散; 聽自外而入於內, 故曰收.〕" 하였다.

(水)이고, 말은 드날리니(퍼져나가니) 화(火)이고, 봄은 흩어지니 목(木)이고, 들음은 거두니 금(金)이고, 생각함은 통하니 토(土)이다. 이는 또한 인사(人事)가 발현(發現)되는 선후의 순서이니, 사람이 처음 태어나면 형색(形色;용모)이 갖추어지고, 이미 태어나면 음성(音聲)이 발하니(나오니), 음영이 이미 다스려 조리가 있은 뒤에 보고, 그런 뒤에 듣고, 그런 뒤에 생각할 수 있는 것이다. 공(恭)·종(從)·명(明)·총(聰)·예(睿)는 오사(五事)의 덕이니, '공(恭)'은 공경함이요, '종(從)'은 순종함이요, '명(明)'은 보지 못함이 없는 것이요, '총(聰)'은 듣지 못함이 없는 것이요, '예(睿)'는 은미함에 통하는 것이다. 숙(肅)·예(乂)·철(哲)·모(謀)·성(聖)은 오덕(五德)의 용(用)이니, '숙(肅)'은 엄정(嚴正)함이요, '예(乂)'는 조리요, '철(哲)'은 지혜요, '모(謀)'는 헤아림이요, '성(聖)'은 통하지 않음이 없는 것이다.

7. 三八政은 一曰食이요 二曰貨요 三曰祀요 四曰司空이요 五曰司徒요 六曰司寇요 七曰賓이요 八曰師니라

　세 번째 팔정(八政)은 첫 번째는 먹는 것(식량)이요, 두 번째는 재화요, 세 번째는 제사요, 네 번째는 사공(司空)이요, 다섯 번째는 사도(司徒)요, 여섯 번째는 사구(司寇)요, 일곱 번째는 빈(賓;손님으로 예우함)이요, 여덟 번째는 군사이다.

食者는 民之所急이요 貨者는 民之所資라 故로 食爲首而貨次之라 食、貨는 所以養生也요 祭祀는 所以報本也라 司空은 掌土하니 所以安其居也요 司徒는 掌敎하니 所以成其性也요 司寇는 掌禁하니 所以治其姦也요 賓者는 禮諸侯、遠人이니 所以往來交際也라 師者는 除殘禁暴也니 兵은 非聖人之得已라 故로 居末也라

　식량은 백성들이 제일 급하게 여기고, 재화는 백성들이 자뢰(이용)하는 것이므로 먹는 것이 첫 번째가 되고 재화가 그 다음이 된 것이다. 식량과 재화는 산 사람을 봉양하는 것이고, 제사는 근본(조상)에 보답하는 것이다. '사공(司空)'은 토목(土木)을 관장하니 〈백성들의〉 거주를 편안하게 하는 것이고, '사도(司徒)'는 교육을 관장하니 본성(本性)을 이루는 것이고, '사구(司寇)'는 금지함을 관장하니 간사함을 다스리는 것이고, '빈(賓)'은 제후와 먼 지방 사람에게 예우(禮遇)하는 것이니 왕래하고 교제(交際)하는 것이다. '사(師;군대)'는 잔학(殘虐)한 자를 제거하고 포악한 자를 금지하는 것이니, 병(兵;군대)은 성인이 마지못해(부득이해서) 쓰는 것이므로 맨 끝에 있는 것이다.

8. **四五紀**는 **一曰歲**요 **二曰月**이요 **三曰日**이요 **四曰星辰**이요 **五曰曆數**니라

네 번째 오기(五紀)는 첫 번째는 세(歲;해)이고, 두 번째는 월(月;달)이고, 세 번째는
일(日;날)이고, 네 번째는 성신(星辰)이고, 다섯 번째는 역수(曆數)이다.

歲者는 **序四時也**요 **月者**는 **定晦朔也**요 **日者**는 **正躔**(전)**度也**요 **星**은 **經星、緯星也**
요 **辰**은 **日月所會十二次也**라 **曆數者**는 **占步之法**이니 **所以紀歲、月、日、星辰也**라

'세(歲)'는 사시(四時)를 차례함이요, '월(月)'은 그믐과 초하루를 정함이요, '일(日)'
은 하늘의 운행하는 도수(度數)를 바로잡음이요, '성(星)'은 경성(經星;붙박이별)과 위성
(緯星;떠돌이별)이요, '신(辰)'은 해와 달이 만나는 열두 방위이다. '역수(曆數)'는 점보
(占步;하늘의 운행을 점침)의 방법이니, 세·월·일·성신을 기록하는 것이다.

9. **五皇極**은 **皇**이 **建其有極**이니 **斂是五福**하여 **用敷錫厥庶民**하면 **惟時厥庶**
民이 **于汝極**에 **錫汝保極**[47]하리라

다섯 번째 황극(皇極)은 임금이 극(極)을 세움이니, 이 오복(五福)을 거두어서 여러
백성들에게 복을 펴서 주면 이 여러 백성들이 너의 극(極)에 대하여 네게 극을 보존할
수 있게 해줄 것이다.

皇은 **君**이요 **建**은 **立也**라 **極**은 **猶北極之極**이니 **至極之義**요 **標準之名**이니 **中立而四**
方之所取正焉者也라 **言人君**이 **當盡人倫之至**니 **語父子則極其親**하여 **而天下之**
爲父子者 於此取則(칙)**焉**하고 **語夫婦則極其別**하여 **而天下之爲夫婦者 於此取則**
焉하고 **語兄弟則極其愛**하여 **而天下之爲兄弟者 於此取則焉**하여 **以至一事一物**
之接과 **一言一動之發**에 **無不極其義理之當然**하여 **而無一毫過不及之差**하면 **則**
極建矣라 **極者**는 **福之本**이요 **福者**는 **極之效**니 **極之所建**은 **福之所集也**라 **人君**이
集福於上은 **非厚其身而已**라 **用敷其福以與庶民**하여 **使人人觀感而化**하니 **所謂**
敷錫也요 **當時之民**이 **亦皆於君之極**에 **與之保守**하여 **不敢失墜**하니 **所謂錫保也**라
言皇極君民所以相與者 如此也라

. . . . . .

47 錫汝保極 : 《언해》를 따라 위와 같이 해석하였으나, 간재(艮齋) 이덕홍(李德弘)은 "여(汝)를 석
(錫)하여 극(極)을 보(保)케 하니라"로 해석하고 "백성들이 또 복으로써 다시 그 군주에게 줌을 말
한 것이다.〔言民又以福還錫其君也.〕"라고 설명하였다.

⋯ 躔 : 밟을 전 緯 : 씨줄 위 斂 : 거둘 렴 敷 : 펼 부 錫 : 줄 석

'황(皇)'은 임금이요 '건(建)'은 세움이다. '극(極)'은 북극(北極)의 극(極)과 같으니, 지극하다는 뜻이고 표준(標準)의 명칭이니, 가운데에 서 있으면 사방에서 바름을 취하는 것이다. 인군은 마땅히 인륜의 지극함을 다하여야 하니, 부자간을 말하면 친함을 지극히 하여 천하의 부자된 자들이 여기에서 법(法)을 취하고, 부부간을 말하면 분별을 지극히 하여 천하의 부부된 자들이 여기에서 법을 취하고, 형제간을 말하면 사랑(우애)을 지극히 하여 천하의 형제된 자들이 여기에서 법을 취한다. 그리하여 일사 일물(一事一物)을 접(接)함과 일언 일동(一言一動)을 발(發)함에 이르기까지 의리의 당연함을 지극히 하지 않음이 없어서 일호(一毫)라도 과(過)하거나 불급(不及)한 착오가 없게 하면 극(極)이 세워지는 것이다.

극(極)은 복(福)의 근본이고 복은 극의 효험이니, 극을 세우는 것은 복이 모여지는 것이다. 인군이 위에서 복을 모음은 자기 몸을 후(厚)하게 할 뿐만 아니라, 그 복을 펴서 서민(庶民)들에게 주어 사람마다 보고 감동하여 감화(感化)하게 하니 이른바 펴서 준다는 것이요, 당시의 백성들 또한 모두 군주의 극에 대하여 함께 보수(保守)해서 감히 실추하지 않으니 이른바 보존함을 준다는 것이다. 황극을 군주와 백성이 서로 줌이 이와 같음을 말한 것이다.

10. 凡厥庶民이 無有淫朋하며 人無有比德은 惟皇이 作極일새니라

 무릇 서민들이 음붕(淫朋;사당(邪黨))함이 없고 지위에 있는 사람들이 아비(阿比)함이 없는 것은 임금이 극(極)이 되기 때문이다.

淫朋은 邪黨也라 人은 有位之人이라 比德은 私相比附也라 言庶民與有位之人이 而無淫朋比德者는 惟君이 爲之極하여 而使之有所取正耳니 重言君不可以不建極也니라

 '음붕(淫朋)'은 사당(邪黨)이다. '인(人)'은 지위에 있는 사람이다. '비덕(比德)'은 사사로이 서로 빌붙는〔比附〕 것이다. 서민과 지위에 있는 사람들이 음붕하고 아비(阿比)함이 없는 것은 오직 군주가 극(極)이 되어서 이들로 하여금 바름을 취하는 바가 있게 하기 때문이니, 군주가 극을 세우지 않으면 안 됨을 거듭 말한 것이다.

11. 凡厥庶民이 有猷, 有爲, 有守를 汝則念之하며 不協于極이라도 不罹(리)于咎어든 皇則受之하라 而康而色하여 曰予攸好德이라커든 汝則錫之福하면

··· 猷:꾀 유 罹:걸릴 리 攸:바 유

時人이 斯其惟皇之極하리라

무릇 서민들 중에 지모(智謀)가 있고 시위(施爲)함이 있고 지킴(지조)이 있는 자를 네가 생각하며, 극(極)에 합하지 않더라도 허물에 걸리지 않거든 임금은 받아 주어라. 서민들이 얼굴빛을 편안히 하여 말하기를 '내가 좋아하는 바가 덕(德)이다.'라고 하거든 네가 그에게 복을 주면, 이 사람이 이에 임금의 극에 맞게 할 것이다.

此는 言庶民也라 有猷는 有謀慮者요 有爲는 有施設者요 有守는 有操守者니 是三者는 君之所當念也라 念之者는 不忘之也니 帝念哉[48]之念이라 不協于極은 未合於善也요 不罹于咎는 不陷於惡也라 未合於善이나 不陷於惡은 所謂中人也니 進之則可與爲善이요 棄之則流於惡이니 君之所當受也라 受之者는 不拒之也니 歸斯受之[49]之受라 念之受之를 隨其才而輕重以成就之也라 見(현)於外而有安和之色하고 發於中而有好德之言이면 汝於是則錫之以福이면 而是人이 斯其惟皇之極矣리라 福者는 爵祿之謂라 或曰 錫福은 卽上文斂福錫民之福이니 非自外來也라하니 曰 祿亦福也라 上文은 指福之全體而言이요 此則爲福之一端而發이니 苟謂非祿之福인댄 則於下文于其無好德에 汝雖錫之福이라도 其作汝用咎에 爲不通矣니라

이는 서민을 말한 것이다. '유유(有猷)'는 모려(謀慮)가 있는 자이고, '유위(有爲)'는 베풂[施設]이 있는 자이고, '유수(有守)'는 지조를 지킴이 있는 자이니, 이 세 가지는 군주가 마땅히 생각해야 할 바이다. 생각한다는 것은 잊지 않는 것이니, '임금은 생각하소서.[帝念哉]'의 염(念)이다. '극(極)에 합하지 않는다'는 것은 선(善)에 합하지 않는 것이고, '허물에 걸리지 않는다'는 것은 악(惡)에 빠지지 않는 것이다. 선에 합하지는 못하나 악에는 빠지지 않음은 이른바 중인(中人)이라는 것이니, 나아가면 함께 선을 할 수 있고 버리면 악으로 흐르니, 군주가 마땅히 받아주어야 할 바이다. 받아준다는 것은 거절하지 않는 것이니, '돌아오면 받아준다.[歸斯受之]'의 수(受)이다. 생각하고 받아줌을 그 재주에 따라 가볍게 하고 무겁게 하여 성취시키는 것이다.

외모(外貌)에 나타남에 안화(安和)한 기색(氣色)이 있고, 마음[中心]에 발함에 덕(德)을 좋아하는 말이 있거든 네가 이 사람에게 복을 내려주면 이 사람이 이에 임금의

• • • • • •

48 帝念哉 : 이 내용은 위 〈대우모(大禹謨)〉에 보이는 우(禹)의 말씀이다.

49 歸斯受之 : 사람이 딴 길로 가다가 정도(正道)로 돌아오면 그대로 받아준다는 뜻으로, 이 내용은 《맹자》〈진심 하(盡心下)〉에 보인다.

극에 맞게 할 것이다. 복은 작록(爵祿)을 이른다.

혹자는 "복을 준다는 것은 곧 상문(上文)에 '복을 거두어 백성에게 준다.'는 복이니, 밖에서부터 오는 것이 아니다."라고 한다. 그러나 록(祿) 또한 복이다. 상문(上文)은 복의 전체를 가리켜 말한 것이고, 이것은 복의 일단(一端)을 위하여 말한 것이니, 만일 록이 아닌 복을 말한다면 하문(下文)에 "덕을 좋아하지 않는 이에게 네가 비록 복을 주더라도 이는 네가 허물을 씀이 된다."는 말과 통하지 않는다.

12. **無虐煢**(경)**獨**하고 **而畏高明**하라

경독(煢獨;외롭고 미천한 사람)을 학대하지 말고 고명(高明)한 자를 두려워하지 말라.

煢獨은 **庶民之至微者也**요 **高明**은 **有位之尊顯者也**니 **各指其甚者而言**이라 **庶民之至微者**라도 **有善則當勸勉之**요 **有位之尊顯者**라도 **有不善則當懲戒之**라 **此**는 **結上章而起下章之義**니라

'경독(煢獨)'은 서민 중에 지극히 미천한 자이고, '고명(高明)'은 지위가 있는 자 중에 높고 드러난 자이니, 각각 그 심한 자를 가리켜 말한 것이다. 서민 중에 지극히 미천한 자라도 선(善)함이 있으면 마땅히 권면해야 하고, 지위가 있는 자 중에 높고 드러난 자라도 불선(不善)이 있으면 마땅히 징계해야 한다. 이는 상장(上章)을 맺어 하장(下章)의 뜻을 일으킨 것이다.

13. **人之有能、有爲**를 **使羞其行**하면 **而邦**이 **其昌**하리라 **凡厥正人**은 **旣富**오사 **方穀**이니 **汝弗能使有好于而家**하면 **時人**이 **斯其辜**리라 **于其無好德**에 **汝雖錫之福**이라도 **其作汝用咎**리라

사람 중에 재능이 있고 시위(施爲)가 있는 자를 그 행함에 나아가게 하면 나라가 번창할 것이다. 무릇 그 정인(正人;벼슬아치)들은 록을 주어 부유하게 한 뒤에야 비로소 선(善)해지니, 네가 벼슬아치들이 집에서 좋아함이 있게 하지 못하면 이 사람이 죄에 빠질 것이다. 그리고 덕(德)을 좋아하지 않는 이에게 네가 비록 복(록)을 주더라도 이는 네가 허물이 있는 사람을 씀이 될 것이다.

此는 **言有位者也**라 **有能**은 **有才智者**요 **羞**는 **進也**니 **使進其行**이면 **則官使者皆賢才**하여 **而邦國昌盛矣**라 **正人者**는 **在官之人**이니 **如康誥所謂惟厥正人者**라 **富**는

••• 煢 : 외로울 경 羞 : 나아갈 수 穀 : 착할 곡 而 : 너 이 辜 : 죄 고

祿之也요 穀은 善也라 在官之人은 有祿可仰然後에 可責其爲善이니 廩(름)祿不繼
하고 衣食不給하여 不能使其和好于而家하면 則是人이 將陷於罪戾矣라 於其不好
德之人에 而與之以祿이면 則爲汝用咎惡之人也라 此는 言祿以與賢이요 不可及
惡德也라 必富之而後에 責其善者는 聖人設敎에 欲中人以上皆可能也니라

이는 지위에 있는 자를 말한 것이다. '유능(有能)'은 재주와 지혜가 있는 자이고 '수
(羞)'는 나아감이니, 그 행함에 나아가게 하면 관직을 맡겨 부리는 자가 모두 어진이
와 재주 있는 자여서 나라가 창성할 것이다. '정인(正人)'은 관직에 있는 사람이니, 〈강
고(康誥)〉에 이른바 '그 벼슬하는 사람[惟厥正人]'이라는 것과 같다. '부(富)'는 록(祿)
을 줌이요, '곡(穀)'은 선(善)이다. 관직에 있는 사람은 우러를(의뢰할) 만한 록이 있은
뒤에야 선을 함을 책할(바랄) 수 있으니, 늠록(廩祿;창고의 록봉)이 이어지지 못하고 의
식(衣食)이 풍족하지 못하여 그가 집에서 화호(和好)하게 하지 못하면 이 사람이 장차
죄려(罪戾)에 빠질 것이다. 그리고 덕을 좋아하지 않는 사람에게 록을 주면 이는 네가
허물과 악한 사람을 씀이 되는 것이다. 이는 록은 현자(賢者)에게 주어야 하고 악덕(惡
德)한 자에게 미쳐서는 안 됨을 말한 것이다. 반드시 부유하게 한 뒤에야 선함을 책하
는 것은 성인이 가르침을 베풂에 중인(中人) 이상은 모두 가능하게 하고자 한 것이다.

14. 無偏無陂(피)하여 遵王之義하며 無有作好하여 遵王之道하며 無有作惡
(오)하여 遵王之路하라 無偏無黨하면 王道蕩蕩하며 無黨無偏하면 王道平平
하며 無反無側하면 王道正直하리니 會其有極하여 歸其有極하리라
편벽됨이 없고 기욺이 없어 왕의 의(義)를 따르며, 마음에 사사로이 좋아함을 일으
키지 말아 왕의 도(道)를 따르며, 마음에 사사로이 미워함을 일으키지 말아 왕의 길을
따르라. 편벽됨이 없고 편당함이 없으면 왕의 도가 탕탕(蕩蕩)하며, 편당함이 없고 편
벽됨이 없으면 왕의 도가 평평(平平)하며, 상도(常道)에 위반됨이 없고 기욺이 없으면
왕의 도가 정직(正直)할 것이니, 그 극에 모여 그 극에 돌아올 것이다.

偏은 不中也요 陂는 不平也라 作好, 作惡는 好惡를 加之意也라 黨은 不公也라 反
은 倍(背)常也요 側은 不正也라 偏陂, 好惡는 己私之生於心也요 偏黨, 反側은 己
私之見(현)於事也라 王之義, 王之道, 王之路는 皇極之所由行也라 蕩蕩은 廣遠
也요 平平은 平易也요 正直은 不偏邪也라 皇極은 正大之體也라 遵義, 遵道, 遵路
는 會其極也요 蕩蕩, 平平, 正直은 歸其極也라 會者는 合而來也요 歸者는 來而至

也라 此章은 蓋詩之體니 所以使人吟詠而得其情性者也라 夫歌詠以協其音하고 反復以致其意하며 戒之以私하여 而懲創其邪思하고 訓之以極하여 而感發其善性이라 諷詠之間에 怳(황)然而悟하고 悠然而得하여 忘其傾斜狹小之念하고 達乎公平廣大之理하여 人欲消熄하고 天理流行하여 會極歸極이 有不知其所以然而然者라 其功用深切하니 與周禮大(太)師에 敎以六詩[50]者로 同一機而尤要者也라 後世에 此意不傳하니 皇極之道 其不明於天下也 宜哉인저

'편(偏)'은 중(中)하지 못함이요, '피(陂)'는 고르지[平] 못함이다. '작호(作好)'와 '작오(作惡)'는 좋아하고 미워함을 뜻(마음)에 더하는 것이다. '당(黨)'은 공정하지 못한 것이다. '반(反)'은 상도(常道)에 위반됨이요, '측(側)'은 바르지 못한 것이다. 편(偏)·피(陂)와 호(好)·오(惡)는 기사(己私;자신의 사심)가 마음에서 생기는 것이요, 편(偏)·당(黨)과 반(反)·측(側)은 기사가 일에 나타나는 것이다. 왕지의(王之義)와 왕지도(王之道)와 왕지로(王之路)는 황극(皇極)이 이로 말미암아 행해지는 것이다. '탕탕(蕩蕩)'은 광원(廣遠)함이요, '평평(平平)'은 평이(平易)함이요, '정직(正直)'은 편사(偏邪)하지 않음이다. 황극은 정대(正大)한 체(體)이다. 준의(遵義)·준도(遵道)·준로(遵路)는 그 극(極)에 모임이요, 탕탕·평평·정직은 그 극에 돌아옴이다. '회(會)'는 합하여 옴이요, '귀(歸)'는 와서 이름이다.

이 장(章)은 시(詩)의 문체(文體)이니, 사람들로 하여금 읊어서 그 성정(性情)을 얻게 한 것이다. 노래하고 읊어서 그 음(音)을 맞추고 반복하여 그 뜻을 지극히 하며, 사사로움을 경계하여 간사한 생각을 징계하고 극(極)을 가르쳐 선(善)한 성(性)을 감발(感發)시킨다. 시를 읊는 사이에 황연(怳然)히 깨닫고 유연(悠然)히 얻게 하여 기울고 협소(狹小)한 생각을 잊고 공평 광대(公平廣大)한 이치를 통달하여 인욕(人欲)이 사라져 종식(終熄)되고 천리(天理)가 유행하여, 극(極)에 모이고 극에 돌아옴이 이렇게 됨을 알지 못하면서 이렇게 되는 것이다. 그 공용(功用;공효)이 깊고 간절하니, 《주례》

書經集傳 下

---

50 敎以六詩:육시(六詩)는 《시경》의 육의(六義;여섯 가지 의의)로 풍(風)·아(雅)·송(頌)과 흥(興)·부(賦)·비(比)를 가리키는바, 풍·아·송은 시의 내용과 성질을 말하고 흥·부·비는 시의 체재(體裁)와 서술 방식을 말한다. 위의 '무편무피(無偏無陂)'부터 '귀기유극(歸其有極)'까지는 매 구(句)마다 모두 운(韻)이 있는 시구(詩句)로. 피(陂)와 의(義), 호(好)와 도(道), 오(惡)와 로(路), 당(黨)과 탕(蕩), 편(偏)과 평(平), 측(側)과 직(直), 극(極)과 극(極)은 모두 운이다. 이 가운데 平은 협운(叶韻)으로 음을 편으로 읽는다. 협운은 운을 맞추기 위하여 음을 바꾸어 읽는 것으로 대전본(大全本) 원문의 음주(音註)에 포면반(蒲眠反)으로 표기되어 있다.

··· 創 : 징계할 창 怳 : 황홀할 황 熄 : 불꺼질 식

〈태사(太師)〉에 육시(六詩)를 가르침과 똑같은 기축(機軸;관건)인데, 더욱 중요하다. 후세에 이 뜻이 전해지지 못했으니, 황극의 도(道)가 천하에 밝혀지지 못함이 당연하다.

15. 曰 皇極之敷言이 是彝是訓이니 于帝其訓이시니라

임금이 극(極)으로 부연(敷衍)한 말은 이것이 바로 떳떳한 이치이고 가르침이니, 이는 상제(上帝)가 가르쳐주신 것이다.

曰은 起語辭라 敷言은 上文敷衍之言也라 言人君以極之理로 而反復推衍爲言者[51]는 是天下之常理요 是天下之大訓이니 非君之訓也요 天之訓也라 蓋理出乎天하니 言純乎天이면 則天之言矣라 此는 贊敷言之妙如此라

'왈(曰)'은 말을 일으키는 말이다. '부언(敷言)'은 상문(上文)을 부연한 말이다. 임금이 극의 이치로써 반복하여 미루어 부연해서 말한 것은 바로 천하의 떳떳한 이치이고 바로 천하의 큰 가르침이니, 이는 군주의 가르침이 아니요 바로 하늘의 가르침인 것이다. 이치는 하늘에서 나왔으니, 말이 천리(天理)에 순수하면 하늘의 말인 것이다. 이는 부언(敷言)의 묘함이 이와 같음을 찬미(贊美)한 것이다.

16. 凡厥庶民이 極之敷言을 是訓是行하면 以近天子之光하여 曰天子作民父母하사 以爲天下王이라하리라

무릇 서민들이 극으로 부연한 말을 교훈으로 삼고 행하면, 천자의 도덕의 광채를 가까이하면서 말하기를 '천자가 우리들의 부모가 되시어 천하의 왕이 된다.'고 할 것이다.

光者는 道德之光華也라 天子之於庶民에 性一而已니 庶民이 於極之敷言에 是訓是行이면 則可以近天子道德之光華也라 曰者는 民之辭也라 謂之父母者는 指其恩育而言이니 親之之意요 謂之王者는 指其君長而言이니 尊之之意라 言天子恩育君長乎我者 如此其至也라 言民而不言人者는 擧小以見(현)大也라

'광(光)'은 도덕의 광화(光華;광채)이다. 천자는 서민에 있어 성(性)은 똑같을 뿐이

- - - - - -

51　言人君以極之理 而反復推衍爲言者 : 경문의 '황극지부언(皇極之敷言)'을 부연 설명한 것으로, 호산은 "'부언(敷言)'은 황제의 말씀이 아니요 바로 기자의 말씀이다.〔按敷言, 非皇之言, 乃箕子之言也.〕" 하였다. 《詳說》

니, 서민이 황극으로 부연한 말에 대하여 이것을 교훈으로 삼고 이것을 행하면 천자의 도덕의 광화를 가까이 할 수 있다. '왈(曰)'은 백성들이 한 말이다. 부모라고 이른 것은 은혜로 길러줌을 가리켜 말한 것이니 그를 친애하는 뜻이요, 왕이라고 이른 것은 군장(君長) 노릇함을 가리켜 말한 것이니 그를 높이는 뜻이다. 천자가 우리를 은혜로 기르고 군장 노릇함이 이와 같이 지극함을 말한 것이다. 민(民)을 말하고 지위에 있는 사람들을 말하지 않은 것은 작은 것(백성)을 들어 큰 것을 나타낸 것이다.

17. 六三德은 一曰正直이요 二曰剛克이요 三曰柔克이니 平康은 正直이요 彊弗友는 剛克하고 燮友는 柔克하며 沈潛은 剛克하고 高明은 柔克이니라

　여섯 번째 삼덕(三德)은 첫 번째는 정직함이요, 두 번째는 강(剛)으로 다스림이요, 세 번째는 유(柔)로 다스림이니, 평강(平康)은 정직함이고, 강(彊)하여 순하지 않은 자는 강(剛)으로 다스리고, 화(和)하여 순한 자는 유(柔)로 다스리며, 침잠(沈潛)한 자는 강으로 다스리고, 고명(高明)한 자는 유로 다스린다.

克은 治요 友는 順이요 燮은 和也라 正直、剛、柔는 三德也라 正者는 無邪요 直者는 無曲이요 剛克、柔克者는 威福、子奪、抑揚、進退之用也라 彊弗友者는 彊梗弗順者也요 燮友者는 和柔委順者也라 沈潛者는 沈深潛退하여 不及中者也요 高明者는 高亢(항)明爽하여 過乎中者也니 蓋習俗之偏과 氣稟之過者也라 故로 平康正直은 無所事乎矯拂이니 無爲而治 是也라 彊弗友剛克은 以剛克剛也요 燮友柔克은 以柔克柔也며 沈潛剛克은 以剛克柔也요 高明柔克은 以柔克剛也니 正直之用은 一이로되 而剛、柔之用은 四也라 聖人撫世酬物에 因時制宜하사 三德乂用하여 陽以舒之하고 陰以斂之[52]하여 執其兩端하여 用其中于民하시니 所以納天下民俗於皇極者 蓋如此하니라

　'극(克)'은 다스림이요, '우(友)'는 순함이요, '섭(燮)'은 화(和)함이다. '정직'과 '강

......

52 三德乂用……陰以斂之 : 삼덕(三德)은 군주의 입장에서는 모두 백성을 다스림을 위주로 하고 백성의 입장에서는 각기 군주의 다스림을 따르는 것인데, 백성들의 습속(習俗)이 강(剛)하거나 타고난 기품(氣稟)이 유(柔)하면 군주가 모두 강(剛)으로 다스리고, 백성들의 습속이 유(柔)하거나 기품이 강(剛)하면 군주가 모두 유(柔)로 다스리는 것이다. 양(陽)으로 펴준다는 것은 섭우유극(燮友柔克)과 침잠강극(沈潛剛克)으로 모두 군주가 허여하여 주는 것이고, 음(陰)으로 거둔다는 것은 강불우강극(彊弗友剛克)과 고명유극(高明柔克)으로 모두 군주가 억제함을 말한 것이다.

・・・　燮 : 화할 섭　梗 : 막힐 경　亢 : 높을 항　矯 : 바로잡을 교　拂 : 어길 불

'(剛)'·'유(柔)'는 세 가지 덕이다. '정(正)'은 사(邪)가 없는 것이고, '직(直)'은 곡(曲)이 없는 것이다. 강극(剛克)과 유극(柔克)은 위엄을 보이고 복록을 주며, 주고 빼앗으며, 억제하고 드날리며, 올리고 물리치는 운용이다. '강불우(彊弗友)'는 강경(彊梗)하여 순하지 않은 자이고, '섭우(燮友)'는 화유(和柔)하여 순한 자이다. '침잠(沈潛)'은 침심(沈深)하고 잠퇴(潛退)하여 중(中)에 미치지 못하는 자이고, '고명(高明)'은 고항(高亢;너무 높음)하고 명상(明爽;밝게 살핌)하여 중(中)을 넘는 자이니, 이는 습속(習俗)이 편벽되고 기품(氣稟)이 과(過)한 자이다. 그러므로 평강 정직(平康正直;평강한 자에게 정직함으로 다스림)은 교불(矯拂;바로잡음)을 일삼을 것이 없으니, 작위(作爲)함이 없이 다스림이 이것이다. 강불우강극(彊弗友剛克)은 강(剛)으로 강을 다스림이요, 섭우유극(燮友柔克)은 유(柔)로 유를 다스림이며, 침잠강극(沈潛剛克)은 강으로 유를 다스림이요, 고명유극(高明柔克)은 유로 강을 다스림이니, 정직의 쓰임은 하나인데 강·유의 쓰임은 넷이다. 성인이 세상을 어루만지고 사물을 수응함에 때에 따라 마땅하게 하여 삼덕(三德)으로 다스려 써서 양(陽)으로 펴주고 음(陰)으로 거두어 그 두 끝을 잡아 그 중(中)을 백성에게 쓰시니, 이는 천하의 민속(民俗)을 황극에 들임이 이와 같은 것이다.

18. **惟辟**이라사(이사) **作福**하며 **惟辟**이라사 **作威**하며 **惟辟**이라사 **玉食**하나니 **臣無有作福、作威、玉食**이니라

  오직 군주만이 복(福)을 짓고 오직 군주만이 위엄을 짓고 오직 군주만이 옥식(玉食;좋은 음식을 먹음)을 할 수 있으니, 신하는 복을 짓거나 위엄을 짓거나 옥식함이 있어서는 안 된다.

福、威者는 **上之所以御下**요 **玉食者**는 **下之所以奉上也**라 **曰惟辟者**는 **戒其權不可下移**요 **曰無有者**는 **戒其臣不可上僭也**라

  복과 위엄은 윗사람이 아랫사람을 통솔하는 것이고, 옥식(玉食)은 아랫사람이 윗사람을 받드는 것이다. '오직 군주만이[惟辟]'라고 말한 것은 그 권한이 아래로 옮겨서는 안 됨을 경계한 것이고, '무유(無有)'라고 말한 것은 신하가 윗사람을 참람해서는 안 됨을 경계한 것이다.

19. **臣之有作福、作威、玉食**하면 **其害于而家**하며 **凶于而國**하여 **人用側頗僻**하며 **民用僭忒**(참특)하리라

··· 頗 : 기울 파　僭 : 어그러질 참　忒 : 어그러질 특

신하(대신(大臣))가 복을 짓고 위엄을 짓고 옥식을 함이 있으면 너의 집에 해롭고 너의 나라에 흉(凶)하여 사람들이 바르지 못하고 기울고 편벽되며, 백성들이 참람하고 지나치게 될 것이다.

頗는 不平也요 僻은 不公也라 僭은 踰요 忒은 過也라 臣而僭上之權이면 則大夫必害于而家하고 諸侯必凶于而國하여 有位者固側頗僻[53]而不安其分하고 小民者亦僭忒而踰越其常이니 甚言人臣僭上之患如此하니라

'피(頗)'는 평(平)하지 못함이고, '벽(僻)'은 공변되지 못한 것이다. '참(僭)'은 넘음이요, '특(忒)'은 지나침이다. 대신이 임금의 권한을 참람하면 대부(大夫)가 반드시 그의 집에 해롭고 제후가 반드시 그의 나라에 흉하여 지위에 있는 자들이 진실로 바르지 못하고 기울고 편벽되어 그 분수를 편안히 하지 못하고, 소민(小民)들 또한 참람하고 지나쳐서 그 떳떳함을 넘을 것이니, 이는 신하가 윗사람을 참람하는 화(禍)가 이와 같음을 심하게 말한 것이다.

20. 七稽疑는 擇建立卜筮人이오사(하고서) 乃命卜筮니라

일곱 번째 계의(稽疑)는 복서(卜筮)할 사람을 가려 세우고서야 이에 명(命)하여 복서하게 하는 것이다.

稽는 考也니 有所疑면 則卜筮以考之라 龜曰卜이요 蓍(시)曰筮라 蓍龜者는 至公無私라 故로 能紹天之明이요 卜筮者도 亦必至公無私而後에 能傳蓍龜之意니 必擇是人而建立之然後에 使之卜筮也라

'계(稽)'는 상고함이니, 의심스러운 일이 있으면 복서(卜筮)하여 상고하는 것이다. 거북점을 '복(卜)'이라 하고, 시초점(蓍草占;주역점)을 '서(筮)'라 한다. 시초와 거북껍질은 지극히 공정(公正)하고 사(私)가 없으므로 하늘의 밝은 명(命)을 이어 전할 수 있고, 복서하는 자 또한 지극히 공정하고 사(私)가 없은 뒤에야 시초와 거북껍질의 뜻을 전달할 수 있으니, 반드시 이러한 사람을 가려서 세운 뒤에야 복서하게 하는 것이다.

------

53 固側頗僻 : 경문(經文)의 '인용측파벽(人用側頗僻)'을 인용한 것인데, 고(固)의 뜻이 분명하지 않다. 오자가 있는 것으로 보인다.

··· 踰 : 넘을 유 筮 : 점칠 서 蓍 : 시초 시

21. 曰雨와 曰霽와 曰蒙과 曰驛과 曰克이며

　비 오듯 젖은 조짐과 비가 갠 듯한 조짐과 몽매한 조짐과 끊어지는 조짐과 서로 이기는 조짐이며,

此는 卜兆也라 雨者는 如雨니 其兆爲水요 霽者는 開霽니 其兆爲火요 蒙者는 蒙昧니 其兆爲木이요 驛者는 絡驛不屬[54]이니 其兆爲金이요 克者는 交錯有相勝之意니 其兆爲土라

　이는 거북점의 조짐이다. '우(雨)'는 비가 오듯 하는 것이니 그 조짐이 수(水)가 되고, '제(霽)'는 비가 개임이니 그 조짐이 화(火)가 되고, '몽(蒙)'은 몽매함(엄폐하여 어둠)이니 그 조짐이 목(木)이 되고, '역(驛)'은 낙역(絡驛)하나(맴돌지만) 이어지지 않음이니 그 조짐이 금(金)이 되고, '극(克)'은 번갈아 서로 이기는 뜻이 있으니 그 조짐이 토(土)가 된다.

22. 曰貞과 曰悔니라

　정(貞)과 회(悔)이다.

此는 占卦也라 內卦爲貞이요 外卦爲悔라 左傳에 蠱之貞은 風이요 其悔는 山이 是也[55]라 又有以遇卦爲貞하고 之卦爲悔하니 國語에 貞屯悔豫皆八이 是也[56]라

・・・・・・

54　驛者 絡驛不屬 : 사계(沙溪)는 《운회(韻會)》에 '역(圛)은 맴돎이다.' 한 것을 소개하고 역(圛)은 기운이 맴돌지만 연속되지 않음을 형상한 것이니, 금문(今文)에 '역(驛)'으로 되어 있다.〔韻會曰, 圛, 回行也. 圛者, 象其絡繹不連屬也. 今文作驛.〕라고 하였으며, 우암(尤菴) 송시열(宋時烈) 또한 "비록 맴돌지만 서로 연결되지 않는 것이다.〔雖絡繹, 不相連.〕"라 하였다. 《詳說》

55　內卦爲貞……其悔山是也 : 이 내용은 진 목공(秦穆公)이 진 혜공(晉惠公;이름은 이오(夷吾))와 싸울 적에 양국의 승패를 점쳐 얻은 점괘이다. 《주역》의 괘(卦)는 삼획괘(三畫卦)인 팔괘(八卦)가 상(上)·하(下)로 겹쳐 육획괘(六畫卦)인 육십사괘(六十四卦)가 되었는바, 아래에 있는 팔괘를 내괘(內卦)라 하고 위에 있는 팔괘를 외괘(外卦)라 하는데, 고괘(蠱卦 ䷑)는 아래에는 풍(風)인 손(巽 ☴)이 있고 위에는 산(山)인 간(艮 ☶)이 있으므로 말한 것이다.

56　遇卦爲貞……貞屯悔豫皆八是也 : 우괘(遇卦)는 괘(卦)를 처음 뽑아 얻은 괘(본괘)를 이르고 지괘(之卦)는 변(變)한 괘를 이르는바, 괘를 뽑을 적에 노양(老陽)인 구(九)와 노음(老陰)인 육(六)은 변하고 소양(少陽)인 칠(七)과 소음(少陰)인 팔(八)은 변하지 않으며, 우괘(본괘)를 정(貞)이라 하고 지괘를 회(悔)라 하기도 한다. 이 내용은 진(晉)나라 공자(公子) 중이(重耳)가 망명하여 진(秦)나라에 있을 적에 본국으로 돌아갈 수 있을지를 점쳐 얻은 점괘이다. 중이는 뒤에 귀국하여 패자(霸者)가 되니, 바로 문공(文公)이다. 이 경우는 준괘(屯卦 ䷂)의 초구효(初九爻)와 구오효

・・・　霽 : 갤 제　驛 : 끊어질 역　蠱 : 벌레 고

이는 점괘(占卦)이다. 내괘(內卦)를 정(貞)이라 하고, 외괘(外卦)를 회(悔)라 한다. 《춘추좌씨전》 희공(僖公) 15년에 "고괘(蠱卦)의 정(貞)은 풍(風)이고 그 회(悔)는 산(山 ☶)이다." 한 것이 이것이다. 또 만난 괘를 정(貞)이라 하고, 변하여 간 괘를 회(悔)라 하니, 《국어(國語)》〈진어(晉語)〉에 "정(貞)은 준괘(屯卦)이고 회(悔)는 예괘(豫卦)인 것이 모두 팔(八)이다." 한 것이 이것이다.

23. 凡七은 卜五요 占用二니 衍忒하나니라

무릇 일곱 가지는, 거북점에는 다섯 가지를 쓰고 시초점에는 두 가지를 쓰니, 사람 일의 잘못됨을 추측하여 아는 것이다.

凡七은 雨、霽、蒙、驛、克、貞、悔也니 卜五는 雨、霽、蒙、驛、克也요 占二는 貞、悔也라 衍은 推요 忒은 過也니 所以推人事之過差也라

무릇 일곱 가지란 우(雨)·제(霽)·몽(蒙)·역(驛)·극(克)·정(貞)·회(悔)이니, 거북점에 다섯 가지를 쓴다는 것은 우·제·몽·역·극이고, 시초점에 두 가지를 쓴다는 것은 정·회이다. '연(衍)'은 추측함이요 '특(忒)'은 잘못됨이니, 인사(人事)의 잘못됨을 추측하는 것이다.

24. 立時人하여 作卜筮하되 三人이 占이어든 則從二人之言이니라

이 사람을 세워 복서를 하게 하되 세 사람이 점(占)을 치면 두 사람의 말을 따른다.

凡卜筮에 必立三人以相參考하니 舊說에 卜有玉兆、瓦兆、原兆하고 筮有連山、歸藏、周易[57]者는 非是라 謂之三人이요 非三卜筮也라

● ● ● ● ● ● ●

(九五爻)가 노양(老陽)인 구(九)이고 육사효(六四爻)가 노음(老陰)인 육(六)이어서 예괘(豫卦 ☷)로 변한 것인데, 본괘(本卦)인 준(屯)은 우괘(遇卦)가 되고 예(豫)는 지괘(之卦)가 된다. 이 중에 이효(二爻)·삼효(三爻)·상육(上六) 세 효(爻)는 준(屯)과 예(豫)에 모두 변하지 않은 소음(少陰)의 팔(八)이므로 말한 것이다.

57 卜有玉兆……周易:조(兆)는 거북의 등껍질을 불로 지져 갈라진 틈을 보고 점지는 조심인데 여기에는 옥(玉)이나 와(瓦;기와), 원(原;밭)과 같은 세 가지 유형이 있는바, 옥조(玉兆)는 전욱(顓頊)의 조(兆)이고 와조(瓦兆)는 요제(堯帝)의 조이고 원조(原兆)는 주(周)나라의 조라 한다. 연산(連山)과 귀장(歸藏)은 고대(古代)의 역서(易書)로 연산은 복희(伏羲)의 역(易)이고 귀장(歸藏)은 황제(黃帝)의 역이라고도 하며, 또 연산은 하(夏)나라의 역이고 귀장은 상(商)나라의 역이라 하는

무릇 복서할 적에 반드시 세 사람을 세워 서로 참고하니, 구설(舊說)에 거북점에는 옥조(玉兆)·와조(瓦兆)·원조(原兆)가 있고, 시초점에는 연산(連山)·귀장(歸藏)·주역(周易)이 있다고 말한 것은 옳지 않다. 이것은 세 사람(三人)을 이른 것이요, 세 가지의 복서가 아니다.

25. **汝則有大疑**어든 **謀及乃心**하며 **謀及卿士**하며 **謀及庶人**하며 **謀及卜筮**하라
　네가 큰 의심이 있거든 꾀함을 너의 마음에 미치고 경사(卿士)에 미치고 서인(庶人)에 미치고 복서(卜筮)에 미쳐라.

26. **汝則從**하며 **龜從**하며 **筮從**하며 **卿士從**하며 **庶民從**이면 **是之謂大同**이니 **身其康彊**하며 **子孫**이 **其逢吉**하리라
汝則從하며 **龜從**하며 **筮從**이요 **卿士逆**하며 **庶民**이 **逆**하여도 **吉**하리라
卿士從하며 **龜從**하며 **筮從**이요 **汝則逆**하며 **庶民**이 **逆**하여도 **吉**하리라
庶民이 **從**하며 **龜從**하며 **筮從**이요 **汝則逆**하며 **卿士逆**하여도 **吉**하리라
汝則從하며 **龜從**이요 **筮逆**하며 **卿士逆**하며 **庶民**이 **逆**하면 **作內**는 **吉**하고 **作外**는 **凶**하리라
龜筮共違于人하면 **用靜**은 **吉**하고 **用作**은 **凶**하리라
　네(너의 생각)가 따르고 거북점이 따르고 시초점이 따르고 경사가 따르고 서민이 따르면 이것을 대동(大同)이라 하니, 몸이 강강(康彊)하고 자손이 길(吉)함을 만날 것이다.
　네가 따르고 거북점이 따르고 시초점이 따르며, 경사가 거스르고 서민이 거슬러도 길할 것이다.
　경사가 따르고 거북점이 따르고 시초점이 따르며, 네가 거스르고 서민이 거슬러도 길할 것이다.
　서민이 따르고 거북점이 따르고 시초점이 따르며, 네가 거스르고 경사가 거슬러도 길할 것이다.
　네가 따르고 거북점이 따르며, 시초점이 거스르고 경사가 거스르고 서민이 거스르면 안의 일을 하는 것은 길하고 밖의 일을 하는 것은 흉할 것이다.

・・・・・・
데, 대체로 후자의 설을 따른다.

거북점과 시초점이 모두 사람과 위배되면 정(靜)함에 사용함은 길하고 동(動)함에 사용함은 흉할 것이다.

稽疑는 以龜筮爲重하니 人與龜筮皆從이면 是之謂大同이니 固吉也요 人一從而龜筮不違者도 亦吉이라 龜從筮逆이면 則可作內요 不可作外니 內는 謂祭祀等事요 外는 謂征伐等事라 龜筮共違면 則可靜이요 不可作이니 靜은 謂守常이요 作은 謂動作也라 然有龜從筮逆而無筮從龜逆者는 龜尤聖人所重也일새라 故로 禮記에 大事卜이요 小事筮라하고 左傳에 謂筮短龜長[58]이 是也라 自夫子贊易하여 極著蓍卦之德으로 著重而龜書不傳云이라

의심스러움을 상고함[稽疑]은 거북점과 시초점을 중시하니, 사람과 거북점과 시초점이 모두 따르면 이것을 대동(大同)이라 하니 진실로 길하며, 사람이 하나만 따르고 거북점과 시초점이 어기지 않는 것도 또한 길하다. 거북점은 따르고 시초점은 거스르면 안의 일을 하는 것은 가(可)하고 밖의 일을 하는 것은 불가(不可)하니, 안이란 제사 등의 일이고 밖이란 정벌(征伐) 등의 일을 이른다. 거북점과 시초점이 모두 어기면 정(靜)함은 가(可)하고 동작함은 불가(不可)하니, 정(靜)은 떳떳함을 지키는 것이고, 작(作)은 동작함을 이른다.

그러나 거북점은 따르고 시초점이 거스르는 경우는 있어도 시초점은 따르고 거북점이 거스르는 경우가 없는 것은 거북점을 성인(聖人)이 더욱 중시하였기 때문이다. 그러므로 《예기》〈곡례(曲禮)〉의 주(註)에 "큰 일에는 거북점을 치고 작은 일에는 시초점을 친다." 하였고, 《춘추좌씨전》 희공(僖公) 4년에 "시초점은 짧고 거북점은 길다."고 한 것이 이것이다. 부자(夫子)가 《주역》을 찬양하여 시괘(蓍卦)의 덕(德)을 지극히 드러내심으로부터 시초점이 중해지고 거북점에 대한 책이 전해지지 않게 되었다.

27. 八庶徵은 曰雨와 曰暘과 曰燠과 曰寒과 曰風과 曰時니 五者來備하되 各以其敍하면 庶草도 蕃廡(무)하리라
여덟 번째 서징(庶徵)은 비옴과 볕남과 더움과 추움과 바람과 때(철)에 따름이니, 다

------

58 筮短龜長 : 호산은 "여기의 단(短)·장(長)은 경(輕)·중(重)과 같다.[短長, 猶輕重也.]" 하였다. 《詳說》여기의 단장(短長)은 길이를 가지고 말한 것이 아니요, 시초점은 가볍고(덜 소중함) 거북점은 소중함을 말한 것이다.

··· 暘 : 햇볕날 양　燠 : 더울 욱　廡 : 무성할 무

섯 가지가 와서 갖추어지되 각기 그 절서(節敍)로써 하면(절서에 맞으면) 여러 풀들도
번성할 것이다.

徵은 驗也라 庶는 豐茂라 所驗者非一故로 謂之庶徵이요 雨、暘、燠、寒、風이 各以
時至故로 曰時也라 備者는 無缺少也요 敍者는 應節候也라 五者備而不失其敍[59]하
면 庶草且蕃廡矣니 則其他可知也라 雨屬水하고 暘屬火하고 燠屬木하고 寒屬金하
고 風屬土라 吳仁傑曰 易에 以坎爲水하니 北方之卦也요 又曰 雨以潤之라하니 則
雨爲水矣라 離爲火하니 南方之卦也요 又曰 日以烜(훤)之라하니 則暘爲火矣라 小
明之詩首章云 我征徂西엔 二月初吉이라하고 三章云 昔我往矣엔 日月方燠이라하
니 夫以二月爲燠이면 則燠之爲春爲木이 明矣라 漢志에 引狐突金寒之言[60]이어늘
顔師古謂金行在西라 故로 謂之寒이라하니 則寒之爲秋爲金이 明矣라 又按稽疑에
以雨屬水하고 以霽屬火하니 霽는 暘也니 則庶徵에 雨之爲水와 暘之爲火는 類例
抑又甚明이라 蓋五行은 乃生數自然之敍[61]요 五事則本於五行하고 庶徵則本於五
事하니 其條理次第 相爲貫通하여 有秩然而不可紊亂者也니라

　'징(徵)'은 징험함이다. '무(庶)'는 풍무(豐茂;번성)함이다. 징험하는 것이 한 가지가
아니므로 '서징(庶徵)'이라 하였고, 우(雨)·양(暘)·욱(燠)·한(寒)·풍(風)이 각각 때
(철)에 따라 이르므로 때라고 말한 것이다. '비(備)'는 부족함이 없는 것이요, '서(敍)'
는 절후(節候)에 응하는 것이다. 다섯 가지가 갖춰져 절서(節敍)를 잃지 않으면 여러
풀들도 번성할 것이니, 그 딴 것도 알 수 있다. 우(雨)는 수(水)에 속하고, 양(暘)은 화
(火)에 속하고, 욱(燠)은 목(木)에 속하고, 한(寒)은 금(金)에 속하고, 풍(風)은 토(土)에
속한다.

　오인걸(吳仁傑)이 말하였다. "《주역》〈설괘전(說卦傳)〉에 감(坎)을 수(水)라 하니 북

59　五者備而不失其敍 : 경문의 '五者來備'를 부연 설명한 것으로, 호산은 "《언해》의 해석이 분명하
지 못하다.〔諺釋未瑩〕" 하였다. 《詳說》《언해》에는 '五者가 와 備호대 각각 써 그 敍하면'으로 해석
하였는바, 호산의 설에 따라 경문을 수정 번역하였다.

60　引狐突金寒之言 : 호돌(狐突)은 춘추시대 진(晉)나라 사람으로, 이 내용은《춘추좌씨전》민공
(閔公) 2년에 보인다.

61　蓋五行 乃生數自然之敍 : 위의 오행은 첫 번째가 수(水)이고 두 번째가 화(火), 세 번째가 목
(木), 네 번째가 금(金), 다섯 번째가 토(土)인데, 이는 하도(河圖)의 1수(水), 2화(火), 3목(木),
4금(金), 5토(土)의 생수(生數)를 따른 것임을 뜻한다. 하도의 6수(水), 7화(火), 8목(木), 9금(金),
10토(土)는 성수(成數)에 해당한다.

・・・　坎 : 구덩이 감　烜 : 밝을 훤

방(北方)의 괘(卦)이며, 또 '비로 윤택하게 한다.' 하였으니, 우(雨)는 수(水)가 되는 것이다. 이(離)를 화(火)라 하니 남방(南方)의 괘(卦)이며, 또 '해로써 볕을 쪼인다.' 하였으니, 양(暘)은 화(火)가 되는 것이다. 〈소명시(小明詩)〉 첫장에 '내가 정벌하러 서쪽으로 갈 때에는 2월 초하루였다.' 하였고, 3장(章)에 '옛날 내가 정벌하러 갈 때에는 일월(日月;기후)이 막 따뜻했다.' 하였으니, 2월을 따뜻하다고 했다면 욱(燠)이 봄이 되고 목(木)이 됨이 분명하다. 《한서(漢書)》〈오행지(五行志)〉에 '호돌(狐突)의 금(金)은 차갑다.'는 말을 인용하였는데, 안사고(顏師古)는 '금(金)의 운행이 서쪽에 있으므로 한(寒)이라 한다.' 하였으니, 그렇다면 한(寒)이 가을이 되고 금(金)이 됨이 분명하다. 또 살펴보건대 계의(稽疑)에서 우(雨)를 수(水)에 소속시키고 제(霽)를 화(火)에 소속시켰으니, 제(霽)는 〈비가 개어〉 햇볕이 나는 것이니, 서징(庶徵)에서 우(雨)가 수(水)가 되고 양(暘)이 화(火)가 됨은 유례(類例)가 또 매우 분명하다."

오행(五行)은 생수(生數)에 자연의 순서이고, 오사(五事)는 오행에 근본하였으며, 서징(庶徵)은 오사에 근본하였으니, 그 조리와 차제가 서로 관통하여 질서정연해서 문란하게 할 수 없는 것이다.

28. 一이 **極備**하여도 **凶**하며 一이 **極無**하여도 **凶**하니라
　　한 가지가 지극히 구비되어도 흉(凶)하며, 한 가지가 지극히 없어도 흉(凶)하다.

極備는 **過多也**요 **極無**는 **過少也**라 **唐孔氏曰 雨多則澇**(로)하고 **雨少則旱**이니 **是極備亦凶**이요 **極無亦凶**이니 **餘準是**니라
　　'극비(極備)'는 지나치게 많은 것이요, '극무(極無)'는 지나치게 적은 것이다. 당(唐)나라 공씨가 말하기를 "비가 많으면 장마가 지고 비가 적으면 가무니, 이는 지극히 구비되어도 흉(凶)하고 지극히 없어도 흉한 것이다. 나머지도 이에 준한다." 하였다.

29. **曰休徵**은 **曰肅**에 **時雨若**하며 **曰乂**에 **時暘**이 **若**하며 **曰哲**에 **時燠**이 **若**하며 **曰謀**에 **時寒**이 **若**하며 **曰聖**에 **時風**이 **若**이니라 **曰咎徵**은 **曰狂**에 **恒雨**가 **若**하며 **曰僭**에 **恒暘**이 **若**하며 **曰豫**에 **恒燠**이 **若**하며 **曰急**에 **恒寒**이 **若**하며 **曰蒙**

… 豫 : 게으를 예

에 **恒風**이 **若**[62]이니라

　아름다운 징조는 〈사람이〉 엄숙함에 제때에 비가 내리며, 조리가 있음에 제때에 날씨가 개이며, 지혜로움에 제때에 날씨가 따뜻하며, 헤아림에 제때에 날씨가 추우며, 성스러움에 제때에 바람이 부는 것이다. 나쁜 징조는 미친 짓을 함에 항상 비가 내리며, 참람함(어긋남)에 항상 햇볕이 나며, 게으름에 항상 날씨가 더우며, 급박함에 항상 날씨가 추우며, 몽매함에 항상 바람이 부는 것이다.

狂은 **妄**이요 **僭**은 **差**요 **豫**는 **怠**요 **急**은 **迫**이요 **蒙**은 **昧也**라 **在天**에 **爲五行**이요 **在人**에 **爲五事**니 **五事備**면 **則休徵**이 **各以類應之**요 **五事失**이면 **則咎徵**이 **各以類應之**니 **自然之理也**라 **然必日某事得則某休徵應**이요 **某事失則某咎徵應**이라하면 **則亦膠固不通**하여 **而不足與語造化之妙矣**라 **天人之際**는 **未易言也**니 **失得之機**와 **應感之微**를 **非知道者**면 **孰能識之哉**리오

　'광(狂)'은 망령됨이요, '참(僭)'은 어긋남이요, '예(豫)'는 게으름이요, '급(急)'은 급박함이요, '몽(蒙)'은 몽매함이다. 하늘에 있으면 오행이 되고, 사람에 있으면 오사(五事)가 되니, 오사가 갖추어지면 아름다운 징조가 각기 류(類)에 따라 응하고, 오사가 잘못되면 나쁜 징조가 각기 류에 따라 응하니, 이는 자연의 이치이다. 그러나 반드시 아무 일이 잘되면 아무 아름다운 징조가 응하고, 아무 일이 잘못되면 아무 나쁜 징조가 응한다고 말한다면 이는 고착(固着)하여 통하지 못해서 함께 조화의 묘를 말할 수 없는 것이다. 하늘과 인간의 즈음은 쉽게 말할 수 없으니, 득실(得失)의 기미(機微)와 감응(感應)의 은미한 이치를 도(道)를 아는 자가 아니면 누가 알겠는가.

30. **曰王省**은 **惟歲**요 **卿士**는 **惟月**이요 **師尹**은 **惟日**이니라
　왕(王)이 살필 것은 해이고 경사(卿士)는 달이고 사윤(師尹)은 날이다.

歲、月、日은 **以尊卑爲徵也**라 **王者之失得**은 **其徵以歲**요 **卿士之失得**은 **其徵以月**이요 **師尹之失得**은 **其徵以日**이라 **蓋雨、暘、燠、寒、風五者之休咎**는 **有係一歲之利**

62　時雨若……恒風若 : 《언해》에는 모두 '時雨 若하며……恒風이 若하니라'로 해석하였다. 시(時)는 '제때' 또는 '제철'을 이른 것이고 항(恒)은 '언제나' 또는 '항상'의 뜻으로 보이며 약(若)은 순(順)의 뜻인바, '이에 응하여'로 해석해야 할 것이나 너무 번잡하므로 굳이 해석하지 않았다.

害하고 有係一月之利害하고 有係一日之利害하니 各以其大小言也라

　세(歲)·월(月)·일(日)은 존비(尊卑)로써 징험을 삼은 것이다. 왕자의 득실은 해로써 징험하고, 경사의 득실은 달로써 징험하고, 사윤의 득실은 날로써 징험한다. 우(雨)·양(暘)·욱(燠)·한(寒)·풍(風) 다섯 가지의 좋고 나쁨은 한 해의 이해에 관계됨이 있고, 한 달의 이해에 관계됨이 있고, 하루의 이해에 관계됨이 있으니, 각기 그 크고 작은 것으로써 말한 것이다.

31. 歲、月、日에 時無易하면 百穀用成하며 乂用明하며 俊民이 用章하며 家用平康하리라

　세·월·일에 철이 바뀜이 없으면, 백곡(百穀)이 이루어지며 다스려짐이 밝아지며 준걸스런 백성들이 드러나며 집이 편안해질 것이다.

歲、月、日三者에 雨、暘、燠、寒、風이 不失其時하면 則其效如此하니 休徵所感也라

　세·월·일 세 가지에 우(雨)·양(暘)·욱(燠)·한(寒)·풍(風)이 제때를 잃지 않으면 그 효험이 이와 같으니, 아름다운 징조가 응한 것이다.

32. 日、月、歲에 時旣易하면 百穀用不成하며 乂用昏不明하며 俊民이 用微하며 家用不寧하리라

　일·월·세에 제철을 잃어 철이 바뀌면, 백곡이 이루어지지 못하며 다스려짐이 어두워 밝지 못하며 준걸스런 백성들이 미천해지며 집이 편안하지 못할 것이다.

日、月、歲三者에 雨、暘、燠、寒、風이 旣失其時하면 則其害如此하니 咎徵所致也라 休徵에 言歲、月、日者는 總於大也요 咎徵에 言日、月、歲者는 著其小也라

　일·월·세 세 가지에 우·양·욱·한·풍이 이미 제철을 잃으면 그 해로움이 이와 같으니, 이는 나쁜 징조의 소치(所致)이다. 아름다운 징조에 세·월·일이라고 말한 것은 큰 것에 총괄되기 때문이요, 나쁜 징조에 일·월·세라고 말한 것은 그 작음을 드러낸 것이다.

33. 庶民은 惟星이니 星有好風하며 星有好雨니라 日月之行은 則有冬有夏하니 月之從星으로 則以風雨니라

서민은 별이니, 별은 바람을 좋아하는 것이 있고 비를 좋아하는 것이 있다. 해와 달의 운행에는 겨울이 있고 여름이 있으니, 달이 별을 따름으로 비바람을 알 수 있다.

民之麗(리)乎土는 猶星之麗乎天也라 好風者는 箕星이요 好雨者는 畢星이라 漢志에 言 軫星亦好(雨)[風][63]이라하니 意者컨대 星宿皆有所好也라 日有中道하고 月有九行이라 中道者는 黃道也니 北至東井하면 去極近하고 南至牽牛하면 去極遠하고 東至角하고 西至婁하면 去極中이 是也라 九行者는 黑道二는 出黃道北하고 赤道二는 出黃道南하고 白道二는 出黃道西하고 靑道二는 出黃道東[64]하니 幷黃道하여 爲九行也라 日極南하여 至于牽牛면 則爲冬至하고 極北하여 至於東井이면 則爲夏至하고 南北中하여 東至角하고 西至婁하면 則爲春秋分이라 月은 立春、春分엔 從靑道하고 立秋、秋分엔 從白道하고 立冬、冬至엔 從黑道하고 立夏、夏至엔 從赤道하니 所謂日月之行則有冬有夏也라 月行東北하여 入于箕則多風하고 月行西南하여 入于畢則多雨하니 所謂月之從星則以風雨也라 民不言省者는 庶民之休咎는 係乎上人之得失이라 故로 但以月之從星으로 以見(현)所以從民之欲者如何爾니라

백성이 흙(땅)에 붙어 있음은 별이 하늘에 붙어 있는 것과 같다. 바람을 좋아하는 것은 기성(箕星)이고, 비를 좋아하는 것은 필성(畢星)이다. 《한서》〈천문지〉에 "진성(軫星) 또한 바람을 좋아한다." 하였으니, 짐작하건대 별은 모두 좋아하는 것이 있는 듯하다.

해는 중도(中道)가 있고, 달은 구행(九行;아홉 길)이 있다. 중도는 황도(黃道)이니, 북(北)으로 동정성(東井星;정수(井宿))에 이르면 북극(北極)과의 거리가 가까워지고, 남(南)으로 견우성(牽牛星)에 이르면 북극과의 거리가 멀어지고, 동(東)으로 각성(角星)에 이르고 서(西)로 루성(婁星)에 이르면 북극과의 거리가 중앙(中央)인 것이 이것이다. 구행(九行)은 흑도(黑道) 둘은 황도의 북으로 나오고, 적도(赤道) 둘은 황도의 남으로 나오고, 백도(白道) 둘은 황도의 서로 나오고, 청도(靑道) 둘은 황도의 동으로 나오

87
周書洪範

• • • • • •

63 軫星亦好風 : 호산은 "우(雨)는 풍(風)의 오류이니, 《한서》〈천문지〉를 상고할 수 있다.〔風之訛, 漢志可考.〕" 하였다. 《詳說》이에 의하여 '풍(風)'으로 수정 번역하였다.

64 九行者……出黃道東 : 흑도(黑道)·적도(赤道)·백도(白道)·청도(靑道)에 대해 호산은 "황도(黃道)와 사시(四時)의 방위 색깔을 따라 이름한 것이다.〔從黃道與四時之方色而爲之名〕" 하였다. 《詳說》'사시의 방위 색깔'이란 겨울은 흑, 여름은 적, 가을은 백, 봄은 청임을 말한 것이다.

••• 麗 : 붙을 리　軫 : 별이름 진　婁 : 별이름 루

니, 황도까지 아울러 아홉 길이 된다.

　해가 지극히 남쪽으로 가서 견우성에 이르면 동지(冬至)가 되고, 지극히 북쪽으로 가서 동정성에 이르면 하지(夏至)가 되며, 남·북이 중앙이어서 동쪽으로 각성에 이르고 서쪽으로 루성에 이르면 춘분(春分)과 추분(秋分)이 된다. 달은 입춘(立春)과 춘분에는 청도(靑道)를 따르고, 입추(立秋)와 추분에는 백도(白道)를 따르고, 입동(立冬)과 동지에는 흑도(黑道)를 따르고, 입하(立夏)와 하지에는 적도(赤道)를 따르니, 이른바 '해와 달의 운행이 겨울이 있고 여름이 있다.'는 것이다. 달이 동북쪽으로 가서 기성(箕星)에 들어가면 바람이 많고, 달이 서남쪽으로 가서 필성(畢星)에 들어가면 비가 많으니, 이른바 '달이 별을 따름으로 비바람을 안다.'는 것이다. 백성에 살핌을 말하지 않은 것은 서민(庶民)의 좋고 나쁨은 윗사람의 잘잘못에 달려 있기 때문이다. 그러므로 다만 달이 별을 따름으로써 백성들의 하고자 함이 어떠한가를 따름을 나타냈을 뿐이다.

夫民生之衆은 寒者欲衣하고 飢者欲食하고 鰥、寡、孤、獨者之欲得其所하니 此는 王政之所先이요 而卿士、師尹近民者之責也라 然星雖有好風好雨之異나 而日月之行은 則有冬有夏之常하니 以月之常行으로 而從星之異好하고 以卿士、師尹之常職으로 而從民之異欲이면 則其從民者는 非所以徇民矣라 言日月而不言歲者는 有冬有夏는 所以成歲功也요 言月而不言日者는 從星은 惟月이라야 爲可見耳일새라

　민생(民生)의 무리는 추운 자는 입고자 하고, 굶주린 자는 먹고자 하고, 환(鰥;홀아비)·과(寡;과부)·고(孤;고아)·독(獨;독신자)은 자기 살 곳을 얻고자 하니, 이는 왕정(王政)에 제일 먼저 하여야 할 바이고, 백성을 가까이 하는 경사(卿士)와 사윤(師尹)의 책임이다. 그러나 별이 비록 바람을 좋아하고 비를 좋아하는 차이가 있으나 해와 달의 운행은 겨울과 여름의 떳떳함(일정함)이 있으니, 달의 떳떳한 운행으로 별의 각기 다른 좋아함을 따르고, 경사와 사윤의 떳떳한 직책으로 백성들의 각기 다른 욕망을 따른다면 백성을 따르는 것은 굽혀 백성을 따르기 위한 것이 아니다.

　해와 달을 말하고 세(歲)를 말하지 않음은 겨울이 있고 여름이 있음은 세공(歲功;한 해의 일)을 이루기 때문이며, 달을 말하고 해를 말하지 않음은 별을 따름은 오직 달만이 볼 수 있기 때문이다.

34. 九五福은 一曰壽요 二曰富요 三曰康寧이요 四曰攸好德이요 五曰考終

命⁶⁵이니라

　아홉 번째 오복은 첫 번째는 수(壽)이고, 두 번째는 부(富)이고, 세 번째는 강녕(康寧)이고, 네 번째는 좋아하는 바가 덕[攸好德]이고, 다섯 번째는 고종명(考終命)이다.

人이 有壽而後에 能享諸福이라 故로 壽先之라 富者는 有廩祿也요 康寧者는 無患難也요 攸好德⁶⁶者는 樂其道也요 考終命者는 順受其正也니 以福之急緩으로 爲先後라

　사람이 장수(長壽)가 있은 뒤에 여러 복을 누릴 수 있으므로 수(壽)가 맨 먼저인 것이다. '부(富)'는 늠록(廩祿;창고의 곡식으로 주는 록봉)이 있는 것이요, '강녕'은 환난(患難)이 없는 것이요, '유호덕'은 도(道)를 즐거워함이요, '고종명'은 바른 명[正命]을 순히 받들어 주는 것이니, 복의 완급(緩急)으로 선후(先後)를 삼은 것이다.

35. 六極은 一曰凶短折이요 二曰疾이요 三曰憂요 四曰貧이요 五曰惡이요 六曰弱이니라

　육극(六極)은 첫 번째는 흉(凶)함과 단절(短折;비명횡사)이요, 두 번째는 질병(疾病)이요, 세 번째는 우환(憂患)이요, 네 번째는 가난이요, 다섯 번째는 악(惡)함이요, 여섯 번째는 나약함이다."

凶者는 不得其死也요 短折者는 橫夭也니 禍莫大於凶短折이라 故로 先言之라 疾者는 身不安也요 憂者는 心不寧也요 貧者는 用不足也요 惡者는 剛之過也요 弱者는 柔之過也니 以極之重輕으로 爲先後라 五福、六極은 在君則係於極之建不建이요 在民人則由於訓之行不行이니 感應之理 微矣로다

- - - - - -

65　考終命:《언해》에는 '종명(終命)을 고(考)홈이니라'로 해석하였으나, 《삼경석의》에는 '명(命)을 고종(考終)함' 또는 '고(考)하야 명(命)을 종(終)함'으로 해석하였으며, 간재(艮齋) 이덕홍(李德弘)은 "고(考)는 이룸이니 정명(正命)을 이루는 것이다.[考成也, 成其正命也.]" 하여 '올바른 명(命)으로 죽음을 이루는 것'으로 풀이하였다.

66　攸好德:위의 황극(皇極)에도 '曰予攸好德'이라고 보이는데, 호산은 《언해》의 해석이 황극의 유호덕과 다름이 있으니, 다시 살펴보아야 한다.[諺釋與皇極之攸好德異同, 更商之.]" 하고, 뒤이어 공씨(孔氏)의 "좋아하는 것이 덕이다.[所好者德]"라고 한 말을 소개하였다. 《詳說》《언해》에는 앞의 황극에서는 '좋아하는 바 德'으로, 여기서는 '德을 好하는 바요'로 해석하였는바, 호산의 설에 따라 '좋아하는 바 德'으로 통일하였다.

'흉(凶)'은 제대로 죽음을 얻지 못하는 것이고 '단절(短折)'은 요절(夭折)함이니, 화는 흉함과 단절보다 더 큰 것이 없으므로 맨먼저 말한 것이다. '질(疾)'은 몸이 편안하지 못한 것이요, '우(憂)'는 마음이 편안하지 못한 것이요, '빈(貧)'은 재용(財用)이 부족한 것이요, '악(惡)'은 강(剛)함이 과한 것이요, '약(弱)'은 유(柔)가 과한 것이니, 극(極)의 경중으로 선후를 삼은 것이다.

오복과 육극은 군주에 있어서는 황극을 세우고 세우지 못함에 관계되고, 인민(人民)에 있어서는 교훈을 행하고 행하지 않음에 달려 있으니, 감응(感應)의 이치가 미묘하도다.

〈려오(旅獒)〉

西旅貢獒어늘 召公이 以爲非所當受라하여 作書以戒武王하니 亦訓體也라 因以旅獒名篇하니 今文無, 古文有하니라

　　서려(西旅)에서 큰 개를 바치자, 소공(召公)이 받아서는 안 된다고 생각하여 이 글을 지어 무왕(武王)을 경계하였으니, 또한 훈체(訓體)이다. 인하여 려오(旅獒)라고 편명(篇名)을 하였으니, 금문(今文)에는 없고 고문(古文)에는 있다.

【小序】 西旅獻獒어늘 太保作旅獒하니라

　　서려(西旅)에서 큰 개를 바치자, 태보(太保:소공(召公))가 〈려오(旅獒)〉를 지었다.

【辨說】 獻은 貢也라

　　'헌(獻)'은 바침이다.

1. 惟克商하시니 遂通道于九夷、八蠻이어늘 西旅底(지)貢厥獒한대 太保乃作旅獒하여 用訓于王하니라

　　〈무왕이〉 상나라를 이기시니, 마침내 구이(九夷)·팔만(八蠻)에 길을 통하였다. 서려(西旅)에서 큰 개를 공물(貢物)로 바치자, 태보(太保)가 마침내 〈려오〉를 지어서 왕을 경계하였다.

九夷、八蠻은 多之稱也라 職方에 言四夷、八蠻이라하고 爾雅에 言九夷、八蠻이라하니 但言其非一而已라 武王克商之後에 威德이 廣被하여 九州之外에 蠻夷戎狄이 莫不梯(제)山航海而至라 曰通道云者는 蓋蠻夷來王이면 則道路自通이요 非武王有意於開四夷而斥大境土也라 西旅는 西方蠻夷國名이라 犬高四尺曰獒라 按說文曰 犬知人心可使者라하고 公羊傳曰 晉靈公이 欲殺趙盾(둔)한대 盾이 躇(착)階而走어늘 靈公이 呼獒而屬之하니 獒亦躇階而從之라하니 則獒能曉解人意하고 猛而善搏人者니 異於常犬이요 非特以其高大也라 太保는 召公奭也니 史記云 與周同姓姬氏라하니라 此는 旅獒之本序라

　　'구이(九夷)'와 '팔만(八蠻)'은 많음의 칭호이다. 《주례》〈직방(職方)〉에 '사이(四夷)

<hr>

· 팔만'이라 하였고, 《이아(爾雅)》에 '구이 · 팔만'이라 하였으니, 이는 단지 그 하나가
아닐 뿐임을 말한 것이다. 무왕(武王)이 상(商)나라를 이긴 뒤에 위엄과 덕(德)이 널리
입혀져 구주(九州)의 밖에 있는 만(蠻) · 이(夷)와 융(戎) · 적(狄)이 산에 사다리를 놓고
바다를 항해하여 오지 않는 이가 없었다. 길을 통했다고 말한 것은 만 · 이가 와서 왕
으로 받들면 도로가 저절로 통한 것이니, 무왕이 사이(四夷)를 개척하여 경토(境土)를
키우려는 데 뜻이 있었던 것은 아니다.
　'서려(西旅)'는 서방에 있는 만이(蠻夷)의 나라 이름이다. 개의 키가 4척(尺)인 것을
'오(獒)'라 한다. 《설문해자》에 "개가 사람의 마음을 알아 부릴 만한 것이다." 하였으
며, 《춘추공양전(春秋公羊傳)》 선공(宣公) 5년에 "진(晉)나라 영공(靈公)이 조돈(趙盾)을
죽이고자 하므로 조돈이 뜰을 건너뛰어 도망하자, 영공이 오(獒)를 불러 눈짓하니(지
시하니), 오 또한 뜰을 건너뛰어 따라갔다." 하였으니, 그렇다면 오는 사람의 뜻을 잘
알며 사납고 사람을 잘 공격하는 놈이니, 보통 개와 다르고 단지 그 높고 클 뿐만이
아닌 것이다. '태보(太保)'는 소공 석(召公奭)이니, 《사기》〈주기(周紀)〉에 "주나라와 동
성(同姓)인 희씨(姬氏)이다." 하였다. 이는 〈려오〉의 본서(本序)이다.

2. 曰 嗚呼라 明王이 愼德이어시든 四夷咸賓하여 無有遠邇히 畢獻方物하나니
惟服食器用이니이다
　〈소공이〉 다음과 같이 말씀하였다.
　"아! 명왕(明王)이 덕(德)을 삼가시면 사이(四夷)가 모두 손님이 되어 원근(遠近)에 관
계없이 모두 그 지방에서 나오는 토산물을 바치는데, 〈그 토산물은〉 의복과 음식과 그
릇과 사용하는 물건뿐이었습니다.

愼德은 蓋一篇之綱領也라 方物은 方土所生之物이라 明王愼德이어든 四夷咸賓하
여 其所貢獻이 惟服食器用而已니 言無異物也라
　덕을 삼감은 이 한 편의 강령(綱領)이다. '방물(方物)'은 그 지방에서 나오는 물건(토
산물)이다. 명왕이 덕을 삼가면 사이가 모두 손님이 되어 공헌(貢獻)하는 물건이 오직
의복과 음식과 그릇과 사용하는 물건뿐이었으니, 이는 색다른 물건이 없음을 말한 것
이다.

3. 王이 乃昭德之致于異姓之邦하사 無替厥服하시며 分寶玉于伯叔之國하

사 **時庸展親**⁶⁷하시면 **人不易**(이)**物**하여 **惟德其物**하리이다

왕이 덕으로 이룬(바쳐온) 물건을 이성(異姓)의 제후들에게 보여주시어 그 직책을 폐함이 없게 하시며, 보옥(寶玉)을 백숙(伯叔:동성(同姓))의 제후들에게 나눠주시어 이에써 친함을 펴게 하시면 사람들이 물건을 가볍게 여기지 아니하여 그 물건을 덕으로 여길 것입니다.

昭는 **示也**라 **德之致**는 **謂上文所貢方物也**라 **昭示方物于異姓之諸侯**하여 **使之無廢其職**하고 **分寶玉于同姓之諸侯**하여 **使之益厚其親**⁶⁸하니 **如分陳以肅愼氏之矢**하고 **分魯以夏后氏之璜**⁶⁹**之類**라 **王者以其德所致方物**로 **分賜諸侯**라 **故로諸侯亦不敢輕易其物**하여 **而以德視其物也**라

'소(昭)'는 보여줌이다. '덕(德)으로 이루었다.'는 것은 상문(上文)에 바친 바의 방물(方物)이다. 방물을 이성(異姓)의 제후들에게 보여주어 그 직책을 폐함이 없게 하고, 보옥(寶玉)을 동성(同姓)의 제후들에게 나눠주어 그 친함을 더욱 후하게 하니, 진(陳)나라에는 숙신씨(肅愼氏)의 화살을 나누어주고, 노(魯)나라에는 하후씨(夏后氏)의 황옥(璜玉)을 나누어준 것과 같은 따위이다. 왕자(王者)는 덕(德)으로 이룬 방물을 제후들에게 나누어준다. 이 때문에 제후 또한 감히 그 물건을 가볍게(하찮게) 여기지 아니하여 그 물건을 덕으로 여기는 것이다.

4. **德盛**은 **不狎侮**하나니 **狎侮君子**하면 **罔以盡人心**하고 **狎侮小人**하면 **罔以盡其力**하리이다

덕(德)이 성(盛)한 이는 압모(狎侮:남을 하찮게 여기고 업신여김)하지 않나니, 군자를 압모하면 사람의 마음을 다하게 할 수 없고, 소인을 압모하면 그 힘을 다하게 할 수 없

• • • • • •

67　時庸展親: 주자(朱子)는 "전(展)은 살펴보는 것이다.〔展, 審視也.〕" 하였다.《詳說》

68　使之益厚其親: 노주(老洲) 오희상(吳熙常)은 《집전》에 전(展)을 후(厚)의 뜻으로 해석하였는데 이것이 정확한 해석인지는 모르겠다. 일찍이 임영(林泳)의 《창계집(滄溪集)》을 보니 '전(展)은 서(敍:폄)의 뜻이니, 그 친친(親親)의 뜻을 폄을 말한 것이다.' 하였다. 이 말이 참뜻을 얻은 듯하다.〔夫展之訓厚, 未見其的確. 曾見林滄溪集, 有曰展, 敍也, 言敍其親親之意也. 此說竊恐得之矣.〕" 하였다.《老洲集 讀書隨記》

69　分陳以肅愼氏之矢 分魯以夏后氏之璜:《국어(國語)》〈노어(魯語)〉와 《춘추좌씨전》 정공(定公) 4년에 각각 보이는데, 진(陳)나라는 이성(異姓)의 제후국이고 노(魯)나라는 동성(同姓)의 제후국이므로 예로 든 것이다.

• • •　璜 : 반달옥 황　狎 : 친압할 압　侮 : 업신여길 모

을 것입니다.

德盛則動容周旋이 皆中禮니 然後에 能無狎侮之心이니 言謹德을 不可不極其至
也라 德而未至면 則未免有狎侮之心이라 狎侮君子하면 則色斯去矣니 彼必高蹈
遠引하여 望望然而去하리니 安能盡其心이며 狎侮小人하면 雖其微賤하여 畏威易
役이나 然至愚而神하니 亦安能盡其力哉리오

　덕(德)이 성(盛)하면 용모를 동함과 주선(周旋)함이 모두 예(禮)에 맞으니, 그런 뒤
에 압모(狎侮)하는 마음이 없을 수 있으니, 덕을 삼감을 지극히 하지 않을 수 없음을
말한 것이다. 덕이 지극하지 못하면 압모하는 마음이 있음을 면치 못한다. 군자를 압
모하면 군자가 그 얼굴빛을 보고 떠나갈 것이니, 저가 반드시 고상하게 행동하고 멀
리 인퇴(引退)하여 망망연(望望然)히 떠나갈 것이니, 어찌 그 마음을 다하게 할 수 있
겠는가. 소인을 압모하면 비록 미천해서 위엄을 두려워하여 부리기가 쉬우나 지극히
어리석으면서도 신명(神明)하니, 어찌 그 힘을 다하게 할 수 있겠는가.

5. 不役耳目하사 百度를 惟貞하소서
　귀와 눈에 사역(使役) 당하지 말아 온갖 법도를 바르게 하소서.

貞은 正也라 不役於耳目之所好하여 百爲之度를 惟其正而已라

　'정(貞)'은 바름이다. 귀와 눈의 좋아하는 바에 사역 당하지 말아서 온갖 행위의 법
도를 오직 바르게 할 뿐이다.

6. 玩人하면 喪德하고 玩物하면 喪志하리이다
　사람을 노리개처럼 하찮게 여기면 덕을 잃고, 물건을 너무 좋아하여 보배로 여기면
뜻을 잃을 것입니다.

玩人은 則上文狎侮君子之事요 玩物은 卽上文不役耳目之事라 德者는 己之所得
이요 志者는 心之所之라

　'완인(玩人)'은 곧 상문(上文)에 군자를 압모하는 일이며, '완물(玩物)'은 곧 상문에
이목(귀와 눈의 좋아하는 바)에 사역 당하지 않는 일이다. '덕(德)'은 자기가 얻은 것이요,
'지(志)'는 마음이 가는 곳이다.

7. **志以道寧**하시며 **言以道接**[70]하소서

자신의 뜻을 도(道)로써 편안하게 하시며, 남의 말을 도로써 대하소서.

道者는 **所當由之理也**라 **己之志**를 **以道而寧**이면 **則不至於妄發**이요 **人之言**을 **以道而接**이면 **則不至於妄受**라 **存乎中者**는 **所以應乎外**요 **制乎外者**는 **所以養其中**이니 **古昔聖賢**의 **相授心法也**라

'도(道)'는 마땅히 행해야 할 도리이다. 자기의 뜻을 도로써 편안하게 하면 망령되이 말함에 이르지 않을 것이요, 남의 말을 도로써 대하면 망령되이 받음에 이르지 않을 것이다. 중심에 보존함은 밖에 응하는 것이요, 밖에 제재(制裁)함은 중심을 기르는 것이니, 이는 옛날 성현이 서로 전수(傳授)한 심법(心法;마음을 다스리는 방법)이다.

8. **不作無益**하여 **害有益**하면 **功乃成**하며 **不貴異物**하고 **賤用物**하면 **民乃足**하며 **犬馬**를 **非其土性**이어든 **不畜**(휵)하시며 **珍禽奇獸**를 **不育于國**하소서 **不寶遠物**하면 **則遠人**이 **格**하고 **所寶惟賢**이면 **則邇人**이 **安**하리이다

무익한 일을 하여 유익한 일을 해치지 않으면 공(功)이 이에 이루어지며, 기이한 물건을 귀히 여기고 사용하는 물건을 천히 여기지 않으면 백성들이 이에 풍족하며, 개와 말을 그 지방에서 생산된 것이 아니거든 기르지 말며, 진귀한 새와 기이한 짐승을 나라에 기르지 마소서. 먼 지방의 물건을 보배로 여기지 않으면 멀리 있는 사람이 오고, 보배로 여김이 오직 현자(賢者)이면 가까운 사람이 편안할 것입니다.

孔氏曰 遊觀爲無益이요 **奇巧爲異物**이라 **蘇氏曰 周穆王**이 **得白狼白鹿**에 **而荒服**이 **因以不至**하니라 **此章**은 **凡三節**이니 **至所寶惟賢**이면 **則益切至矣**니라

공씨가 말하였다. "놀고 유람함이 무익함이 되고, 기이하고 교묘함이 이물(異物)이 된다."

소씨(蘇氏)가 말하였다. "주(周)나라 목왕(穆王)이 흰 이리와 흰 사슴을 얻자(잡자), 황복(荒服)의 제후가 인하여 오지 않았다."

• • • • • •

70　志以道寧 言以道接 : 이에 대하여 오윤상은 "자기의 뜻을 도로써 편안히 한다.〔志以道寧〕는 것은 위의 완물(玩物)과 응하고, '남의 말을 도로써 접한다.〔言以道接〕'는 것은 위의 완인(玩人)과 응한다.〔志以道寧, 應玩物; 言以道接, 應玩人.〕" 하였다.

• • •　畜 : 기를 휵　格 : 이를 격　狼 : 이리 랑

이 장(章)은 모두 세 절(節)인데, 보배로 여김이 현자(賢者)라 함에 이르면 더욱 간절하고 지극하다.

9. **嗚呼**라 **夙夜**에 **罔或不勤**하소서 **不矜細行**하시면 **終累大德**하여 **爲山九仞**에 **功虧**(휴)**一簣**하리이다

아! 이른 새벽부터 밤늦도록 혹시라도 부지런하지 않음이 없게 하소서. 작은 행실을 삼가지 않으면 끝내 큰 덕에 누를 끼쳐, 아홉 길의 산을 만드는데 공(功)이 한 삼태기 때문에 무너질 것입니다.

或은 **猶言萬一也**라 **呂氏曰 此**는 **卽謹德工夫**라 **或之一字 最有意味**하니 **一暫止息**이면 **則非謹德矣**니라 **矜**은 **矜持之矜**이라 **八尺曰仞**이라 **細行、一簣**는 **指受獒而言也**라

'혹(或)'은 만일(萬一;만에 하나)이란 말과 같다.

여씨(呂氏)가 말하였다. "이는 곧 덕을 삼가는 공부이다. 혹(或)이라는 한 글자가 가장 의미가 있으니, 한 번 잠시라도 멈추고 쉬면 덕을 삼가는 것이 아니다." '긍(矜)'은 긍지(矜持)의 긍(矜)이다. 8척(尺)을 '인(仞)'이라 한다. 작은 행실과 한 삼태기의 흙은 오(獒)를 받음을 가리켜 말한 것이다.

10. **允迪茲**하시면 **生民**이 **保厥居**하여 **惟乃世王**하시리이다

진실로 이를 행하시면 생민(生民)들이 거처할 곳을 보전하여 대대로 왕노릇하실 수 있을 것입니다."

信能行此면 **則生民保其居**하여 **而王業可永也**라 **蓋人主一身**은 **實萬化之原**이니 **苟於理**에 **有毫髮之不盡**이면 **卽遺生民無窮之害**하여 **而非創業垂統可繼之道矣**라 **以武王之聖**으로도 **召公所以警戒之者如此**하니 **後之人君**이 **可不深思而加念之哉**아

진실로 능히 이를 행하면 생민들이 거처할 곳을 보전하여 왕업(王業)을 영원히 이어갈 수 있을 것이다. 인주(人主)의 한 몸은 진실로 만화(萬化;온갖 교화)의 근원이니, 만일 이치에 털끝만큼이라도 다하지 못함이 있으면, 곧 생민들에게 무궁한 폐해를 끼쳐서 왕업을 창건(創建)하고 전통을 드리워 계승할 수 있는 방도가 아니다. 무왕의 성

••• 矜 : 씩씩할 긍 仞 : 길 인 虧 : 이지러질 휴 簣 : 삼태기 궤 迪 : 행할 적

(聖)으로도 소공(召公)의 경계함이 이와 같았으니, 후세의 인군이 깊이 생각하고 더 유념하지 않을 수 있겠는가.

〈금등(金縢)〉

武王有疾하시니 周公以王室未安하고 殷民未服하여 根本易搖라 故로 請命三王하여 欲以身代武王之死어시늘 史錄其册祝之文하고 并敍其事之始末하여 合爲一篇이라 以其藏於金縢之匱일새 編書者因以金縢名篇하니 今文古文皆有하니라

　무왕이 병환이 있자, 주공(周公)은 왕실이 아직 편안하지 못하고 은나라 백성들이 복종하지 아니하여 근본이 흔들리기 쉽다고 여겼다. 그러므로 〈태왕(太王)·왕계(王季)·문왕(文王)〉 세 왕에게 명(命)을 청하여 자신으로써 무왕의 죽음을 대신하고자 하였는데, 사관이 그 책축(册祝)의 글을 기록하고 아울러 그 일의 시말(始末)을 서술해서 합하여 한 편을 만들었다. 금등(金縢;쇠사슬로 묶어 봉함함)한 궤에 보관하였기 때문에 책을 엮는 자가 인하여 '금등(金縢)'이라고 편을 이름한 것이니, 금문(今文)과 고문(古文)에 모두 있다.

○ 唐孔氏曰 發首로 至王季、文王은 史敍將告神之事也요 史乃册祝으로 至屛璧與珪는 記告神之辭也요 自乃卜으로 至乃瘳(추)는 記卜吉及王病瘳之事也요 自武王旣喪已下는 記周公流言居東及成王迎歸之事也니라

　○ 당나라 공씨가 다음과 같이 말하였다. "처음부터 왕계(王季)와 문왕(文王)에 이르기까지는 사관이 장차 신(神;선조의 영혼)에게 고하려는 일을 서술한 것이요, '사내책축(史乃册祝)'으로부터 '병벽여규(屛璧與珪)'까지는 〈주공이〉 신에게 고한 말씀을 기록한 것이요, '내복(乃卜)'으로부터 '내추(乃瘳)'까지는 점괘의 길함과 무왕의 병이 쾌유된 일을 기록한 것이요, '무왕기상(武王旣喪)'으로부터 이하는 주공이 유언(流言) 때문에 동쪽에 거하다가 성왕이 맞이해 돌아온 일을 기록한 것이다."

【小序】 武王이 有疾이어시늘 周公이 作金縢하니라
　무왕이 병환이 있으므로 주공(周公)이 〈금등(金縢)〉을 지었다.

1. 旣克商二年에 王有疾하사 弗豫하시다
　무왕이 상나라를 이긴 지 2년에 왕이 병환이 있어 즐겁지(편치) 못하셨다.

···　縢 : 봉할 등　屛 : 물리칠 병　璧 : 둥근옥 벽　珪 : 옥홀 규　瘳 : 병나을 추　豫 : 기쁠 예

記年은 見其克商之未久也[71]라 弗豫는 不悅豫也라

　　연수(年數)를 기록함은 상나라를 이긴 지가 오래지 않음을 나타낸 것이다. '불예(弗豫)'는 〈병환이 있어〉 열예(悅豫)하지 못한 것이다.

2. 二公曰 我其爲王하여 穆卜하리라

　두 공(公)이 말씀하였다. "우리가 왕을 위하여 목복(穆卜)을 하겠다."

二公은 太公、召公也라 李氏曰 穆者는 敬而有和意니 穆卜은 猶言共(恭)卜也라하니라 愚謂 古者에 國有大事하여 卜이면 則公卿百執事皆在하여 誠一而和同하여 以聽卜筮라 故로 名其卜曰穆卜이니 下文에 成王이 因風雷之變하여 王與大夫盡弁하고 啓金縢之書以卜者 是也라 先儒專以穆爲敬이라하니 而於所謂其勿穆卜[72]에 則義不通矣니라

　　두 공(公)은 태공과 소공이다. 이씨(李氏)가 말하기를 "목(穆)은 공경하고 화합한 뜻이 있으니, 목복(穆卜)은 공복(恭卜;공손히 점침)이란 말과 같다." 하였다.

　　내(채침)가 생각하건대 옛날에 국가에 대사(大事)가 있어 점을 치게 되면 공경(公卿)과 백집사(百執事)가 모두 그 자리에 있어 성일(誠一)하고 화동(和同)하여 복서(卜筮)의 명령을 들었다. 그러므로 그 점을 이름하여 목복이라 한 것이니, 하문(下文)에 성왕이 풍뢰(風雷)의 변고로 인하여 왕과 대부가 모두 관(冠)을 쓰고 〈금등〉을 열어 글을 보고서 점친 것이 이것이다. 선유(先儒)는 오로지 목(穆)을 경(敬)이라 하였으니, 이른바 '목복하지 말라'는 뜻에 통하지 않는다.

3. 周公曰 未可以戚我先王이라하시고

　주공이 말씀하기를 "우리 선왕을 근심하게 할 수 없다." 하시고,

戚은 憂惱之意라 未可以武王之疾而憂惱我先王也니 蓋卻二公之卜이라

71　見其克商之未久也 : 진매수(陳梅叟)가 말하였다. "이때 성왕이 태어난 지 겨우 5년이었다.〔時成王生纔五年〕" 하였다. 《詳說》

72　其勿穆卜 : 뒤(18절)에 '왕이 책을 잡고 우시며 말씀하기를 그 목복을 하지 말라.〔王執書以泣曰, 其勿穆卜.〕'라고 보인다.

···　弁 : 관 변　戚 : 근심할 척　惱 : 근심할 뇌　卻 : 물리칠 각

'척(戚)'은 근심하고 번뇌하는 뜻이다. 무왕의 병환 때문에 우리 선왕을 근심하고 번뇌하게 할 수 없다는 것이니, 이는 두 공의 점을 치자는 의견을 물리친 것이다.

4. **公**이 **乃自以爲功**하사 **爲三壇**호되 **同墠**(선)하고 **爲壇於南方**호되 **北面**하고 **周公立焉**하사 **植(置)璧秉珪**[73]하사 **乃告太王、王季、文王**하시다

　주공이 마침내 스스로 자신의 일로 삼으시어 세 단(壇)을 만들되 터를 똑같이 닦고, 〈세 단의〉 남쪽에 단을 만들되 북향(北向)을 하고 주공이 여기에 서시어 벽옥(璧玉)을 놓고 규(珪)를 잡고서 마침내 태왕·왕계·문왕에게 고유(告由)하셨다.

功은 **事也**라 **築土曰壇**이요 **除地曰墠**이라 **三壇**은 **三王之位**니 **皆南向**하고 **三壇之南**에 **別爲一壇**호되 **北向**하니 **周公所立之地也**라 **植**는 **置也**라 **圭璧**은 **所以禮神**이니 **詩言圭璧旣卒**이라하고 **周禮**에 **祼圭以祀先王**이라하니라 **周公**이 **卻二公之卜**하고 **而乃自以爲功者**는 **蓋二公**은 **不過卜武王之安否爾**니 **而周公愛兄之切**하고 **危國之至**하여 **忠誠懇懇於祖父之前**하여 **如下文所云者**를 **有不得盡焉**하니 **此其所以自以爲功也**라 **又二公穆卜**이면 **則必禱於宗廟**하여 **用朝廷卜筮之禮**하리니 **如此則上下喧騰**(훤등)하여 **而人心搖動**이라 **故**로 **周公**이 **不於宗廟**하고 **而特爲壇墠以自禱也**라

　'공(功)'은 일이다. 흙을 쌓음을 '단(壇)'이라 하고, 땅을 깨끗이 닦아 놓음을 '선(墠)'이라 한다. 세 단은 세 왕의 자리이니 모두 남향(南向)을 하고, 세 단의 남쪽에 별도로 한 단을 만들되 북향(北向)을 하였으니, 주공이 설 자리이다. '치(植)'는 둠이다. '규벽(圭璧)'은 신(神)에게 예(禮)하는 물건이니, 《시경》〈대아(大雅) 운한(雲漢)〉에 "규벽을 이미 다 바쳤다." 하였고, 《주례》〈전서(典瑞)〉에 "규(圭)로 강신(降神)하여 선왕에게 제사한다." 하였다.

　주공이 두 공(公)의 점을 물리치고 스스로 자신의 일로 삼은 것은, 두 공은 무왕의 안부를 점침에 불과하니, 주공이 형(무왕)을 사랑함이 간절하고 나라를 위태롭게 여김

73　植璧秉珪 : 이에 대하여 오윤상은 "《집전》에 《시경》의 '규벽기졸(圭璧旣卒)'과 《주례》의 '관규이사(祼圭以社)'를 인용하였으나, 《시경》에서 말한 규벽(圭璧)은 신(神)에게 예(禮)하는 폐백이요, 《주례》에서 말한 관규(祼圭)는 신에게 강신하는 규찬(圭瓚)이니, 똑같이 볼 수가 없다. 아랫글의 '병벽여규(屛璧與圭(珪))'라는 것으로 보면 규는 바로 신에게 폐백으로 올리는 규이다.〔植璧秉珪, 傳, 引詩圭璧旣卒, 及周禮祼圭以祀, 詩所謂圭璧, 禮神之幣, 周禮所謂祼圭, 祼神之圭瓚, 不可同看矣. 以下文屛璧與圭觀之, 圭是神幣之圭.〕" 하였다.

···　壇 : 단 단　墠 : 터닦을 선　祼 : 강신제 관　喧 : 떠들 훤　騰 : 날 등

이 지극하여, 조(祖)·부(父)의 앞에서 충성스럽고 간절하여 하문(下文)에 말한 바와 같은 것을 다 말할 수 없음이 있었으니, 이 때문에 스스로 자신의 일로 삼은 것이다. 또 두 공이 목복을 하게 되면 반드시 종묘에 기도하여 조정에서 복서하는 예(禮)를 사용할 것이니, 이와 같이 하면 상하(上下)가 시끄럽게 떠들어서 인심(人心)이 동요된다. 그러므로 주공이 종묘에서 하지 않고 특별히 단과 선(墠)을 만들어 스스로 기도하신 것이다.

5. **史乃册祝曰 惟爾元孫某 遘厲虐疾**하니 **若爾三王**은 **是有丕子之責于天**하시니 **以旦**으로 **代某之身**하소서

　태사(太史)가 이에 다음과 같이 책축(册祝;책(册)에 축문을 씀)을 하였다. "당신의 원손(元孫) 아무개가 모질고 위급한 병을 만났습니다. 당신 세 왕은 비자(丕子;원자(元子))를 비호할 책임을 하늘로부터 받으셨으니, 저(주공)로써 아무개(무왕)의 몸을 대신하게 하소서.

史는 太史也라 册祝은 如今祝版之類라 元孫某는 武王也라 遘는 遇요 厲는 惡이요 虐은 暴也라 丕子는 元子也라 旦은 周公名也라 言武王遇惡暴之疾하니 若爾三王은 是有元子之責于天이라 蓋武王이 爲天元子하니 三王이 當任其保護之責于天[74]이니 不可令其死也요 如欲其死인댄 則請以旦代武王之身이라 于天之下에 疑有缺文[75]이라 舊說에 謂天責取武王者는 非是라 詳下文子仁若考, 能事鬼神等語하면 皆主祖父人鬼爲言이요 至於乃命帝庭, 無墜天之降寶命하여는 則言天命武王이 如此之大하시니 而三王이 不可墜天之寶命이니 文意可見이니라

• • • • • •

74　當任其保護之責于天 : 경문의 '시유비자지책우천(是有丕子之責于天)'을 부연 설명한 것인데, 신안 진씨(新安陳氏)는 《집전》의 해석이 옳지 않음을 지적하고, 주자(朱子)의 《어록(語錄)》에 "'是有丕子之責于天'이 한 구절을 선유(先儒)들이 모두 잘못 해석하였는데, 오직 조이도(晁以道)만이 옳게 해석하였다. 그는 '비자지책(丕子之責)은 사서(史書)의 시자지책(侍子之責)이란 말과 같으며 시자(侍子)는 무왕을 가리키는바, 상제가 세 왕에게 자신을 모실 아들을 보내달라고 책(責;요구)한 것이다.' 했다." 한 것을 들었다. 이 경우 경문(經文)은 '若爾三王이 是有丕子之責于天인댄〔만일 당신 세 왕께서 하늘로부터 비자(丕子)를 보내라는 요구가 있을진댄〕'으로 풀이하여야 할 듯하다. 아래에 '舊說謂天責取武王者非是'라고 한 것은 바로 채침이 위 조이도의 해석을 비판한 것이다.

75　于天之下 疑有缺文 : 호산은 결문(缺文)에 대해 '무왕이 죽게 해서는 안 되니, 만일 그가 죽기를 바라신다면〔不可令死, 如欲其死.〕'의 내용이 빠진 것으로 보았다. 《詳說》

••• 遘 : 만날 구　厲 : 사나울 려　丕 : 클 비

'사(史)'는 태사이다. '책축(册祝)'은 지금의 축판(祝版)과 같은 따위이다. '원손모(元孫某)'는 무왕이다. '구(遘)'는 만남이요, '려(厲)'는 모짊이요, '학(虐)'은 사나움(위급함)이다. '비자(조子)'는 원자이다. '단(旦)'은 주공의 이름이다. 무왕이 모질고 위급한 병을 만났습니다. 당신과 같은 세 왕은 원자(元子)의 책임이 하늘에 있습니다. 무왕이 하늘의 원자가 되었으니, 세 왕은 마땅히 그 보호할 책임을 하늘에게서 맡았으니 죽게 해서는 안 되며, 만일 죽게 하고자 할진댄 자신으로써 무왕의 몸을 대신할 것을 청한 것이다. '우천(于天)'의 아래에 의심컨대 빠진 글이 있는 듯하다.

구설(舊說)에 우천(于天)을 '하늘이 무왕을 데려가려 한다.'고 해석한 것은 옳지 않다. 하문(下文)에 '나는 아버지에게 인(仁)하고 순하여 귀신을 섬길 수 있다.'는 등의 말을 살펴보면 모두 조(祖)·부(父)의 인귀(人鬼)를 위주하여 말한 것이며, '상제의 뜰에서 명하였다.' 하고, '하늘의 보배로운 명(命)을 내림을 실추하지 말라.'고 한 것은 하늘이 무왕에게 명함이 이와 같이 크시니, 세 왕이 하늘의 보배로운 명을 실추해서는 안 됨을 말한 것이니, 글 뜻을 볼 수 있다.

又按 死生有命이어늘 周公이 乃欲以身代武王之死하시니 或者疑之라 蓋方是時하여 天下未安하고 王業未固하니 使武王死면 則宗社傾危하고 生民塗炭하여 變故를 有不可勝言者라 周公이 忠誠切至하사 欲代其死以紓危急하사 其精神感動故로 卒得命於三王이라 今世之匹夫匹婦도 一念誠孝하면 猶足以感格鬼神하여 顯有應驗이어든 而況於周公之元聖乎아 是固不可謂無此理也니라

또 살펴보건대 죽고 사는 것은 천명(天命)에 있는데 주공이 자신으로써 무왕의 죽음을 대신하고자 하였으니, 혹자는 이를 의심한다. 이때를 당하여 천하가 아직 편안하지 못하고 왕업(王業)이 견고하지 못하니, 만일 무왕이 죽으면 종묘·사직이 기울고 위태로우며, 생민(生民)이 도탄에 빠져 그 변고를 이루 다 말할 수 없었다. 주공은 충성심이 간절하고 지극해서 무왕의 죽음을 대신하여 위급함을 풀고자 해서 그 정신이 감동시켰기 때문에 끝내 세 왕에게 명령을 받은 것이다. 지금 세상에 필부(匹夫)·필부(匹婦)들도 한(온) 생각이 정성스럽고 효성스러우면 오히려 귀신을 감동시켜 분명하게 응험이 있는데, 하물며 주공과 같은 원성(元聖:큰 성인)에 있어서랴. 이는 진실로 이러한 이치가 없다고 말할 수 없는 것이다.

6. 予仁若考라 能多材多藝하여 能事鬼神이어니와 乃元孫은 不若旦의 多材

多藝하여 **不能事鬼神**하리이다

저는 조(祖)·고(考)에게 인(仁)하고 순합니다. 재예(材藝)가 많아서 귀신을 잘 섬길 수 있으나, 원손(元孫;무왕)은 저처럼 재예가 많지 못하여 귀신을 잘 섬기지 못할 것입니다.

周公言 我仁順祖考라 **多材幹**하고 **多藝能**하여 **可任役使**하여 **能事鬼神**이어니와 **武王**은 **不如旦多材多藝**하여 **不任役使**하여 **不能事鬼神**이라 **材藝**는 **但指服事役使而言**이니라

주공이 말씀하기를 "나는 조(祖)·고(考)에게 인순(仁順)합니다. 재간이 많고 기예(技藝)가 많아 역사(役使)를 맡길 만하여 귀신을 잘 섬길 수 있으나, 무왕은 저처럼 재예가 많지 못해서 역사를 맡기지 못하여 귀신을 잘 섬길 수 없습니다."라고 한 것이다. 재예는 다만 일하고 사역함을 가리켜 말한 것이다.

7. **乃命于帝庭**하사 **敷佑四方**하사 **用能定爾子孫于下地**하신대 **四方之民**이 **罔不祗畏**하나니 **嗚呼**라 **無墜天之降寶命**이라사(하시사) **我先王**도 **亦永有依歸**하시리이다

이에 상제의 뜰에서 무왕에게 명하여 〈문덕(文德)을〉 펴서 사방을 도와 이로써 능히 당신들의 자손들을 하지(下地)에 안정하게 하시자, 사방의 백성들이 두려워하지 않음이 없으니, 아! 하늘이 내린 보배로운 명을 실추하지 마셔야 우리 선왕들 또한 길이 의지하여 돌아갈 곳이 있으실 것입니다.

言武王이 **乃受命於上帝之庭**하여 **布文德以佑助四方**하사 **用能定爾子孫於下地**하여 **使四方之民**으로 **無不敬畏**하니 **其任大**하고 **其責重**하여 **未可以死**라 **故**로 **又歎息申言**호되 **三王**은 **不可墜失天降之寶命**이니 **庶先王之祀**도 **亦永有所賴以存也**라 **寶命**은 **卽帝庭之命也**니 **謂之寶者**는 **重其事也**라

무왕이 상제의 뜰에서 명을 받아 문덕(文德)을 펴서 사방을 도우시어 이로써 능히 당신의 자손들을 하지에 안정시켜 사방의 백성들로 하여금 경외(敬畏)하지 않음이 없게 하니, 그 임무가 크고 그 책임이 무거워 죽을 수 없다. 그러므로 또다시 탄식하고 거듭 말씀하기를 "세 왕은 하늘이 내린 보배로운 명을 실추하지 말아야 하니, 이렇게 하면 거의 선왕의 제사도 길이 의뢰하여 보존될 바가 있습니다."고 한 것이다. '보명(寶

··· 幹 : 재주있을 간　敷 : 펼 부

命)'은 곧 상제의 뜰에서 내린 명이니, 보(寶)라고 이른 것은 이 일을 중히 여긴 것이다.

8. **今我卽命于元龜**호리니 **爾之許我**인댄 **我其以璧與珪**로 **歸俟爾命**이어니와
爾不許我인댄 **我乃屛璧與珪**호리이다(호리라)

　지금 저는 즉시 원귀(元龜)에게 〈점을 치도록〉 명령할 것이니, 당신들이 저의 말을
허락하신다면 저는 벽(璧)과 규(珪)를 가지고 돌아가 당신의 명을 기다리겠지만 당신
이 저의 말을 허락하지 않으신다면 저는 벽과 규를 감출 것입니다."

卽은 **就也**[76]라 **歸俟爾命**은 **俟武王之安也**라 **屛**은 **藏也**니 **屛璧與珪**는 **言不得事神**
也라 **蓋武王喪**이면 **則周之基業必墜**하리니 **雖欲事神**이나 **不可得也**라 **其稱爾稱我**
를 **無異人子之在膝下**하여 **以語其親者**하니 **此亦終身慕父母**와 **與不死其親之意**니
以見(현)**公之達孝也**라

　'즉(卽)'은 나아감이다. '돌아가 당신의 명(命)을 기다린다'는 것은 무왕이 편안해지
기를 기다린다는 말이다. '병(屛)'은 감춤이니, 벽과 규를 감춘다는 것은 신(神)을 섬길
수 없음을 말한 것이다. 무왕이 죽으면 주나라의 기업(基業)이 반드시 실추될 것이니,
비록 신을 섬기려고 하더라도 될 수가 없는 것이다. 이(爾;당신, 그대)라 칭하고 아(我;
저)라 칭하기를, 인자(人子)가 슬하(膝下)에 있으면서 그 어버이에게 말하는 것과 다름
이 없으니, 이 또한 종신토록 부모를 사모함과 그 어버이를 죽었다고 여기지 않는 뜻
이니, 이로써 주공(周公)의 달효(達孝;누구나 공통적으로 칭찬하는 효도)를 볼 수 있다.

9. **乃卜三龜**하니 **一習吉**이어늘 **啓籥**(약)**見書**하니 **乃幷是吉**하니라(하더라)

　이어 세 거북껍질로 점을 점치니, 한결같이 길(吉)함이 거듭되므로 자물쇠를 열어 점
친 글을 보니, 모두 길하였다.

卜筮는 **必立三人以相參考**하니 **三龜者**는 **三人所卜之龜也**라 **習**은 **重也**니 **謂三龜**

76　**卽就也** : 즉(卽)은 경문 '즉명우원귀(卽命于元龜)'의 즉(卽)을 해석한 것으로 추계우(鄒季友)
는 "경문의 '卽命于元龜'는 〈우서(虞書) 대우모(大禹謨)〉의 '命于元龜'와 같으니, 거북에게 명령함
을 이른다. '즉'은 즉시(卽時)의 뜻이다.〔卽命于元龜, 與虞書命于元龜同, 謂令之於龜也. 卽, 卽時之
意.〕" 한 것을 소개하였다. 《詳說》주에 '즉(卽)'은 나아감'으로 훈(訓)하였기 때문에 《언해》에 '元龜
에 卽하여 命호리니'로 해석하였으나, 추계우의 설에 따라 경문을 '즉시'로 수정 번역하였다.

···　俟 : 기다릴 사　膝 : 무릎 슬　習 : 거듭 습　啓 : 열 계　籥 : 자물쇠 약

之兆一同이라 開籥하여 見卜兆之書하니 乃幷是吉이라

　복서는 반드시 세 사람을 세워 서로 참고하니, 세 거북이란 세 사람이 점친 바의 거북이다. '습(習)'은 거듭이니, 세 거북의 조짐이 똑같음을 이른다. 자물쇠를 열어 복조(卜兆)의 글을 보니, 모두 길하였다.

10. **公曰 體는 王其罔害**로소니 **予小子新命于三王**하여(이란대) **惟永終**을 **是圖**호리니 **兹攸俟**니 **能念予一人**이삿다

　주공이 말씀하였다. "점(占)의 체(體)는 왕이 해(害)가 없을 것이니, 저 소자(小子)가 새로 세 왕에게 명을 받아 영원히 끝마침을 도모할 것입니다. 이는 기다리던 바이니, 여일인(予一人;무왕)을 생각해 주셨습니다."

體는 兆之體也라 言視其卜兆之吉컨대 **王疾이 其無所害**하니 **我新受三王之命**하여 **而永終을 是圖矣라 兹攸俟者는 卽上文所謂歸俟也라 一人은 武王也**니 **言三王이 能念我武王**하여 **使之安也라 詳此言新命于三王**하고 **不言新命于天**하면 **以見果非 謂天責取武王也**니라

　'체(體)'는 복조(卜兆)의 체이다. 복조의 길함을 보건대, 왕의 병환이 아마도 해로움이 없을 것이니, 제가 세 왕의 명을 새로 받아 영원히 끝마침을 도모한다고 한 것이다. '자유사(兹攸俟)'는 곧 상문(上文)에 이른바 '돌아가 기다린다.'는 것이다. '일인(一人)'은 무왕이니, 세 왕이 우리 무왕을 생각하여 편안하게 하심을 말한 것이다. 여기에 세 왕에게 새로 명을 받았다고 말하고, 하늘에게 새로 명을 받았다고 말하지 않은 것을 보면, 과연 하늘이 무왕을 데려가려고 함을 말한 것이 아님을 볼 수 있다.

11. **公이 歸**하사 **乃納册于金縢之匱中**하시니 **王이 翼(翌)日**에 **乃瘳**(추)하시다

　주공이 돌아가 축책(祝册)을 금등(金縢)의 궤 안에 넣으시니, 무왕이 다음날에 병이 나으셨다.

册은 祝册也라 匱는 藏卜書之匱요 金縢은 以金緘之也라 翼日은 公歸之明日也라 瘳는 愈也라 按金縢之匱는 乃周家藏卜筮書之物이니 **每卜則以告神之辭로 書於 册**하고 **旣卜則納册於匱而藏之**하니 **前後卜**이 **皆如此라 故로 前에 周公이 乃卜三 龜**하니 **一習吉**이어늘 **啓籥見書者는 啓此匱也요 後에 成王이 遇風雷之變**하여 **欲卜**

··· 匱 : 상자 궤　翼 : 내일 익　瘳 : 병나을 추　緘 : 봉할 함　愈 : 병나을 유

하여 啓金縢者도 亦啓此匱也라 蓋卜筮之物은 先王不敢褻이라 故로 金縢其匱而
藏之요 非周公始爲此匱하여 藏此册祝하여 爲後來自解計也니라

'책(册)'은 축책(祝册)이다. '궤(匱)'는 점친 글을 보관해 두는 궤이고, '금등(金縢)'은
쇠사슬로 묶은 것이다. '익일(翼日)'은 주공이 돌아간 다음날이다. '추(瘳)'는 병이 나
음이다. 살펴보건대 금등의 궤는 바로 주나라 왕가(王家)에서 복서한 글을 보관해두는
물건이니, 언제나 점을 치면 신(神)에게 고한 말(글)을 책에 쓰고 점이 끝나면 책을 궤
에 넣어 보관하였으니, 전후(前後)에 점친 것이 모두 이와 같았다. 그러므로 앞에 주공
이 세 거북으로 점을 치니 한결같이 거듭 길하므로 자물쇠를 열어 글을 보았다는 것
도 이 궤를 연 것이며, 뒤에 성왕이 풍뢰(風雷)의 변고를 만나 점을 치려고 하여 금등
을 연 것 또한 이 궤를 연 것이다. 복서하는 물건은 선왕이 감히 함부로 하지 않으셨
으므로 그 궤를 쇠사슬로 묶어 보관한 것이며, 주공이 처음으로 이 궤를 만들어 이 책
축을 보관해서 후래에 자신을 해명할 계책으로 삼은 것은 아니다.

12. 武王이 旣喪이어시늘 管叔이 及其羣弟로 乃流言於國하여 曰 公將不利
於孺子하리라

〈그후〉 무왕이 별세하시자, 관숙(管叔)은 여러 아우들과 함께 나라에 유언(流言)을 퍼
뜨리기를 "주공이 장차 유자(孺子;어린 성왕)에게 이롭지 못할 것이다." 하였다.

管叔은 名鮮이니 武王弟요 周公兄也라 羣弟는 蔡叔度, 霍叔處也라 流言은 無根
之言이니 如水之流 自彼而至此也라 孺子는 成王也라 商人은 兄死弟立者多라 武
王崩하고 成王幼하여 周公攝政하니 商人이 固已疑之요 又管叔은 於周公에 爲兄하
니 尤所覬覦(기유)라 故로 武庚、管、蔡 流言於國하여 以危懼成王하여 而動搖周公
也라 史氏言管叔及其羣弟而不及武庚者는 所以深著三叔之罪也니라

관숙(管叔)은 이름이 선(鮮)이니, 무왕의 아우이고 주공의 형이다. 여러 아우는 채
숙 도(蔡叔度)와 곽숙 처(霍叔處)이다. '유언(流言)'은 근거 없는 말이니, 물의 흐름이
저쪽에서 여기에 이름과 같은 것이다. '유자(孺子)'는 성왕이다. 상나라 사람들은 형이
죽으면 아우가 즉위한 자가 많았다. 무왕이 붕(崩)하고 성왕이 어려 주공이 섭정(攝政)
하자, 상나라 사람들은 진실로 이미 이것(아우가 즉위함)을 의심하였고, 또 관숙은 주공
에게 형이 되므로 더더욱 〈왕위를〉 넘보았다. 그러므로 무경(武庚)과 관숙 · 채숙이 나
라에 유언을 퍼뜨려 성왕을 위태롭고 두렵게 하여 주공을 동요한 것이다.

사관은 관숙이 여러 아우들과 함께 했다고 말하고 무경을 언급하지 않은 것은 삼
숙(三叔;무왕의 세 아우인 관숙·채숙·곽숙)의 죄(罪)를 깊이 나타내려 한 것이다.

13. **周公**이 **乃告二公曰 我之弗辟**(避)면 **我無以告我先王**이라하시고

　주공이 두 공(公;태공과 소공)에게 고하기를 "내가 피하지 않으면 나는 우리 선왕에게
고할 수 없다." 하시고,

辟는 **讀爲避**라 **鄭氏詩**(傳)[箋]에 **言周公**이 **以管蔡流言**으로 **辟居東都**[77] **是也**라 **漢
孔氏**는 **以爲致辟於管叔之辟**이라하니 **謂誅殺之也**라 **夫三叔流言**호되 **以公將不利
於成王**이라하니 **周公**이 **豈容遽興兵以誅之耶**아 **且是時**에 **王方疑公**하니 **公將請王
而誅之耶**아 **將自誅之也**리니 **請之**면 **固未必從**이요 **不請自誅之**면 **亦非所以爲周
公矣**라 **我之弗辟**면 **我無以告我先王**은 **言我不避**면 **則於義**에 **有所不盡**하여 **無以
告先王於地下也**라 **公豈自爲身計哉**리오 **亦盡其忠誠而已矣**시니라

　'피(辟)'는 피(避)로 읽는다. 정씨(鄭氏)의 《시전(詩箋)》에 "주공이 관숙과 채숙의 유
언 때문에 동도(東都;낙읍(洛邑))에 피하여 거하였다."는 것이 이것이다. 한(漢)나라 공
씨는 "관숙에게 형벌을 내렸다는 벽(辟)이다." 하였으니, 주살(誅殺)함을 이른다. 삼숙
(三叔)이 유언을 퍼뜨리기를 '주공이 장차 성왕에게 이롭지 못하다.' 하였으니, 주공이
어찌 대번에 군대를 일으켜 관숙을 주살할 수 있었겠는가. 또 이때에 왕이 막 주공을
의심하고 있었으니, 주공이 장차 왕에게 청하여 주살할 수 있었겠는가. 장차 스스로
주살하였을 것이니, 청하였다면 왕이 반드시 따르지 않았을 것이요, 청하지 않고 스
스로 주살하였다면 또한 〈훌륭한〉 주공이 될 수 있는 것이 아니다. '내가 피하지 않으
면 나는 우리 선왕에게 고할 수 없다.'는 것은, 내가 피하지 않으면 의리에 미진(未盡)
한 바가 있어 지하에서 선왕에게 고할 수 없음을 말씀한 것이다. 주공이 어찌 스스로
자신을 위한 계책을 하였겠는가. 또한 그 충성을 다했을 뿐이다.

・・・・・・
77　**鄭氏詩箋……辟居東都** : 정씨(鄭氏)는 정현(鄭玄)을 가리킨다. 《모시(毛詩)》〈빈풍(豳風) 칠
월(七月)〉의 〈소서(小序)〉에 "주공이 변을 만난 것은 관숙과 채숙의 유언으로 인해 도성을 피하여
동도에 거한 것이다.〔周公遭變者, 管蔡流言, 辟居東都.〕"라고 보인다. 《시전(詩傳)》은 모형(毛亨)과
모장(毛萇)이 지은 것이고, 《시전(詩箋)》은 정현이 지었으므로 수정하였다. 그러나 《詩箋》을 《詩
傳》으로 잘못 쓴 것이 종종 보인다.

・・・　**遽** : 갑자기 거

14. 周公이 居東二年에 則罪人을 斯得하시다

주공이 동쪽에 거한 지 2년에 죄인을 이에 얻으셨다.(잡으셨다.)

居東은 居國之東也라 鄭氏謂 避居東都는 未知何據요 孔氏以居東爲東征은 非也라 方流言之起에 成王이 未知罪人爲誰러니 二年之後에 王始知流言之爲管蔡라 斯得者는 遲之之辭也라

　　동쪽에 거함은 나라의 동쪽에 거한 것이다. 정씨가 "동도(東都)에 피하여 거했다." 한 것은 무엇을 근거하였는지 알 수 없고, 공씨는 동쪽에 거한 것을 동정(東征)이라 하였는데 이는 잘못이다. 유언이 일어날 때를 당해서는 성왕이 죄인이 누구인지를 알지 못하였는데, 2년 뒤에 왕이 비로소 유언을 퍼뜨린 것이 관숙과 채숙임을 안 것이다. 이에 얻었다는 것은 더디게 여긴 말이다.

15. 于後에 公이 乃爲詩하여 以貽王하시고 名之曰 鴟鴞(치효)라하시니 王亦未敢誚公하시다

　　그 뒤에 주공이 마침내 시(詩)를 지어 왕에게 드리고 이름하기를 '치효(鴟鴞)'라 하시니, 왕 또한 주공을 꾸짖지 못하셨다.

鴟鴞는 惡鳥也니 以其破巢取卵으로 比武庚之敗管蔡及王室也라 誚는 讓也라 上文에 言罪人斯得하니 則是時에 成王之疑 十已去其四五矣리라

　　치효(鴟鴞;올빼미 또는 수리부엉이)는 나쁜 새이니, 딴 새의 둥지를 부수고 알을 가져다 먹음으로써 무경(武庚)이 관숙·채숙과 주나라 왕실을 무너뜨림을 비유한 것이다. '초(誚)'는 꾸짖음이다. 상문(上文)에 '죄인을 이에 얻었다'고 말하였으니, 이때에 성왕의 의심이 이미 10에 4~5가 제거되셨을 것이다.

16. 秋大熟하여 未穫이러니(이어늘) 天이 大雷電以風하니 禾盡偃하며 大木이 斯拔이어늘 邦人이 大恐하더니 王이 與大夫盡弁하사 以啓金縢之書하사 乃得周公所自以爲功하여 代武王之說하시다

　　가을에 곡식이 크게 성숙하여 아직 수확하지 못하였는데, 하늘이 크게 천둥번개를 치고 바람이 부니, 벼가 모두 쓰러지고 큰 나무가 뽑히므로 나라 사람들이 크게 두려워하였다. 왕이 대부들과 모두 피변(皮弁)을 쓰고서 '금등'의 글을 열어 마침내 주공이

··· 遲:더딜 지　貽:줄 이　鴟:솔개 치　鴞:올빼미 효　誚:꾸짖을 초　讓:꾸짖을 양　偃:누울 언　弁:두건 변

스스로 자신의 일로 삼아 무왕의 죽음을 대신하려던 말씀을 얻게 되었다.

王이 與大夫盡弁하여 以發金縢之書하여 將卜天變이라가 而偶得周公册祝請命之
說也라 孔氏謂 二公倡王啓之者는 非是라 按秋大熟이 係于二年之後하니 則成王
迎周公之歸 蓋二年秋也라 東山之詩에 言自我不見이 于今三年이라하니 則居東
之非東征이 明矣라 蓋周公이 居東二年에 成王이 因風雷之變하여 旣親迎以歸하니
三叔이 懷流言之罪하고 遂脅武庚以叛이어늘 成王이 命周公征之하시니 其東征往
反首尾 又自三年也라

　　왕이 대부들과 모두 피변을 쓰고서 금등의 글을 열어 장차 하늘의 변고를 점치려
하다가 우연히 주공이 책축(册祝)에 명을 청한 말씀을 얻은 것이다. 공씨는 "두 공(태
공과 소공)이 왕(王)을 창도(倡道)하여 열어보게 하였다."고 하였는데, 이는 옳지 않다.
살펴보건대 '추대숙(秋大熟)'이 '2년'의 뒤에 매어 있으니, 성왕이 주공을 맞이하여 돌
아옴이 2년 가을인 것이다. 〈빈풍(豳風) 동산(東山)〉의 시(詩)에 "내가 보지 못한 지가
지금 3년이 되었다."고 하였으니, 동쪽에 거한 것이 동정(東征)이 아님이 분명하다. 주
공이 동쪽에 거한 지 2년에 성왕이 풍뢰(風雷)의 변고로 인하여 주공을 친히 맞이해
돌아오자, 삼숙(三叔)이 유언을 퍼뜨린 죄를 생각하고 마침내 무경을 위협하여 배반하
므로 성왕이 주공에게 명하여 정벌하셨으니, 동정하기 위하여 가고 온 수미(首尾)가
또 따로 3년인 것이다.

17. 二公及王이 乃問諸史與百執事하신대 對曰 信하니이다 噫라 公命이어시늘
我勿敢言[78]이로소이다

　　두 공과 왕이 여러 사관(史官)과 백집사(百執事)에게 물으니, 대답하기를 "사실입니
다. 아! 주공이 저에게 명하여 감히 말하지 말게 하셨습니다." 하였다.

••••••
78　公命我勿敢言 : 이에 대하여 오윤상은 '공이 나에게 명하여 감히 말하지 말게 했다.'로 해석하
고, "공씨의 이른바 '주공이 하여금 말하지 말게 했다.'는 것이 옳을 듯하다. 주공이 '우리 선왕을
근심하게 한다'고 칭탁하여 두 공의 목복(穆卜)을 만류하였으니, 이 기도한 일은 진실로 비밀이었
다. 무왕의 병환이 나음에 이르러 주공 자신이 기도한 일을 세상에 널리 알린다면 사람들은 반드
시 신자(臣子)의 떳떳한 직분을 가지고 세상에 없는 특별한 공(功)으로 여길 것이니, 주공이 이것
을 불안하게 여겼을 것이다. 하여금 말하지 말게 한 것이 당연하다.〔公命我勿敢言, 孔氏所謂周公
使之勿道者, 恐是. 托以戚我先王, 而止二公之穆卜, 事固秘密矣. 及武王疾瘳, 宣布祈禱之事, 則人
必以臣子之常分, 爲不世之殊功, 周公以是爲不安矣, 宜乎使之勿道也.〕" 하였다.

••• 倡 : 인도할 창　懷 : 품을 회　噫 : 한숨지을 희

周公卜武王之疾을 二公이 未必不知之로되 周公册祝之文은 二公이 蓋不知也라 諸史、百執事는 蓋卜筮執事之人이라 成王이 使卜天變者는 卽前日周公使卜武 王疾之人也라 二公及成王이 得周公自以爲功之說하고 因以問之라 故로 皆謂信 有此事라하고 已而歎息言 此實周公之命이어시늘 而我勿敢言爾라하니라 孔氏謂 周公使之勿道者는 非是니라

　주공이 무왕의 질병을 점친 것을 두 공이 반드시 모른 것은 아니나, 주공의 책축의 글은 두 공이 아마도 알지 못한 듯하다. 제사(諸史)와 백집사(百執事)는 복서하는 일을 집행하는 사람들이다. 성왕이 하늘의 변고를 점치게 한 자들은 바로 전일(前日)에 주공이 무왕의 병을 점치게 했던 자들이었다. 두 공과 성왕은 주공이 자신의 일로 삼은 말씀을 얻고는 인하여 물으셨다. 그러므로 모두 이르기를 "진실로 이러한 일이 있었습니다." 하고는, 이윽고 탄식하며 말하기를 "이는 실로 주공의 명이신데 저희들이 감히 말하지 못했습니다."라고 한 것이다. 공씨(孔氏)가 "주공이 말하지 말게 하였다."고 말한 것은 옳지 않다.

18. 王이 執書以泣曰 其勿穆卜이로다 昔에 公이 勤勞王家어시늘 惟予沖人 이 弗及知러니 今天이 動威하사 以彰周公之德하시니 惟朕小子 其新(親)逆 이(홈이) 我國家禮에 亦宜之라하시다 (라하시고)

　성왕이 책축한 글을 잡고 울며 말씀하기를 "목복(穆卜)을 할 것이 없다. 옛날에 공 (公)이 우리 왕가에 근로하셨으나 나 충인(沖人;어린 사람)이 미처 알지 못하였는데, 이 제 하늘이 위엄을 동하여 주공의 덕을 밝히시니, 나 소자(小子)가 친히 공을 맞이함이 우리 국가의 예(禮)에 또한 마땅하다." 하셨다.

新은 當作親이라 成王이 啓金縢之書하여 欲卜天變이라가 旣得公册祝之文하고 遂 感悟하여 執書以泣하고 言不必更卜이라 昔에 周公이 勤勞王室이어시늘 我幼不及 知러니 今天이 動威하여 以明周公之德하시니 我小子其親迎公以歸가 於國家禮에 亦宜也라하시니라 按鄭氏詩(傳)[箋]에 成王이 旣得金縢之書하고 親迎周公이라하니 鄭氏學出於伏生이요 而此篇則伏生所傳이니 當以親爲正이라 親誤作新은 正猶大

學의 新誤作親也⁷⁹하니라

　'신(新)'은 마땅히 친(親)이 되어야 한다. 성왕이 금등의 글을 열어 하늘의 변고를 점치려고 하다가 주공이 책축한 글을 얻고는 마침내 감오(感悟)하여 글을 잡고 울며 말씀하기를 "굳이 다시 점칠 것이 없다. 옛날에 주공이 왕실에 근로하셨으나 내 어려서 미처 알지 못하였는데, 이제 하늘이 위엄을 동하여 주공의 덕을 밝히시니, 나 소자가 친히 공을 맞이하여 돌아옴이 국가의 예에 또한 마땅하다." 하였다.

　살펴보건대 정씨의 《시전(詩箋)》에 "성왕이 이미 금등의 글을 얻고는 주공을 친히 맞이했다." 하였다. 살펴보건대 정씨의 학문은 복생(伏生)에게서 나왔고 이 편(篇)은 복생이 전한 것이니, 마땅히 친(親)을 바른 것으로 삼아야 할 것이다. 친(親)을 신(新)으로 잘못 쓴 것은 바로 《대학(大學)》에 신(新)을 친(親)으로 잘못 쓴 것과 같다.

19. 王이 出郊하신대 天乃雨하여 反風하니 禾則盡起어늘 二公이 命邦人하여 凡大木所偃⁸⁰을 盡起而築之하니 歲則大熟하니라

　왕이 교외로 나가자, 하늘이 마침내 비를 내려 바람을 반대로 불게 하니, 쓰러졌던 벼가 모두 일어났다. 두 공이 나라 사람들에게 명하여 무릇 큰 나무가 쓰러진 것을 모두 일으켜 단단히 다지게 하니, 세(歲:연사(年事))가 크게 성숙하였다.

國外曰郊라 王出郊者는 成王이 自往迎公이니 卽上文所謂親逆者也라 天乃反風하여 感應이 如此之速하니 洪範庶徵을 孰謂其不可信哉아 又按 武王疾瘳四年而崩하니 羣叔流言하여 周公居東二年에 罪人旣得하고 成王이 迎周公以歸하시니 凡六年事也라 編書者附于金縢之末하여 以見(현)請命事之首末과 金縢書之顯晦也니라

　국외(國外:도성 밖)를 '교(郊)'라 한다. 왕이 교외를 나간 것은 성왕이 직접 가서 주공을 맞이한 것이니, 곧 상문(上文)에 이른바 '친히 맞이한다.'는 것이다. 하늘이 마침내 바람을 반대로 불게 하여 감응함이 이와 같이 신속하니, 〈홍범(洪範)〉의 서징(庶徵)

･･････

79　親誤作新 正猶大學新誤作親也：《집전》에는 여기의 '新'과 《대학》의 '親'을 모두 오자로 보았으나, 일설(一說)에는 "옛날에는 '親'과 '新'을 함께 사용하였다."라고 하는바, 다산(茶山) 정약용(丁若鏞)도 이 설을 지지하였다.

80　大木所偃：퇴계(退溪)는 "소언(所偃)은 벼이다."라고 해석하여 대목(大木)과 소언(所偃)을 두 가지로 보았으나, 《언해》를 따라 '큰 나무가 쓰러진 것'으로 풀이하였다.

･･･　郊 : 들 교　築 : 쌓을 축　晦 : 어두울 회

을 누가 믿을 수 없다고 말하겠는가.

또 살펴보건대 무왕이 병이 나은 지 4년에 붕(崩)하니, 여러 숙(叔)들이 유언을 퍼뜨려 주공이 동쪽에 거한 지 2년에 죄인(관숙 등)을 얻었고, 성왕이 주공을 맞이하여 돌아왔으니, 모두 6년의 일이다. 책을 엮는 자가 〈금등〉의 끝에 이것을 덧붙여 주공이 명을 청한 일의 수말(首末)과 〈금등〉의 글이 드러나고 감춰짐을 나타낸 것이다.

〈대고(大誥)〉

武王克殷하시고 以殷餘民으로 封受子武庚하고 命三叔監殷이러시니 武王崩하고 成王立하여 周公相之하시니 三叔이 流言호되 公將不利於孺子라한대 周公이 避位居東하시니라 後에 成王悟하여 迎周公歸하니 三叔懼하여 遂與武庚叛이어늘 成王이 命周公하여 東征以討之할새 大誥天下하시니라 書言武庚而不言管叔者는 爲親者諱也라 篇首에 有大誥二字일새 編書者因以名篇하니 今文古文皆有하니라

무왕(武王)이 은나라를 이기시고는 은나라의 유민(遺民)으로 수(受;紂)의 아들 무경(武庚)을 봉하고 삼숙(三叔;관숙(管叔)·채숙(蔡叔)·곽숙(霍叔))에게 명하여 은나라를 감시하게 하였다. 그런데 무왕이 붕(崩)하고 성왕이 즉위하여 주공(周公)이 정승이 되어 돕자, 삼숙이 유언(流言)을 퍼뜨리기를 "공(주공)이 장차 유자(孺子;나이어린 성왕)에게 이롭지 못할 것이다."라고 하니, 주공이 자리를 피하여 동쪽에 거하였다. 뒤에 성왕이 깨닫고서 주공을 맞이하여 돌아오니, 삼숙이 두려워하여 마침내 무경과 함께 반란을 일으키므로 성왕이 주공에게 명해서 동정(東征)하여 토벌할 적에 천하에 크게 고한 것이다. 글에 무경만 말하고 관숙을 말하지 않은 것은 친족을 위하여 숨긴 것이다. 편 머리에 대고(大誥)라는 두 글자가 있으므로 책을 엮는 자가 인하여 편명으로 삼았으니, 금문(今文)과 고문(古文)에 모두 있다.

○ 按此篇誥語는 多主卜言하니 如曰寧王遺我大寶龜라하고 曰朕卜幷吉이라하고 曰予得吉卜이라하고 曰王害(할)不違卜고하고 曰寧王惟卜用이라하고 曰矧亦惟卜用이라하고 曰予曷其極卜이라하고 曰矧今卜幷吉이라하고 至於篇終하여는 又曰卜陳惟若茲라하니 意邦君、御事에 有曰艱大不可征이라하여 欲王違卜이라 故로 周公以討叛卜吉之義와 與天命人事之不可違者로 反復誥諭之也시니라

○ 살펴보건대 이 편의 고어(誥語)는 점(占)을 위주하여 말한 것이 많으니, 예컨대 "영왕(寧王)이 나에게 큰 보배인 거북을 물려주셨다." 하였고, "짐(朕)의 점이 모두 길하다." 하였으며, "내가 길한 점을 얻었다." 하였고, "왕은 어찌하여 점을 어기지 않습니까." 하였으며, "영왕이 점을 사용했다." 하였고, "하물며 또한 점을 씀에 있어서랴." 하였으며, "내 어찌 점을 지극히 따르려 하겠는가." 하였고, "하물며 지금 점이 모두 길함에 있어서랴." 하였다. 그리고 편 끝에 이르러는 또 "점의 진열함이 이와 같다." 하

••• 誥 : 가르칠 고 諱 : 숨길 휘 矧 : 하물며 신 諭 : 고할 유

였으니, 생각하건대 방군(邦君)과 어사(御事) 중에 "이 일이 어렵고 커서 정벌할 수 없다."고 말하여, 왕이 점을 어기고자 하는 자가 있었던 듯하다. 그러므로 주공이 반역을 토벌함에 점이 길한 뜻과 천명(天命)과 인사(人事)에 어길 수 없는 것을 가지고 반복하여 고유(誥諭)하신 것이다.

【小序】 武王崩한대 三監及淮夷叛이어늘 周公이 相成王하여 將黜殷할새 作大誥하니라

　　무왕이 승하하자, 삼감(三監)이 회이(淮夷)와 함께 반란하므로 주공이 성왕을 도와 장차 은나라를 내치려 하면서 〈대고(大誥)〉를 지었다.

【辨說】 三監은 管叔、蔡叔、霍叔也니 以其監殷故로 謂之三監이라

　　'삼감(三監)'은 관숙(管叔)·채숙(蔡叔)·곽숙(霍叔)이니, 이들이 은나라를 감독하였기 때문에 삼감이라 한 것이다.

1. 王若曰 猷라 大誥爾多邦과 越爾御事하노라 弗弔라 天이 降割于我家하사 不少延하시나라(이어시늘) 洪惟我幼沖人이 嗣無疆大歷(曆)服이언마는(하여) 弗造哲하여 迪民康이온 矧曰其有能格知天命가

　　왕(王)이 대략 다음과 같이 말씀하였다.

　　"아! 너희 많은 나라와 너희 어사(御事;일을 다스리는 자)들에게 크게 고하노라. 내가 하늘로부터 가엾게 여김을 받지 못하였다. 그리하여 하늘이 우리 왕가(王家)에 해로움을 내려 조금도 기다려 주지 않으셨다. 내가 크게 생각하건대 나 유충(幼沖)한 사람이 끝없이〔無疆〕큰 역복(歷服;천자의 자리)을 이어 받았건만 명철(明哲)함에 나아가 백성들을 편안한 곳으로 인도하지 못하였는데, 하물며 천명(天命)을 연구하여 안다고 말할 수 있겠는가.

　　猷는 發語辭也니 猶虞書咨嗟之例라 按爾雅에 猷訓最多하여 曰謀, 曰言, 曰已, 曰圖라하니 未知此何訓也라 弔는 恤也니 猶詩言不弔昊天之弔라 言我不爲天所恤[81]

書經集傳　下

81　言我不爲天所恤：경문의 '불조천(弗弔天)'을 해석한 것으로, 호산은 "주(註)에 비록 천(天) 자를 윗구에 연속시켰으나 《언해》의 구두(句讀)가 문세(文勢)에 맞는 듯하다.〔註雖以天字釋屬上句, 然諺讀似得文勢.〕" 하였다. 《詳說》이는 《언해》에 '弗弔라 天이'로 현토하였으므로 말한 것이다.

⋯⋯　猷 : 어조사 유　弔 : 불쌍할 조　割 : 벨 할　嗣 : 이을 사　迪 : 인도할 적

하여 降害於我周家하여 武王이 遂喪而不少待也라 沖人은 成王也라 歷은 歷數也요
服은 五服也[82]라 哲은 明哲也라 格은 格物之格이라 言大思我幼沖之君이 嗣守無疆
之大業하여 弗能造明哲以導民於安康하니 是는 人事도 且有所未至니 而況言其
能格知天命乎아

　　'유(猷)'는 발어사이니, 〈우서(虞書)〉에 자(咨)·차(嗟)의 예(例)와 같다. 살펴보건대
《이아(爾雅)》에 유(猷)의 훈(訓)이 가장 많아, 모(謀:꾀)라 하고 언(言:말)이라 하고 이
(已:그만둠)라 하고 도(圖:도모함)라 하였으니, 여기서는 무슨 뜻으로 훈(訓)해야 하는지
알 수 없다. '조(弔)'는 가엾게 여겨 긍휼(矜恤)함이니,《시경》〈절남산(節南山)〉의 '하
늘에게 긍휼히(가엾게) 여김을 받지 못한다.'는 조(弔)와 같다. '내가 하늘에게 긍휼히
여김을 받지 못하여, 하늘이 우리 주나라에 해로움을 내려서 무왕이 마침내 별세하
고 조금도 기다려 주지 않았다.'는 것이다. '충인(沖人:어린 사람)'은 성왕이다. '역(歷)'
은 역수(歷數:왕위의 차례)이고, '복(服)'은 오복(五服)의 제후이다. '철(哲)'은 명철함이
다. '격(格)'은 격물(格物:사물의 이치를 연구함)의 격(格)이다. '크게 생각하건대 나 유충
(幼沖)한 군주가 끝없는 대업(大業)을 이어 지켰지만 능히 명철함에 나아가 백성을 안
강(安康)함으로 인도하지 못하였으니, 이는 사람의 일도 지극하지 못한 바가 있는 것
이니, 하물며 천명을 연구하여 안다고 말하겠는가.'라고 한 것이다.

2. 已아 予惟小子 若涉淵水호니 予惟往은 求朕攸濟니라 敷賁(부비)[83]하며 敷
前人受命은 茲不忘大功이니 予不敢閉于天降威用이니라

　　그만둘 수 있겠는가.(내가 말을 더 하지 않을 수 있겠는가.) 나 소자(小子)는 깊은 못의 물
을 건넘과 같으니, 내가 정벌하러 가는 것은 짐의 성공할 바를 구하려고 해서이다. 꾸
밈을 펴며 전인(前人)이 받은 천명을 폄은 큰 공(功)을 잊지 않고자 해서이니, 나는 감
히 하늘이 내린 위엄을 막을 수 없다.

• • • • • •

82　歷……五服也 : 호산은 "역(歷)은 하늘(천시)로 말하였고, 복(服)은 땅으로 말하였다.〔歷, 以
天言; 服, 以地言.〕" 하였다.《詳說》

83　敷賁 :《언해》에는 "敷하며 賁하며"로 위와 같이 풀이하였으나, 퇴계는《집전》의 '수명기전장법
도(修明其典章法度)'란 내용에 의거하여 "수명(修明)은 부(敷)를 해석한 것이고 전장(典章)과 법
도(法度)는 비(賁)를 해석한 것이니, 마땅히 '비(賁)를 부(敷)하며'로 해석하여야 한다." 하였으며,
《經書辨疑》호산은 하씨(夏氏)의 '아름답게 꾸미는 일(전장 법도)을 펴는 것이다.〔敷布賁飾之事〕'
한 것을 소개하고, "《언해》의 해석은 주의 뜻에 위배된다.〔諺釋有違註意〕" 하였다.《詳說》

• • •　涉 : 건널 섭　濟 : 이룰 제　敷 : 펼 부　賁 : 꾸밀 비

已는 承上語니 詞已而有不能已之意라 若涉淵水者는 喻其心之憂懼요 求朕攸濟
者는 冀其事之必成이라 敷는 布요 賁는 飾也라 敷賁者는 修明其典章法度요 敷前
人受命者는 增益開大前王之基業이니 若此者는 所以不忘武王安天下之大功也
라 今武庚不靖하여 天固誅之하시니 子豈敢閉抑天之威用而不行討乎아

'이(已)'는 위를 잇는 말이니, 말은 끝났으나 능히 그만둘 수 없는 뜻이다. 못의 물
을 건넘과 같다는 것은 그 마음의 근심과 두려움을 비유한 것이요, 짐의 성공할 바를
구한다는 것은 이 일이 반드시 그 이루어지기를 바라는 것이다. '부(敷)'는 폄이요, '비
(賁)'는 꾸밈이다. 부비(敷賁)는 전장(典章)과 법도(法度)를 닦고 밝힘이요, 전인(前人)
이 받은 천명을 편다는 것은 전왕(前王)의 기업(基業)을 증익(增益)하고 개대(開大)함
이니, 이와 같이 하는 것은 무왕이 천하를 편안하게 하신 큰 공을 잊지 않기 위해서이
다. 지금 무경(武庚)이 안정하지 못하여 하늘이 진실로 주벌하시니, 내 어찌 감히 하늘
의 위엄을 막고 억제하여 토벌을 행하지 않겠는가.

3. 寧王이 遺我大寶龜는(하산든) 紹天明이시니 卽命한대 曰 有大艱于西土라
西土人이 亦不靜이라하더니 越茲蠢(준)이로다

 영왕(寧王)이 나에게 큰 보배인 거북을 물려주심은 하늘의 밝은 명을 이어받게 하신
것이니, 거북이의 길흉을 명함에 따라 명한 것을 가지고 살펴보건대 '큰 어려움이 서
토(西土)에 있어 서토 사람들 또한 안정하지 못할 것이다.' 하였는데, 지금에 이르러
과연 준동(蠢動)하는구나.

寧王은 武王也니 下文에 又曰寧考라하니라 蘇氏曰 當時에 謂武王爲寧王은 以其
克殷而安天下也니라 蠢은 動而無知之貌라 寧王이 遺我大寶龜者는 以其可以紹
介天明하여 以定吉凶이라 曩嘗卽龜所命하니 而其兆에 謂將有大艱難之事于西土
하여 西土之人이 亦不安靜이라하니 是武庚未叛之時에 而龜之兆 蓋已預告矣라 及
此하여 果蠢蠢然而動하니 其卜可驗이 如此라 將言下文伐殷卜吉之事라 故로 先
發此하여 以見卜之不可違也니라

'영왕'은 무왕이니, 하문(下文)에는 또 영고(寧考)라고 하였다. 소씨(蘇氏)가 말하기
를 "당시에 무왕을 일러 영왕이라 하였으니, 이는 은나라를 이기고 천하를 편안히 하
였기 때문이다." 하였다. '준(蠢)'은 움직(준동)이나 지각(知覺)이 없는 모양이다. 영왕
이 나에게 큰 보배인 거북을 물려주신 것은 하늘의 밝은 명을 소개(연결)시켜 길흉(吉

... 冀 : 바랄 기 紹 : 이을 소 蠢 : 무지할 준 曩 : 지난번 낭

凶)을 정하게 하신 것이다. 내가 지난번(무왕이 승하하셨을 때)에 일찍이 거북의 명한 바에 나아가 보니, 그 조짐(兆朕)에 '장차 크게 어려운 일이 서토에 있어 서토 사람들 또한 안정하지 못할 것이다.' 하였으니, 이는 무경이 반란하지 않았을 때에 거북의 조짐이 이미 예고(預告)한 것이다. 그런데 지금에 이르러 과연 준준연(蠢蠢然)히 동하니, 그 점괘를 징험할 만함이 이와 같다. 장차 하문(下文)에 은나라를 정벌하는 점이 길함을 말하려 하였으므로 먼저 이것을 말하여 점을 어길 수 없음을 나타낸 것이다.

4. 殷小腆(전)이 誕敢紀其敍하여 天降威나 知我國有疵하여 民不康하고 日予復이라하여(하여) 反鄙我周邦하나다(이라하나다)

　조금 후(厚)한(변변치 못한) 은나라가 크게 감히 그 멸망한 서업(緒業;전통)을 이어서 하늘이 비록 은나라에 위엄을 내렸으나 우리 주나라에 병폐(하자)가 있어 백성들이 편안하지 못함을 알고는 말하기를 '내(무경)가 기업(基業)을 회복하겠다.' 하여, 도리어 우리 주나라를 저들의 고을로 삼으려 하는구나.

腆은 厚요 誕은 大요 敍는 緒요 疵는 病也라 言武庚이 以小厚之國으로 乃敢大紀其旣亡之緒하여 是雖天降威于殷이나 然亦武庚이 知我國有三叔疵隙(극)하여 民心不安이라 故로 敢言我將復殷業이라하여 而欲反鄙邑我周邦也라

　'전(腆)'은 후함이요, '탄(誕)'은 큼이요, '서(敍)'는 서업(緖業)이요, '자(疵)'는 병폐(하자)이다. 무경이 조금 큰 제후국을 가지고 감히 이미 망한 은나라의 전통을 다시 크게 이어, 비록 하늘이 은나라에 위엄(패망)을 내렸으나 또한 무경이 우리 나라에 삼숙(三叔)의 병폐가 있어 민심이 불안함을 알았다. 그러므로 감히 말하기를 "내가 장차 은나라의 기업을 회복하겠다." 하여, 도리어 우리 주나라를 저의 비읍(鄙邑)으로 삼고자 한 것이다.

5. 今蠢이어늘 今翼日에 民獻有十夫 予翼以于하여 敉(미)寧武圖功하나니 我有大事休는(홀든) 朕卜이 幷吉일새니라

　이제 무경(武庚)이 준동하는데 다음날 백성 중에 10명의 어진 지아비가 나를 보필하고 가서 〈상나라를〉 어루만져 편안히 하여 선왕께서 도모하신 공(功)을 잇게 하니, 우리에게 대사(大事;병사(兵事))의 아름다움이 있을 것임을 아는 것은 짐(朕)의 점이 모두 길하기 때문이다.

… 腆 : 두터울 전　誕 : 클 탄　疵 : 병들 자　鄙 : 고을 비　疵 : 흠 자　隙 : 틈 극　獻 : 어질 헌　敉 : 어루만질 미
　武 : 발걸음 무　休 : 아름다울 휴

于는 往이요 敉는 撫요 武는 繼也라 謂今武庚蠢動이어늘 今之明日[84]에 民之賢者十
夫 輔我以往하여 撫定商邦하여 而繼嗣武王所圖之功也라 大事는 戎事니 左傳云
國之大事는 在祀與戎이라하니라 休는 美也라 言知我有戎事休美者는 以朕卜三龜
而幷吉也일새라 按上文에 卽命한대 曰有大艱于西土는 蓋卜於武王方崩之時요 此
云朕卜幷吉은 乃卜於將伐武庚之日이니 先儒合以爲一은 誤矣니라

　'우(于)'는 감이요, '미(敉)'는 어루만짐이요, '무(武)'는 계승함이다. 이제 무경이 준
동하는데 그 명일(明日)에 백성 중에 어진 자 10명이 나를 보필하고 가서 상나라를 어
루만지고 안정하게 하여 무왕이 도모하신 공(功)을 잇게 한 것이다. '대사(大事)'는 융
사(戎事;병사)이니,《춘추좌씨전》성공(成公) 13년에 "국가의 대사는 제사와 융사에 있
다." 하였다. '휴(休)'는 아름다움이다. "우리에게 융사의 아름다움이 있을 것임을 아는
것은 짐이 세 거북으로 점을 침에 모두 길하기 때문이다." 한 것이다.

　살펴보건대 상문(上文)에 '거북의 명한 바에 나아가 보니, 큰 어려움이 서토(西土)
에 있을 것이다.'고 말한 것은 무왕이 막 승하(昇遐)하려 할 때에 점친 것이요, 여기에
'짐의 점이 모두 길하다.'고 말한 것은 장차 무경을 토벌하려던 날에 점친 것이니, 선
유(先儒)가 합하여 하나로 만든 것은 잘못이다.

6. 肆予告我友邦君과 越尹氏와 庶士와 御事하여 曰 予得吉卜이라 予惟以
爾庶邦으로 于伐殷의(엣) 逋播臣하노라
　그러므로 내가 우방(友邦)의 군주와 윤씨(尹氏)·서사(庶士)·어사(御事)에게 고하여
말하기를 '내가 길한 점을 얻었다. 내가 너희 여러 나라를 데리고 가서 은나라의 도망
하고 파천(播遷)한 신하들을 정벌하겠다.' 하였노라.

　此는 擧嘗以卜吉之故로 告邦君、御事往伐武庚之詞也라 肆는 故也라 尹氏는 庶
官之正也라 殷逋播臣者는 謂武庚及其羣臣이 本逋亡播遷之臣也라
　이것은 〈성왕이〉 일찍이 거북점이 길한 연고를 가지고 방군(제후)과 어사에게 무경
을 가서 정벌할 것임을 고한 말씀을 든 것이다. '사(肆)'는 고(故;그러므로)이다. 윤씨(尹
氏)는 서관(庶官)의 우두머리이다. '은포파신(殷逋播臣)'은 무경과 그 여러 신하들이 본

....
84　今之明日 : 경문(經文)의 금익일(今翼日)을 해석한 것으로, 퇴계는 "이제로 익일(翼日)에"로 풀
이하였는바, 이는 이제로부터 명일(明日)이란 뜻으로 보인다.

…　戎 : 군사 융　肆 : 그러므로 사　逋 : 도망할 포　播 : 달아날 파

래 도망하고 파천(떠돌아다님)한 신하임을 말한 것이다.

7. **爾庶邦君**과 **越庶士、御事** **罔不反**하여 **曰 艱大**하며 **民不靜**이 **亦惟在王宮**과 **邦君室**이라하며 **越予小子考翼**도 **不可征**이라하여 **王**은 **害**(할)**不違卜**고하나다

　너희 여러 나라의 군주와 서사(庶士)와 어사들은 이에 반대하지 않는 이가 없어 말하기를 '이 일은 어렵고 중대하며, 백성들이 안정하지 못함이 또한 우리 왕궁(王宮)과 방군(邦君;제후왕)의 집에 있다.' 하며, 나 소자(小子)와 부로(父老)가 공경히 섬기는 자들[考翼]도 정벌할 수 없다고 말하며 '왕은 어찌 점을 어기지 않습니까.' 하는구나.

此는 舉邦君、御事不欲征하여 欲王違卜之言也라 邦君、御事無不反하여 曰 艱難重大하니 不可輕舉요 且民不靜이 雖由武庚이나 然亦在於王之宮과 邦君之室이라 하니 謂三叔不睦之故가 實兆釁(흔)端이니 不可不自反이라 害은 曷也라 越我小子與父老敬事者⁸⁵ 皆謂不可征이라하여 王은 曷不違卜而勿征乎아하니라

　이는 방군과 어사가 정벌하려고 하지 아니하여 왕이 점괘를 어기기를 바라는 말을 든 것이다. 방군과 어사가 반대하지 않는 이가 없어 말하기를 "이 일은 간난(艱難)하고 중대(重大)하니 경솔히 거병(舉兵)할 수 없으며, 또 백성들이 안정하지 못함이 비록 무경 때문이나 또한 우리 왕궁과 방군의 집에 있다." 하였으니, 삼숙(三叔)이 〈왕실과〉 화목하지 못한 연고가 실로 화(禍)의 단서를 조짐하였으니, 스스로 반성하지 않을 수 없다고 말한 것이다. '할(害)'은 어찌이다. 나 소자와 부로가 공경히 섬기는 자들도 모두 정벌할 수 없다고 말하여 "왕은 어찌 점을 어겨 정벌하지 않지 않습니까."라고 한 것이다.

8. **肆予沖人**이 **永思艱**호니 **曰 嗚呼**라 **允蠢**하여(이면) **鰥寡哀哉**나 **予造**는 **天役**이라 **遺大投艱于朕身**이시니 **越予沖人**은 **不卬**(앙)**自恤**이니라 **義**엔 **爾邦君**

<hr>

85　越我小子與父老敬事者：경문의 '고익(考翼)'을 해석한 것으로 이에 대하여 퇴계는 "고익이 두 가지 뜻이 있으니, 하나는 부로가 공경히 섬기던 자이고, 하나는 아버지가 공경히 섬기던 자이다.[考翼有二, 其一, 父老敬事者; 其一, 父敬事者.]" 하였는데, 호산은 "아버지가 공경히 섬기던 자는 뒷절(궐고익(厥考翼)을 가리킴)에 보이며, 각기 따로 한 가지(다른) 일이다.[父敬事者, 見後節, 各是一事也.]" 하였다.《詳說》

⋯　翼 : 공경할 익　睦 : 화목할 목　釁 : 틈 흔　蠢 : 꿈틀거릴 준　卬 : 나 앙

과 **越爾多士**와 **尹氏**와 **御事**는 綏予하여 曰 無毖(비)于恤이어다 不可不成乃
寧考의 **圖功**이니라

 그러므로 나 충인(沖人)이 어려움을 길이 생각하니, '아! 진실로 준동하면 환과(鰥寡;
홀아비와 과부)가 가엾지만 내가 하는 일은 하늘이 시키신 것이다. 하늘이 내 몸에 큰
일을 물려주고 어려운 일을 던져 주시니, 나 충인은 내 몸을 스스로 돌볼 겨를이 없노
라. 의리에 있어서는 너희 방군(邦君)과 다사(多士)와 윤씨(尹氏)와 어사(御事)들이 나
를 위안하여 말하기를「너무 근심에 수고롭지 말지어다. 당신의 영고(寧考)께서 도모
하신 공(功)을 이룩하지 않을 수 없다.」고 말하여야 할 것이다.'

造는 爲요 卬은 我也라 故我沖人이 亦永思其事之艱大라 歎息言 信四國蠢動[86]하
여 害及鰥寡하니 深可哀也라 然我之所爲는 皆天之所役使라 今日之事는 天實以
其甚大者로 遺於我之身하고 以其甚艱者로 投於我之身이니 於我沖人에 固不暇
自恤矣라 然以義言之하면 於爾邦君과 於爾多士及官正治事之臣은 當安我하여
曰 無勞於憂어다 誠不可不成武王所圖之功이라하여 相與戮力致討可也라 此章은
深責邦君御事之避事하니라

 '조(造)'는 함이요, '앙(卬)'은 나〔我;왕의 몸〕이다. 그러므로 나 충인(沖人)이 또한
이 일의 어렵고 중대함을 길이 생각하였다. 탄식하여 말씀하기를 "진실로 사국(四國)
이 준동하면 폐해가 환과(鰥寡)에게 미치니, 깊이 애처로울 만하다. 그러나 내가 하는
일은 다 하늘이 시키신 것이다. 금일의 일은 하늘이 실제로 심히 큰 일을 나의 몸에
끼쳐주셨고 심히 어려운 일을 나의 몸에 던져주신 것이니, 나 충인에 있어서는 진실
로 스스로 돌볼 겨를이 없노라. 그러나 의리로써 말한다면 너희 방군과 너희 다사와
관정(官正)으로서 일을 다스리는 신하들은 마땅히 나를 위안하여 말하기를「너무 근

· · · · · ·
86 四國蠢動 : 호산은 "이때 관숙(管叔)과 채숙(蔡叔), 엄(奄)나라와 상(商)나라가 함께 배반하였
다.〔時管、蔡、奄、商同叛.〕" 하였고, 《언해》의 구두는 '장차 그러할(배반할) 뜻'으로 삼았으니 다시
헤아려 보아야 한다.〔諺讀作將然之意, 更商之.〕" 하였다. '장차 그러할 뜻'이란 《언해》의 구두에 '允
蠢이면'으로 현토(懸吐)하였음을 가리키는바, 호산의 지적에 따라 경문과 《집전》 모두 '하여'로 현
토하여 수정 번역하였다. '사국(四國)'을 호산 역시 구설(舊說)을 따라 관숙과 채숙의 나라, 그리고
엄(奄)과 상(商)으로 해석하였으나, 이 당시 배반한 나라가 네 나라에 그치지 않았을 뿐만 아니라,
《시경》〈빈풍(豳風) 파부(破斧)〉에 '사국시황(四國是皇)'이라 하였는데, 주자의 《시경집전(詩經集
傳)》에 "사국(四國)은 사방의 나라이다." 하였는바, 이 역시 주공의 동정(東征)을 읊은 내용이므로
사국을 '사방의 나라'로 번역하였음을 밝혀둔다.

· · · 綏 : 편안할 수 毖 : 수고로울 비 恤 : 근심 휼 戮 : 힘쓸 륙

심에 수고롭지 말지어다. 진실로 무왕이 도모하신 공(功)을 이룩하지 않을 수 없다.」
라고 하여, 서로 함께 힘을 합하여 토벌함이 가(可)할 것이다.” 한 것이다. 이 장(章)은
방군과 어사들이 토벌하는 일을 회피함을 깊이 책한 것이다.

9. 已아 予惟小子 不敢替上帝命이로니 天休于寧王하사 興我小邦周하실새
寧王이 惟卜을 用하사 克綏受茲命하시니라(하시며) 今天이 其相民에도(하산대
도) 矧亦惟卜을 用이온여(이따녀) 嗚呼라 天明畏는 弼我丕丕基시니라
　그만둘 수 있겠는가. 나 소자는 감히 상제의 명(命)을 폐할 수 없으니, 하늘이 영왕
(寧王)을 아름답게 여기시어 우리 작은 나라인 주나라를 흥왕하게 하실 적에도 영왕
이 점을 사용하여 이 천명을 편안히 받으셨다. 이제 하늘이 백성을 도우실 적에도 하
물며 또한 점괘를 씀에 있어서랴. 아! 하늘의 명명(明命)이 두려울만함은 우리의 크고
큰 기업을 돕기 때문이다.”

121

卜伐武庚而吉하니 是는 上帝命伐之也시니 上帝之命을 其敢廢乎아 昔에 天眷武
王하사 由百里而有天下에도 亦惟卜用하니 所謂朕夢協朕卜하여 襲于休祥이 是也
라 今天이 相佑斯民하여 避凶趨吉에도 況亦惟卜是用하니 是는 上而先王과 下而小
民이 莫不用卜이니 而我獨可廢卜乎아 故로 又歎息言 天之明命이 可畏如此하니
是蓋輔成我丕丕基業이니 其可違也리오 天明은 即上文所謂紹天明者라
　무경(武庚)을 정벌하는 것을 점칠 적에 길하였으니, 이는 상제가 명하여 정벌하게
하신 것이니, 상제의 명을 어찌 감히 폐할 수 있겠는가. 옛날에 하늘이 〈아름다운 명
으로〉 무왕을 돌보시어 백 리의 제후국으로 말미암아 천하를 소유하게 할 적에도 또
한 점을 사용하였으니, 위 〈태서 중(泰誓中)〉에 이른바 ‘짐(朕)의 꿈이 짐의 점과 합하
여 아름다운 상서가 거듭되었다.’는 것이 이것이다. 이제 하늘이 이 백성을 도와 흉함
을 피하고 길함에 나가게 할 적에도 하물며 또한 점을 쓰고 있으니, 이는 위로 선왕과
아래로 소민(小民)들이 점을 쓰지 않는 이가 없는 것이니, 나만 홀로 점을 폐하겠는가.
그러므로 또 탄식하고 말씀하기를 “하늘의 밝은 명이 두려울 만함이 이와 같으니, 이
는 우리의 크고 큰 기업을 도우신 것이니, 어찌 이를 어길 수 있겠는가.” 한 것이다. 천
명(天明)은 곧 상문(上文)의 이른바 ‘하늘의 밝은 명을 연결한다.’는 것이다.

10. 王曰 爾惟舊人이라 爾丕克遠省하나니 爾知寧王若勤哉인저 (어니딴) 天

··· 眷 : 돌아볼 권　襲 : 거듭할 습

閟毖(비비)는 我成功所니 予不敢不極卒寧王圖事니라 肆予大化誘我友邦
君하노니 天棐忱(침)辭[87]는 其考我民이니 予曷其不于前寧人에 圖功攸終이
리오 天亦惟用勤毖我民이라 若有疾하시나니 予는 曷敢不于前寧人攸受休
에 畢이리오

　왕이 말씀하였다. "너희들은 옛 사람(무왕의 신하)들이다. 너희들은 크게 멀리 지난날
을 살필 수 있으니, 너희들은 영왕(寧王)이 이와 같이 근로하셨음을 알 것이다. 하늘이
우리 국가를 막고 어렵게 한 것은 우리가 공(功)을 이룰 수 있는 기회이니, 내 감히 영
왕이 도모하신 일을 지극히 끝마치지(마무리하지) 않을 수 없다. 그러므로 내 크게 우
리 우방(友邦)의 군주들을 교화하고 유도하노니, 하늘이 정성스런 말씀으로 도우심은
우리 백성을 살펴보면 알 수 있으니, 내 어찌 전녕인(前寧人)의 공을 끝마칠 것을 도모
하지 않겠는가. 하늘 또한 우리 백성들을 수고롭고 어렵게 하여 마치 질병이 있을 때
에 질병을 치료하듯이 하시니, 내 어찌 감히 전녕인이 받으신 아름다운 명(命)을 끝마
치지 않겠는가."

當時邦君、御事 有武王之舊臣者도 亦憚征役하니 上文考翼不可征이 是也라 故
로 周公이 專呼舊臣而告之曰 爾惟武王之舊人이라 爾大能遠省前日之事하니 爾
豈不知武王若此之勤勞哉아 閟者는 否(비)閉而不通이요 毖者는 艱難而不易라 言
天之所以否閉艱難하여 國家多難者는 乃我成功之所在니 我不敢不極卒武王所
圖之事也라 化者는 化其固滯요 誘者는 誘其順從이라 棐는 輔也라 寧人은 武王之
大臣이니 當時에 謂武王爲寧王하고 因謂武王之大臣爲寧人也라 民獻十夫 以爲
可伐이라하니 是는 天輔以誠信之辭[88]니 考之民而可見矣라 我曷其不於前寧人에
而圖功所終乎아 勤毖我民若有疾者는 四國勤毖我民이 如人有疾에 必速攻治之

‥‥‥‥
87　天棐忱辭 : 이에 대하여 오윤상은 "〈10절의 '천비침사(天棐忱辭)'와 13절의 '월천비침(越天棐
忱)'를〉《집전》에 다르게 해석하였으니, '나의 정성을 돕는다.'는 것과 똑같이 해석하는 것이 마땅
할 듯하다.〔天棐忱辭與越天棐忱, 傳異釋, 同釋以輔我誠, 恐宜.〕" 하였다. 《집전》에는 '天棐忱辭'를
'하늘이 성신(誠信)한 말로 돕는 것'으로, '越天棐忱'을 '하늘이 무왕의 정성을 돕는 것'으로 각기
다르게 해석하였다.

88　天輔以誠信之辭 : 경문의 '천비침사(天棐忱辭)'를 해석한 것으로, 호산은 "《언해》의 해석이 분
명하지 못하다.〔諺釋未瑩〕" 하였다. 《詳說》《언해》에는 "天이 棐호되 忱으로 하시는 辭는"으로 되
어 있는바, '하늘이 정성스러운(진실한) 말씀으로 도움'으로 해석하여야 함을 말한 것으로 보인다.
이에 따라 경문을 수정 번역하였다.
‥‥‥　閟 : 막을 비　棐 : 도울 비　忱 : 정성 침　憚 : 꺼릴 탄　否 : 막힐 비　滯 : 막힐 체

니 我曷其不於前寧人所受休美而畢之乎아 按此三節은 謂不可不卒終畢寧王寧
人事功休美之意니 言寧人이면 則舊人之不欲征者 亦可愧矣리라

당시의 방군과 어사 중에 무왕의 옛 신하로 있던 자들 또한 정역(征役)을 꺼리는
자가 있었으니, 상문(上文)에 '고익(考翼)들도 정벌할 수 없다고 한다.'는 것이 이것이
다. 그러므로 주공이 오로지 옛 신하들을 불러 고하기를 "너희들은 무왕의 옛 사람이
다. 너희들은 크게 전일(前日)의 일을 멀리 살필 수 있으니, 너희들이 어찌 무왕이 이
와 같이 근로하셨음을 모르겠는가."라고 한 것이다. '비(閟)'는 닫혀서 통하지 못함이
요, '비(毖)'는 어려워서 쉽지 않은 것이다. 하늘이 비폐(否閉)하고 간난(艱難)하여 국가
가 어려움이 많은 까닭은 바로 우리가 성공할 수 있는 소재(所在)이니, 내 감히 무왕이
도모하신 일을 지극히 끝마치지 않을 수 없는 것이다.

'화(化)'는 그 고체(固滯)함을 변화함이요, '유(誘)'는 그 순종하도록 유도하는 것이
다. '비(棐)'는 도움이다. '영인(寧人)'은 무왕의 대신(大臣)이니, 당시에 무왕을 일러 영
왕(寧王)이라 하고, 인하여 무왕의 대신을 영인이라 하였다. 백성 중에 어진 자 10명
이 정벌하여야 한다고 말하였으니, 이는 하늘이 성실하신 말로 나를 도운 것이니, 백
성에게 살펴보면 볼(알) 수 있다. 내 어찌 전녕인(前寧人)의 공(功)의 끝마칠 바를 도모
하지 않겠는가. '우리 백성들을 수고롭고 어렵게 하여 병이 있는 것처럼 한다.'는 것은
'사국(四國;사방 나라)이 우리 백성들을 수고롭게 하고 어렵게 함이 마치 사람에게 질
병이 있는 것과 같으니, 반드시 속히 다스려야 한다. 내 어찌 전녕인이 받은 바의 아
름다운 명을 끝마치지 않겠는가.'라고 한 것이다. 살펴보건대 이 세 절(節)은 영왕과
영인의 사공(事功)의 아름다움을 끝마치지 않을 수 없다는 뜻이니, 영인을 말하면 옛
사람으로서 정벌하려고 하지 않았던 자들 또한 부끄러울 것이다.

11. 王曰 若昔에 朕其逝할새 朕言艱하여 曰思호니 若考作室에 (하여) 旣底(지)
法이어든 厥子乃弗肯堂이온 矧肯構아 厥父菑(치)어든 厥子乃弗肯播온 矧
肯穫가 厥考翼은 其肯曰 予有後호니 弗棄基아 肆予는 曷敢不越卬하여 敉
寧王大命이리오

왕이 말씀하였다. "옛날에 짐이 삼감(三監)을 정벌하러 갈 적에 짐도 이 일이 어렵다
고 말하여 날마다 생각하였으니, 마치 아버지가 집을 지을 적에 이미 집 짓는 법을 이
루었거든 그 자식이 기꺼이 당(堂)의 터도 만들려고 하지 않는데 하물며 기꺼이 집을
구축(構築)하려 하겠는가. 그 아버지가 밭을 일구었거든 그 자식이 기꺼이 파종도 하

··· 愧 : 부끄러울 괴 底 : 이룰 지 菑 : 밭일굴 치

려고 하지 않는데 하물며 기꺼이 수확하려 하겠는가. 아버지가 공경히 섬기던 자들이 기꺼이 '내 후사(後嗣)가 있으니 기업(基業)을 버리지 않는다.'고 말하겠는가. 그러므로 나는 어찌 감히 내 몸에 미처 영왕의 큰 명을 어루만져 보존하지 않겠는가.

昔은 前日也니 猶孟子昔者之昔이라 若昔我之欲往에 我亦謂其事之難하여 而日思之矣니 非輕擧也라 以作室喩之하면 父旣底定廣狹高下어든 其子不肯爲之堂基은 況肯爲之造屋乎아 以耕田喩之하면 父旣反土而菑矣어든 其子乃不肯爲之播種이온 況肯俟其成而刈穫之乎아 考翼은 父敬事者也[89]라 爲其子者如此면 則考翼이 其肯曰 我有後嗣하니 弗棄我之基業乎아 蓋武王이 定天下하여 立經陳紀하시니 如作室之底法이요 如治田之旣菑라 今三監이 叛亂이어늘 不能討平以終武王之業이면 則是不肯堂, 不肯播니 況望其肯構肯穫하여 而延綿國祚於無窮乎아 武王在天之靈이 亦必不肯自謂其有後嗣하여 而不棄墜其基業矣시리라 故로 我何敢不及我身之存하여 以撫存武王之大命乎아 按此三節은 申喩不可不終武功之意니라

'석(昔)'은 전일(前日)이니, 《맹자》〈공손추 하(公孫丑下)〉의 '석자(昔者)'의 석(昔)과 같다. 옛날에 내가 삼감을 정벌하러 가려 할 적에 나 또한 이 일이 어렵다 하여 날마다 생각하였으니, 경솔하게 거병(擧兵)한 것이 아니다. 집을 짓는 것으로 비유하면 아버지가 이미 집의 넓고 좁음과 높고 낮음을 정해 놓았으나, 그 자식이 위하여 당(堂)의 터도 만들려고 하지 않는데 하물며 기꺼이 집을 지으려 하겠는가. 밭을 가는 것으로 비유하면 아버지가 이미 땅을 갈아엎어 밭을 일구어 놓았으나 그 자식이 위하여 파종도 하려고 하지 않는데 하물며 기꺼이 수확하려 하겠는가.

'고익(考翼)'은 아버지가 공경히 섬기던 자들이다. 그 자식된 자가 이와 같으면 고익들이 기꺼이 "나는 훌륭한 후사(後嗣)가 있으니 나의 기업(基業)을 버리지 않을 것이다."라고 말하겠는가. 무왕이 천하를 평정하여 큰 법을 세우고 기강을 베푸시니, 마치 집을 지음에 법을 이룬 것과 같고 밭을 다스림에 이미 밭을 일군 것과 같다. 이제 삼감(三鑑)이 반란을 일으켰는데 토벌하고 평정하여 무왕의 기업을 끝마치지 못한다면,

<hr>

●●●●●●

89 考翼 父敬事者也 : 고익(考翼)에 대하여 호산은 '아버지는 자식이 공경히 섬기는 분이다.〔父者, 子之所敬事.〕'임을 밝히고 "위·아래의 고익에 대한 《언해》의 해석이 모두 잘못되었다.〔上下考翼, 諺釋皆誤.〕" 하였다. 《詳說》 위는 7절의 '월여소자고익(越予小子考翼)'을 가리키는데, 《언해》에는 모두 '考ㅣ 翼하나니(아버지가 공경하던 분)'로 되어 있다.

··· 刈 : 벨 예 菑 : 복 조 喩 : 비유할 유

이는 기꺼이 당(堂)의 터를 만들려 하지 않고 기꺼이 파종하려 하지 않는 것이니, 하물며 기꺼이 집을 구축하고 기꺼이 수확하여 국조(國祚;국운)를 무궁함에 이어가기를 바랄 수 있겠는가.

하늘에 계신 무왕의 영혼도 또한 반드시 스스로 훌륭한 후사가 있어 기업을 버리고 실추하지 않을 것이라고 말씀하지 않을 것이다. 그러므로 내 어찌 감히 내 몸이 생존해 있을 때에 미쳐서 무왕의 큰 명(命)을 어루만져 보존하지 않겠는가. 살펴보건대 이 세 절(節)은 무왕의 공(功)을 끝마치지 않을 수 없는 뜻을 거듭 말씀한 것이다.

12. 若兄考의 乃有友 伐厥子어든 民養은 其勸하고 弗救아

만약 형고(兄考;부형)의 벗이 그 아들을 공격하거든 민양(民養)은 이것을 권하고 구원하지 않겠는가."

民養은 未詳이라 蘇氏曰 養은 廝(시)養⁹⁰也라하니 謂人之臣僕이라 大意言 若父兄有友 攻伐其子어든 爲之臣僕者 其可勸其攻伐而不救乎아 父兄은 以喩武王이요 友는 以喩四國이요 子는 以喩百姓이요 民養은 以喩邦君、御事라 今王之四國이 毒害百姓이어늘 而邦君、臣僕이 乃憚於征役이면 是는 長其患而不救니 其可哉아 此는 言民被四國之害하니 不可不救援之意하니라

'민양(民養)'은 미상이다. 소씨(蘇氏)가 말하기를 "양(養)은 시양(廝養;장작을 패고 음식을 만드는 자)이다." 하였으니, 사람의 신복(臣僕)을 이른다. 대의(大意)는 "만약 부형의 벗이 그 아들을 공격하거든 신복이 된 자가 공벌(攻伐)하는 것을 권하고 구원하지 않겠느냐."라고 말한 것이다. 부형은 무왕을 비유하고, 벗은 사국(四國)을 비유하고, 아들은 백성을 비유하고, 민양은 방군과 어사를 비유한 것이다. 이제 왕의 사국이 백성들에게 해독을 끼치는데 방군과 신복들이 마침내 정벌하는 일을 꺼리면, 이는 화(禍)를 조장하고 구원하지 않는 것이니, 어찌 가(可)하겠는가. 이는 백성들이 사국의 폐해를 입고 있으니, 구원하지 않을 수 없는 뜻을 말씀한 것이다.

....

90 廝養 : 《한서(漢書)》의 주에 "장작을 패는 것을 시(廝)라 하고, 밥을 짓고 음식을 삶는 것(요리하는 것)을 양(養)이라 한다.〔折薪曰廝, 炊烹曰養.〕" 하였다. 《詳說》

··· 廝 : 마구간 시 僕 : 마부 복

13. 王曰 嗚呼라 肆哉어다 爾庶邦君과 越爾御事아 爽邦은 由哲⁹¹이며 亦惟
十人이 迪知上帝命하며 越天이 棐忱이리니 (이시니) 爾時에 罔敢易 (역)法하니
矧今에 天이 降戾于周邦하고 惟大艱人이 誕隣하여 胥伐于厥室이온여 (어니
딴) 爾亦不知天命不易이로다

왕이 말씀하였다. "아! 〈위축되지 말고〉 마음을 풀어놓을지어다. 너희 여러 제후국
의 군주와 너희 어사들아. 나라를 밝힘은 명철한 사람(신하) 때문이며, 또한 난신(亂
臣) 10인(人)이 상제의 명을 실천하여 알며, 또 하늘이 성신(誠信)을 도와주시기 때문
이다. 너희들이 이때에도 감히 법을 어기지 못하였는데, 하물며 지금 하늘이 주나라
에 화를 내려서 큰 어려움을 일으키는 사람이 매우 가까이 있어 서로 우리 왕실을 공
격함에 있어서랴. 너희들 또한 천명을 어길 수 없음을 알지 못하는구나.

肆는 放也니 欲其舒放而不畏縮也라 爽은 明也니 爽厥師⁹²之爽이라 桀昏德에 湯伐
之라 故로 言爽師요 受昏德에 武王伐之라 故로 言爽邦이라 言昔武王之明大命於
邦⁹³은 皆由明智之士요 亦惟亂臣十人⁹⁴이 蹈知天命하며 及天輔武王之誠하여 以
克商受라 爾於是時에 不敢違越武王法制하여 憚於征役이온 矧今武王死하여 天降
禍於周하고 首大難之四國이 大近하여 相攻於其室하니 事危勢迫이 如此어늘 爾乃
以爲不可征이라하니 爾亦不知天命之不可違越矣라 此는 以今昔互言하여 責邦君、
御事之不知天命이니라

'사(肆)'는 놓음이니, 〈마음을〉 풀어놓아서 두려워하고 위축되지 않게 하고자 한 것
이다. '상(爽)'은 밝음이니, '그 무리를 밝힌다.〔爽厥師〕'의 상(爽)이다. 걸(桀)이 덕에
어둡자 탕왕이 정벌하셨으므로 무리를 밝혔다고 말하였고, 수(受)가 덕에 어둡자 무

• • • • • •

91 爽邦由哲 : 이에 대하여 오윤상은 "유철(由哲)은 무왕의 명철을 가리킨 듯하니, 《집전》의 해석
과 같다면 위의 '열 사람이 상제의 명(命)을 실천하여 알았다.'는 내용과 말이 중첩된다.〔爽邦由哲,
恐是指武王之明哲, 如傳釋, 則與亦惟十人迪知上帝命, 語疊.〕" 하였다.

92 爽厥師 : 위 〈중훼지고(仲虺之誥)〉에 "용상궐사(用爽厥師)"라고 보인다.

93 明大命於邦 : 경문의 상방유철(爽邦由哲)을 부연 설명한 것으로, 호산은 《언해》의 해석은 비
록 이 어(於) 자를 따른 것이나, '상사(爽師;무리를 잃음)'의 해석과 다르니, 다시 살펴보아야 한
다.〔諺釋雖依此於字, 然爽師之釋異同, 更商之.〕" 하였다. 《詳說》《언해》에는 '邦에 爽하심은 哲로
말미암으며'로 해석하였는바, 호산의 설에 따라 경문을 수정 번역하였다.

94 亂臣十人 : 난신(亂臣)은 나라를 잘 다스리는 신하로, 위 〈태서 중(泰誓中)〉에 '子有亂臣十人,
同心同德.'이라고 보이는바, 주공(周公)·소공(召公)·괵숙(虢叔)·굉요(閎夭) 등 열 사람이다.

••• 肆 : 펼 사 爽 : 밝힐 상 迪 : 행할 적 戾 : 재화 려 縮 : 위축될 축

왕이 정벌하셨으므로 나라를 밝혔다고 말한 것이다. 옛날 무왕이 대명(大命)을 나라에 밝힌 것은 모두 밝고 지혜로운 선비들 때문이었고, 또한 난신(亂臣) 10인이 천명을 실천하여 알고, 하늘이 무왕의 성신(誠信)을 도와 상나라의 수(受)를 이겼던 것이다. 너희들이 이때에도 감히 무왕의 법제를 어겨 정벌하는 일을 꺼리지 않았는데, 하물며 지금 무왕이 죽어서 하늘이 주나라에 화(禍)를 내리고, 앞장서서 대난(大難)을 일으키는 사국이 매우 가까이 있어 서로 우리 집안을 공격한다. 사세(事勢)의 위태롭고 급박함이 이와 같은데도 너희들이 도리어 정벌해서는 안 된다고 말하니, 너희들은 또한 천명을 어길 수 없음을 알지 못하는 것이다. 이는 지금과 옛날을 가지고 서로 말씀하여 방군과 어사들이 천명을 알지 못함을 책한 것이다.

按先儒皆以十人爲十夫라 然十夫는 民之賢者爾니 恐未可以爲迪知帝命이요 未可以爲越天棐忱이라 所謂迪知者는 蹈行眞知之詞也요 越天棐忱은 天命已歸之詞也니 非亂臣昭武王以受天命者면 不足以當之라 況君奭之書에 周公이 歷擧虢叔、閎(굉)夭之徒에도 亦曰迪知天威라하고 於受殷命에도 亦曰若天棐忱이라하니 詳周公前後所言하면 則十人之爲亂臣을 又何疑哉아

　살펴보건대, 선유(先儒)들은 모두 10인(人)을 10부(夫)라 하였으나 10부는 백성 중에 어진 자일 뿐이니, 상제의 명을 실천하여 알았다고 말할 수 없고 하늘이 성신을 도와주었다고 말할 수 없을 듯하다. 이른바 '실천하여 알았다'는 것은 도행(蹈行;실행)하여 참으로 알았다는 말이며, '하늘이 성신을 도와주었다.'는 것은 천명이 이미 돌아왔다는 말이니, 난신(亂臣)으로서 무왕을 밝혀 천명을 받게 한 자가 아니면 이에 해당할 수 없을 것이다. 더구나 아래 〈군석(君奭)〉의 글에 주공이 괵숙(虢叔)과 굉요(閎夭)의 무리를 열거할 적에도 또한 '하늘의 위엄을 실천하여 알았다.'고 말씀하였고, 은나라의 명을 받음을 말씀함에 있어서도 또한 '하늘을 순히 하여 성신을 도왔다.'고 말씀하였으니, 주공이 전후에 말씀한 것을 살펴보면 10인이 난신이 됨을 또 어찌 의심하겠는가.

14. 予永念하여 曰 天惟喪殷이 若穡夫시니 予는 曷敢不終朕畝리오 天亦惟休于前寧人이시니라

　내가 길이 생각하여 이르기를 '하늘이 은나라를 망하게 함은 〈잡초를 제거하는〉 농부와 같으니, 내 어찌 감히 나의 전무(田畝)의 일을 끝마치지 않겠는가. 이는 하늘이

••• 虢 : 나라 괵　閎 : 클 굉　穡 : 거둘 색　畝 : 이랑 무(묘)

또한 전녕인(前寧人)을 아름답게 하고자 하시는 것이다.' 하노라.

天之喪殷이 若農夫之去草하여 必絕其根本하니 我何敢不終我之田畝乎아 我之
所以終畝者는 是天亦惟欲休美於前寧人也라

하늘이 은나라를 망하게 함은 농부가 잡초를 제거함과 같아 반드시 그 뿌리를 끊
어야 하니, 내 어찌 감히 나의 전무의 일을 끝마치지 않겠는가. 내가 전무의 일을 끝
마치는 것은 하늘이 또한 전녕인을 아름답게 하고자 하시는 것이다.

15. 予는 曷其極卜이며 敢弗于從이리오 率寧人인댄(한대) 有指疆土어시늘 矧
今에 卜幷吉이온여(이따녀) 肆朕이 誕以爾東征하노니 天命이 不僭이라 卜陳이
惟若玆하니라

내 어찌 점(占)을 끝까지 다 쓰려(따르려) 하며, 감히 너희들의 말을 따르지 않겠는가.
영인(寧人)을 따를진댄 선왕의 강토(疆土)를 지정할 이치가 있는데, 하물며 지금에 점
괘가 모두 길함에 있어서랴. 그러므로 짐은 크게 너희들을 데리고 동쪽으로 정벌하는
것이니, 천명은 어긋나지 않는다. 점괘에 진열함이 이와 같으니라."

我何敢盡欲用卜이며 敢不從爾勿征이리오 蓋率循寧人之功인댄 當有指定先王疆
土之理하니 卜而不吉이라도 固將伐之어든 況今卜而竝吉乎아 故로 我大以爾東征
하니 天命이 斷不僭差라 卜之所陳이 蓋如此라 按此篇은 專主卜言이나 然其上原
天命하고 下述得人하며 往推寧王寧人不可不成之功하고 近指成王邦君御事不可
不終之責하여 諄諄乎民生之休戚과 家國之興喪하여 懇惻切至하여 不能自已하고
而反復終始乎卜之一說하여 以通天下之志하고 以斷天下之疑하고 以定天下之業
하니 非聰明睿知(智)神武而不殺者면 孰能與於此哉리오

내 어찌 감히 점(占)을 모두 끝까지 따르고자 하며, 감히 너희들의 정벌하지 말자
는 말을 따르지 않겠는가. 영인(寧人)의 공을 따르려 할진댄 마땅히 선왕의 강토(疆土)
를 지정할 이치가 있을 것이니, 점을 쳐서 불길하더라도 진실로 장차 정벌하여야 하
는데, 하물며 지금 점을 쳐서 모두 길함에 있어서랴. 그러므로 내 크게 너희들을 데리
고 동쪽으로 정벌하는 것이니, 천명은 결단코 어긋나지 않는다. 점괘에 진열한 바가
이와 같다.

書經集傳 下

··· 僭 : 어긋날 참 差 : 어긋날 차 諄 : 지극할 순 懇 : 간절할 간 惻 : 슬플 측

　살펴보건대 이 편은 오로지 점괘를 위하여 말했으나 위로는 천명에 근원하고 아래로는 인물을 얻음을 기술하였으며, 지난날에 영왕(寧王)과 영인(寧人)이 이룩하지 않을 수 없는 공(功)을 미루어 말하고, 가까이는 성왕과 방군(邦君)·어사(御事)가 끝마치지 않을 수 없는 책임을 지적하여 민생(民生)의 좋고 나쁨과 국가의 흥하고 망함을 간곡히 말씀하였다. 그리하여 말씀이 간절하고 지극하여 스스로 그만두지 않았으며, 점(占)이라는 한마디 말을 반복하고 시종(始終)하여 천하의 뜻을 통하고 천하 사람의 의심을 결단하고 천하 사람의 대업(大業)을 정하였으니, 총명(聰明)·예지(睿智)하고 신무(神武)하여 죽이지 않는 자(성인)가 아니면 그 누가 여기에 참여할 수 있겠는가.

〈미자지명(微子之命)〉

微는 國名이요 子는 爵也라 成王이 旣殺武庚하고 封微子於宋하여 以奉湯祀하신대 史錄其誥命하여 以爲此篇하니 今文無, 古文有하니라

'미(微)'는 국명(國名)이요, '자(子)'는 작위(爵位)이다. 성왕이 이미 무경(武庚)을 죽이고 미자(微子)를 송(宋)나라에 봉하여 성탕의 제사를 받들게 하셨는데, 사관이 그 고명(誥命)을 기록하여 이 편을 만들었으니, 금문(今文)에는 없고 고문(古文)에는 있다.

【小序】 成王이 旣黜殷命하여 殺武庚하고 命微子啓하여 代殷後하실새 作微子之命하니라

성왕이 이미 은나라의 명을 내쳐 무경을 죽이고는 미자 계(微子啓)를 명하여 은나라의 후사를 대신하게 하면서 〈미자지명(微子之命)〉을 지었다.

【辨說】 微子封於宋하여 爲湯後하니라

미자를 송(宋)나라에 봉하여 탕왕의 제사를 받드는 후손으로 삼은 것이다.

1. 王若曰 猷라 殷王元子아 惟稽古하여 崇德하며 象賢[95]하여 (할새) 統承先王하여 修其禮物하여 作賓于王家하노니 與國咸休하여 永世無窮하라

왕이 대략 다음과 같이 말씀하였다.

"아! 은왕(殷王)의 원자(元子)야! 옛날을 상고하여 덕(德)이 있는 분을 높이고 어진 이를 닮은 자에게 제사를 받들게 하여, 선왕을 계승해서 예물(禮物)을 닦아 왕가(王家)에

------

95 崇德象賢 : 이에 대하여 오윤상은 "덕이 있는 분을 높이고 어진이를 본받아 선왕을 이어 제사함은 선왕의 덕을 높이는 것이요, 그 전례(典禮)와 문물(文物)을 닦음은 선왕의 어진 분을 본받는 것이니, 이는 모두 주왕(周王)이 옛 제도를 상고하여 만든 것이다. 그런데 《집전》에 '덕 있는 분을 높이는 것을 주왕에 소속시켜 탕왕의 덕을 높임을 이르고, 어진이를 본받는 것을 미자에 소속시켜 탕왕의 어짊을 본받는다.' 하여 반박(斑駁 ; 순수하지 못함)인 듯하다.〔崇德象賢, 統承而奉祀之, 所以崇先王之德也, 修其典禮文物, 所以象先王之賢也, 皆周王稽古制而爲之者也. 傳以崇德屬之周王, 而謂崇湯之德 ; 以象賢屬之微子, 而謂象湯之賢, 恐斑駁.〕" 하였다. ○ 또 살펴보건대 "숭덕(崇德)과 상현(象賢)은 모두 미자에게 소속시켜도 또한 통한다.〔又按崇德象賢, 皆屬之微子, 亦通.〕" 하였다. '상현'을 《집전》에 '유상선성왕지현자(有象先聖王之賢者)'로 부연 설명하였는바, 호산은 "《언해》의 해석은 문세가 아닐 듯하다.〔諺釋恐非文勢〕" 하였다. 《詳說》《언해》에는 '象하는 이 賢일새'로 해석하였는바 이에 따라 경문을 수정 번역하였으며, 현토 역시 '象賢할새'로 되어 있으나, 퇴계의 설(說)을 따라 '하여'로 토를 수정하였다.

··· 象 : 본받을 상 休 : 아름다울 휴

손님이 되게 하노니, 우리 주나라와 함께 아름다워 영세(永世)토록 무궁하게 하라.

元子는 長子也니 微子는 帝乙之長子요 紂之庶兄也라 崇德은 謂先聖王之有德者를 則尊崇而奉祀之也요 象賢은 謂其後嗣子孫에 有象先聖王之賢者면 則命之以主祀也라 言考古制하여 尊崇成湯之德하고 以微子象賢而奉其祀也라 禮는 典禮요 物은 文物也니 修其典禮文物하여 不使廢壞하여 以備一王之法也라 孔子曰 夏禮를 吾能言之나 杞不足徵也요 殷禮를 吾能言之나 宋不足徵也는 文獻不足故也[96]라 하시니 殷之典禮를 微子修之로되 至孔子時하여 已不足徵矣라 故로 夫子惜之하시니라 賓은 以客禮遇之也라 振鷺에 言我客戾止라하고 左氏謂宋은 先代之後라 天子有事에 膰(번)焉하고 有喪에 拜焉者也라하니라

'원자(元子)'는 장자(長子)이니, 미자(微子)는 제을(帝乙)의 장자이고 주(紂)의 서형(庶兄)이다. '숭덕(崇德)'은 선성왕(先聖王) 중에 덕이 있는 분을 존숭(尊崇)하여 받들어 제사함을 이르고, '상현(象賢)'은 후사(後嗣)의 자손 중에 선성왕을 닮은 어진 자가 있으면 명하여 제사를 주관하게 함을 이른다. 이는 옛날 제도를 상고하여 성탕(成湯)의 덕을 존숭하고 미자가 어짊을 닮았다고 하여 그 제사를 받들게 함을 말한 것이다. '례(禮)'는 전례(典禮:떳떳한 례)이고 '물(物)'은 문물(文物)이니, 그 전례와 문물을 닦아서 폐지되고 파괴되지 않게 하여 한 왕조(王朝)의 법을 갖추게 한 것이다.

공자께서 말씀하시기를 "하나라 예(禮)를 내가 말할 수 있으나 그 후손의 나라인 기(杞)나라가 충분히 증명해주지 못하고, 은나라 예를 내가 말할 수 있으나 그 후손의 나라인 송나라가 충분히 증명해주지 못함은 문헌(文獻:기록과 현자(賢者))이 부족하기 때문이다." 하셨으니, 은나라의 전례를 미자가 닦았으나 공자 때에 이르러 이미 충분히 증명할 수 없었다. 그러므로 부자(夫子)가 이를 애석하게 여기신 것이다. '빈(賓)'은 손님의 예로 대우하는 것이다. 《시경》〈진로(振鷺)〉에 〈송나라를 가리켜〉 "우리 손님이 이르렀다." 하였고, 《춘추좌씨전》 희공(僖公) 24년에 "송나라는 선대의 후예(後裔)라서 천자가 제사가 있으면 제사고기를 돌리고, 상사(喪事)가 있으면 절한다." 하였다.

呂氏曰 先王之心은 公平廣大하여 非若後世滅人之國에 惟恐苗裔之存하여 爲子

......

96 孔子曰……文獻不足故也 : 이 내용은 《논어》〈팔일(八佾)〉에 보인다.

••• 杞 : 구기자나무 기　鷺 : 백로 로　戾 : 이를 려　膰 : 제사고기 번

孫害라 成王이 命微子에 方且撫助愛養하여 欲其與國咸休하여 永世無窮하시니 公平廣大氣象을 於此可見이니라

여씨(呂氏)가 말하였다. "선왕의 마음은 공평하고 광대(廣大)하여 후세에 남의 나라를 멸망할 적에 행여 묘예(苗裔:후예)가 남아 있어 자기 자손에게 해가 될까 두려워한 것과는 같지 않았다. 성왕이 미자를 명하여 장차 어루만지고 도우며 애양(愛養)하여 주나라와 함께 아름다워서 영세(永世)토록 무궁하고자 하였으니, 공평하고 광대한 기상(氣象)을 여기에서 볼 수 있다."

2. 嗚呼라 乃祖成湯⁹⁷이 克齊聖廣淵하신대 皇天이 眷佑어시늘 誕受厥命하사 撫民以寬하시며 除其邪虐하시니 功加于時하시며 德垂後裔하시니라

아! 너의 선조이신 성탕이 능히 공경하고 성(聖)스러우며 넓고 깊으시자, 황천(皇天)이 돌아보고 도우셨으므로 크게 천명을 받으시어 백성을 어루만지되 너그러움으로써 하시며 그 사학(邪虐)함을 제거하시니, 공(功)이 당시에 가해졌으며 덕이 후예(後裔:후손)에게 드리워지셨다.

齊는 肅也니 齊則無不敬이요 聖則無不通이라 廣은 言其大요 淵은 言其深也라 誕은 大也라 皇天眷佑, 誕受厥命은 卽伊尹所謂天監厥德하사 用集大命者요 撫民以寬, 除其邪虐은 卽伊尹所謂代虐以寬하신대 兆民允懷者라 功加于時는 言其所及者衆이요 德垂後裔는 言其所傳者遠也라 後裔는 卽微子也라 此는 崇德之意라

'제(齊)'는 엄숙함이니, 엄숙하면 공경하지 않음이 없고 성(聖)스러우면 통달하지 않음이 없다. '광(廣)'은 그 큼을 말하고, '연(淵)'은 그 깊음을 말한다. '탄(誕)'은 큼이다. '황천(皇天)이 돌아보고 도우셔서 크게 천명을 받았다.'는 것은 곧 이윤(伊尹)이 〈태갑(太甲)〉에서 말한 "하늘이 그 덕을 살펴보아 대명(大命)을 모으게 했다."는 것이며, '백성을 어루만지되 너그러움으로써 하시며 그 사학(邪虐)함을 제거했다.'는 것은 곧 이윤이 〈이훈(伊訓)〉에서 말한 "포악함을 대신하되 너그러움으로써 하시니, 억조의

•••••••
97 乃祖成湯:오윤상은 《집전》에 〈2절의〉 내조성탕(乃祖成湯) 한 절을 숭덕(崇德)이라 하고, 〈3절의〉 이유천수궐유(爾惟踐修厥猷) 한 절을 상현(象賢)이라 하였는데, 아랫절을 상현이라 하는 것은 괜찮지만 윗절을 오직 성탕의 덕만 말하고 높이는 뜻이 없으니, 말이 되지 않을 듯하다.〔傳, 以乃祖成湯一節, 爲崇德;以爾惟踐修厥猷一節, 爲象賢. 下節之爲象賢, 可也, 而上節, 只道成湯之德, 無崇之之意, 傳釋, 恐說不去.〕하였다.

••• 齊:공경할 제 淵:깊을 연 眷:돌아볼 권 誕:클 탄 裔:후손 예

백성들이 크게 그리워했다.”는 것이다. 공(功)이 당시에 가해졌다는 것은 그 공의 미친 바가 많음을 말한 것이요, 덕이 후예에 드리워졌다는 것은 그 덕의 전한 바가 멂을 말한 것이다. 후예는 곧 미자이다. 이는 숭덕(崇德)의 뜻이다.

3. **爾惟踐修厥猷**하여 **舊有令聞**하니 **恪愼克孝**하며 **肅恭神人**일새 **予嘉乃德**하여 **日篤不忘**하노라 **上帝時歆**하시며 **下民祗協**할새 **庸建爾于上公**하여 **尹玆東夏**하노라

네가 그 도(道)를 실천하고 닦아서 옛부터 훌륭한 명성이 있었으니, 공경하고 삼가 능히 효도하며 신(神)과 사람에게 엄숙하고 공손히 하기에 내가 너의 덕을 가상히 여겨서 후하여 잊지 않노라. 상제가 이에 흠향하시며 하민들이 공경하고 화합하기에 너를 상공(上公)으로 세워 이 동하(東夏)를 다스리게 하노라.

猷는 道요 令은 善이요 聞은 譽也라 微子踐履修擧成湯之道하여 舊有善譽하니 非一日也라 恪은 敬也라 恪謹克孝하고 肅恭神人은 指微子實德而言이니 抱祭器歸周亦其一也라 篤은 厚也니 我善汝德하여 日厚而不忘也라 歆은 饗이요 庸은 用也라 王者之後를 稱公이라 故로 日上公이라 尹은 治也라 宋亳在東故로 日東夏라 此는 象賢之意라

‘유(猷)’는 도(道)이고, ‘령(令)’은 훌륭함이고, ‘문(聞)’은 명예이다. 미자가 성탕의 도를 실천하고 수거(修擧)하여 옛부터 훌륭한 명성이 있었으니, 하루이틀이 아니었다. ‘각(恪)’은 공경함이다. ‘공경하고 삼가 능히 효도하고 신(神)과 사람에게 엄숙하고 공손히 하였다.’는 것은, 미자의 실제 덕을 가리켜 말한 것이니,《사기》〈송세가(宋世家)〉에 ‘미자가 제기(祭器)를 가지고 주나라로 돌아왔다.’는 것이 또한 그 한 가지이다. ‘독(篤)’은 후함이니, 나는 너의 덕을 훌륭하게 여겨서 후하여 잊지 않는다고 말한 것이다. ‘흠(歆)’은 흠향이요, ‘용(庸)’은 써이다. 왕자(王者)의 후손을 공(公)이라고 칭하므로 ‘상공(上公)’이라 한 것이다. ‘윤(尹)’은 다스림이다. 송나라의 박읍(亳邑)이 동쪽에 있으므로 동하(東夏)라고 말한 것이다. 이는 상현(象賢)의 뜻이다.

4. **欽哉**하여 **往敷乃訓**하여 **愼乃服命**하여 **率由典常**하여 **以蕃(藩)王室**하며 **弘乃烈祖**하며 **律乃有民**하여 **永綏厥位**하여 **毗予一人**하여 **世世享德**하여 **萬邦作式**하여 **俾我有周**(로) **無斁**(역)케하라

공경하여 가서 너의 가르침을 펴 너의 복명(服命)을 삼가서 떳떳한 법을 따라 우리 왕실에 울타리가 되며, 네 열조(烈祖)의 공덕을 넓히고 네 백성들을 다스려, 그 지위를 길이 편안히 하여 나 한 사람을 도와서 대대로 덕을 누려 만방이 법으로 삼아 우리 주나라로 하여금 싫어함이 없게 하라.

此는 因戒勉之也라 服命은 上公服命[98]也라 宋은 王者之後라 成湯之廟에 當有天子禮樂하니 慮有僭擬之失이라 故로 曰謹其服命하여 率由典常이라하여 以戒之也라 弘은 大요 律은 範이요 毗는 輔요 式은 法이라 斁은 厭也니 卽詩言在此無斁之意라

이는 인하여 경계하고 권면한 것이다. '복명(服命)'은 상공의 복명(服命)이다. 송나라는 왕자의 후예(後裔)라서 성탕의 사당에 마땅히 천자의 예악(禮樂)이 있었을 것이니, 참의(僭擬;참람하여 왕자에 비견함)하게 하는 잘못이 있을까 우려되었다. 그러므로 복명을 삼가 떳떳한 법을 따르라고 경계한 것이다. '홍(弘)'은 큼이요, '율(律)'은 법이요, '비(毗)'는 도움이요, '식(式)'은 법이다. '역(斁)'은 싫어함이니, 《시경》〈진로(振鷺)〉에 "여기에 있음에 싫어함이 없다."는 뜻이다.

○ 林氏曰 偪生於僭하고 僭生於疑(擬)하니 非疑면 無僭이요 非僭이면 無偪이니 謹其服命하여 遵守典常이면 安有偪僭之過哉리오 魯實侯爵이어늘 乃以天子禮樂으로 祀周公하니 亦旣不謹矣라 其後에 遂用於羣公之廟하며 甚至季氏僭八佾하고 三家僭雍徹[99]하니 其原一開에 末流無所不至라 成王이 於宋에 謹愼如此하시니 必無賜周公以天子禮樂之事리니 豈周室旣衰에 魯竊僭用하고 託爲成王之賜, 伯禽之受乎아

○ 임씨(林氏;임지기(林之奇))가 말하였다. "핍박함은 참람함에서 생기고, 참람함은 의사(擬似;비슷하게 함)함에서 생기니, 의사함이 아니면 참람함이 없고 참람함이 아니면 핍박함이 없으니, 그 복명(服命)을 삼가 떳떳한 법을 준수하면 어찌 핍박하고 참람하는 잘못이 있겠는가. 노(魯)나라는 실로 후작(侯爵)이었는데 마침내 천자의 예악으로 주공을 제사하였으니, 또한 이미 삼가지 못한 것이다. 그 뒤에 마침내 군공(羣公)

......

98 服命:관복(官服)에 따른 명수(命數)로, 구명(九命)의 상공(上公)은 면복구장(冕服九章)인 따위와 같은 것이다.

99 季氏僭八佾 三家僭雍徹:이 내용은 《논어》〈팔일(八佾)〉의 첫 번째에 앞뒤로 보인다.

··· 僭 : 참람할 참　擬 : 비길 의　偪 : 핍박할 핍　佾 : 춤출 일

의 사당에 〈천자의 예악을〉 사용하였으며, 심지어는 계씨(季氏)가 참람하게 제사에 팔일무(八佾舞)를 추고 삼가(三家)가 참람하게 〈옹장(雍章)〉을 노래하면서 철상(徹床)하였으니, 그 근원이 한 번 열림에 말류(末流)가 이르지 않음이 없었던 것이다. 성왕이 송나라에 대하여 근신(謹愼)함이 이와 같으셨으니, 반드시 주공에게 천자의 예악을 하사하는 일이 없었을 것이니, 아마도 주나라 왕실이 이미 쇠약해짐에 노나라가 몰래 천자의 예악을 참람하게 쓰고는 성왕이 주고 백금(伯禽)이 받은 것이라고 칭탁하였는가보다.

5. **嗚呼**라 **往哉惟休**하여 **無替朕命**하라
　아! 가서 아름답게 하여 짐(朕)의 명을 폐하지 말라."

歎息言 汝往之國하여 **當休美其政**하여 **而無廢棄我所命汝之言也**라
　　탄식하고 말씀하기를 "너는 네 나라로 가서 마땅히 그 정사를 아름답게 하여 내가 너에게 명한 말을 폐기하지 말라."고 한 것이다.

〈강고(康誥)〉

康叔은 文王之子요 武王之弟라 武王이 誥命爲衛侯하니 今文古文皆有하니라

　　강숙(康叔)은 문왕의 아들이고 무왕의 아우이다. 무왕이 고명(誥命)하여 위후(衛侯)를 삼았으니, 금문(今文)과 고문(古文)에 모두 있다.

○ 按書序에 以康誥爲成王之書라하나 今詳本篇하면 康叔은 於成王爲叔父니 成王이 不應以弟稱之라 說者謂周公以成王命誥라 故曰弟라 然이나 旣謂之王若曰이면 則爲成王之言이니 周公이 何遽自以弟稱之也리오 且康誥、酒誥、梓材三篇에 言文王者非一이로되 而略無一語以及武王은 何耶아 說者又謂 寡兄勖이 爲稱武王이라하니 尤爲非義라 寡兄云者는 自謙之辭로 寡德之稱이니 苟語他人인댄 猶之可也어니와 武王은 康叔之兄이니 家人相語에 周公이 安得以武王爲寡兄而告其弟乎아 或又謂 康叔在武王時에 尙幼故로 不得封이라 然이나 康叔은 武王同母弟로 武王分封之時에 年已九十[100]이니 安有九十之兄同母弟尙幼하여 不可封乎아 且康叔은 文王之子요 叔虞는 成王之弟라 周公東征에 叔虞已封於唐하니 豈有康叔得封이 反在叔虞之後리오 必無是理也니라

　　○ 살펴보건대 〈서서(書序)〉에 〈강고〉를 성왕의 글이라 하였으나 이제 본편(本篇)을 상고해 보면 강숙은 성왕에게 숙부(叔父)가 되니, 성왕이 그를 아우라고 칭할 수가 없다. 해설하는 자는 이르기를 "주공이 성왕의 명으로 고(誥)하였기 때문에 아우라고 했다."라고 하나, 이미 '왕약왈(王若曰)'이라고 일렀으면 성왕의 말씀이 되니, 주공이 어찌 대번에 아우라고 칭할 수 있겠는가. 또 〈강고〉·〈주고(酒誥)〉·〈재재(梓材)〉세 편에 문왕을 말한 것이 한두 곳이 아닌데, 한마디 말도 무왕을 언급함이 없는 것은 어째서인가? 해설하는 자는 또 이르기를 "네 과형이 힘쓴다.〔乃寡兄勖〕'가 무왕을 칭한 것이다."라고 하였는데, 더더욱 옳지 않다. 과형이란 말은 형이 스스로 겸손해하는 말로 덕이 적다는 칭호이니, 만일 타인에게 말한다면 그래도 괜찮지만 무왕은 강숙의 형이니, 집안 식구들이 서로 말할 적에 주공이 어찌 무왕을 과형이라고 칭하여 아우

書經集傳　下

· · · · · ·

100　武王分封之時 年已九十：《채전방통》에 "무왕이 93세에 별세하였는데 상(商)나라를 이긴 지 7년 뒤였다. 그렇다면 상나라를 이겼을 때에 나이가 이미 86세인 것이니, 제후들을 분봉(分封)할 때에 이르면 90세에 가까울 것이다." 하였다.

· · ·　梓 : 가래나무 재　勖 : 힘쓸 욱

에게 고(告)할 수 있겠는가.

혹자는 또 이르기를 "강숙이 무왕 때에 아직 어렸기 때문에 봉함을 얻지 못했다."
고 하였으나, 강숙은 무왕의 동모제(同母弟)인 바, 무왕이 분봉(分封)해 줄 때에 무왕
의 나이가 이미 90세였으니, 어찌 나이가 90세 된 형의 동모제가 아직 어려서 봉할 수
없는 경우가 있겠는가. 또 강숙은 문왕의 아들이고 숙우(叔虞)는 성왕의 아우이다. 주
공이 동정(東征)할 때에 숙우가 이미 당(唐)나라에 봉해졌으니, 어찌 강숙의 봉해짐이
숙우의 뒤에 있었겠는가. 반드시 이러할 이치가 없다.

又按汲冢周書克殷篇에 言王卽位於社南할새 羣臣畢從하여 毛叔鄭은 奉明水하고
衛叔封은 傳禮하고 召公奭은 贊采하고 師尚父(보)는 牽牲이라하고 史記에 亦言衛康
叔封이 布茲[101]라하여 與汲書로 大同小異하니 康叔이 在武王時에 非幼亦明矣라 特
序書者 不知康誥篇首四十八字 爲洛誥脫簡하여 遂因誤爲成王之書하니 是知書
序果非孔子所作也라 康誥、酒誥、梓材는 篇次當在金縢之前이니라

또 살펴보건대 급총(汲冢)의 《주서(周書)》〈극은편(克殷篇)〉에 "왕(무왕)이 사(社) 남
쪽에서 즉위할 적에 군신(羣臣)들이 모두 수행하여 모숙 정(毛叔鄭)은 명수(明水;제사
에 올리는 물)를 받들어 올리고, 위숙 봉(衛叔封)은 예(禮)를 전하고(돕고), 소공 석(召公
奭)은 일을 돕고, 사상보(師尚父;강태공)는 희생을 끌고 갔다." 하였으며, 《사기》〈주기
(周紀)〉에 또한 "위(衛)나라 강숙 봉(康叔封)이 깔자리를 폈다." 하여 급총의 글과 대동
소이(大同小異)하니, 강숙이 무왕 때에 있어 어리지 않았음이 또한 분명하다. 다만 〈서
서(書序)〉를 지은 자가 〈강고〉의 편(篇) 머리에 있는 48자(字)가 〈낙고(洛誥)〉의 탈간(脫
簡)임을 알지 못하여, 마침내 이로 인해 성왕의 글이라고 잘못 말하였으니, 이는 〈서
서〉가 과연 공자가 지은 것이 아님을 알 수 있다. 〈강고〉·〈주고〉·〈재재〉는 편차(篇
次)가 마땅히 〈금등(金縢)〉의 앞에 있어야 한다.

【小序】 成王이 旣伐管叔、蔡叔하고 以殷餘民으로 封康叔할새 作康誥、酒誥、梓材
하니라

성왕이 관숙(管叔)과 채숙(蔡叔)을 정벌하고 은나라의 유민(遺民)들을 가지고 강숙

------

101 布茲 : 자(茲)는 풀 이름인데, 포자(布茲)는 이 풀로 짠 자리를 폄을 말한 것이다.

··· 汲 : 물길을 급   冢 : 무덤 총   采 : 일 채

(康叔)을 봉하면서 〈강고〉와 〈주고〉·〈재재〉를 지었다.

【辨說】 案胡氏曰 康叔은 成王叔父也니 經文에 不應曰朕其弟요 成王은 康叔猶子也니 經文에 不應曰乃寡兄이니 其曰兄曰弟者는 武王이 命康叔之辭也라 序之繆誤 蓋無可疑하니 詳見篇題라 又案書序는 似因康誥篇首錯簡하여 遂誤以爲成王之書어늘 而孔安國은 又以爲序篇도 亦出壁中이라하니 豈孔鮒藏書之時에 已有錯簡邪아 不可考矣라 然書序之作이 雖不可必爲何人이나 而可必其非孔子作也니라

살펴보건대 호씨(胡氏)가 말하기를 "강숙은 성왕의 숙부이니, 경문(經文)에 '짐의 그 아우'라고 말할 수 없고, 성왕은 강숙의 조카[猶子]이니, 경문에 '너의 과형(寡兄)'이라고 말할 수 없으니, 그 형이라고 하고 아우라고 말한 것은 무왕이 강숙에게 명한 말씀이다." 하였다. 〈서〉의 오류가 의심할 만한 것이 없으니, 이 내용이 편의 제목에 자세히 보인다. 또 살펴보건대 〈서서〉는 〈강고〉의 편머리의 착간으로 인하여 마침내 잘못 성왕의 글이라 하였는데, 공안국은 또 '이 〈서〉의 편은 또한 공벽(孔壁) 가운데에서 나왔다.'고 하니, 아마도 공부(孔鮒;孔子의 8세손)가 책을 벽 속에 보관할 때에 이미 착간이 있었는가. 상고할 수 없다. 그러나 〈서서〉의 지음이 비록 반드시 어느 사람이 지었다고 기필할 수는 없으나, 공자가 지은 것이 아님은 기필할 수 있다.

[惟三月哉生魄에 周公이 初基하사 作新大邑于東國洛하시니 四方民이 大和會어늘 侯、甸、男、邦、采、衛、百工이 播民和하여 見士(事)于周[102]하더니 周公이 咸勤하사 乃洪大誥治[103]하시다]

[3월 재생백(哉生魄;달빛에 처음으로 어둠이 생기는 16일)에 주공이 처음 터전을 잡아 새

• • • • • •

102 百工播民和 見士于周:경문의 '견사우주(見士于周)'의 사(士)는 사(事)와 통한다. 이에 대하여 신안 진씨(新安陳氏)는 "조회하여 뵙고 일하는 것이다.[朝見而趨事也]" 하였다. 호산은 이를 근거로 "살펴보건대 속본(俗本)에 見 자에 음을 달지 않았으므로《언해》의 해석에 見자를 여자(如字;봄)로 해석하였으니, 그 뜻은 아마도 '그 일함을 주나라에서 보다'라고 한 것이니, 다시 자세히 살펴보아야 한다.[按俗本, 見字不著音, 諺釋作如字, 其意蓋謂見其事于周也. 更詳之.]" 하였다.《詳說》 이를 따를 경우 見을 '현'으로 읽어 "왕을 뵙고 주나라에서 일하였다."라고 해석해야 할 것이지만 우선《언해》를 그대로 따랐다.

103 惟三月哉生魄……乃洪大誥治:이 48자는 〈낙고(洛誥)〉의 앞에 있는 글이 잘못 여기에 있다."는《집전》의 설을 따라 뒤의 〈낙고〉로 보냈으며, 이에 대한《집전》역시 뒤에 있어야 하나 우선 여기에 번역문을 덧붙였다.

• • • 鮒 : 붕어 부 魄 : 어둘 백 播 : 뿌릴 파

로운 대읍(大邑)을 동국(東國)인 낙읍(洛邑)에 만드시니, 사방의 백성들이 크게 화합하
여 모이자, 후(侯)·전(甸)·남(男)·방(邦)·채(采)·위(衛)와 백공(百工)들이 화합하
여 주나라에 와서 뵙고 일하더니, 주공이 모두 수고한다 하여 크게 다스림을 고하셨
다.]

[三月은 周公攝政七年之三月也요 始生魄은 十六日也라 百工은 百官也라 士는 說
文曰 事也니 詩曰 勿士行枚라하니라 呂氏曰 斧斤版築之事는 亦甚勞矣어늘 而民
大和會하여 悉來赴役하니 卽文王作靈臺에 庶民子來[104]之意니라 蘇氏曰 此는 洛誥
之文이니 當在周公拜手稽首之上이니라]
　[3월은 주공이 섭정(攝政)한 7년의 3월이며, 시생백(始生魄)은 16일이다. '백공(百
工)'은 백관이다. '사(士)'는 《설문》에 "일삼음이니, 《시경》〈동산(東山)〉에 '행매(行枚)
를 일삼지 말라.〔勿士行枚〕' 했다." 하였다.
　여씨(呂氏)가 말하였다. "도끼와 자귀를 잡고 판축(版築;판자를 대고 축성함)하는 일
이 또한 매우 수고로운데 백성들이 크게 화합하고 모여 모두 와서 부역에 달려왔으
니, 이는 곧 문왕이 영대(靈臺)를 만들 적에 서민(백성)들이 자식처럼 와서 일했다는
뜻이다."
　소씨(蘇氏)가 말하였다. "이는 〈낙고(洛誥)〉의 글이니, 마땅히 '주공배수계수(周公拜
手稽首)'의 위에 있어야 한다."]

1. 王若曰 孟侯朕其弟小子封아
　무왕이 대략 다음과 같이 말씀하였다.
　"맹후(孟侯)인 짐(朕)의 아우 소자(小子) 봉(封)아!

王은 武王也라 孟은 長也니 言爲諸侯之長也라 封은 康叔名이라 舊說에 周公以成
王命誥康叔者는 非是니라
　왕은 무왕이다. '맹(孟)'은 으뜸이니, 제후의 으뜸이 됨을 말한 것이다. '봉(封)'은
강숙(康叔)의 이름이다. 구설(舊說)에 '주공이 성왕의 명으로 강숙에게 고했다.'고 한

<hr>

104　卽文王作靈臺 庶民子來 : 이 내용은 《시경》〈대아(大雅) 영대(靈臺)〉에 보인다.

··· 斧 : 도끼 부　斤 : 자귀 근

것은 옳지 않다.

2. 惟乃丕顯考文王이 克明德, 愼罰하시니라

크게 드러나신 너의 아버지 문왕(文王)께서 능히 덕(德)을 밝히고 형벌을 삼가셨다.

左氏曰 明德, 謹罰은 文王所以造周也라하니라 明德은 務崇之之謂요 謹罰은 務去之之謂라 明德, 謹罰은 一篇之綱領[105]이니 不敢侮鰥寡以下는 文王明德, 謹罰也라 汝念哉以下는 欲康叔明德也요 敬明乃罰以下는 欲康叔謹罰也요 爽惟民以下는 欲其以德行罰也요 封敬哉以下는 欲其不用罰而用德也[106]라 終則以天命殷民

･･････

105 明德謹罰 一篇之綱領 : 이에 대하여 오윤상은 "〈강고〉의 '덕을 밝히고 형벌을 삼간다.〔明德愼罰〕'는 것은 한 편의 강령이 된다. 〈2절의〉 '惟乃丕顯考文王'부터 〈3절의〉 '〔尹〕〔在〕茲東土'까지는 문왕이 능히 명덕 신벌(明德愼罰)하여 천명을 받았음을 말하였고, 〈4절의〉 '嗚呼封 汝念哉'부터 〈6절의〉 '宅天命 作新民'까지는 강숙에게 명덕을 권면한 것이고, 〈7절의〉 '嗚呼封 敬明乃罰'부터 〈20절의〉 '其尙顯聞于天'까지는 강숙에게 신벌을 권면한 것이고, 〈21절의〉 '嗚呼封'부터 〈23절의〉 '殷民世享'까지는 윗글 두 절의 뜻으로 거듭 경계한 것이어서 무릇 네 절인데, 세 번째 절이 가장 보기가 (알기가) 어렵고 이 사이에 또한 작은 절이 있다. 〈7절의〉 '敬明乃罰'부터 〈12절의〉 '未有遜事'까지는 신벌의 뜻을 범연히 말한 것이고, 〈13절의〉 '汝惟小子'부터 '惟乃知'까지는 위 신벌의 뜻을 이어 아래의 형벌을 쓰는〔用罰〕 뜻을 일으킨 것이고, 〈14절의〉 '凡民自得罪'부터 '刑茲無赦'까지는 백성 중에 이와 같은 자는 반드시 법에 이르러야(형벌을 받아야) 함을 말한 것이고, 〈16절의〉 '不率大戞'부터 '牽殺'까지는 벼슬하는 사람 중에 이와 같은 자는 또한 법에 이르러야 함을 말한 것이고, 〈17절의〉 '亦惟君惟長'부터 〈18절의〉 '一人以懌'까지는 제후 중에 신벌하지 못하는 자를 경계하여 강숙을 권면한 것이고, 〈19절의〉 '封爽惟民'부터 〈20절의〉 '其尙顯聞于天'까지는 스스로 신벌로써 권면한 것이다.〔康誥, 明德愼罰, 爲一篇綱領, 自惟乃丕顯考文王, 至〔尹〕〔在〕茲東土, 言文王能明德愼罰以受天命, 自嗚呼封汝念哉, 至宅天命作新民, 勉康叔以明德, 自嗚呼封敬明乃罰, 至其尙顯聞于天, 勉康叔以愼罰, 自嗚呼封, 至殷民世享, 申戒以上文兩節之意. 凡四節, 而第三節最難看, 其間亦有小節, 自敬明乃罰, 至未有遜事, 汎言愼罰之義, 自汝惟小子, 至惟乃知, 承上愼罰之義, 起下用罰之法, 自凡民自得罪, 至刑茲無赦, 言百姓之如此者, 必底于法, 自不率大戞, 至牽殺, 言官人之如此者, 亦底于法, 自亦惟君惟長, 至一人以懌, 戒諸侯之不能愼罰, 以勉康叔, 自封爽惟民, 至其尙顯聞于天, 自勉以愼罰也.〕" 하였다.

106 爽惟民以下……欲其不用罰而用德也 : 오윤상은 "《집전》에 〈19절의〉 '爽惟民' 이하는 덕으로써 형벌을 행하고자 한 것이요, 〈21절의〉 '封敬哉' 이하는 형벌을 쓰지 않고 덕을 쓰고자 한 것이다.' 하였다. 신벌(愼罰)의 뜻은 바로 덕으로써 형벌을 행하라 한 것이요, '爽惟民' 이하에 비로소 덕으로써 형벌을 행하고자 한 것이 아니다. '형벌을 쓰지 않고 덕을 쓴다.'고 말함에 이르러는 형벌과 덕이 판연히 나뉘어 두 가지가 되었으니, 무왕이 형벌을 삼간 뜻이 아닐 것이다.〔傳, 謂爽惟民以下, 欲其以德行罰; 封敬哉以下, 欲其不用罰而用德. 愼罰之義, 正欲其以德行罰, 非爽惟民以下, 始欲以德行罰也. 至於不用罰而用德之云, 罰與德判而爲二, 恐非武王愼罰之旨.〕" 하였다. 하여 《집전》의 잘못된 해석을 지적하였다. 주 105와 106은 번잡을 피해 원문을 그대로 노출하였다.

･･･ 丕 : 클 비 爽 : 밝을 상

結之하니라

《춘추좌씨전》성공(成公) 2년에 "덕을 밝히고 형벌을 삼감은 문왕이 주나라를 창조한 기초이다." 하였다. 덕을 밝힘은 덕을 높임을 힘씀을 이르고, 형벌을 삼감은 형벌을 제거함을 힘씀을 이른다. 명덕(明德)·신벌(愼罰)은 이 한 편의 강령(綱領)이니, '불감모환과(不敢侮鰥寡)' 이하는 문왕의 명덕·신벌이며, '여념재(汝念哉)' 이하는 강숙이 덕을 밝히고자 한 것이고, '경명내벌(敬明乃罰)' 이하는 강숙이 형벌을 삼가고자 한 것이며, '상유민(爽惟民)' 이하는 덕으로 형벌을 행하고자 한 것이고, '봉경재(封敬哉)' 이하는 강숙이 형벌을 쓰지 않고 덕을 쓰고자 한 것이다. 끝에는 하늘의 명과 은나라의 백성으로 끝맺었다.

3. **不敢侮鰥寡**하시며 **庸庸**하시며 **祗祗**하시며 **威威**하사 **顯民**하사 **用肇造我區夏**어시늘 **越我一二邦**이 **以修**하며 **我西土惟時怙冒**(호모)하여 **聞于上帝**하신대 **帝休**하사 **天乃大命文王**하사 **殪**(에)**戎殷**[107]이어시늘 **誕受厥命**하시니 **越厥邦厥民**이 **惟時敍**어늘 **乃寡兄**이 **勖**하니 **肆汝小子封**이 **在茲東土**하니라

감히 홀아비와 과부를 업신여기지 않으시며, 등용하여야 할 사람을 등용하고 공경하여야 할 사람을 공경하고 위엄을 보여야 할 사람에게 위엄을 보이시어 덕이 백성들에게 드러나사 우리 구하(區夏;중국)를 조조(肇造;창조)하시자, 우리 한두 나라가 이로써 닦여지며 우리 서토(西土)가 이에 믿고 무릅써서(의지하여) 상제에게 알려지시니, 상제가 아름답게 여기셨다. 하늘이 마침내 문왕을 크게 명하사 큰 은(殷)나라를 쳐서 멸망하게 하셨으므로 그 명을 크게 받으시니, 그 여러 나라와 백성들이 〈조리를 얻어〉 때로써 펴지므로 네 과형(寡兄;무왕)이 힘썼다. 그러므로 너 소자 봉(封)이 이 동토(東土)에 있게 되었다."

鰥, 寡는 **人所易忽也**어늘 **於人易忽者**에 **而不忽焉**하니 **以見**(현)**聖人無所不敬畏也**니 **卽堯不虐無告之意**라 **論文王之德**에 **而首發此**하시니 **非聖人**이면 **不能也**라 **庸**은 **用也**니 **用其所當用**하고 **敬其所當敬**하고 **威其所當威**라 **言文王**이 **用能, 敬賢, 討罪**를 **一聽於理**하여 **而已無與焉**이라 **故**로 **德著於民**하여 **用始造我區夏**어늘 **及我**

------

107 殪戎殷:《언해》에는 "殷을 殪戎케 하야서는"으로 해석하였는데, 호산은 융(戎)을 대(大)로 해석하고 "殪戎은 《언해》의 해석이 잘못되었다." 하였으므로 이에 따라 수정 번역하였다. 《詳說》

··· 殪 : 죽일 에   戎 : 군사 융

一二友邦이 漸以修治하며 至罄西土之人하여도 怙之如父하고 冒之如天하여 明德昭升하여 聞于上帝하니 帝用休美하사 乃大命文王하여 殪滅大殷이어늘 大受其命하니 萬邦萬民이 各得其理하여 莫不時敍[108]라 汝寡德之兄도 亦勉力不怠라 故로 爾小子封이 得以在此東土也라 吳氏曰 殪戎殷은 武王之事어늘 此稱文王者는 武王이 不敢以爲己之功也일새니라

홀아비와 과부는 사람들이 소홀히 하기 쉬운데, 사람들이 소홀히 하기 쉬운 것에 소홀히 하지 않았으니, 성인(聖人)은 공경하고 조심하지 않는 바가 없음을 나타낸 것이니, 바로 〈대우모(大禹謨)〉에 '요제(堯帝)가 하소연할 데가 없는 자들을 포학하게 하지 않았다.〔堯不虐無告〕'는 뜻이다. 문왕의 덕을 논하면서 첫 번째로 이것을 말하였으니, 성인이 아니면 이렇게 말씀하지 못한다.

'용(庸)'은 등용함이니, 마땅히 등용하여야 할 사람을 등용하고, 마땅히 공경하여야 할 사람을 공경하고, 마땅히 위엄을 보여야 할 사람에게 위엄을 보였다. 문왕이 능한 이를 등용하고 어진 이를 공경하고 죄악이 있는 자를 토벌함에 한결같이 이치를 따르고 자신의 감정이 관여됨이 없으셨다. 그러므로 덕이 백성들에게 드러나 처음으로 우리 구하(區夏)를 만드셨는데, 우리의 한두 우방(友邦)이 점점 닦여지고 다스려졌으며, 서토의 사람들 모두에 이르러도 문왕을 믿기를 부모처럼 하고 무릅쓰기를 하늘처럼 하여 밝은 덕이 밝게 올라가 상제에게 알려지니, 상제가 아름답게 여기시고는 마침내 문왕을 크게 명하여 큰 은나라를 멸망하게 하셨다. 그리하여 그 명을 크게 받으시니, 만방의 만민(萬民)이 각기 그 조리를 얻어 때로써 펴지지 않음이 없었다. 덕이 적은 너의 형〔寡兄〕도 또한 힘쓰고 게을리하지 않았으므로 너 소자 봉(封)이 이 동토에 있게 된 것이다.

오씨(吳氏)가 말하였다. "은나라를 쳐서 멸한 것은 무왕의 일인데, 여기에 문왕이라고 칭한 것은 무왕이 감히 자신의 공으로 삼을 수 없어서이다."

○ 又按東土云者는 武王이 克商하고 分紂城朝歌하여 以北爲邶(패)하고 南爲鄘하고 東爲衛하니 意邶、鄘은 爲武庚之封이요 而衛는 卽康叔也라 漢書에 言周公이

- - - - - -

108 莫不時敍 : 호산은 "'시서(時敍)'를 '때로써 펴지다'로 해석하고, 《언해》의 해석을 마땅히 다시 헤아려 보아야 한다.〔以時而敍, 諺釋合更商.〕" 하였다. 《언해》에는 時를 是로 보아 '이에 敍하거늘'로 해석하였는바, 호산의 설을 따라 '때로써 펴진 것'으로 수정 번역하였다.

··· 罄 : 다할 경 怙 : 믿을 호 冒 : 무릅쓸 모 邶 : 나라이름 패 鄘 : 나라이름 용

善康叔不從管蔡之亂이라하니 似地相比近之辭나 然不可攷矣로라

　○ 또 살펴보건대, 동토라고 말한 것은 무왕이 상나라를 이기시고 주(紂)의 도성인 조가(朝歌)를 나누어 조가 이북을 패(邶)로 삼고 이남을 용(鄘)으로 삼고 이동을 위(衛)로 삼았으니, 짐작건대 패와 용은 무경(武庚)의 봉지(封地)이고 위(衛)는 곧 강숙(康叔)의 봉지일 것이다. 《한서(漢書)》에 "주공은 강숙이 관숙(管叔)·채숙(蔡叔)의 난을 따르지 않은 것을 선(善)하게 여겼다." 하였으니, 지역이 서로 가깝기 때문에 한 말인 듯하다. 그러나 상고할 수 없다.

4. 王曰 嗚呼라 封아 汝念哉어다 今民은 將在祗遹(율)乃文考니 紹聞하며 衣德言하라 往敷求于殷先哲王하여 用保乂民하며 汝丕遠惟商耇成人하여 宅心知訓하며 別求聞由古先哲王하여 用康保民하라 弘于天하여 若德이 裕乃身이라야 不廢在王命하리라

　왕이 말씀하였다. "아! 봉(封)아. 너는 생각할지어다. 지금 백성을 다스림은 장차 네가 문고(文考;문왕)의 일을 공경히 따름에 있으니, 너는 옛날에 들은 것을 잘 계승하며 문왕의 덕스러운 말씀을 행하도록 하라. 가서 은나라의 선철왕(先哲王)을 널리 구해서 백성들을 보호하여 다스리며, 너는 크게 상나라의 구성(耇成;노성)한 사람들을 멀리 생각하여 마음을 편안히 하고 가르침을 알며, 별도로 구하여 옛 선철왕의 일을 듣고서 행하여 백성들을 편안히 보호하라. 천리(天理)를 넓혀 네 덕이 너의 몸에 넉넉하여야 왕에게서 나온(왕에게 있는) 명을 폐하지 않을 것이다."

此下는 明德也라 遹은 述이요 衣는 服也라 今治民은 將在敬述文考之事니 繼其所聞而服行文王之德言也라 往은 之國也라 宅心은 處心也니 安汝止之意요 知訓은 知所以訓民也라 由는 行也라 曰保乂, 曰知訓, 曰康保는 經緯以成文爾라 武王이 旣欲康叔이 祗遹文考하고 又欲敷求商先哲王하며 又丕遠惟商耇成人하고 又別聞由古先哲王하여 近述諸今하고 遠稽諸古하여 不一而足하니 以見義理之無盡이라 易曰 君子多識前言往行하여 以畜其德이라하니라 弘者는 廓而大之也요 天者는 理之所從出也라 康叔이 博學以聚之하고 集義以生之하여 眞積力久에 衆理該通하면 此心之天理之所從出者 始恢廓而有餘用矣리라 若是면 則心廣體胖하여 動無

… 遹 : 따를 율(휼)　紹 : 이을 소　乂 : 다스릴 예　耇 : 늙을 구　稽 : 상고할 계　廓 : 넓을 곽　該 : 다할 해
　恢 : 넓을 회　胖 : 펴질 반

違禮하니 斯能不廢在王之命¹⁰⁹也라

이 이하는 덕을 밝히는 것이다. '율(遹)'은 따름이요, '의(衣)'는 행함이다. 지금 백성을 다스림은 장차 문고(文考)의 일을 공경히 따름에 있으니, 그 들은 것을 잘 계승하고 문왕의 덕스러운 말씀을 행하여야 한다. '왕(往)'은 나라(봉지)로 가는 것이다. '택심(宅心)'은 마음을 편안히 함이니, 위 〈익직(益稷)〉의 '네 그침을 편안히 한다.〔安汝止〕'는 뜻이며, '지훈(知訓)'은 백성을 가르칠 바를 아는 것이다. '유(由)'는 행함이다. '보예(保乂)'라 하고 '지훈(知訓)'이라 하고 '강보(康保)'라 한 것은 경위(經緯;종횡)하여 문장을 이룬 것이다.

무왕은 이미 강숙이 문고를 공경히 따르고자 하였고 또 상나라의 선철왕을 널리 구하며, 또 크게 상나라의 노성(老成)한 사람을 멀리 생각하고 또 별도로 옛 선철왕의 일을 듣고 행하게 하고자 하였다. 그리하여 가까이는 지금을 말하고 멀리는 옛날을 상고해서 하나로 만족하지 않았으니, 이로써 의리가 다함이 없음을 나타낸 것이다. 《주역》〈대축괘(大畜卦) 상전(象傳)〉에 "군자는 옛 말씀과 지나간 행실을 많이 알아서 그 덕(德)을 쌓는다." 하였다.

'홍(弘)'은 넓혀 키움이요, '천(天)'은 이치가 따라 나오는 것이다. 강숙이 배우기를 널리하여 지식을 모으고 의로운 행실을 쌓아 호연지기(浩然之氣)를 만들어 내어서 참을 쌓고 힘쓰기를 오래함에 모든 이치에 다 통달하면 이 마음의 천리(天理)가 따라 나온 것이 비로소 넓어져서 남은 쓰임이 있을 것이다. 이와 같으면 마음이 넓어지고 몸이 펴져서 동함에 예(禮)를 어김이 없어 이에 왕에게서 나온 명을 폐하지 않을 것이다.

○ 呂氏曰 康叔이 歷求聖賢問學하여 至於弘于天, 德裕身하니 可謂盛矣로되 止能不廢王命하여 才(纔)可免過而已니 此見人臣職分之難盡이라 若欲爲子인댄 必須如舜與曾、閔이라야 方能不廢父命이요 若欲爲臣인댄 必須如舜與周公이라야 方能不廢君命이니라

○ 여씨(呂氏)가 말하였다. "강숙이 성현(聖賢)의 학문을 하나하나 구하여 천리(天理)를 넓히고 덕이 몸에 넉넉함에 이르렀으니, 성대하다고 이를 만하다. 그러나 다만 왕명을 폐하지 않아 겨우 허물을 면할 뿐이었으니, 이는 인신(人臣)의 직분이 다하기

書經集傳 下

......
109 在王之命 : 호산은 '재왕(在王)'을 '왕에게서 나온 것〔出於王〕'으로 해석하였다. 이는 뒤에 보이는 여씨(呂氏)의 '不廢君命'과 부합하므로 이에 따라 경문을 보완 수정하여 번역하였다.《詳說》

··· 纔 : 겨우 재

어려움을 나타낸 것이다. 만일 자식이 되고자 한다면 반드시 모름지기 순(舜)과 증자(曾子)·민자(閔子)와 같아야 비로소 아버지의 명을 폐하지 않음이 되며, 만약 신하가 되고자 한다면 반드시 모름지기 순과 주공과 같아야 비로소 군주의 명을 폐하지 않음이 되는 것이다."

5. 王曰 嗚呼라 小子封아 恫瘝(통환) 乃身하여 敬哉어다 天畏나 棐忱이니라 (이어니와) 民情은 大可見이나 小人은 難保니 往盡乃心하여 無康好逸豫라사 乃其乂民이니라 我聞호니 曰 怨은 不在大하며 亦不在小라 惠不惠하며 懋不懋라하니라

　왕이 말씀하였다. "아! 소자 봉(封)아. 백성들의 불안함을 네 몸에 질병처럼 여겨서 공경할지어다. 천명(天命)은 두려울 만하나 정성스러운 자를 도와준다. 백성의 마음은 크게 볼 수 있으나 소인(백성)들은 보전하기 어려우니, 네가 가서 네 마음을 다해서 편안하여 일예(逸豫)를 좋아하지 말아야 이에 백성을 다스릴 것이다. 내 들으니, 백성들의 원망은 큰데 있지 않으며 또한 작은데 있지 않다. 이치를 순히 따르고 순히 따르지 않으며 힘쓰고 힘쓰지 않음에 달려 있다고 한다.

恫은 痛이요 瘝은 病也라 視民之不安을 如疾痛之在乃身하여 不可不敬之也라 天命不常하여 雖甚可畏나 然誠則輔之[110]라 民情好惡는 雖大可見이나 而小民이 至爲難保하니 汝往之國하여 所以治之者 非他라 惟盡汝心하여 無自安而好逸豫라야 乃其所以治民也라 古人言 怨不在大하며 亦不在小라 惟在順不順, 勉不勉耳라하니라 順者는 順於理요 勉者는 勉於行이니 卽上文所謂往盡乃心하여 無康好逸豫者也라

　'통(恫)'은 아픔이요, '환(瘝)'은 질병이다. 백성들의 불안함을 보기를 질병의 아픔이 네 몸에 있는 것처럼 여겨서 공경하지 않으면 안 되는 것이다. 천명은 일정하지 아니하여 비록 심히 두려울 만하나 정성스러운 자를 도와준다. 백성의 마음에 좋아하고

‥‥‥
110 天命不常 雖甚可畏 然誠則輔之 : 경문의 '천외비침(天畏棐忱)'을 부연 설명한 것으로, 호산은 "바로 〈대고(大誥)〉의 '하늘이 정성스러운(진실한) 자를 도와준다.〔卽大誥之天棐忱〕'라는 것이다." 하고, 《언해》의 해석은 이 즉(則) 자에 너무 구애되었다.〔諺釋太泥於此則字〕" 하였다. 《언해》에는 "天은 畏하오나 忱하면 棐하려니와"로 해석하였는바, 호산의 설을 따라 경문을 수정 번역하였다.

‥‥ 恫 : 아플 통　瘝 : 병들 환　棐 : 도울 비　忱 : 정성 침　懋 : 힘쓸 무

미워함은 비록 크게 볼 수 있으나 소민(小民)들은 지극히 보전하기 어려우니, 네가 네 나라에 가서 백성을 다스림은 다른 방법이 없다. 오직 네 마음을 다하여, 스스로 편안해서 일예(逸豫)를 좋아하지 말아야 비로소 백성을 다스릴 수 있을 것이다. 옛 사람이 말하기를 '원망은 큰데 있지 않고 또한 작은데 있지 않다. 오직 이치를 순히 따르고 순히 따르지 않으며 힘쓰고 힘쓰지 않음에 달려 있다.' 하였다. '순(順)'은 이치를 순히 따름이고, '면(勉)'은 행실을 힘씀이니, 곧 상문(上文)에 이른바 '가서 네 마음을 다해서, 편안하여 일예를 좋아하지 말라.'는 것이다.

6. 已아 汝惟小子아 乃服은 惟弘王하여 應保殷民하며 亦惟助王하여 宅天命하며 作新民이니라

　말을 그만둘 수 있겠는가. 너 소자(小子)아! 네가 행할 일은 오직 왕의 덕을 넓혀서 은나라 백성들을 화합하고 보호하며, 또한 왕을 도와서 천명을 안정시키며 백성들을 진작시켜 새롭게 하는 것이다."

服은 事요 應은 和也라 汝之事는 惟在廣上德意하여 和保殷民하여 使之不失其所하며 以助王하여 安定天命하며 而作新斯民也라 此는 言明德之終也니 大學言明德에도 亦擧新民終之[111]하니라

　'복(服)'은 일함이요, '응(應)'은 화함이다. 네가 할 일은 오직 상(上;왕)의 덕스러운 뜻을 넓혀서 은나라 백성들을 화합하고 보호하여 그 살 곳을 잃지 않게 하며, 왕을 도와서 천명을 안정시키고 이 백성을 진작시켜 새롭게 함에 있다. 이는 덕을 밝힘의 끝마침을 말한 것이니, 《대학(大學)》에 덕을 밝힘을 말함에도 또한 백성을 새롭게 함을 들어 끝마쳤다.

7. 王曰 嗚呼라 封아 敬明乃罰하라 人有小罪라도 非眚이면 乃惟終이라 自作不典하여 式爾니 有厥罪小나 乃不可不殺이니라 乃有大罪라도 非終이면 乃惟眚災라 適爾니 旣道極厥辜어든 時乃不可殺이니라

* * * * * *

111　　大學言明德 亦擧新民終之：《대학장구》〈전문(傳文)〉 1장에 '명명덕(明明德)'을 말하고 이어 2장에 여기의 '작신민(作新民)'을 인용하였으므로 말한 것이다. 다만 《대학》에서는 '作新民'을 새로워지는 백성을 진작시키는 것으로 해석하였다.

・・・　眚 : 모르고지은죄 생　辜 : 허물 고

왕이 말씀하였다. "아! 봉(封)아. 너의 형벌을 공경히 밝혀라. 사람들이 작은 죄(罪)가 있더라도 모르고 실수로 지은 죄가 아니면 바로 끝까지 고의로 저지른 것으로, 스스로 떳떳하지 못한 일을 하여 이와 같이 마음을 쓰는 것이니, 그 죄가 작더라도 죽이지 않을 수 없다. 큰 죄가 있더라도 끝까지 저지름이 아니면 바로 모르고 지은 죄이거나 재앙(불행)으로 마침 이와 같이 된 것이니, 이미 그 죄를 다 말하였거든(자백하였거든) 이에 죽여서는 안 된다."

此下는 謹罰也라 式은 用이요 適은 偶也라 人有小罪라도 非過誤면 乃其固爲亂常 之事니 用意如此면 其罪雖小나 乃不可不殺이니 卽(舜典)[大禹謨]所謂刑故無小 也라 人有大罪라도 非是故犯이면 乃其過誤로 出於不幸하여 偶爾如此니 旣自稱道 하여 盡輸其情하여 不敢隱匿이면 罪雖大나 時乃不可殺이니 卽(舜典)[大禹謨]所謂 宥過無大也라 諸葛孔明이 治蜀에 服罪輸情者는 雖重이라도 必釋하니 其旣道極厥 辜어든 時乃不可殺之意歟인저

이 이하는 형벌을 삼간 것이다. '식(式)'은 씀이요, '적(適)'은 우연이다. 사람이 작은 죄가 있더라도 과오가 아니면 진실로 떳떳한 도리를 어지럽히는 일을 한 것이니, 마음을 씀이 이와 같으면 그 죄가 비록 작더라도 죽이지 않을 수 없으니, 이는 곧 〈대우모(大禹謨)〉에 이른바 '고의범(故意犯)을 형벌함에 작게 하지 말라.'는 것이다. 사람이 큰 죄가 있더라도 고의범이 아니면 바로 과오이거나 불행에서 나와 우연히 이와 같이 된 것이니, 이미 스스로 자기 죄를 말하여 그 실정을 모두 바쳐 감히 은닉하지 않았다면 죄가 비록 크더라도 죽여서는 안 되니, 이는 곧 〈대우모〉에 이른바 '과오를 용서하여 크게 처벌하지 말라.'는 것이다. 제갈공명(諸葛孔明)이 촉(蜀)을 다스릴 적에 죄에 자복(自服)하고 실정을 바치는 자는 비록 죄가 무겁더라도 반드시 풀어 주었으니, 이는 '이미 그 죄를 다 말하였거든 이에 죽이지 말라.'는 뜻일 것이다.

8. 王曰 嗚呼라 封아 有敍라사 時乃大明服하여 惟民이 其勅懋和하리라 若有 疾하면 惟民이 其畢棄咎하며 若保赤子하면 惟民이 其康乂하리라

왕이 말씀하였다. "아! 봉(封)아. 형벌에 차서(질서)가 있어야 이에 크게 그 죄를 밝혀 백성들을 굴복시킬 수 있고 그러면 백성들이 서로 경계하여 화순(和順)을 힘쓸 것이다. 악한 사람 제거하기를 마치 몸에 있는 질병처럼 여기면 백성들이 모두 허물을 버릴 것이며, 선(善)한 사람을 마치 적자(赤子;갓난아기)를 보호하듯이 하면 백성들이 편

周書康誥

••• 輸 : 바칠 수   咎 : 허물 구

안히 다스려질 것이다.

有敍者는 刑罰이 有次序也라 明者는 明其罰이요 服者는 服其民也라 左氏曰 乃大明服이어늘 己則不明하고 而殺人以逞(령)하니 不亦難乎아하니라 勅은 戒勅也니 民其戒勅而勉於和順也라 若有疾者는 以去疾之心去惡也라 故로 民皆棄咎요 若保赤子者는 以保子之心保善也라 故로 民其安治니라

　‘유서(有敍)’는 형벌에 서(조리)가 있는 것이다. ‘명(明)’은 그 벌을 밝힘이요, ‘복(服)’은 그 백성들을 복종시키는 것이다. 《춘추좌씨전》 희공(僖公) 23년에 “크게 죄를 밝혀 굴복시켜야 하는데 자기가 밝지 못하면서 남을 죽여 욕심을 부리니, 어렵지 않겠는가?” 하였다. ‘칙(勅)’은 경계하고 삼감이니, 백성들이 경계하고 삼가 화순(和順)에 힘쓰는 것이다. 질병이 있는 것처럼 여긴다는 것은 질병을 제거하는 마음으로 악(惡)을 제거하는 것이다. 그러므로 백성들이 모두 허물을 버리며, 적자(赤子)를 보호하듯이 한다는 것은 어린 자식을 보호하는 마음으로 선(善)한 사람을 보호하는 것이다. 그러므로 백성들이 편안히 다스려지는 것이다.

9. 非汝封이 刑人殺人이니 無或刑人殺人하라 [又曰] 非汝封이 (又曰)劓刵(의이)人이니 無或劓刵人하라

　너 봉(封)이 〈사사로운 감정으로〉 사람을 형벌하거나 사람을 죽이라는 것이 아니니, 혹시라도 〈사사로운 감정으로〉 사람을 형벌하거나 사람을 죽이지 말라. 또 너 봉이 사람을 코 베거나 귀 베라는 것이 아니니, 혹시라도 사사로운 감정으로 사람을 코 베거나 귀 베지 말라.”

刑殺者는 天之所以討有罪요 非汝封이 得以刑之殺之也니 汝無或以己而刑殺之하라 刵는 截(절)耳也라 刑殺은 刑之大者요 劓刵는 刑之小者니 兼擧小大以申戒之也[112]라 又曰은 當在無或刑人殺人之下라 又按刵는 周官五刑所無니 呂刑에 以爲苗民所制라하니라

　형벌과 죽임은 하늘이 죄가 있는 자를 토벌하는 것이요, 너 봉(封)이 마음대로 형

<hr>

112　兼擧小大以申戒之也 : 주자(朱子)가 말씀하였다. “강숙이 주나라의 사구(司寇)가 되었으므로 이 한 편에 형벌을 씀을 많이 말한 것이다.〔康叔爲周司寇, 故一篇多說用刑.〕”《詳說》

•••　逞 : 쾌할 령(정) 　劓 : 코벨 의 　刵 : 귀벨 이 　截 : 끊을 절

벌하거나 죽이라는 것이 아니니, 너는 혹시라도 자기의 사사로운 감정으로 사람을 형
벌하거나 죽이지 말라. '이(刵)'는 귀를 벰이다. 형벌과 죽임은 형벌의 큰 것이요, 코
베고 귀 벰은 형벌의 작은 것이니, 작은 형벌과 큰 형벌을 겸하여 들어서 거듭 경계
한 것이다. '우왈(又曰)'은 마땅히 '무혹형인살인(無或刑人殺人)'의 아래에 있어야 한다.
또 살펴보건대 이(刵)는 《주관(周官;주례)》의 오형(五刑)에 없는 것이니, 〈여형(呂刑)〉에
"묘민(苗民)들을 통제하기 위한 형벌이다." 하였다.

10. 王曰 外事에 汝陳時臬(얼)하여 司 師兹殷罰有倫케하라
　　왕이 말씀하였다. "외사(外事)에 너는 이 법을 진열하여 유사(有司)들이 이 은(殷)나
라의 형벌 중에 조리가 있는 것을 본받게 하라."

外事는 未詳이라 陳氏曰 外事는 有司之事也라하니라 臬은 法也니 爲準限之義[113]라
言汝於外事에 但陳列是法하여 使有司師此殷罰之有倫者하여 用之爾라
　　'외사(外事)'는 미상이다. 진씨(陳氏)가 말하기를 "외사는 유사의 일이다." 하였다.
'얼(臬)'은 법이니, 준한(準限)의 뜻이다. 너는 외사에 대해 다만 이 법을 진열하여 유
사로 하여금 이 은나라의 형벌 중에 조리가 있는 것을 본받아 쓰게 하라 한 것이다.

○ 呂氏曰 外事는 衛國事也라 史記에 言康叔이 爲周司寇라하니 司寇는 王朝之官
으로 職任內事라 故로 以衛國對言爲外事라하니라 今按篇中에 言往敷求, 往盡乃
心이라하고 篇終曰 往哉封이라하니 皆令其之國之辭요 而未見其留王朝之意라 但
詳此篇컨대 康叔은 蓋深於法者니 異時에 成王이 或擧以任司寇之職이나 而此則
未必然也니라
　　○ 여씨(呂氏)가 말하기를 "외사(外事)는 위(衛)나라의 일이다. 《사기》〈위세가(衛世
家)〉에 '강숙(康叔)이 주나라의 사구(司寇)가 되었다.' 하였으니, 사구는 왕조(王朝)의
관원으로 직책이 내사(內事)를 맡았다. 그러므로 위나라를 상대하여 외사라고 말한 것
이다." 하였다.
　　이제 살펴보건대 편 가운데에 "가서 널리 찾아라." 하고, "가서 네 마음을 다하라."

- - - - - -
113　臬法也 爲準限之義 : 준한(準限)은 기준이나 한계인바, 얼(臬)은 원래 문지방이므로 기준이
나 한계가 되기 때문에 법으로 풀이한 것이다.

・・・ 臬 : 법 얼　寇 : 도적 구

하였으며, 편의 끝에는 "가거라. 봉아." 하였으니, 모두 봉한 나라로 가게 한 말이요, 왕조에 머물게 한 뜻을 볼 수 없다. 다만 이 편을 자세히 살펴보면 강숙은 아마도 법에 조예가 깊은 자인 듯하니, 후일에 성왕이 혹 등용하여 사구의 직책을 맡겼던 듯하나 여기에서 〈외사를 말한 것은〉 반드시 옳지는 않을 것이다.

11. 又曰 要囚를 服念五六日하며 至于旬時하여서 丕蔽要囚하라

　또 말씀하였다. "요수(要囚)를 5~6일 동안 가슴속에 두고 깊이 생각하며, 열흘이나 한 철에 이르러서 요수를 크게 결단하라(단죄하라)."

要囚는 獄辭之要者[114]也라 服念은 服膺而念之라 旬은 十日이요 時는 三月이니 爲囚求生道也라 蔽는 斷也라

　'요수(要囚)'는 옥사(獄辭)의 중요한 자이다. '복념(服念)'은 가슴속에 두고 생각하는 것이다. '순(旬)'은 열흘이고 '시(時)'는 3개월이니, 죄수를 위하여 살릴 방도를 찾는 것이다. '폐(蔽)'는 결단함이다.

12. 王曰 汝陳時臬事하여 罰蔽殷彝호되 用其義刑義殺이요 勿庸以次汝封하라 乃汝盡遜하여 曰時敍라도 惟曰未有遜事라하라

　왕이 말씀하였다. "너는 〈위나라로 가서〉 이 법과 일을 펴서(진열하여) 형벌함에 있어 은나라의 떳떳한 법으로 결단하되 그 마땅한(의로운) 형벌과 마땅한(의로운) 죽임을 쓸 것이요, 너 봉의 마음에 나아가지(뜻대로 하지) 말도록 하라. 네가 모두 의리에 순하여 이에 질서가 있다 하더라도 너는 의리에 순한 일이 있지 못하다고 말하라.

義는 宜也라 次는 次舍之次요 遜은 順也라 申言敷陳是法與事하여 罰斷以殷之常法矣요 又慮其泥古而不通하여 又謂其刑其殺을 必察其宜於時者而後用之라하고 旣又慮其趨時而徇己하여 又謂刑殺을 不可以就汝封之意라하고 旣又慮其刑殺이

<hr>

114　要囚獄辭之要者 : 요(要)는 죄를 따져 결정하는 말로 요수(要囚)는 큰 죄를 진 죄수의 죄를 결정하는 것이며, 아래의 폐요수(蔽要囚)는 큰 죄를 결정한 뒤에 복심(覆審)하여 다시 결단함을 이른 것으로 보인다. 그러나 호산은 공전(孔傳)의 '수집(囚執;가두어 붙잡아둠)'이란 설이 매우 합당하다.[囚執之說甚當]' 한 추계우(鄒季友)의 설을 소개하였다.《詳說》

・・・　旬 : 열흘 순　蔽 : 결단할 폐　遜 : 순할 손　泥 : 막힐 니

雖已當罪나 而矜喜之心乘之하여 又謂使汝刑殺이 盡順於義하여 雖曰是有次敍라
도 汝當惟謂未有順義之事라하니라 蓋矜喜之心生이면 乃怠惰之心起하니 刑殺之
所由不中也니 可不戒哉아

　'의(義)'는 마땅함(의로움)이다. '차(次)'는 차사(次舍;머묾)의 차(次)이고, '손(遜)'은
순함이다. 〈왕이〉 거듭 말씀하기를 "이 법과 일을 펴서 형벌하여 은나라의 떳떳한 법
으로 결단하라." 하였고, 또 옛법에 집착하여 변통하지 못할까 염려해서 또 "그 형벌
과 죽임을 반드시 때에 마땅한가 살핀 뒤에 쓰라." 하였으며, 또 때에 따라 자기의 사
사로운 감정을 따를까 염려해서 또 "형벌과 죽임을 너 봉(封)의 뜻에 나아가지 말라."
하였고, 또 형벌과 죽임이 비록 이미 죄에 합당하더라도 자랑하고 기뻐하는 마음이
틈탈까 염려하여 또 "가령 너의 형벌과 죽임이 모두 의로움(마땅함)에 순하여 비록 차
서가 있다 하더라도 너는 마땅히 의로움에 순한 일이 있지 못하다고 하라." 한 것이
다. 자랑하고 기뻐하는 마음이 생기면 태만한 마음이 일어나니, 이는 형벌과 죽임이
도(道)에 맞지 않게 되는 이유이니, 경계하지 않을 수 있겠는가.

13. 已아 汝惟小子나 未其有若汝封之心하니 朕心朕德은 惟乃知니라
　그만둘 수 있겠는가. 네가 소자이나 너 봉의 마음과 같은 이가 없으니, 짐의 마음과
짐의 덕은 오직 네가 알고 있다.

已者는 語辭之不能已也라 小子는 幼小之稱이니 言年雖少나 而心獨善也라 爾心
之善을 固朕知之요 朕心朕德을 亦惟爾知之라 將言用罰之事라 故로 先發其良心
焉하니라
　'이(已)'는 어조사로서 능히 그만둘 수 없는 것이다. '소자'는 어린이의 칭호이니,
나이는 비록 어리나 마음이 홀로 선(善)함을 말한 것이다. 네 마음의 선함을 진실로
짐이 알고 있으며, 짐의 마음과 짐의 덕을 또한 오직 너만이 알고 있다. 장차 형벌을
쓰는 일을 말하려 하였으므로 먼저 그 양심을 유발하게 한 것이다.

14. 凡民이 自得罪하여 寇攘姦宄(귀)하며 殺越人于貨하여 暋(민)不畏死를
罔弗憝(대)니라
　무릇 백성들이 스스로 죄를 지어 구양(寇攘;도적질함)하고 간귀(姦宄;나쁜 짓을 함)하며
사람을 재물 때문에 죽이거나 쓰러뜨려 완강해서 죽음을 두려워하지 않는 자를 미워

••• 攘:훔칠 양 宄:바깥도적 귀 越:넘어질 월 暋:강할 민 憝:원망할 대

하지 않는 이가 없다."

越은 顚越也니 盤庚云 顚越不恭이라하니라 諲은 强이요 懟는 惡(오)也라 自得罪는
非爲人誘陷以得罪也라 凡民이 自犯罪하여 爲盜賊姦宄하며 殺人顚越人[115]하여 以
取財貨하여 强狠(한)亡(無)命者를 人無不憎惡(오)之也라 用罰而加是人이면 則人
無不服하나니 以其出乎人之同惡이요 而非卽乎吾之私心也일새라 特擧此하여 以明
用罰之當罪하니라

'월(越)'은 전월(顚越;쓰러뜨림)이니, 위 〈반경(盤庚)〉에 "전월하여 불공(不恭)하다."
하였다. '민(諲)'은 강함이요, '대(懟)'는 미워함이다. '스스로 죄를 지었다'는 것은 남
의 꾐에 빠져 죄를 지음이 아닌 것이다. 무릇 백성들이 스스로 죄를 범하여 도적질과
간귀(姦宄)를 하며, 사람을 죽이거나 사람을 쓰러뜨려 재화를 탈취해서 강하고 사나
워 생명을 무시하는 자를 사람들이 증오하지 않음이 없는 것이다. 형벌을 쓰되 이러
한 사람에게 가하면 사람들이 복종하지 않는 이가 없으니, 이는 그 사람들이 똑같이
미워함에서 나오고, 나의 사심(私心)을 따르지 않았기 때문이다. 특별히 이것을 들어
형벌을 씀이 죄에 합당함을 밝힌 것이다.

15. 王曰 封아 元惡은 大懟니 矧惟不孝不友온여(따녀) 子弗祗服厥父事하여
大傷厥考心하면 于父不能字厥子하여 乃疾厥子하리며(하리이며) 于弟弗念
天顯[116]하여 乃弗克恭厥兄하면 兄亦不念鞠子哀하여 大不友于弟하리라(하
리니) 惟弔(적)玆요 不于我政人에 得罪하면 天惟與我民彝 大泯亂하리니 曰
乃其速由文王作罰하여 刑玆無赦하라

왕이 말씀하였다. "봉아! 큰 죄악은 크게 미워할만하니, 하물며 효도하지 않고 우애
하지 않음에 있어서랴. 자식이 그 아버지의 일을 공경히 하지 않아 그 아버지의 마음
을 크게 상하면 그 아버지는 그 자식을 사랑하지 아니하여 마침내 그 자식을 미워할
것이다. 그 아우가 하늘의 드러난 이치를 생각하지 않아 마침내 능히 그 형을 공경하
지 않으면 형 또한 부모가 자식(아우)을 기른 수고로움을 생각하지 않아 크게 아우에

......
115 顚越人 : 소(疏)에는 "사람을 죽이지는 않고 상해(傷害)를 입히는 것이다." 하였다.

116 于父不能字厥子……弗念天顯 : 호산은 "여기의 '우(于)'는 기(其)와 같다.〔于父、于弟之于, 猶其
也.〕" 하였다. 《詳說》

··· 狠 : 사나울 한 字 : 사랑할 자 鞠 : 기를 국 弔 : 나아갈 적 赦 : 용서할 사

게 우애하지 않을 것이다. 오직 이런 지경에 이르고도 우리 정사하는 사람들에게 죄를 얻지 않으면 하늘이 우리 백성(인간)에게 주신 떳떳한 도리가 크게 민멸(泯滅)하여 혼란할 것이니, 그러하거든 문왕이 만든 형벌을 빨리 집행하여 이들을 형벌하고 용서하지 말라.

大憝는 卽上文之罔弗憝니 言寇攘姦宄는 固爲大惡而大可惡(오)矣어든 況不孝不友之人으로 而尤爲可惡者아 當商之季하여 禮義不明하고 人紀廢壞하니 子不敬事其父하여 大傷父心하면 父不能愛子하여 乃疾惡(오)其子하리니 是는 父子相夷也라 天顯은 猶孝經所謂天明이니 尊卑顯然之序也라 弟不念尊卑之序하여 而不能敬其兄이면 兄亦不念父母鞠養之勞하여 而大不友其弟하리니 是는 兄弟相賊也라 父子兄弟至於如此로되 苟不於我爲政之人에 而得罪焉이면 則天之與我民彝 必大泯滅而紊亂矣라 曰者는 言如此則汝其速由文王作罰하여 刑此無赦而懲戒之하여 不可緩也라

　'대대(大憝)'는 곧 상문(上文)에 '미워하지 않는 이가 없다.'는 것이니, '구양(寇攘)'과 '간귀(姦宄)'는 진실로 큰 죄악이어서 크게 증오할 만한데 하물며 효도하지 않고 우애하지 않는 사람으로 더욱 미워할 만한 자에 있어서랴. 상나라의 말세(末世)를 당하여 예의(禮義)가 밝지 못하고 인기(人紀;인륜)가 무너지니, 자식이 그 아버지의 일을 공경히 하지 아니하여 아버지의 마음을 크게 상하면 아버지는 자식을 사랑하지 아니하여 마침내 그 자식을 미워할 것이니, 이는 부자가 서로 상(傷)하는 것이다. '천현(天顯)'은 《효경(孝經)》에 이른바 '천명(天明;하늘의 밝은 질서)'과 같으니, 존비(尊卑)의 드러난 질서이다. 아우가 존비의 질서를 생각하지 아니하여 그 형을 공경하지 않으면 형 또한 부모가 자식을 기른 수고로움을 생각하지 아니하여 크게 아우에게 우애하지 않을 것이니, 이는 형제가 서로 해치는 것이다. 부자와 형제가 이와 같음에 이르는데도 만일 우리 정사하는 사람에게 죄를 얻지 않는다면, 하늘이 우리 인간에게 주신 떳떳한 도리가 크게 민멸(泯滅)되어 문란해질 것이다. '왈(曰)'은 이와 같으면 너는 속히 문왕이 만든 벌을 집행하여 이들을 형벌하고 용서하지 말아서 징계하여 늦추지 말라고 한 것이다.

16. 不率은 大戞(알)이니 矧惟外庶子訓人과 惟厥正人과 越小臣諸節이 乃別播敷하여 造民大譽하여 弗念弗庸하여 瘝(환)厥君이온여(이따녀) 時乃引惡

이라 **惟朕**의 **憝**니 **已**아 **汝乃其速由兹義**하여 **率殺**하라

　가르침을 따르지 않는 자들은 크게 법으로 다스려야 하니, 하물며 외서자(外庶子)로서 사람을 가르치는 자와 정인(正人;벼슬아치)과 소신(小臣)으로서 여러 부절(符節)을 잡은 자들이 별도로 가르침을 펴서 백성들에게 큰 명예를 구하여, 군주를 생각하지 않고 법을 쓰지 않아 그 군주를 해침(고통스럽게 함)에 있어서랴. 이는 바로 악(惡)을 조장하는 것으로 짐(朕)이 미워하는 바이니, 그만둘 수 있겠는가. 너는 빨리 이 의로움(마땅함)을 따라 모두 죽이도록 하라.

憝은 **法也**라 **言民之不率教者**는 **固可大置之法矣**어든 **況外庶子以訓人爲職**과 **與庶官之長, 及小臣之有符節者 乃別布條教**하여 **違道干譽**하여 **弗念其君**하고 **弗用其法**하여 **以病君上**이리오 **是乃長惡於下**니 **我之所深惡也**라 **臣之不忠**이 **如此**면 **刑其可已乎**아 **汝其速由此義**[117]하여 **而率以誅戮之 可也**니라

　'알(憝)'은 법(法)이다. 백성 중에 가르침을 따르지 않는 자들은 진실로 크게 법으로 조치해야 하는데, 하물며 외서자(外庶子)로서 사람을 가르침을 직책으로 삼는 자와 서관(庶官)의 우두머리와 소신(小臣)으로서 부절(符節)을 잡은 자들이 별도로 조교(條敎)를 펴서 도를 어기고 명예를 요구하여, 그 군주를 생각하지 않고 그 법을 따르지 않아 군상(君上)을 해침에 있어서랴. 이는 바로 아래에서 악을 조장함이니, 내가 깊이 미워하는 바이다. 신하의 불충함이 이와 같으면 형벌을 그만둘 수 있겠는가. 너는 속히 이 의로움을 따라 모두 주륙(誅戮)하는 것이 가(可)하다.

○ **按上言民不孝不友**면 **則速由文王作罰**하여 **刑兹無赦**하라하고 **此言外庶子、正人、小臣**이 **背上立私**하면 **則速由兹義**하여 **率殺**하라하니 **其曰刑曰殺**하여 **若用法峻急者**는 **蓋殷之臣民**이 **化紂之惡**하여 **父子兄弟之無其親**하고 **君臣上下之無其義**하니 **非繩之以法, 示之以威**면 **殷民**이 **孰知不孝不義之不可干哉**아 **周禮所謂刑亂國**에 **用重典者 是也**라 **然**이나 **曰速由文王**이라하고 **曰速由兹義**라하니 **則其刑其罰**이 **亦仁厚而已矣**니라

　○ 살펴보건대, 위에서는 '백성들이 효도하지 않고 우애하지 않으면 속히 문왕이

117　汝其速由兹義:왕일휴(王日休)가 말하였다. "'자의(兹義)'는 문왕의 의로운(마땅한) 형벌과 의로운(마땅한) 죽임을 가리킨 것이다.〔指文王之義刑義殺〕"《詳說》

···　繩 : 다스릴 승

만든 벌을 집행하여 이들을 형벌하고 용서하지 말라.' 하였고, 여기서는 '외서자와 정인(正人)과 소신(小臣)들이 상(上)을 배반하고 사사로움을 세우면 속히 이 의로움을 따라 모두 죽이라.' 하였으니, '형벌하라' 하고 '죽이라' 하여, 마치 법을 씀이 준엄하고 급박한 듯한 것은 은나라의 신하와 백성들이 주(紂)의 악에 동화되어, 부자간과 형제간에 친함이 없고 군신간과 상하간에 의로움이 없으니, 이들을 법으로써 다스리고 위엄으로써 보여주지 않는다면 은나라 백성들이 불효(不孝)와 불의(不義)를 범해서는 안 됨을 어찌 알겠는가. 《주례》〈대사구(大司寇)〉에 이른바 "어지러운 나라를 형벌할 때에는 중한 법(무거운 형벌)을 쓴다."는 것이 이것이다. 그러나 '속히 문왕을 따르라.' 하고, '속히 이 의로움을 따르라.' 하였으니, 그 형과 그 벌이 또한 인후(仁厚)할 뿐이다.

17. 亦惟君惟長이 不能厥家人과 越厥小臣、外正이요 惟威惟虐으로 大放王命하면 乃非德用乂니라

 또한 군주와 장(長)이 그 집안 식구와 그 소신(小臣)과 외정(外正)들을 다스리지 못하고 오직 위엄과 사나움으로 크게 왕명을 버리면 이는 바로 덕이 아닌 것으로 다스리는 것이다.

君、長은 指康叔而言也라 康叔而不能齊其家하고 不能訓其臣하고 惟威惟虐으로 大廢棄天子之命이면 乃欲以非德用治라 是는 康叔도 且不能用上命矣니 亦何以責其臣之癢厥君也哉아

 '군주'와 '장(長)'은 강숙을 가리켜 말한 것이다. 강숙이 자기 집안을 가지런히 하지 못하고 그 신하를 가르치지 못하고서 오직 위엄과 사나움으로 크게 천자의 명을 폐기한다면 이는 바로 덕이 아닌 것으로 다스리고자 하는 것이다. 이는 강숙 자신도 상(上)의 명을 따르지 못하는 것이니, 또한 무엇으로 신하들이 그 군주를 해침을 꾸짖겠는가.

18. 汝亦罔不克敬典하여 乃由裕民호되 惟文王之敬忌로하여 乃裕民이요 曰我惟有及이라하면 則予一人이 以懌(역)호리라

 너 또한 법을 공경하지 않음이 없어 마침내 이로 말미암아 백성들을 편안히 하되, 오직 문왕께서 백성을 공경하고 조심하신 것과 같이 하여 이 백성들을 편안히 하고, 말하기를 '내가 문왕에게 미침이 있다.' 하면 나 한 사람이 기뻐할 것이다."

••• 裕 : 넉넉할 유 懌 : 기쁠 역(예)

汝罔不能敬守國之常法하여 由是而求裕民之道호되 惟文王之敬忌니 敬則有所
不忽이요 忌則有所不敢이라 期裕其民하고 曰我惟有及於文王이라하면 則予一人이
以悅懌矣리라 此는 言謹罰之終也니 穆王訓刑에도 亦曰敬忌云이라

　　너는 나라의 떳떳한 법을 공경히 지키지 않음이 없어서 이로 말미암아 백성을 편
안히 하는 방도를 구하되 오직 문왕의 공경하고 조심함으로 할 것이니, 공경하면 소
홀히 하지 않는 바가 있고, 조심하면 감히 하지 않는 바가 있다. 이 백성들을 편안히
살게 할 것을 기약하고 말하기를 "내가 문왕에게 미침이 있다."고 하면 나 한 사람이
기뻐할 것이다. 이는 신벌(愼罰)의 끝마침을 말한 것이니, 〈여형(呂刑)〉에 목왕(穆王)이
형벌을 가르칠 적에도 또한 공경하고 조심하라고 하였다.

19. 王曰 封아 爽惟民은 迪吉康이니 我는 時其惟殷先哲王德으로 用康乂民
하여 作求(述)라 矧今民이 罔迪不適이온여(이따녀) 不迪하면 則罔政(이) 在厥
邦하리라

　　왕이 말씀하였다. "봉아! 밝게 생각하건대 백성들은 길강(吉康)으로 인도해야 하니,
나는 이 은나라 선철왕(先哲王)의 덕으로써 백성들을 편안히 다스려 짝이 될 것이다.
하물며 지금 백성들이 인도함에 따르지 않는 자가 없음에랴. 그런데도 인도하지 않는
다면 이는 그 나라에 정사가 없는 것이 된다."

此下는 欲其以德用罰也라 求는 等也니 詩曰 世德作求라하니라 言明思夫民은 當
開導之以吉康이니 我亦時其惟殷先哲王之德으로 用以安治其民하여 爲等匹於商
先王也라 迪은 卽迪吉康之迪이라 況今民이 無導之而不從者하니 苟不有以導之면
則爲無政於國矣라 迪은 言德이요 而政은 言刑也라 前旣嚴之民하고 又嚴之臣하고
又嚴之康叔하고 此則武王之自嚴畏也시니라

　　이 이하는 덕으로써 형벌을 쓰고자 한 것이다. '구(求)'는 동등(짝)함이니, 《시경》
〈하무(下武)〉에 "대대로 덕을 쌓아 짝이 된다." 하였다. "밝게 생각하건대 이 백성들은
마땅히 길강(吉康)함으로 개도(開導)하여야 하니, 나 또한 이 은나라 선철왕의 덕으로
써 백성들을 편안히 다스려 상나라의 선왕에게 짝이 되어야 한다." '적(迪)'은 길강으
로 인도한다는 적(迪)이다. "하물며 지금 백성들이 인도함에 따르지 않는 자가 없으
니, 만약 인도함이 있지 않는다면 나라에 정사가 없는 것이 된다." 적(迪)은 덕을 말하
고 정(政)은 형벌을 말한 것이다. 앞에서는 이미 백성들을 두렵게 하고 또 신하들을

… 爽 : 밝을 상　述 : 짝 구　迪 : 인도할 적

두렵게 하고 또 강숙을 두렵게 하였으며, 여기서는 무왕이 스스로 두려워하신 것이다.

20. 王曰 封아 予惟不可不監이라 告汝德之說于罰之行하노니 今惟民이 不
靜하여 未戾厥心하여 迪屢未同하니 爽惟天이 其罰殛我하시리니 我其不怨호
리라 惟厥罪는 無在大하며 亦無在多하니 矧曰其尙顯聞于天이온여(이따녀)

　왕이 말씀하였다. "봉(封)아! 나는 살펴보지 않을 수 없다. 너에게 덕스러운 말로 형
벌을 행함을 고하노라. 이제 백성들이 안정되지 못해서 나쁜 마음을 그치지 아니하
여, 여러 번 인도하였으나 그들로 하여금 위로 똑같게 다스려지게 하지 못하니, 밝게
생각하건대 하늘이 우리들을 형벌하여 죽이실 것이니, 우리는 원망하지 못할 것이다.
그 죄는 큰데 있지 않고 또한 많은데 있지 않으니, 하물며 나쁜 소문이 드러나 하늘에
알려짐에 있어서랴."

戾는 止也라 又言 民不安靜하여 未能止其心之狠疾하여 迪之者雖屢나 而未能使
之上同乎治하니 明思天其罰殛我하시리니 我何敢怨乎아 惟民之罪는 不在大하며
亦不在多하니 苟爲有罪면 卽在朕躬이온 況曰 今庶羣腥穢之德이 其尙顯聞于天
乎아

　'려(戾)'는 그침이다. 또 말씀하기를 "백성들이 안정되지 못해서 그 마음의 사나움
과 미워함을 그치게 하지 못하여 인도하기를 여러 번 하였으나 그들로 하여금 위로
똑같이 다스려지게 하지 못하니, 밝게 생각하건대 하늘이 우리를 형벌하여 죽이실 것
이니, 우리가 어찌 감히 하늘을 원망하겠는가. 백성들의 죄는 큰데 있지 않고 또한 많
은데 있지 않으니, 만일 죄가 있으면 곧 짐(朕)의 몸에 있는 것이다. 더구나 지금 여러
비린내 나고 더러운 덕(德;행위)이 오히려 드러나 하늘에 알려짐에 있어서랴."라고 한
것이다.

21. 王曰 嗚呼라 封아 敬哉어다 無作怨하며 勿用非謀非彝하고 蔽時忱하여
丕則(칙)敏德하여 用康乃心하며 顧乃德하며 遠乃猷하며 裕乃以民寧하면 不
汝瑕殄하리라

　왕이 말씀하였다. "아! 봉아. 공경할지어다. 원망할 만한 일을 하지 말며 나쁜 계책
과 떳떳하지 않은 법을 쓰지 말고 결단하되 이 정성으로 하여, 〈옛사람 중에〉 덕에 힘
쓴 자를 크게 본받아 네 마음을 편안히 하며 네 덕을 돌아보며 네 계책을 원대히 하며

周書 康誥

･･･ 屢:여러 루 殛:죽일 극 腥:비릴 성 穢:더러울 예 忱:정성 침 瑕:옥티 하, 하자 하 殄:끊을 진

너그럽게 하여 백성들을 편안히 하면, 너를 잘못한다고 하여 끊지 않을 것이다."

此는 欲其不用罰而用德也라 歎息言 汝敬哉어다 毋作可怨之事하며 勿用非善之
謀와 非常之法하고 惟斷以是誠하여 大法古人之敏德하여 用以安汝之心하며 省汝
之德하며 遠汝之謀하며 寬裕不迫하여 以待民之自安이니 若是면 則不汝瑕疵而棄
絶矣리라

　이는 형벌을 쓰지 말고 덕을 쓰고자 한 것이다. 탄식하여 말씀하기를 "너는 공경
할지어다. 원망할 만한 일을 하지 말며 좋지 않은 계책과 떳떳하지 않은 법을 쓰지 말
고, 오직 결단하기를 이 정성으로 하여, 옛사람 중에 덕에 힘쓴 자를 크게 본받아 이
로써 너의 마음을 편안히 하며 너의 덕을 살펴보며 너의 계책을 원대히 하며 관유(寬
裕)하고 급박하지 아니하여 백성들이 스스로 편안하기를 기다려야 할 것이니, 이와
같이 하면 너를 잘못한다 하여 끊어 버리지 않을 것이다." 한 것이다.

22. 王曰 嗚呼라 肆汝小子封아 惟命은 不于常이니 汝念哉하여 無我殄享하여 明乃服命하며 高乃聽하여 用康乂民하라

　왕이 말씀하였다. "아! 너 소자 봉아! 천명은 일정(항상)하지 않으니, 너는 생각하여
내가 너에게 나라를 누리게 해준 것을 끊지 말아서 너의 복명(服命)을 밝히고 너의 들
음을 높여 백성들을 편안히 다스려라."

肆는 未詳이라 惟命은 不于常하여 善則得之하고 不善則失之하니 汝其念哉하여 無
我殄絶所享之國也라 明汝侯國服命어요 高其聽하여 不可卑忽我言하여 用安治爾
民也라

　'사(肆)'는 미상이다. 천명은 일정하지 아니하여 선(善)하면 얻고 선하지 못하면 잃
으니, 너는 이것을 생각하여 내가 너에게 누리게 해준 바의 나라를 끊지 말라. 너는
후국(侯國)의 복명(服命;작명(爵命)에 따른 복식)을 밝힐 것이요, 너의 들음을 높여 내 말
을 낮게 여기고 소홀히 하지 말아서 이 백성들을 편안히 다스려라.

23. 王若曰 (하사대) 往哉封아 勿替敬典하여 聽朕의 告汝라사 乃以殷民으로 世享하리라

　왕이 대략 다음과 같이 말씀하였다. "가거라 봉아! 공경해야 할 법을 폐하지 말아서

짐이 너에게 고한 말을 들어야(따라야) 마침내 은나라 백성들을 데리고 대대로 나라를
누릴 것이다."

勿廢其所敬之常法하여 聽我所命而服行之라야 乃能以殷民而世享其國也라 世
享은 對上文殄享而言이라
　"공경해야 할 떳떳한 법을 폐하지 말아서 내가 명한 말을 따라 복행(服行)하여야
비로소 은나라 백성들을 데리고 대대로 그 나라를 누릴 것이다." 대대로 누린다는 것
은 상문(上文)에 누림을 끊기게 한다는 말을 상대하여 말한 것이다.

〈주고(酒誥)〉

商受酗(후)酒에 天下化之하니 妹土는 商之都邑으로 其染惡尤甚이라 武王以其地
封康叔故로 作書誥敎之云하니 今文古文皆有하니라

　　상왕(商王) 수(受)가 술주정을 하자 천하가 이에 동화되니, 매토(妹土)는 상나라의
도읍으로 그 악에 물듦이 더욱 심하였다. 무왕이 이 땅을 강숙에게 봉하였으므로 글
을 지어 가르쳤으니, 금문(今文)과 고문(古文)에 모두 있다.

○ (按)吳氏曰[118] 酒誥一書는 本是兩書로되 以其皆爲酒而誥라 故로 誤合而爲一
이라 自王若曰明大命于妹邦以下는 武王告受故都之書也요 自王曰封我西土棐
徂邦君以下는 武王告康叔之書也라 書之體 爲一人而作이면 則首稱其人하고 爲
衆人而作이면 則首稱其衆하고 爲一方而作이면 則首稱一方하고 爲天下而作이면
則首稱天下라 君奭書엔 首稱君奭하고 君陳書엔 首稱君陳하니 爲一人而作也요
甘誓엔 首稱六事之人하고 湯誓엔 首稱格汝衆하니 此爲衆人而作也요 湯誥엔 首
稱萬方有衆하고 大誥엔 首稱大誥多邦하니 此爲天下而作也라 多方書는 爲四國
而作하니 則首稱四國하고 多士書는 爲多士而作하니 則首稱多士라 今酒誥는 爲妹
邦而作이라 故로 首言明大命于妹邦하니 其自爲一書無疑니라

　　○ 오씨(吳氏)가 말하였다. "〈주고〉의 한 편은 본래 두 편이었는데, 모두 술 때문에
가르쳤으므로 잘못 합하여 하나로 만들었다. '王若曰明大命于妹邦' 이하는 무왕이 수
(受)의 고도(故都)에 고한 글이고, '王曰封 我西土棐徂邦君' 이하는 무왕이 강숙에게
고한 글이다. 글의 체(體)가 한 사람을 위하여 지었으면 첫머리에 그 사람을 칭하고,
중인(衆人)을 위하여 지었으면 첫머리에 그 중인을 칭하고, 한 지방을 위하여 지었으
면 첫머리에 그 지방을 칭하고, 천하를 위하여 지었으면 첫머리에 천하를 칭하니, 〈군
석(君奭)〉의 글에는 첫머리에 군석을 칭하였고, 〈군진(君陳)〉의 글에는 첫머리에 군진
을 칭하였으니, 이는 한 사람을 위하여 지은 것이다. 〈감서(甘誓)〉에는 첫머리에 육사
(六事)의 사람을 칭하였고, 〈탕서(湯誓)〉에는 첫머리에 '격여중(格汝衆)'이라고 칭하였
으니, 이는 중인(衆人)을 위하여 지은 것이다. 〈탕고(湯誥)〉에는 첫머리에 '만방유중(萬

118　按吳氏曰 : 호산은 "안(按) 자는 연자(衍字 ; 쓸데없이 들어간 글자)인 듯하다." 하였다. 《詳說》
이에 따라 按을 빼고 번역하였다.

……　酗 : 술주정할 후　棐 : 도울 비　徂 : 갈 조

方有衆)'이라 칭하였고, 〈대고(大誥)〉에는 첫머리에 '대고다방(大誥多邦)'이라 칭하였으니, 이는 천하를 위하여 지은 것이다. 〈다방(多方)〉의 글은 사방을 위하여 지었으니 첫머리에 사국(四國)을 칭하였고, 〈다사(多士)〉의 글은 다사(多士;많은 선비)를 위하여 지었으니 첫머리에 다사를 칭하였다. 이제 〈주고〉는 매방(妹邦)을 위하여 지었기 때문에 첫머리에 '대명(大命)을 매방에 밝힌다.'고 말한 것이니, 별도로 한 편이 됨을 의심할 것이 없다."

按吳氏分篇引證이 固爲明甚이나 但旣謂專誥毖妹邦이면 不應有乃穆考文王之語라 意酒誥는 專爲妹邦而作이니 而妹邦이 在康叔封圻(畿)之內하면 則明大命之責을 康叔이 實任之라 故로 篇首에 專以妹邦爲稱이요 至中篇하여 始名康叔以致誥하니 其日尙克用文王敎者는 亦申言首章文王誥毖之意라 其事則主於妹邦이나 其書則付之康叔이니 雖若二篇이나 而實爲一書요 雖若二事나 而實相首尾하니 反復參究컨대 蓋自爲書之一體也니라

　　살펴보건대 오씨는 편을 나누고 인증(引證)함이 진실로 매우 분명하나, 다만 이미 오로지 매방을 가르치고 경계했다고 한다면 응당 '네 목고(穆考)이신 문왕'이라는 말이 있을 수 없다. 짐작건대 〈주고〉는 오로지 매방을 위하여 지은 것이니, 매방이 강숙의 봉기(封圻) 안에 있었다. 그렇다면 대명(大命;큰 명령)을 밝히는 책임을 강숙이 실로 맡았던 것이다. 그러므로 편 머리에는 오로지 매방을 칭하였고, 중편(中篇;편 가운데)에 이르러서야 비로소 강숙의 이름을 불러 가르침을 지극히 하였으니, '부디 문왕의 가르침을 따르라.'고 말한 것은 또한 수장(首章)에 문왕이 가르치고 삼간 뜻을 거듭 말씀한 것이다. 그 일은 매방을 위주로 하였으나 그 글은 강숙에게 맡겨준 것이니, 비록 두 편인 것 같으나 실제는 한 글이며, 비록 두 일인 것 같으나 실제는 서로 머리가 되고 꼬리가 되니, 반복하여 상고해 보면 본래 《서경》의 한 체(體)가 된다.

1. 王若曰 明大命于妹邦하노라

왕이 대략 다음과 같이 말씀하였다.

"큰 명(命)을 매방에 밝히노라.

•••　毖 : 경계할 비　圻 : 지경 기

妹邦은 卽詩所謂沬(매)鄕[119]이라 篇首에 稱妹邦者는 誥命이 專爲妹邦發也일새라

　　매방(妹邦)은 곧 《시경》 〈상중(桑中)〉에 말한 매향(沬鄕)이다. 편 머리에 매방을 칭한 것은 고명(誥命)이 오로지 매방을 위하여 말했기 때문이다.

2. 乃穆考文王이 肇國在西土하실새 厥誥毖庶邦庶士와 越少正、御事[120]하사 朝夕에 曰 祀茲酒니 惟天이 降命하사 肇我民은 (하산들) 惟元祀니라

　　네 목고(穆考)이신 문왕이 처음 나라를 창건하여 서토(西土)에 계실 적에 서방(庶邦; 여러 나라)의 여러 선비들과 소정(少正)과 어사(御事)들을 가르치고 경계하시어 아침저녁으로 당부하시기를 '제사에만 이 술을 쓸 것이니, 하늘이 명을 내리시어 우리 백성들에게 처음 술을 만들게 하신 것은 오직 큰 제사에 쓰려고 하신 것이다.' 하셨다.

穆은 敬也니 詩曰 穆穆文王이 是也라 上篇言文王明德에 則曰顯考라하고 此篇言文王誥毖에 則曰穆考라하니 言各有當也라 或曰 文王世次爲穆[121]이라하니 亦通이라 毖는 戒謹也라 少正은 官之副貳也라 文王이 朝夕勅戒之하사 曰 惟祭祀則用此酒니 天始令民作酒者는 爲大祭祀而已라 西土庶邦은 遠去商邑이로되 文王誥毖에 亦諄諄以酒爲戒하시니 則商邑을 可知矣라 文王이 爲西伯이라 故로 得誥毖庶邦云이라

　　'목(穆)'은 공경함이니, 《시경》 〈대아(大雅) 문왕(文王)〉에 '목목(穆穆)하신 문왕'이라 한 것이 이것이다. 상편(上篇)에 문왕이 덕을 밝힘을 말할 때에는 '현고(顯考)'라 하

書經集傳
下

．．．．．．
119　卽詩所謂沬鄕：매향(沬鄕)은 춘추시대 위(衛)나라에 있었던 지명으로, 《시경》 〈용풍(鄘風) 상중(桑中)〉에 "이에 당(唐; 토사자(菟絲子))을 채취하기를 저 매향에서 하도다. 누구를 그리워하는고? 아름다운 맹강(孟康)이로다.〔爰采唐矣, 沬之鄕矣. 云誰之思, 美孟姜矣.〕"라고 보인다.

120　越少正御事：왕염(王炎)이 말하였다. "관청의 우두머리를 장(長)이라 하고 두 번째를 소(少)라 하며, 어사(御事)는 일을 다스리는 신하이니, 정(正)이 있고 소(少)가 있다.〔官正曰長; 亞曰少, 御事, 治事之人也. 有正有少.〕"《詳說》이 설대로라면 '소(少)와 정(正)과 어사'라고 풀이해야 할 듯하나, 우선 《집전》을 따라 번역하였다.

121　文王世次爲穆：원래 태묘(太廟)에는 태조(太祖)의 사당(신위(神位))에 삼소(三昭)·삼목(三穆)을 합하여 7묘(廟)인데, 태조는 동향(東向)을 하여 가장 높은 자리가 되고, 그 다음은 북쪽 창문 아래에 진열하여 남향을 하고 또 그 다음은 남쪽 창문 아래에 진열하여 북향을 하는바, 남향한 곳은 밝으므로 소(昭)라 하고 북향한 곳은 어두우므로 목(穆)이라 한다. 그리하여 만일 1·3·5의 홀수에 해당하는 항렬의 신위(神位)가 소라면 2·4·6의 짝수에 해당하는 항렬의 신위는 목이 되는데, 주나라의 사당은 문왕이 목에 해당하므로 목고(穆考)라 칭하고 무왕이 소에 해당하므로 소고(昭考)라 칭한 것이다. 《시경》 〈주송(周頌) 재현(載見)〉에는 '솔현소고(率見昭考)'라 하였고, 〈방락(訪落)〉에는 '솔시소고(率時昭考)'라 하였는데, 이는 모두 무왕을 가리킨 것이다

···　沬 : 희미할 매　肇 : 비로소 조　越 : 및 월　諄 : 지성스러울 순

였고, 이 편에 문왕의 가르침과 경계를 말할 때에는 '목고(穆考)'라 하였으니, 말이 각 각 마땅함이 있는 것이다. 혹자는 "문왕은 세차(世次)에 있어 목(穆)이 된다."고 하니, 또한 통한다. '비(毖)'는 경계하고 삼감이다. '소정(少正)'은 관청의 부이(副貳;두 번째로 높은 자)이다. 문왕이 아침저녁으로 경계하여 말씀하기를 "오직 제사에만 이 술을 쓸 것이니, 하늘이 처음 백성들로 하여금 술을 만들게 한 것은 큰 제사를 위해서일 뿐이 다." 하였다. 서토(西土)의 여러 나라는 상나라 도읍과 멀리 떨어져 있었는데도 문왕이 가르치고 경계할 적에 또한 순순(諄諄;간곡하고 자상함)히 술로써 경계하였으니, 상나 라 도읍은 〈말하지 않아도〉 알 만하다. 문왕이 서백(西伯)이 되셨으므로 서방(庶邦)을 가르치고 경계한 것이다.

3. **天降威**하사 **我民**이 **用大亂喪德**이 **亦罔非酒**의 **惟行**이며 **越小大邦用喪**이 **亦罔非酒**의 **惟辜**(고)니라

　하늘이 위엄을 내리시어 우리 백성들이 크게 혼란하여 덕을 잃음이 또한 술의 행해 짐 아님이 없으며, 작은 나라와 큰 나라가 망함이 또한 술 때문에 생긴 잘못 아님이 없다.

酒之禍人也로되 **而以爲天降威者**는 **禍亂之成**이 **是亦天爾**일새라 **箕子言受酗酒**에 도 **亦曰天毒降災**라하니 **正此意也**라 **民之喪德**과 **君之喪邦**이 **皆由於酒**라 **喪德故**로 **言行**이요 **喪邦故**로 **言辜**라

　　술이 사람에게 화를 끼쳤는데 하늘이 위엄을 내렸다고 말한 것은 화란(禍亂)의 이 루어짐이 또한 하늘(천운)이기 때문이다. 〈미자(微子)〉에 기자(箕子)가 수(受)의 술주정 을 말씀할 때에도 또한 "하늘이 독하게 재앙을 내렸다."고 하였으니, 바로 이러한 뜻 이다. 백성이 덕을 잃음과 군주가 나라를 잃음이 모두 술에서 연유한다. 덕을 잃기 때 문에 행(行)이라 말하였고, 나라를 잃기 때문에 죄〔辜〕라고 말한 것이다.

4. **文王**이 **誥敎小子**와 **有正有事**하사되 **無彝酒**하라 **越庶國**이 **飮**호되 **惟祀**니 **德將無醉**하라

　문왕이 소자와 벼슬을 맡고 일을 맡은 사람들을 가르치시되 '술에 항상하지 말라. 여 러 나라가 술을 마시되 오직 제사 때에만 쓸 것이니, 〈이 경우에도〉 덕으로 이어가 취 하지 말라.' 하셨다.

••• 辜 : 허물 고　彝 : 떳떳할 이, 항상할 이

小子는 少子之稱이니 以其血氣未定하여 尤易縱酒喪德이라 故로 文王이 專誥敎之라 有正은 有官守者요 有事는 有職業者라 無는 毋同이라 彝는 常也라 毋常於酒요 其飮을 惟於祭祀之時라 然亦必以德將之하여 無至於醉也니라

　'소자(小子)'는 소자(少子)의 칭호이니, 혈기(血氣)가 아직 정해지지 않아서 더욱 술에 방종하여 덕을 잃기 쉬우므로 문왕이 오로지 이들을 가르치신 것이다. '유정(有正)'은 관수(官守)를 소유한 자이고, '유사(有事)'는 직업(직책)을 소유한 자이다. '무(無)'는 무(毋)와 같다. '이(彝)'는 항상함이다. 술에 항상하지 말고 술 마심을 오직 제사 때에만 하여야 한다. 그러나 또한 반드시 덕으로 이어가서 취함에 이르지 말아야 한다.

5. 惟曰 我民이 迪小子하되 惟土物愛하면 厥心이 臧하리니 聰聽祖考之彝訓하여 越小大德에 小子惟一하라

　〈문왕이〉 말씀하기를 '우리 백성들이 소자를 인도하되 오직 토물(土物;토산물)을 좋아하게 하면 그 마음이 선(善)해질 것이니, 자손들은 조고(祖考)의 떳떳한 가르침을 잘 들어서 작은 덕과 큰 덕을 소자들은 한결같이 보도록 하라.' 하셨다.

文王言 我民이 亦常訓導其子孫하되 惟土物之愛하여 勤稼穡하여 服田畝하고 無外慕하면 則心之所守者正하여 而善日生하리니 爲子孫者 亦當聰聽其祖父之常訓이요 不可以謹酒 爲小德이니 小德, 大德을 小子惟一視之可也니라

　문왕이 말씀하기를 "우리 백성들이 또한 항상 그 자손들을 훈도하되 오직 토산물을 좋아하여 부지런히 농사지어 전무(田畝)에서 일하고 외물(外物)을 사모함이 없게 하면, 마음에 지키는 것이 바루어져 선(善)이 날로 생길 것이다. 자손들 또한 조(祖)·부(父)의 떳떳한 가르침을 잘 따라서 술을 삼감을 작은 덕으로 여겨서는 안 되니, 작은 덕과 큰 덕을 소자들은 똑같이 보아야 한다." 한 것이다.

6. 妹土아 嗣爾股肱하여 純其藝黍稷하여 奔走事厥考厥長하며 肇牽車牛하여 遠服賈(고)하여 用孝養厥父母하여 厥父母慶이어사 自洗腆(선전)하여 致用酒하라

　매토의 사람들아! 너희들의 팔다리를 계속하여 놀려서 서직(黍稷)을 크게 심어 분주히 그 부모와 어른을 섬기며, 민첩하게 수레와 소를 끌고 가서 멀리 장사하여 효(孝)로 그 부모를 봉양해서 그 부모가 기뻐하거든 〈이때에야〉 스스로 깨끗이 하고 풍성하

••• 臧:착할 장　稼:심을 가　穡:거둘 색　股:다리 고　肱:팔굉　藝:심을 예　洗:깨끗할 선　腆:두터울 전

此는 武王이 敎妹土之民也[122]라 嗣는 續이요 純은 大요 肇는 敏이요 服은 事也라 言
妹土民은 當嗣續汝四肢之力하여 無有怠惰하여 大修農功하고 服勞田畝하여 奔走
以事其父兄하며 或敏於貿易하여 牽車牛하여 遠事賈하여 以孝養其父母하여 父母
喜慶然後에야 可自洗腆하여 致用酒니 洗以致其潔하고 腆以致其厚也라 薛氏曰
或大修農功하고 或遠服商賈하여 以養父母하여 父母慶이면 則汝可以用酒也라

이는 무왕이 매토(妹土)의 백성을 가르친 것이다. '사(嗣)'는 계속함이요, '순(純)'은
큼이요, '조(肇)'는 민첩함이요, '복(服)'은 일함이다. 매토의 백성들은 마땅히 너희들
의 사지(四肢)의 힘을 계속하여 게을리함이 없어 농사일을 크게 닦고 전무(田畝)에서
수고롭게 일하여 분주히 그 부형을 섬기며, 혹 무역(매매)에 민첩하여 수레와 소를 끌
고 가서 멀리 장사하여 효도로 그 부모를 봉양해서 부모가 기뻐한 뒤에야 스스로 깨
끗이 하고 풍성하게 음식을 장만하여 술을 쓸 수 있으니, 씻어서 그 깨끗함을 지극히
하고, 풍성하게 하여 그 후함을 지극히 하는 것이다.

설씨(薛氏)가 말하였다. "혹은 크게 농사 일을 닦고 혹은 멀리 장사 일을 하여 부모
를 봉양해서 부모가 기뻐하면 너희들이 술을 쓸 수 있는 것이다."

7. 庶士有正과 越庶伯君子아 其爾는 典聽朕敎하라 爾大克羞耈惟君[123]이
오사 爾乃飮食醉飽하라 丕惟曰 爾克永觀省하여 作稽中德이오사 爾尙克羞
饋祀니 爾乃自介用逸[124]이니라 茲乃允惟王正事之臣이며 茲亦惟天이 若元
德하사 永不忘이 在王家하리라

서사와 벼슬아치들과 여러 우두머리 군자들아! 너희들은 떳떳이 짐의 가르침을 들
어라. 너희들은 노인과 군주를 크게 봉양하고서야 네 이에 음식을 먹어 취하고 배부

••••••

122 此武王敎妹土之民也 : 신안 진씨(新安陳氏)가 말하였다. "이 이하는 무왕이 매토의 백성과
신하, 그리고 강숙을 통틀어 가르친 것이다.〔此以下, 通敎妹土之民與臣及康叔也.〕"《詳說》

123 羞耈惟君 : 언해에는 '유군(惟君)'을 해석하지 않았으나 오윤상은 "수(羞) 자는 마땅히 군(君)
자 아래에서 해석하여야 한다.〔羞耈惟君, 羞字當釋於君字下.〕" 하였다. 이에 따라 '노인과 군주를
크게 봉양하는 것'으로 해석하였다.

124 自介用逸 :《집전》에 "개(介)는 도움이다" 하고 '자부(自副)'로 해석하였는바, 介는 일반적으로
주인의 부이(副貳;돕는 자)가 되어 술 마시는 일을 돕는 자를 이른다.

••• 羞 : 봉양할 수 耈 : 늙은이 구 饋 : 먹일 궤 介 : 도울 개

르도록 하라. 크게 말씀하기를 '너희들은 길이 보고 살펴서 행동함에 중정(中正)한 덕에 상고하고서야 너희들은 거의 궤사(饋祀:제사)를 올릴 수 있으니, 너희들이 스스로 개(介)가 되어 연락(宴樂)할 수 있을 것이다. 이렇게 하면 진실로 왕의 일을 바로잡는 신하이며, 이렇게 하면 또한 하늘이 큰 덕을 순히 하여 영원히 잊지 않음이 왕가(王家)에 있을 것이다.'

此는 武王이 敎妹土之臣也라 伯은 長也라 曰君子者는 賢之也라 典은 常也라 羞는 養也니 言其大能養老也라 惟君은 未詳이라 丕惟曰者는 大言也라 介는 助也요 用逸者는 用以宴樂也라 言爾能常常反觀內省하여 使念慮之發과 營爲之際로 悉稽乎中正之德하여 而無過不及之差하면 則德全於身하여 而可以交於神明矣라 如是면 則庶幾能進饋祀니 爾亦可自副而用宴樂也라 如此면 則信爲王治事之臣이요 如此면 亦惟天順元德하여 而永不忘이 在王家矣라 按上文에 父母慶則可飮酒요 克羞耈則可飮酒요 羞饋祀則可飮酒라하니 本欲禁絶其飮이어늘 今乃反開其端者는 不禁之禁也니 聖人之敎 不迫而民從者 此也라 孝養, 羞耈, 饋祀는 皆因其良心之發而利導之니 人果能盡此三者면 且爲成德之士矣리니 而何憂其湎酒也哉리오

　　이는 무왕이 매토의 신하를 가르친 것이다. '백(伯)'은 우두머리이다. 군자라고 말한 것은 어질게 여긴 것이다. '전(典)'은 떳떳함이다. '수(羞)'는 봉양함이니, 크게 노인을 봉양함을 말한다. '유군(惟君)'은 미상이다. '비유왈(丕惟曰)'은 크게 말한 것이다. '개(介)'는 도움이요, '용일(用逸)'은 이로써 연락(宴樂)하는 것이다. 너희들이 항상 돌이켜 보고 안으로 살펴서 생각이 나옴과 경영하는 즈음에 모두 중정(中正)한 덕에 상고하여 과(過)와 불급(不及)의 잘못이 없게 하면, 덕이 몸에 온전하여 신명을 사귈 수 있을 것이다. 이와 같이 하면 거의 궤사(饋祀)를 올릴 수 있으니, 너희들 또한 스스로 개(介:부이(副貳))가 되어서 이로써 연락할 수 있을 것이다. 이와 같다면 진실로 왕의 일을 다스리는 신하가 되고, 이와 같다면 또한 하늘이 큰 덕을 순히 하여 영원히 잊지 않음이 왕가에 있을 것이다.

　　살펴보건대 상문(上文)에 '부모가 기뻐하면 술을 마실 수 있다.' 하였고, '능히 노인을 봉양하면 술을 마실 수 있다.' 하였고, '궤사를 올리면 술을 마실 수 있다.' 하였으니, 본래는 술 마시는 것을 금하고 끊고자 하였는데 이제 도리어 그 단서를 열어준 것은 금하지 않은 금함이니, 성인의 가르침이 급박하지 않아 백성들이 따르는 것은 이 때문이다. 효도로 봉양하고 노인을 봉양하고 궤사함은 모두 그 양심이 발함을 따라

순히 인도한 것이니, 사람이 과연 이 세 가지를 다한다면 장차 성덕(成德)한 선비가 될
것이니, 어찌 술에 빠짐을 걱정하겠는가.

8. 王曰 封아 我西土棐徂邦君、御事、小子 尚克用文王教하여 不腆于酒일
새(흔들로) 故我至于今하여 克受殷之命이니라
　　왕(무왕)이 말씀하였다. "봉(封)아. 우리 서토에서 돕던 지난날의 방군과 어사와 소자
들이 거의 능히 문왕의 가르침을 따라 술에 빠지지 않았으므로 내 지금에 이르러 은
나라의 명을 받은 것이다."

徂는 往也라 輔佐文王往日之邦君、御事、小子也니 言文王戒酒之教 其大如此라
　　'조(徂)'는 지나감이다. 문왕을 보좌하던 지난날의 방군과 어사와 소자이니, 문왕
이 술을 경계한 가르침이 그 큼이 이와 같음을 말한 것이다.

9. 王曰 封아 我聞하니 惟曰 在昔殷先哲王이 迪畏天顯小民하사 經德秉哲
하사 自成湯으로 咸至于帝乙히 成王畏相이어시늘 惟御事厥棐有恭하여 不
敢自暇自逸이온 矧曰其敢崇飮가
　　왕이 말씀하였다. "봉아. 내가 들으니, 이르기를 '옛날 은나라의 선철왕(先哲王)이 하
늘의 밝은 명과 소민(小民)들을 〈보존하기 어려움을〉 두려워하여, 덕을 떳떳이 간직하
고 밝음을 잡아 지켜서 성탕(成湯)으로부터 제을(帝乙)에 이르기까지 왕의 덕을 이루고
보상(輔相)하는 대신을 공경하였으므로 어사들이 그 도움에 공손함을 두어 감히 스스
로 한가하고 스스로 안일하지 못하였으니, 하물며 감히 술 마심을 숭상한다.' 하겠는가.

以商君臣之不暇逸者로 告康叔也라 殷先哲王은 湯也라 迪畏者는 畏之而見(현)
於行也니 畏天之明命하고 畏小民之難保라 經其德而不變은 所以處己也요 秉其
哲而不惑은 所以用人也라 湯之垂統이 如此라 故로 自湯至于帝乙히 賢聖之君이
六七作하니 雖世代不同이나 而皆能成就君德하고 敬畏輔相이라 故로 當時御事之
臣이 亦皆盡忠輔翼하여 而有責難之恭[125]하여 自暇自逸도 猶且不敢이온 況曰其敢

・・・・・・
125　責難之恭 : 책난(責難)은 군주가 하기 어려운 성군(聖君)의 일을 하라고 책망하는 것으로,
《맹자》〈이루 상(離婁上)〉에 "군주에게 어려운 일로 책하는 것을 공손함이라 이른다.〔責難於君謂

尙飮乎아

　　상나라의 군주와 신하들이 한가하고 안일하지 않았던 것을 가지고 강숙에게 고한 것이다. 은나라의 선철왕은 성탕(成湯)이다. '적외(迪畏)'는 두려워하여 행실에 나타남이니, 하늘의 명명(明命)을 두려워하고 소민(小民)의 보존하기 어려움을 두려워한 것이다. 그 덕을 떳떳이 간직하여 변치 않음은 자신을 대처한 것이요, 그 밝음을 잡아 지켜 의혹하지 않음은 사람을 등용한 것이다. 성탕이 드리운 전통이 이와 같았다. 그러므로 성탕으로부터 제을에 이르기까지 어질고 성스러운 군주가 6~7명이 나왔으니, 비록 세대가 똑같지 않으나 모두 군주의 덕을 성취하고 보상하는 대신을 공경하였다. 그러므로 당시에 일을 다스리던 신하들 또한 모두 충성을 다하여 보익(輔翼)해서 어려운 일로 군주에게 책하는 공손함을 두어, 스스로 한가하고 스스로 안일함도 감히 하지 못하였는데 하물며 감히 술 마심을 숭상한다 하겠는가.

10. 越在外服한 侯、甸、男、衛邦伯과 越在內服한 百僚、庶尹과 惟亞、惟服과 宗工과 越百姓、里居에 罔敢湎于酒하니 不惟不敢이라 亦不暇요 惟助成王德顯하며 越尹人祗辟하니라

　　그리하여 외복(外服)에 있는 후(侯)·전(甸)·남(男)·위(衛)의 제후와 방백(邦伯) 및 내복(內服)에 있는 백료(百僚)와 서윤(庶尹), 아(亞)와 복(服), 종공(宗工)과 백성, 마을에 거주하는 자에 이르기까지 감히 술에 빠진 이가 없었으니, 다만 감히 취하지 못할 뿐만 아니라 또한 취할 겨를이 없었고, 오직 왕의 덕을 이루어 드러나게 하며 윤인(尹人)들이 임금을 공경함을 도왔을 뿐이다.

自御事而下로 在外服엔 則有侯、甸、男、衛諸侯與其長伯하고 在內服엔 則有百僚、庶尹、惟亞、惟服、宗工、國中百姓과 與夫里居者 亦皆不敢沈湎于酒하니 不惟不敢이라 亦不暇니 不敢者는 有所畏요 不暇者는 有所勉이라 惟欲上以助成君德하여 而使之昭著하고 下以助尹人祗辟하여 而使之益不怠耳라 成王은 顧上文成王而言이요 祗辟은 顧上文有恭而言이라 呂氏曰 尹人者는 百官諸侯之長也니 指上文御事而言이니라

• • • • • •
之恭.]" 하였다.

•••　甸 : 경계 전　辟 : 임금 벽

어사로부터 이하로 외복(外服)에 있어서는 후(侯)·전(甸)·남(男)·위(衛)의 제후와 장백(長伯)이 있고, 내복에 있어서는 백료와 서윤, 아(亞)와 복(服), 종공(宗工)과 국중의 백성과 마을에 거주하는 자가 있는데, 이들 또한 모두 감히 술에 빠지지 않았으니, 다만 감히 취하지 못할 뿐만 아니라 또한 취할 겨를이 없었다. 감히 취하지 못한다는 것은 두려워하는 바가 있는 것이요, 취할 겨를이 없다는 것은 직무에 힘쓰는 바가 있는 것이다. 오직 위로는 군주의 덕을 이룸을 도와서 드러나게 하고, 아래로는 윤인(尹人)이 군주를 공경함을 도와서 더욱더 게을리 하지 않게 할 뿐이었다. '성왕(成王)'은 상문(上文)의 성왕(成王;왕의 덕을 이룸)을 염두에 두고 말한 것이며, '지벽(祗辟)'은 상문의 유공(有恭;공손함을 둠)을 염두에 두고 말한 것이다.

여씨(呂氏)가 말하였다. "윤인(尹人)은 백관과 제후의 우두머리이니, 상문에 어사를 가리켜 말한 것이다."

11. 我聞호니 亦惟曰 在今後嗣王하여 酖身하여 厥命이 罔顯于民이요 祗保越怨이어늘 不易(역)하고 誕惟厥縱淫洗于非彝하여 用燕喪威儀한대 民이 罔不盡(혁)傷心이어늘 惟荒腆于酒하여 不惟自息乃逸하며 厥心疾狠하여 不克畏死하며 辜在商邑하여 越殷國滅無罹(리)하니 弗惟德馨(형)香祀 登聞于天이요 誕惟民怨庶羣自酒腥이 聞在上이라 故로 天降喪于殷하사 罔愛于殷은 惟逸이니 天非虐이라 惟民이 自速辜니라

내가 들으니, 또한 이르기를 "지금 후사왕(後嗣王)에 있어 몸을 술에 빠뜨려 그 명령이 백성들에게 드러나지 못하고, 공경하여 보존함이 원망에 미치는데도 이를 고치려 하지 않고, 그 음일(淫洗)함을 떳떳하지 않은 일에 크게 방종하여 안일로써 위의(威儀)를 상실하였다. 그리하여 백성들이 모두 상심해 하지 않는 이가 없는데도 후사왕은 황폐하여 술에 빠져서 스스로 안일함을 그칠 것을 생각하지 않으며, 그 마음이 모질고 사나워서 죽음을 두려워하지 않으며, 허물이 상나라 도읍에 있어 은나라가 망하는데도 근심하지 않으니, 덕으로 말미암은 향기로운 제사가 하늘에 올라가 풍겨지지 못하고, 백성들이 크게 원망하여 술에서 풍겨나오는 여러 가지 더러운 냄새가 상천(上天)에 풍겨졌다. 그러므로 하늘이 은나라에 망함을 내리시어 은나라를 사랑하지 않으신 것이니, 이는 안일한 탓이니, 하늘이 사나운 것이 아니라 사람들이 스스로 허물(죄)을 부른 것이다."

··· 酖:취할 감 洗:방탕할 일 盡:아플 혁 狠:사나울 한 馨:향기 형 速:부를 속

以商受荒腆于酒者로 告康叔也라 後嗣王은 受也라 受沈酗其身하여 昏迷於政하
여 命令이 不著於民하고 其所祗保者 惟在於作怨之事어늘 不肯悛(전)改하고 大惟
縱淫泆于非彝하니 泰誓所謂奇技淫巧也라 燕은 安也라 用安逸而喪其威儀하니
史記에 受爲酒池肉林하여 使男女로 裸(라)而相逐이라하니 其威儀之喪이 如此라
此民所以無不痛傷其心하여 悼國之將亡也어늘 而受方且荒怠하여 益厚于酒하여
不思自息其逸하여 力行無度하며 其心疾狠하여 雖殺身而不畏也하고 辜在商邑하
여 雖滅國而不憂也라 弗事上帝하여 無馨香之德以格天하고 大惟民怨하여 惟羣酗
腥穢之德이 以聞于上이라 故로 上天이 降喪于殷하여 無有眷愛之意者는 亦惟受
縱逸故也라 天豈虐殷이시리오 惟殷人酗酒하여 自速其辜爾라 曰民者는 猶曰先民
이니 君臣之通稱也라

　　상왕(商王) 수(受)가 황음(荒淫)하여 술에 빠진 일을 가지고 강숙에게 고한 것이다.
후사왕은 수(受)이다. 수가 그 몸을 술에 빠뜨려 정사에 혼미해서 명령이 백성들에게
드러나지 못하였고, 공경하여 보존하는 것이 오직 원망을 만드는 일에 있는데도 이를
개전(改悛)하려 하지 않고는 떳떳하지 않은 음일(淫泆)함에 크게 방종하였으니, 〈태서
(泰誓)〉에 이른바 '기이한 기예(技藝)와 지나친 재주'라는 것이다. '연(燕)'은 편안함이
다. 안일로써 그 위의를 상실하였으니, 《사기》〈은기(殷紀)〉에 "수(受)가 주지 육림(酒
池肉林)을 만들고는 남녀들로 하여금 옷을 벗고 서로 따르게 했다." 하였으니, 그 위의
를 잃음이 이와 같았다. 이 때문에 백성들이 모두 그 마음에 애통해 하고 서글퍼하여
나라가 장차 망함을 슬퍼한 것이다.

　　그런데도 수(受)는 막 태만하여 더욱 술에 빠져서 스스로 그 안일함을 그칠 것을
생각하지 아니하여 법도가 없는 일을 힘써 행하며, 그 마음이 모질고 사나워서 비록
몸이 죽더라도 두려워하지 않고, 허물이 상나라 도읍에 있어 비록 나라가 망하더라도
근심하지 않았다. 상제(上帝)를 섬기지 아니하여 향기로운 덕으로 하늘을 감동시킴이
없고, 백성들이 크게 원망하여 오직 여러 가지 술주정을 하여 비린내 나고 더러운 덕
(德:행위)이 상천(上天)에 풍겨졌다. 그러므로 상천이 은나라에 망함을 내려 돌보고 사
랑하는 뜻이 없었으니, 이 또한 수(受)가 안일함에 방종한 때문이다. 하늘이 어찌 은
나라를 사납게 대하셨겠는가. 오직 은나라 사람들이 술에 빠져 스스로 그 죄를 불렀
을 뿐이다. '민(民)'이라고 말한 것은 선민(先民)이란 말과 같으니, 군주와 신하의 통칭
이다.

12. 王曰 封아 予不惟若兹多誥라 古人이 有言曰 人은 無於水監이요 當於
民監이라하니(이니) 今惟殷이 墜厥命하니 我其可不大監하여 撫于時아

　왕이 말씀하였다. "봉아. 나는 이와 같이 말을 많이 하려는 것이 아니다. 옛사람이 말
하기를 '사람은 물에서 보지 말고 마땅히 백성에게서 보라.' 하였으니, 지금 은나라가
천명을 실추하였으니, 내 크게 이것을 거울로 삼아 이때를 어루만지지 않을 수 있겠
는가."

我不惟如此多言이로되 所以言湯言受를 如此其詳者는 古人謂 人無於水監이니
水能見(현)人之妍醜(연추)而已요 當於民監이니 則其得失可知라 今殷民이 自速辜
하여 旣墜厥命矣니 我其可不以殷民之失로 爲大監戒하여 以撫安斯時乎아

　　나는 이와 같이 말을 많이 하려는 것이 아닌데도 성탕을 말하고 수(受)를 말하기를
이와 같이 상세히 하는 까닭은, 고인(古人)이 이르기를 "사람은 물에서 보지 말 것이니
물은 사람의 곱고 추함을 나타낼 뿐이며, 마땅히 백성에게서 볼 것이니 〈백성에게서
보면〉 득실을 알 수 있다." 하였다. 이제 은나라 백성들이 스스로 죄를 불러 이미 천명
을 실추하였으니, 내 어찌 은나라 백성의 잘못을 큰 감계(監戒)로 삼아 이때를 어루만
져 편안히 하지 않을 수 있겠는가.

13. 予惟曰 汝劼毖(할비)殷獻臣과 侯、甸、男、衛니 矧太史友와 內史友와 越
獻臣、百宗工이온여(이따녀) 矧惟爾事인 服休、服采[126]온여(따녀) 矧惟若疇인
圻父(기보)薄違와 農父若保와 宏父定辟이온여 矧汝剛制于酒온여

　내 다음과 같이 말하노라.
　"너는 은나라의 헌신(獻臣;현신(賢臣))과 후(侯)·전(甸)·남(男)·위(衛)의 제후들을
힘써 경계해야 할 것이니, 하물며 네가 벗으로 대하는 태사(太史)와 내사(內史)와 헌
신(獻臣)과 백종공(百宗工)에 있어서랴. 하물며 네가 섬기는 자인 복휴(服休)와 복채(服
采)에 있어서랴. 하물며 너의 짝인 기보(圻父)로서 법을 어기는 자를 축출하는 자와 농
보(農父)로서 백성들을 순히 하여 보존하는 자와 굉보(宏父)로서 땅을 열어 경계를 정

......
126　服休服采: 복(服)은 종사하는 것이며, 휴(休)는 정현(鄭玄)은 휴식으로 보아 복채(服采)를
　　　연식(燕息)의 근신(近臣)으로 해석하였으나, 《집전》은 아름다움으로 보아 도(道)를 논하는 일에
　　　종사하는 신하로 해석하였다. 복채는 일에 종사하는 신하이다.

··· 撫 : 어루만질 무　妍 : 고울 연　醜 : 추악할 추　劼 : 힘쓸 할(갈)　疇 : 무리 주

해주는 자에 있어서랴. 더구나 네 자신이 술을 억지로 제재해야 함에 있어서랴.

劼은 用力也니 汝當用力하여 戒謹殷之賢臣與隣國之侯、甸、男、衛하여 使之不
湎于酒也라 芝殷獻臣、侯、甸、男、衛는 與文王芝庶邦庶士로 同義라 殷之賢臣、
諸侯도 固欲知所謹矣어든 況太史掌六典、八法、八則하고 內史掌八柄[127]之法하여
汝之所友者와 及其賢臣、百寮、大臣이 可不謹於酒乎아 太史、內史、獻臣、百宗
工도 固欲知所謹矣어든 況爾之所事로 服休坐而論道之臣과 服采起而作事之臣
이 可不謹於酒乎아 曰友、曰事者는 國君이 有所友, 有所事也라 然盛德은 有不可
友者라 故로 孟子曰 古之人曰 事之云乎언정 豈曰友之云乎아하니라

　‘할(劼)’은 힘을 쓰는 것이니, 너는 마땅히 힘을 써서 은나라의 현신(賢臣)과 이웃
나라의 후(侯)·전(甸)·남(男)·위(衛)의 제후들을 경계하고 삼가서 술에 빠지지 않
게 하여야 한다. 은나라의 헌신과 후·전·남·위의 제후들을 경계한 것은 문왕이 서
방(庶邦)의 서사(庶士)를 경계한 것과 똑같은 뜻이다.

　은나라의 현신과 제후들도 진실로 삼갈 바를 알고자 하거든, 하물며 태사(太史)로
서 육전(六典)·팔법(八法)·팔칙(八則)을 관장하고, 내사(內史)로서 팔병(八柄)의 법을
관장하여 네가 벗으로 대하는 자와 현신과 백료(百僚)와 대신들이 술을 삼가지 않겠는
가. 태사·내사·헌신·백종공(百宗工)들도 진실로 삼갈 바를 알고자 하거든, 하물며
네가 섬기는 사람 중에 복휴(服休)로서 앉아서 도를 논하는 신하와 복채(服采)로서 일
어나 일하는 신하들이 술을 삼가지 않을 수 있겠는가. ‘우(友)’라 말하고 ‘사(事)’라 말
한 것은 나라의 군주는 벗으로 대하는 자가 있고 스승으로 섬기는 자가 있기 때문이
다. 그러나 훌륭한 덕이 있는 사람은 벗으로 대해서는 안 되는 경우가 있다. 그러므로
《맹자》〈만장 하(萬章下)〉에 “옛사람의 말에 ‘섬길지언정 어찌 벗으로 대하겠는가.’라
고 했다.” 한 것이다.

・・・・・・
127　太史掌……八柄 : 육전(六典)은 나라를 다스리는 여섯 가지 법(제도)으로 치전(治典 이조)
・교전(敎典 호조)・예전(禮典 예조)・정전(政典 병조)・형전(刑典 형조)・사전(事典 공조)을 가리키
고, 팔법(八法)은 관부(官府)를 다스리는 여덟 가지 법칙으로 관속(官屬)・관직(官職)・관련(官聯)
・관상(官常)・관성(官成)・관법(官法)・관형(官刑)・관계(官計)를 가리키며, 팔칙(八則)은 봉지(封
地)나 채읍(采邑)인 도비(都鄙)를 다스리는 여덟 가지 법칙으로 제사(祭祀)・법칙(法則)・폐치(廢
置)・록위(祿位)・공부(貢賦)・예속(禮俗)・형상(刑賞)・전역(田役)을 가리키며, 팔병(八柄)은 군
신(羣臣)을 다스리는 여덟 가지 권병(權柄)으로 작(爵)・록(祿)・여(予)・치(置)・생(生)・탈(奪)・폐
(廢)・주(誅)를 가리키는바, 《주례》〈천관(天官) 태재(太宰)〉에 자세히 보인다.

服休, 服采 固欲知所謹矣어든 況爾之疇匹而位三卿者로 若圻父迫逐違命者乎
아 若農父之順保萬民者乎아 若宏父之制其經界以定法者乎아 皆不可不謹于酒
也라 圻父는 政官이니 司馬也니 主封圻(畿)하고 農父는 敎官이니 司徒也니 主農하
고 宏父는 事官이니 司空也니 主廓地居民이라 謂之父者는 尊之也라 先言圻父者
는 制殷人湎酒에 以政爲急也라 圻父、農父、宏父도 固欲知所謹矣어든 況汝之身
은 所以爲一國之視傚者니 可不謹於酒乎아 故로 曰矧汝剛制于酒아하니라 剛制는
亦劫毖之意니 剛果用力以制之也라 此章은 自遠而近하고 自卑而尊하여 等而上
之하니 則欲其自康叔之身始하여 以是爲治면 孰能禦之리오 而況毖於酒德也哉아

　복휴(服休)와 복채(服采)도 진실로 삼갈 바를 알고자 하거든, 하물며 너의 짝으로
삼경(三卿)의 지위에 있는 자 중에 기보(圻父)로서 왕명을 어김을 축출하는 자에 있어
서랴. 농보(農父)로서 만민을 순히 보호하는 자에 있어서랴. 굉보(宏父)로서 경계를 만
들어 법을 정하는 자에 있어서랴. 이들은 모두 술을 삼가지 않으면 안 되는 것이다.

　기보는 정사(政事;정벌)를 다스리는 벼슬로 사마(司馬)이니 봉기(封圻)를 주관하며,
농보는 가르치는 벼슬로 사도(司徒)이니 농사를 주관하며, 굉보는 일하는 벼슬로 사공
(司空)이니 땅을 넓혀 백성을 거주하게 함을 주관한다. '보(父)'라고 말한 것은 높인 것
이다. 먼저 기보를 말한 것은 은나라 사람들이 술에 빠짐을 제재함에 정사(政事)를 급
하게 여겼기 때문이다.

　기보·농보·굉보도 진실로 삼갈 바를 알고자 하거든, 하물며 너 자신은 한 나라
의 보고 본받음이 되는 자이니, 술을 삼가지 않을 수 있겠는가. 그러므로 말하기를
"더구나 네 자신이 술을 강력히 제재해야 함에 있어서랴."라고 한 것이다. 강력히 제
재한다는 것은 또한 힘써 경계[劫毖]하는 뜻이니, 강하고 과단성 있게 힘을 써서 제
재하는 것이다.

　이 장(章)은 멂으로부터 가까움에 이르고 낮음으로부터 높음에 이르러 등급에 따
라 올라가니, 강숙(康叔)의 몸으로부터 시작하여 이로써 다스림을 하고자 한다면, 그
누가 이것을 막겠는가. 더구나 주덕(酒德)을 삼감에 있어서랴.

14. 厥或誥曰羣飮이어든 汝勿佚(일)하여 盡執拘하여 以歸于周하라 予其殺
호리라(이니라)

　그 혹자가 '떼지어 술을 마신다'고 고하거든 너는 놓치지 말고 모두 붙잡아 구속해서
주나라(호경)로 돌아오라. 내 아마도 이들을 죽이리라.

羣飮者는 商民이 羣聚而飮하여 爲姦惡者也라 佚은 失也라 其者는 未定辭也라 蘇
氏曰 予其殺者는 未必殺也니 猶今法曰當斬者니 皆具獄以待命이요 不必死也라
然必立法者는 欲人畏而不敢犯也라 羣飮은 蓋亦當時之法에 有羣聚飮酒하여 謀
爲大姦者니 其詳은 不可得而聞矣라 如今之法에 有日夜聚曉散者는 皆死罪니 蓋
聚而爲妖逆者也라 使後世不知其詳하고 而徒聞其名하여 凡民夜相過者를 輒(첩)
殺之하니 可乎아

　'군음(羣飮)'은 상나라 백성들이 떼지어 모여 술을 마시고서 간악한 짓을 하는 자이
다. '일(佚)'은 놓치는 것이다. '기(其)'는 결정하지 않는 말(아마도)이다.

　소씨(蘇氏)가 말하였다. "'내 아마도 그들을 죽이리라.'라는 것은 반드시 죽인다는
말은 아니니, 지금 법에 '참형(斬刑)에 해당한다.'는 것과 같으니, 모두 옥사(獄事)를 갖
추어 명령을 기다리는 것이요, 반드시 죽이지는 않는 것이다(죽이는 것은 아니다). 그러
나 반드시 이와 같이 법을 세우는 것은 사람들이 두려워하여 감히 범하지 않고자 해
서이다. '군음(羣飮)'은 또한 당시의 법에 떼지어 술을 마시고서 큰 간악함을 모의하는
자가 있었던 것이니, 그 자세한 것은 들을(알) 수 없으나 지금의 법에 '밤에 모였다가
새벽에 흩어지는 자는 모두 사죄(死罪)이다.'라고 말한 것과 같으니, 이는 모여서 요망
한 짓과 반역을 꾀하는 자이다. 후세에는 그 자세한 내용은 알지 못하고 한갓 죄의 명
목만을 듣고서 무릇 백성들 중에 밤에 서로 방문하는 자를 번번이 죽이니, 옳겠는가."

15. 又惟殷之迪諸臣、惟工이 乃湎于酒어든 勿庸殺之하고 姑惟敎之하라
　또 은나라 수(受)가 악으로 인도한 여러 신하들과 벼슬아치들이 술에 빠지거든 죽이
지 말고 너는 우선 가르쳐라.

殷受 導迪爲惡之諸臣、百工은 雖湎于酒하여 未能遽革이라도 而非羣聚爲姦惡
者면 無庸殺之하고 且惟敎之니라

　은나라 수가 인도하여 악을 하도록 한 여러 신하들과 백관들은 비록 술에 빠져 대
번에 고치지 못하더라도 떼지어 모여서 간악한 짓을 한 자가 아니면 죽이지 말고 우
선 가르쳐라.

16. 有斯면 明享[128]이어니와 乃不用我教辭하면 惟我一人이 弗恤하여 弗蠲(견)
乃事하여 時同于殺호리라

　네가 이것을 기억하고 있으면 내가 밝게 연향을 베풀어주겠지만, 네가 나의 가르치
는 말을 따르지 않으면 나 한 사람은 너를 구휼하지(돌보지) 않고 네가 하는 일을 좋게
여기지 아니하여 이에 죽이는 죄와 똑같이 다스릴 것이다.”

有者는 不忘之也라 斯는 此也니 指教辭而言이라 享은 上享下之享이라 言殷諸臣
百工이 不忘教辭하여 不湎于酒면 我則明享之어니와 其不用我教辭면 惟我一人이
不恤於汝하여 弗潔汝事하여 時則同汝于羣飲誅殺之罪矣리라

　‘유(有)’는 〈기억하여〉 잊지 않는 것이다. ‘사(斯)’는 이것이니, 가르친 말을 가리켜
말한 것이다. ‘향(享)’은 윗사람이 아랫사람에게 연향한다는 향(享) 자이다. 은나라의
여러 신하와 백관들이 내가 가르친 말을 잊지 아니하여 술에 빠지지 않으면 나는 밝
게 연향을 베풀어 줄 것이나, 나의 가르치는 말을 따르지 않으면 나 한 사람은 너를
구휼하지 않고 네가 하는 일을 깨끗하게(좋게) 여기지 아니하여, 이때에는 너를 떼지
어 술 마시면 주살(誅殺)하는 죄와 똑같이 다스릴 것이다.

17. 王曰 封아 汝典聽朕毖하라 勿辨乃司하면 民湎于酒하리라

　왕이 말씀하였다. “봉(封)아! 너는 나의 경계하는 말을 떳떳이 들어라. 네가 너의 유
사(有司)들을 다스리지 못하면 백성들이 술에 빠질 것이다.”

辨은 治也라 乃司는 有司也니 卽上文諸臣百工之類라 言康叔이 不治其諸臣百工
之湎酒하면 則民之湎酒者를 不可禁矣리라

　‘변(辨)’은 다스림이다. ‘내사(乃司)’는 유사이니, 곧 상문(上文)에 제신(諸臣)·백공
(百工)의 류(類)이다. 강숙이 여러 신하와 백공들이 술에 빠짐을 다스리지 못하면 백성
들이 술에 빠짐을 금할 수 없음을 말한 것이다.

• • • • • •

128　有斯明享 : 《집전》에 “유사(有斯)’를 은나라의 여러 신하들이 이 가르치는 말씀을 기억해 둠
을 말한 것이다.”라고 한 것에 대하여 오윤상은 “그렇다면 ‘너의 일을 깨끗하게 여기지 않는다’는 말
과 문맥이 서로 접속되지 않으니, 이것은 강숙을 가리킨 것이다.[傳謂殷諸臣有斯教辭. 然則與不蠲
乃事, 語脈不接續, 恐是指康叔也.]” 하였다.

•••　蠲 : 깨끗할 견　潔 : 깨끗할 결

亦武王誥康叔之書니 諭以治國之理하여 欲其通上下之情하고 寬刑辟之用이라 而
篇中에 有梓材二字하니 比稽田、作室에 爲雅라 故로 以爲簡編之別이요 非有他義
也라 今文古文皆有하니라

　이 또한 무왕이 강숙을 가르친 글이니, 치국(治國)의 도리를 말씀하여 상하의 정
(情)을 통하고 형벌의 씀을 너그럽게 하고자 한 것이다. 편 가운데 ‘재재(梓材)’라는 두
글자가 있으니, 계전(稽田:밭을 다스림)과 작실(作室:집을 지음)에 비하여 고아(高雅)함이
된다. 그러므로 간편(簡編)의 구별로 삼은 것이요, 다른 뜻이 있는 것은 아니다. 금문
(今文)과 고문(古文)에 모두 있다.

○ 按此篇은 文多不類하니 自今王惟曰以下는 若人臣進戒之辭라 以書例推之하
면 曰今王惟曰者는 猶洛誥之今王卽命曰也요 肆王惟德用者는 猶召誥之肆惟王
其疾敬德、王其德之用也요 已若玆監者는 猶無逸嗣王其監于玆也요 惟王子子
孫孫永保民者는 猶召誥惟王受命、無疆惟休也라 反覆參考컨대 與周公、召公進
戒之言으로 若出一口라 意者컨대 此篇은 得於簡編斷爛之中하여 文旣不全이요 而
進戒爛簡에 有用明德之語하니 編書者 以與罔厲殺人等意合이라하고 又武王之誥
에 有曰王曰監云者어늘 而進戒之書에 亦有曰王曰監云者한대 遂以爲文意相屬이
라하여 編次其後로되 而不知前之所謂王者는 指先王而言이니 非若今王之爲自稱
也요 後之所謂監者는 乃監視之監이요 而非啓監之監也니 其非命康叔之書 亦明
矣라 讀書者 優遊涵泳하고 沈潛反覆하여 繹其文義하고 審其語脈하면 一篇之中에
前則尊諭卑之辭요 後則臣告君之語니 蓋有不可得而强合者矣니라

　○ 살펴보건대 이 편은 글이 똑같지 않은 것이 많으니, ‘금왕유왈(今王惟曰)’로부터
이하는 인신(人臣)이 진계(進戒)한 말인 듯하다. 《서경》의 준례로 미루어 보면 ‘금왕유
왈(今王惟曰)’은 〈낙고(洛誥)〉의 ‘금왕즉명왈(今王卽命曰)’과 같으며, ‘사왕유덕용(肆王惟
德用:왕은 오직 덕을 씀)’은 〈소고(召誥)〉의 ‘사유왕기질경덕(肆惟王其疾敬德:왕은 빨리 덕
을 공경함), 왕기덕지용(王其德之用:왕은 덕을 씀)’과 같으며, ‘이약자감(已若玆監:이와 같이
거울로 삼음)’은 〈무일(無逸)〉의 ‘사왕기감우자(嗣王其監于玆:사왕은 이것을 거울로 삼음)’와
같으며, ‘유왕자자손손영보민(惟王子子孫孫永保民:왕의 자자손손이 영원히 백성을 보존함)’

···　稽:다스릴 계　爛:불에탈 란　涵:담글 함　泳:헤엄칠 영　繹:연구할 역

은 〈소고〉의 '유왕수명 무강유휴(惟王受命無疆惟休;왕이 천명을 받음이 무궁한 아름다움임)'
와 같다. 반복하여 참고해 보건대 주공(周公)과 소공(召公)이 진계(進戒)한 말씀과 한
입에서 나온 듯하다.

짐작건대 이 편은 간편(簡編)이 끊기고 망가진 가운데에 얻어서 글이 이미 완전하
지 못하고, 진계한 글의 끊겨진 간편에 '명덕(明德)을 쓰라'는 말이 있으니, 책을 엮는
자가 '망려살인(罔厲殺人;사나움으로 사람을 죽이지 말라)' 등의 뜻과 부합된다고 여기고,
또 무왕의 가르침에 '왕왈감운(王曰監云)'이라는 것이 있는데 진계한 글에 또한 '왕왈
감운(王曰監云)'이라는 내용이 있자, 마침내 글뜻이 서로 연결된다고 생각하여 그 뒤
에 편차(編次)하였다.

그러나 앞의 이른바 왕은 선왕(先王)을 가리켜 말한 것이니 금왕(今王)이 자칭한 것
과는 같지 않으며, 뒤의 이른바 감(監)이라는 것은 바로 감시(監視;거울삼아 살펴봄)의
감이요 계감(啓監;감독하는 자를 둠)의 감이 아닌 것을 알지 못한 것이니, 이는 강숙에게
명한 글이 아님이 또한 분명하다.

글을 읽는 자가 우유(優遊;오랫동안 계속함)하고 함영(涵泳;완전히 탐색함)하며 침잠(沈
潛)하고 반복하여 그 글 뜻을 깊이 연구하고 그 어맥(語脈;문맥)을 살펴보면, 한 편 가
운데 앞부분은 높은 사람이 낮은 사람을 효유(曉喩)한 말이고 뒷부분은 신하가 군주
에게 아뢴 말이니, 억지로 합할 수가 없는 것이다.

1. 王曰 封아 以厥庶民과 暨(기) 厥臣으로 達大家하며 以厥臣으로 達王은 惟
邦君이니라

왕이 말씀하였다.
"봉(封)아. 그 서민과 그 신하로써 대가(大家)에 이르게 하며 그 신하로써 왕에게 이
르게 함은 오직 방군(邦君)이다.

大家는 巨室也라 孟子曰 爲政不難하니 不得罪於巨室이라한대 孔氏曰 卿大夫及
都家[129]也라하니라 以厥庶民暨厥臣으로 達大家면 則下之情이 無不通矣요 以厥臣

......
129 都家 :《주례》〈하관(夏官) 대사마(大司馬)〉에 도사마(都司馬)와 가사마(家司馬)가 보이는데,
주에 '도(都)는 왕의 자제를 봉한 곳과 삼공의 채지이며, 가(家)는 경대부의 채지이다.[都, 謂王子
弟所封及王公采地; 家, 謂卿大夫采地.]'라 하여, 도(都)와 가(家)를 나누어 보았다.《詳說》

으로 達王이면 則上之情이 無不通矣라 王言臣而不言民者는 率土之濱이 莫非王
臣也일새라 邦君은 上有天子하고 下有大家하니 能通上下之情하여 而使之無間者
는 惟邦君也니라

　'대가(大家)'는 거실(巨室)이다. 《맹자》〈이루 상(離婁上)〉에 "정사를 다스림이 어렵
지 않으니, 거실에 죄를 얻지(잘못을 저지르지) 말라." 하였는데, 공씨(孔氏)는 "대가는
경대부 및 도가(都家)이다." 하였다. 그 서민과 신하로써 대가에 이르게 하면 아래의
정(情)이 통하지 않음이 없고, 그 신하로써 왕에게 이르게 하면 위(왕)의 정이 통하지
않음이 없게 된다. 왕이 신하만 말하고 백성을 말하지 않은 것은 온 해내의 땅이 왕의
신하 아닌 이가 없기 때문이다. 방군(邦君)은 위로는 천자가 있고 아래로는 대가가 있
으니, 상하의 정을 통하여 간격이 없게 하는 자는 오직 방군(제후)이다.

2. 汝若恒越하여 曰 我有師師는 司徒와 司馬와 司空과 尹과 旅니(와니) 曰予
罔厲殺人이라하라 亦厥君이 先敬勞니 肆徂厥敬勞하라 肆往姦宄(귀)殺人
歷人을 宥하면 肆亦見厥君事하여 戕(장)敗人을 宥[130]하리라

　네가 만일 항상 신하들과 말하기를 '내 관사(官師)로 스승 삼는 자는 사도(司徒)와 사
마(司馬)와 사공(司空)과 윤(尹)과 여(旅)이니, 나는 사납게 사람을 죽이지 않는다.'라
고 하라. 또한 그 군주가 먼저 공경하여 위로하여야 하니, 네가 가서 공경하여 위로하
라. 지난날 간귀(姦宄)하고 사람을 죽이거나 죄인을 숨겨준 자를 용서하면 마침내 신
하들이 또한 군주의 하는 일을 보고서 사람을 장패(戕敗:상해)한 자를 용서할 것이다.

恒은 常也라 師師는 以官師爲師也라 尹은 正官之長이요 旅는 衆大夫也라 敬勞는

••••••
130　汝若恒越……戕敗人宥:이 한 절에 대하여 오윤상은 이렇게 말하였다. "《집전》에 분명한 해
석이 없으며, 진씨와 《언해》에 해석한 것은 각자 한 가지 설이 될 뿐이니, 모두 그리 합당하지 못할
듯하다. 나의 생각에는 그 군주가 먼저 공경하여 위로하면 신하들이 이를 본받아 이어가서 위로하
는 것이니 이는 그 형벌을 씀에 지나침을 경계한 것이요, 그 군주가 마땅히 형벌을 써야 하는데 용
서하면 신하들이 이를 본받아 비록 남을 해치고 부상시킨 무거운 죄를 용서하는 것이니, 이는 그
형벌을 씀에 너무 느슨함을 경계한 것이다.〔汝若恒越一節, 傳無明釋, 陳氏及諺解所釋, 各自爲一
說, 而恐皆未甚當. 竊意厥君先敬勞, 則臣下效之, 而肆往敬勞, 此戒其過於用刑也; 厥君當用罰而
宥, 則臣下效之, 而雖戕敗之重罪, 宥之, 此戒其太緩於用刑也.〕" 여기에 맞추어 현토한다면 '亦厥
君이 先敬勞하면 肆徂德敬勞요'라고 하여야 할 것이다.

•••　宥:용서할 유　戕:해칠 장

恭敬勞來也라 徂는 往也라 歷人者는 罪人所過니 律所謂知情藏匿(닉)資給[131]也라
戕敗者는 毁傷四肢面目이니 漢律所謂疻[132]也라 此章은 文多未詳하니라

　'항(恒)'은 항상이다. '사사(師師)'는 관사(官師)로써 스승을 삼는 것이다. '윤(尹)'은
정관(正官)의 우두머리이고, '여(旅)'는 여러 대부이다. '경로(敬勞)'는 공경하여 노래
(勞來;위로)함이다. '조(徂)'는 감이다. '역인(歷人)'은 죄인이 지나간 곳이니, 형률(刑律)
에 이른바 "죄인의 실정을 알면서도 숨겨주고 물자를 대준다."는 것이다. '장패(戕敗)'
는 사지(四肢)와 면목(面目)을 훼상(毁傷)함이니, 한나라 형률(刑律)에 이른바 지(疻)라
는 것이다. 이 장(章)은 글이 자세하지 않은 부분이 많다.

3. 王啓監은(하샤든) 厥亂이 爲民이니 曰 無胥戕하며 無胥虐하여 至于敬寡하
며 至于屬(촉)婦하여 合由以容하라 王이 其效邦君과 越御事는(하논) 厥命은
曷以오 引養引恬이니라 自古로 王若茲하니 監은 罔攸辟이니라

　왕이 감(監)을 처음 둠은 그 다스림이 백성을 위해서이니, 〈감을 경계하여〉 말씀하기
를 '서로 해치지 말고 서로 포학하게 하지 말아서 과약(寡弱)한 자를 공경함에 이르며,
외로운 부인을 연결시킴에 이르러 백성을 보합(保合)해서 이것을 따라 용납하도록 하
라.' 하였다. 왕이 방군과 어사들에게 공효(功效)를 책함은, 그 명령은 어떻게 해야 하
는가? 백성을 길러주도록 인도하고 편안하도록 인도하는 것이다. 예로부터 왕이 경
계함은 이와 같으니, 감(監)은 형벌을 쓰는 바가 없어야 한다.

監은 三監之監이라 康叔所封은 亦受畿內之民이니 當時에 亦謂之監이라 故로 武王
이 以先王啓監意而告之也라 言王者所以開置監國者는 其治本爲民而已라 其命
監之辭에 蓋曰 無相與戕殺其民하고 無相與虐害其民하여 人之寡弱者를 則哀敬
之하여 使不失其所하고 婦之窮獨者를 則聯屬之하여 使有所歸하여 保合其民하여
牽由是而容畜之也라 且王所以責效邦君、御事者는 其命何以哉오 亦惟欲其引掖
斯民於生養安全之地而已라 自古로 王者之命監이 若此하니 汝今爲監에 其無所

131 律所謂知情藏匿資給 : 《채전방통》에 "세 가지는 혹지정(或知情), 혹장닉(或藏匿;죄인을 숨겨
줌), 혹자급(或資給;죄인에게 물자를 지급함)이다." 하였는바, 지정(知情)은 죄인의 실정을 알면서
도 관청에 고지(告知)하지 않는 것이다.

132 漢律所謂疻 : 한률(漢律)은 한대(漢代)의 법률로, 이 내용은 《한서(漢書)》〈설선전(薛宣傳)〉
에 보인다. 지(疻)는 사람을 구타하여 상처를 입힘을 이른다.

···　匿 : 숨길 닉　疻 : 맞아서상할 지　恬 : 편안할 념　聯 : 연할 련　掖 : 인도할 액

用乎刑辟하여 以戕虐人이 可也니라

'감(監)'은 삼감(三監;관숙(管叔) 등 세 명의 감독자)의 감(監)이다. 강숙을 봉한 것은 또한 수(受)의 기내(畿內)의 백성이니, 당시에 〈강숙을〉 또한 감이라고 일렀으므로 무왕은 선왕이 감(監)을 둔 뜻을 가지고 고한 것이다. 왕자가 감국(監國)하는 자를 설치한 까닭은 그 다스림이 본래 백성을 위해서일 뿐이다. 그 감(監)에게 명한 말씀에 이르기를 "서로 백성을 죽이지 말고 서로 백성을 학해(虐害)하지 말아서 사람 중에 과약(寡弱)한 자를 불쌍히 여기고 공경하여 살 곳을 잃지 않게 하며, 부인 중에 곤궁하고 외로운 자를 연결시켜 돌아갈 곳이 있게 해서 백성들을 보합(保合)하여 모두 이를 따라 용납하고 길러야 한다." 하였다.

또 왕이 방군과 어사들에게 공효를 책하는 것은 그 명령을 어떻게 해야 하는가? 또한 이 백성을 생양(生養)하고 안전한 곳으로 인도하고 붙들어 주고자 할 뿐이다. 예로부터 왕자가 감(監)을 명한 것이 이와 같으니, 네가 이제 감(監)이 됨에 형벌을 사용하여 사람을 해치거나 포악함이 없어야 할 것이다.

4. 惟曰 若稽田에 旣勤敷菑(치)어든 惟其陳修하여 爲厥疆畎(견)하며 若作室家에 旣勤垣墉이어든 惟其塗墍茨(도기자)하며 若作梓材에 旣勤樸斲(박삭)[133]이어든 惟其塗丹雘(확)이니라

〈말하기를〉 '밭을 다스림에 이미 부지런히 널리 잡초를 제거했으면 오직 그 땅을 잘 관리하여 밭두둑과 물길을 냄과 같으며, 집을 지음에 이미 부지런히 담장을 쌓았으면 그 진흙을 바르고 지붕을 해이는 것과 같으며, 재재(梓材)를 만듦에 이미 부지런히 나무를 다스리고 깎았으면 단청(丹靑)을 칠함과 같다.'

稽는 治也라 敷菑는 廣去草棘也라 疆은 畔也요 畎은 通水渠也라 塗墍는 泥飾也요 茨는 蓋也라 梓는 良材니 可爲器者라 雘은 采色之名이라 敷菑는 以喩除惡이요 垣墉은 以喩立國이요 樸斲은 以喩制度하니 武王之所已爲也요 疆畎、墍茨、丹雘은 則望康叔以成終云耳니라

'계(稽)'는 다스림이다. '부치(敷菑)'는 풀과 가시나무를 널리 제거함이다. '강(疆)'은

133 樸斲:재목을 대강 다듬는 것을 박(樸)이라 하고, 정교하게 깎는 것을 삭(斲)이라 한다.

⋯ 菑 : 밭일굴 치 畎 : 밭도랑 견 垣 : 담 원 墉 : 담 용 塗 : 흙바를 도 墍 : 흙바를 기 茨 : 이엉 자
　　樸 : 나무등걸 박 斲 : 깎을 삭(착) 雘 : 단청할 확

밭두둑이고, '견(畎)'은 물을 통하게 하는 도랑이다. '도기(塗墍)'는 진흙으로 꾸밈이고, '자(茨)'는 이엉으로 지붕을 덮는 것이다. '재(梓;가래나무)'는 훌륭한 재목이니, 그릇을 만들 수 있다. '확(雘)'은 채색(단원)의 이름이다. '부치(敷菑)'는 악을 제거함을 비유하고, '원용(垣墉;담장을 쌓음)'은 나라를 세움을 비유하고, '박삭(樸斲)'은 법도를 만듦을 비유하였으니, 이는 무왕이 이미 만든 것이며, 강견(疆畎)·기자(墍茨)·단확(丹雘)은 강숙이 종(終)을 이루기를 바란 것이다.

5. 今王이 惟曰 先王이 旣勤用明德하사 懷爲夾하신대 庶邦享하여 作兄弟方來하여 亦旣用明德하니 后式典集하시면 庶邦이 丕享하리이다

이제 왕께서 말씀하기를 '선왕이 모두 부지런히 밝은 덕을 써서 제후들을 회유하여 가까이 하시자, 여러 나라가 물건을 바쳐 형제가 되어 사방에서 와서 또한 모두 밝은 덕을 쓰니, 후왕(後王)이 떳떳한 법을 써서 백성들을 편안하게 하겠다.' 하시면, 여러 나라가 크게 공물을 바칠 것입니다.

先王은 文王、武王也라 夾은 近也니 懷遠爲近也라 兄弟는 言友愛也니 泰誓曰 友邦冢君이라하니라 方來者는 方方而來也라 旣는 盡也라 先王이 盡勤用明德而懷來于上하니 諸侯亦盡用明德而視效於下也라 后는 後王也라 式은 用也라 典은 舊典也요 集은 和輯也라 此章以後는 若臣下進戒之辭하니 疑簡脫誤於此[134]로라

'선왕'은 문왕과 무왕이다. '협(夾)'은 가까움이니, 먼 데 있는 자를 회유하여 가깝게 만드는 것이다. 형제는 우애함을 말한 것이니, 〈태서(泰誓)〉에 '우방(友邦)의 총군(冢君)'이라 하였다. '방래(方來)'는 방방(方方;사방)에서 오는 것이다. '기(旣)'는 모두이다. 선왕이 모두 부지런히 밝은 덕을 써서 위에서 회유하여 오게 하니, 제후들 또한 모두 밝은 덕을 써서 아래에서 본받았다. '후(后)'는 후왕(後王)이다. '식(式)'은 씀이다. '전(典)'은 옛 법이고, '집(集)'은 화집(和輯)함이다.

이 장(章) 이후는 신하가 진계(進戒)한 말인 듯하니, 의심컨대 간편(簡編)이 여기에서 빠졌거나 오류가 있는 듯하다.

••••••
134 此章以後……疑簡脫誤於此 : 신안 진씨(新安陳氏)는 "다시는 무왕이 강숙에게 명한 말씀으로 해석해서는 안 된다.〔不當復以武王命康叔解之〕" 하였다. 《詳說》

••• 夾 : 가까울 협

6. **皇天**이 **旣付中國民**과 **越厥疆土于先王**하시니

　황천이 이미 중국의 백성과 그 강토를 선왕에게 맡겨 주셨으니,

越은 **及也**라 **皇天**이 **旣付中國民及其疆土于先王也**라

　'월(越)'은 및이다. 황천이 이미 중국의 백성과 그 강토를 선왕에게 맡겨 준 것이다.

7. **肆王**은 **惟德**을 **用**하사 **和懌**(역)**先後迷民**하사 **用懌先王受命**하소서

　이제 왕께서는 밝은 덕을 쓰시어 혼미한 백성들을 화열(和悅)하게 하고 선후(先後;위
로)하여 천명(天命)을 받으신 선왕을 기쁘게 하소서.

肆는 **今也**라 **德用**은 **用明德也**라 **懌**은 **和悅之也**라 **先後**는 **勞來之也**요 **迷民**은 **迷惑
染惡之民也**라 **命**은 **天命也**니 **用慰悅先王克受天命者也**라

　'사(肆)'는 이제이다. '덕용(德用)'은 밝은 덕을 쓰는 것이다. '역(懌)'은 화하고 기뻐
하는 것이다. '선후(先後)'는 노래(勞來;위로)함이요, '미민(迷民)'은 미혹되어 악에 물든
백성이다. '명(命)'은 천명이니, 선왕으로서 천명을 받은 자를 위로하고 기쁘게 하는
것이다.

8. **已若茲監**하소서 **惟曰欲至于萬年惟王**하사 **子子孫孫**이 **永保民**하노이다

　이와 같이 살펴보소서. 만년에 이르도록 왕노릇 하시어 자자손손이 길이 백성을 보
호하시기 바라노이다.

已는 **語辭**라 **監**은 **視也**라 **此**는 **人臣**이 **祈君永命之辭也**라 **按梓材**에 **有自古王若茲
監罔攸辟之言**한대 **而編書者 誤以監爲句讀**(두)하고 **而爛簡**에 **適有已若茲監之語**
일새 **以爲語意相類**라하여 **合爲一篇**하니 **而不知其句讀之本不同**과 **文義之本不類**
也라 **孔氏**는 **依阿其說**하여 **於篇意**에 **無所發明**이요 **王氏**는 **謂成王自言**에 **必稱王**
者는 **以觀禮考之**컨대 **天子以正(遏)[遇]諸侯**면 **則稱王**이라하니 **亦强釋難通**이라 **獨
吳氏以爲誤簡者爲得之**나 **但謂王啓監以下**는 **卽非武王之誥**라하니 **則未必然也**라

　'이(已)'는 어조사이다. '감(監)'은 살펴봄이다. 이는 인신(人臣)이 군주에게 천명이
영원하기를 바라는 말이다. 살펴보건대 〈재재〉에 '자고왕약자 감망유벽(自古王若茲, 監
罔攸辟.)'이라는 말이 있는데, 책을 엮는 자가 '自古王若茲監'으로 구두(句讀)를 잘못

떼었고, 끊긴 간편(簡編)에 마침 '이약자감(已若玆監)'이라는 말이 있으므로 말뜻이 서로 유사하다 해서 합하여 한 편을 만들었으니, 그 구두가 본래 똑같지 않고 글뜻이 본래 똑같지 않음을 알지 못한 것이다.

공씨(공안국)는 이 말만 의거하여(맹종하여) 편의 뜻에 발명한 바가 없으며, 왕씨(王氏)는 "성왕이 스스로 말씀할 적에 반드시 왕이라고 칭한 것은 근례(覲禮)를 가지고 상고해 보면 천자가 정사로써 제후들을 만나볼 때에 왕이라고 칭한다." 하였으니, 또한 억지로 해석하여 통하기 어렵다. 다만 오씨(吳氏)가 "잘못된 간편(簡編)이다."라고 한 것이 맞으나 다만 '왕계감(王戒監)' 이하는 곧 무왕의 가르침이 아니라고 말했으니, 이것은 반드시 옳지는 않을 것이다.

周書
梓材

〈소고(召誥)〉[135]

左傳曰 武王이 克商하시고 遷九鼎于洛邑이라하고 史記에 載武王言호되 我南望三
途하고 北望嶽鄙하고 顧詹(瞻)有河하고 粵(월)詹洛伊[136]하니 毋遠天室[137]이라하시고
營周하여 居于洛邑而後去라하니 則宅洛者는 武王之志를 周公、成王이 成之요 召
公이 實先經理之라 洛邑旣成에 成王始政하시니 召公이 因周公之歸하여 作書致告
하여 達之於王하니라 其書拳拳於歷年之久近하고 反覆乎夏商之廢興하니 究其歸
하면 則以誠(함)小民으로 爲祈天命之本하고 以疾敬德으로 爲誠小民之本하여 一
篇之中에 屢致意焉하니 古之大臣이 其爲國家長遠慮 蓋如此라 以召公之書라하여
因以召誥名篇하니 今文古文皆有하니라

　《춘추좌씨전》 환공(桓公) 2년에 "무왕이 상나라를 이기시고 구정(九鼎)을 낙읍(洛
邑)으로 옮겼다." 하였고, 《사기》〈주기(周紀)〉에 무왕의 말씀을 기재하기를 "내 남쪽

135　소고(召誥):〈소고〉의 내용에 대하여 오윤상은 이렇게 말하였다. 《소고》는 소공이 여러 번
단서를 바꾸어 말씀하였는데 모두 덕을 공경함〔敬德〕으로 끝맺었다. 〈9절의〉'嗚呼皇天上帝'부
터 〈10절의〉'王其疾敬德'까지는 천명을 믿을 수 없음을 말하여 덕을 공경하라고 권면한 것이고,
〈11절의〉'相古先民有夏'부터 〈16절의〉'不可不敬德'까지는 하나라와 은나라가 그 명을 실추함을
인용하여 위 단락의 뜻을 거듭 밝혀서 끝내 덕을 공경하는 것으로 권면하고 경계한 것이고, 〈17절
의〉'我不可不監于有夏'부터 〈23절의〉'以小民受天永命'까지는 또다시 하나라와 은나라가 일찍 그
명을 실추하였음을 인용하여 덕을 공경해서 하늘의 영원한 명을 기원함을 권면한 것이니, 위 단락
의 뜻과 중첩되는 듯하나 위 단락은 하나라와 은나라가 그 명을 실추하였음을 널리(범연히) 말한
것이고, 이 단락은 하늘의 영원한 명을 기원함을 위주하여 말하였으므로 '일찍 그 명을 실추했다'
고 말한 것이다. 말이 각각 해당함이 있으니, 마땅히 자세히 보아야 한다.〔召誥, 召公之屢更端, 而
皆以敬德結之, 自嗚呼皇天上帝, 至王其疾敬德, 言天命之不可恃, 勸以敬德; 自相古先民有夏, 至
不可不敬德, 引夏殷之墜厥命, 申明上段之意; 終以敬德勸戒之, 自我不可不監于有夏, 至以小民受
天永命, 又引夏殷之早墜厥命, 勸以敬德, 祈天永命. 驟看, 似與上段意疊, 上段, 泛說夏殷之墜厥
命, 此段, 主祈永而言. 故曰早墜厥命, 言各有主, 當着眼.〕"

136　我南望三途……粵詹洛伊:삼도(三途)는 육혼현(陸渾縣) 남쪽에 있는 산이다. 악(嶽)은 황
하의 북쪽 태항산(太行山)이고, 비(鄙)는 도비(都鄙)이니, 악에 가까운 고을을 이른다. 월(粵)은
바라보고 살핀다는 뜻이니, 낙수(洛水)와 이수(伊水) 두 물의 북쪽을 살펴보아 이곳을 멀리 떠나
천실(天室)을 만들지 말라 한 것이다.

137　毋遠天室:퇴계(退溪)는 "이곳을 멀리 떠나 천자의 궁실을 짓지 말라.〔毋遠離於此而作天子之
室〕"고 해석하여 천실(天室)을 천자의 집으로 보았으나, 일설(一說)에는 숭산(嵩山)의 태실봉(太
室峰)과 소실봉(小室峰)이라 하기도 하며, 하늘의 영실성(營室星)이라고도 한다.

　‥‥ 詹:볼 첨 粵:밀 월 拳:정성 권 誠:화할 함 屢:여러 루

으로 삼도산(三途山)을 바라보고 북쪽으로 악비(嶽鄙;태항산(太行山)에 가까운 고을)를 바라보며, 유하(有河;황하)를 돌아보고 낙수(洛水)와 이수(伊水)를 바라보니, 천실(天室)을 정하되 이곳에서 멀리 하지 말라.' 하고는, 주나라를 경영하여 낙읍에 거주한 뒤에 떠나갔다." 하였으니, 낙읍에 거한 것은 무왕의 뜻을 주공과 성왕이 이룬 것이요, 소공(召公)이 실로 먼저 경영하여 다스린 것이다. 낙읍이 이미 이루어지자 성왕이 처음 정사를 하니, 소공은 주공의 돌아감으로 인하여 글을 지어 아뢰어서 왕에게 전달하게 하였다.

이 글은 역년(歷年;국통)의 오래고 가까움에 권권(拳拳;간절)하고, 하나라와 상나라의 망하고 흥함을 반복해서 말하였으니, 그 귀결을 연구해보면 소민(小民)을 화합하는 것으로 〈장구한〉 천명을 기원하는 근본을 삼고, 빨리 덕을 공경하는 것으로 소민을 화합하는 근본을 삼아 한 편(篇) 가운데 여러 번 뜻을 지극히 하였다. 옛날 대신(大臣)들이 국가를 위하여 장원(長遠)하게 생각함이 이와 같았다. 소공의 글이라 하여 인하여 〈소고(召誥)〉라고 편명을 하였으니, 금문(今文)과 고문(古文)에 모두 있다.

【小序】 成王이 在豐이러니 欲宅洛邑하여 使召公先相宅하여 作召誥하니라

성왕이 풍(豐)에 있었는데, 낙읍에 거하고자 하여 소공으로 하여금 먼저 집터를 보게 하였다. 그리하여 〈소고〉를 지었다.

1. 惟二月旣望越六日乙未에 王이 朝步自周하사 則至于豐하시다

2월 기망(旣望;16일)에서 6일(5일)이 지난 을미일에 왕이 아침에 주(周;호경)에서 와서 풍(豐)에 이르셨다.

日月相望을 謂之望이니 旣望은 十六日也요 乙未는 二十一日也[138]라 周는 鎬京也니 去豐二十五里하니 文武廟在焉이라 成王至豐하사 以宅洛之事로 告廟也라

해와 달이 서로 바라봄을 망(望;보름)이라 하니, '기망(旣望;보름이 다함)'은 16일이요, 을미일은 21일이다. '주(周)'는 호경(鎬京)이니, 풍(豐)과 25리 떨어져 있는바, 문

......

138 旣望……二十一日也 :《한서(漢書)》〈율력지(律歷志)〉에 "주공이 섭정한 7년 2월 을해삭(乙亥朔)이다." 하였는바, 이에 기준할 경우 기망(旣望)인 16일은 경인일(庚寅日)이고 21일은 을미일(乙未日)이 되는 것이다.

왕과 무왕의 사당이 여기에 있었다. 성왕이 풍에 이르러 낙읍에 거주하는 일을 사당에 고(告)한 것이다.

2. 惟太保 先周公相宅하여 越若來[139]三月惟丙午朏(비)越三日戊申에 太保朝至于洛하여 卜宅이러니(하니) 厥旣得卜하여 則經營하니라

태보(太保:소공)가 주공보다 먼저 가서 집터를 보았다. 그리하여 월약래(越若來) 3월 병오일 초사흘에서 3일(2일)이 지난 무신일에 태보가 아침에 낙읍에 이르러 집터를 점쳤는데, 이미 길(吉)한 점괘를 얻고서 경영하였다.

成王在豐하사 使召公으로 先周公行하여 相視洛邑이라 越若來는 古語辭니 言召公이 於豐에 迤邐(이리)而來也라 朏는 孟康曰 月出也니 三日明生之名이라하니라 戊申은 三月五日也라 卜宅者는 用龜하여 卜宅都之地니 旣得吉卜일새 則經營規度(탁)其城郭、宗廟、郊社、朝市之位라

성왕이 풍(豐)에 있으면서 소공으로 하여금 주공보다 먼저 가서 낙읍을 살펴보게 하였다. '월약래(越若來)'는 옛날의 어조사이니, 소공이 풍에서 빙 둘러 옴을 말한 것이다. '비(朏)'는 맹강(孟康)이 말하기를 "초생달이 나오는 것이니, 초사흘에 밝은 달이 나오는 이름이다." 하였다. 무신일은 3월 5일이다. '복택(卜宅)'은 거북 껍질을 사용하여 도읍할 땅을 점친 것이니, 이미 길(吉)한 점괘를 얻었으므로 그 성곽(城郭)과 종묘(宗廟), 교사(郊社)와 조시(朝市)의 위치를 경영하고 헤아린 것이다.

3. 越三日庚戌에 太保乃以庶殷으로 攻位于洛汭(예)하니 越五日甲寅에 位成하니라

3일(2일)이 지난 경술일에 태보(太保)가 마침내 여러 은나라 백성들〔庶殷〕을 데리고 낙예(洛汭)에서 위치(집터)를 다스리게 하니, 5일(4일)이 지난 갑인일에 위치가 완성되

139 越若來 : 퇴계는 《집전(集傳)》에 '월약래는 옛날의 어사(語辭)이다.' 하였으니, 굳이 해석하지 않는 것이 좋을 듯하다. 그러나 하문(下文)에는 또 '이리이래(迤邐而來)'라 하였으니, 래(來) 자를 해석하지 않을 수 없다. 그렇다면 '월약(越若)히 래(來)한'으로 풀이하여야 한다." 하였다. 《詳說》越若은 위 〈요전(堯典)〉 첫머리의 '曰若'과 같은바, 〈요전〉의 《집전》에 "曰은 粤과 越과 통하니, 고문상서(古文尙書)에는 粤로 되어있다. 曰若은 발어사(發語辭)이니, 〈주서(周書)〉의 '越若來三月'도 또한 이러한 예(例)이다." 하였다. 그리하여 曰을 '월'로 읽기도 한다.

··· 朏 : 초사흘 비 相 : 볼 상 迤 : 따라갈 이 邐 : 따라갈 리 汭 : 물가 예

었다.

庶殷은 殷之衆庶也니 用庶殷者는 意是時에 殷民이 已遷于洛이라 故로 就役之也
라 位成者는 左祖右社、前朝後市之位成也라

　'서은(庶殷)'은 은나라의 여러 백성들이니, 서은을 동원한 것은 짐작건대 이 때에
은나라 백성들이 이미 낙읍으로 옮겨왔으므로 나아가 부역하게 한듯하다. 위치가 이
루어졌다는 것은 왼쪽에는 선조의 사당이 있고 오른쪽에는 토지신(土地神)을 모신 사
(社)가 있으며, 앞에는 조정이 있고 뒤에는 시장이 있는 위치가 이루어진 것이다.

4. 若翼日乙卯에 周公이 朝至于洛하사 則達觀于新邑營하시다

　다음날인 을묘일에 주공이 아침에 낙읍에 이르시어 새 도읍에 경영한 위치를 두루
살펴보셨다.

周公至하여 則徧觀新邑所經營之位라

　주공이 와서 새 도읍에 경영한 위치를 두루 살펴본 것이다.

5. 越三日丁巳에 用牲于郊하시니 牛二러라 越翼日戊午에 乃社于新邑하시
니 牛一、羊一、豕一이러라

　3일(2일)이 지난 정사일에 교제(郊祭)에 희생을 쓰시니, 소 두 마리였다. 다음날인 무
오일에 마침내 새 도읍에서 사제(社祭)를 지내시니, 소 한 마리, 양 한 마리, 돼지 한
마리였다.

郊는 祭天地也라 故로 用二牛[140]하고 社祭는 用太牢 禮也니 皆告以營洛之事라

　교(郊)는 하늘과 땅에 제사하는 것이므로 두 마리 소를 쓴 것이며 사제(社祭)에는
태뢰(太牢)를 사용함이 예(禮)이니, 모두 낙읍을 경영하는 일을 고한 것이다.

6. 越七日甲子에 周公이 乃朝用書하사 命庶殷、侯、甸、男邦伯하시다

••••••
140　郊祭天地也 故用二牛 : 퇴계는 진호(陳澔)의 《예기집설》을 인용하여 《집전》의 오류를 지적하
고 "상제(上帝)와 후직(后稷)에게 각각 소 한 마리씩이다." 하였다.

••• 翼 : 내일 익　徧 : 두루 변(편)　郊 : 들 교

7일(6일)이 지난 갑자일에 주공이 아침에 부역에 관한 일을 글로써 서은(庶殷)과 후복(侯服)·전복(甸服)·남복(男服)의 방백(邦伯)들에게 명하셨다.

書는 役書也라 春秋傳曰 士彌牟(모)營成周할새 計丈數하고 揣(췌)高低하며 度(탁)厚薄하고 仞溝洫(혁)하며 物土方하고 議遠邇하며 量事期하고 計徒庸하며 慮材用하고 書餱(후)糧하여 以令役於諸侯라하니 亦此意라 王氏曰 邦伯者는 侯、甸、男服之邦伯也라 庶邦冢君이 咸在로되 而獨命邦伯者는 公은 以書命邦伯하고 而邦伯은 以公命命諸侯也라

'서(書)'는 부역에 관한 글이다. 《춘추좌씨전》 소공(昭公) 32년에 "사미모(士彌牟)가 성주(成周)를 경영할 적에 축성(築城)할 길이를 계산하고 높낮이를 헤아리며, 성의 후박(厚薄;두께)을 헤아리고 구혁(溝洫;도랑)의 길이를 재며, 토지의 방위를 살펴보고 거리의 원근을 의논하며, 공기(工期)를 헤아리고 도용(徒庸;인부)을 계산하며, 재용(材用;비용)을 생각하고 식량[餱糧;말린밥]을 써서 제후들에게 부역하게 했다." 하였으니, 또한 이러한 뜻이다.

왕씨(王氏)가 말하였다. "방백은 후복·전복·남복의 방백이다. 여러 나라의 총군(冢君)들이 모두 있었는데 유독 방백에게 명한 것은, 주공은 글로써 방백에게 명하고 방백은 주공의 명령으로 제후들을 명한 것이다."

7. 厥旣命殷庶하시니 庶殷이 丕作하니라
이미 은나라의 여러 백성들[庶殷]에게 명하시니, 서은(庶殷)이 크게 일하였다.

丕作者는 言皆趨事赴功也라 殷之頑民은 若未易役使者나 然召公이 率以攻位而位成하고 周公이 用以書命而丕作하니 殷民之難化者도 猶且如此하니 則其悅以使民을 可知也니라
'비작(丕作)'은 모두 사공(事功)에 달려감을 말한 것이다. 은나라의 완악한 백성들은 사역시키기 쉽지 않을 듯하나, 소공이 거느리고 위치를 다스리게 하자 위치가 이루어졌고, 주공이 글로 명령하자 크게 일하였다. 교화하기 어려운 은나라 백성들도 오히려 이와 같았으니, 기뻐함으로써 백성을 부렸음을 알 수 있다.

8. 太保乃以庶邦冢君으로 出取幣하여 乃復(부)入錫周公하고 曰 拜手稽首

하여 **旅王若公**하노니 **誥告庶殷**인댄 (홀든) **越自乃御事**니이다

　태보가 마침내 서방(庶邦)의 총군들과 나가서 폐백을 취하여 다시 들어와 주공에게 주고 다음과 같이 말씀하였다.

　"배수계수(拜手稽首)하여 왕과 및 주공에게 아뢰노니, 서은을 가르침은 당신의 어사(御事)로부터 시작하셔야 합니다.

呂氏曰 洛邑事畢에 **周公**이 **將歸宗周**하시니 **召公**이 **因陳戒成王**할새 **乃取諸侯贄見**(지현)**幣物**하여 **以與周公**하고 **且言其拜手稽首**하여 **所以陳王及公之意**라 **蓋召公**이 **雖與周公言**이나 **乃欲周公**이 **聯諸侯之幣**와 **與召公之誥**하여 **併達之王**이라 **謂洛邑已定**에 **欲誥告殷民**인댄 **其根本**은 **乃自爾御事**라 **不敢指言成王**하고 **謂之御事**는 **猶今稱人爲執事也**라

　여씨(呂氏)가 말하였다. "낙읍의 일이 끝나자 주공이 장차 종주(宗周)로 돌아가려 하니, 소공이 인하여 성왕에게 경계의 말씀을 올릴 적에 마침내 제후들이 왕을 뵈올 때 바친 예물의 폐백을 취하여 주공에게 주고, 또 배수계수하여 왕과 주공에게 아뢴 뜻을 말한 것이다."

　이는 소공이 비록 주공에게 말한 것이나 바로 주공이 제후들의 폐백과 소공의 가르침을 연하여 함께 왕에게 전달하게 하고자 한 것이다. 낙읍이 이미 정해짐에 은나라 백성들을 가르치고 고하려고 할진댄 그 근본은 바로 당신의 어사(御事)로부터 해야 함을 말한 것이다. 감히 성왕을 가리켜 말하지 않고 어사라고 말한 것은 지금 사람을 칭할 적에 집사(執事)라고 하는 것과 같다.

9. **嗚呼**라 **皇天上帝 改厥元子兹大國殷之命**하시니 **惟王受命**이 **無疆惟休**시나 **亦無疆惟恤**이시니 **嗚呼**라 **曷其奈何弗敬**[141]이리오

141　嗚呼曷其 奈何弗敬 : 《언해》에 '嗚呼曷其오 奈何弗敬이리오'로 현토하였는바, 호산은 "살펴보건대 여기의 갈기(曷其)는 〈오자지가(五子之歌)〉의 '갈귀(曷歸;어데로 돌아갈꼬)'와 전편의 '궐명갈이(厥命曷以;그 명을 어찌 쓰리오)'와는 문세가 똑같지 않으니, 마땅히 아랫글을 연하여 한 구로 삼아야 할 듯하다. 《언해》의 현토는 마땅히 다시 헤아려보아야 한다.〔按此曷其, 五子歌之曷歸, 前篇之曷以, 文勢不同, 當連下文作一句, 諺讀合商量.〕"하였다. 《詳說》이에 따라 '갈기(曷其)'와 '내하(奈何)'를 중복하여 말한 것으로 보아 '嗚呼라 曷其奈何不敬이리오'로 현토하고 위의 '갈기'는 빼고 번역하였다.

•••　贄 : 폐백 지　併 : 아우를 병　疆 : 다할 강　休 : 아름다울 휴　恤 : 근심 휼

아! 황천 상제(皇天上帝)가 그 원자(元子)와 이 대국인 은나라의 명을 바꾸셨으니, 왕께서 천명을 받은 것이 끝없는 아름다움이시나 또한 끝없는 근심이시니, 아! 어찌 공경하지 않을 수 있겠습니까.

此下는 皆告成王之辭니 託周公하여 達之王也라 曷은 何也요 其는 語辭라 商受嗣天位하여 爲元子矣니 元子는 不可改로되 而天改之하고 大國은 未易亡이로되 而天亡之하니 皇天上帝 其命之不可恃如此라 今王受命이 固有無窮之美나 然亦有無窮之憂라 於是에 歎息言 王은 曷其奈何弗敬乎아하니 蓋深言不可以弗敬也라 又按 此篇은 專主敬言하니 敬則誠實無妄하여 視聽言動이 一循乎理하고 好惡用捨가 不違乎天하여 與天同德하여 固能受天明命也라 人君保有天命이 其有要於此哉리오 伊尹이 亦言皇天無親하여 克敬惟親이라하니 敬則天與我一矣니 尙何疏之有리오

이 이하는 모두 성왕에게 고한 말씀이니, 주공에게 의탁하여 왕에게 전달하게 한 것이다. '갈(曷)'은 어찌이고 '기(其)'는 어조사이다. "상왕(商王) 수(受)가 천자의 지위를 이어 원자(元子)가 되었으니, 원자는 바꿀 수가 없는데도 하늘이 바꾸었고, 대국은 망하기가 쉽지 않은데도 하늘이 망하게 하였으니, 황천 상제의 명을 믿을 수 없음이 이와 같다. 이제 왕이 천명을 받음은 진실로 무궁한 아름다움이 있으나 또한 무궁한 걱정이 있다." 이에 탄식하고 말하기를 "왕은 어찌 공경하지 않을 수 있겠습니까." 하였으니, 공경하지 않으면 안 됨을 깊이 말한 것이다.

또 살펴보건대 이 편은 오로지 경(敬)을 주장하여 말하였으니, 경하면 성실하고 망령됨이 없어서 보고 듣고 말하고 동함이 한결같이 이치를 따르고, 좋아하고 미워하고 등용하고 버림이 하늘(천리)을 어기지 아니하여, 하늘과 함께 덕(德)이 같아져서 진실로 하늘의 명명(明命)을 받을 수 있는 것이다. 인군이 천명을 보유함이 이보다 중요한 것이 있겠는가. 위 〈태갑 하(太甲下)〉에 이윤 또한 "황천은 친한 사람이 없어서 능히 공경하는 사람을 친히 한다."고 말했으니, 공경하면 하늘과 내가 하나가 되니, 어찌 소원함이 있겠는가.

10. 天旣遐終大邦殷之命이라(하시며) 茲殷多先哲王도 在天이어신마는 越厥後王、後民이 茲服厥命하여 厥終에 智藏瘝在어늘 夫知保抱攜(携)持厥婦子하여 以哀로 籲(유)天하여 徂厥亡出執하니이다(하니) 嗚呼라 天亦哀于四方民이라 其眷命用懋하시니 王其疾敬德하소서

하늘이 이미 대방(大邦)인 은나라의 천명을 크게 끊으셨습니다. 이에 은나라의 많은 선철왕(先哲王)의 영혼들도 하늘에 계시건만, 후왕(後王)과 후민(後民)이 이 천명을 받아 군주가 되고서 종말에는 지혜로운 자가 숨고 백성을 괴롭히는 자가 지위에 있으므로, 농부들이 그 처자(妻子)를 안고 붙잡고는 슬피 하늘을 부르짖으면서 나가 도망하다가 붙잡혔습니다. 아! 하늘 또한 사방의 백성을 불쌍히 여겨 돌아보아 명하심이 덕을 힘쓰는 자에게 하셨으니, 왕은 빨리 덕을 공경하소서.

後王、後民은 指受也라 此章은 語多難解로되 大意는 謂天旣欲遠絶大邦殷之命矣라 而此殷先哲王이 其精爽在天하니 宜若可恃者언마는 而商紂受命하여 卒致賢智者退藏하고 病民者在位하니 民困虐政하여 保抱攜持其妻子하여 哀號呼天하여 往而逃亡이라가 出見拘執하여 無地自容이라 故로 天亦哀民하사 而眷命이 用歸於勉德者라 天命不常이 如此하니 今王이 其可不疾敬德乎아

'후왕(後王)'과 '후민(後民)'은 수(受)를 가리킨 것이다. 이 장은 말이 난해한 것이 많으나 대의(大意)는 "하늘이 이미 대방(大邦)인 은나라의 천명을 크게 끊고자 하였다. 이 은나라의 선철왕의 정상(精爽;영혼)이 하늘에 계시니 마땅히 믿을 만할 듯하나, 상주(商紂)가 천명을 받고서 끝내 어질고 지혜로운 자가 물러가 숨고 백성을 괴롭히는 자가 지위에 있게 하였다. 백성들이 학정(虐政)에 곤궁하여 그 처자들을 안고 손을 잡고서 슬피 울부짖으며 하늘을 부르면서 나가 도망하다가 구집(拘執)을 당하여 스스로 용납할 데가 없었다. 그러므로 하늘 또한 백성들을 불쌍히 여겨 돌보아 명함이 덕을 힘쓰는 자(문왕·무왕)에게 돌아간 것이다. 천명의 무상(無常)함이 이와 같으니, 이제 왕은 빨리 덕을 공경하지 않을 수 있겠는가." 라고 한 것이다.

11. **相古先民有夏**컨대 **天迪**하시고 **從子保**어시늘 **面稽天若**이언마는(하시니) **今時**에 **旣墜厥命**하니이다 **今相有殷**컨대 **天迪**하시고 **格保**어시늘 **面稽天若**이언마는(하시니) **今時**에 **旣墜厥命**하니이다

옛 선민(先民)인 하나라를 살펴보건대 하늘이 인도해 주시고 그 아들까지 보호해 주시자, 천심(天心)을 향해 상고해서 순히 하였건만 지금에는 이미 천명을 실추하였습니다. 이제 은나라를 살펴보건대 하늘이 인도하시고 하나라의 명을 바로잡아 보전해 주시자, 탕왕께서 천심을 향해 상고해서 순히 하셨건만 지금에는 이미 천명을 실추하였습니다.

··· 迪 : 인도할 적 稽 : 상고할 계 格 : 이를 격

從子保者는 從其子而保之니 謂禹傳之子也라 面은 鄕(向)也라 視古先民有夏컨대
天固啓迪之하시고 又從其子而保佑之하시며 禹亦面考天心하여 敬順無違하시니 宜
若可爲後世憑藉者언마는 今時에 已墜厥命矣라 今視有殷컨대 天固啓迪之하시고
又使其格正夏命而保佑之하시며 湯亦面考天心하여 敬順無違하시니 宜亦可爲後
世憑藉者언마는 今時에 已墜厥命矣라 以此로 知天命誠不可恃以爲安也니라

　'종자보(從子保)'는 그 아들까지 보호함이니, 우왕(禹王)이 아들 계(啓)에게 왕위를
전함을 말한 것이다. '면(面)'은 향함이다. 옛 선민인 하나라를 보건대 하늘이 진실로
인도해 주시고 또 그 아들까지 보우하셨으며, 우왕 또한 천심을 향해 상고해서 공경
하고 순종하여 어김이 없으셨으니, 마땅히 후세에 빙자(憑藉;의뢰)함이 될 만하였지만
지금에 이미 천명을 실추하였다. 이제 은나라를 보건대 하늘이 진실로 인도해 주시고
또 하나라의 명을 바로잡아 보우하셨으며, 탕왕 또한 천심을 향해 상고해서 공경하고
순종하여 어김이 없으셨으니, 마땅히 후세에 빙자함이 될 만하였지만 지금에 이미 천
명을 실추하였다. 이로써 천명은 진실로 믿고서 편안히 여길 수 없음을 알 수 있는 것
이다.

12. 今沖子嗣하시니 則無遺壽耇하소서 曰其稽我古人之德이어늘(이어늘사) 矧曰其有能稽謀自天이온여(이따녀)

　이제 충자(沖子;어린 임금)가 지위를 이으셨으니, 수구(壽耇;노성(老成))한 사람들을 버
리지 마소서. 우리 고인(古人)의 덕을 상고한다고 말하면 버릴 수가 없는데 하물며 능
히 계책을 상고하되 하늘로부터 한다고 말함에 있어서이겠습니까.

稽는 考요 矧은 況也라 幼沖之主는 於老成之臣에 尤易(이)疏遠이라 故로 召公이
言今王이 以童子嗣位하시니 不可遺棄老成이라 言其能稽古人之德이라도 是固不
可遺也어든 況言其能稽謀自天이면 是尤不可遺也라 稽古人之德이면 則於事에 有
所證이요 稽謀自天이면 則於理에 無所遺라 無遺壽耇는 蓋君天下者之要務라 故
로 召公이 特首言之하니라

　'계(稽)'는 상고함이요, '신(矧)'은 하물며이다. 유충(幼沖)한 군주는 노성한 신하에
대하여 더욱 소원하기 쉽다. 그러므로 소공이 말씀하기를 '이제 왕이 동자(童子)로서
왕위를 이으셨으니, 노성한 사람을 버려서는 안 됩니다. 능히 고인의 덕을 상고한다
고 말하더라도 이는 진실로 버릴 수가 없는데, 하물며 능히 상고하고 도모하기를 하

늘로부터 한다고 말하면 이는 더욱 버릴 수가 없습니다.' 한 것이다. 고인의 덕을 상고하면 일에 증거하는 바가 있을 것이요, 계책을 상고하되 하늘로부터 하면 이치에 빠뜨리는 바가 없을 것이다. 노성한 사람을 버리지 않는 것은 천하에 군주노릇 하는 자의 중요한 일이다. 그러므로 소공이 특별히 첫 번째로 이것을 말씀한 것이다.

13. 嗚呼라 有王은 雖小하시나 元子哉시니 其丕能誠(함)于小民하여 今休하소서 王不敢後하사 用顧畏于民喦(암)하소서

　아! 왕은 비록 나이가 어리시나 하늘의 원자(元子)이시니, 그 능히 소민(小民)들을 크게 화합하여 이제 아름답게 하소서. 왕은 감히 뒤늦게 하지 마시어 이로써 백성들의 험함을 돌아보고 두려워하소서.

召公이 歎息言 王雖幼沖이나 乃天之元子哉라하니 謂其年雖小나 其任則大也라 其者는 期之辭也라 誠은 和요 喦은 險也라 王其大能誠和小民하여 爲今之休美乎인저 小民雖至微나 而至爲可畏니 王當不敢緩於敬德하여 用顧畏于民之喦險이 可也라

　소공이 탄식하고 말씀하기를 "왕은 비록 나이가 어리시나 하늘의 원자(元子)이십니다." 하였으니, 나이는 비록 어리나 그 임무가 큼을 말한 것이다. '기(其)'는 기약하는 말이다. '함(誠)'은 화함이요, '암(喦)'은 험함이다. 왕은 크게 소민(小民)들을 화합하여 지금의 아름다움으로 삼아야 할 것이다. 소민들이 비록 지극히 미천하나 지극히 두려울 만하니, 왕은 마땅히 덕을 공경함을 늦추지 아니하여 이로써 백성들의 험함을 돌아보고 두려워하여야 한다.

14. 王이 來紹上帝하사 自服于土中하소서 旦曰 其作大邑하여 其自時로 配皇天하며 毖祀于上下하며 其自時로 中乂라하나니 王이 厥有成命하사(하시면) 治民이 今休하리이다

　왕이 와서 상제의 뜻을 이으시어 스스로 천하의 중앙인 낙읍에서 정사를 행하소서. 단(旦;주공)도 말하기를 '대읍(大邑)을 만들어서 이로부터 황천(皇天)에 짝하고 상하(上下)의 신기(神祇)에게 삼가 제사하며, 이로부터 중앙에서 다스릴 것이다.' 하였으니, 왕께서 하늘의 이루어진 명을 소유하사 백성을 다스림이 이제 아름다울 것입니다.

···　喦 : 험할 암　紹 : 이을 소　服 : 일할 복　毖 : 삼갈 비

洛邑은 天地之中이라 故로 謂之土中이라 王來洛邑하여 繼天出治하시니 當自服行
於土中이라 是時에 洛邑告成하여 成王始政이라 故로 召公이 以自服土中爲言하고
又擧周公嘗言作此大邑하여 自是로 可以對越上天[142]하고 可以饗答神祇하며 自是
로 可以宅中圖治라 成命者는 天之成命也라 成王而能紹上帝하여 服土中이면 則
庶幾天有成命[143]하사 治民이 今卽休美矣리라

낙읍은 천하의 중앙이므로 '토중'이라 이른 것이다. 왕이 낙읍에 와서 하늘의 뜻을
이어 다스림을 펴게 되셨으니, 마땅히 스스로 토중에서 정사를 행하여야 할 것이다.
이 때 낙읍이 완성을 고하여 성왕이 처음 정사를 하게 되었다. 그러므로 소공이 스스
로 토중에서 정사를 행함을 말하였고, 또 주공이 일찍이 "이 대읍을 만들어서 이로부
터 상천(上天)을 대(對)하고 신기(神祇)에게 제향하여 보답하며, 이로부터 중앙에 머물
러 정사를 도모한다."고 한 말씀을 든 것이다. '성명(成命)'은 하늘의 이루어진 명이다.
성왕으로서 능히 상제를 이어 토중에서 정사를 행하면 거의 하늘이 성명(成命)을 소유
하사 백성을 다스림이 이제 곧 아름다울 것이다.

○ 王氏曰 成王이 欲宅洛邑者는 以天事言하면 則日東은 景(影)夕多風하고 日西는
景朝多陰하며 日南은 景短多暑하고 日北은 景長多寒이로되 洛은 天地之中이라 風
雨之所會요 陰陽之所和也[144]며 以人事言하면 則四方朝聘、貢賦에 道里均焉이라

‥‥‥‥

142 對越上天 : 경문의 '배황천(配皇天)'을 설명한 것으로, 호산은 "이것은《시경》〈청묘(淸廟)〉에
보이니, 하늘과 함께 상대가(짝이) 됨을 말한 것이다.〔見詩淸廟, 謂與天作對也.〕" 하였다.《詳說》

143 服土中 則庶幾天有成命 : 경문의 '궐유성명(厥有成命)'을 부연 설명한 것으로, 호산은《언해》
의 구두는 주의 뜻이 아닌 듯하다.〔諺讀恐非註意〕" 하였다.《詳說》《언해》에는 '厥有成命하시면'으
로 현토하였는데, 호산의 설을 따라 '厥有成命하사'로 현토하고 번역하였다.

144 以天事言‥‥‥陰陽之所和也 : 이 내용은《주례(周禮)》대사도(大司徒)의 직책에 "토규(土圭)
의 법으로 토질의 깊이를 헤아리고 햇빛의 그림자를 바로잡아 지중(地中)을 찾으니, 해가 남쪽에
있으면 햇빛의 그림자가 짧아 더위가 많고, 해가 북쪽에 있으면 햇빛의 그림자가 길어 추위가 많으
며, 해가 동쪽에 있으면 햇빛의 그림자가 저녁에 있어 바람이 많고, 해가 서쪽에 있으면 햇빛의 그
림자가 아침에 있어 그늘이 많다. 일지(日至;동지와 하지)의 한낮 햇빛 그림자는 1척 5촌으로 이것
을 일러 지중(地中)이라 하니, 하늘과 땅이 합하는 바이고 사시(四時)가 사귀는 바이며, 바람과 비
가 모이는 바이고 음과 양이 화합한 것이다.〔以土圭之法, 測土深, 正日景, 以求地中, 日南則景短多
暑, 日北則景長多寒, 日東則景夕多風, 日西則景朝多陰. 日至之景, 尺有五寸, 謂之地中, 天地之所
合也, 四時之所交也, 風雨之所會也, 陰陽之所合也.〕"라고 한 글을 인용한 것이다. 옛날 8척(尺)의
표(表)와 1척(尺) 5촌(寸)의 토규(土圭;옥)로 만든 규(圭) 모양의 기구를 세워놓고 동지와
하지에 한낮(정오) 햇볕의 그림자를 맞추어 보아 시차(時差)의 표준이 되는 지역을 정하였는바, 일

‥‥ 祇 : 땅귀신 기　聘 : 맞이할 빙

故로 謂之土中이라하니라

　○ 왕씨(王氏)가 말하였다. "성왕이 낙읍에 머물고자 한 것은 하늘의 일을 가지고 말하면, 일동(日東)은 저녁에 그림자가 드리워져 바람이 많고, 일서(日西)는 아침에 그림자가 드리워져 음지가 많고, 일남(日南)은 그림자가 짧아 더위가 많고, 일북(日北)은 그림자가 길어 추위가 많은데, 낙읍은 천지의 중앙이라서 바람과 비가 모이고 음과 양이 조화로운 곳이다. 그리고 사람의 일로 말하면 사방에서 조빙(朝聘)하고 공부(貢賦)함에 도로(道路)의 이수(里數)가 균등하다. 그러므로 토중이라고 말한 것이다.

15. 王이 先服殷御事하사 比介于我有周御事하사 節性하시면 惟日其邁(매)하리이다

　왕께서는 먼저 은나라의 어사(御事)들을 복종시켜 우리 주나라의 어사들을 가까이 하고 돕게 하시어 나쁜 성질을 절제시키시면 날로 선(善)에 매진할 것입니다.

言治人에 當先服乎臣也라 王이 先服殷之御事하여 以親近副貳我周之御事하여 使其漸染陶成하여 相觀爲善하여 以節其驕淫之性이면 則日進於善而不已矣리라

　사람을 다스림에는 마땅히 먼저 자기 신하를 복종시켜야 함을 말한 것이다. 왕은 먼저 은나라의 어사들을 복종시켜 우리 주나라의 어사들을 친근히 하고 부이(副貳;돕게 함)해서 점점 물들고 도야(陶冶)하여 이루어서, 서로 보고 선(善)을 하여 교만하고 음탕한 성질을 절제하게 하면 날로 선에 나아가고 그치지 않을 것이다.

16. 王敬作所시니 不可不敬德이니이다

　왕은 공경을 처소로 삼아야 하니, 덕을 공경하지 않으면 안 됩니다.

言化臣은 必謹乎身也라 所는 處所也니 猶所其無逸之所라 王能以敬爲所하시면

동(日東)은 표를 세운 곳이 동쪽으로 너무 치우쳐 해와 가까운 곳이고, 일서(日西)는 서쪽으로 너무 치우쳐 해와 먼 곳이고, 일남(日南)은 남쪽으로 너무 치우쳐 해와 가까운 곳이고, 일북(日北)은 북쪽으로 너무 치우쳐 해와 먼 곳이다. 당시 낙양(洛陽)은 동·서·남·북에 치우치지 않고 중앙에 해당하여 8척인 표(表)의 그림자가 1척 5촌의 토규와 일치하여 표준 지역이 되었으며, 후세에도 낙양 부근의 영천(潁川) 양성(陽城)을 지중이라 하여 표준지역이 되었는바, 자세한 내용은《주례》의 주(註)와《채전방통》·《삼경변의(三經辨疑)》등을 참고하기 바란다.

··· 比 : 가까울 비 介 : 도울 개 邁 : 나아갈 매

則動靜語默과 出入起居가 無往而不居敬矣리라 不可不敬德者는 甚言德之不可
不敬也라

　　신하를 교화함은 반드시 군주 자신을 삼가야 함을 말한 것이다. '소(所)'는 처소이
니, 〈무일(無逸)〉의 '무일을 처소로 삼음〔所其無逸〕'의 소(所)와 같다. 왕이 공경을 처
소로 삼으면 동정(動靜)과 어묵(語默), 출입(出入)과 기거(起居)가 가는 곳마다 경(敬)에
있지 않음이 없을 것이다. '불가불경덕(不可不敬德)'은 덕을 공경하지 않으면 안 됨을
심히 말한 것이다.

17. 我는 不可不監于有夏며 亦不可不監于有殷이니 我不敢知하노니 曰有
夏服天命하여 惟有歷年가 我不敢知하노니 曰不其延가 惟不敬厥德하여 乃
早墜厥命하니이다 我不敢知하노니 曰有殷이 受天命하여 惟有歷年가 我不
敢知하노니 曰不其延가 惟不敬厥德하여 乃早墜厥命하니이다

　저는 하나라를 살펴보지 않을 수 없으며 또한 은나라를 살펴보지 않을 수 없으니, 저
는 감히 알지 못하노니 하나라가 천명을 간직하여 역년(歷年)을 둘(소유할) 것인가? 저
는 감히 알지 못하노니 천명을 연장하지 못할 것인가? 〈알 수 있는 것은〉 오직 덕을
공경하지 아니하여 마침내 일찍 천명을 실추하였습니다. 저는 감히 알지 못하노니 은
나라가 천명을 받아 역년을 둘 것인가? 저는 감히 알지 못하노니 천명을 연장하지 못
할 것인가? 〈알 수 있는 것은〉 오직 덕을 공경하지 아니하여 마침내 일찍 천명을 실추
하였습니다.

夏商歷年長短은 所不敢知요 我所知者는 惟不敬厥德이면 卽墜其命也라 與上章
相古先民之意로 相爲出入이로되 但上章은 主言天眷之不足恃요 此則直言不敬
德則墜厥命爾니라

　　하나라와 상나라의 역년의 길고 짧음은 감히 알 수 없고, 제가 알 수 있는 것은 오
직 그 덕을 공경하지 않으면 즉시 천명을 실추한다는 사실이다. 상장(上章)에 옛 선민
(先民)을 살펴본다는 뜻과 서로 출입이 있으나, 다만 상장에서는 하늘의 돌아봄을 믿
을 것이 못됨을 위주하여 말하였고, 여기서는 덕을 공경하지 않으면 천명을 실추함을
곧바로 말하였다.

18. **今王**이 **嗣受厥命**하시니 **我亦惟兹二國命**에 **嗣若功**이라하노니 **王乃初服**
이온여(이따녀)

　이제 왕께서 이어서 천명을 받으셨으니, 저(태보(太保))는 '또한 이 두 나라의 명에 훌륭한 공(功)이 있는 분을 이을 것이다' 하노니, 하물며 왕이 처음 정사하여 교화를 행하심이겠습니까.

今王이 **繼受天命**하시니 **我謂亦惟此夏商之命**에 **當嗣其有功者**라하노니 **謂繼其能敬德而歷年者也**라 **況王乃新邑初政**에 **服行教化之始乎**아

　이제 왕이 이어서 천명을 받으셨으니, 저는 이르기를 "또한 하나라와 상나라의 명에 마땅히 그 공이 있는 자를 이어야 한다." 하노니, 이는 능히 덕을 공경하여 역년(歷年)을 오래 한 자를 이음을 말한 것이다. 하물며 왕이 새 도읍에서 처음 정사함에 교화를 복행(服行)하는 처음이겠는가.

19. **嗚呼**라 **若生子** **罔不在厥初生**하여 **自貽哲命**하니 **今天**은 **其命哲**가 **命吉凶**가 **命歷年**가 **知**는 **今我初服**이니이다

　아! 〈왕께서 이제 정사를 시작함은〉 자식을 낳음에 그 처음 막 태어났을 때에 달려 있어 스스로 밝은 명을 받지 않음이 없음과 같으니, 이제 하늘은 우리에게 밝음을 명할 것인가? 길·흉을 명할 것인가? 역년을 명할 것인가? 이것을 앎은 지금 우리의 처음 정사에 달려 있습니다.

歎息言 **王之初服**이 **若生子無不在於初生**하여 **習爲善則善矣**하여 **自貽其哲命**하니 **爲政之道** **亦猶是也**라 **今天**이 **其命王以哲乎**아 **命以吉凶乎**아 **命以歷年乎**아를 **皆不可知**요 **所可知者**는 **今我初服如何爾**[145]라 **初服而敬德**이면 **則亦自貽哲命**하여 **而吉與歷年矣**리라

　탄식하고 말하기를 "왕이 처음 정사를 행함은, 자식을 낳음에 처음 막 낳았을 때에

　　　　• • • • • •

145　今我初服如何爾 : 이것은 경문의 '금아초복(今我初服)'을 부연 설명한 것인데, 호산은 《언해》의 해석은 이 주(今我初服如何爾)에 너무 구애된 듯하다.〔諺釋恐泥於此註〕"하였다. 《詳說》 경문을 《언해》에는 "知今我初服이니이다"로 현토하고 "知홈은 우리 初服이니이다"로 해석하였는바, '知는'으로 현토하고 호산의 설을 따라 경문을 수정 번역하였음을 밝혀둔다.

　• • •　嗣 : 이을 사　貽 : 끼칠 이

달려 있어 선(善)을 함을 익히면 선해져서 스스로 밝은 명을 받지 않음이 없음과 같으니, 정사를 다스리는 방도 또한 이와 같다. 이제 하늘이 왕에게 밝음을 명할 것인가? 길·흉을 명할 것인가? 역년을 명할 것인가를 모두 알 수 없고, 알 수 있는 것은 지금 우리가 처음 정사를 어떻게 하느냐에 달려 있을 뿐입니다.” 하였다. 처음 정사함에 덕을 공경하면 또한 스스로 밝은 명을 받아 길하고 역년이 오랠 것이다.

20. 宅新邑하시니(하사) 肆惟王이 其疾敬德하소서 王其德之用하사(이) 祈天永命이니이다
  새 도읍에 거주하시니, 왕께서는 빨리 덕을 공경하소서. 왕께서 그 덕을 쓰시어 하늘의 영원한 명을 기원하셔야 합니다.

宅新邑은 所謂初服也라 王其疾敬德이니 容可緩乎아 王其德之用하여 而祈天以歷年也¹⁴⁶라
  새 도읍에 거주함은 이른바 ‘초복(初服)’이라는 것이다. 왕은 빨리 덕을 공경하여야 하니, 혹시라도〔容或〕 늦출 수 있겠는가. 왕은 덕을 써서 하늘에게 역년을 기원하여야 할 것이다.

21. 其惟王은 勿以小民의 淫用非彝로 亦敢殄戮用乂하소서 民若하여사 有功하리이다
  왕께서는 소민(小民)들이 법이 아닌 것을 지나치게 쓴다는 이유로 또한 주륙(誅戮)을 과감하게 결단하여 다스리지 마소서. 백성은 순하게 인도하셔야 공이 있을 것입니다.

刑者는 德之反이니 疾於敬德이면 則當緩於用刑이니 勿以小民過用非法之故로 亦敢於殄戮用治之也요 惟順導民이라야 則可有功¹⁴⁷이라 民은 猶水也니 水泛濫橫流

......

146 王其德之用 而祈天以歷年也 : 호산은 《언해》의 현토는 주의 뜻에 위배될 듯하다.〔諺讀恐違註意〕” 하였다. 《詳說》이에 따라 경문의 ‘王其德之用이’로 현토한 것을 ‘王其德之用하사’로 고쳐 번역하였다.

147 惟順導民 則可有功 : 호산은 “백성은 순히 인도한 뒤에야 공이 있을 수 있다는 것이니, 《언해》의 해석은 이 주에 너무 구애된 듯하다.〔民者, 順導然後可有功也. 諺釋恐泥此註.〕” 하였다. 《언해》에는 “民을 若하여사 功이 있으시리이다”로 해석하였는바, 호산의 설을 따라 경문의 ‘民若有功’을

... 殄 : 끊을 진 戮 : 죽일 륙

는 失其性矣라 然이나 壅而遏之면 則害愈甚하니 惟順而導之면 則可以成功이니라
　형벌은 덕의 반대이니, 덕을 공경함을 빨리하면 마땅히 형벌을 씀을 늦출 것이니, 소민들이 법이 아닌 것을 지나치게 쓴다는 이유로 또한 주륙을 과감하게 결단하여 다스리지 말 것이요, 오직 백성들을 순히 인도하여야 공이 있을 것이다. 백성은 물과 같으니, 물이 범람하여 멋대로 흐름은 물의 본성을 잃은 것이나 막아서 흐르지 못하게 하면 폐해가 더욱 심해지니, 오직 물의 본성을 순히 하여 인도하면 공을 이룰 수 있는 것이다.

22. **其惟王位** **在德元**하면 **小民**이 **乃惟刑**하여 **用于天下**라 **越王**에 **顯**하리이다
　왕위가 덕이 으뜸인 자에게 있으면 소민들이 이를 본받아 덕을 천하에 써서 왕의 덕에 드러날 것입니다.

元은 首也라 居天下之上이면 必有首天下之德이니 王位在德元이면 則小民이 皆儀刑하여 用德于下하리니 於王之德에 益以顯矣라
　'원(元)'은 수(首:으뜸)이다. 왕이 천하의 높은 위에 있으면 반드시 천하에 으뜸인 덕이 있어야 하니, 왕의 지위가 덕이 으뜸인 자에게 있으면 소민들이 모두 의형(儀刑;본받음)하여 아래에서 덕을 쓸 것이니, 왕의 덕에 더욱 드러날 것이다.

23. **上下勤恤**하여 **其曰**(호되) **我受天命**이 **丕若有夏歷年**하며 **式勿替有殷歷年**이라하노니 **欲王**은 **以小民**으로 **受天永命**하노이다
　윗사람과 아랫사람이 근로하여 기약하기를 '우리가 천명을 받음이 크게 하나라의 역년과 같으며 은나라의 역년도 폐하지 말라.' 하노니, 왕께서는 소민들을 데리고 하늘의 영원한 명을 받기를 바라옵니다."

其는 亦期之辭也라 君臣勤勞하여 期曰 我受天命이 大如有夏歷年하며 用勿替有殷歷年이라하노니 欲兼夏殷歷年之永也라 召公이 又繼以欲王以小民으로 受天永命하니 蓋以小民者는 勤恤之實이요 受天永命者는 歷年之實也라 蘇氏曰 君臣一

- - - - - - -
'民若하여서'로 현토하고 '백성은 순하게 인도하여야 공이 있는 것'으로 번역하였다.

••• 壅 : 막을 옹　遏 : 막을 알　刑 : 본받을 형

心하여 以勤恤民이면 庶幾王受命歷年이 如夏商이요 且以民心爲天命也라

'기(其)'는 또한 기약하는 말이다. 군주와 신하가 근로하여 기약하기를 "우리가 천명을 받음이 크게 하나라의 역년과 같으며 은나라의 역년을 폐하지 말라." 하였으니, 이는 하나라와 은나라의 역년의 긺을 겸하고자 한 것이다. 소공은 또 뒤이어서 왕이 소민들을 데리고 하늘의 영원한 명을 받기를 바랬으니, 이는 소민들을 데리고 하는 것은 근휼(勤恤)의 실제이고, 하늘의 영원한 명(命)을 받는 것은 역년의 실제이다.

소씨(蘇氏)가 말하였다. "군주와 신하가 한 마음이 되어서 백성들을 부지런히 구휼하면 거의 왕이 천명을 받아 역년이 하(夏)·상(商)과 같을 것이요, 또 민심(民心)을 천심(天心)으로 삼는 것이다."

24. 拜手稽首曰 予小臣은 敢以王之讐民과 百君子[148]와 越友民으로 保受王威命明德하노니 王이 末有成命하시면 王亦顯하시리이다 我非敢勤이라 惟恭奉幣하여 用供王의 能祈天永命하노이다

배수계수(拜手稽首)하여 아뢰옵니다. "저 소신(小臣)은 감히 왕의 수민(讐民;원수 백성)인 은나라 백성과 여러 군자와 우민(友民;순종하는 백성)들을 데리고 왕의 위엄스러운 명령과 밝은 덕을 보존하고 받아들이게 하오니, 왕께서 끝내 이루어진 명을 소유하시면 왕 또한 후세에 드러나실 것입니다. 제가 감히 수고롭게 여기는 것이 아니오라, 오직 공손히 폐백을 받들어 왕께서 하늘의 영원한 명을 기원함에 바칠 뿐입니다."

讐民은 殷之頑民으로 與三監叛者요 百君子는 殷之御事、庶士也요 友民은 周之友順民也라 保者는 保而不失이요 受者는 受而無拒라 威命明德者는 德威德明也라 末은 終也라 召公이 於篇終에 致敬하여 言 予小臣은 敢以殷周臣民으로 保受王威命明德하노니 王은 當終有天之成命하여 以顯于後世하시리니 我非敢以此爲勤이라 惟恭奉幣帛하여 用供王能祈天永命而已라하니라 蓋奉幣之禮는 臣職之所當恭이요 而祈天之實은 則在王之所自盡也라 又按 恭奉幣는 意卽上文取幣以錫周公而旅王者니 蓋當時에 成王이 將擧新邑之祀라 故로 召公이 奉以助祭云이라

'수민(讐民)'은 은나라의 완악한 백성으로 삼감(三監;삼숙)과 함께 배반한 자이고,

......
148 百君子 : 이에 대하여 오윤상은 "이는 주나라의 여러 신하를 가리킨 듯하다.〔百君子, 恐指周之諸臣.〕" 하였다.

'백군자(百君子)'는 은나라의 일을 다스리는 서사(庶士)이며, '우민(友民)'은 주나라의 순종하는 백성이다. '보(保)'는 보존하여 잃지 않음이요, '수(受)'는 받아들여서 막지 않음이다. '위명(威命)'과 '명덕(明德)'은 〈여형(呂刑)〉의 덕의 위엄과 덕의 밝음이다. '말(末)'은 끝냄이다.

　소공이 편의 끝에 공경을 지극히 하여 말씀하기를 "저 소신(小臣)은 감히 은나라와 주나라의 신민(臣民)들을 데리고 왕의 위엄스러운 명령과 밝은 덕을 보존하고 받게 하오니, 왕은 끝내 하늘의 성명(成命)을 소유하여 후세에 드러나실 것입니다. 제가 감히 이것을 수고롭게 여기는 것이 아니라, 오직 공손히 폐백을 받들어 왕께서 하늘의 영명(永命)을 기원함에 바칠 뿐입니다." 한 것이다. 폐백을 받드는 예는 신하의 직분에 마땅히 공손히 해야 할 일이며, 하늘의 영명을 기원하는 실제는 왕이 스스로 다함에 달려 있는 것이다.

　또 살펴보건대 공손히 폐백을 받든다는 것은 짐작건대 곧 상문(上文)에 '폐백을 취하여 주공에게 주고 왕에게 아뢴 뜻을 말하게 한 것'이니, 아마도 당시에 성왕이 장차 새 도읍의 제사를 거행하려 하였으므로 소공이 폐백을 받들어 제사를 도운 듯하다.

洛邑旣定에 周公이 遣使告卜하시니 史氏錄之하여 以爲洛誥하고 又幷記其君臣答問과 及成王命周公留治洛之事하니 今文古文皆有하니라

낙읍(洛邑)이 이미 정해지자, 주공이 사자(使者)를 보내어 성왕에게 점괘를 아뢰시니, 사관이 이것을 기록하여 낙고(洛誥)라 하고, 또 군신간에 문답한 것과 성왕이 주공에게 명하여 머물러 낙읍을 다스리게 한 일을 함께 기록하였으니, 금문(今文)과 고문(古文)에 모두 있다.

○ 按周公拜手稽首以下는 周公이 授使者告卜之辭也요 王拜手稽首以下는 成王이 授使者復公之辭也요 王肇稱殷禮以下는 周公이 敎成王宅洛之事也요 公明保子沖子以下는 成王이 命公留後治洛之事也요 王命子來以下는 周公이 許成王留洛하여 君臣各盡其責難之辭也요 伻(팽)來以下는 成王이 錫命하여 趁殷命寧之事也며 戊辰以下는 史又記其祭祀册誥等事와 及周公居洛歲月久近하여 以附之하여 以見(현)周公作洛之始終하니 而成王이 擧祀發政之後에 卽歸于周하고 而未嘗都洛也니라

○ 살펴보건대 '주공배수계수(周公拜手稽首)' 이하는 주공이 사자에게 주어서 점괘

- - - - - -
149 낙고(洛誥):〈낙고편〉 제목 아래에 단락을 나눈 것에 대하여 오윤상은 이렇게 말하였다. "〈낙고편〉 제목 아래에 단락을 나눈 것은 바꿀 수 없다. 그러나 주공이 점괘를 고한 것과 성왕이 주공에게 답한 두 단락은 주공이 낙읍에 있고 성왕이 호경(鎬京)에 있을 때에 사자(使者)에게 주어서 왕복하게 한 것이요, 주공이 성왕에게 낙읍에 머물게 한 단락은 주공이 호경으로 돌아온 뒤에 성왕에게 고한 것이다. 《소고》 8절에 '소공이 나가 폐백을 취하여 들어와 주공에게 주었다.'는 말을 가지고 보면 낙읍을 경영한 뒤에 주공이 즉시 호경으로 돌아왔음을 알 수 있다.) 성왕이 주공에게 명하여 낙읍을 다스리게 한 것과 주공이 성왕의 낙읍에 머물라는 명을 허락한 두 단락은 성왕이 낙읍에 이르렀을 때의 문답이다. 사자가 와서 은나라 백성을 삼가라〔伻來趁殷〕는 한 단락은 성왕이 호경으로 돌아온 뒤에 명을 내려 은나라 백성을 삼가게 하자, 주공이 성왕에게 답한 말씀이다. 이 단락 위에 마땅히 성왕이 명을 내리는 말씀이 있어야 할 것이요, 만약 명을 내리는 말씀이 없으면 마땅히 '周公曰'로 단서를 일으키는 글이 있어야 할 터인데 없으니, 의심컨대 빠진 글이 있는 듯하다.〔洛誥篇題下分段, 不可易矣. 然周公告卜, 暨成王復公二段, 周公在洛, 成王在鎬京時, 授使往復者也, 周公敎王宅洛一段, 歸鎬京後告王也. -以召誥召公出取幣, 入錫周公之語觀之, 營洛後, 周公卽歸于鎬京, 可知. -成王命公治洛, 周公許王留洛二段, 成王至洛時問答也. 伻來趁殷一段, 成王歸鎬京後, 錫命趁殷, 而周公復王之辭. 此段上, 宜有錫命之辭, 若無錫命之辭, 當以周公曰起端而無之, 疑有缺文.〕"

··· 伻 : 사람부릴 팽

를 아뢴 말이요, '왕배수계수(王拜手稽首)' 이하는 성왕이 사자에게 주어서 공에게 답한 말씀이며, '왕조침은례(王肇稱殷禮)' 이하는 주공이 성왕에게 낙읍에 머무는 일을 가르친 것이요, '공명보여충자(公明保予沖子)' 이하는 성왕이 공에게 뒤에 머물러 낙읍을 다스리게 한 일을 명한 것이며, '왕명여래(王命予來)' 이하는 주공이 성왕에게 낙읍에 머물 것을 허락하여 군주와 신하가 각기 어려운 일로 책함을 다한 말이요, '팽래(伻來)' 이하는 성왕이 명을 내려 은나라를 경계하고 편안하게 함을 명령한 일이며, '무진(戊辰)' 이하는 사관이 또 제사하고 책고(册誥)한 등의 일과 주공이 낙읍에 거주한 세월의 오래고 가까움을 기록하여 뒤에 붙여서 주공이 낙읍을 만든 시종(始終)을 나타낸 것이니, 성왕은 제사를 거행하고 정사를 편 뒤에 즉시 주(周:호경(鎬京))로 돌아왔고, 일찍이 낙읍에 도읍하지 않았다.

【小序】 召公이 旣相宅이어늘 周公往하여 經營成周하고 使來告卜하여 作洛誥하니라
　　소공이 이미 집터를 살펴보자, 주공이 가서 성주(成周)를 경영하고 사람을 보내와 점괘를 아뢰어 〈낙고〉를 지었다.

보충 : 1. 惟三月哉生魄에 周公이 初基하사 作新大邑于東國洛하시니 四方民이 大和會어늘 侯、旬、男、邦、采、衛、百工이 播民和하여 見士(事)于周하더니 周公이 咸勤하사 乃洪大誥治하시다
　　3월 재생백(哉生魄:16일)에 주공이 처음 집터를 잡아 새로운 대읍(大邑)을 동국(東國)인 낙읍(洛邑)에 만드시니, 사방의 백성들이 크게 화합하여 모이자, 후(侯)·전(旬)·남(男)·방(邦)·채(采)·위(衛)와 백공(百工:백관)들이 백성들을 거느리고서 기쁜 마음(모습)으로 함께 뵈어 주(周)나라에서 일하더니, 주공이 모두 수고한다 하여 이에 크게 다스림을 고하셨다.

　　* 위 내용은 〈강고(康誥)〉에서 보충하였으며, 그 아래에 달려있는 《집전》도 함께 여기로 이기(移記)하였다. 다만 '播民和見士(事)于周'에 대한 주와 해석은 위에 자세히 보이므로 여기에서는 생략하였다. 끝부분에 있는 소씨(蘇氏)의 설은 〈강고〉에만 두고 여기에서는 삭제하였다.

三月은 周公攝政七年之三月也요 始生魄은 十六日也라 百工은 百官也라 士는 說文曰 事也니 詩曰 勿士行枚라하니라 呂氏曰 斧斤版築之事는 亦甚勞矣어늘 而民

大和會하여 悉來赴役하니 卽文王作靈臺에 庶民子來[150]之意니라

　3월은 주공이 섭정(攝政)한 7년의 3월이고, 시생백(始生魄)은 16일이다. '백공(百工)'은 백관이다. '사(士)'는 《설문》에 "일함이니, 《시경》〈동산(東山)〉에 '행매(行枚:말에 재갈을 물림)를 일삼지 말라.〔勿士行枚〕'했다." 하였다.

　여씨(呂氏)가 말하였다. "도끼와 자귀를 잡고 판자로 축성하는 일이 또한 매우 수고로운데 백성들이 크게 화합하고 모여 모두 와서 부역에 힘썼으니, 이는 곧 문왕이 영대(靈臺)를 만들 적에 여러 백성들이 자식처럼 와서 일했다는 뜻이다."

2. 周公이 拜手稽首曰朕은 復(복)子明辟하노이다

　주공이 배수계수(拜手稽首)하고 말씀하였다. "저는 그대 명벽(明辟:밝은 군주)에게 복명(復命)하노이다.

此下는 周公이 授使者告卜之辭也라 拜手稽首者는 史記周公遣使之禮也라 復은 如逆復[151]之復이라 成王이 命周公하여 往營成周하시니 周公得卜하고 復命于王也라 謂成王爲子者는 親之也요 謂成王爲明辟者는 尊之也라 周公이 相成王하니 尊則君이요 親則兄之子也라 明辟者는 明君之謂라 先儒謂 成王幼하여 周公이 代王爲辟이러니 至是에 反政成王이라 故로 曰復子明辟이라하니라 夫有失然後有復이니 武王崩하고 成王立에 未嘗一日不居君位하니 何復之有哉리오 蔡仲之命에 言周公位冢宰하여 正百工이라하니 則周公以冢宰로 總百工而已가 豈不彰彰明甚矣乎아 王莽(망)居攝하여 幾傾漢鼎은 皆儒者有以啓之[152]니 是不可以不辨이니라

⋯⋯⋯

150　卽文王作靈臺 庶民子來：이 내용은 《시경》〈대아(大雅) 영대(靈臺)〉에 보인다.

151　逆復：역복(逆復)은 복역(復逆)과 같은 말로, 역(逆)은 상서(上書)하는 것이고 복(復)은 보고(報告)하여 아뢰는 뜻이라 한다.

152　王莽居攝……儒者有以啓之：거섭(居攝)은 천자가 어리므로 신하가 대신 천자의 자리에 거(居)하여 섭정하는 것이며, 정(鼎)은 원래 구정(九鼎)으로 우왕(禹王)이 구주(九州)의 금(쇠)을 모아 만들었다는 솥인데, 후세에는 국통(國統)을 상징하게 되었다. 전한(前漢) 말기 왕망(王莽)은 당시 어린 유자(孺子) 유영(劉嬰)을 옹립한 뒤에 주공의 고사를 따른다는 구실로 거섭(居攝)을 하였다가 제위(帝位)를 찬탈(簒奪)하였는데, 이는 주공이 거섭한 것으로 잘못 풀이한 선유(先儒)들 때문임을 말한 것이다. 그러나 《서경》의 여러 편에 '주공이 거섭했다.'는 내용이 자주 나오는바, 채침은 "여기의 거섭은 성왕이 상중에 있어 정사에 일일이 관여할 수 없으므로 주공이 총재(冢宰)로서 백관을 통솔하는 일반적인 관행을 따랐을 뿐인데, 후유(後儒)들이 이 거섭을 마치 주공이 천자의 자리에 올라 섭정한 것으로 잘못 풀이하는 바람에 왕망의 찬탈을 계도하였다."라고 한 것이다.

⋯　復:아뢸 복　辟:임금 벽　逆:맞을 역　莽:풀 망　攝:대리할 섭

이 이하는 주공이 사자(使者)에게 주어서 점괘를 고한 말씀이다. '배수계수(拜手稽首)'는 사관(史官)이 주공이 사자를 보내는 예(禮)를 기록한 것이다. '복(復)'은 〈순전(舜典)〉의 역복(逆復)의 복(復)과 같다. 성왕이 주공에게 명하여 가서 성주(成周)를 경영하게 하시니, 주공이 길한 점괘를 얻고는 왕에게 복명(復命)한 것이다. 성왕을 일러 '자(子:그대)'라고 한 것은 친하게 여긴 것이요, 성왕을 일러 '명벽(明辟)'이라고 한 것은 높인 것이다. 주공이 〈정승이 되어〉 성왕을 도왔으니, 존귀(尊貴)함으로 말하면 군주이고, 친함으로 말하면 형(兄)의 아들이다. '명벽'은 밝은 군주를 이른다.

선유(先儒)들은 이르기를 "성왕이 어려서 주공이 왕을 대신하여 군주가 되었었는데, 이때에 이르러 정권을 성왕에게 돌려주었으므로 '그대에게 군주의 자리를 되돌려줌〔復子明辟〕'이라 했다." 하였다. 〈그러나〉 잃음이 있은 뒤에 회복함이 있는 것이니, 무왕이 죽고 성왕이 즉위함에 일찍이 하루도 임금의 지위에 거하지 않은 적이 없었으니, 어찌 회복함(되돌려줌)이 있겠는가. 〈채중지명(蔡仲之命)〉에 "주공이 총재(冢宰)의 지위에 올라 백관을 바로잡았다." 하였으니, 주공이 총재로서 백관을 총괄하였을 뿐임이 드러나고 드러나서 어찌 심히 분명하지 않겠는가. 왕망(王莽)이 거섭(居攝)하여 거의 한(漢)나라의 솥(국통(國統))을 기울게 한 것은 모두 유자들의 〈주공이 군주가 되었다는 말로 인해〉 계도(啓導)함이 있었던 것이니, 이것을 분변하지 않을 수 없다.

○ 蘇氏曰 此上에 有脫簡이 在康誥[153]하니 自惟三月哉生魄으로 至洪大誥治四十八字니라

　○ 소씨(蘇氏)가 말하였다. "이 위에 탈간(脫簡)이 〈강고(康誥)〉에 있으니, '유삼월재생백(惟三月哉生魄)'으로부터 '홍대고치(洪大誥治)'까지의 48자(字)이다."

3. 王이 如弗敢及天의 基命、定命이실새 予乃胤保하여 大相東土호니 其基作民明辟이로소이다

　왕께서 감히 하늘의 기명(基命;시작한 명)과 정명(定命;안정된 명)을 미처 알지 못하는

━━━━━━

본인의 생각에는 주공이 거섭한 것은 사실인데, 다만 왕망은 주공의 섭정을 빙자하여 국정을 독단적으로 전횡한 것으로 여겨진다.

153　在康誥:〈강고〉 첫머리의 '惟三月哉生魄'으로부터 '乃洪大誥治'까지의 48자(字)를 가리킨 것으로 여기서는 위의 경문(經文)과 《집전》을 병기하고 해석한 글을 함께 붙였다.

듯하시기에 제가 태보(太保)를 이어 〈가서〉 크게 동토(東土)를 살펴보니, 백성의 명벽
(明辟)이 될 터전이었습니다.

凡有造에 基之而後成하고 成之而後定하니 基命은 所以成始也요 定命은 所以成
終也라 言成王이 幼沖退託하여 如不敢及知天之基命定命일새 子乃繼太保而往하
여 大相洛邑하니 其庶幾爲王始作民明辟之地也라 洛邑이 在鎬京東이라 故로 曰
東土라하니라

　　무릇 집을 만들 적에는 집터를 닦아 시작한 뒤에 이루고 이룬 뒤에 정(定)하니, '기
명(基命)'은 처음을 이루는 것이고, '정명(定命)'은 종(終;끝마침)을 이루는 것이다. "성
왕이 어리고 퇴탁(退託;겸손하여 물러남)하여 감히 하늘의 기명과 정명을 미처 알지 못
하는 듯하시기에 제가 태보(소공)를 이어 가서 크게 낙읍을 살펴보니, 거의 왕이 처음
으로 백성의 명벽이 될 만한 땅이었습니다." 낙읍이 호경의 동쪽에 있으므로 '동토'라
한 것이다.

4. 子惟乙卯에 朝至于洛師하여 我卜河朔、黎水[154]하며 我乃卜澗水東과 瀍
(전)水西호니 惟洛을 食하며 我又卜瀍水東호니 亦惟洛을 食[155]할새 伻(팽)來하
여 以圖及獻卜하노이다

　　제가 을묘일 아침에 낙사(洛師)에 이르러 제가 하삭(河朔)과 여수(黎水)를 점쳐보며
제가 간수(澗水)의 동쪽과 전수(瀍水)의 서쪽을 점쳐보니, 거북껍질이 오직 낙읍(洛邑)
을 먹었으며, 제가 또 전수의 동쪽을 점쳐보니 또한 낙읍을 먹었기에, 사람을 보내어
와서 지도와 점괘를 올리는 것입니다."

乙卯는 卽召誥之乙卯也라 洛師는 猶言京師也라 河朔, 黎水는 河北黎水交流之
內也요 澗水東, 瀍水西는 王城也니 朝會之地요 瀍水東은 下都也니 處商民之地

154　我卜河朔黎水:《언해》를 따라 '하삭(河朔)과 여수(黎水)'로 번역하였으나,《대전본(大全本)》에
　　　"여수에 하삭을 말했으면 간수와 전수가 모두 하남(河南)임을 알 수 있다.〔黎水言河朔, 則知澗瀍
　　　皆河南.〕" 한 원씨(袁氏)의 말을 근거해보면 '하삭의 여수'로 해석하는 것이 옳을 듯하다.
155　惟洛食 我又卜瀍水東 亦惟洛食:송(宋)나라 진경(陳經)의 《상서상해(尙書詳解)》에 "앞에서
　　　말한 '惟洛食'의 낙(洛)은 지금의 하남(河南)이고, 뒤에서 말한 '亦惟洛食'의 낙은 지금의 낙양(洛
　　　陽)이다." 하였다.

···　瀍 : 물이름 전

라 王城은 在澗、瀍之間하고 下都는 在瀍水之外하니 其地皆近洛水라 故로 兩云
惟洛食也라 食者는 史先定墨에 而灼龜之兆 正食其墨也라 伻은 使也라 圖는 洛之
地圖也라 獻卜은 獻其卜之兆辭也라

'을묘'는 곧 〈소고(召誥)〉의 을묘일이다. '낙사(洛師)'는 경사(京師)라는 말과 같다. 하삭(河朔)과 여수(黎水)는 하북(河北)과 여수가 교류하는 곳의 안이며, 간수(澗水)의 동쪽과 전수(瀍水)의 서쪽은 왕성(王城)이니 조회하는 곳이고, 전수의 동쪽은 하도(下都)이니 상(商)나라 백성들이 거주하는 곳이다. 왕성은 간수와 전수의 사이에 있고 하도는 전수의 밖에 있으니, 이 지역이 모두 낙수에서 가까우므로 두 번 '낙수를 먹었다.'고 말한 것이다. '식(食)'은 〈점을 치는〉 사관(史官)이 먼저 〈거북껍질에〉 먹줄을 정해 놓았는데, 거북껍질을 구운(灼군) 조짐이 바로 그 먹줄을 먹은 것이다. '팽(伻)'은 사람을 시키는 것이다. '도(圖)'는 낙수의 지도이다. '헌복(獻卜)'은 점괘의 조사(兆辭)를 올린 것이다.

5. 王이 拜手稽首曰 公이 不敢不敬天之休하사 來相宅하시니 其作周匹休삿다 公旣定宅하시고 伻來하여 來視予卜休恒吉하시니 我二人이 共貞이로다 公其以予로 萬億年을 敬天之休하실새 拜手稽首誨言하노이다

  왕이 배수계수하고 말씀하였다. "공(주공)이 감히 하늘의 아름다운 명을 공경하지 않을 수 없으시어 와서 집터를 살펴보시니, 주나라에 짝할 만한 아름다운 땅(도읍지)을 만드셨습니다. 공이 이미 집터를 정하시고 사람을 보내와서 나에게 점괘가 아름다워 항상 길할 것임을 보여주시니, 우리 두 사람이 함께 마땅할(좋을) 것입니다. 공이 나로써 만억 년을 하늘의 아름다움을 공경하게 하시기에 배수계수하여 가르쳐주신 말씀에 경의를 표합니다."

此는 王이 授使者復公之辭也라 王拜手稽首者는 成王이 尊異周公而重其禮也라 匹은 配也라 公不敢不敬天之休命하사 來相宅하여 爲周匹休之地하시니 言卜洛以配周命於無窮也라 視는 示也니 示我以卜之休美而常吉者也라 二人은 成王、周公也라 貞은 猶當也라 十萬曰億이라 言周公宅洛에 規模宏遠하니 以我萬億年敬天休命이라 故로 又拜手稽首하여 以謝周公告卜之誨言이라

  이는 왕이 사자에게 글을 주어 주공에게 답한 말씀이다. 왕이 배수계수한 것은 성왕이 주공을 존경하고 우대하여 그 예(禮)를 중히 한 것이다. '필(匹)'은 짝함이다. 공

이 감히 하늘의 아름다운 명을 공경하지 않을 수 없어 와서 집터를 살펴보고서 주나라에 짝할 만한 아름다운 땅을 만드셨으니, 이는 낙읍을 점쳐 주나라의 명을 무궁함에 짝함을 말한 것이다. '시(視)'는 보여줌이니, 나에게 점괘가 아름다워 항상 길할 것임을 보여준 것이다. 두 사람은 성왕과 주공이다. '정(貞)'은 마땅함(當;좋음)과 같다. 십만(十萬)을 '억(億)'이라 한다. 주공이 낙읍에 집터를 정함에 규모가 크고 원대하니, 나로써 만억 년을 하늘의 아름다운 명을 공경하게 한 것이다. 그러므로 또다시 배수계수하여 주공이 점괘를 고하여 가르쳐 주신 말씀에 사례한 것이다.

6. **周公曰 王**이 **肇**(조)**稱殷禮**하사 **祀于新邑**하사되 **咸秩無文**하소서
　주공이 말씀하였다.
"왕께서 처음 성대한 예(禮)를 거행하여 새 도읍에서 제사하시되 사전(祀典)에 기재되지 않은 곳까지 모두 차례로 제사하소서.

此下는 **周公**이 **告成王宅洛之事也**라 **殷**은 **盛也**니 **與五年再殷祭**[156]**之殷**으로 **同**이라 **秩**은 **序也**라 **無文**은 **祀典不載也**라 **言王始舉盛禮**하여 **祀于洛邑**하사되 **皆序其所當祭者**하고 **雖祀典不載**라도 **而義當祀者**는 **亦序而祭之也**라
　이 이하는 주공이 성왕에게 낙읍에 거주하는 일을 고한 것이다. '은(殷)'은 성대함이니, '5년에 두 번 은제(殷祭;성대한 제사)를 지낸다.'는 은(殷)과 같다. '질(秩)'은 차례함이다. '무문(無文)'은 사전(祀典)에 기재되지 않은 곳이다. 왕이 처음 성대한 예를 거행하여 낙읍에서 제사하되 모두 마땅히 제사해야 할 바(대상)를 차례로 제사하고, 비록 사전에 기재되지 않은 곳이라도 의리상 마땅히 제사하여야 할 곳은 또한 차례로 제사하게 한 것이다.

呂氏曰 定都之初에 **肇舉盛禮**하여 **大饗羣祀**하여 **雖祀典不載者**라도 **咸秩序而祭之**하여 **有告焉**하고 **有報焉**하고 **有祈焉**하니 **始建新都**하여 **昭假**(格)**上下**는 **告成事也**요 **雨暘時若**하여 **大役以成**은 **報神賜也**요 **自今以始**하여 **永奠中土**는 **祈鴻休也**라 **後世**에 **不知祭祀之義**와 **鬼神之德**하여 **觀周公首以祀于新邑**하고 **爲言若闊於事**

156　五年再殷祭 : 이 내용은 《춘추공양전(春秋公羊傳)》문공(文公) 3년에 보인다.

⋯　肇 : 비로소 조　殷 : 성대할 은　暘 : 햇볕날 양

情者는 抑不知人主臨鎭新都之始에 齊祓(재불)一心하여 對越天地하여 達此精明
之德하여 放諸四海에 無所不準하고 而助祭諸侯로 下逮胞翟[157]之賤히 亦皆有孚顯
(옹)若[158]하여 收其放而合其離라 蓋格君心、萃天下之道가 莫要於此하니 宜周公이
以爲首務也시니라

　　여씨(呂氏)가 말하였다. "도읍지를 정한 초기에 처음 성대한 예를 거행하여 여러
제사에 크게 제향해서, 비록 사전(祀典)에 기재되지 않은 곳이라도 모두 차례에 따라
제사해서 고유함이 있고 보답함이 있고 기도함이 있었으니, 처음 새 도읍지를 세워
위의 천신(天神)과 아래의 지기(地祇)를 밝게 감동시킴은 성사(成事;일이 잘 이루어짐)를
고유한 것이요, 비가 오고 햇볕 남이 제때에 순하여 큰 역사가 잘 이루어짐은 신(神)
의 은혜에 보답한 것이며, 지금부터 시작하여 길이 중토(中土)에 터를 잡아 거주함은
큰 아름다운 복을 기원한 것이다.

　　후세에는 제사의 의의(意義)와 귀신의 덕(德;영향)을 알지 못하여, 주공이 첫 번째
로 새 도읍지에서 제사함을 말씀한 것을 보고는 마치 사정에 우활한 것처럼 말하니,
이는 인주(人主)가 새 도읍에 임하여 진무(鎭撫)하는 초기에 온 마음을 공경하고 깨끗
이 해서 천지의 신명을 대월(對越;공경히 대함)하여 이 정명(精明)한 덕을 도달하게 해
서, 사해(四海)에 이르게 하되 표준이 되지 않는 바가 없고, 제사를 돕는 제후로부터
아래로 포적(胞翟)의 천한 자에 이르기까지 모두 정성이 있어 우러러보아, 그 방심(放
心)을 거두고 이산(離散)됨을 합하게 하는 것임을 알지 못한 것이다. 군주의 마음을 바
로잡고 천하의 인심을 모으는 방도가 이보다 중요한 것이 없으니, 주공이 첫 번째 일
로 삼으심이 당연하다 하겠다.

7. 予齊百工하여 伻從王于周하고 予惟曰庶有事라호이다

　저는 백공(백관)들을 정제하여 주(周;호경)에서 왕을 따르게 하고, 제가 말하기를 '아
마도 임금께서 제사하는 일이 있으실 것이다.' 하였습니다.

- - - - - -
157　胞翟 : 포(胞)는 포(庖)와 통하는데, 제사고기를 담당한 낮은 관리이며, 적(翟)은 꿩의 깃털로
춤추는 것을 가르치는 천한 악관(樂官)이다.

158　有孚顯若 : 유부(有孚)는 진실한 정성이 있는 것이며 옹약(顯若)은 사람들이 존경하여 우러
러보는 것으로, 《주역》〈관괘(觀卦)〉「괘사(卦辭)」에 "관은 손을 씻고 제수를 올리지 않았을 때처
럼 공경하면 정성이 있어 우러러 본다.〔觀, 盥而不薦, 有孚顯若.〕"라고 보인다.

- - -　祓 : 제액할 불　逮 : 미칠 체　胞 : 푸줏간 포　翟 : 꿩 적　孚 : 정성 부　顒 : 우러를 옹　萃 : 모을 췌

周公言 予整齊百官하여 使從成王于周라하니 謂將適洛時也라 予惟謂之曰 庶幾
其有所事乎신저하니 公이 但微示其意하여 以待成王自敎詔之也라

　주공이 말씀하기를 “제가 백관들을 정제하여 성왕을 주(周)에서 따르게 했다.” 하
였으니, 장차 낙읍으로 가려 할 때를 말한 것이다. 제가 이르기를 “아마도 임금께서
제사하는 일이 있으실 것이다.” 하였으니, 공이 단지 그 뜻을 조금 보여서 성왕이 스
스로 가르치시기를 기다린 것이다.

8. 今王이 卽命曰 記功宗하여 以功으로 作元祀하라하시고 惟命曰 汝受命인댄
(하란대) 篤弼하라하소서

　이제 왕께서는 즉시 태사(太史)에게 명령하시기를 ‘공(功)이 높은 자를 기록하여 공
로에 따라 원사(元祀:으뜸으로 제사함)를 만들라.’ 하시고, 또 공신(功臣)들에게 명하시
기를 ‘너희들이 포상하는 명령을 받았을진댄 돈독히 왕실을 보필하라.’ 하소서.

功宗은 功之尊顯者라 祭法曰 聖王之制祭祀也에 法施於民則祀之하고 以死勤事
則祀之하고 以勞定國則祀之하고 能禦大災則祀之하고 能捍大患則祀之라하니 蓋
功臣을 皆祭於大烝이로되 以勳勞之最尊顯者로 則爲之冠이라 故로 謂之元祀라 周
公이 敎成王卽命曰 記功之尊顯者하여 以功으로 作元祀矣라하시고 又惟命之曰 汝
功臣이 受此褒賞之命인댄 當益厚輔王室하라하소서하니 蓋作元祀하여 旣以慰答功
臣하고 而又勉其左右(佐佑)王室하여 益圖久大之業也라

　‘공종(功宗)’은 공이 높고 드러난 자이다. 《예기》〈제법(祭法)〉에 “성왕(聖王)이 제사
를 만들 적에 법이 백성에게 베풀어졌으면 그를 제사하고, 죽음으로써 국가의 일을
부지런히 하였으면 그를 제사하고, 공로로써 나라를 안정시켰으면 그를 제사하고, 큰
재앙을 막았으면 그를 제사하고, 큰 화(禍)를 막았으면 그를 제사한다.” 하였으니, 공
신을 모두 큰 증제(烝祭)에 제사하되 훈로(勳勞)가 가장 높고 드러난 분을 으뜸으로 삼
는다. 그러므로 원사‘元祀’라 이른 것이다. 주공이 성왕을 가르쳐 “왕께서 즉시 명령
하시기를 ‘공이 높고 드러난 분을 기록하여 공로에 따라 원사를 만들라.’ 하시고, 또
명령하시기를 ‘너희 공신들이 이 포상하는 명령을 받았을진댄 마땅히 더욱 왕실을 돈
독하게 보필하라.’ 하소서.” 하였으니, 원사를 만들어 이미 공신들을 위로하고 보답하
고, 또 왕실을 좌우(佐佑)하여 더욱 오래고 큰 업(業)을 도모하라고 권면한 것이다.

9. **丕視功載**니 **乃汝其悉自敎工**이니이다

　공을 기록한 재적(載籍)을 크게 보여줄 것이니, 당신께서 모두 스스로 백관들을 가르치셔야 합니다.

丕는 大요 視는 示也라 功載者는 記功之載籍也[159]라 大視功載而無不公이면 則百工效之하여 亦皆公也요 大視功載而或出於私하면 則百工效之하여 亦皆私也라 其公其私가 悉自汝敎之하니 所謂乃汝其悉自敎工也라 上章에 告以褒賞功臣이라 故로 戒其大視功載者 如此하니라

　'비(丕)'는 큼이요, '시(視)'는 보여줌이다. '공재(功載)'는 공을 기록한 재적(載籍;장부)이다. 크게 공재를 보여주어 공정하지 않음이 없으면 백관들이 이것을 본받아 또한 모두 공정할 것이요, 크게 공재를 보여주어 혹 사사로움에서 나왔으면 백관들이 이것을 본받아 또한 모두 사사로울 것이다. 그 공정함과 그 사사로움이 모두 당신(임금)으로부터 가르치는 것이니, 이른바 '당신이 모두 스스로 백관들을 가르친다.'는 것이다. 상장(上章)에 공신들을 포상함을 말하였으므로 크게 공재를 보여줌을 경계함이 이와 같은 것이다.

10. **孺子**는 **其朋**가 **孺子其朋**이면 **其往**이 **無若火始燄**(염)**燄**이나(이라) **厥攸灼**이 **敍**하여 **弗其絕**[160]이릿고(가)

　유자(孺子)께서는 사정(私情)을 두어 아비(阿比)하시겠습니까. 유자께서 사정을 두어 아비하시면 그 번져나감이 불이 처음에는 염염히 타오르나 그 불타는 것이 차례로 번져서 그 끊을 수 없는 것과 같지 않겠습니까.

孺子는 稚子也라 朋은 比也라 上文百工之視傚 如此하니 則論功行賞에 孺子其可少徇比黨之私乎아 孺子其少徇比黨之私하면 則自是而往으로 有若火然(燃)하여

‧‧‧‧‧‧
159　功載者 記功之載籍也 : 여씨(呂氏)가 말하였다. "공재(功載)는 공신 중에 이미 죽은 자는 제사하고 살아있는 자는 장부에 기재하여 정표(旌表)하고 상을 주는 것이다.〔已死者祀之; 其生者, 則載以旌賞之〕" 《詳說》

160　敍弗其絕 : 《언해》에는 '서(敍)' 아래에 토(吐)가 없으며, 일설(一說)에는 '무약화시염(無若火始燄)이니 염(燄)이면 궐유작(厥攸灼)하리이다'로 토를 달고 '서불기절(敍弗其絕)하여 궐약이급무사(厥若彝及撫事)하소서'로 읽어야 한다고 주장하기도 한다.

‧‧‧　孺 : 어릴 유　燄 : 불탈 염　稚 : 어릴 치　傚 : 본받을 효

始雖燄燄尙微하나 而其灼爍(작삭)이 將次第延爇(설)하여 不可得而撲滅矣라 言
論功行賞에 徇私之害가 其初甚微나 其終은 至於不可遏絶하니 所以嚴其辭하여
而禁之於未然也니라

　　'유자(孺子)'는 어린 아들(성왕)이다. '붕(朋)'은 아비(阿比)함이다. 상문(上文)에 백관
들이 보고 본받음이 이와 같으니, 만일 논공행상(論功行賞)을 할 적에 유자께서는 조
금이라도 비당(比黨)의 사사로움을 따르시겠습니까. 유자께서 조금이라도 비당의 사
사로움을 따르시면 이로부터 이후로는 마치 불이 타오름과 같아서 처음에는 비록 염
염하여 아직 미미하나 그 불타오름이 장차 차례로 번져 불타올라서 박멸할 수 없음과
같을 것입니다. 논공행상을 할 적에 사정(私情)을 따르는 폐해가 그 처음에는 심히 미
미하나 그 종말에는 끊을 수 없음에 이름을 말한 것이니, 그 말씀을 엄하게 하여 미연
(未然)에 금지한 것이다.

11. 厥若彝及撫事를 如予하여 惟以在周工으로 往新邑하여 伻嚮卽有僚하
며 明作有功하며 惇大成裕하면 汝永有辭하리이다
　　그 상도(常道)를 순히 따르고 국사를 어루만지시기를 제가 정사할 때와 똑같이 하시
어, 오직 현재 있는 호경(鎬京)의 관리들을 데리고 새 도읍지에 가시어 임금님의 의향
을 알아 유료(有僚;관직)에 나아가게 하시며, 명백히 일하고 진작하여 사공(事功)에 달
려가며, 돈후(惇厚)히 하고 크게 하여 풍속을 넉넉하게 하시면 당신은 영원히 칭찬하
는 말이 있을 것이다."

其順常道와 及撫國事를 常如我爲政之時하여 惟用見(현)在周官하고 勿參以私人
하여 往新邑하여 使百工으로 知上意嚮하여 各就有僚하며 明白奮揚而赴功하고 惇
厚博大以裕俗이면 則王之休聞이 亦永有辭于後世矣리라
　　그 상도를 순히 따름과 국사를 어루만짐을 항상 제가 정사할 때와 똑같이 하시어
오직 현재 있는 호경의 관리를 쓰고 사사로운 사람들을 참여시키지 말아, 새 도읍지
에 가서 백관들로 하여금 상(上)의 의향을 알아 각기 관직에 나아가게 하며, 명백히 하고
분양(奮揚)하여 사공(事功)에 달려가게 하며, 돈후(敦厚)하고 박대(博大)하게 하여 풍속
을 넉넉하게 한다면 왕의 아름다운 명성이 또한 길이 후세에 칭찬함이 있을 것이다.

12. **公曰 已**아 **汝惟沖子** **惟終**이어다

주공이 말씀하였다.

"아! 그대 충자(沖子)는 잘 끝마치셔야 할 것입니다.

周之王業을 **文、武始之**하시니 **成王**이 **當終之也**라 **此上**은 **詳於記功教工內治之事**요 **此下**는 **則統御諸侯、教養萬民之道也**라

　　주나라의 왕업(王業)을 문왕과 무왕이 시작하였으니, 성왕이 마땅히 잘 끝마쳐야 하는 것이다. 이 이상은 공(功)을 기록하고 백관들을 가르치는 내치(內治)의 일을 자세히 말씀하였고, 이 이하는 제후들을 통어(統御)하며 만민(萬民)을 교양(教養)하는 방도이다.

13. **汝其敬**하여사 **識百辟**의 **享**하며 **亦識其有不享**이니 **享**은 **多儀**하니 **儀不及物**하면 **惟曰不享**이니 **惟不役志于享**하면 **凡民**이 **惟曰不享**이라하여 **惟事其爽侮**하리이다

　당신께서 공경하셔야 백벽(百辟;제후)들의 향(享)함을 알고 또한 향(享)하지 않음을 아실 것이니, 향은 예의(禮儀)를 중시하니, 예의가 물건(폐백)에 미치지 못하면 이것을 불향(不享;예물을 올리지 않음)이라 이릅니다. 제후가 향에 마음을 쓰지 않으면 모든 백성들이 말하기를 '굳이 향할 것이 없다.'라고 하여, 정사가 잘못되고 업신여기게 될 것입니다.

此는 **御諸侯之道也**라 **百辟**은 **諸侯也**라 **享**은 **朝享也**라 **儀**는 **禮**요 **物**은 **幣也**라 **諸侯享上**에 **有誠有僞**하니 **惟人君克敬者**라야 **能識之**하여 **識其誠於享者**하고 **亦識其不誠於享者**라 **享**은 **不在幣而在於禮**하니 **幣有餘而禮不足**이면 **亦所謂不享也**라 **諸侯惟不用志於享**이면 **則國人化之**하여 **亦皆謂上不必享矣**라하여 **舉國**이 **無享上之誠**하리니 **則政事安得不至於差爽僭侮**하여 **隳**(휴)**王度而爲叛亂哉**아 **人君**이 **可不以敬存心**하여 **辨之於早**하고 **察之於微乎**아

　　이는 제후를 어거(통솔)하는 방도이다. '백벽(百辟)'은 제후이다. '향(享)'은 조향(朝享;임금을 뵙고 폐백을 바침)함이다. '의(儀)'는 예의(禮儀)이고, '물(物)'은 폐백이다. 제후가 상(上)에게 폐백을 바칠 적에 정성스러운 경우가 있고 거짓인 경우가 있으니, 능히 공경하는 왕이라야 이것을 알아서 향에 정성스러운 자를 알고 또한 향에 정성스럽지

않은 자를 아는 것이다. 향은 폐백에 달려있지 않고 예의에 달려있으니, 폐백이 유여(有餘)하나 예의가 부족하면 이 또한 이른바 '불향(不享)'이란 것이다. 제후들이 향에 마음을 쓰지 않으면, 국인(國人)들이 이에 교화되어 또한 모두 이르기를 "상에게 굳이 향할 것이 없다."라고 하여, 온 나라가 윗사람에게 폐백을 바치는 정성이 없을 것이니, 이렇게 되면 정사가 어찌 잘못되고 참모(僭侮)해서 왕의 법도를 실추하여 반란함에 이르지 않겠는가. 인군이 경(敬)을 마음속에 두어 조기에 분변하고 미미할 때에 살피지 않을 수 있겠는가.

14. **乃惟孺子** 頒朕의 **不暇**하여 **聽朕**의 **教汝于棐民彝**어다 **汝乃是不蘉**(망)하면 **乃時惟不永哉**인저 **篤敍乃正父**호되 **罔不若予**하면 **不敢廢乃命**하리니 **汝往敬哉**어다 **茲予**는 **其明農哉**로리니 **彼裕我民**하면 **無遠用戾**하리이다

　당신 유자(孺子)께서는 제가 지난날 〈정사에 급급하여〉 한가롭지 않았던 것을 반포하여 제가 당신에게 백성의 떳떳한 성품을 도우라고 가르쳐 드린 것을 따르소서. 당신께서 이것을 힘쓰지 않으시면 마침내 나라가 영구하지 못할 것입니다. 당신의 정부(正父:무왕)를 돈독히 생각하고 차례를 따르되 저와 같이 하지 않음이 없으시면, 백성들이 감히 당신의 명(命)을 폐하지 않을 것이니, 당신은 낙읍에 가서 공경하소서. 저는 물러가 농사일을 밝힐 것이니, 저 낙읍에서 우리 백성들을 편안하게 하시면 백성들이 멀다고 여기지 않고 불원천리(不遠千里)하고 모두 달려올 것입니다."

此는 教養萬民之道也라 頒朕不暇는 未詳이라 或曰 成王이 當頒布我汲汲不暇者라하니라 聽我教汝所以輔民常性之道니 汝於是而不勉焉이면 則民彝泯亂하여 而非所以長久之道矣라 正父는 武王也니 猶今稱先正云者라 篤者는 篤厚而不忘이요 敍者는 先後之不紊이니 言篤敍武王之道하여 無不如我하면 則人不敢廢汝之命矣라 呂氏曰 武王沒에 周公이 如武王이라 故로 天下不廢周公之命하니 周公去에 成王如周公이면 則天下不廢成王之命이라 戾는 至也라 王往洛邑하여 其敬之哉어다 我其退休田野하여 惟明農事라하니 蓋公有歸老之志矣라 彼는 謂洛邑也라 王於洛邑에 和裕其民이면 則民將無遠而至焉[161]이리라

161　　則民將無遠而至焉 : '무원(無遠)'에 대하여 호산은 "'불원천리(천리를 멀다고 여기지 않음)'라는 말과 같다.〔猶言不遠千里〕" 하였다.《詳說》

···　頒 : 나눌 반　棐 : 도울 비　蘉 : 힘쓸 망　戾 : 어그러질 려　泯 : 빠질 민

이는 만민을 교양하는 방도이다. '반짐불가(頒朕不暇)'는 미상이다. 혹자는 말하기를 "성왕은 제(주공)가 정사에 급급하여 한가롭지 않았던 것을 반포해야 한다."라고 한다. 제가 당신에게 가르쳐준 백성의 떳떳한 성품을 돕는 방도를 따라야 하니, 당신께서 이것을 힘쓰지 않으면 백성(사람)의 떳떳한 성품이 민란(泯亂;어지럽혀짐)해져서 나라를 장구히 하는 방도가 아니다. '정부(正父)'는 무왕이니, 지금에 선정(先正)이라고 칭하는 것과 같다. '독(篤)'은 독후(篤厚)히 생각하여 잊지 않음이요, '서(敍)'는 선후의 차례가 문란하지 않음이니, 무왕의 도를 돈독히 생각하고 차례를 따르되 저와 같이 하지 않음이 없으면 사람들이 감히 당신의 명을 폐하지 않을 것이다.

여씨(呂氏)가 말하였다. "무왕이 별세함에 주공이 무왕과 똑같이 하였다. 그러므로 천하가 주공의 명을 폐하지 않았으니, 주공이 떠나감에 성왕이 주공과 똑같이 하면 천하가 성왕의 명을 폐하지 않을 것이다."

'려(戾)'는 이름이다. "왕은 낙읍에 가서 공경할지어다. 저는 물러가 전야(田野)에서 쉬면서 오직 농사일을 밝힐 것입니다." 하였으니, 공이 시골로 돌아가 늙으려는 뜻이 있었던 것이다. '피(彼)'는 낙읍을 이른다. 왕이 낙읍에서 백성들을 화합하고 넉넉하게 하면 백성들이 장차 멀게 여기지 않고 모두 달려올 것이다.

15. **王若曰 公**이 **明保予沖子**하사 **公稱丕顯德**하사 **以予小子**로 **揚文武烈**하며 **奉答天命**하며 **和恒四方民**하여 **居師**하시다

  왕이 대략 다음과 같이 말씀하였다. "공(公)께서 나 충자(沖子)를 밝히고 보우(保佑)하사 공께서 크게 드러난 덕을 들어서 나 소자로 하여금 문왕·무왕의 공렬(功烈)을 드날리고 천명을 받들어 보답하며, 사방의 백성들을 화합시키고 항상하게 하여 무리(백성)를 〈낙읍에서 편안히〉 거주하게 하셨습니다.

此下는 **成王**이 **答周公及留公也**니 **大抵與上章參錯相應**이라 **明**은 **顯明之也**요 **保**는 **保佑之也**라 **稱**은 **舉也**라 **和者**는 **使不乖也**요 **恒者**는 **使可久也**라 **居師者**는 **宅其衆也**라 **言周公**이 **明保成王**하여 **舉大明德**하여 **使其上之不忝於文武**하여 **仰不愧天**하고 **俯不怍人也**라

  이 이하는 성왕이 주공에게 답하고 공을 만류한 것이니, 대저 상장(上章)에 주공의 말씀과 참착(參錯;엇갈려)하여 서로 응한다. '명(明)'은 드러내어 밝힘이요, '보(保)'는 보우함이다. '칭(稱)'은 듦이다. '화(和)'는 괴려(乖戾)하지 않게 함이요, '항(恒)'은 오

••• 師 : 무리 사 錯 : 섞일 착 乖 : 어그러질 괴 忝 : 욕될 첨 怍 : 부끄러울 작

래가게 함이다. '거사(居師)'는 무리를 잘 살게 하는 것이다. 주공이 성왕을 밝히고 보
우하여 크게 밝은 덕을 들어서 위로 문왕·무왕에게 욕되지 않게 하여 우러러 하늘에
부끄럽지 않고 굽어 사람에게 부끄럽지 않게 하였음을 말한 것이다.

16. **惇宗將禮**하여 **稱秩元祀**호되 **咸秩無文**하시다 (케하시다)
  공이 높은 분[功宗]을 돈독히 하되 큰 예(禮)로써 하여 큰 제사를 들어 차례로 제사
하되 모두 사전(祀典)에 기재되지 않은 곳까지 차례로 제사하게 하셨습니다.

宗은 **功宗之宗也**니 **下文宗禮同**이라 **將**은 **大也**라
  '종(宗)'은 공종(功宗;공이 높은 분)의 종(宗)이니, 하문(下文)의 종례(宗禮)와 같다.
'장(將)'은 큼이다.

17. **惟公德**이 **明光于上下**하며 **勤施于四方**하여 **旁作穆穆迓衡**하여 **不迷文
武勤教**하시니 **予沖子**는 **夙夜**에 **毖祀**로이다
  공(公)의 덕이 상하에 밝게 빛나고 사방에 부지런히 베풀어져서 널리 목목(穆穆)함을
일으켜 치평(治平)함을 맞이해서 문왕·무왕이 애쓰신 가르침을 혼미하지 않게 하시
니, 나 충자(沖子)는 밤낮으로 제사만 삼갈 뿐입니다."

旁은 **無方所也**니 **因上下四方爲言**이라 **穆穆**은 **和敬也**라 **迓**는 **迎也**라 **言周公之德**
이 **昭著於上下**하고 **勤施于四方**하여 **旁作穆穆**하여 **以迎治平**하여 **不迷失文武所勤**
之教於天下하시니 **公之德教 加於時者如此**라 **予沖子 夫何爲哉**리오 **惟早夜**에 **以**
謹祭祀而已라 **蓋成王**이 **知周公有退休之志**라 **故**로 **示其所以留之之意也**니라
  '방(旁)'은 일정한 방소가 없는 것이니, 상하와 사방을 인하여 말한 것이다. '목목
(穆穆)'은 화경(和敬)함이요, '아(迓)'는 맞이함이다. 주공의 덕이 상하에 밝게 드러나
고 사방에 부지런히 베풀어져서 널리 목목함을 일으켜 치평(治平)함을 맞이해서, 문
왕·무왕이 애쓰신 바의 가르침을 천하에 혼미하지 않게 하셨으니, 공의 덕교(德教)가
당시에 가해짐이 이와 같았다. 나 충자(沖子)는 무슨 일을 하겠는가. 오직 밤낮으로 제
사를 삼갈 뿐이다. 성왕은 주공이 물러가 쉬려는 뜻이 있음을 알았으므로 만류하려는
뜻을 보인 것이다.

··· 旁 : 널리 방 迓 : 맞이할 아 毖 : 삼갈 비

18. 王曰 公功은 棐迪이 篤하니 罔不若時어다

왕이 말씀하였다.

"공(公)의 공이 나를 돕고 인도함이 돈독하니, 이와 같이 하지 않음이 없을지어다."

言周公之功이 所以輔我啓我者厚矣니 當常如是요 未可以言去也라

　　주공의 공은 나를 보필하고 나를 계도(啓導)함이 돈독하니, 마땅히 항상 이와 같이 할 것이요, 떠남을 말해서는 안 된다고 한 것이다.

19. 王曰 公아 予小子는 其退하여 卽辟于周하고 命公後호리라

왕이 말씀하였다.

"공아! 나 소자는 물러가서 곧 주(周:호경)에서 군주노릇하고 공에게 명하여 뒤에 남아 낙읍을 다스리게 하겠다.

此下는 成王이 留周公治洛也라 成王言 我退하여 卽居于周하고 命公留後治洛이라 하니라 蓋洛邑之作은 周公이 本欲成王遷都以宅天下之中이로되 而成王之意는 則 未欲捨鎬京而廢祖宗之舊라 故로 於洛邑擧祀發政之後에 卽欲歸居于周하고 而 留周公治洛이라 謂之後者는 先成王之辭니 猶後世留守、留後之義라 先儒謂封伯 禽以爲魯後者는 非是라 攷(考)之費誓컨대 東郊不開는 乃在周公東征之時하니 則 伯禽就國이 蓋已久矣라 下文에 惟告周公其後라하니 其字之義에 益可見其爲周 公이요 不爲伯禽也니라

　　이 이하는 성왕이 주공을 머물게 하여 낙읍을 다스리게 한 것이다. 성왕이 말씀하기를 "나는 물러가서 곧 주(周:호경)에 거주하고 공에게 명하여 뒤에 남아 낙읍을 다스리게 하겠다." 하였다. 낙읍을 만든 것은 주공이 본래 성왕이 천도(遷都)하여 천하의 중앙에 거주하게 하고자 한 것이었는데, 성왕의 뜻은 호경을 버려 조종(祖宗)의 옛 터전을 폐하려고 하지 않았다. 그러므로 낙읍에서 제사를 거행하고 정사를 발표한 뒤에 즉시 호경으로 돌아가 거주하고 주공을 머물게 하여 낙읍을 다스리게 하고자 한 것이다. 뒤라고 말한 것은 성왕이 먼저 떠나간다는 말이니, 후세에 유수(留守)·유후(留後)의 뜻과 같다.

　　선유(先儒)가 "백금(伯禽)을 봉하여 노(魯)나라의 뒤로 삼게 했다."고 말한 것은 옳지 않다. 〈비서(費誓)〉를 상고해보면 동쪽 교외가 개통되지 않은 것이 바로 주공이 동

정(東征)할 때에 있었으니, 백금이 노나라로 나아간 지가 이미 오래이다. 하문(下文)에 "주공에게 그 뒤에 남아 낙읍을 다스리게 한 일을 고한 것이다." 하였으니, 기(其) 자의 뜻에서 더욱 주공이 되고 백금이 아님을 볼 수 있다.

20. 四方이 迪亂이어늘 未定于宗禮라 亦未克敉(미)公功이로라

사방이 잘 다스려졌으나 아직 공종(功宗)의 예(禮)를 안정(安定)시키지 못하였다. 그리하여 또한 공의 공(功)을 편안히 하지 못한 것이다.

宗禮는 卽功宗之禮也라 亂은 治也라 四方開治는 公之功也로되 未定功宗之禮라 故로 未能敉公功也라 敉功者는 安定其功之謂니 卽下文命寧者也라

'종례(宗禮)'는 바로 공종(功宗)의 예이다. '난(亂)'은 다스림이다. 사방이 잘 다스려짐은 공의 공(功)인데 아직 공종의 예를 정하지 못하였다. 이 때문에 공의 공을 편안하게 안정시키지 못하는 것이다. '미공(敉功)'은 그 공을 안정시킴을 이르니, 곧 하문(下文)에 명하여 안정되게 한다는 것이다.

21. 迪將其後하여 監我士、師、工하여 誕保文武受民하여 亂爲四輔어다

그 뒤를 열어 크게 해서 우리의 사(士)·사(師)와 백관들로 하여금 거울로 삼아 살펴보게 해서 문왕·무왕께서 하늘에서 받으신 백성을 크게 보호하여, 다스려 사보(四輔)가 될지어다."

將은 大也라 周公居洛하여 啓大其後하여 使我、士、師、工으로 有所監視하여 大保文武所受於天之民하여 而治爲宗周之四輔也니 漢三輔[162]는 蓋本諸此하니라 今按先言啓大其後하고 而繼以亂爲四輔하니 則命周公留後於洛이 明矣니라

'장(將)'은 큼이다. 주공이 낙읍에 거주하면서 그 뒤를 열어 크게해서 우리 사(士)·사(師)와 백관들로 하여금 살펴보는 바가 있어, 문왕·무왕이 하늘에서 받은 백성

162　治爲宗周之四輔也 漢三輔：사보(四輔)를 좌보(左輔)·우필(右弼)·전의(前疑)·후승(後丞)의 네 신하로 보기도 하나, 여기서는 서울[京師] 주위에 있는 고을로 종주(宗周)인 호경(鎬京)에 인접한 고을을 가리킨 것이다. 한(漢)나라 때에는 도성인 장안(長安)의 부근에 있는 경조(京兆)·풍익(馮翊)·부풍(扶風)의 세 고을을 삼보(三輔)라 하였다. 조선조도 서울 부근에 있는 수원(水原)·광주(廣州)·강화(江華)를 삼보라 하였다.

⋯　亂：다스릴 란　敉：편안할 미　將：클 장　誕：클 탄

을 크게 보호하여 다스려서 종주(宗周)의 사보(四輔)가 되라는 것이니, 한(漢)나라의
삼보(三輔)는 아마도 여기에서 근본한 듯하다. 이제 살펴보건대 "먼저 그 뒤를 계대(啓
大)하라." 하고, 뒤이어 "다스려 사보가 되라."고 하였으니, 주공에게 낙읍에 유후(留
後)가 되도록 명한 것이 분명하다.

22. 王曰 公定이어든 予往已니 公功을 肅將祗歡하나니 公無(毋)困(哉)[我]
어다 我惟無斁(역)其康事하노니 公勿替刑하면 四方이 其世享하리라
  왕이 말씀하였다. "공이 이곳에 머물거든 나는 종주(宗周:호경)로 돌아갈 것이다. 공
(公)의 공(功)을 백성들이 엄숙히 받들고 공경하여 기뻐하니, 공은 나를 곤궁하게 하
지 말지어다. 나는 백성을 편안히 하는 일을 싫어함이 없을 것이니, 공이 이곳에 머물
러 모범(살펴봄)이 됨을 폐하지 않으면 사방이 대대로 공(公)의 덕을 누릴 것이다."

定은 爾雅曰 止也라하니 成王이 欲周公止洛而自歸往宗周라 言周公之功을 人皆
肅而將之하고 欽而悅之하나니 宜鎭撫洛邑하여 以慰懌人心이요 毋求去以困我也
라 我惟無厭其安民之事하리니 公勿替所以監我士、師、工者하면 四方이 得以世世
享公之德也라 吳氏曰 前漢書에 兩引公無困哉에 皆以哉作我하니 當以我爲正이
니라
  '정(定)'은 《이아(爾雅)》에 "그침이다." 하였으니, 성왕이 주공은 낙읍에 머물러 있
고 자신은 돌아가 종주로 가고자 한 것이다. "주공의 공을 사람들이 모두 엄숙히 받들
고 공경하여 기뻐하니, 마땅히 낙읍을 진무하여 사람들의 마음을 위로하고 기쁘게 할
것이요, 떠나가기를 구하여 나를 곤궁하게 하지 말라. 나는 백성을 편안히 하는 일을
싫어하지 않을 것이니, 공(公)이 이 낙읍에서 〈모범이 되어〉 우리 사(士)·사(師)와 백
관들이 〈거울로 삼아〉 살펴보게 함을 폐하지 않으면, 사방이 대대로 공의 덕을 누리게
될 것이다."
  오씨(吳氏)가 말하였다. "《전한서(前漢書)》의 〈두주전(杜周傳)〉과 〈원후전(元后傳)〉에
두 번 '공무곤재(公無困哉)'를 인용하였는데 모두 재(哉)를 아(我)로 썼으니, 마땅히 아
(我)를 바른 것으로 삼아야 할 것이다."

23. 周公이 拜手稽首曰 王命予來하사 承保乃文祖受命民과 越乃光烈考
武王하시니 弘朕恭이삿다

··· 祗 : 공경할 지 斁 : 싫어할 역 替 : 폐할 체 懌 : 기쁠 역

주공이 배수계수하고 말씀하였다. "왕께서는 저를 명하여 낙읍에 오게 하시어 당신의 문조(文祖;문왕)께서 명을 받은 백성과 당신의 광렬고(光烈考)이신 무왕을 계승하여 보호하게 하시니, 저의 공손함을 크게 여기신 것입니다.

此下는 周公이 許成王留等事也라 來者는 來洛邑也라 承保乃文祖受命民及光烈考武王者는 答誕保文武受民之言也라 責難於君을 謂之恭이니 弘朕恭者는 大其責難之義也라

　　이 이하는 주공이 성왕에게 낙읍에 머무는 등의 일을 허락한 것이다. '래(來)'는 낙읍에 온 것이다. 당신의 문조(文祖)께서 명을 받은 백성과 광렬고(光烈考)이신 무왕을 계승하여 보호한다는 것은, 문왕·무왕께서 하늘로부터 받은 백성을 크게 보호하라는 말씀에 답한 것이다. 군주에게 어려운 일을 책(責)함을 '공(恭)'이라 이르니, 나의 공손함을 크게 여긴다는 것은 그 어려운 일을 군주에게 책하는 의(義)를 크게 여긴 것이다.

24. 孺子來相宅하시니 其大惇典殷獻民하사 亂爲四方新辟하사 作周恭先하소서 曰 其自時로 中乂하여 萬邦이 咸休하면 惟王이 有成績하시리이다

　　유자(孺子)께서 이곳에 와서 집터를 살펴보시니, 옛 전장(典章)과 은나라의 어진 백성을 크게 돈독히 하여(우대하여) 다스리사 사방의 새 군주가 되시어 주나라에 공손함의 솔선(率先)이 되소서." 또 말씀하였다. "이로부터 중앙에서 다스려 만방(萬邦)이 모두 아름답게 되면 왕께서는 훌륭한 성적(成績)이 있으실 것입니다.

典은 典章也요 殷獻民은 殷之賢者也라 言當大厚其典章及殷之獻民이니 蓋文獻者는 爲治之大要也라 亂은 治也니 言成王이 於新邑致治하여 爲四方新主也라 作周恭先者는 人君이 恭以接下하여 以恭而倡後王也라 公又言 其自是로 宅中圖治하여 萬邦이 咸底(지)休美하면 則王其有成績矣라하시니 此는 周公이 以治洛之效로 望之成王也라

　　'전(典)'은 전장(典章)이고, '은헌민(殷獻民)'은 은나라의 어진 자이다. 마땅히 그 전장과 은나라의 헌민(獻民)을 크게 우대하게 할 것이니, 문적(文籍;전장)과 현자(賢者)는 정치하는 큰 요체이다. '난(亂)'은 다스림이니, 성왕이 새 도읍에서 훌륭한 다스림(정치)을 이룩하여 사방의 새로운 군주가 되라는 것이다. '주나라에 공손함의 솔선이 되

… 獻 : 어질 헌　乂 : 다스릴 예　倡 : 인도할 창

라'는 것은 인군이 공손함으로써 아랫사람들을 접하여 공손함으로써 후왕(後王)을 창도(倡導)하는 것이다.

공이 또 말씀하기를 "이로부터 천지의 중앙에 머물면서 정치를 도모하여 만방(萬邦)이 모두 아름다움을 이루면 왕은 훌륭한 성적이 있을 것입니다." 하였으니, 이는 주공이 낙읍을 다스리는 효험으로 성왕에게 바란 것이다.

25. 予旦은 以多子와 越御事로 篤前人成烈하여 答其師하여 作周孚先하여 考朕昭子刑하여 乃單文祖德하리이다

저 단(旦)은 다자(多子;여러 경대부)와 어사(御事)들과 함께 전인(前人)께서 이룩하신 공렬을 돈독히 하여 그 백성들에게 보답해서 주나라에 성실함의 솔선이 되어, 우리 소자(昭子)의 본보기가 되어 문조(文祖)의 덕을 다할 것입니다.

多子者는 衆卿大夫也라 唐孔氏曰 子者는 有德之稱이니 大夫皆稱子라하니라 師는 衆也라 周公이 言 我以衆卿大夫와 及治事之臣으로 篤厚文武成功하여 以答天下之衆也라 孚는 信也니 作周孚先者는 人臣이 信以事上하여 以信而倡後人也라 考는 成也라 昭子는 猶所謂明辟也니 親之故로 曰子라 刑은 儀刑也요 單은 殫(탄)也니 言成我明子儀刑하여 而殫盡文王之德이니 蓋周公이 與羣臣으로 篤前人成烈者는 所以成成王之刑하여 乃殫文祖德也라 此는 周公이 以治洛之事로 自效也라

'다자(多子)'는 여러 경대부이다. 당나라 공씨가 말하기를 "자(子)는 덕이 있는 자의 칭호이니, 대부를 모두 자(子)라고 칭한다." 하였다. '사(師)'는 무리이다. 주공이 말씀하기를 "내 여러 경대부와 일을 다스리는 신하들과 함께 문왕·무왕께서 이룩하신 공(功)을 돈독히 하여 천하의 백성들에게 보답할 것이다." 한 것이다. '부(孚)'는 신(信;성실함)이니, '주나라에 성실함의 솔선이 된다'는 것은, 신하가 성실함으로써 윗사람을 섬기고 성실함으로써 후인(後人)을 창도하는 것이다. '고(考)'는 이룸이다. '소자(昭子)'는 이른바 명벽(明辟;밝은 군주)이란 말과 같으니, 친히 여기기 때문에 자(子)라고 말한 것이다. '형(刑)'은 의형(儀刑;본보기)이며 '단(單)'은 다함이니, 우리 소자의 본보기가 되어 문왕의 덕을 다한다는 것이니, 주공이 여러 신하들과 함께 전인(前人)이 이룩한 공렬을 돈독히 함은, 성왕의 본보기가 되어 문조(文祖)의 덕을 다하는 것이다. 이는 주공이 낙읍을 다스리는 일로 스스로 책임진 것이다.

••• 孚 : 성실할 부 刑 : 법 형 單 : 다할 단 效 : 바칠 효

26. **侔來毖殷**하시고 **乃命寧予**하사되 **以秬鬯**(거창)**二卣**(유)하시고 **曰 明禋**하노니 **拜手稽首**하여 **休享**하노라하시다

　왕께서는 사람을 보내와 은나라 사람들을 경계하시고, 저를 명하여 편안히 하시되 검은기장과 울금(鬱金)으로 빚은 술 두 동이로써 하시고, 말씀하기를 '밝게 공경하노니, 배수계수(拜手稽首)하여 아름다운 술로 향례(享禮)를 올린다.' 하셨습니다.

此는 謹毖殷民而命寧周公也라 秬는 黑黍也니 一稃二米니 和氣所生이라 鬯은 鬱金이니 香草也라 卣는 中尊(樽)也라 明은 潔也요 禋은 敬也니 以事神之禮事公也라 蘇氏曰 以黑黍爲酒하고 合以鬱鬯은 所以祼(관)也니 宗廟之禮는 莫盛於祼이라 王使人來하여 戒勅庶殷하고 且以秬鬯二卣로 綏寧周公하고 曰明禋, 曰休享者는 何也오 事周公을 如事神明也라 古者에 有大賓客이면 以享禮禮之하니 酒淸人渴而不飮하고 肉乾人飢而不食也[163]라 故로 享有體薦하니 豈非敬之至者면 則其禮如祭也歟아

　이는 은나라 백성들을 삼가 경계하고 주공을 명하여 편안하게 한 것이다. '거(秬)'는 검은 기장이니, 껍질 하나에 쌀이 두 알이니, 화(和)한 기운에서 생긴 것이다. '창(鬯)'은 울금(鬱金)이니, 향초(香草)이다. '유(卣)'는 중간 크기의 술동이이다. '명(明)'은 깨끗함이요 '인(禋)'은 공경함이니, 신(神)을 섬기는 예로 주공을 섬긴 것이다.

　소씨(蘇氏)가 말하였다. "검은 기장으로 술을 만들고 울창(鬱鬯)을 합함은 강신(降神)하기 위한 것이니, 종묘의 예는 강신보다 더 성대한 것이 없다. 왕이 사람을 시켜 와서 여러 은나라 사람들을 경계하고 또 검은 기장과 울금으로 빚은 술 두 동이로 주공을 편안하게 하고는 '밝게 공경한다.' 하고 '아름답게 향례(享禮)를 올린다.' 한 것은

163　酒淸……人飢而不食也：오랫동안 행례(行禮)하기 때문에 올린 술잔에 술이 말갛게 고이고 사람이 목말라도 감히 마시지 못하며, 고기가 마르고 사람이 굶주려도 감히 먹지 못하는 것으로, 《예기》〈빙의(聘義)〉에 "빙문(聘問)하러 온 사신(使臣)과 활쏘기하는 예는 지극히 큰 예이다. 질명(質明)에 행사를 시작하여 해가 거의 중천(中天)에 이른 뒤에 연향하는 예가 이루어지니(끝나니), 강하여 힘이 있는 자가 아니면 능히 예를 행하지 못한다. 그러므로 강하여 힘이 있는 자라야 장차 예를 행할 수 있는 것이다. 술이 말갛게 고이고 사람이 목이 말라도 감히 술을 마시지 못하고, 고기가 마르고 사람이 굶주려도 감히 고기를 먹지 못한다.〔聘射之禮, 至大禮也. 質明而始行事, 日幾中而後禮成, 非强有力者, 弗能行也. 故强有力者, 將以行禮也, 酒淸人渴而不敢飮也, 肉乾人飢而不敢食也.〕"라고 보인다. 이는 옛날에 제후들끼리 서로 빙문을 하였는데, 외국에서 사신으로 온 손님과 활쏘기하면서 행하는 향례(享禮)이다. 향(享)은 아랫사람이 윗사람에게 예물을 바치는 것으로 이때 양국간에 예물의 교환이 있었던 것이다.

⋯　秬 : 검은기장 거　鬯 : 술이름 창　卣 : 술그릇 유　禋 : 공경할 인　稃 : 왕겨 부　祼 : 강신제지낼 관

어째서인가? 주공을 섬기기를 신명을 섬기듯이 한 것이다. 옛날에 큰 빈객(賓客;외국
에서 빙문(聘問)온 손님)이 있으면 향례로 예우하였으니, 〈매우 경건하여〉 술이 맑아지
고 사람들이 목말라도 마시지 못하고, 고기가 마르고 사람들이 굶주려도 먹지 못하였
다. 그러므로 향례에 체천(體薦;희생을 통째로 올림)이 있으니, 아마도 공경하기를 지극
히 하는 자에게는 그 예를 제사와 같이 한 것이 아니겠는가."

27. 予不敢宿하여 則禮于文王、武王호이다

　저는 감히 이것(이 향례)을 받을 수가 없어서 문왕 · 무왕에게 제사하였습니다.

宿은 與顧命三宿¹⁶⁴之宿으로 同이라 禮은 祭名이니 周公이 不敢受此禮하사 而祭於
文武也라

　　'숙(宿)'은 아래 〈고명(顧命)〉에 '삼숙(三宿)'의 숙(宿)과 같다. '인(禮)'은 제사의 이
름이니, 주공이 감히 이 예를 받을 수가 없어서 문왕 · 무왕에게 제사한 것이다.

28. 惠篤敍하여 無有遘自疾하사 萬年에 厭于乃德하며 殷乃引考케하소서

　〈문왕과 무왕의 도를〉 순히 따라서 돈독히 생각하여 잊지 않고 차례를 따르시고 스
스로 질병에 걸리지 않으시어 만 년에 당신의 덕을 충만하게 하며, 은나라 사람들도
수명을 연장하게 하소서.

此는 祭之祝辭니 周公이 爲成王禱也라 惠는 順也라 篤敍는 與篤敍乃正父同이라
順篤敍文武之道하여 身其康强하여 無有遘遇自罹疾害者하고 子孫萬年에 厭飽
乃德하며 殷人亦永壽考也라

　　이는 제사의 축사(祝辭)이니, 주공이 성왕을 위하여 기도한 것이다. '혜(惠)'는 순
함이다. '독서(篤敍)'는 '당신(성왕)의 정부(正父;무왕)를 돈독히 생각하고 차례를 따르
라.〔篤敍乃正父〕' 한 것과 같다. 순히 문왕 · 무왕의 도를 독서(篤敍)하여 몸이 강강(康
强)해서 스스로 질병과 해로움에 걸리지 않고 자손 만년에 그대의 덕을 충만하게 하

164　顧命三宿 : 뒤의 〈고명(顧命)〉에 "삼숙 삼제 삼타(三宿 三祭 三咤)"라고 보이는바, 숙(宿)은 원
래 엄숙히 술잔을 신(神)에게 올리는 것인데, 여기서는 올리는 술잔을 받는 것으로 쓴 것이다. 제
(祭)는 술로 제(고수레) 하는 것이고, 타(咤)는 술잔을 제자리에 놓는 것이다.

···　宿 : 받을 숙　遘 : 만날 구　厭 : 만족할 염　罹 : 걸릴 리

며, 은나라 사람들 또한 길이 수고(壽考:장수)하게 하라는 것이다.

29. 王이 伻殷으로 乃承敍萬年하여 其永觀朕子하여 懷德케하소서

　왕께서는 은나라 사람들로 하여금 가르치는 차례를 받들기를 만년토록 하여 길이 우리 유자(孺子:성왕)를 보고서(본받아서) 덕을 생각하게 하소서.”

承은 聽受也요 敍는 敎條次第也라 王使殷人으로 承敍萬年하여 其永觀法我孺子하여 而懷其德也라 蓋周公이 雖許成王留洛이나 然且謂王伻殷者는 若曰 遷洛之民은 我固任之어니와 至於使其承敍萬年하여는 則實繫于王也라 亦責難之意니 與召誥末의 用供王能祈天永命으로 語脈相類하니라

　‘승(承)’은 따라 받듦이요, ‘서(敍)’는 교조(敎條)의 차례이다. 왕께서는 은나라 사람들로 하여금 교조의 차례를 받들기를 만년토록 하여 길이 우리 유자(孺子)를 보고 본받아서 그 덕을 생각하라는 것이다. 주공이 비록 성왕에게 낙읍에 머물 것을 허락하였으나, 또 ‘왕께서는 은나라 사람들로 하여금’이라고 말한 것은 대략 ‘낙읍으로 옮긴 백성은 제가 진실로 책임지겠으나 이들로 하여금 가르치는 차례를 받들기를 만년토록 하는 것은 실로 왕에게 달려 있다.’고 말씀한 것이다. 이는 또한 어려움을 책한 뜻이니, 〈소고(召誥)〉의 끝에 ‘왕께서 하늘의 영원한 명[永命]을 기원함에 바친다.’고 한 것과 어맥(語脈)이 서로 유사하다.

30. 戊辰에 王이 在新邑하사 烝祭[165]하시니 歲러니 文王에 騂(성)牛一이며 武王에 騂牛一이러라 王命作册하신대 逸(佚)이 祝册하니 惟告周公其後러라 王賓이 殺禋이라 咸格이어늘 王이 入太室하여 祼하시다

　무진일에 왕이 새 도읍에 계시면서 증제(烝祭)를 올리시니, 해마다 한 번씩 올리는 성대한 예(禮)였는데, 문왕에게는 붉은 소 한 마리이고 무왕에게도 붉은 소 한 마리였다. 왕이 명하여 축책(祝册)을 지으라 하시자, 사관(史官)인 일(逸)이 축문을 책에 쓰

165　王在新邑 烝祭:이에 대하여 오윤상은 “왕이 새 도읍(낙읍)에 있으면서 증제(烝祭)를 지냈으면 종묘를 낙읍에 세운 것이요, 아래 〈필명(畢命)〉에 ‘필공(畢公)에게 명하여 풍읍(豐邑)의 사당을 보리(保釐:편안히 다스림)하게 했다’고 하였으면 풍읍의 사당 또한 일찍이 허물지 않은 것이다. 이는 풍읍과 낙읍에 모두 종묘가 있는 것이니, 고례(古禮)를 알 수 없다.〔王在新邑烝祭, 則立宗廟于洛也, 命畢公, 保釐于豐廟, 則豐廟亦未嘗毀也. 是豐與洛皆有宗廟也, 古禮不可知也.〕”하였다.

···　繫:맬 계　烝:제사이름 증　騂:붉을 성　格:이를 격

니, 오직 주공에게 뒤에 남아 낙읍을 다스리게 한 일을 고한 것이었다. 왕의 손님들이
왕이 희생을 잡아 제사하므로 왕의 손님(제사를 돕는)〈제후들이〉 모두 오니, 왕이 태실
(太室)에 들어가 강신제(降神祭)를 올리셨다.

此下는 史官이 記祭祀册誥等事하여 以附篇末也라 戊辰은 十二月之戊辰日也라
是日에 成王在洛하사 擧烝祭之禮라 曰歲云者는 歲擧之祭也라 周尙赤故로 用騂
이라 宗廟에 禮太牢어늘 此用特牛者는 命周公留後於洛이라 故로 擧盛禮也¹⁶⁶라 逸
은 史佚也요 作册者는 册書也니 逸祝册者는 史逸이 爲祝册以告神也라 惟告周公
其後者는 祝册所載 更不他及이요 惟告周公留守其後之意니 重其事也라 王賓은
猶虞賓이니 杞、宋之屬으로 助祭諸侯也라 諸侯以王殺牲禋祭祖廟故로 咸至也라
太室은 淸廟中央室也라 祼은 灌也니 以圭瓚으로 酌秬鬯하여 灌地以降神也라

  이 이하는 사관(史官)이 제사하고 책으로 고(誥)하는 등의 일을 기록하여 편의 끝
에 붙인 것이다. 무진(戊辰)은 12월의 무진일이다. 이날에 성왕이 낙읍에 있으면서 증제
(烝祭;겨울에 올리는 큰 제사)의 예를 거행하였다. '세(歲)'라고 이른 것은 1년에 한 번씩
거행하는 큰 제사이다. 주나라는 적색(赤色)을 숭상하였으므로 붉은 소를 쓴 것이다.
종묘에는 태뢰(太牢)로 제사하는데 여기에서 특우(特牛;한 마리 소)를 쓴 것은 주공에게
명하여 낙읍에 유후(留後)가 되게 하였으므로 성대한 예를 거행한 것이다. '일(逸)'은
사관인 일(逸;윤일(尹佚))이고 책을 지었다는 것은 축문을 책에 쓴 것이니, 윤일이 축
문을 책에 썼다는 것은 사관인 윤일이 축문을 책에 써서 신(神)에게 고한 것이다.

  '오직 주공에게 뒤에 남아 낙읍을 다스리게 한 일을 고한다.'는 것은 축책(祝册)에
기재한 내용이 다시 딴 것은 언급하지 않고 오직 주공이 뒤에 남아 낙읍을 유수(留守)
하게 한 뜻을 고한 것이니, 이 일을 중히 여긴 것이다. '왕빈(王賓)'은 우빈(虞賓;우나라
의 손님인 단주(丹朱))과 같으니, 기(杞)나라와 송(宋)나라의 등속으로 제사를 돕는 제후
이다. 제후들은 왕이 희생을 잡아 선조의 사당에 예제(禋祭)를 지내기 때문에 모두 온
것이다. 태실(太室)은 청묘(淸廟;문왕의 사당)의 중앙에 있는 방이다. '관(祼)'은 술을 땅
에 붓는 것이니, 규찬(圭瓚)을 가지고 검은 기장으로 빚은 울창주(鬱鬯酒)를 떠서 땅에

------

166 宗廟禮太牢……擧盛禮也:태뢰(太牢)는 소 한 마리, 양 한 마리, 돼지 한 마리를 합하여 올
리는 것이며, 특우(特牛)는 한 마리의 소인바, 문왕과 무왕에게 각각 한 마리의 소를 올렸으므로
성대한 예(禮)라 한 것이다.

··· 牢 : 희생 뢰 灌 : 부을 관 瓚 : 옥술잔 찬

부어 강신(降神)한 것이다.

31. 王이 命周公後하사 作册이어시늘 逸이 誥하니 在十有二月이러라

왕이 주공에게 명하여 뒤에 남아 책문(册文)을 짓게 하시므로 사관인 일(逸)이 고하니, 12월에 있었다.

逸誥者는 史逸이 誥周公治洛留後也라 在十有二月者는 明戊辰爲十二月日也라

'일고(逸誥)'는 사관인 윤일(尹逸)이 주공에게 낙읍을 다스리며 유후가 되게 한 일을 고한 것이다. 12월에 있었다는 것은 무진일이 12월의 어느 날임을 밝힌 것이다.

32. 惟周公이 誕保文武受命을 惟七年하시다

주공이 문왕·무왕이 하늘로부터 받은 명을 크게 보존하시기를 7년 동안 하셨다.

吳氏曰 周公이 自留洛之後로 凡七年而薨(훙)也라 成王之留公也에 言誕保文武受民이라하고 公之復成王也에도 亦言承保乃文祖受命民과 越乃光烈考武王이라 故로 史臣이 於其終에 計其年하여 曰 惟周公이 誕保文武受命을 惟七年이라하니 蓋終始公之辭云이니라

오씨(吳氏)가 말하였다. "주공이 낙읍에 머문 뒤로부터 무릇 7년에 별세한[薨] 것이다. 성왕이 공을 만류할 적에 "문왕·무왕이 하늘로부터 받은 백성을 크게 보호하라." 하였고, 공이 성왕에게 답할 적에 또한 "당신의 문조(文祖)께서 명을 받은 백성과 당신의 광렬고(光烈考)이신 무왕을 계승하여 보존하라." 하셨다. 그러므로 사신(史臣)이 맨 마지막에 그 연수(年數)를 계산하여 말하기를 "주공이 문왕·무왕이 하늘로부터 받은 명을 크게 보존하시기를 7년 동안 했다." 하였으니, 공이 낙읍에 머문 일을 처음부터 끝까지 기록한 말이다."

··· 誥 : 아뢸 고 誕 : 클 탄 薨 : 죽을 훙

〈다사(多士)〉

商民遷洛者 亦有有位之士라 故로 周公이 洛邑初政에 以王命으로 總呼多士而告
之어시늘 編書者因以名篇하니 亦誥體也라 今文古文皆有하니라

상나라 백성으로서 낙읍(洛邑)에 옮긴 자들 또한 지위에 있는 인사(人士)가 있었다.
그러므로 주공이 낙읍에서 처음 정사를 펼 적에 왕명으로 다사(多士;여러 선비들)를 모
두 불러 고하셨는데, 책을 엮는 자가 인하여 이로써 편명(篇名)을 삼았으니, 또한 고체
(誥體)이다. 금문(今文)과 고문(古文)에 모두 있다.

○ 吳氏曰 方遷商民于洛之時엔 成周未作이러니 其後에 王與周公이 患四方之遠
하고 鑒(鑑)三監之叛하여 於是에 始作洛邑하여 欲徙周而居之하시니 其曰 昔朕來
自奄할새 大降爾四國民命하여 我乃明致天罰하여 移爾遐逖하여 比事臣我宗多遜
者는 述遷民之初也요 曰 今朕作大邑于兹洛은 予惟四方罔攸賓이며 亦惟爾多士
攸服하여 奔走臣我多遜者는 言遷民而後作洛也라 故로 洛誥一篇은 終始皆無欲
遷商民之意요 惟周公이 既誥成王留治于洛之後에 乃曰 伻來毖殷이라하고 又曰
王伻殷乃承敍라하시니 當時商民이 已遷于洛이라 故로 其言如此하니라

○ 오씨(吳氏)가 말하였다. "막 상나라 백성들을 낙읍으로 옮길 때에는 성주(成周;
낙읍)가 아직 만들어지지 않았었는데, 그 뒤에 왕과 주공은 호경(鎬京)이 사방과의 거
리가 멂을 걱정하고 삼감(三監)이 반란을 일으킨 것을 감계(鑑戒)로 삼아 이에 비로소
낙읍을 만들어 종주(宗周;호경)를 옮겨 낙읍에 거주하고자 하였다. 그 '옛날에 짐(朕)이
엄(奄)에서 올 적에 나는 크게 형벌을 낮추어 너희 사국(四國;사방 나라)의 백성들의 목
숨을 살려주었다. 그리하여 내 단지 밝게 천벌을 내려 너희들을 먼 곳으로 옮겨서 우
리 종주(宗周)의 공손함이 많은 분들을 가까이 섬겨 신하가 되게 했다.'는 것은, 백성
을 옮긴 초기를 서술한 것이요. '지금 짐(朕)이 큰 도읍을 이 낙읍에 만든 것은 내가 사
방에서 온 제후들이 손님으로 머물 곳이 없으며, 또한 너희 많은 선비들이 열심히 일
하여 우리의 공손함이 많은 분들에게 분주히 신하노릇하기 때문이다.'라는 것은, 백
성을 옮긴 뒤에 낙읍을 만듦을 말한 것이다. 그러므로 〈낙고(洛誥)〉 한 편은 시종(始
終) 모두 상나라 백성을 옮기려는 뜻이 없고, 오직 주공이 이미 성왕에게 낙읍에 머물
면서 다스릴 것을 아뢴 뒤에 비로소 말씀하기를 '사람을 보내와서 은나라를 경계하였

... 逖 : 멀 적　伻 : 사람부릴 팽

다.' 하고, 또 말씀하기를 '왕이 은나라 사람들로 하여금 가르치는 차례를 받들게 하라.' 하였으니, 당시에 상나라 백성들이 이미 낙읍으로 옮겨왔기 때문에 그 말씀이 이와 같은 것이다."

愚謂 武王이 已有都洛之志라 故로 周公黜殷之後에 以殷民反(번)覆難制라하여 卽遷于洛이러시니 至是에 建成周하고 造廬舍하고 定疆場(역)일새 乃告命하여 與之更始焉爾니 此는 多士之所以作也라 由是而推하면 則召誥攻位之庶殷은 其已遷洛之民歟인저 不然이면 則受都는 今衛州也요 洛邑은 今西京也니 相去四百餘里라 召公이 安得捨近之友民하고 而役遠之讐民哉아 書序에 以爲成周旣成에 遷殷頑民者는 謬矣니 吾固以爲非孔子所作也라하노라

　내(채침)가 생각하건대, 무왕이 이미 낙읍에 도읍하려는 뜻이 있었다. 그러므로 주공이 은나라를 내친 뒤에 '은나라 백성들이 번복해서 통제하기 어렵다.' 하여 즉시 낙읍으로 옮겼는데, 이때에 이르러 성주(成周)를 세우고 여사(廬舍)를 만들고 강역(疆場; 경계)을 정하면서 이에 고명(告命)하여 이들과 함께 경시(更始;새 출발)를 한 것이니, 이는 〈다사〉가 지어지게 된 이유이다. 이로 말미암아 미루어 보면 〈소고(召誥)〉에 집터를 다스린 서은(庶殷)은 아마도 이미 낙읍으로 옮긴 백성일 것이다. 그렇지 않다면 수(受)의 도읍은 지금의 위주(衛州)이고 낙읍은 지금의 서경(西京)이니, 서로의 거리가 4백여 리이다. 소공이 어찌 가까이 있는 우민(友民;순종하는 백성)들을 버리고 먼 수민(讐民;주나라를 원수로 여기는 은나라의 백성)들을 부역시켰겠는가. 〈서서(書序)〉에 "성주가 이미 이루어짐에 은나라의 완악한 백성을 옮겼다."고 말한 것은 잘못이니, 나는 진실로 〈서서〉는 공자가 지은 것이 아니라고 여긴다.

【小序】 成周旣成에 遷殷頑民할새 周公이 以王命誥하여 作多士하니라

　성주(낙읍)가 이미 이루어지자, 은나라의 완악한 백성을 옮길 적에 주공이 왕명으로써 고하여 〈다사〉를 지었다.

【辨說】 遷殷頑民이 在作洛之前이어늘 序書者 考之不詳하고 以爲成周旣成에 遷殷頑民이라하니 繆矣라 詳見本篇題하니라

　은나라의 완악한 백성을 옮긴 것이 낙읍을 만들기 이전에 있었는데, 〈서서〉를 지은 자가 자세히 상고하지 못하고, '성주가 이미 이루어짐에 은나라의 완악한 백성을 옮겼다.' 하였으니, 잘못이다. 본편의 제목에 자세히 보인다.

⋯　場 : 궁경 역　謬 : 그릇될 류(무)

1. 惟三月에 周公이 初于新邑洛에 用告商王士하시다
　3월에 주공이 처음으로 새 도읍인 낙읍에서 상나라의 왕사(王士)들에게 고하셨다.

此는 多士之本序也라 三月은 成王祀洛次年之三月也라 周公至洛이 久矣어늘 此
言初者는 成王이 旣不果遷하고 留公治洛이러니 至是에 公이 始行治洛之事라 故로
謂之初也라 曰商王士者는 貴之也라
　이는 〈다사〉의 본서(本序)이다. 3월은 성왕이 12월에 낙읍에서 제사한 다음해의
3월이다. 주공이 낙읍에 온 지가 오래인데 여기에서 처음이라고 말한 것은 성왕이 이
미 천도(遷都)를 결행하지 않고 주공을 머물게 하여 낙읍을 다스리게 하였는데, 이때
에 이르러 주공이 처음으로 낙읍을 다스리는 일을 행하였기 때문에 처음이라고 말한
것이다. 상나라의 왕사(王士)라 한 것은 그들을 귀하게 여긴 것이다.

2. 王若曰 爾殷遺多士아 弗弔(라)旻天[167]하여(이) 大降喪于殷이어시늘 我有
周佑命하여 將天明威하여 致王罰하여 勅殷命하여 終于帝하노라
　왕이 대략 다음과 같이 말씀하였다.
　"너 은나라의 남은 다사(多士)들아. 은나라가 민천(旻天;하늘)에 가엾게(긍휼하게) 여
김을 받지 못하였다. 그리하여 하늘이 크게 은나라에 망함을 내리셨으므로, 우리 주
나라가 하늘의 도와주시라는 명을 받아서 하늘의 밝은 위엄을 받들어 왕의 벌을 이루
어서(내려서) 은나라의 명을 바로잡아 상제(上帝)의 일을 끝마쳤노라.

弗弔는 未詳이니 意其爲歎憫之辭니 當時方言爾也라 旻天은 秋天也[168]니 主肅殺
而言이라 歎憫言 旻天이 大降災害而喪殷[169]이어시늘 我周受眷佑之命하여 奉將天

167　弗弔旻天:불조(弗弔)를 《집전》에 미상이라 하였으나, 위 〈대고(大誥)〉의 "弗弔, 天降割于我
家"에서는 이미 조(弔)를 휼(恤)로 훈(訓)하고 《시경》〈절남산(節南山)〉의 '不弔旻天'을 예(例)로
들었는바, 이에 따라 '弗弔旻天'을 한 구(句)로 삼아 '불조민천(弗弔旻天)하여'로 토(吐)를 달고 "민
천에게 가엾게 여김을 받지 못하였다."로 번역하였다. 弗과 不은 통용한다.

168　旻天秋天也:《이아(爾雅)》에 하늘을 사시(四時)에 따라 각기 다르게 호칭하는바, 봄에는 창
천(蒼天), 여름에는 호천(昊天), 가을에는 민천(旻天), 겨울에는 상천(上天)이라 하였다.

169　旻天大降災害而喪殷:경문의 '민천대강상우은(旻天大降喪于殷)'을 부연 설명한 것으로, 호
산은 《언해》의 해석은 이 주에 집착하여 문세에 위배됨이 있으니, 뒷절의 '이와 같은 큰 망함을 내
렸다'에서 증명할 수 있다.〔諺釋泥於此註, 有違文勢. 後節降若玆大喪, 可證.〕" 하였다. 《詳說》《언

• • •　弔 : 불쌍히여길 조　旻 : 가을하늘 민　憫 : 불쌍할 민

之明威하여 致王罰之公하여 勑正殷命而革之하여 以終上帝之事라하니 蓋推革命
之公하여 以開諭之也라

　‘불조(弗弔)’는 미상이니, 짐작건대 탄식하고 민망히 여기는 말인 듯하니, 당시의
방언(方言)이 이와 같았을〔爾〕 것이다. ‘민천(旻天)’은 가을 하늘이니, 숙살(肅殺；날씨가
추워 초목을 죽임)을 위주하여 말한 것이다. 탄식하고 민망히 여겨 말씀하기를 “하늘이
크게 재앙을 내려 은나라를 망하게 하시므로, 우리 주나라가 하늘이 돌아보고 도와
주시는〔眷佑〕 명을 받아 하늘의 밝은 위엄을 받들어 공정한 왕의 벌을 내려 은나라의
명을 바로잡아 개혁하여 상제의 일을 끝마쳤다.” 하였으니, 이는 혁명의 공변됨을 미
루어서 열어 깨우쳐 준 것이다.

3. 肆爾多士아 非我小國이 敢弋(익)殷命이라 惟天不畀는 允罔固亂이라 弼
　我시니 我其敢求位아

　너희 다사들아. 우리 작은 주나라가 감히 은나라의 명을 취하려고 한 것이 아니다.
하늘이 은나라에게 명을 주지 않으신 것은 진실로 혼란한 자를 견고히 하지 않기 때
문이다. 그리하여 우리를 도우신 것이니, 우리가 감히 〈천자의〉 지위를 구하였겠는가.

肆는 與康誥肆汝小子封同[170]이라 弋은 取也니 弋鳥之弋이니 言有心於取之也라
呼多士誥之하여 謂以勢而言하면 我小國이 亦豈敢弋取殷命이리오 蓋栽者培之하
고 傾者覆之[171]하니 固其治而不固其亂者 天之道也니 惟天不與殷은 信其不固殷
之亂矣라 惟天이 不固殷之亂이라 故로 輔我周之治하사 而天位自有所不容辭者니

‥‥‥‥
해》에는 경문의 ‘旻天大降喪于殷’을 “旻天이 키(크게) 降하야 殷을 喪하야시늘”로 해석하였으나,
민천(旻天)을 윗 구(句)로 연결시키고 “〈하늘이〉 크게 은나라에 망함을 내리시므로”로 수정 번역하
였다.

170　肆與康誥肆汝小子封同 : 위 〈강고(康誥)〉의 ‘사(肆)’를 《집전》에 ‘미상(未詳)’이라고 하였는바,
여기의 ‘肆’도 미상임을 말한 것이다. 이에 대해 호산은 “그(〈강고〉) 아래에 ‘미상’이란 것을 가리킨
것이다.〔謂其下者之未詳也〕” 하였다. 《詳說》‘사(肆)’는 ‘그러므로’의 뜻이 있으나 여기에는 맞지 않
으며, 조사로도 쓰고 또는 ‘이제’로 해석하기도 한다.

171　栽者培之 傾者覆之 :《중용장구(中庸章句)》17장에 보이는 내용으로, 대전본(大全本) 소주(小
註)에 “운봉 호씨(雲峰胡氏)가 말하였다. ‘덕이 있는 자는 하늘이 반드시 그 복을 많이 주고 덕이
없는 자는 하늘이 반드시 그 해독을 많이 내린다.〔有德者, 天必厚其福. 不德者, 天必厚其責.〕’” 하
였다.

‥‥　弋 : 취할 익　畀 : 줄 비

我其敢有求位之心哉아

'사(肆)'는 〈강고(康誥)〉에 "사여소자봉(肆汝小子封)"의 사(肆)와 같다. '익(弋)'은 취함이니, 새를 주살로 쏘아 잡는 익(弋) 자이니, 취함에 마음이 있음을 말한 것이다. 다사(多士)를 불러 고하여 이르시기를 "형세로써 말하면 우리 작은 주나라가 어찌 감히 은나라의 명을 취하려고 하였겠는가. 〈하늘의 도는〉 심은 것은 북돋우고 기운 것은 전복시키니, 그 다스려짐을 견고히 하고 혼란함을 견고히 하지 않는 것이 하늘의 도이다. 하늘이 은나라에게 천명을 주지 않은 것은 진실로 은나라의 혼란함을 견고히 하지 않은 것이니, 하늘이 은나라의 혼란함을 견고히 하지 않았기 때문에 우리 주나라의 다스림을 도와주어서 천자의 지위를 자연 사양할 수 없는 바가 있었던 것이니, 우리가 어찌 감히 천자의 지위를 구하는 마음을 두었겠는가."라고 한 것이다.

4. 惟帝不畀는 惟我下民의 秉爲 惟天明畏일새니라

상제께서 은나라에게 천명을 주지 않으심은 우리 하민(下民)들의 병위(秉爲;잡아서 행함) 때문이요, 하늘의 위엄이 분명하고 두렵기 때문이었다.

秉은 持也라 言天命之所不畀는 卽民心之所秉爲요 民心之所秉爲는 卽天威之所明畏者也니 反覆天民相因之理하여 以見(현)天之果不外乎民하고 民之果不外乎天也라 詩言秉彝[172]하고 此言秉爲者는 彝는 以理言이요 爲는 以用言也라

'병(秉)'은 잡음이다. 〈하늘이 은나라에〉 천명을 주지 않은 것은 곧 민심(民心)의 병위(秉爲)이고 민심의 병위는 곧 하늘의 위엄이 분명하고 두려운 것임을 말하였으니, 하늘과 사람이 서로 인하는(연관되는) 이치를 반복하여, 하늘은 과연 민심에 벗어나지 않고 민심은 과연 하늘의 뜻에 벗어나지 않음을 나타낸 것이다. 《시경》에는 병이(秉彝)를 말하였고 여기서는 병위(秉爲)를 말한 것은, 이(彝)는 이치로써 말하였고 위(爲)는 운용(행위)으로써 말한 것이다.

• • • • • •

172 詩言秉彝 : 병이(秉彝)는 사람이 간직하고 있는 떳떳한 본성(本性)으로,《시경》〈대아(大雅) 증민(烝民)〉에 "하늘이 여러 사람을 내시니 사물이 있으면 법칙이 있도다. 사람은 병이를 간직하고 있다. 이 때문에 아름다운 덕을 좋아한다.〔天生烝民, 有物有則. 民之秉彝, 好是懿德.〕" 하였는바, 법칙은 바로 성(性)이고 도리(道理)로, 예컨대 부자(父子)와 군신(君臣)은 사물이고, 법칙은 유친(有親)과 유의(有義)이다. 烝은 蒸으로도 표기한다.

5. 我聞호니 曰 上帝引逸이어시늘 有夏不適逸한대 則惟帝降格하사 嚮于時夏어시늘 弗克庸帝하고 大淫泆(일)有辭한대 惟時天이 罔念聞하사 厥惟廢元命하사 降致罰이라하니라 (하시니라)

내가 들으니, 상제께서 편안함으로 인도하셨는데도 하나라가 편안함으로 나아가지 않자, 상제가 강격(降格;재변을 내림)하여 이 하나라에 〈견책하는〉 의향을 보이셨는데, 하나라가 능히 상제를 따르지 않고 크게 음일(淫泆)하고 변명하는 말을 하였다. 이에 하늘이 생각하거나 들은 체하지 않으시고는 그 큰 명을 폐하여 벌을 내리신 것이다.

引은 導요 逸은 安也라 降格은 與呂刑降格同[173]이라 呂氏曰 上帝引逸者는 非有形聲之接也라 人心得其安이면 則亹(미)亹而不能已하니 斯則上帝引之也라 是理坦然하니 亦何間於桀이리오 第桀喪其良心하여 自不適於安耳라 帝實引之어늘 桀實避之로되 帝猶不遽絶也하사 乃降格災異하여 以示意嚮於桀이어늘 桀猶不知警懼하여 不能敬用帝命하고 乃大肆淫逸(泆)하여 雖有矯誣之辭나 而天罔念聞之하시니 仲虺所謂帝用不臧이 是也라 廢其大命하여 降致其罰하여 而夏祚終矣니라

'인(引)'은 인도함이요, '일(逸)'은 편안함이다. '강격(降格)'은 〈여형(呂刑)〉의 강격(降格)과 같다.

여씨(呂氏)가 말하였다. "상제가 편안함으로 인도하였다는 것은 형체나 소리로 접함이 있는 것이 아니다. 인심(人心)이 편안함을 얻으면 힘쓰고 힘써 그치지 않으니, 이것은 상제가 인도한 것이다. 이 이치가 평탄하니, 또한 어찌 걸(桀)에게 간격(차별)을 두셨겠는가. 다만 걸이 양심(良心)을 잃어 스스로 그 편안함에 나아가지 않았을 뿐이다. 상제가 실로 인도하였으나 걸(桀)이 실로 피하였는데도, 상제가 오히려 대번에 끊지 않으시고 마침내 재이(災異)를 내려 〈견책하는〉 의향을 걸에게 보이셨다. 그런데도 걸은 오히려 경계하고 두려워할 줄을 알지 못하여 상제의 명을 공경히 따르지 않고 마침내 크게 음일(淫逸)을 부려 비록 하늘을 속이는 말이 있었으나 하늘은 이것을 생

---

173 降格 與呂刑降格同 : 여기의 '강격(降格)'은 재앙을 내림을 말하였고, 〈여형〉에는 제사하면 강림하는 것으로 해석하여 글자는 같으나 뜻이 다르다. 이에 대해 호산은 "살펴보건대 〈여형〉에서는 《집전》에 '제사하면 강림하는 것'으로 말하여 여기의 '재앙을 내린다'는 것과 그 뜻이 약간 다르니, 이는 아마도 〈다방(多方)〉의 강격과 같을 것이다.〔按 呂刑, 傳以祭格言, 與此災格, 其意微異, 此蓋與多方降格同.〕" 하였다. 《詳說》아래 〈다방〉의 4절에 "惟帝降格于夏"라고 보이는바, 《집전》에 "상제가 재이를 내리시어 걸에게 견책하여 고하였다.〔帝降災異, 以譴告桀.〕"라고 해석하였다.

••• 泆 : 방탕할 일 亹 : 힘쓸 미 矯 : 속일 교 虺 : 구렁이 훼 臧 : 좋을 장 祚 : 복 조

각하고 들은 체하지 않으셨다. 이는 《중훼지고(仲虺之誥)》에서 중훼(仲虺)가 말한 '상
제가 좋게 여기지 않으셨다.'는 것이 이것이다. 이에 그 큰 명을 폐하여 그 벌을 내려
서 하나라의 국운이 끝난 것이다."

6. **乃命爾先祖成湯**하사 **革夏**하사 **俊民**으로 **甸四方**하시니라
 이에 너의 선조이신 성탕(成湯)에게 명하사 하나라를 개혁하시어 준걸스러운 백성들
로 사방을 다스리게 하셨다.

甸은 **治也**라 **伊尹**이 **稱湯旁求俊彦**이라하고 **孟子稱湯立賢無方**[174]이라하시니 **蓋明揚
俊民**하여 **分布遠邇**하여 **甸治區畫**은 **成湯立政之大經也**라 **周公**이 **反復以夏商爲
言者**는 **蓋夏之亡**은 **卽殷之亡**이요 **湯之興**은 **卽武王之興也**니 **商民觀是**면 **亦可以
自反矣**리라
 '전(甸)'은 다스림이다. 이윤(伊尹)은 "성탕이 널리 준언(俊彦)을 구했다."고 말하였
고, 맹자는 "성탕이 현자(賢者)를 세우되 일정한 방소가 없었다."고 하셨으니, 준걸스
런 백성들을 밝히고 드날려 멀고 가까운 곳에 분포해서 구획한 곳을 다스림은 성탕이
정사를 세운 큰 법칙이다. 주공이 반복하여 하나라와 상나라를 가지고 말씀한 것은
하나라의 망함은 곧 은나라의 망함이요, 성탕의 흥함은 바로 무왕의 흥함이니, 상나
라의 백성들이 이것을 보면 또한 스스로 반성할 것이다.

7. **自成湯**으로 **至于帝乙**히 **罔不明德恤祀**하시니라
 성탕으로부터 제을(帝乙)에 이르기까지 덕을 밝히고 제사를 공경하지 않음이 없으셨
다.

明德者는 **所以修其身**이요 **恤祀者**는 **所以敬乎神也**라
 덕을 밝힘은 몸을 닦는 것이요, 제사를 공경함은 신(神)을 공경하는 것이다.

• • • • • •
174 伊尹稱湯旁求俊彦 孟子稱湯立賢無方 : '방구준언(旁求俊彦)'은 준걸과 통명(通明)한 선비를
널리 구하는 것으로 위 〈태갑 상(太甲上)〉에 보이며, '입현무방(立賢無方)'은 《맹자》 〈이루 하(離婁
下)〉에 보인다.

••• 甸:다스릴 전 彦:선비 언 邇:가까울 이 恤:공경할 휼

8. 亦惟天이 丕建保乂有殷이어시늘 殷王도 亦罔敢失帝하여 罔不配天其澤
하시니라

또한 하늘이 크게 은나라를 세워 보호하여 다스리게 하셨는데, 은나라의 선왕(先王)
들 또한 감히 상제의 법을 잃지 않아서 하늘에 짝하여 백성들에게 은택을 내리지 않
음이 없으셨다.

亦惟天이 大建立保治有殷이어시늘 殷之先王이 亦皆操存此心하여 無敢失帝之則
하여 無不配天以澤民也라

또한 하늘이 크게 은나라를 세워 보호하고 다스리게 하셨는데, 은나라의 선왕들
또한 모두 이 마음을 잡아 보존하여 감히 상제의 법칙을 잃지 않아서 하늘에 짝하여
백성들에게 은택을 입히지 않음이 없었다.

9. 在今後嗣王하여 誕罔顯于天이온 矧曰其有聽念于先王勤家아 誕淫厥
泆[175]하여 罔顧于天顯、民祗(지)하니라

지금 후사왕(後嗣王;紂)에 있어서는 크게 천도(天道)에 밝지 못하였는데, 하물며 선왕
들이 국가에 근로함을 귀담아 들어 생각함이 있다고 하겠는가. 크게 음탕하여 방일(放
泆)해서 하늘의 드러난 도(道)와 백성들이 공경해야 함을 돌아보지 않았다.

後嗣王은 紂也라 紂大不明於天道어든 況曰能聽念商先王之勤勞於邦家者乎아
大肆淫泆하여 無復顧念天之顯道、民之敬畏者也라

'후사왕(後嗣王)'은 주(紂)이다. 주는 천도에 크게 밝지 못하였는데, 하물며 상나라
선왕들이 방가(邦家)에 근로함을 귀담아 들어 생각하겠는가. 음일함에 크게 빠져 하늘
의 드러난 도와 백성들이 공경하고 두려워해야 함을 다시는 돌아보고 생각함이 없었다.

10. 惟時上帝不保하사 降若茲大喪하시니라
이에 상제(上帝)께서 보호하지 않으시어 이와 같은 큰 상망(喪亡)을 내리신 것이다.

• • • • • •
175 誕淫厥泆:《언해》를 따라 '크게 음탕하여 방일(放泆)함'으로 해석하였으나, 《집전(集傳)》의
'대사음일(大肆淫泆)'을 보면 '그 방일함에 크게 빠져', '또는 크게 방일한 일을 자행(恣行)하여'로
해석해야 할 것이다.

大喪者는 國亡而身戮也라

'대상(大喪)'이란 나라가 망하고 군주의 몸이 죽는 것이다.

11. **惟天不畀**는 **不明厥德**일새니라

하늘이 은나라에게 명을 주지 않으심은 그 덕을 밝히지 않았기 때문이다.

商先王이 以明德而天丕建이러니 則商後王이 不明德而天不畀矣니라

상나라의 선왕들은 덕을 밝혔으므로 하늘이 크게 세워주셨는데, 상나라의 후왕(後王)은 덕을 밝히지 아니하여 하늘이 벌을 주시지 않은 것이다.

12. **凡四方小大邦**이 **喪**은(하논든) **罔非有辭于罰**이니라

무릇 사방의 작고 큰 나라가 상망(喪亡)함은 그 벌에 〈말할 만한〉 말(죄목)이 있지 않음이 없다."

凡四方小大邦國이 喪亡은 其致罰이 皆有可言者라 況商罪貫盈하여 而周奉辭以伐之者乎아

무릇 사방의 크고 작은 나라가 상망함은 그 벌을 내림이 모두 말할 만한 것(죄)이 있어서이다. 하물며 상나라의 죄가 관영(貫盈:가득하여)하여 주나라가 토벌하는 말을 받들어 정벌함에 있어서랴.

13. **王若曰 爾殷多士**아 **今惟我周王**이 **丕靈承帝事**하시니라

왕이 대략 다음과 같이 말씀하였다.

"너희 은나라의 다사(多士)들아. 지금 우리 주왕(周王)은 상제의 일을 크게 잘 받들고 계시다.

靈은 善也니 大善承天之所爲也라 武成에 言祗承上帝하여 以遏亂略이 是也니라

'영(靈)'은 잘함이니, 하늘의 하시는 바를 크게 잘 받드는 것이다. 〈무성(武成)〉에 "공경히 상제를 받들어 난(亂)을 일으키려는 모략을 저지했다."는 것이 이것이다.

14. **有命曰 割殷**이실새 **告勅于帝**하시니라

〈상제께서〉 명을 내리시기를 '은나라를 끊어 바로잡으라.' 하시기에, 우리가 은나라를 바로잡는 일을 상제에게 고(告)한 것이다.

帝有命曰 割殷이라하시니 **則不得不戡定窮除**하여 **告其勅正之事于帝也**라 **武成**에 **言告于皇天·后土**하여 **將有大正于商者是也**니라

　상제께서 명을 내리시기를 "은나라를 끊어 바로잡으라." 하시니, 은나라를 이겨 안정시키시고[戡定] 전제(窮除)하여 그 바로잡는 일을 상제에게 고하지 않을 수 없는 것이다. 〈무성〉에 "황천(皇天)과 후토(后土)에 고하여 장차 상나라에 크게 바로잡음이 있었다."라고 한 것이 이것이다.

15. **惟我事 不貳適**이라 **惟爾王家 我適**이니라

　우리의 일이 두 갈래로 가지 않았다. 그리하여 너희 왕가(王家)가 우리에게 온 것이다.

上帝臨汝하시니 **毋貳爾心**은 **惟我事不貳適之謂**요 **上帝旣命**하시니 **侯于周服**[176]은 **惟爾王家我適之謂**라 **言割殷之事**는 **非有私心**이요 **一於從帝而無貳適**하니 **則爾殷王家 自不容不我適矣**라 **周不貳于帝**하니 **殷其能貳於周乎**아 **蓋示以確然不可動搖之意**하여 **而潛消頑民反側之情爾**라 **然聖賢事不貳適**은 **日用飮食**이 **莫不皆然**하니 **蓋所以事天也**라 **豈特割殷之事而已哉**아

　'상제께서 너에게 임해 계시니 네 마음을 둘로 갖지(의심하지) 말라.'는 것은 우리 일이 두 갈래로 가지 않음을 말한 것이요, '상제가 이미 명하시니 〈상나라의 자손이〉 주나라에 복종했다.'는 것은 너희 왕가가 우리에게 옴을 말한 것이다. 은나라를 끊어 바로잡는 일은 사심(私心)이 있어서가 아니요, 한결같이 상제를 따라 두 갈래로 감이 없었으니, 너희 은나라 왕가가 자연히 우리에게 오지 않을 수 없는 것이다. 주나라가 상제에게 두 마음을 품지 않으니, 은나라가 어찌 능히 주나라에 두 마음을 품을 수 있

* * * * * *

176　上帝臨汝……侯于周服 : '상제림여 무이이심(上帝臨汝, 毋貳爾心.)'은 상제가 너를 굽어보고 계시니 의심하여 딴 마음을 먹지 말라는 뜻인바, 상주(商紂)를 정벌하는 무왕이 혹시라도 딴 마음을 품어 끝까지 정벌하지 않을까 우려하는 말로, 《시경》〈대아(大雅) 생민(生民)〉에 보이며, '상제기명 후우주복(上帝旣命 侯于周服)'은 상제가 이미 천명을 주나라에 명하시니, 은나라의 수많은 자손들이 주나라에 와서 복종함을 말한 것으로, 〈대아(大雅) 문왕(文王)〉에 보인다.

⋯　戡 : 이길 감　窮 : 제거할 전　適 : 나아갈 적　潛 : 몰래 잠

겠는가. 이는 확연하여 동요할 수 없는 뜻을 보여주어 완민(頑民)들의 반측(反側:불안하여 반란함)하는 심정을 은근히 사라지게 한 것이다. 그러나 성현이 일을 두 갈래로 하지 않음은 일용(日用)과 음식(飮食)이 다 그렇지 않음이 없으니, 이는 하늘을 섬기는 것이다. 어찌 다만 은나라를 끊어 바로잡는 일 뿐이겠는가.

16. 予其曰 惟爾洪無度하니 我不爾動이라 自乃邑이니라

내가 말하기를 '너희들이 크게 법도가 없으니, 내 너희들을 동요하려는 것이 아니라, 변고가 너희 읍(邑)으로부터 시작된 것이다.' 하였다.

三監倡亂일새 予其曰 乃汝大爲非法하니 非我爾動이라 變自爾邑이라하니 猶伊訓所謂造攻自鳴條也라

삼감(三監)이 난을 창도(唱導)하였기에 내가 말하기를 "너희들이 크게 법이 아닌 짓(불법)을 하였으니, 내가 너희들을 동요하려는 것이 아니라, 변고가 너희 읍으로부터 시작된 것이다." 하였다. 이는 〈이훈(伊訓)〉에 이른바 '처음 공격을 명조(鳴條)에서 시작하였다.'는 것이 이것이다.

17. 予亦念天이 卽于殷하사 大戾하시니 肆不正이로다

나 또한 생각해보니, 하늘이 은나라에 나아가(은나라에다가) 큰 재앙을 내리시니, 이 때문에 은나라가 바르지 못하였도다."

予亦念天이 就殷邦하여 屢降大戾하사 紂旣死하고 武庚又死라 故로 邪慝(특)不正하니 言當遷徙也라

나 또한 생각해보니, 하늘이 은나라에 여러 차례 큰 재앙을 내려 주(紂)가 이미 죽고 무경(武庚)이 또 죽었다. 그러므로 사특하여 바르지 못하니, 마땅히 거주지를 옮겨야 함을 말한 것이다.

18. 王曰 猷라 告爾多士하노라 予惟時其遷居西爾¹⁷⁷니(는) 非我一人이 奉

••••••
177　遷居西爾 :《언해》에는 '천거서이(遷居西爾)는'으로 현토하였으나, 퇴계(退溪)의 설(說)을 따라 '니'로 수정 번역하였다.

德不康寧이라 **時惟天命**이시니 **無違**하라 **朕**은 **不敢有後**호리니 **無我怨**하라

　　왕(王)이 말씀하였다. "아! 너희 다사들에게 고하노라. 내 이에 너희들을 옮겨 서쪽에 거주하게 하였으니, 나 한 사람이 덕(德)을 받듦이 강녕하지 않아서가 아니라 이는 하늘의 명령이시니, 어기지 말라. 짐은 감히 뒤에 딴 명령을 내리지 않을 것이니, 후일에 나를 원망하지 말라.

時는 **是也**니 **指上文殷大戾而言**이라 **謂惟是之故**로 **所以遷居西爾**니 **非我一人**이 **樂如是之遷徙震動也**라 **是惟天命如此**하시니 **汝毋違越**하라 **我不敢有後命**이라하니 **謂有他罰**이라도 **爾無我怨也**라

　　'시(時)'는 이것이니, 상문(上文)에 은나라의 큰 재앙을 가리켜 말한 것이다. "이 때문에 너희들을 옮겨 서쪽에 거주하게 한 것이니, 나 한 사람이 이와 같이 천사(遷徙)하고 진동하기를 좋아해서가 아니다. 이는 하늘의 명령이 이와 같기 때문이니, 너희들은 어기지 말라. 나는 감히 뒤에 딴 명령을 내리지 않을 것이다." 하였으니, 이는 딴 벌이 있더라도 너희들은 나를 원망하지 말라고 한 것이다.

19. **惟爾知惟殷先人**의 **有册有典**하나니 **殷革夏命**하니라

　　너희들은 은나라 선인(先人)들의 서책과 전적(典籍)이 있음을 아니, 옛날에 은나라도 하나라의 명을 개혁하였다.

卽其舊聞以開諭之也라 **殷之先世**에 **有册書典籍**하여 **載殷改夏命之事**하니 **正如是耳**라 **爾何獨疑於今乎**아

　　옛날 들었던 것을 가지고 계도하여 깨우친 것이다. 은나라의 선대에 서책과 전적이 남아 있어 은나라가 하나라의 명을 개혁했던 일을 기재하였으니, 바로 이와 같다. 네가 어찌 홀로 지금에 의심하는가.

20. **今爾其曰 夏**는 **迪簡在王庭**하며 **有服**이 **在百僚**라하나니 **子一人**은 **惟聽用德**이니라 **肆予敢求爾于天邑商**은 **予惟率肆矜爾**니 **非予罪**라 **時惟天命**이시니라

　　이제 너희들은 말하기를 '하나라의 모든 신하들은 계도(啓導)하고 간발(簡拔)되어 상왕(商王)의 조정에 있었으며, 일하는 자들이 백료(百僚)에 있었다.'고 하는데, 나 한 사

람은 덕이 있는 자를 들어 쓸 뿐이다. 이에 내 감히 너희들을 천읍(天邑)인 상나라에서 찾아내어 〈이 낙읍에〉 오게 한 것은 내가 상나라의 옛일을 따라 너희들을 긍휼(矜恤) 히 여긴 것이니, 이는 나의 죄가 아니요, 이는 하늘의 명령이시다.”

周公이 旣擧商革夏事하여 以諭頑民하신대 頑民이 復以商革夏事로 責周하여 謂商 革夏命之初엔 凡夏之士 皆啓迪簡拔하여 在商王之庭하며 有服이 列于百僚之間 이러니 今周於商士에 未聞有所簡拔也라하니 周公이 擧其言하여 以大義折之하사 言爾頑民이 雖有是言이나 然予一人所聽用者는 惟以德而已라 故로 予敢求爾於 天邑商而遷之於洛者는 以冀率德改行焉이라 予惟循商故事하여 矜恤於爾而已 니 其不爾用者는 非我之罪也요 是惟天命如此라하시니라 蓋章德者는 天之命이어늘 今頑民이 滅德而欲求用이면 得乎아

　　주공이 이미 상나라가 하나라를 혁명한 일을 들어 완악한 백성들을 깨우시니, 완 악한 백성들이 다시 상나라가 하나라를 혁명한 일을 가지고 주나라를 책하여 이르기 를 “상나라가 하나라의 명을 개혁한 초기에는 모든 하나라의 선비들이 계도되고 간발 되어 상왕(商王)의 조정에 있었으며, 중요한 일을 하는 자들이 백료(百僚)의 사이에 나 열되어 있었는데, 지금 주나라는 상나라의 선비에 대하여 간발된 자가 있다는 말을 듣지 못하였다.” 하였다. 이에 주공이 그 말을 들고서 대의(大義)로 꺾어 말씀하기를 “너희 완악한 백성들이 비록 이러한 말을 하고 있으나, 나 한 사람이 들어 쓰는 것은 오직 덕이 있는 자를 쓸 뿐이다. 그러므로 내 감히 너희들을 천읍인 상나라에서 찾아 내어 낙읍(洛邑)으로 옮긴 것은 〈너희들이〉 덕을 따르고 행실을 고치기를 바라서이다. 내 상나라의 옛일을 따라 너희들을 긍휼히 여길 뿐이니, 너희들을 등용하지 않는 것 은 나의 죄가 아니요, 이는 하늘의 명이 이와 같은 것이다.” 하였다. 덕이 있는 자를 표 창함은 하늘의 명인데, 이제 완악한 백성들이 덕이 없으면서 등용되기를 바란다면 되 겠는가.

21. 王曰 多士아 昔朕이 來自奄[178]할새 予大降爾四國民命하여 我乃明致天

‥‥‥‥
178　來自奄 : 엄(奄)은 곡부(曲阜)에 있었던 국명(國名)으로, 회이(淮夷)·삼감(三監)과 함께 무경 (武庚)을 도와 반란을 일으킨 나라이다. 《채전방통》에 “주공이 은(殷)·관(管)·채(蔡)·곽(霍)을 일거에 토벌하였는데, 유독 ‘엄(奄)으로부터 왔다’고 말한 것은 당시 엄나라를 맨뒤에 정벌하였기

罰하여 **移爾遐逖**하여 **比事臣我宗多遜**[179]케하니라

왕이 말씀하였다. "다사(多士)들아. 옛날 짐(朕)이 엄(奄)에서 올 적에 나는 너희들의 형벌을 크게 감형하여 너희 사국(四國:사방나라)의 백성들의 목숨을 살려주었다. 그리하여 내 단지 밝게 천벌을 내려 너희들을 먼 곳으로 옮겨서 우리 종주(宗周)의 공손함이 많은 자를 가까이 섬겨 신하 노릇하게 한 것이다."

降은 **猶今法降等云者**라 **言昔我來自商奄之時**에 **汝四國之民**이 **罪皆應死**어늘 **我大降爾命**하여 **不忍誅戮**하고 **乃止明致天罰**하여 **移爾遠居于洛**하여 **以親比臣我宗周有多遜之美**하니 **其罰**이 **蓋亦甚輕**이요 **其恩**이 **固已甚厚**어늘 **今乃猶有所怨望乎**아 **詳此章**하면 **則商民之遷**이 **固已久矣**니라

'강(降)'은 지금 법에 강등(降等:감형)이란 말과 같다. 말씀하기를 "옛날 내가 상엄(商奄)에서 올 때에 너희 사국의 백성들은 죄가 모두 죽음에 합당하였으나 나는 너희들의 형벌을 크게 강등하여 목숨을 살려주었다. 그리하여 차마 주륙(誅戮)하지 못하고 단지 하늘의 벌을 밝게 내려 너희들을 옮겨 멀리 낙읍에 거주하게 해서 우리 종주(宗周)에 공손함이 많은[多遜] 아름다움이 있는 자를 가까이 하여 신하 노릇하게 하였으니, 그 벌이 매우 가볍고 그 은혜가 진실로 매우 후(厚)하다. 그런데도 이제 오히려 원망하는 바가 있는가." 한 것이다. 이 장(章)을 자세히 살펴보면 상나라의 백성들을 낙읍으로 옮긴 지가 진실로 이미 오래인 것이다.

22. **王曰 告爾殷多士**하노라 **今予惟不爾殺**이라 **予惟時命**을 **有申**하노라 **今朕**이 **作大邑于玆洛**은 **予惟四方罔攸賓**이며 **亦惟爾多士攸服**하여 **奔走臣我多遜**이니라

왕이 말씀하였다. "너희 은나라의 다사들에게 고하노라. 이제 내 차마 너희들을 죽일

* * * * * *

때문에 이렇게 말한 것이다." 하였다. 《집전》은 사국(四國)을 고주(古註)를 따라 무경(武庚)의 은(殷)과 삼감(三監)의 관(管)·채(蔡)·곽(霍)이라 하였으나 주자는 《시경집전(詩經集傳)》에 "사방나라이다." 하였음을 밝혀둔다.

179 比事臣我宗多遜:《언해》에는 '우리 종주(宗周)에 비사(比事)하야 신(臣)하여 손(遜)이 많게 함이니라'로 해석하였으나, 퇴계는 "'아종주(我宗周)의 다손(多遜)에 비사(比事)하여 신하노릇하게 함이니라'가 더욱 온당하며 하문(下文)의 '분주신아다손(奔走臣我多遜)'에 더욱 합당하다." 하였으므로 모두 이에 따라 수정 번역하였다.

⋯ 遜 : 공손할 손

수 없기에 내 이 명을 거듭하노라. 지금 짐(朕)이 큰 도읍을 이 낙읍에 만든 것은 내가 사방에서 온 제후들이 손님으로 머물 곳이 없으며, 또한 너희 많은 선비들이 열심히 일하여 우리 공손함이 많은 분들에게 분주히 신하노릇하기 때문이다.

以自奄之命으로 爲初命이면 則此命은 爲申命也라 言我惟不忍爾殺이라 故로 申明此命이라 且我所以營洛者는 以四方諸侯無所賓禮之地며 亦惟爾等이 服事奔走臣我多遜而無所處故也라 詳此章하면 則遷民이 在營洛之先矣니라 吳氏曰 來自奄을 稱昔者는 遠日之辭也요 作大邑을 稱今者는 近日之辭也며 移爾遐逖하여 比事臣我宗多遜者는 期之之辭也요 攸服奔走臣我多遜者는 果能之辭也니 以此로 又知遷民在前而作洛在後也니라

엄(奄)에서 와서 내린 명령을 처음 명령이라고 한다면 이 명령은 거듭 명령함이 되는 것이다. 내가 차마 너희들을 죽일 수 없으므로 거듭 이 명을 밝힌 것이다. 또 내가 낙읍을 경영한 까닭은 사방의 제후들을 손님으로 예우할 곳이 없으며, 또한 너희들이 열심히 일하여 우리 다손(多遜)에게 분주히 신하 노릇하는데도 거처할 곳이 없기 때문이다. 이 장(章)을 자세히 살펴보면 백성을 옮긴 것이 낙읍을 경영하기 이전에 있었던 것이다.

오씨(吳氏)가 말하였다. "엄(奄)에서 온 것을 옛날이라고 칭한 것은 원일(遠日:먼 옛날)의 말이요, 큰 도읍을 만든 것을 지금이라고 칭한 것은 근일(近日)의 말이며, 너희들을 먼 곳으로 옮겨서 우리 종주에 공손함이 많은 자를 가까이 섬겨 신하 노릇하게 한다는 것은 미리 기약하는 말이요, 열심히 일하여 우리 공손한 자에게 분주히 신하 노릇하기 때문이란 것은 과연 능하다는 말이니, 이로써 또 백성을 옮긴 것이 앞에 있었고 낙읍을 만든 것이 뒤에 있었음을 알 수 있다."

23. **爾乃尙有爾土**하며 **爾乃尙寧幹止**니라
  너희들은 거의 너희들의 토지를 소유하며, 너희들은 거의 일함과 거처함을 편안히 해야 할 것이다.

幹은 事요 止는 居也라 爾乃庶幾有爾田業하고 庶幾安爾所事하고 安爾所居也라 詳此章所言하면 皆仍舊有土田居止之辭니 信商民之遷이 舊矣라 孔氏不得其說일새 而以得反所生釋之하니 於文義에 似矣로되 而事則非也니라

••• 仍 : 인할 잉

'간(幹)'은 일함이요, '지(止)'는 거처이다. 너희들은 거의 너희들의 전업(田業;농업)을 소유하며 거의 너희들이 일하는 바를 편안히 여기고 너희들의 거처하는 바를 편안히 여길 것이다. 이 장에서 말한 것을 자세히 살펴보면 모두 옛날 그대로 토지(농지)와 거주지를 소유한다는 말이니, 진실로 상나라 백성들이 옮겨온 지가 오래인 것이다. 공씨는 그 말(내용)을 알지 못하였기 때문에 〈상유이토(尙有爾土)를〉'살던 고향으로 돌아가게 해준 것이다.'라고 해석하였으니, 글뜻에는 옳을 듯하나 사실은 아니다.

24. **爾克敬**하면 **天惟畀矜爾**시어니와 **爾不克敬**하면 **爾不啻**(시)**不有爾土**라 **予亦致天之罰于爾躬**호리라

　너희들이 능히 공경하면 하늘이 너희들에게 복을 주시어 긍휼(矜恤)히 여기시겠지만, 너희들이 능히 공경하지 않으면 너희들의 토지를 소유하지 못할 뿐만 아니라 내가 또한 하늘의 벌을 너희들 몸에 내릴 것이다.

敬則言動이 **無不循理**하니 **天之所福**에 **吉祥所集也**요 **不敬則言動**이 **莫不違悖**하니 **天之所禍**에 **刑戮所加也**라 **豈特竄徙**하여 **不有爾土而已哉**아 **身亦有所不能保矣**리라

　공경하면 말과 행동이 이치를 따르지 않음이 없으니 하늘이 복을 내리는 바에 길상(吉祥)이 모일 것이요, 공경하지 않으면 말과 행동이 위패(違悖)되지 않음이 없으니 하늘이 화를 내리는 바에 형륙(刑戮)이 가해질 것이다. 어찌 다만 귀양가고 옮겨가서 너희들의 토지를 소유하지 못할 뿐이겠는가. 몸 또한 보전하지 못함이 있을 것이다.

25. **今爾惟時宅爾邑**하며 **繼爾居**하여 **爾厥有幹有年于茲洛**하니 **爾小子**의 **乃興**이 **從爾遷**이니라

　이제 너희들이 이 너희들의 읍에 거주하며 너희들의 거주지를 계속 편안히 거처하여, 너희들이 이 낙읍에 일함이 있고 연수(年數)를 소유하게 될 것이니, 너희 자손들의 일어남이 너희들의 옮김으로부터 시작될 것이다."

邑은 **四井爲邑**[180]**之邑**이라 **繼者**는 **承續安居之謂**라 **有營爲, 有壽考**를 **皆于茲洛焉**

· · · · · ·
180　四井爲邑 : 옛날 정전법(井田法)은 9백 무(畝)의 토지를 정자(井字) 모양으로 구획하여 아홉

··· 啻 : 뿐 시 竄 : 귀양갈 찬

하니 **爾之子孫乃興**이 **自爾遷始也**라 **夫自亡國之末裔**로 **爲起家之始祖**하니 **頑民
雖愚**나 **亦知所擇矣**리라

'읍(邑)'은 사정(四井)을 읍이라 하는 읍(邑)이다. '계(繼)'는 이어서 편안히 거주함
을 이른다. 너희들이 일을 경영함이 있고 수고(壽考)를 소유함을 다 이 낙읍에서 할 것
이니, 너희 자손들의 일어남이 너희들이 이 낙읍을 옮겨옴으로부터 시작될 것이다.
망국(亡國)의 후예(後裔)로서 집안을 일으키는 시조(始祖)가 되니, 완악한 백성들이 비
록 어리석으나 선택할 바를 알 것이다.

26. **王曰 又曰 時予乃或言**은 **爾攸居**니라

왕이 말씀하였다……또 말씀하였다. "이에 내가 혹 말함은 너의 거처할 곳을 생각해
서이다."

王曰之下에 **當有缺文**이니 **以多方篇末王曰又曰**로 **推之**하면 **可見**이라 **時我或有所
言**은 **皆以爾之所居止爲念也**라하니 **申結上文爾居之意**니라

'왕왈(王曰)'의 아래에 마땅히 결문(缺文)이 있을 것이니, 〈다방(多方)〉의 끝에 '왕왈
(王曰)'과 '우왈(又曰)'로 미루어보면 알 수 있다. 이에 내가 혹 말하는 바가 있음은 모
두 너희들의 거처를 염려하기 때문이라 하였으니, 이는 상문(上文)에 '너희들의 거처'
라는 뜻을 거듭 맺은 것이다.

......

개의 구역을 만든 다음 중앙의 1백 무를 공전(公田)으로 삼아 여기에서 생산된 곡식은 세금으로
바치고 나머지 8백 무는 사전(私田)으로 여덟 가호가 1백 무씩 경작하였다. 그리하여 1정(井)은
8가(家)이고 4정은 32가인바, 이것을 읍(邑)이라 하였다.

〈무일(無逸)〉

逸者는 人君之大戒니 自古有國家者 未有不以勤而興하고 以逸而廢也라 益이 戒
舜曰 罔遊于逸하며 罔淫于樂(락)이라하니 舜은 大聖也로되 益이 猶以是戒之하니 則
時君世主 其可忽哉아 成王初政에 周公이 懼其知逸而不知無逸也라 故로 作是書
以訓之하시니라 言則古昔하고 必稱商王者는 時之近也요 必稱先王者는 王之親也
요 擧三宗者는 繼世之君也요 詳文祖者는 耳目之所逮也라 上自天命精微로 下至
畎畝艱難과 閭里怨詛(저)히 無不具載하니 豈獨成王之所當知哉리오 實天下萬世
人主之龜鑑也라 是篇은 凡七更(갱)端에 周公이 皆以嗚呼發之하사 深嗟永歎하시
니 其意深遠矣라 亦訓體也니 今文古文皆有하니라

　　편안함[逸]은 인군의 큰 경계이니, 예로부터 국가를 소유한 자가 부지런함으로써
일어나고 편안함으로써 패망하지 않은 자가 있지 않다. 〈대우모(大禹謨)〉에 익(益)이
순(舜) 임금을 경계하기를 "편안함에 놀지 말며 즐거움에 빠지지 말라." 하였으니, 순
임금은 대성인(大聖人)이신데도 익이 오히려 이 말로 경계하였으니, 시군(時君)과 세
주(世主)가 어찌 이것을 소홀히 할 수 있겠는가.

　　성왕(成王)이 처음 정사를 다스리자, 주공은 성왕이 그 편안함만 알고 편안하지 말
아야 함을 알지 못할까 두려워하였으므로 이 글을 지어 훈계한 것이다. 말을 하면 옛
날의 훌륭함을 말하고 반드시 상나라 왕을 칭한 것은 시대가 가깝기 때문이요, 반드
시 선왕을 칭한 것은 왕의 어버이이기 때문이며, 삼종(三宗;은(殷)의 중종(中宗)·고종(高
宗)·조갑(祖甲)을 가리킴)을 든 것은 대를 이은 임금이기 때문이요, 문조(文祖;문왕)를
자세히 말한 것은 귀로 듣고 눈으로 직접 본 바이기 때문이다. 위로는 천명의 정미(精
微)함으로부터 아래로는 밭두둑(농사)의 어려움과 여리(閭里) 백성들의 원망하고 꾸짖
음에 이르기까지 모두 기재하지 않음이 없으니, 이 어찌 홀로 성왕만이 알아야 할 것
이겠는가, 실로 천하 만세에 군주의 귀감인 것이다.

　　이 편은 무릇 일곱 번 단서를 바꿨는데, 주공이 모두 '오호(嗚呼)'로써 말을 시작하
여 깊이 슬퍼하고 길이 탄식하였으니, 그 뜻이 심원하다. 이 또한 훈체(訓體)이니, 금
문(今文)과 고문(古文)에 모두 있다.

【小序】 周公이 作無逸하니라
　　주공이 〈무일〉을 지었다.

···　逮 : 미칠 체　畎 : 밭두둑 견　畝 : 밭두둑 묘(무)　詛 : 저주할 저

1. (1장)[181] 周公曰 嗚呼라 君子는 所其無逸이니이다(이니라)

주공이 말씀하였다.

"아! 군자는 무일(無逸;안일하지 않음)을 처소로 삼습니다.

所는 猶處所也니 君子以無逸爲所하여 動靜食息이 無不在是焉하니 作輟則非所謂所矣니라

'소(所)'는 처소와 같으니, 군자는 무일을 처소로 삼아 동하고 고요하고 먹고 쉼이 여기에 있지 않음이 없으니, 하던 것을 중지하면 이른바 소(所)가 아니다.

2. 先知稼穡之艱難이오사 乃逸하면 則知小人之依하리이다[182]

먼저 가색(稼穡;농사일)의 어려움을 알고서 편안하면 소인(백성)들의 의지함을 알 것입니다.

先知稼穡之艱難乃逸者는 以勤居逸也라 依者는 指稼穡而言이니 小民이 所恃以爲生者也라 農之依田은 猶魚之依水와 木之依土하니 魚無水則死하고 木無土則

· · · · · ·

181 《서경》에는 절(節)을 장(章)으로 말한 경우가 많으나, 이 편 끝의 《집전》에 〈무일(無逸)〉한 편은 7장이니, 장 첫머리에는 모두 자차영탄(咨嗟詠歎)하는 뜻을 지극히 하였다." 한 것을 따라 다시 1장~7장으로 나누었다. 자차영탄은 '아!' 하고 감탄하는 것으로 오호(嗚呼) 등의 감탄사를 이른다.

182 先知稼穡之艱難 乃逸則知小人之依 : 〈무일(無逸)〉을 짓게 된 이유에 대하여 오윤상은 이렇게 말하였다. "〈무일〉은 장차 '편안하지 말 것'을 말하려 하였는데, 먼저 가색(稼穡)의 어려움을 말한 것은 〈군주가〉 백성들의 어려움을 안 뒤에야 백성들의 수고로움을 슬퍼하고 백성들의 공(功)을 소중히 여겨 멋대로 세금을 거두지 않고 모질게 백성을 부리지 아니하여 능히 정사에 부지런할 수 있는 것이다. 그러나 충언(忠言)을 받아들이지 않으면 사사로운 마음이 분분하여 보고 듣는 것이 막혀서 비록 가색의 어려움을 알더라도 그 아는 것을 진실로 실천하지 못한다. 그러므로 〈14절의〉 훈고(訓告)와 보혜(保惠), 교회(敎誨)로써 끝마친 것이다. 은나라의 삼종(三宗)과 주나라의 문왕이 혹자의 충고하는 말을 받아들여 곧 스스로 덕을 공경한 것은, 그 아는 것을 진실로 실천하여 무일의 공을 이룬 것이다. 만약 훈계하는 말을 듣지 아니하여 삼종과 문왕이 남의 충고하는 말을 받아들이지 못하였다면 이에 주장(譸張;거짓으로 과장함)하는 말이 멋대로 일어나 허실을 변란시켜서 그 폐해가 죄 없는 자에게 미쳤을 것이다.〔無逸, 將告無逸, 必先言稼穡者, 知民之艱難, 然後哀其勞, 重其功, 不橫斂, 不虐使, 能勤於政事. 然不納忠言, 則私意紛如, 視聽壅蔽, 雖知稼穡之艱難, 不能允蹈其知. 故以訓告、保惠、敎誨終之. 殷三宗, 周文王, 納或告之言而皇自敬德, 此所以允蹈其知而成無逸之功也. 若不聽訓誡之言, 而不能如三宗文王納人之言, 則於是譸張之言交橫, 變幻虛實, 害及於無辜矣.〕" 가(稼)는 곡식을 심는 것이고 색(穡)은 곡식을 수확하는 것인데, 농사일을 대표하는 말로 쓰인다.

枯하고 民非稼穡則無以生也라 故로 舜은 自耕稼로 以至爲帝[183]하고 禹、稷은 躬稼
以有天下[184]하고 文武之基는 起於后稷하며 四民之事는 莫勞於稼穡이요 生民之功
은 莫盛於稼穡이라 周公發無逸之訓에 而首及乎此하시니 有以哉인저

　'먼저 가색의 어려움을 알고 편안하다'는 것은 부지런함으로써 편안함에 거하는
것이다. '의(依)'는 가색을 가리켜 말한 것이니, 농사는 소민(小民)들이 믿고 살아가는
것이다. 농부가 밭(농지)에 의지함은 물고기가 물에 의지하고 나무가 흙에 의지함과
같으니, 물고기는 물이 없으면 죽고 나무는 흙이 없으면 마르고, 백성은 농사가 아니
면 살 수 없다. 그러므로 순(舜) 임금은 밭을 갈고 곡식을 심음으로부터 황제가 됨에
이르렀고, 우(禹)와 직(稷)은 몸소 농사지어 천하를 소유하였고, 문왕·무왕의 기업(基
業)은 후직(后稷)에게서 시작되었으며, 사민(四民;사(士)·농(農)·공(工)·상(商))의 일
은 농사보다 수고로운 것이 없고, 생민(生民)의 공(功;업적)은 농사보다 더 성대한 것
이 없다. 주공이 〈무일〉의 교훈을 말씀할 적에 먼저 이것을 언급하였으니, 이는 이런
까닭이 있어서일 것이다.

3. 相小人한대 厥父母勤勞稼穡이어든 厥子乃不知稼穡之艱難하고 乃逸하
며 乃諺하며 旣誕하나니 否則侮厥父母하여 曰昔之人이 無聞知라하나니이다
　소인들을 살펴보면 그 부모가 가색에 근로하였거든 그 자식들은 도리어 가색의 어
려움을 알지 못하고, 안일하고 속된 말을 하며 허탄(虛誕;허황됨)합니다. 그리고 그렇
지 않으면 그 부모를 업신여겨 말하기를 '옛날 사람들은 문견도 없고 지식도 없다.'고
합니다."

不知稼穡之艱難乃逸者는 以逸爲逸也라 俚語曰諺이라 言視小民컨대 其父母勤
勞稼穡이어든 其子乃生於豢(환)養하여 不知稼穡之艱難하고 乃縱逸自恣하며 乃習
俚巷鄙語하며 旣又誕妄하여 無所不至라 不然이면 則又訕(산)侮其父母하여 曰 古
老之人은 無聞無知하여 徒自勞苦하여 而不知所以自逸也라 昔에 劉裕奮農畝而

• • • • • •
183　舜自耕稼 以至爲帝 : 이 내용은 《맹자》 〈공순추 상(公孫丑上)〉에 보이는데, 주자의 《집주》에
"순 임금은 미천했을 적에 역산에서 밭을 갈아 농사지었고 하빈(河濱;황하)에서 질그릇을 굽고 뇌
택에서 물고기를 잡으셨다.[舜之側微, 耕于歷山, 陶于河濱, 漁于雷澤.]" 하였다.

184　禹稷躬稼以有天下 : 이 내용은 《논어》 〈헌문(憲問)〉에 보인다.

• • •　諺 : 상말 언　誕 : 허탄할 탄　俚 : 속될 리　訕 : 꾸짖을 산

取江左러니 一再傳後에 子孫이 見其服用하고 反笑曰 田舍翁은 得此亦過矣[185]라하니 此正所謂昔之人無聞知也라 使成王非周公之訓이면 安知其不以公劉、后稷爲田舍翁乎아

'가색의 어려움을 알지 못하고 안일하다'는 것은 편안함을 편안함으로 여기는 것이다. 속된 말[俚語]을 '언(諺)'이라 한다. 소민들을 살펴보면 그 부모가 가색에 근로하였거든 그 자식들은 환양(豢養;편안히 길러줌)에 생장하여 가색의 어려움을 알지 못하고, 도리어 방종하고 안일하여 스스로 방자하고 마침내 항간(巷間)의 비루한 말을 익히며, 이윽고 또 허탄하고 망령되어 이르지 않는(못하는) 바가 없다. 그렇지 않으면 또 그 부모를 꾸짖고 업신여겨 말하기를 "옛날 늙은 사람들은 문견도 없고 지식도 없어서 다만 스스로 노고(勞苦)하여 스스로 편안히 할 줄을 모른다."고 말한다.

옛날에 유유(劉裕)가 농무(農畝)에서 분발하여 강좌(江左;강동)를 차지하였는데, 한두 번 전(傳)한 뒤에는 자손들이 그 의복과 사용하던 물건을 보고는 도리어 비웃으며 말하기를 "전사옹(田舍翁;늙은 농부)은 이것만 누려도 또한 과(過)하다." 하였으니, 이는 바로 이른바 '옛날 사람들은 문견도 없고 앎도 없다.'는 것이다. 만일 성왕이 주공의 가르침이 아니었다면 공류(公劉)와 후직(后稷)을 전사옹이라고 말하지 않을 줄을 어찌 알겠는가.

4.(2장) 周公曰 嗚呼라 我聞호니 曰 昔在殷王中宗[186]하사는(하사) 嚴恭寅畏하사 天命自度(도)하시며 治民祗懼하사 不敢荒寧하시니 肆中宗之享國이 七十有五年이시니이다

주공이 말씀하였다 "아! 제가 듣자오니, 옛날 은왕(殷王) 중종(中宗)에 있어서는 엄숙하고 공손하며 공경하고 두려워하여 천명(天命)으로 스스로 다스리시며, 백성을 다스림에 공경하고 두려워하여 감히 황녕(荒寧;게으르고 편안함)하지 않으시니, 그러므로

· · · · · ·

185 劉裕奮農畝……得此亦過矣:유유(劉裕)는 남조(南朝)의 송(宋)을 일으킨 무제(武帝)이며 강좌(江左)는 남북조 시대 남조인 강동(江東)을 가리킨다. 시골 출신인 무제는 황제가 된 후 매우 검약하게 생활하여 궁궐 등을 아름답게 꾸미지 않았다. 그러나 증손자인 세조(世祖) 유준(劉駿)이 즉위하여서는 궁궐을 크게 지으며 무제의 검소한 고사(故事)를 들어 간(諫)하는 신하들에게 위와 같은 말을 하였던 것이다.

186 昔在殷王中宗:《언해》를 따라 위와 같이 해석하였다. '석재(昔在)'는 석자(昔者;옛날)와 같으므로 '昔在에 殷王中宗이'로 현토하는 것이 옳을 것으로 생각되나 아래에 '昔在高宗時'라 하였으므로 《언해》를 따랐음을 밝혀둔다.

··· 翁 : 늙은이 옹   寅 : 공경할 인

중종의 향국(享國;왕위를 누림)이 75년이었습니다.

中宗은 太戊也라 嚴則莊重하고 恭則謙抑하고 寅則欽肅하고 畏則戒懼라 天命은 卽
天理也라 中宗이 嚴恭寅畏하여 以天理而自檢律其身하며 至於治民之際에도 亦祗
敬恐懼而不敢怠荒安寧하니 中宗無逸之實이 如此라 故로 能有享國永年之效也
라 按書序에 太戊有原命、咸乂等篇[187]하니 意述其當時敬天治民之事나 今無所攷
矣니라

　'중종(中宗)'은 태무(太戊)이다. 엄하면 장중(莊重)하고, 공손하면 겸억(謙抑;겸손)하
고, 공경하면 흠숙(欽肅)하고, 두려워하면 계구(戒懼)한다. '천명(天命)'은 곧 천리(天
理)이다. 중종이 엄공(嚴恭)하고 인외(寅畏)하여 천리로써 스스로 그 몸을 검속(檢束)하
고 다스렸으며, 백성을 다스리는 즈음에 이르러도 또한 공경하고 두려워하여 감히 게
으르고 편안하지 않으시니, 중종의 무일(無逸)의 실제가 이와 같았다. 그러므로 향국
을 오래한 효험이 있었던 것이다. 살펴보건대 〈서서(書序)〉에 "태무(太戊)는 〈원명(原
命)〉·〈함예(咸乂)〉 등의 편이 있다." 하였으니, 짐작건대 그 당시에 하늘을 공경하고
백성을 다스린 일을 기술한 듯하나 지금은 상고할 수 없다.

5. 其在高宗時하시는 舊勞于外하사 爰暨小人이러시니 作其卽位하사 乃或亮
陰(암)三年을 不言하시니 其惟不言하시나 言乃雍하시며 不敢荒寧하사 嘉靖
殷邦하사 至于小大히 無時或怨하니 肆高宗之享國이 五十有九年이시니이다

　고종(高宗) 때에 있어서는 오랫동안 밖에서 수고로워 이에 소인(백성)들과 함께 행동
하였습니다. 그러다가 일어나 즉위하시어 곧 양암(亮陰;거상(居喪)하는 곳)에서 3년 동
안 말씀하지 않았으나 말씀하면 화(和)하셨으며, 감히 황녕(荒寧)하지 아니하여 은나
라를 아름답게 하고 안정시키시어, 높고 낮은 사람에 이르기까지 이에 혹시라도 원망
하는 이가 없었습니다. 그러므로 고종의 향국(享國)이 59년이셨습니다.

高宗은 武丁也니 未卽位之時에 其父小乙이 使久居民間하여 與小民出入同事라
故로 於小民稼穡艱難에 備嘗知之也라 雍은 和也니 發言和順하여 當於理也라 嘉

......
187 太戊有原命咸乂等篇 : 호산은 "태무(太戊)가 〈원명(原命)〉을 지었으니, 원(原)은 신하의 이름
이며, 태무의 신하인 이척(伊陟)이 〈함예(咸乂)〉의 네 편을 지었다." 하였다. 《詳說》

··· 檢 : 검속할 검　律 : 다스릴 률　暨 : 더불 기　雍 : 화할 옹　靖 : 편안할 정

는 美요 靖은 安也니 嘉靖者는 禮樂敎化 蔚然於安居樂業之中也[188]라 漢文帝與民
休息하니 謂之靖則可커니와 謂之嘉則不可라 小大無時或怨者는 萬民咸和也라 乃
雍者는 和之發於身이요 嘉靖者는 和之發於政이요 無怨者는 和之著於民也라 餘
見說命하니라 高宗無逸之實이 如此라 故로 亦有享國永年之效也라

　‘고종’은 무정(武丁)이니, 즉위하지 않았을 때에 아버지 소을(小乙)이 오랫동안 민
간에 거주시켜 소민들과 함께 출입하며 함께 일하게 하였다. 그러므로 소민들의 가색
의 어려움을 골고루 겪어보아 알게 되었다. ‘옹(雍)’은 화함이니, 말을 함에 화순(和順)
하여 이치에 합당한 것이다. ‘가(嘉)’는 아름다움이요 ‘정(靖)’은 편안함이니, ‘가정(嘉
靖)’은 예악(禮樂)과 교화(敎化)가 편안히 살고 생업을 즐기는 가운데 성대한 것이다.
한(漢)나라 문제(文帝)는 백성들과 함께 휴식하였으니, 정(靖)이라고 말하는 것은 가하
나 가(嘉)라고 말하는 것은 불가하다. ‘소대(小大;높고 낮은 사람)가 이에 혹시라도 원망
하는 이가 없다’는 것은 만민(萬民)이 모두 화합한 것이다. 내옹(乃雍)은 화함이 몸에
나타난 것이요, 가정은 화함이 정사에 나타난 것이요, 원망하는 이가 없음은 화함이
백성들에게 드러난 것이다. 나머지는 〈열명(說命)〉에 보인다. 고종의 무일(無逸)의 실
제가 이와 같았기 때문에 또한 향국을 오래한 효험이 있었던 것이다.

6. 其在祖甲하사는 不義惟王이라하사 舊爲小人이러시니 作其卽位하사 爰知
小人之依하사 能保惠于庶民하시며 不敢侮鰥寡하시니 肆祖甲之享國이
三十有三年이시니이다

　조갑(祖甲)에 있어서는 왕 노릇하는 것이 의롭지 않다 하여 오랫동안 소인(서민)이
되셨었는데, 일어나 즉위하셔서는 이에 소인들의 의지함을 알아 서민들을 보호하고
은혜롭게 하셨으며, 감히 홀아비와 과부〔鰥寡〕들을 업신여기지 않으셨습니다. 그러
므로 조갑의 향국이 33년이었습니다.

史記에 高宗崩에 子祖庚立하고 祖庚崩에 弟祖甲立이라하니 則祖甲은 高宗之子요
祖庚之弟也라 鄭玄曰 高宗이 欲廢祖庚하고 立祖甲한대 祖甲이 以爲不義라하여 逃

......

188　蔚然於安居樂業之中也 : 호산은 “이것(채침의 주)은 안정(安靖)에 아름다움을 말한 것이다.
《언해》의 해석에 이를 따르지 않았으니, 《언해》의 해석이 맞는다.〔是謂嘉於靖也. 諺釋不從, 得
之.〕” 하였다. 《詳說》《언해》의 해석은 “嘉하며 靖하사”로 되어 있다.

於民間이라 故로 云不義惟王이라하니라 按漢孔氏는 以祖甲爲太甲하니 蓋以國語
稱帝甲亂之하여 七世而殞이라하니 孔氏見此等記載하고 意爲帝甲은 必非周公所
稱者요 又以不義惟王이 與太甲玆乃不義[189]文似라하여 遂以此稱祖甲者로 爲太甲
이라 然詳此章舊爲小人作其卽位와 與上章爰暨小人作其卽位하면 文勢正類하니
所謂小人者는 皆指微賤而言이요 非謂憸(섬)小之人也며 作其卽位도 亦不見太甲
復政思庸[190]之意로라

　《사기》〈은기(殷紀)〉에 "고종(高宗)이 죽음에 아들 조경(祖庚)이 즉위하고, 조경이
죽음에 아우 조갑(祖甲)이 즉위했다." 하였으니, 조갑은 고종의 아들이고 조경의 아우
이다. 정현(鄭玄)이 말하기를 "고종이 조경을 폐위하고 조갑을 세우고자 하니, 조갑은
이것이 의롭지 않다 하여 민간으로 도망하였다. 그러므로 '왕 노릇하는 것이 의롭지
않다'고 한 것이다." 하였다.

　살펴보건대 한나라 공씨는 조갑을 태갑(太甲)이라 하였으니, 이는《국어(國語)》〈주
어(周語)〉에 "제갑(帝甲)이 혼란하여 7세(世)에 죽었다." 하였는바, 공씨는 이러한 기
록들을 보고는 생각하기를 "제갑은 반드시 주공이 칭할 자가 아닐 것이며, 또 '불의유
왕(不義惟王)'이 〈태갑(太甲)〉의 '자내불의(玆乃不義)'라는 글과 유사하다." 하여, 마침
내 여기에 칭한 조갑을 태갑이라 하였다. 그러나 이 장(章)의 '오랫동안 소인이 되었었
는데 일어나 즉위하였다.'는 말과 상장(上章)에 '이에 소인들과 함께 행동하다가 일어
나 즉위하였다.'는 말을 살펴보면 문세(文勢)가 바로 같으니, 이른바 '소인'은 모두 지
위가 미천한 자(백성)를 가리켜 말한 것이요, 마음이 간사한 소인을 말한 것이 아니며,
'작기즉위(作其卽位)' 또한 태갑이 정사를 되돌려받아 떳떳한 도(道)를 생각한〔思庸〕
뜻을 볼 수 없다.

又按邵子經世書에 高宗五十九年, 祖庚七年, 祖甲三十三年이라하여 世次歷年
이 皆與書合이로되 亦不以太甲爲祖甲이라 況殷世二十有九에 以甲名者五帝니 以

・・・・・・
189　與太甲玆乃不義 : 자내불의(玆乃不義)는 '이 분의 의롭지 못함'이라는 뜻이다. 위 〈태갑 상(太
甲上)〉에 태갑이 즉위하여 의롭지 못한 행위를 하자, 아형(阿衡)인 이윤(伊尹)이 "이 분의 의롭지
못함은 습관이 천성과 함께 이루어졌다.〔玆乃不義, 習與性成.〕" 하고는 태갑을 탕왕의 묘소가 있
는 동(桐) 땅으로 보냈다가 개과천선한 뒤에 다시 돌아오게 하였다.

190　復政思庸 : 복정(復政)은 정권을 되돌려주는 것이고 사용(思庸)은 떳떳한 도(道)를 생각하는
것으로, 〈태갑(太甲)〉의 〈서(序)〉에 보인다.

・・・　殞 : 죽을 운　憸 : 간사할 험, 아첨할 섬

太, 以小, 以沃, 以陽, 以祖別之하니 不應二人俱稱祖甲이라 國語는 傳訛承謬하고
旁記曲說하여 不足盡信이니 要以周公之言爲正이라 又下文에 周公言 自殷王中
宗及高宗, 及祖甲, 及我周文王이라하니 及云者는 因其先後次第而枚擧之辭也니
則祖甲之爲祖甲而非太甲이 明矣니라

　또 살펴보건대, 소자(邵子;소옹(邵雍))의 《황극경세서(皇極經世書)》에 "고종(高宗)은
59년, 조경(祖庚)은 7년, 조갑(祖甲)은 33년이다." 하여, 세차(世次)와 역년(歷年)이 모
두 《서경》과 부합하는데, 또한 태갑을 조갑이라 하지 않았다. 더구나 은(殷)나라 왕
29세(世) 중에 갑(甲)으로 이름한 자가 다섯 임금인데, 태(太)·소(小)·옥(沃)·양(陽)
·조(祖)로 구별하였으니, 마땅히 두 사람을 모두 조갑(祖甲)이라 칭하지 않았을 것이
다. 《국어》는 잘못된 것을 그대로 전하고 오류를 계승하였으며 잘못된 말을 널리 기록
하여 다 믿을 수 없으니, 요컨대 주공의 말씀을 바른 것으로 삼아야 할 것이다.

　또 하문(下文)에 주공이 "은왕(殷王) 중종(中宗)으로부터 고종(高宗) 및 조갑(祖甲)
및 우리 주 문왕(周文王)에 이르기까지"라고 말씀하였으니, 급(及)이란 말은 그 선후의
차례를 따라 낱낱이 열거하는 말이니, 조갑(祖甲)이 조갑이 되고 태갑이 아님이 분명
하다.

7. 自時厥後로 立王이 生則逸하니 生則逸이라 不知稼穡之艱難하며 不聞
小人之勞하고 惟耽樂之從하니 自時厥後로 亦罔或克壽하여 或十年하며 或
七八年하며 或五六年하며 或四三年하니이다

　이로부터 그 뒤로 즉위하는 왕들은 태어나면 편안하였으니, 태어나면 편안하였기
때문에 가색(稼穡)의 어려움을 알지 못하며, 백성들의 수고로움을 듣지 못하고 오직
탐락(耽樂;지나치게 즐김)을 따랐습니다. 이로부터 그 뒤로 또한 능히 장수한 이가 없어
혹은 10년, 혹은 7~8년, 혹은 5~6년, 혹은 3~4년이었습니다."

過樂을 謂之耽이라 泛言 自三宗之後로 卽君位者 生則逸豫하여 不知稼穡之艱難
하며 不聞小人之勞하고 惟耽樂之從하여 伐性喪生이라 故로 自三宗之後로 亦無能
壽考하여 遠者는 不過十年、七八年이요 近者는 五六年、三四年爾니 耽樂愈甚이면
則享年愈促也라 凡人이 莫不欲壽而惡(오)夭하나니 此篇은 專以享年永不永爲言
하니 所以開其所欲而禁其所當戒也니라

　지나치게 즐김을 '탐(耽)'이라 한다. 범연히 말씀하기를 "삼종(三宗)의 뒤로부터 군

　··· 訛 : 그릇될 와　謬 : 그릇될 류　艱 : 어려울 간　耽 : 즐길 탐　促 : 빠를 촉　夭 : 일찍죽을 요

위(君位)에 오른 자들은 태어나면서 편안하여 가색의 어려움을 알지 못하고 서민들의 수고로움을 듣지 못하고는 오직 탐락(耽樂)을 따라 성명(性命;본성)을 해치고 생명을 상하게 하였다. 그러므로 삼종의 뒤로는 또한 능히 수고(壽考;장수)한 이가 없어서 오랜 자는 10년, 7~8년에 불과하고, 짧은 자는 5~6년, 3~4년일 뿐이었으니, 탐락이 심하면 심할수록 향년(享年)이 더욱 촉박한 것이다." 하였다.

무릇 사람들이 장수하기를 바라고 요절함을 싫어하지 않는 이가 없는데, 이 편(篇)은 오직 향년의 길고 길지 않음을 가지고 말하였으니, 이는 그 바라는 바를 열어주고 마땅히 경계하여야 할 바를 금한 것이다.

8.(3장) **周公曰 嗚呼**라 **厥亦惟我周**에 **太王、王季 克自抑畏**하시니이다

주공이 말씀하였다. "아! 그 또한 우리 주나라에서는 태왕(太王)과 왕계(王季)께서 능히 스스로 억제하고 두려워하셨습니다.

商은 **猶異世也**라 **故**로 **又卽我周先王告之**하니라 **言太王、王季 能自謙抑謹畏者**는 **蓋將論文王之無逸**이라 **故**로 **先述其源流之深長也**라 **大抵抑畏者**는 **無逸之本**이니 **縱肆怠荒**은 **皆矜誇無忌憚者之爲**라 **故**로 **下文言文王**에 **曰柔, 曰恭, 曰不敢**하니 **皆原太王、王季抑畏之心發之耳**니라

상나라는 오히려 딴 세대(왕조)이므로 또 우리 주나라의 선왕을 가지고 고한 것이다. 태왕과 왕계가 능히 스스로 겸억(謙抑)하고 근외(謹畏)했다고 말한 것은 장차 문왕의 무일(無逸)을 논하려 하였으므로 먼저 그 원류(源流)의 깊고 긺을 서술한 것이다. 대저 억외(抑畏)는 무일의 근본이니, 방종[縱肆]하고 태황(怠荒)함은 모두 자랑하고 과시하여 기탄함이 없는 자의 행위이다. 그러므로 하문(下文)에 문왕을 말할 적에 유(柔)라 하고 공(恭)이라 하고 불감(不敢)이라 말했으니, 이는 모두 태왕과 왕계의 억외(抑畏)하는 마음을 근원하여 말씀한 것이다.

9. **文王**이 **卑服**으로 **卽康功、田功**하시니이다

문왕께서 나쁜 의복으로 백성을 편안히 하는 일과 농사 일에 전념하셨습니다.

卑服은 猶禹所謂惡衣服也[191]라 康功은 安民之功이요 田功은 養民之功이라 言文王이 於衣服之奉에 所性不存하고 而專意於安養斯民也라 卑服은 蓋舉一端而言이니 宮室飮食自奉之薄을 皆可類推니라

'비복(卑服)'은 우왕(禹王)에게 이른바 '나쁜 의복'과 같은 것이다. '강공(康功)'은 백성을 편안히 하는 일이고, '전공(田功)'은 백성을 기르는 농사의 일이다. 문왕이 의복을 받듦에는 생각하심이 여기에 깊이 있지 않고, 이 백성을 편안히 기름에 전념하셨다. 나쁜 의복은 한 가지를 들어 말한 것이니, 궁실과 음식에 있어서 스스로 받들기를 박하게 하였음을 모두 유추(類推)할 수 있다.

10. 徽柔懿恭하사 懷保小民하시며 惠鮮鰥寡하사 自朝로 至于日中昃(측)히 不遑暇食하사 用咸化萬民하시니이다

아름답게 부드럽고 아름답게 공손하시어 소민들을 품어 보호하시며 환과(鰥寡:홀아비와 과부)들에게 은혜를 입혀서 생기가 나게 하시어, 아침부터 해가 중천에 뜰 때와 해가 기울 때에 이르도록 한가히 밥 먹을 겨를도 없으시어 만민(萬民)들을 모두 화합하게 하셨습니다.

徽, 懿는 皆美也라 昃은 日昳(질)也라 柔謂之徽면 則非柔懦之柔요 恭謂之懿면 則非足(주)恭之恭[192]이라 文王이 有柔恭之德而極其徽懿之盛하여 和易近民하여 於小民則懷保之하고 於鰥寡則惠鮮之하니라 惠鮮云者는 鰥寡之人이 垂首喪氣어늘 賚予賙給之하여 使之有生意也라 自朝至于日之中하고 自中至于日之昃히 一食之頃을 有不遑暇하사 欲咸和萬民하여 使無一不得其所也라 文王이 心在乎民하여

• • • • • •

191 卑服 猶禹所謂惡衣服也 : 악의복(惡衣服)은 평상시의 의복을 검소하게 입는 것으로 이 내용은 우왕이 직접 말씀한 것이 아니고, 《논어》〈태백(泰伯)〉에 "우왕은 내 흠잡을 수가 없으시다. 평소의 음식을 간소하게 하시면서도 귀신(조상)에게는 효성을 다하시고, 평상시의 의복을 검소하게 하시면서도 불(黻)·면(冕)의 제복에는 아름다움을 다하시고, 궁실을 낮게 하시면서도 〈도랑을 만드는〉 치수(治水) 사업에는 힘을 다하셨으니, 우왕은 내 흠잡을 수가 없으시다.〔禹吾無間然矣. 菲飮食而致孝乎鬼神, 惡衣服而致美乎黻冕, 卑宮室而盡力乎溝洫, 禹吾無間然矣.〕"라고 칭찬하신 공자의 말씀이 보인다.

192 非足恭之恭 : 주공(足恭)은 공손을 지나치게 하는 것으로, 《논어》〈공야장(公冶長)〉에 "말을 잘하고 얼굴빛을 좋게 하고 공손함을 지나치게 함을 옛날 좌구명(左丘明)이 부끄러워하였는데 나 또한 부끄러워하노라.〔巧言令色足恭, 左丘明恥之, 丘亦恥之.〕" 한 공자의 말씀이 보이는데, 《집주》에 "주(足)는 지나침〔過〕이다." 하였다.

• • • 昃 : 기울 측 遑 : 겨를 황 昳 : 해기울 질(일) 賙 : 구원할 주

自不知其勤勞如此하니 豈秦始皇衡石程書와 隋文帝衛士傳餐[193]하여 代有司之任
者之爲哉리오 立政에 言罔攸兼于庶言、庶獄、庶愼이라하니 則文王은 又若無所事
事者라 不讀無逸이면 則無以知文王之勤이요 不讀立政이면 則無以知文王之逸이
니 合二書觀之하면 則文王之所從事를 可知矣리라

'휘(徽)'와 '의(懿)'는 모두 아름다움이다. '측(昃)'은 해가 기우는 것이다. 부드러움
을 아름답다고 일렀으면 유약(나약)함의 유(柔)가 아니요, 공손함을 아름답다고 일렀
으면 주공(足恭)의 공(恭)이 아니다. 문왕은 부드럽고 공손한 덕이 있었는데 그 아름다
움의 성함을 지극히 하였다. 그리하여 온화하고 평이하여 백성들을 가까이 해서 소민
들은 품어 보호해주고, 환과(鰥寡)들은 은혜를 입혀 생기가 나게 하였다. '혜선(惠鮮)'
이라고 말한 것은 환과의 사람들이 머리를 떨구고 기운을 잃고 있는데, 물건을 주고
구휼하여 살 뜻(의욕)이 있게 한 것이다.

아침부터 해가 중천에 뜰 때에 이르고, 해가 중천에 있을 때로부터 해가 기울 때에
이르기까지 밥 한 끼 먹는 시간도 한가한 겨를이 없어 모두 만민을 화합하여, 한 사람
이라도 살 곳을 얻지 못하는 이가 없게 하고자 한 것이다. 문왕은 마음이 백성들에게
있어 스스로 근로(노고)함을 알지 못함이 이와 같으셨으니, 어찌 진(秦)나라 시황(始
皇)이 형석(衡石)으로 결재하는 문서를 계산하고, 수(隋)나라 문제(文帝)가 위사(衛士)
들을 시켜 밥을 가져 오게 하여 유사(有司)들의 임무를 대신한 자의 행위이겠는가.

아래 〈입정(立政)〉에 "문왕은 여러 말과 여러 옥사와 여러 삼갈 바를 겸한 바가 없
으셨다." 하였으니, 문왕은 또 일을 삼으신 바가 없을 듯하다. 〈무일〉을 읽지 않으면
문왕의 수고로움을 알 수 없고, 〈입정〉을 읽지 않으면 문왕의 편안함을 알 수 없으니,
이 두 글을 합하여 보면 문왕이 종사한(일삼은) 것을 알 수 있을 것이다.

11. 文王이 不敢盤于遊田하사 以庶邦惟正之供하시니 文王受命이 惟中身
이러시니 厥享國이 五十年이시니이다

• • • • • •
193 秦始皇……衛士傳餐 : 형석(衡石)의 형(衡)은 저울이고 석(石)은 무게로 120근을 이르며, 정
서(程書)는 처리할 문서의 분량을 하루의 과정(課程)으로 정하는 것이다. 진(秦)나라 때에는 문서
를 목간(木簡) 등을 사용하였는바, 시황(始皇)은 자신이 직접 문서를 결재하되 매일 일정분량의
문서를 저울로 달아 처리하였다. 전찬(傳餐)은 밥을 날라다 먹는 것으로 수 문제(隋文帝)는 조회
에 임하면 해가 기울도록 정무(政務)를 보는 때가 많았으며, 오품(五品) 이상의 관원들과 대좌하
여 정사를 논하다가 식사 때가 지나면 호위병인 위사(衛士)들을 시켜 밥을 날라다 먹곤 하였다.

• • • 餐 : 저녁밥 찬 盤 : 즐길 반 田 : 사냥할 전

문왕이 감히 유람과 사냥을 편안히 여기지 않으시어 여러 나라의 정부(正賦:정상적인 부세)로 바치는 것만을 받으시니, 문왕이 천명(天命)을 받은 것이 중신(中身:중년)이셨는데 향국(享國)이 50년이셨습니다."

遊田은 國有常制하니 文王이 不敢盤遊無度하여 上不濫費라 故로 下無過取하여 而能以庶邦惟正之供하여 於常貢正數之外에 無橫斂也라 言庶邦이면 則民可知라 文王爲西伯하여 所統庶邦이 皆有常供하니 春秋에 貢於霸主者를 班班可見이요 至唐하여도 猶有送使之制[194]하니 則諸侯之供方伯이 舊矣라 受命은 言爲諸侯也라 中身者는 漢孔氏曰 文王九十七而終하시니 卽位時年이 四十七이라하니 言中身은 擧全數也라 上文의 崇素儉하고 恤孤獨하고 勤政事하고 戒遊佚이 皆文王無逸之實이라 故로 其享國이 有歷年之永이니라

유람과 사냥은 나라에 일정한 제도가 있으니, 문왕은 감히 편안히 놀기를 한도 없이 하지 않으셨다. 그리하여 위에서 함부로 낭비하지 않았기 때문에 아래에 지나치게 취함이 없어서 여러 나라에서 정부(正賦)로 바치는 것만을 받아 정해진 공물(貢物)의 정수(正數) 이외에 멋대로 세금을 걸음이 없었던 것이다. 서방(庶邦:여러나라)이라고 말했으면 백성을 포함함을 알 수 있다. 문왕은 서백(西伯)이 되어 거느리고 있는 여러 나라가 모두 정해진 공물이 있었으니,《춘추(春秋)》에서 패주(霸主)에게 물건을 바쳤던 것을 분명히〔班班〕볼 수 있으며, 당(唐)나라에 이르러도 오히려 송사(送使)의 제도가 있었으니, 제후들이 방백(方伯)에게 물건을 바친 지가 오래되었다. '명을 받았다'는 것은 제후가 됨을 말한 것이다.

'중신(中身)'은 한나라 공씨가 말하기를 "문왕이 97세에 별세하였으니, 즉위할 때의 나이가 47세였다." 하였으니, 중신이라고 말한 것은 50의 온전한 수(數)를 든 것이다. 상문(上文)에 검소함을 숭상하고 고아와 외로운 자들을 구휼하고 정사를 부지런히 하고 유람과 편안함을 경계한 것은, 모두 문왕의 무일(無逸)의 실제였다. 그러므로 그 향국이 역년(歷年)의 오램이 있었던 것이다.

••••••
194 至唐猶有送使之制 : 송사(送使)는 지방장관인 절도사(節度使)에게 세금을 보내는 것으로, 《구당서(舊唐書)》〈식화지(食貨志)〉에 의하면 헌종(憲宗) 때에 천하의 부세(賦稅)를 셋으로 나누어, 하나는 임금께 바치는 상공(上供)이고 하나는 절도사에게 보내는 송사이고 하나는 해당 고을에 남겨두었다가 사용하는 유주(留州)로 되어 있다.

12. (4장) **周公曰 嗚呼**라 **繼自今**으로 **嗣王**은 **則**(칙)**其無淫于觀于逸于遊于田**하사 **以萬民惟正之供**하소서

　주공이 말씀하였다. "아! 지금부터 이어서 사왕(嗣王)께서는 문왕이 구경과 편안함과 유람과 사냥을 지나치게 하지 않으시어 만민(萬民)의 올바른 바침만을 받으신 것을 법받으소서.

則은 **法也**라 **其**는 **指文王而言**이라 **淫**은 **過也**라 **言自今日以往**으로 **嗣王**은 **其法文王**의 **無過于觀逸遊田**하여 **以萬民惟正賦之供**[195]이라 **上文**에 **言遊田而不言觀逸**은 **以大而包小也**요 **言庶邦而不言萬民**은 **以遠而見**(현)**近也**라

　'칙(則)'은 본받음(법받음)이다. '기(其)'는 문왕을 가리켜 말한 것이다. '음(淫)'은 지나침이다. '금일로부터 이왕(以往;이후)으로 사왕은 문왕이 구경과 편안함과 유람과 사냥을 지나치게 하지 않으시어 만민(萬民)이 정부(正賦)로 바치는 것만을 받으신 것을 법으로 삼으소서.'라고 한 것이다. 상문(上文)에 유람과 사냥을 말하고 구경과 편안함을 말하지 않은 것은 큰 것으로 작은 것을 포함한 것이며, 서방(庶邦)을 말하고 만민을 말하지 않은 것은 먼 것으로 가까운 것을 나타낸 것이다.

13. **無皇**(遑)**曰今日**에 **耽樂**이라하소서 **乃非民**의 **攸訓**이며 **非天**의 **攸若**이라 **時人**이 **丕則**(칙)**有愆**하리니 **無若殷王受之迷亂**하여 **酗**(후)**于酒德哉**하소서

　〈혹시라도〉 한가로이 여겨 '오늘에만 탐락한다.'고 말씀하지 마소서. 이는 백성들이 본받을 바가 아니며, 하늘이 순하게 여기는 바가 아닙니다. 〈이렇게 되면〉 세상 사람들이 임금님의 잘못을 크게 본받을 것이니, 은왕(殷王) 수(受)가 미란(迷亂)했던 것과 같이 해서 주덕(酒德;술에 취하여 주정하는 일)에 빠지지 마소서."

無는 **與毋通**이요 **皇**은 **與遑通**이라 **訓**은 **法**이요 **若**은 **順**이요 **則**은 **法也**라 **毋自寬暇**하여 **曰 今日**에 **姑爲是耽樂也**라하소서 **一日耽樂**이 **固若未害**나 **然下非民之所法**이요

　　‥‥‥‥
195　其法文王無過于觀逸遊田 以萬民惟正賦之供 : 경문의 '則其無淫于觀于逸于遊于田, 以萬民惟正之供.'을 부연 설명한 것으로, 호산은 "칙(則) 자를 여기(正賦之供)에서 해석하여야 하니, 《언해》의 해석은 다시 헤아려 보아야 한다.〔則字釋於此, 諺釋合更商.〕" 하였다. 《詳說》《언해》에는 '그 觀과 逸과 遊와 田에 淫홈이 없음을 則하사 萬民의 正한 供으로써'로 되어있는바, 호산의 설에 따라 책(則)을 '맨뒤로' 수정 번역하였다.

上非天之所順이라 時人이 大法其過逸之行하리니 猶商人化受而崇飮之類라 故로
繼之曰 毋若商王受之沈迷하여 酗于酒德哉라하니라 酗酒를 謂之德者는 德은 有
凶有吉하니 韓子所謂道與德爲虛位[196]是也라

　　'무(無)'는 무(毋)와 통하고 '황(皇)'은 황(遑)과 통한다. '훈(訓)'은 본받음이요, '약
(若)'은 순함이요, '칙(則)'은 본받음이다. 스스로 너그럽고 한가롭게 여겨 말씀하기를
"오늘만 우선 이 탐락(耽樂)을 한다."고 하지 마소서. 하루 동안 탐락하는 것이 진실로
해롭지 않을 듯하나, 아래로는 백성들이 본받을 바가 아니요 위로는 하늘이 순하게
여기는 바가 아니다. 세상 사람들이 그 잘못된 행실을 크게 본받을 것이니, 상나라 사
람들이 수(受)에게 동화되어 술 마시는 것을 숭상하는 따위와 같은 것이다. 그러므로
뒤이어 말씀하기를 "상왕(商王) 수(受)가 침미(沈迷)한 것과 같이 하여 주덕(酒德)에 빠
지지 마시라."고 한 것이다. 술에 빠짐을 덕이라고 말한 것은 덕은 흉함이 있고 길함
이 있으니, 한자(韓子)의 이른바 '도(道)와 덕(德)은 빈 자리가 된다.'는 것이 이것이다.

14.(5장) 周公曰 嗚呼라 我聞호니 曰 古之人이 猶胥訓告하며 胥保惠하며 胥
敎誨일새 (혼들로) 民이 無或胥譸(주)張爲幻(환)하니이다
　　주공이 말씀하였다. "아! 제가 듣자오니, 옛날 사람들은 오히려 서로 훈계하고 고하
며 서로 보호하고 순히 하며 서로 가르쳤으므로 백성들이 혹시라도 서로 속이거나 과
장하여 환(幻)을 하지 않았습니다.

胥는 相이요 訓은 誡요 惠는 順이요 譸는 誑이요 張은 誕也라 變名易實하여 以眩觀
者曰幻이라 歎息言 古人은 德業已盛이로되 其臣이 猶且相與誡告之하고 相與保惠
之하고 相與敎誨之라 保惠者는 保養而將順之니 非特誡告而已也며 敎誨則有規
正成就之意하니 又非特保惠而已也라 惟其若是라 是以로 視聽思慮가 無所蔽塞
하고 好惡(오)取予가 明而不悖라 故로 當時之民이 無或敢誑誕爲幻也라
　　'서(胥)'는 서로이며, '훈(訓)'은 경계함이며, '혜(惠)'는 순함이며, '주(譸)'는 속임이

196　　韓子所謂道與德爲虛位 : 한자(韓子)는 당(唐)나라의 문장가이자 학자인 문공(文公) 한유
(韓愈)를 가리킨다. 그가 지은 〈원도(原道)〉에 "인(仁)과 의(義)는 정해진 명칭이 되고 도(道)와 덕
(德)은 빈 자리가 된다. 그러므로 도는 군자의 도가 있고 소인의 도가 있으며, 덕은 흉(凶)한 것이
있고 길(吉)한 것이 있다.[仁與義爲定名, 道與德爲虛位. 故道有君子有小人, 而德有凶有吉.]"라고
보인다.

···　譸 : 속일 주　幻 : 속일 환　誑 : 속일 광　眩 : 현혹할 현

며, '장(張)'은 허탄함(과장함)이다. 명칭을 변하고 실제를 바꾸어서 보는 자를 현혹시키는 것을 '환(幻)'이라 한다. 탄식하여 말씀하기를 "옛사람들은 덕업(德業)이 이미 성대하였으나 그 신하들이 오히려 서로 경계하고 충고하며 서로 보호하고 순히 따르며 서로 가르쳤다. 보혜(保惠)라는 것은 보호하여 기르고 받들어 순종함이니 다만 경계하고 충고할 뿐만이 아니며, 교회(敎誨)라는 것은 타일러 바로잡고 성취하는 뜻이 있으니 또 다만 보호하고 순히 따를 뿐만이 아닌 것이다. 그 이와 같기 때문에 보고 듣고 사려(思慮)하는 것이 가리운 바가 없고, 좋아하고 미워하고 취하고 주는 것이 분명하여 도리에 어긋나지 않았다. 그러므로 당시의 백성들이 혹시라도 감히 속이고 허탄하여 환(幻)을 하지 않았던 것이다." 한 것이다.

15. **此厥不聽**하시면 **人乃訓之**하여 **乃變亂先王之正刑**하여 **至于小大**하리니 **民**이 **否則厥心違怨**하며 **否則厥口詛祝**(저주)하리이다
〈제가 위에서 말씀드린〉 이러한 말씀을 듣지 않으시면 사람들이 마침내 이것을 본받아서 마침내 선왕의 올바른 법을 변란시켜 작은 일과 큰 일에 이를 것입니다. 그리고 백성들이 그렇지 않으면 그 마음이 어기고 원망하며, 그렇지 않으면 그 입으로 저주할 것입니다."

正刑은 正法也라 言成王이 於上文古人胥訓告, 保惠, 敎誨之事에 而不聽信이면 則人乃法則之하여 君臣上下 師師非度하여 必變亂先王之正法하여 無小無大히 莫不盡取而紛更(경)之라 蓋先王之法이 甚便於民이나 甚不便於縱侈之君하니 如省(생)刑罰以重民命은 民之所便也로되 而君之殘酷者는 則必變亂之하며 如薄賦斂以厚民生은 民之所便也로되 而君之貪侈者는 則必變亂之라 厥心違怨者는 怨之蓄于中也요 厥口詛祝者는 怨之形於外也니 爲人上而使民心口交怨이면 其國不危者 未之有也라 此는 蓋治亂存亡之機라 故로 周公이 懇懇言之하시니라
'정형(正刑)'은 바른 법이다. 성왕이 상문(上文)의 고인(古人)들이 서로 훈고(訓告)하고 보혜(保惠)하고 교회(敎誨)한 일에 대하여 따르고 믿지 않으시면, 사람들이 마침내 이것을 본받아서 군신과 상하가 법도가 아닌 것을 스승으로 본받아, 반드시 선왕의 바른 법을 변란(變亂)시켜 작은 일이나 큰 일 할 것 없이 모두 가져다가 어지럽게 변경하지 않음이 없을 것이다. 선왕의 법은 백성들에게는 매우 편하나 방종하고 사치하는 군주에게는 매우 불편하니, 예를 들면 형벌을 줄여 백성들의 목숨을 소중히 여김은

백성들이 편하게 여기는 바이나 잔혹한 군주는 반드시 이것을 변란시키며, 부역과 세
금을 적게 거두어 민생을 후하게 함은 백성들이 편하게 여기는 바이나 탐욕스럽고 사
치한 군주는 반드시 이것을 변란시킨다.

　그 마음이 어기고 원망함은 원망이 가슴속에 쌓이는 것이요, 그 입으로 저주함은
원망이 밖(외면)에 나타나는 것이니, 군주가 백성의 윗사람이 되어서 백성들이 마음과
입으로 서로 원망하게 한다면 그 나라가 위태롭지 않은 경우가 있지 않았다. 이는 치
(治)와 난(亂), 존(存)과 망(亡)의 기틀이다. 그러므로 주공이 간곡히 말씀한 것이다.

16.(6장) **周公曰 嗚呼**라 **自殷王中宗**으로(하여) **及高宗**과 **及祖甲**과 **及我周
文王茲四人**이 **迪哲**하시니이다

　주공이 말씀하였다. "아! 은왕(殷王) 중종(中宗)으로부터 고종(高宗)에 이름과 조갑(祖
甲)에 이름과 우리 주나라 문왕에 이르기까지 이 네 분이 명철한 지혜를 실천하셨습
니다.

迪은 **蹈**요 **哲**은 **知也**라 **孟子以知而弗去**로 **爲智之實**[197]하시니 **迪云者**는 **所謂弗去**
是也라 **人主知小人之依**로되 **而或忿戾之者**는 **是不能蹈其知者也**어늘 **惟中宗、高**
宗、祖甲、文王이 **允蹈其知**라 **故**로 **周公**이 **以迪哲稱之**하시니라

　'적(迪)'은 밟음(실천)이요, '철(哲)'은 앎이다. 맹자(孟子)는 알고 떠나가지 않음을
지(智)의 실제라고 하셨으니, 적(迪)이란 말은 이른바 '떠나가지 않는다.'는 것이 이것
이다. 인주(人主)가 소인들의 의지함을 알지만 혹 분려(忿戾)하는 것은 그 앎을 실천하
지 못하는 것인데, 오직 중종·고종·조갑·문왕은 진실로 그 앎을 실천하셨다. 그러
므로 주공이 적철(迪哲)이란 말로 칭한 것이다.

17. **厥或告之曰 小人**이 **怨汝詈** (리)**汝**라커든 **則皇(遑)自敬德**하사 **厥愆**을 **曰**
朕之愆이라하소서 **允若時**하시면 **不啻不敢含怒**호리이다

•••••
197 孟子以知而弗去爲智之實 :《맹자》〈이루 상(離婁上)〉에 "인(仁)의 실제는 어버이를 섬기는 것
이요, 의(義)의 실제는 형(兄)을 따르는 것이요, 지(智)의 실제는 이 두 가지를 알아서 버리지(떠나
지) 않는 것이다.〔仁之實, 事親是也 ; 義之實, 從兄是也 ; 智之實, 知斯二者弗去是也.〕" 하였는바, 이
내용을 축약한 것이다.

••• 迪 : 행할 적　戾 : 어그러질 려　詈 : 꾸짖을 리　愆 : 허물 건

그 혹시라도 고하기를 '소인들이 당신을 원망하고 당신을 꾸짖는다.' 하거든 크게 스스로 덕(德)을 공경하여 백성들의 원망하는 잘못을 짐(朕)의 잘못이라 여기소서. 진실로 이와 같이 하시면 감히 노여움을 마음속에 감추지 않을 뿐만이 아니실 것입니다.

罵는 罵(매)言也라 其或有告之曰 小人이 怨汝罵汝라커든 汝則皇自敬德하여 反諸其身하여 不尤其人하고 其所誣毁之愆을 安而受之하여 曰是我之愆이라하라 允若時者는 誠實若是요 非止隱忍不敢藏怒也라 蓋三宗、文王이 於小民之依에 心誠知之라 故로 不暇責小人之過言하고 且因以察吾身之未至하여 怨罵之語를 乃所樂聞하니 是豈特止於隱忍含怒不發而已哉아

　'리(罵)'는 꾸짖는 말이다. 그 혹시라도 고하기를 "소인들이 당신을 원망하고 당신을 꾸짖는다."고 하는 자가 있거든, 당신께서는 크게 스스로 덕을 공경하여 자신에게 돌이켜 남을 원망하지 말고, 남들이 무함하고 훼방하는 허물을 편안히 받아들여 말씀하기를 "이것은 나의 잘못이다."라고 하소서. '윤약시(允若時)'는 진실로 이와 같이 할 것이요, 단지 은인(隱忍)하여 노여움을 마음속에 감추지 않을 뿐만이 아닌 것이다. 삼종(三宗)과 문왕은 소민(小民)의 의지함에 대하여 마음에 진실로 알고 계셨다. 그러므로 소인들의 잘못된 말을 책할 겨를이 없었고, 우선 이로 인하여 내 몸이 지극하지 못함을 살펴 백성들의 원망하고 꾸짖는 말을 즐겁게 듣는 것이니, 이 어찌 다만 은인(隱忍)하여 노여움을 마음속에 감추고 발하지 않음에 그칠 뿐이겠는가.

18. 此厥不聽하시면 人乃或譸張爲幻하여 曰 小人이 怨汝罵汝[198]라커든 則信之하리니 則若時하면 不永念厥辟이며 不寬綽厥心하여 亂罰無罪하며 殺無辜하리니 怨有同하여 是叢于厥身하리이다

　이러한 말씀을 듣지(따르지) 않으시면 사람들이 혹 속이고 과장해서 환(幻)을 하여 말하기를 '소인들이 당신을 원망하고 당신을 꾸짖는다.'라고 하면 그 말을 그대로 믿을 것입니다. 이와 같이 하면 군주된 도리를 길이 생각하지 않고 그 마음을 너그럽게 하

· · · · · ·
198 小人怨汝罵汝:이에 대해 오윤상은 "윗절(17절)과 아랫절(18절)의 '소인이 당신을 원망하고 (당신)을 꾸짖는다.〔小人怨汝罵汝〕'는 글은 말은 같으나 뜻은 다르니, 윗절은 경계하는 말이요 아랫절은 속이고 허탄한 말이다. 그러나 속이고 허탄한 말도 받아들여 자신의 잘못으로 여기면 속이고 허탄한 말이 말미암아 일어날 수가 없을 것이다.〔上下節小人怨汝罵汝之語, 語則同而意則異, 上節, 箴砭之言也; 下節, 狂誕之言也. 然狂誕之言, 亦受而爲咎, 則狂誕之言, 無自起矣.〕" 하였다.

· · · 罵:꾸짖을 매 尤:허물 우 綽:너그러울 작

지 아니하여, 죄 없는 사람들을 어지럽게 형벌하고 무고(無辜:무죄)한 자들을 죽일 것
이니, 이렇게 되면 원망이 함께 모여 그 몸에 총집(叢集)될 것입니다.”

綽은 大요 叢은 聚也라 言成王이 於上文三宗文王迪哲之事에 不肯聽信이면 則小
人이 乃或誑誕하여 變置虛實하여 曰 小民이 怨汝詈汝라커든 汝則聽信之하리니 則
如是면 不能永念其爲君之道며 不能寬大其心하여 以誑誕無實之言으로 羅織疑
似[199]하여 亂罰無罪하고 殺戮無辜하여 天下之人이 受禍不同이나 而同於怨하여 皆
叢於人君之一身하리니 亦何便於此哉아 大抵無逸之書는 以知小人之依로 爲一
篇綱領이요 而此章은 則申言旣知小人之依면 則當蹈其知也라 三宗、文王은 能蹈
其知라 故로 其胸次寬平하여 人之怨詈 不足以芥蔕(개체)其心이라 如天地之於萬
物에 一於長育而已니 其悍疾憤戾를 天豈私怒於其間哉아 天地는 以萬物爲心하
고 人君은 以萬民爲心이라 故로 君人者 要當以民之怨詈爲己責이요 不當以民之
怨詈爲己怒라 以爲己責이면 則民安而君亦安이요 以爲己怒면 則民危而君亦危
矣리니 吁라 可不戒哉아

　‘작(綽)’은 큼이요, ‘총(叢)’은 모임이다. “성왕이 상문(上文)의 삼종과 문왕의 아는
것을 실천[迪哲]하신 일에 대하여 즐겨 듣고 믿으려 하지 않으시면, 소인들이 혹 속
이고 허탄하여 허실(虛實)을 뒤바꿔 말하기를 ‘소민들이 당신(임금)을 원망하고 당신
을 꾸짖는다.’라고 하면 당신은 그 말을 그대로 듣고 믿을 것입니다. 이와 같이 하면
군주가 된 도리를 길이 생각하지 않고 그 마음을 관대하게 하지 아니하여, 광탄(誑誕)
하여 실제가 없는 말로써 의심스럽고 유사(類似)한 것을 나직(羅織)하여, 죄 없는 사람
들을 어지럽게 형벌하고 무고(無辜)한 자들을 살육하여, 천하의 사람들이 화(禍)를 받
음은 똑같지 않으나 똑같이 원망하여 원망이 모두 임금의 한 몸에 모일 것이니, 또한
어찌 이것을 편하게 여기시겠는가.”라고 한 것이다.

　대저 〈무일(無逸)〉의 글은 소민의 의지함을 아는 것으로 한 편의 강령을 삼았고, 이
장(章)은 이미 소민의 의지함을 알았으면 마땅히 그 앎을 실천해야 함을 거듭 말하였

• • • • • •

199　羅織疑似:나직의사(羅織疑似)는 의심스러운 일을 얽어 죄로 만듦을 이른다. 이에 대해 추계
우(鄒季友)가 말하였다. “당나라 무후(武后) 때에 내준신(來俊臣) 등이 《나직경(羅織經)》을 찬하
였으니, 죄 없는 사람들을 그물질하여 그 죄를 얽어 만드는 내용이다.〔唐武后時, 來俊臣等, 撰羅織
經. 謂罔羅無辜, 織成其罪.〕”《詳說》

•••　芥:길 개　蔕:꼭지체　悍:사나울 한　憤:분할 분

다. 삼종과 문왕은 그 앎을 그대로 실천하셨다. 그러므로 그 흉차(胸次;가슴속)가 너그럽고 화평하여, 사람들의 원망과 꾸짖음이 그 마음에 개체(芥蔕;개의(介意))되지 않은 것이다. 이는 마치 천지(天地)가 만물에 있어 한결같이 성장하여 자라게 할 뿐이니, 사람들이 미워하고 분해함을 하늘이 어찌 그 사이에 사사로이 노여워하겠는가. 천지는 만물을 마음으로 삼고, 인군은 만민(萬民)을 마음으로 삼는다. 그러므로 인군이 된 자는 요컨대 마땅히 백성들의 원망과 꾸짖음을 자기의 책임으로 삼을 것이요, 백성들의 원망과 꾸짖음을 자기의 노여움으로 삼아서는 안 되는 것이다. 〈백성들의 원망과 꾸짖음을〉 군주가 자기의 책임으로 삼으면 백성들이 편안하여 군주 또한 편안하고, 자기의 노여움으로 삼으면 백성들이 위태로워 군주 또한 위태로울 것이니, 아! 경계하지 않을 수 있겠는가.

19.(7장) **周公曰 嗚呼**라 **嗣王**은 **其監于茲**하소서

주공(周公)이 말씀하였다. "아! 사왕(嗣王)은 이것을 잘 살펴보소서."

茲者는 **指上文而言也**라 **無逸一篇**은 **七章**이니 **章首**에 **皆先致其咨嗟詠歎之意**하고 **然後**에 **及其所言之事**하며 **至此章**하여는 **則於嗟歎之外**에 **更無他語**하고 **惟以嗣王 其監于茲**로 **結之**하니 **所謂言有盡而意則無窮**이니 **成王**이 **得無深警於此哉**아

'자(茲)'는 상문(上文)을 가리켜 말한 것이다. 〈무일〉 한 편은 일곱 장인데, 장 첫머리에는 모두 먼저 자차 영탄(咨嗟詠歎)하는 뜻을 지극히 하고 그런 뒤에야 말하려는 바의 일을 언급하였으며, 이 장에 이르러는 차탄(嗟歎)하는 것 외에 달리 딴 말씀이 없고, 오직 사왕(嗣王)은 이것을 살펴보라는 말씀으로 끝을 맺었으니, 이른바 '말은 다함이 있으나 뜻은 무궁하다.'는 것이니, 성왕이 이에 깊이 경계함이 없겠는가.

〈군석(君奭)〉[200]

召公이 告老而去어늘 周公이 留之하니 史氏錄其告語爲篇하니 亦誥體也[201]라 以周公首呼君奭일새 因以君奭名篇하니 篇中에 語多未詳이라 今文古文皆有하니라

소공(召公)이 고로(告老;나이가 많다하여 벼슬을 내놓음)하고 떠나가자 주공(周公)이 만류하니, 사관(史官)이 그 고한 말씀을 기록하여 편(篇)을 만들었으니, 또한 고체(誥體)이다. 주공이 맨 첫머리에 군석(君奭)을 불렀으므로 인하여 군석으로 편명(篇名)을 삼았으니, 편 가운데에 미상(未詳)인 말이 많다. 금문(今文)과 고문(古文)에 모두 있다.

○ 按此篇之作을 史記엔 謂召公이 疑周公當國踐祚[202]라하고 唐孔氏는 謂召公以周公嘗攝王政이러니 今復在臣位라하고 葛氏는 謂召公未免常人之情하여 以爵位先後介意라 故로 周公이 作是篇以諭之라하니 陋哉라 斯言이여 要皆爲序文所誤라 獨蘇氏謂召公之意 欲周公告老而歸라하니 爲近之라 然이나 詳本篇旨意하면 迺召公이 自以盛滿難居라하여 欲避權位하고 退老厥邑한대 周公이 反復告諭以留之爾니 熟復而詳味之하면 其義를 固可見也니라

○ 살펴보건대 이 편을 짓게 된 이유를 《사기》〈연세가(燕世家)〉에는 "소공은 주공이 나라를 담당하여 천조(踐祚;즉위)할까 의심해서였다." 하였고, 당나라 공씨는 "소공

<hr>

200 군석(君奭):〈군석〉의 내용에 대하여 오윤상은 이렇게 말하였다. "편 머리로부터 〈6절의〉 '文王受命'까지는 아름다운 명을 길이 누림〔永孚休命〕이 오직 우리 두 사람이 후왕(後王)을 잘 도와 전인(前人)을 이어서 공손히 덕을 밝힘에 있음을 말씀해서 소공을 머물게 한 단서를 연 것이요, 〈7절의〉 '公曰君奭我聞'부터 〈10절의〉 '明我新造邦'까지는 옛날 은나라의 어진 신하가 그 군주를 보필하여 하늘의 명을 크게 도움을 말씀해서 소공이 견고한 명을 크게 소유할 것을 길이 생각하도록 권면한 것이요, 〈10절의〉 '公曰君奭'부터 〈16절의〉 '矧曰其有能格'까지는 주나라의 문왕과 무왕이 보필하는 신하들의 인도함을 의뢰하여 은나라의 명을 받아 소유함을 말씀해서 소공이 함께 머물면서 새로운 왕을 보필해서 그 명을 실추하지 않을 것을 밝힌 것이요, '公曰嗚呼'부터 편의 끝까지는 여러 번 단서를 바꾸어 소공이 떠나서는 안 되는 뜻을 간곡히 말씀한 것이다.〔君奭, 自篇首, 至文王受命, 言永孚休命, 惟在於吾二人之相後王, 嗣前人恭明德, 以開留召公之端; 自公曰君奭我聞, 至明我新造邦, 言昔殷賢臣輔相厥君, 誕致純佑命, 以勸召公, 永念誕有固命; 自公曰君奭, 至矧曰其有能格, 言文武賴輔臣之迪, 受有殷命, 以明召公宜共留輔新王, 不墜厥命; 自公曰嗚呼, 至篇末, 屢更端, 懇懇爲言不可去之義.〕"

201 亦誥體也:호산은 "이것은 신하들이 자기들끼리 서로 고(誥)한 것이다.〔人臣自相誥也〕" 하였다.《詳說》

202 踐祚:천조(踐阼)로 쓰기도 하는 바, 즉위(卽位)와 같은 뜻이다.

<hr>

··· 奭 : 클 석 迺 : 이에 내

은 주공이 일찍이 왕정(王政)을 섭행했었는데 이제 다시 신하의 지위에 있게 되었기 때문이다." 하였으며, 갈씨(葛氏)는 "소공이 상인(常人)의 정(情)을 면치 못하여 작위(爵位)의 선후를 가지고 개의하였다(서운해 하였다). 그러므로 주공이 이 편을 지어 깨우친 것이다." 하였으니, 누추하다. 이 말이여. 요컨대 모두 〈서서(書序)〉 때문에 잘못된 것이다. 홀로 소씨(蘇氏)는 이르기를 "소공의 뜻은 주공이 고로(告老)하고 돌아가기를 바란 것이다." 하였으니 이 말이 근리(近理)하나, 본편(本篇)의 뜻을 살펴보면 이는 바로 소공이 스스로 지위가 성만(盛滿)하여 높은 자리에 있기 어렵다고 생각해서 권위(權位)를 피하고 물러가 그 고을(식읍)에서 늙고자 하니, 주공이 반복 고유하여 만류하신 것이다. 익숙히 반복하고 자세히 완미해보면 그 뜻을 진실로 볼(알) 수 있다.

【小序】 召公爲保러니 周公爲師하여 相成王爲左右한대 召公이 不說이어늘 周公이 作君奭하니라

　　소공이 태보(太保)가 되었는데 주공이 태사(太師)가 되어 성왕을 도와 좌우(左右)의 정승이 되자, 소공이 기뻐하지 않으므로 주공이 〈군석〉을 지었다.

【辨說】 蘇氏曰 舊說에 或謂召公疑周公이라하니 陋哉라 斯言也여 愚謂序文意義含糊하여 舊說之陋를 有以啓之也[203]라 하노라

　　소씨가 말하였다. "구설(舊說)에 혹은 소공이 주공을 의심했다 하였으니, 누추하다. 이 말이여." 내(주자)가 생각건대 〈서문(序文)〉의 의의(意義)가 명확하지 못해서 구설의 누추함을 계도함이 있었던 것이다.

1. 周公이 若曰 君奭아

　주공이 대략 다음과 같이 말씀하였다.

　"군석(君奭)아!

君者는 尊之之稱이라 奭은 召公名也니 古人尚質하여 相與語에 多名之하니라

　　'군(君)'은 높이는 칭호이다. '석(奭)'은 소공의 이름이니, 옛사람들은 질박함을 숭상하여 서로 말할 적에 이름을 많이 불렀다.

----

203 舊說之陋 有以啓之也 : 구설(舊說)은 옛 주소를 가리키는바, 주소의 뜻이 누추함은 〈소서(小序)〉가 잘못 계도함이 있었기 때문임을 말한 것이다.

2. 弗弔라 天이 降喪于殷하사 殷旣墜厥命이어늘 我有周旣受하소니 我不敢知하노니 曰厥基는 永孚于休아 若天이 棐忱가 我亦不敢知하노니 曰其終에 出于不祥가

〈은나라가〉 하늘에게 가엾게 여김을 받지 못하였다. 하늘이 은나라에 상망(喪亡)을 내려 은나라가 이미 천명을 실추하였으므로 우리 주나라가 이미 천명을 받았다. 내 감히 알지 못하노니, 이 기업(基業)이 길이 아름다움에 진실할 것인가?(기업을 잘 지킬 수 있을 것인가.) 과연 하늘이 우리의 정성을 도와줄 것인가? 나 또한 감히 알지 못하노니, 그 종말에 불상(不祥;천명이 떠나감)으로 나올 것인가?

不祥者는 休之反也라 天旣下喪亡于殷하여 殷旣失天命이어늘 我有周旣受之矣니 我不敢知하노니 曰 其基業이 長信於休美乎아 如天果輔我之誠耶아 我亦不敢知하노니 曰 其終에 果出於不祥乎아
○ 按此篇은 周公이 留召公而作이니 此其言天命吉凶을 雖曰我不敢知나 然其懇惻危懼之意는 天命吉凶之決이 實主於召公留不留如何也니라

'불상(不祥)'은 아름다움〔休〕의 반대이다. 하늘이 이미 상망(喪亡)을 은나라에 내려 은나라가 이미 천명을 잃었으므로 우리 주나라가 이미 천명을 받았다. 내 감히 알지 못하노니, 이 기업이 길이 아름다움에 진실할 것인가? 하늘이 과연 우리의 정성을 도와줄 것인가? 나 또한 감히 알지 못하노니, 그 종말에 과연 불상으로 나올 것인가?

○ 살펴보건대, 이 편은 주공이 소공을 만류하기 위하여 지은 것이니, 여기에 "천명의 길·흉을 비록 내 감히 알지 못한다."고 말씀하였으나 간측(懇惻)하고 위구(危懼)한 뜻은 천명의 길·흉의 결정이 실로 소공이 머무느냐 머물지 않느냐에 주장됨을(달려 있음을) 말씀한 것이다.

3. 嗚呼라 君이 已曰 時我라하더니 我亦不敢寧于上帝命하여 弗永遠念天威越我民에 罔尤違[204]하노니 惟人이니라 在我後嗣子孫하여 大弗克恭上下하여 遏佚前人光하면 在家不知아

아! 군(君;소공)이 이미 말씀하기를 '이는 우리들에게 달려 있다.' 하였는데, 나 또한

감히 상제의 명을 편안히 여겨서 하늘의 위엄이 우리 백성들에게 원망하고 위배하는 때가 없음을 길이 생각하지 않을 수 없노니, 이는 사람에게 달려 있을 뿐이다. 우리 후사(後嗣)의 자손에 있어 크게 상하(上下;하늘과 백성)를 공경하지 못하여 전인(前人;선왕)의 빛나는 업적을 끊고 실추한다면, 〈소공이〉 집에 있으면서 나는 모른다고 할 수 있겠는가.

尤는 怨이요 違는 背也라 周公이 歎息言 召公已嘗曰 是在我而已라하니 周公謂我亦不敢苟安天命하여 而不永遠念天之威가 於我民에 無尤怨背違之時也라 天命、民心은 去就無常하여 實惟在人而已라 今召公이 乃忘前日之言하고 飜然求去하니 使在我後嗣子孫하여 大不能敬天敬民하여 驕慢肆侈하여 遏絶佚墜文武光顯하면 可得謂在家而不知乎아

'우(尤)'는 원망함이요, '위(違)'는 위배함이다. 주공이 탄식하고 말씀하기를 소공이 이미 일찍이 "이는 우리들에게 달려 있을 뿐이다."라고 말씀하였으니, 주공이 이르기를 "나 또한 감히 구차히 천명을 편안히 여겨서 하늘의 위엄이 우리 백성들에게 원망하고 위배하는 때가 없음을 길이 생각하지 않을 수 없다." 하였다. 천명과 민심은 거취가 일정하지 아니하여 실로 사람에게 달려 있을 뿐이다. 이제 소공이 마침내 전일(前日)에 말한 것을 잊고 번연(飜然)히 떠나려고 하니, 만일 우리 후사의 자손에 있어 크게 하늘을 공경하고(공경하지 못하고) 백성을 공경하지 못해서 교만하고 방사하여 문왕·무왕의 빛나는 업적을 끊고 실추한다면, 〈소공이〉 집에 있으면서 나는 모른다고 말할 수 있겠는가.

4. 天命이 不易라 天難諶(침)이니 乃其墜命은 弗克經歷嗣前人의 恭明德이니라

　천명은 보전하기가 쉽지 않아 하늘을 믿기 어려우니, 그 천명을 실추함은 전인(前人;선왕)이 공손히 밝힌 덕을 경력(經歷;오래도록)하여 계승하지 못하기 때문이다.

天命不易는 猶詩曰命不易哉라 命不易保하여 天難諶信하니 乃其墜失天命者는 以不能經歷繼嗣前人之恭明德也라 吳氏曰 弗克恭故로 不能嗣前人之恭德이요 遏佚前人光故로 不能嗣前人之明德이니라

　'천명불이(天命不易)'는 《시경》〈경지(敬之)〉에 "천명은 보전하기가 쉽지 않다."는 것

과 같다. 천명은 보존하기가 쉽지 않아 하늘을 믿기 어려우니, 천명을 실추하는 것은 전인(前人)이 공손히 밝힌 덕을 경력하여 계승하지 못하기 때문이다.

　오씨(吳氏)가 말하였다. "능히 공손하지 못하므로 전인의 공손한 덕을 잇지 못하고, 전인의 빛나는 업적을 끊고 실추하므로 전인의 밝은 덕을 잇지 못한 것이다."

5. **在今予小子旦**하여 **非克有正**이라 **迪**은 **惟前人光**으로 **施于我沖子**니라
　지금 나 소자(小子) 단(旦)에 있어서 〈우리 임금을〉 능히 바로잡은 바가 있지 못하였다. 인도함은 오직 전인(前人)의 광대(光大)함으로 우리 충자(沖子;성왕)에게 베풀려 할 뿐이다."

吳氏曰 小子는 自謙之辭也요 非克有正은 亦自謙之辭也라 言在今我小子旦하여 非能有所正也요 凡所開導는 惟以前人光大之德으로 使益焜燿(혼요)而付于沖子而已라하니 以前言後嗣子孫遏佚前人光而言也니라
　오씨(吳氏)가 말하였다. "소자는 〈주공이〉 스스로 겸손히 하는 말씀이며, '능히 바로잡은 바가 있지 못했다.'는 것 또한 스스로 겸손히 하는 말씀이다. '지금 나 소자 단(旦)에 있어 능히 바로잡은 바가 있지 못하고, 무릇 개도(開導)함은 오직 전인의 광대한 덕을 더욱 빛나게 하여 충자(沖子)에게 맡겨주려 할 뿐이다.' 하였으니, 앞에서 후사(後嗣)의 자손들이 전인의 빛나는 업적을 끊고 실추한다고 말했으므로 이렇게 말한 것이다."

6. **又曰 天不可信**이나 **我道**는 **惟寧王德**을 **延**하여 **天不庸釋于文王受命**이니라
　또 말씀하였다. "하늘은 믿을 수 없으나 우리의 도리는 오직 영왕(寧王;무왕)의 덕을 연장하여 하늘로 하여금 문왕께서 받으신 명을 놓치지(버리지) 않게 하는 것이다."

又曰者는 以上文에 言天命不易, 天難諶하고 此又申言天不可信이라 故로 曰又曰이라 天固不可信이나 然在我之道는 惟以延長武王之德하여 使天不容捨文王所受之命也라
　'우왈(又曰)'은 상문(上文)에는 '천명은 보전하기가 쉽지 않아 하늘을 믿기 어렵다.'고 말하고, 여기에서는 또 '하늘은 믿을 수 없다.'고 거듭 말하였으므로 우왈(又曰)이라고 말한 것이다. 하늘은 진실로 믿을 수 없으나 우리에게 있는 도리는 오직 무왕의

••• 焜 : 빛날 혼　燿 : 빛날 요

덕을 연장하여 하늘로 하여금 문왕께서 받으신 천명을 버리지 않게 하는 것이다.

7. 公曰 君奭아 我聞호니 在昔成湯이 旣受命이어시늘 時則有若伊尹이 格于
皇天하며 在太甲하여는(하여) 時則有若保衡하며 在太戊하여는 時則有若伊
陟、臣扈格于上帝하며 巫咸이 乂王家하며 在祖乙하여는 時則有若巫賢하며
在武丁하여는 時則有若甘盤[205]하니라

　공(公)이 말씀하였다. "군석아! 내 들으니, 옛날 성탕(成湯)이 이미 천명을 받으시자
이때에 이윤(伊尹)과 같은 분이 있어 황천에게 이르렀으며(감동시켰으며), 태갑(太甲)
에 있어서는 이때에 보형(保衡) 같은 분이 있었으며, 태무(太戊)에 있어서는 이때에 이
척(伊陟)과 신호(臣扈)와 같은 분이 있어 상제(上帝)에 이르렀으며, 무함(巫咸)이 왕가
를 다스렸으며, 조을(祖乙)에 있어서는 이때에 무현(巫賢) 같은 분이 있었으며, 무정(武
丁)에 있어서는 이때에 감반(甘盤) 같은 분이 있었다.

時則有若者는 言當其時에 有如此人也라 保衡은 卽伊尹也니 見(현)說命하니라 太
戊는 太甲之孫이요 伊陟은 伊尹之子라 臣扈는 與湯時臣扈로 二人而同名者也라
巫는 氏요 咸은 名이라 祖乙은 太戊之孫이요 巫賢은 巫咸之子也라 武丁은 高宗也
라 甘盤은 見說命하니라

　'시칙유약(時則有若)'은 그 당시에 이와 같은 사람이 있었음을 말한 것이다. 보형(保
衡)은 곧 이윤(伊尹)이니, 〈열명(說命)〉에 보인다. 태무(太戊)는 태갑(太甲)의 손자이고,
이척(伊陟)은 이윤의 아들이다. 신호(臣扈)는 성탕 때의 신호(臣扈)와 동명이인(同名異
人)인 자이다. 무(巫)는 씨(氏)이고, 함(咸)은 이름이다. 조을(祖乙)은 태무의 손자이고,
무현(巫賢)은 무함의 아들이다. 무정(武丁)은 고종(高宗)이다. 감반(甘盤)은 〈열명〉에
보인다.

呂氏曰 此章은 序商六臣之烈하니 蓋勉召公匹休於前人也라 伊尹佐湯은 以聖輔

------

205 旣受命……時則有若甘盤 : 《집전(集傳)》에 '시즉유약(時則有若)'을 구(句)로 삼았기 때문에
《언해》에 모두 시(時) 위에서 구(句)를 떼고 '때에는 이러한 이윤이 황천(皇天)을 격(格)함이 있었
으며' 등으로 풀이하였으나, '재석성탕(在昔成湯)이 기수명시(旣受命時)엔'으로 현토하고 아래에도
'재태갑시(在太甲時)하여는'·'재태무시(在太戊時)하여는'·'재조을시(在祖乙時)하여는'·'재무정시(在
武丁時)하여는'으로 현토하는 것이 타당할 듯하나 우선 《언해》를 따라 번역하였다.

… 陟 : 오를 척　扈 : 호위할 호

聖하여 其治化 與天無間이요 伊陟、臣扈之佐太戊는 以賢輔賢하여 其治化 克厭天
心이라 自其徧覆言之하면 謂之天이요 自其主宰言之하면 謂之帝니 書或稱天, 或
稱帝는 各隨所指요 非有重輕이나 至此章對言之하여는 則聖賢之分而深淺見(현)
矣라 巫咸을 止言其乂王家者는 咸之爲治 功在王室하여 精微之蘊이 猶有愧於二
臣也일새라 亡書에 有咸乂四篇하니 其乂王家之實歟인저 巫賢、甘盤而無指言者는
意必又次於巫咸也리라

　여씨(呂氏)가 말하였다. "이 장(章)은 상나라의 여섯 신하의 공렬(功烈)을 차례로 서
술하였으니, 이는 소공에게 전인(前人)의 아름다움에 짝할 것을 권면한 것이다. 이윤
이 성탕을 보좌한 것은 성인(聖人)으로서 성군(聖君)을 보좌하여 그 치화(治化)가 하
늘과 간격이 없고, 이척(伊陟)과 신호(臣扈)가 태무(太戊)를 보좌한 것은 현자(賢者)로
서 현군(賢君)을 보좌하여 그 치화가 능히 천심(天心)에 만족하였다. 두루 덮어줌으로
써 말하면 천(天)이라 이르고, 주재(主宰)로써 말하면 제(帝)라 이르니,《서경》에 혹 천
(天)이라 칭하고 혹 제(帝)라 칭한 것은 각기 가리킨 바에 따른 것이요 경중(輕重)이 있
는 것이 아니다. 그러나 이 장(章)에 천과 제를 상대하여 말함에 이르러는 성(聖)·현
(賢)의 구분으로 깊고 얕음이 드러난다. 무함(巫咸)을 단지 왕가(王家)를 다스렸다고만
말한 것은 무함이 다스린 것은 공(功)이 왕실에만 있어서 정미한 쌓임이 오히려 〈이
척과 신호〉 두 신하에게 부끄러움이(뒤짐이) 있어서일 것이다. 망서(亡書;일서(佚書))에
〈함예(咸乂)〉 네 편이 있으니, 아마도 왕가를 다스린 실상이 기록되었는가보다. 무현
(巫賢)과 감반(甘盤)에 가리켜 말함이 없는 것은 짐작건대 반드시 또 무함의 다음이기
때문일 것이다.

○ 蘇氏曰 殷有聖賢之君이 七이어늘 此獨言五하고 下文云殷禮陟配天이라하니 豈
配祀于天者 止此五王이요 而其臣이 偕配食于廟乎아 在武丁時에 不言傅說하니
豈傅說不配食於配天之王乎아 其詳을 不得而聞矣로라

　○ 소씨(蘇氏)가 말하였다. "은나라에는 어질고 성(聖)스러운 군주가 7명이 있는
데 여기서는 단지 5명을 말하고, 하문(下文)에 '은나라가 예(禮)로 올라가 하늘에 짝했
다.'고 말하였으니, 아마도 하늘에 짝하여 제사하는 자는 단지 이 다섯 왕 뿐이고, 그
신하들을 함께 사당에 배식(配食;배향)하였는가보다. 무정(武丁) 때에 있어 부열(傅說)
을 말하지 않았으니, 아마도 부열은 하늘에 짝하는 왕에게 배식하지 않은 것인가? 그
자세한 것을 얻어 들을 수 없다."

8. 率惟茲有陳하여 保乂有殷하니 故殷이 禮陟配天[206]하여 多歷年所[207]하니라

　　이 도(道)를 따라 진열한 공이 있어 은나라를 보존하여 다스렸다. 그러므로 은나라가
예(禮)로 덕이 올라가 하늘에 짝하여 연소(年所;연도(年度))를 많이 지나게 되었다.

陟은 升進也라 言六臣이 循惟此道하여 有陳列之功하여 以保乂有殷이라 故로 殷先
王이 終以德配天하여 而享國長久也라

　　'척(陟)'은 올라감이다. 여섯 신하가 이 도(道)를 따라 진열한 공이 있어 은나라를
보존하여 다스렸다. 이 때문에 은나라 선왕들이 마침내 덕으로써 하늘에 짝하여 향국
(享國)이 장구했던 것이다.

9. 天惟純佑命이라 則商이 實하여 百姓、王人이 罔不秉德明恤하며 小臣、屏
侯甸이 矧咸奔走온여(따녀) 惟茲惟德을 稱[208]하여 用乂厥辟이라 故一人이 有
事于四方이어든 若卜筮하여 罔不是孚하니라

　　하늘이 도우사 명하심이 크셨다. 상나라가 충실하여 백성과 왕인(王人)들이 덕을 잡
아 지키고 국가에 대한 근심을 밝히지 않은 이가 없었으며, 소신(小臣)과 번병(藩屏)의
후전(侯甸)들이 하물며 모두 분주함에 있어서랴. 이 덕을 칭송하여 이로써 그 군주를
다스리게 하였다. 그러므로 한 사람(군주)이 사방에 큰일이 있으면 마치 거북점과 시
초점처럼 여겨서 이것을 믿지 않은 이가 없었던 것이다."

佑는 助也라 實은 虛實之實이라 國有人則實이니 孟子言不信仁賢則國空虛 是也
라 稱은 擧也니 亦秉持之義라 事는 征伐會同之類라 承上章六臣輔君格天致治하

<hr>

206 禮陟配天:이에 대하여 오윤상은 "소씨(蘇氏)가 '예척배천(禮陟配天)'을 '하늘에 배사(配祀)
한 것이다.' 하였는데 옳지 못할 듯하니, 오직 예로 올라가 덕이 하늘에 짝함을 말했을 뿐이다. 부
열(傅說)이 여섯 명의 신하에 참여되지 못함은 태공(太公) 여상(呂尙)이 다섯 명의 신하에 참예되
지 못함과 같으니, 우연히 자세하고 간략함이 있는 것이다.〔禮陟配天, 蘇氏謂配祀于天, 恐未然, 只
是言終以禮陟, 德配于天. 傅說之不與六臣, 若太公之不與五臣, 偶有詳略.〕" 하였다.

207 多歷年所:여러 가지 풀이가 있으나 "연소(年所)는 세차(歲次)란 말과 같으므로 '연소를 많
이 지내다'로 해석하여야 한다."는 퇴계(退溪)의 설(說)을 따랐음을 밝혀둔다.

208 惟茲惟德稱:《집전》에는 칭(稱)을 거(擧)로 보았으나, 퇴계의 설(說)을 따라 '칭송하여'로 풀
이하였다.

··· 乂:다스릴 예 屏:병풍 병 筮:점 서

여 遂言 天佑命有商이 純一而不雜[209]이라 故로 商國이 有人而實하여 內之百官、著姓과 與夫王臣之微者 無不秉持其德하고 明致其憂하며 外之小臣과 與夫藩屛侯甸이 矧皆奔走服役이온여 惟此之故로 惟德是擧하여 用乂其君이라 故로 君有事于四方이어든 如龜之卜하고 如蓍之筮하여 天下無不敬信之也니라

'우(佑)'는 도움이다. '실(實)'은 허실(虛實)의 실이다. 나라에 훌륭한 인물이 있으면 나라가 충실해지니, 《맹자》〈진심 하(盡心下)〉에 "인현(仁賢)을 믿지 않으면 나라가 공허하다."고 말씀한 것이 이것이다. '칭(稱)'은 듦이니, 또한 잡는다는 뜻이다. '일〔事〕'은 정벌(征伐)과 회동(會同)의 따위이다.

상장(上章)에 여섯 신하가 군주를 보좌하여 하늘을 감동시키고 훌륭한 정치를 이룩했다는 것을 이어서 마침내 말하기를 "하늘이 상나라를 도와 명함이 순일(純一)하고 잡되지 않았다. 그러므로 상나라에 훌륭한 사람이 있어 나라가 충실해져서 안으로는 백관(百官)과 저성(著姓;유명한 집안) 및 왕신(王臣)의 미천한 자들이 덕을 잡아 지키고 국가에 대한 근심을 분명하게 하지 않는 이가 없었으며, 밖으로는 소신(小臣)과 번병의 후전(侯甸)들이 하물며 모두 분주히 복역(服役)함(일함)에 있어서랴. 이 때문에 덕을 들어(잡아) 지켜서 그 군주의 일을 다스리게 하였으므로, 군주가 사방에 큰일이 있으면 거북점과 시초점처럼 여겨서 천하가 공경하고 믿지 않음이 없었던 것이다."라고 한 것이다.

10. **公曰 君奭아 天壽平格이라 保乂有殷하더시니 有殷이 嗣天滅威하니 今汝永念하면 則有固命하여 厥亂이 明我新造邦하리라**

주공이 말씀하였다. "군석(君奭)아! 하늘은 공평하여 하늘에 통하는 자를 장수(長壽)하게 한다. 이에 은나라를 보존하여 다스리게 하셨는데, 은나라가 하늘을 이었다가 멸망하는 위엄에 걸렸으니, 이제 네가 이것을 길이 생각하면 하늘의 견고한 명을 소

......

209 天佑命有商 純一而不雜 : 경문의 '天惟純佑命(天이 佑하사 命하심이 純한지라)'을 부연 설명한 것으로, 호산은 《언해》의 해석은 주에 구애되어 뒷절(14절)의 '亦惟純佑(또한 純히 佑하심은)'의 해석과 다르니, 문세가 아닐 듯하다.〔諺釋泥於註, 與後節之釋異同, 恐非文勢.〕하고, "순(純)은 대야(大也;크다)라는 공씨(孔氏)의 설을 소개하였다.《詳說》

14절의 '亦惟純佑'는 《집전》에 '爲天純佑命(하늘이 도우사 크게 도와주신 바가 됨)'을 부연 설명하였다. 《언해》의 해석은 이 《집전》에 따라 여기서는 "하늘이 佑하사 命하심이 純(순일)한지라"로 해석하고, 아랫절에서는 "또한 純히 佑하심"으로 해석하여 똑같은 '純佑'인데, 풀이한 내용이 각기 다르다. 호산의 설을 따라 '純'을 대(大)로 훈하여 경문을 수정 번역하였다.

••• 藩 : 울타리 번 蓍 : 시초점 시

유하여 그 다스림이 우리가 새로 만든 주나라에 밝게 드러날 것이다."

呂氏曰 坦然無私之謂平이라 格者는 通徹三極而無間者也라 天無私壽하여 惟至
平通格于天者則壽之하나니 伊尹而下六臣이 能盡平格之實이라 故로 能保乂有殷
하여 多歷年所러니 至于殷紂하여는 亦嗣天位하여 乃驟罹滅亡之威하니 天曾不私
壽之也라 固命者는 不墜之天命也라 今召公이 勉爲周家久永之念이면 則有天之
固命하여 其治效 亦赫然明著於我新造之邦하여 而身與國이 俱顯矣리라

　여씨(呂氏)가 말하였다. "평탄하여 사(私)가 없음을 '평(平)'이라 한다. '격(格)'은 삼
극(三極;천(天)·지(地)·인(人)의 극)을 통하여 간격이 없는 것이다. 하늘은 사사로이 장
수하게 함이 없어 오직 지극히 공평하여 하늘을 통하는 자[平格]이면 장수하게 하니,
이윤(伊尹) 이하 여섯 신하가 능히 평격(平格)의 실제를 다하였다. 그러므로 능히 은
나라를 보존하여 다스려서 역년(歷年)이 장구하였던 것이다. 그런데 은나라 주(紂)에
이르러는 또한 천자의 지위를 이어 갑자기 멸망하는 위엄에 걸렸으니, 하늘은 일찍
이 사사로이 장수하게 하지 않는다. '고명(固命)'은 실추하지 않는 견고한 천명(天命)
이다. 이제 소공이 힘써 주나라를 영구히 할 생각을 한다면, 하늘의 고명을 소유하여
다스림의 효험이 또한 혁혁하게 우리가 새로 만든 나라에 밝게 드러나서 몸과 나라가
모두 밝게 나타날 것이다.

書經集傳　下

11. 公曰 君奭아 在昔上帝割하사 申勸寧王之德하사 其集大命于厥躬하시
니라
　주공이 말씀하였다.
　"군석아! 옛날 상제께서 바로잡아 영왕(寧王;무왕)의 덕을 거듭 권면하사 큰 명을 그
몸에 모으게 하셨다.

申은 重이요 勸은 勉也라 在昔上帝 降割于殷하사 申勸武王之德하여 而集大命於
其身하여 使有天下也라
　'신(申)'은 거듭함이요, '권(勸)'은 권면함이다. 옛날 상제가 은나라에 할정(割正;바
로잡음)을 내려 무왕의 덕을 거듭 권면해서 대명(大命)을 그 몸에 모아 천하를 소유하
게 하였다.

12. **惟文王**이 **尙克修和我有夏**는(하샨든) **亦惟有若虢**(괵)**叔**과 **有若閦**(굉)**天**와 **有若散宜生**과 **有若泰顚**과 **有若南宮括**이니라

 문왕이 거의 능히 우리가 소유한 유하(有夏:중국)를 닦고 화합하셨던 것은, 또한 괵숙(虢叔)과 굉요(閦天)와 산의생(散宜生)과 태전(泰顚)과 남궁괄(南宮括)과 같은 사람이 있었기 때문이었다."

虢叔은 **文王弟**라 **閦、散、泰、南宮**은 **皆氏**요 **天、宜生、顚、括**은 **皆名**이라 **言文王**이 **庶幾能修治爕和我所有諸夏者**는 **亦惟有虢叔等五臣**이 **爲之輔也**라 **康誥**에 **言一二邦以修**와 **無逸**에 **言用咸和萬民**이 **卽文王修和之實也**니라

 괵숙(虢叔)은 문왕의 아우이다. 굉(閦)·산(散)·태(泰)·남궁(南宮)은 모두 씨(氏)이고, 요(天)·의생(宜生)·전(顚)·괄(括)은 모두 이름이다. 문왕이 거의 능히 우리가 소유한 제하(諸夏:중국)를 수치(修治)하고 섭화(爕和:화합)하셨던 것은 또한 괵숙 등 다섯 신하가 보좌함이 있었기 때문임을 말한 것이다. 아래 〈강고(康誥)〉에 '한두 나라가 다스려졌다.' 한 것과 〈무일(無逸)〉에 '써 모두 만민을 화합하셨다.'는 것이 곧 문왕이 수화(修和)한 실제이다.

13. **又曰 無能往來茲**하여 **迪彝敎**런들(하던든) **文王**도 **蔑德**이 **降于國人**이시리라
 또 말씀하였다.

"〈이 다섯 신하가 문왕을 위해〉 능히 이곳에 왕래하여 떳떳한 가르침을 인도함이 없었더라면 문왕께서도 덕(德)이 국인(國人)에게 내려짐이 없으셨을 것이다.

蔑은 **無也**라 **夏氏曰 周公**이 **前旣言文王之興**이 **本此五臣**이라 **故**로 **又反前意而言曰 若此五臣者 不能爲文王**하여 **往來奔走於此**하여 **導迪其常敎**런들 **則文王亦無德降及於國人矣**라 **周公**이 **反覆以明其意**라 **故**로 **以又曰**로 **更**(경)**端發之**하시니라

 '멸(蔑)'은 없음이다. 하씨(夏氏)가 말하였다. "주공이 앞에 이미 문왕의 일어남이 이 다섯 신하에 근본하였다고 말씀하였으므로 다시 앞의 뜻을 뒤집어 말씀하기를 '만약 이 다섯 신하들이 문왕을 위해 이곳에 왕래하여 분주하게 그 떳떳한 가르침을 계도하지 못하였더라면 문왕 또한 덕이 국인에게 내려 미치지 못했을 것이다'라고 한 것이다." 주공이 반복하여 그 뜻을 밝혔으므로 '우왈(又曰)'로 단서를 바꿔 말씀한 것이다.

··· 虢 : 나라이름 괵 閦 : 클 굉 顚 : 넘어질 전 括 : 쌀 괄 蔑 : 없을 멸

14. **亦惟純佑**는 **秉德**이 **迪知天威**하여 **乃惟時昭文王**하여 **迪見**(현)**冒**하여 **聞于上帝**라 **惟時受有殷命哉**하시니라

　또한 하늘이 크게 도와주신 것은 덕(德)을 잡아 지키는 분들이 실천하여 하늘의 위엄을 알아서 이에 문왕을 밝혀 그 덕을 계도하여 위에 나타나고 아래에 덮여지게 해서 상제에게 알려졌다. 이에 은나라가 소유했던 천명을 받으신 것이다.

言文王有此五臣者라 **故**로 **亦如殷爲天純佑命**하여 **百姓、王人**이 **罔不秉德也**라 **上旣反言 文王若無此五臣**이 **爲迪彝敎**런들 **則亦無德下及國人**이라 **故**로 **此又正言 亦惟天乃純佑文王**은 **蓋以如是秉德之臣**이 **蹈履至到**하여 **實知天威**라 **以是**로 **昭明文王**하여 **啓迪其德**하여 **使著見**(현)**於上**[210]하고 **覆**(부)**冒於下**하여 **而升聞于上帝**라 **惟是之故**로 **遂能受有殷之天命也**라

　문왕에게 이 다섯 신하들이 있었으므로 또한 〈옛날〉 하늘이 은나라를 크게 도와주어 명한 것처럼 하여, 백성과 왕인(王人;왕의 신하)들이 덕(德)을 잡아 지키지 않음이 없었던 것이다. 위에서 이미 뒤집어 말씀하기를 "문왕이 만약 이 다섯 신하들이 떳떳한 가르침을 계도함이 없었더라면 또한 덕이 아래로 국인에게 미치지 못했을 것이다."라고 하였다. 그러므로 여기에서는 또 바로 말씀하기를 "하늘이 문왕을 크게 도와주신 것은 이와 같이 덕을 잡아 지키는 신하들의 실천함이 지극해서 진실로 하늘의 위엄을 알았다. 이 때문에 문왕을 밝혀 그 덕을 계도해서 위(조정)에 나타나고 아래(천하)에 덮여지게 하여 상제에게 알려졌다. 이 때문에 마침내 은(殷)나라가 소유했던 천명을 받게 된 것이다."라고 한 것이다.

15. **武王**은 **惟玆四人**이 **尙迪有祿**이러시니(하니) **後曁武王**으로 **誕將天威**하여 **咸劉厥敵**하니 **惟玆四人**이 **昭武王惟冒**하여 **丕單稱德**하니라

　무왕은 이 네 사람이 거의 인도하여 천록(天祿)을 소유하셨는데, 뒤에 무왕과 함께 하늘의 위엄을 크게 받들어 그 적을 모두 죽였으니, 이 네 사람이 무왕의 덕(德)을 밝혀 천하에 덮여져서 크게 모두 덕을 칭찬하게 하였다.

- - - - - -

210　啓迪其德 使著見於上 : 이는 경문의 '적현(迪見)'을 해석한 것으로, 호산은 "적현은 《언해》의 해석이 잘못되었다.〔迪見, 諺釋誤.〕" 하였다. 《詳說》《언해》에는 '迪見하여'로 해석하여 뜻이 분명하지 않다. 그러므로 '그 덕을 계도하여 위에 나타나고 아래에 덮여지게 한 것'으로 번역하였다.

···　冒 : 무릅쓸 모　蹈 : 밟을 도　覆 : 덮을 부　曁 : 더불 기　劉 : 죽일 류

虢叔先死라 故로 曰四人이라 劉는 殺也라 單은 盡也라 武王은 惟此四人이 庶幾
迪有天祿이러니 其後에 曁武王으로 盡殺其敵하니 惟此四人이 能昭武王하여 遂覆
(부)冒天下하여 天下大盡稱武王之德[211]하니 謂其達聲敎于四海也라 文王은 冒西
土而已니 不單稱德은 惟武王爲然이라 於文王에 言命하고 於武王에 言祿者는 文
王은 但受天命이요 至武王하여 方富有天下也일새라

　　괵숙(虢叔)이 먼저 죽었으므로 네 사람이라고 말한 것이다. '류(劉)'는 죽임이다.
'단(單)'은 모두 죽임이다. 무왕은 이 네 사람이 거의 계도하여 천록(天祿)을 소유하였
는데, 그 뒤에 무왕과 함께 적을 모두 죽였으니, 이 네 사람이 능히 무왕을 밝혀 마침
내 덕(德)이 천하에 덮여져서 천하가 모두 무왕의 덕을 크게 칭송하게 되었다. 이는
성교(聲敎)를 사해에 도달하게 함을 말한 것이다. 문왕은 서토(西土)에 미쳤을(입혀졌
을) 뿐이니, 모두 덕을 크게 칭송함은 오직 무왕만이 그러하였다. 문왕에는 명(命)을
말하고 무왕에는 록(祿)을 말한 것은 문왕은 단지 천명을 받았을 뿐이요, 무왕에 이르
러 비로소 부유함이 천하를 소유하였기 때문이다.

呂氏曰 師尙父之事文武는 烈莫盛焉이어늘 不與五臣之列하니 蓋一時議論이 或
詳或略하여 隨意而言하여 主於留召公이요 而非欲爲人物評也니라

　　여씨(呂氏)가 말하였다. "사부(師傅)인 상보(尙父:강태공)가 문왕·무왕을 섬긴 것은
공렬(功烈)이 그보다 더 성대할 수가 없는데 이 다섯 신하의 반열에 참여되지 않았으
니, 이는 한 때의 의론이 혹은 상세하고 혹은 소략하여 뜻에 따라 말해서 소공을 만류
함을 위하였고, 인물평을 하려고 한 것이 아니기 때문이다."

16. 今在予小子旦하여는 若游大川호니 予往에 曁(기)汝奭으로 其濟하리라 小
子同未在位하시니 誕無我責가 收罔勖不及하여 耉造德이 不降이면(하면) 我
則鳴鳥를 不聞이온 矧曰其有能格가

　　이제 나 소자(小子) 단(旦)에 있어서는 마치 큰 냇물을 헤엄쳐감과 같으니, 내가 감에
너 석(奭)과 함께 건너리라. 소자(小子:성왕)는 아직 재위하시지 않은 것과 같으니, 크

- - - - - -
211　天下大盡稱武王之德:여기의 '칭(稱)' 역시 《집전》은 9절에서 '稱'을 '擧'로 보아 병지(秉持:잡
아 지킴)로 해석한 것과 같이 하였으나, 앞에서 퇴계의 설을 따랐으므로 여기에서도 '칭송'으로 번
역하였음을 밝혀둔다. 주) 197 참조.

· · ·　游:헤엄칠유 勖:힘쓸욱 耇:늙을구

게 우리의 책임이 없겠는가. 거두어서 미치지 못함을 돕지 아니하여 구조(耇造:노성)한 사람의 덕이 〈백성들에게〉 내려지지 않으면, 우리는 우는 봉(鳳)새 소리도 듣지 못할 것인데 하물며 능히 하늘을 감동시킴이 있다고 하겠는가."

小子旦은 自謙之稱也라 浮水日游라 周公言 承文武之業하여 懼不克濟하여 若浮大川에 罔知津涯하니 豈能獨濟哉아 子往에 與汝召公其共濟 可也라 小子는 成王也니 成王幼沖하여 雖已卽位나 與未卽位同이라 誕은 大也라 大無我責上에 疑有缺文이라 收罔勖不及은 未詳이라 耇造德不降은 言召公去면 則耇老成人之德이 不下於民하여 在郊之鳳을 將不復得聞其鳴矣리니 況敢言進此而有感格乎아 是時에 周方隆盛하여 鳴鳳在郊하니 卷阿에 鳴于高岡[212]者 乃詠其實이라 故로 周公云爾也시니라

'소자(小子) 단(旦)'은 주공이 스스로 겸손하여 자신을 칭한 것이다. 물에 떠가는 것을 '유(游)'라 한다. 주공이 말씀하기를 "문왕·무왕의 기업(其業)을 이어 능히 이루지 못할까 두려워해서 마치 큰 냇물을 헤엄쳐감에 나루터와 물가를 알지 못함과 같으니, 내 어찌 홀로 건너겠는가. 내가 감에 너 소공과 함께 건너야 할 것이다." 한 것이다. 소자(小子)는 성왕이니, 성왕이 어려서 비록 이미 즉위하였으나 즉위하지 않은 것과 같은 것이다. '탄(誕)'은 큼이다. '대무아책(大無我責)'의 위에 의심컨대 빠진 글이 있는 듯하다. '수망욱불급(收罔勖不及)'은 미상이다. '구조덕불강(耇造德不降)'은 "소공이 떠나가면 노성(老成)한 사람의 덕이 백성들에게 내려지지 아니하여, 교외에 있는 봉새의 우는 소리를 장차 다시 얻어듣지 못할 것이니, 하물며 감히 이보다 나아가 하늘을 감격(感格)함이 있다고 말할 수 있겠는가." 한 것이다.

이때에 주나라가 막 융성하여 우는 봉새가 교외에 있었으니, 《시경》〈권아(卷阿)〉에 "봉새가 높은 언덕에서 울었다."는 것이 바로 그 실상을 읊은 것이다. 그러므로 주공이 이렇게 말씀한 것이다.

17. **公曰 嗚呼라 君아 肆其監于兹어다 我受命이 無疆惟休나 亦大惟艱이니 告君乃猷裕하노니 我는 不以後人迷하노라**

......
212　卷阿鳴于高岡:권아(卷阿)는 《시경》〈대아(大雅)〉의 편명(篇名)인데 여기에 "봉황의 옮이여! 저 높은 언덕에서 한다.〔鳳凰鳴矣, 于彼高岡.〕" 하였으므로 말한 것이다.

···　涯:물가 애　猷:꾀할 유

주공이 말씀하였다. "아! 군(君)아. 크게 이것을 살펴볼지어다. 우리가 천명을 받은 것은 끝이 없는 아름다움이나 또한 큰 어려움이니, 군(君)에게 마음을 너그럽게 꾀할 것을 고(告)하노니, 나는 후인들이 혼미해짐을 바라지 않노라.

肆는 大요 猷는 謀也라 玆는 指上文所言이니 周公歎息하여 欲召公大監視上文所陳也라 我文武受命이 固有無疆之美矣나 然迹其積累締造하면 蓋亦艱難之大者니 不可不相與竭力保守之也라 告君謀所以寬裕之道하노니 勿狹隘求去하라 我不欲後人迷惑而失道也하노라

'사(肆)'는 큼이요, '유(猷)'는 꾀함이다. '자(玆)'는 상문(上文)에 말한 것을 가리키니, 주공이 탄식하여 소공이 상문에서 말한 것을 크게 살펴보게 하고자 한 것이다. 우리 문왕·무왕이 천명을 받은 것은 진실로 끝이 없는 아름다움이나 또한 그 쌓고 쌓아 얽어 만든 것을 자취(추적)해보면 또한 어려움이 컸으니, 서로 함께 힘을 다해 보수(保守)하지 않으면 안 된다. 군(君)에게 마음을 너그럽고 여유있게[寬裕]하는 방도를 도모할 것을 고(告)하노니, 마음을 좁게 먹어 떠나가기를 구하지 말라. 나는 후인들이 미혹되어서 도를 잃기를 바라지 않노라.

○ 呂氏曰 大臣之位는 百責所萃니 震撼擊撞(당)은 欲其鎭定이요 辛甘燥濕은 欲其調齊(劑)요 盤錯棼(紛)結은 欲其解紓요 黯闇(암암)汚濁은 欲其茹納[213]이니 自非曠度洪量과 與夫患失乾沒者면 未嘗無翩然捨去之意라 況召公이 親遭大變하여 破斧缺斨(장)之時[214]에 屈折調護하니 心勞力瘁가 又非平時大臣之比로되 顧以成王未親政하여 不敢乞身爾러니 一旦에 政柄有歸하니 浩然去志는 固人情之所必至라 然思文武王業之艱難하고 念成王守成之無助하면 則召公이 義未可去也어늘 今乃汲汲然求去之不暇하니 其迫切已甚矣라 盡謀所以寬裕之道하여 圖功攸終이

* * * * * *

213 震撼擊撞……欲其茹納 : 진감격당(震撼擊撞)은 인심이 복종하지 않는 것을 가리키고, 신감조습(辛甘燥濕)은 인정(人情)이 화합하지 못함이고, 반착분결(盤錯棼結)은 일이 해결되지 못함이고, 암암오탁(黯闇汚濁)은 말이 순하지 못함을 가리킨다.

214 破斧缺斨之時 : 부(斧)와 장(斨)은 모두 전쟁에 사용하는 도끼로, 부(斧)는 구멍이 타원형인 것이고 장(斨)은 구멍이 네모진 것인데, 파부결장(破斧缺斨)은 전쟁으로 이러한 무기가 망가짐을 의미한다. 이는 《시경》〈빈풍(豳風) 파부(破斧)〉의 '이미 나의 도끼를 깨부수고 또 나의 도끼를 망가지게 한다.[旣破我斧, 又缺我斨.]'를 축약한 것인바, 당시 주공이 유언비어를 퍼뜨린 관숙(管叔)과 채숙(蔡叔) 등을 정벌하러 간 때를 말한 것이다.

··· 締 : 맺을 체　撼 : 흔들 감　撞 : 칠 당　棼 : 어지러울 분　紓 : 펼 서　黯 : 어두울 암　茹 : 삼킬 여　翩 : 뒤집을 번
　　斨 : 도끼 장

리오 **展布四體**하여 **爲久大規模**하여 **使君德開明**이요 **未可捨去而聽後人之迷惑也**
니라

　　○ 여씨(呂氏)가 말하였다. "대신(大臣)의 지위는 온갖 책임이 모여 있으니, 진감(震撼:흔듦)하고 격당(擊撞:공격)함은 진정시켜야 하고, 맵고 달고 건조하고 습함은 조제(調齊:조화)하여야 하고, 서로 엉켜있고 어지럽게 맺혀있는 것은 풀어야 하고, 어둡고 더러운 것은 받아들여야 하니, 저절로 넓고 큰 도량을 간직한 자이거나 벼슬을 잃을까 걱정하여 건몰(乾沒:세력을 추구하여 부침(浮沈)함)하는 자가 아니면 일찍이 번연(翻然)히 벼슬자리를 내놓고 떠나가려는 뜻이 없지 않다. 더구나 소공은 직접 큰 변고를 만나 파부결장(破斧缺斨)할 때에 몸을 굽혀 조호(調護)하였으니, 마음이 수고롭고 힘이 파리한 것이 또 평상시의 대신에 비할 바가 아니었는데, 다만 성왕이 아직 친정(親政)하지 아니하여 감히 몸을 빌어 떠나가지 못했을 뿐이다.

　　이제 하루아침에 정병(政柄:정권)이 돌아감이 있으니, 호연(浩然)히 떠나갈 뜻을 품는 것은 진실로 인정에 반드시 있는 바이다. 그러나 문왕과 무왕의 왕업의 어려움을 생각하고 성왕이 수성(守成)함에 돕는 이가 없음을 생각한다면 소공은 의리상 떠나갈 수가 없는 것이다. 그런데 이제 도리어 급급하게 떠나가려고 하여 겨를이 없으니, 그 박절함이 너무 심하다. 어찌 마음을 관유(寬裕)하게 하는 방도를 꾀하여 공(功)이 끝마칠 바를 도모하지 않겠는가. 사체(四體)를 펴서 장구하고 원대한 규모를 하여, 군주의 덕을 열어 밝혀야 할 것이요, 버리고 떠나가서 후인들이 미혹되도록 내버려 두어서는 안 된다."

18. **公曰 前人**이 **敷乃心**하사 **乃悉命汝**하사 **作汝民極**하시고 **曰 汝明勖偶王**하여 **在亶乘兹大命**하여 **惟文王德**하여 **丕承無疆之恤**하라하시다

　주공이 말씀하였다. "전인(前人:무왕)이 자기 마음을 펴시어 마침내 모두 너에게 명하사 너를 백성의 극(極:표준)으로 삼으시고, 말씀하기를 '너는 밝게 힘써 왕을 짝하여(도와서) 서로 믿어 이 큰 명을 실어(보유하여) 문왕의 덕을 생각해서 끝없는〔無疆〕 근심을 크게 받들라' 하셨다."

偶는 **配也**라 蘇氏曰 周公與召公이 同受武王顧命하여 輔成王이라 故로 周公言 **前人**이 **敷乃心腹**하여 **以命汝召公**하여 **位三公**하여 **以爲民極**하고 **且曰 汝當明勉輔孺子**를 **如耕之有偶也**하고 **在於相信**을 **如車之有馭**(어)**也**하여 **幷力一心**하여 **以載天**

・・・ 敷 : 펼 부　馭 : 어거할 어

命하여 念文考之舊德하여 以丕承無疆之憂라하니라 武王之言이 如此어시늘 而可以
去乎아

'우(偶)'는 짝이다. 소씨(蘇氏)가 말하였다. "주공과 소공이 함께 무왕의 고명(顧命)
을 받아 성왕을 보필하였다. 그러므로 주공이 말씀하기를 '전인(前人)이 심복(心腹;뱃
속에 있는 말)을 펴서 너 소공에게 명하여 삼공(三公)의 지위에 있게 해서 백성의 극(極)
을 삼으시고, 또 말씀하기를 「너는 마땅히 밝게 힘써 유자(孺子;성왕)를 돕기를 밭가는
자에게 짝이 있는 것과 같이 하고, 서로 믿기를 수레에 마부가 있는 것과 같이 해서,
힘을 합하고 마음을 하나로 하여 천명을 실어서 문고(文考)의 옛 덕을 생각하여 끝없
는 근심을 크게 이으라.」 하셨다.' 하였으니, 무왕의 말씀이 이와 같은데도 떠나갈 수
있겠는가."

19. **公曰 君**아 **告汝朕允**하노라 **保奭**아 **其汝克敬以予**하여 **監于殷喪大否**
(비)하여 **肆念我天威**하라

주공이 말씀하였다.

"군(君)아! 너에게 짐의 정성을 고하노라. 태보(太保)인 석(奭)아! 너는 능히 나의 말
을 공경하여 은나라가 망한 큰 혼란[大亂]을 살펴보아 우리 하늘의 위엄을 크게 생각
하라.

大否는 **大亂也**라 **告汝以我之誠**이라하고 **呼其官而名之**하사 **言汝能敬以我所言**하
여 **監視殷之喪亡大亂**하여 **可不大念我天威之可畏乎**아하니라

'대비(大否)'는 대란(大亂)이다. 주공은 "그대에게 나의 정성을 고한다." 하고, 그 관
직(직함)을 부르고 이름하여 말씀하기를 "너는 나의 말을 공경하여 은나라의 상망(喪
亡)한 대란을 살펴보아서, 우리 하늘의 위엄이 크게 두려울 만함을 크게 생각하지 않
을 수 있겠는가."라고 한 것이다.

20. **予不允**이요 **惟若茲誥**아 **予惟曰 襄我二人**이라하노니 **汝有合哉**인저(아)
言曰 在時二人하여 **天休滋至**어든 **惟時二人**이 **弗戡**(감)이로소니 **其汝克敬德**
하여 **明我俊民**이니 **在讓後人于丕時**니라

내가 성실하지 못하고서 이와 같이 너에게 말하겠는가. 내 말하기를 "돕는 것은 우리
두 사람뿐이다.'라고 하노니, 너는 이 말에 마음이 합함이 있을 것이다. 너 또한 말하

기를 '이(우리) 두 사람에게 있어 하늘의 아름다움이 불어나 이르거든 우리 두 사람이
감당할 수 없을 것이다.'라고 해야 할 것이다. 너는 능히 덕을 공경하여 우리의 준걸스
런 백성(들)을 밝혀야 할 것이니, 크게 성(盛)할 때에 후인들에게 사양해야 할 것이다.'

戡은 勝也니 戡·堪은 古通用이라 周公言 我不信於人而若此告語乎아 予惟曰 王
業之成이 在我與汝而已라하노니 汝聞我言而有合哉인저 亦曰 在是二人하여 但天
休滋至어든 惟是我二人이 將不堪勝이리니 汝若以盈滿爲懼어든 則當能自敬德하
여 益加寅畏하여 明揚俊民하여 布列庶位하여 以盡大臣之職業하여 以答滋至之天
休요 毋徒悕(췌)悕而欲去爲也라 他日在汝에 推(퇴)遜後人于大盛之時하고 超然
肥遯²¹⁵이면 誰復汝禁이리오 今豈汝辭位之時乎아

　　'감(戡)'은 이겨냄(감당함)이니, 감(戡)과 감(堪)은 옛날에 통용되었다. 주공이 말씀
하기를 "내가 남에게 성실하지 못하고서 이와 같이 너에게 고하겠는가. 내 이르기를
'왕업의 이룸이 나와 너에게 달려 있을 뿐이다.' 하노니, 너는 내 말을 듣고 마음이 합
함이 있을 것이다. 너 또한 말하기를 '우리 두 사람에게 있어 다만 하늘의 아름다움이
불어나 이르거든 우리 두 사람이 장차 감당할 수 없을 것이다.'라고 해야 할 것이다.
네가 만약 지위가 영만(盈滿)함을 두려워하거든 마땅히 스스로 덕을 공경하여 더욱 공
경하고 두려워해서 준걸스런 백성들을 밝게 드러내어 여러 지위에 나열해서 대신(大
臣)의 직업(직임)을 다하여 불어나 이르는 하늘의 아름다움에 보답할 것이요, 한갓 두
려워하고 두려워하여 떠나가고자 하지 말라. 타일(후일) 너에게 있어 크게 성할 때에
후인들에게 밀추어 사양하고 초연히 여유롭게 은둔한다면 그 누가 다시 너를 금하겠
는가. 지금이 어찌 네가 벼슬을 사양할 때이겠는가." 한 것이다.

21. 嗚呼라 篤棐는 時二人이니 我式克至于今日休호나 我咸成文王功于不
息하여 丕冒하여 海隅出日이 罔不率俾니라
　　아! 군주를 도탑게 도울 자는 우리 두 사람뿐이니, 내 능히 금일의 아름다움에 이르
렀으나 너와 함께 모두 문왕의 공을 게을리하지 않음을 이루어서 덕이 크게 입혀져

<hr>

215　肥遯 : 비(肥)는 충대(充大)하고 여유로운 뜻으로 비돈(肥遯)은 여유로이 한가롭게 은둔함
을 이르는바, 《주역(周易)》〈돈괘(遯卦) 상구 효사(上九爻辭)〉에 "비돈을 하면 이롭지 않음이 없
다.〔肥遯無不利〕"라고 보인다.

···　堪 : 견딜 감　悕 : 두려울 췌　遯 : 숨을 둔(돈)

바다 귀퉁이의 해가 나오는 곳까지 따르지 않음이 없게 하여야 할 것이다."

周公이 復歎息言 篤於輔君者는 是我二人이니 我用能至于今日休盛이나 然我欲
與召公으로 共成文王功業于不怠하여 大覆(부)冒斯民하여 使海隅日出之地로 無
不臣服然後可也라 周都西土하여 去東爲遠이라 故로 以日出言하니라 吳氏曰 周公
이 未嘗有其功이로되 以其留召公이라 故로 言之하니 蓋敍其所已然而勉其所未至
는 亦人所說(悅)而從者也니라

　　주공이 다시 탄식하고 말씀하기를 "군주를 보필하기를 돈독히 할 자는 우리 두 사
람뿐이니, 내 능히 금일의 아름답고 성함에 이르렀으나 내 소공과 함께 문왕의 공업
을 게을리하지 아니하여 공업을 이루어서, 크게 백성들에게 입혀져 바다 모퉁이의 해
가 나오는 지역들로 하여금 신하로 복종하지 않음이 없게 한 뒤에야 가(可)하다." 한
것이다. 주나라는 서쪽 지방에 도읍하여 동쪽과 거리가 멀므로 해가 나옴을 말한 것
이다.

　　오씨(吳氏)가 말하였다. "주공이 일찍이 자신의 공으로 소유하지(여기지) 않았는데,
소공을 만류하려 하였기 때문에 이렇게 말씀한 것이니, 이미 그러함을 서술하고 아직
이르지 않음을 권면한 것은 또한 사람들이 기뻐하여 따르는 바이다."

22. 公曰 君아 予不惠요 若兹多誥아 予惟用閔于天越民이니라

　주공이 말씀하였다. "군(君)아! 내 이치를 따르지 못하고서 이와 같이 고하기를 많이
하겠는가. 나는 이로써 하늘과 백성을 걱정하노라."

周公言 我不順於理하고 而若兹諄複之多誥耶아 予惟用憂天命之不終과 及斯民
之無賴也라하니 韓子言畏天命而悲人窮[216]도 亦此意라 前言若兹誥라 故로 此言若
兹多誥하니 周公之告召公에 其言語之際 亦可悲矣로다

　　주공이 말씀하기를 "내가 이치를 따르지 못하고서 이와 같이 순복(諄複;간곡하고 중
복함)하여 고하기를 많이 하겠는가. 나는 천명의 끝마치지 못함과 이 백성들의 의뢰함
이 없음을 근심한다." 한 것이다. 한자(韓子)가 "천명을 두려워하고 백성들의 곤궁함을

⋯⋯⋯
216　韓子言畏天命而悲人窮 : 한자(韓子)는 당나라의 학자이며 문장가인 한유(韓愈)를 존칭한 것
으로, 이 내용은 그의 〈쟁신론(爭臣論)〉에 보인다.

⋯　諄 : 간곡할 순　賴 : 착할 뢰

슬퍼한다." 한 것도 이와 같은 뜻이다. 앞에서 '이와 같이 고한다.'고 말하였으므로 여기에 '이와 같이 고하기를 많이 한다.'고 한 것이니, 주공이 소공에게 고할 때에 그 언어의 즈음에 또한 슬퍼할 만하도다.

23. **公曰 嗚呼**라 **君**아 **惟乃知民德**하나니 **亦罔不能厥初**나 **惟其終**이니 **祗若茲**하여 **往敬用治**하라

　주공이 말씀하였다. "아! 군(君)아! 네가 백성의 덕을 아니, 또한 그 처음을 잘하지 않음이 없으나 그 종(終)을 생각하여야 할 것이니, 나의 이 말을 공경하고 순히 따라 하여 가서 공경히 다스리도록 하라."

上章에 **言天命、民心**하니 **而民心**은 **又天命之本也**라 **故**로 **卒章**은 **專言民德以終之**하니라 **周公**이 **歎息謂 召公**이 **踐歷諳(암)練之久**하여 **惟汝知民之德**하니 **民德**은 **謂民心之嚮順**이라 **亦罔不能其初**니 **今日**은 **固罔尤違矣**나 **當思其終**하면 **則民之難保者 尤可畏也**라 **其祗順此誥**하여 **往敬用治**요 **不可忽也**라 **此**는 **召公已留**에 **周公飭遣就職之辭**라 **厥後**에 **召公**이 **旣相成王**하고 **又相康王**하여 **再世**에 **猶未釋其政**하니 **有味於周公之言也夫**인저

　상장(上章)에 천명과 민심을 말하였는데 민심은 또 천명의 근본이다. 그러므로 마지막 장(章)은 오로지 백성의 덕을 말씀하여 끝마친 것이다. 주공이 탄식하고 이르기를 "소공이 천력(踐歷:경험)하여 알고 익힘이 오래여서 오직 너만이 백성들의 덕을 아니, 백성의 덕은 민심이 향하고 순함을 이른다. 또한 그 처음을 잘하지 않음이 없어야 하니, 금일은 진실로 허물과 어김이 없으나 마땅히 그 끝마침을 생각하면 보전하기 어려운 백성들이 더욱 두려워할 만하다. 나의 이 말을 공경하고 순히 하여 가서 공경히 다스릴 것이요, 소홀히 하지 말라." 한 것이다. 이는 소공이 이미 머묾에 주공이 경계하여 보내어서 직책에 나아가게 한 말씀이다.

　그 뒤에 소공은 이미 성왕을 돕고 또 강왕(康王)을 도와서 두 대에 이르기까지 정사를 내놓지 않았으니, 이는 주공의 말씀에 완미(玩味)함이 있어서일 것이다.

書經集傳　下

••• 諳 : 알 암　練 : 익힐 련　尤 : 더욱 우　飭 : 경계할 칙

〈채중지명(蔡仲之命)〉

蔡는 國名이요 仲은 字니 蔡叔之子也라 叔沒에 周公以仲賢이라하여 命諸成王하여
復封之蔡하니 此其誥命之詞也라 今文無, 古文有하니라
○ 按此篇次敍는 當在洛誥之前이니라

　　채(蔡)는 국명이고 중(仲)은 자(字)이니, 채숙(蔡叔)의 아들이다. 채숙이 죽자, 주공
은 채중이 어질다 하여 성왕(成王)에게 명하여 다시 채(蔡)나라에 봉하게 하니, 이것이
그 고명(誥命)한 말씀이다. 금문(今文)에는 없고 고문(古文)에는 있다.
　　○ 살펴보건대 이 편의 차서는 마땅히 〈낙고(洛誥)〉의 앞에 있어야 할 것이다.

【小序】　蔡叔이 旣沒이어늘 王命蔡仲하여 踐諸侯位하여 作蔡仲之命하니라

　　채숙(蔡叔)이 죽자, 왕이 채중(蔡仲)을 명하여 제후(諸侯)의 지위에 오르게 하면서
〈채중지명(蔡仲之命)〉을 지었다.

1. 惟周公이 位冢宰하사 正百工[217]이어시늘 羣叔이 流言한대 乃致辟管叔于
商하시고 囚蔡叔于郭隣호되 以車七乘하시고 降霍叔于庶人하여 三年不齒
러시니 蔡仲이 克庸祗德이어늘 周公이 以爲卿士러시니 叔이 卒커늘 乃命諸王
하사 邦之蔡하시다

　　주공이 총재(冢宰)로 있으면서 백공(百工;백관)을 바로잡자, 군숙(羣叔;무왕의 여러 아
우)들이 유언비어를 퍼뜨렸다. 이에 관숙(管叔)을 상(商)나라에서 치벽(致辟;주륙)하고
채숙(蔡叔)을 곽린(郭隣)에 가두되(위리안치(圍籬安置)하되) 수레 일곱 대를 따르게 하
고, 곽숙(霍叔)을 서인(庶人)으로 강등시켜 3년 동안 조정에 끼지 못하게 하였다. 채중
(蔡仲)이 능히 떳떳이 덕을 공경하므로 주공이 그를 경사(卿士)를 삼았는데, 그 후 채
숙이 죽자 왕에게 채중을 명하여 채(蔡)에 나라를 소유하게 하였다.

周公이 位冢宰하사 正百工은 武王崩時也라 郭隣은 孔氏曰 中國之外地名이라하고

217　正百工:이사작(李思綽)의 《석의(釋義)》에는 정(正)을 장(長)으로 보아 백관(百官)의 우두머
리가 된 것으로 해석하였다.

···　辟 : 죽일 벽　霍 : 빠를 곽

蘇氏曰 郭은 虢也라 周禮(六遂)[遂人]²¹⁸에 五家爲隣이라하니라 管、霍은 國名이라 武王崩에 成王幼하여 周公이 居冢宰하시니 百官이 總已以聽者는 古今之通道也라 當是時하여 三叔이 以主少國疑라하여 乘商人之不靖하여 謂可惑以非義라하여 遂相與流言하여 倡亂以搖之하니 是豈周公一身之利害리오 乃欲傾覆社稷하고 塗炭生靈하니 天討所加에 非周公所得已也라 故로 致辟管叔于商하니 致辟云者는 誅戮之也라 囚蔡叔于郭隣호되 以車七乘하니 囚云者는 制其出入호되 而猶從以七乘之車也라 降霍叔于庶人하여 三年不齒하니 三年之後에 方齒錄以復其國也라 三叔刑罰之輕重은 因其罪之大小而已라 仲은 叔之子니 克常敬德이어늘 周公以爲卿士러시니 叔卒커늘 乃命之成王而封之蔡也라 周公이 留佐成王하여 食邑於圻內하니 圻內諸侯는 孟仲二卿이라 故로 周公이 用仲爲卿이요 非魯之卿也라 蔡는 左傳에 在淮、汝之間이라하니 仲不別封而命邦之蔡者는 所以不絶叔於蔡也니 封仲以他國이면 則絶叔於蔡矣니라

주공이 총재의 지위에 있으면서 백관을 바로잡은 것은 무왕이 승하하셨을 때이다. '곽린(郭隣)'은 공씨가 이르기를 "중국 밖의 지명이다." 하였고, 소씨는 "곽(郭)은 괵(虢)이다. 《주례(周禮)》〈수인(遂人)〉에 '다섯 집을 인(隣)이라 한다.' 했다." 하였다. '관(管)'과 '곽(霍)'은 국명이다. 무왕이 승하함에 성왕이 어려서 주공이 총재(冢宰)에 거하시니, 백관들이 자기의 직책을 총괄하여 총재에게 명령을 들은 것은 고금(古今)에 통행되는 도이다.

이 때를 당하여 삼숙(三叔)은 군주(성왕)가 어리고 나라가 의심스럽다 하여, 상나라 사람들이 안정되지 못함을 틈타 이들을 의롭지 않은 것으로 유혹할 수 있다고 생각하였다. 그리하여 마침내 서로 유언비어를 퍼뜨려 난을 창도해서 동요하니, 이 어찌 주공 한 몸의 이해(利害)뿐이겠는가. 이는 바로 사직을 전복시키고 생령(生靈;백성)을 도탄에 빠뜨리는 것이니, 하늘의 토벌이 가하는 바에 주공이 토벌을 그만둘 수 있는 것이 아니었다. 그러므로 관숙(管叔)을 상나라에서 치벽(致辟)하였으니, 치벽은 주륙하는 것이다. 채숙(蔡叔)을 곽린(郭隣)에 가두되 수레 7승(乘)을 따르게 하였으니, '수(囚)'는 출입을 제한하되 오히려 7승의 수레를 따르게 한 것이다. 곽숙(霍叔)을 서인으로 강등시켜 3년 동안 조정에 끼지 못하게 하였으니, 3년 뒤에야 비로소 끼워주고 기

......

218 (六遂)[遂人] : 소식(蘇軾)의 《서전》에는 '六遂'로 되어 있으나 《주례》〈지관(地官)〉에 의거하여 '遂人'으로 바로잡았다.

... 虢 : 나라 괵 靖 : 편안할 정 齒 : 낄 치 圻 : 경기(京畿) 기

록하여 그 나라(곽)를 회복하게 한 것이다. 삼숙에 대한 형벌의 경중은 그 죄의 크고 작음에 따랐을 뿐이다.

채중(蔡仲)은 채숙의 아들인데 능히 떳떳이 덕을 공경하므로 주공이 경사(卿士)로 삼았었는데, 그 후 채숙이 죽자 성왕에게 채중을 명하여 채(蔡)에 봉하게 하였다. 주공은 주나라에 머물며 성왕을 보좌하여 기내(畿內)에 식읍(食邑)을 두었으니, 기내의 제후는 맹(孟)과 중(仲) 두 경(卿)이다. 그러므로 주공이 채중을 경으로 등용한 것이요, 노(魯)나라의 경이 아니다. 채(蔡)는《춘추좌씨전》애공(哀公) 원년에 "회수(淮水)와 여수(汝水)의 사이에 있다." 하였으니, 채중을 별도로 딴 곳에 봉하지 않고 채(蔡)에 나라를 소유하게 한 것은 채숙을 채나라에서 끊지 않기 위한 것이니, 채중을 타국에 봉하면 채숙을 채에서 끊은 것이 된다.

呂氏曰 象欲殺舜은 舜在側微하여 其害止於一身이라 故로 舜得遂其友愛之心이요 周公之位는 則繫于天下國家하니 雖欲遂友愛於三叔이나 不可得也니 舜與周公이 易地皆然이시리라 史臣이 先書惟周公이 位冢宰하사 正百工하고 而繼以羣叔流言은 所以結正三叔之罪也요 後言蔡仲이 克庸祗德이어늘 周公以爲卿士러시니 叔卒커늘 卽命之王하여 以爲諸侯는 以見周公이 蹙然於三叔之刑이러시니 幸仲이 克庸祗德일새 則亟擢用分封之也니라

여씨(呂氏)가 말하였다. "상(象)이 순(舜)을 죽이고자 한 것은 순이 측미(側微;미천)할 때여서 그 폐해가 순 한 몸에 그쳤으므로 순이 우애하는 마음을 이룰 수 있었던 것이요, 주공의 지위는 천하와 국가에 관계되니, 비록 삼숙(三叔)에게 우애하는 마음을 이루고자 하나 될 수가 없었으니, 순과 주공이 처지를 바꿨다면 모두 다 그러하셨을 것이다.

사신(史臣)이 먼저 '주공이 총재로 있으면서 백관을 바로잡았다.'고 쓰고, 뒤이어 '군숙(羣叔)들이 유언비어를 퍼뜨렸다.'고 말한 것은 삼숙의 죄를 끝맺어 바로잡은 것이며, 뒤에 '채중(蔡仲)이 능히 떳떳이 덕을 공경하므로 주공이 경사(卿士)로 삼았었는데 채숙이 죽자 성왕에게 명하여 제후로 삼게 했다.'고 말한 것은, 주공이 삼숙을 형벌함에 축연(蹙然;위축되어 편치 못한 모양)하셨는데, 다행히 채중이 능히 떳떳이 덕을 공경하므로 급히 발탁 등용하여 분봉(分封)함을 나타낸 것이다."

吳氏曰 此所謂冢宰正百工과 與詩所謂攝政은 皆在成王諒闇之時니 非以幼沖而

攝이요 而其攝也 不過位冢宰之位而已니 亦非如荀卿所謂攝天子位之事也라 三年之喪은 二十五月而畢하니 方其畢時에 周公이 固未嘗攝하시니 亦非有七年而後還政之事也라 百官總己하여 以聽冢宰는 未知其所從始나 如殷之高宗已然이요 不特周公行之니 此皆論周公者 所當先知也니라

오씨(吳氏)가 말하였다. "여기에서 말한 총재로서 백관을 바로잡았다는 것과 《시경》〈낭발(狼跋)〉의 〈서(序)〉에서 말한 섭정(攝政)은 모두 성왕(成王)이 양암(諒闇;상중(喪中))에 있었을 때이니, 어리기 때문에 섭정한 것이 아니요, 그 섭정한 것이 총재의 지위에 있음에 지나지 않을 뿐이었으니, 또한 순경(荀卿)이 말한 '천자의 지위의 일을 섭행했다.'는 것과 같은 것이 아니다. 삼년상(三年喪)은 25개월에 끝나니, 상을 마쳤을 때에 주공이 진실로 일찍이 섭정한 적이 없었으니, 또한 7년 뒤에 정사를 돌려준 일이 있지 않았다.

백관이 자기의 직책을 총괄하여 총재에게 명령을 듣는 것은 그 어느 때로부터 시작되었는지는 알 수 없으나 은나라의 고종(高宗)과 같은 분이 이미 그러하였고, 단지 주공만이 행한 것이 아니니, 이는 모두 주공을 논하는 자가 마땅히 먼저 알아야 할 바이다."

2. 王若曰 小子胡아 惟爾率德改行하여 克愼厥猷할새 肆予命爾하여 侯于東土하노니 往卽乃封하여 敬哉어다

왕이 대략 다음과 같이 말씀하였다.

"소자(小子)인 호(胡)아! 너는 할아버지의 덕을 따르고 네 아버지의 행실을 고쳐서 능히 도(道)를 삼갔다. 그러므로 나는 너에게 명하여 동토(東土;동쪽 지방)에 제후가 되게 하노니, 가서 너의 봉국(封國)에 나아가 공경할지어다.

胡는 仲名이라 言仲이 循祖文王之德하고 改父蔡叔之行하여 能謹其道라 故로 我命汝爲侯於東土하노니 往就汝所封之國하여 其敬之哉어다 呂氏曰 敬哉者는 欲其無失此心也라 命書之辭는 雖稱成王이나 實周公之意니라

'호(胡)'는 채중의 이름이다. 채중이 할아버지인 문왕의 덕을 따르고 아버지인 채숙의 행실을 고쳐서 능히 그 도를 삼갔다. 그러므로 '내 너를 명하여 동토(東土)에 제후로 삼노니, 가서 네가 봉해진 나라에 나아가 공경할지어다.' 한 것이다.

여씨(呂氏)가 말하였다. "경재(敬哉)는 이 마음을 잃지 않고자 한 것이다. 명한 글의

말은 비록 성왕을 칭했으나 실제는 주공의 뜻이다."

3. **爾尙蓋前人之愆**은 **惟忠惟孝**니 **爾乃邁迹自身**하여 **克勤無怠**하여 **以垂憲乃後**하여 **率乃祖文王之彝訓**하고 **無若爾考之違王命**하라

　네가 거의(행여) 전인(前人;채숙)의 잘못을 덮을 수 있는 것은 오직 충(忠)과 효(孝)이니, 네 자취를 매진하되 네 자신부터 하여 능히 부지런히 하고 게을리 하지 말아서 네 후손에게 법을 드리워 네 할아버지인 문왕의 떳떳한 가르침을 따르고 네 아버지처럼 왕명을 어기지 말도록 하라.

蔡叔之罪가 **在於不忠不孝**라 **故**로 **仲能掩前人之愆者**는 **惟在於忠孝而已**라 **叔違王命**하니 **仲無所因**이라 **故**로 **曰邁迹自身**이라 **克勤無怠**는 **所謂自身也**요 **垂憲乃後**는 **所謂邁迹也**요 **率乃祖文王之彝訓**하고 **無若爾考之違王命**은 **上文所謂率德改行也**라

　채숙의 죄가 불충(不忠)과 불효(不孝)에 있었다. 그러므로 채중이 전인(前人;채숙)의 허물을 가리울 수 있는 것은 오직 충(忠)·효(孝)에 있을 뿐인 것이다. 채숙이 왕명을 어겼으니, 채중이 따를 바가 없으므로 자취를 매진하되 네 자신으로부터 하라고 한 것이다. 능히 부지런하고 게을리 하지 않음은 이른바 네 자신으로부터 한다는 것이요, 너의 후손에게 법을 드리움은 이른바 자취를 매진한다는 것이요, 네 할아버지인 문왕의 떳떳한 가르침을 따르고 네 아버지처럼 왕명을 어기지 않음은 상문(上文)에 이른바 '덕(德)을 따르고 행실을 고치라.'는 것이다.

4. **皇天**은 **無親**하사 **惟德**을 **是輔**하시며 **民心**은 **無常**이라 **惟惠之懷**하나니 **爲善**이 **不同**하나 **同歸于治**하고 **爲惡**이 **不同**하나 **同歸于亂**하나니 **爾其戒哉**어다

　황천은 친한 사람이 없어 덕이 있는 사람을 도와주시며, 민심은 일정함이 없어 은혜롭게 해주는 이를 그리워하나니, 선(善)을 함이 똑같지 않으나 똑같이 다스림으로 돌아가고 악(惡)을 함이 똑같지 않으나 똑같이 혼란함으로 돌아가니, 너는 경계할지어다.

此章은 **與伊尹申誥太甲之言相類**로되 **而有深淺不同者**는 **太甲、蔡仲之有間也**일새라 **善固不一端**이나 **而無不可行之善**이요 **惡亦不一端**이나 **而無可爲之惡**이니 **爾其可不戒之哉**아

이 장(章)은 이윤(伊尹)이 태갑(太甲)에게 거듭 고한 말과 서로 유사한데, 깊고 얕음의 똑같지 않음이 있는 것은 태갑과 채중의 간격(차이)이 있기 때문이다. 선(善)은 진실로 한 가지가 아니나 행할 수 없는 선이 없고, 악(惡)은 진실로 한 가지가 아니나 행할 만한 악이 없으니, 너는 경계하지 않을 수 있겠는가.

5. **愼厥初**호되 **惟厥終**이라사 **終以不困**하리니 **不惟厥終**하면 **終以困窮**하리라
　그 처음을 삼가되 종(終:끝마침)을 생각하여야 끝내 곤궁하지 않을 것이니, 그 종(終)을 생각하지 않으면 끝내 곤궁할 것이다.

惟는 **思也**라 **窮**은 **困之極也**라 **思其終者**는 **所以謹其初也**라
　'유(惟)'는 생각함이다. '궁(窮)'은 곤궁함이 지극한 것이다. 그 종(終)을 생각함은 그 처음을 삼가는 것이다.

6. **懋乃攸績**하며 **睦乃四隣**하며 **以蕃王室**하며 **以和兄弟**하며 **康濟小民**하라
　너는 세워야 할 공적을 힘쓰며 너는 사방 이웃들과 화목하며 왕실의 울타리가 되며 형제들과 화합하며 소민(小民)들을 편안히 구제하라.

勉汝所立之功하고 **親汝四隣之國**하고 **蕃屛王家**하고 **和協同姓**하고 **康濟小民**이니 **五者**는 **諸侯職之所當盡也**라
　너는 세워야 할 공을 힘쓰고 너는 사방 이웃의 나라들과 친하고 왕실에 번병(藩屛;울타리)이 되고 동성(同姓)들과 화합하고 소민(小民)들을 편안히 구제하여야 하니, 이 다섯 가지는 제후의 직책에 마땅히 다해야 할 바이다.

7. **率自中**[219]이요 **無作聰明**하여 **亂舊章**하며 **詳乃視聽**하여 **罔以側言**(으로) 改

219　率自中:이에 대하여 오윤상은 "소씨(蘇氏)가 '하늘에 배사(配祀)한 것이다.' 하였는데 옳지 않을 듯하고, 오직 예로 올라가 덕이 하늘에 짝함을 말했을 뿐이다. 부열(傳說)이 여섯 명의 신하에 참예되지 못함은 태공(太公)이 다섯 명의 신하에 참예되지 못함과 같으니, 우연히 자세하고 간략함이 있는 것이다.〔禮陟配天, 蘇氏謂配祀于天, 恐未然, 只是言終以禮陟, 德配于天. 傳說之不與六臣, 若太公之不與五臣, 偶有詳略.〕" 하였다. 또 오윤상은 "이 내용(솔자중(率自中)을 가리킴)은 행(行)을 따라 말한 듯하다. 《집전》에 '중(中)은 마음의 리(理)여서 과(過)와 불급의 착오가 없는

··· 懋:힘쓸 무 蕃:울타리 번 側:기울 측

厥度하면 則予一人이 汝嘉호리라

  따르기를 중도(中道)로부터 하고(중도를 따르고), 사사로운 총명을 일으켜 옛 법을 어지럽히지 말며, 너의 보고 들음을 상세히 하여 편벽된 말로 법도를 고치지 않으면 〈군주인〉 나 한 사람이 너를 가상히 여길 것이다."

率은 循也라 無는 毋同이라 詳은 審也라 中者는 心之理而無過不及之差者也라 舊章者는 先王之成法이요 厥度者는 吾身之法度니 皆中之所出者라 作聰明이면 則喜怒好惡 皆出於私而非中矣리니 其能不亂先王之舊章乎아 戒其本於己者然也라 側言은 一偏之言也니 視聽을 不審하여 惑於一偏之說이면 則非中矣리니 其能不改吾身之法度乎아 戒其徇於人者然也라 仲能戒是면 則我一人이 汝嘉矣리라 呂氏曰 作聰明者는 非天之聰明이요 特沾(첨)沾小智耳니 作與不作에 而天人判焉이니라

  '솔(率)'은 따름이다. '무(無)'는 무(毋)와 같다. '상(詳)'은 살핌이다. '중(中)'은 마음의 이치로 과(過)와 불급(不及)의 잘못이 없는 것이다. '구장(舊章)'은 선왕이 이루어놓은 법이요 '궐도(厥度)'는 내 몸의 법도이니, 모두 중(中)이 나오는 곳이다. 총명을 일으키면 기뻐하고 노여워하고 좋아하고 미워함이 모두 사사로움에서 나와서 중(中)이 아닐 것이니, 선왕의 옛 법을 어지럽히지 않을 수 있겠는가. 이는 자기에게 근본함을 경계함이 그러한 것이다. '측언(側言)'은 한쪽의 편벽된 말이니, 보고 들음을 살피지 아니하여 한쪽의 편벽된 말에 혹하면 중(中)이 아니니, 어찌 내 몸의 법도를 고치지 않을 수 있겠는가. 이는 남을 따름을 경계함이 그러한 것이다. 채중이 이것을 경계하면 나 한 사람이 너를 가상히 여길 것이다.

  여씨(呂氏)가 말하였다. "총명을 일으킨다는 것은 하늘(자연스러움)의 총명이 아니요 다만 첨첨(沾沾;경박한 모양)한 작은 지혜일 뿐이니, 일으키느냐 일으키지 않느냐에

● ● ● ● ● ●

것이다.' 하여, '무과불급(無過不及)'의 위에 '심지리(心之理)' 세 글자를 더하여 주자(朱子)의 해석과 다르다. 그러나 이 아래에 또 '선왕(先王)의 성덕(成德)과 내 몸의 법도가 모두 중(中)에서 나온다.' 하여 중(中)을 이미 과(過)와 불급(不及)이 없음으로 해석하였으니 이는 이발(已發)의 중(中)이다. 그런데 또 법도를 중에서 나온 것이라 하여 위아래가 모순되는 듯하다.〔率自中, 恐是從行處說. 傳曰, 中者, 心之理, 而無過不及之差也. 無過不及之上, 加心之理三字. 與朱子釋中有異. 其下又曰, 先王之成德, 吾身之法度, 皆中之所出者, 旣釋以無過不及, 則是已發之中矣. 又以法度謂中之所出, 上下恐矛盾.〕" 하였다.

●●● 徇 : 따를 순 沾 : 경박할 첨

천연(天然)과 인위(人爲)가 판별된다."

8. 王曰 嗚呼라 小子胡아 汝往哉하여 無荒棄朕命하라

왕이 말씀하였다. "아! 소자인 호(胡)아. 너는 가서 짐의 명령을 폐기하지 말라."

飭往就國하여 **戒其毋廢棄我命汝所言也**라

　　삼가 가서 네 나라에 나아가 내가 너에게 명하여 말한 바를 폐기하지 말라고 경계한 것이다.

〈다방(多方)〉[220]

成王卽政한대 奄與淮夷又叛이어늘 成王滅奄하고 歸하여 作此篇하니라 按費誓에 言
徂玆淮夷、徐戎竝興이 卽其事也라 疑當時扇(煽)亂이 不特殷人이요 如徐戎、淮
夷四方에도 容或有之라 故로 及多方하니 亦誥體也라 今文古文皆有하니라

　　성왕(成王)이 정사에 나아가자(친정(親政)을 하자), 엄(奄)나라와 회이(淮夷)가 다시
배반하므로 성왕이 엄나라를 멸망하고 돌아와 이 편을 지었다. 〈비서(費誓)〉를 살펴보
면 "지난번에 회이와 서융(徐戎)이 함께 일어났다."는 것이 바로 이 일이다. 의심컨대
당시에 난을 선동한 것이 단지 은나라 사람만이 아니요, 서융과 회이 등 사방에도 혹
있었던 듯하다. 그러므로 다방(多方;많은 지방)에 미친 것이니, 또한 고체(誥體)이다. 금
문(今文)과 고문(古文)에 모두 있다.

......

220　　다방(多方):〈다사(多士)〉와 〈다방〉이 지어진 선후에 대하여 오윤상은 "〈다사〉 23절에 '옛날
에 내가 엄(奄)에서 와서 너희 사방 나라 백성들의 목숨을 크게 살려주었다.'는 것은 옛날의 일을
말씀한 것이요, 〈다방〉 1절에 '왕이 엄에서 와서 종주(宗周)에 이르렀다.' 하고, 또 2절의 '사방 나
라 여러 지방과 너희 백성들의 목숨을 크게 살려주었다.'는 것은 목하(目下;당장)의 말을 기록한 것
이다. 이로써 보면 〈다방〉을 지은 것이 〈다사〉의 앞에 있었던 것이다. 채침의 《집전》에 '낙읍에 거주
한 것[宅洛]'을 주공이 섭정한 7년이라 하였고 엄을 정벌한 것을 다음해의 일이라고 하였으니, 이는
공전(孔傳)의 설을 근거한 것이나 〈강고〉는 분명히 무왕의 고명(誥命)이어서 주공의 글이 되니, 공
전 또한 믿을 수 없다. 또 '스스로 불화를 만들었다.'는 것과 '너희 왕실이 화목하지 못하다.'는 것은
난(亂)을 선동한 지 오래지 않은 뒤의 말이니, 생각건대 먼저 〈다방〉을 짓고 뒤에 〈다사〉를 지은 것
이 분명한 듯하다.〔多士曰, 昔朕來自奄, 大降爾四國民命, 此道昔日之事; 多方曰, 王來自奄, 至于宗
周, 又曰, 四國多方, 大降爾命, 此記目下之語. 以此觀之, 多方之作, 在於多士之前矣. 蔡傳, 以宅洛,
謂周公攝政之七年, 伐奄, 謂翌年事, 此據孔傳說, 然如康誥之的是武王之誥而爲周公之書, 孔傳亦
不可信矣. 且自作不和, 爾室不睦等語, 是煽亂不久後辭, 意前多方, 後多士, 恐明矣.〕" 하였다.

○ 오윤상은 "김인산(金仁山)의 《전편강목(前編綱目)》에 〈다방〉을 성왕 5년에 짓고 〈다사〉를 7년
에 지었다.' 하였으니, 무엇을 근거하였는지는 모르지만 선후의 순서는 맞는다.〔金仁山前編綱目,
以多方係之成王五年, 多士係之七年, 未知何所據, 先後之序則得矣.〕" 하였다.

○ 오윤상은 "신안 진씨가 '〈다사〉는 성왕이 즉위한 해에 지어졌으니, 「옛날에 내가 엄(奄)에서 왔
다」는 것은 바로 옛날 동정(東征)할 때의 일을 서술한 것이며, 〈다방〉은 성왕이 즉위한 다음해에
지어졌으니, 「엄에서 와서 종주에 이르렀다」는 것은 엄이 또다시 배반한 것이다.' 하였으니, 이것이
반드시 옳은지는 알지 못하겠다.〔新安陳氏謂 多士作於成王卽政之年, 昔朕來自奄, 是述昔日東征
時事, 多方作於卽政之明年, 來自奄, 至于宗周, 是奄又反也, 未知其必然.〕" 하였다.

... 　奄 : 나라이름 엄　扇 : 부채질할 선, 선동할 선(煽同)

○ 蘇氏曰 大誥、康誥、酒誥、梓材、召誥、洛誥、多士、多方八篇은 雖所誥不一이나 然大略은 以殷人心不服周而作也라 予讀泰誓, 武成하고 常怪周取殷之易러니 及讀此八篇하고는 又怪周安殷之難也로라 多方所誥는 不止殷人이요 乃及四方之士하니 是紛紛焉不心服者 非獨殷人也라 予乃今에 知湯已下七王[221]之德이 深矣로라 方殷之虐엔 人如在膏火中하여 歸周如流하여 不暇念先王之德이러니 及天下粗定하여 人自膏火中出하여는 卽念殷先七王을 如父母하여 雖以武王、周公之聖이 相繼撫之로되 而莫能禦也라 夫以西漢道德을 比之殷하면 猶碔砆(무부)之與美玉이로되 然王莽、公孫述、隗囂(외효)之流 終不能使人忘漢하여 光武成功이 若建瓴(령)然[222]하니 使周無周公이런들 則亦殆矣리니 此周公之所以畏而不敢去也시니라

○ 소씨(蘇氏)가 말하였다. "〈대고(大誥)〉·〈강고(康誥)〉·〈주고(酒誥)〉·〈재재(梓材)〉·〈소고(召誥)〉·〈낙고(洛誥)〉·〈다사(多士)〉·〈다방(多方)〉의 8편은 비록 가르친 내용이 똑같지 않으나 대략은 은나라 사람들이 주나라에 마음으로 복종하지 않기 때문에 지은 것이다. 나는 〈태서(泰誓)〉와 〈무성(武成)〉을 읽고는 항상 주나라가 은나라를 취하기 쉬움을 괴이하게 여겼는데, 이 8편을 읽고는 또 주나라가 은나라를 안정시키기 어려움을 괴이하게 여겼다. 〈다방〉에서 가르친 것은 은나라 사람에 그치지 않고 마침내 사방의 선비에게 미쳤으니, 이는 분분하여 마음으로 복종하지 않은 자가 오직 은나라 사람뿐만이 아닌 것이다.

나는 이제야 탕왕(湯王) 이하 일곱 왕의 덕(德)이 깊은 것을 알았다. 은나라(주(紂))가 학정(虐政)을 할 때에는 사람들이 기름불 속에 있는 것처럼 여겨서 주나라로 돌아오기를 물이 아래로 흘러가듯이 하여 선왕(先王)의 덕을 생각할 겨를이 없었는데, 천

• • • • • •

221 湯已下七王:《맹자》〈공손추 상(公孫丑上)〉에 "탕왕으로부터 무정에 이르기까지 어질고 성스러운 군주가 6~7명이 나왔다.〔自湯至於武丁, 賢聖之君六七作.〕"라고 보이는데, 《집주》에 "상나라는 성탕으로부터 무정에 이르기까지 중간에 태갑·태무·조을·반경이 모두 어질고 성스러운 군주이다.〔商自成湯, 至于武丁, 中間太甲, 太戊, 祖乙, 盤庚皆賢聖之君.〕"라고 보이며, 7명의 정확한 이름은 보이지 않는다.

222 夫以西漢道德……若建瓴然:서한(西漢)은 전한(前漢)으로 고조(高祖) 유방(劉邦)이 세운 나라인데, 서쪽인 장안(長安)에 도읍하였으므로 '서한(西漢)'이라고도 불렸다. 전한 말기 외척(外戚)인 왕망(王莽)이 정권을 잡고 천자의 지위를 찬탈하여 국호(國號)를 신(新)이라 하였으나 의병(義兵)이 사방에서 일어나 결국 유방의 후손인 광무제(光武帝) 유수(劉秀)가 세력을 규합하여 왕망을 멸망하고 후한(後漢)을 세운 다음 동쪽인 낙양(洛陽)에 도읍하니, 이를 동한(東漢)이라 하였다. 공손술(公孫述)과 외효(隗囂)는 왕망을 토벌하기 위하여 봉기(蜂起)한 군웅(群雄)들이었는데, 끝내 광무제 유수에게 토벌당하였으므로 말한 것이다.

••• 膏 : 기름 고 碔 : 옥돌 무 砆 : 옥돌 부 莽 : 풀 망 隗 : 높을 외 囂 : 시끄러울 효 瓴 : 법 령

하가 다소 안정되어 사람들이 기름불 속에서 나오자, 은나라의 일곱 선왕을 생각하기를 부모와 같이 하여, 비록 무왕(武王)·주공(周公)의 성인(聖人)이 서로 이어 어루만졌으나 능히 막지 못하였다.

서한(西漢;전한)의 도덕을 은나라에 비교하면 옥돌이 아름다운 옥을 상대하는 것과 같았는데도 왕망(王莽)과 공손술(公孫述)·외효(隗囂)의 무리가 끝내 사람들로 하여금 한(漢)나라의 은혜를 잊게 할 수 없어서, 광무제(光武帝)가 성공함이 물병을 거꾸로 세워 물이 쏟아나오는 것처럼 쉽게 하였으니, 가사 주나라에 주공이 없었더라면 또한 위태로웠을 것이니, 이는 주공이 두려워하여 감히 떠나가시지 못한 이유이다."

【小序】 成王이 歸自奄하여 在宗周하여 誥庶邦하여 作多方하니라

성왕이 엄(奄)나라에서 돌아와 종주(宗周)에 있으면서 여러 나라를 가르쳐 〈다방〉을 지었다.

1. 惟五月丁亥에 王이 來自奄하사 至于宗周하시다

5월 정해일(丁亥日)에 성왕이 엄나라에서 오시어 종주(宗周;호경)에 이르셨다.

成王卽政之明年에 商、奄又叛이어늘 成王이 征滅之하니라 杜預云 奄은 不知所在[223]라 宗周는 鎬京也라 呂氏曰 王者定都면 天下之所宗也라 東遷之後에 定都于洛하니 則洛亦謂之宗周라 衛孔悝(회)之鼎銘曰 隨難于漢陽하고 卽宮于宗周[224]라 하니 是時에 鎬已封秦하니 宗周는 蓋指洛也라 然則宗周는 初無定名이요 隨王者所都而名耳니라

성왕이 정사에 나아간 다음해에 상(商)나라와 엄(奄)나라가 또다시 배반하므로 성왕이 정벌하여 멸한 것이다. 두예(杜預)가 이르기를 "엄(奄)은 어느 곳에 있었는지 알지 못한다." 하였다. '종주(宗周)'는 호경(鎬京)이다.

여씨(呂氏)가 말하였다. "왕자가 도읍을 정하면 천하가 종주(宗主)로 삼는다. 주나라가 동천(東遷)한 뒤에 낙양(洛陽)에 도읍을 정하니, 낙양을 또한 종주라 일렀다. 위

••••••

223 奄不知所在 : 엄(奄)은 위의 〈다사(多士)〉에도 보이는데, 곡부현(曲阜縣) 엄중(奄中)이 바로 그 지역이라 한다.

224 衛孔悝之鼎銘曰……卽宮于宗周 : 이 내용은 《예기》〈제통(祭統)〉에 보인다.

··· 悝 : 클 회

(衛)나라 공회(孔悝)의 〈정명(鼎銘)〉에 '한양(漢陽)으로 난(難)을 따르고 종주에 나아가
집을 정했다.' 하였는데, 이때에 호경을 이미 진(秦)나라에 봉했으니, 종주는 낙양을
가리킨 것이다. 그렇다면 종주는 애당초 일정한 이름이 없고, 왕자의 도읍한 곳에 따
라 이름한 것이다."

2. 周公曰 王若曰 猷라 告爾四國多方하노라 惟爾殷侯尹民아 我惟大降爾
命호니 爾罔不知니라

주공이 다음과 같이 말씀하였다.

"왕이 대략 이렇게 말씀하셨다. '아! 너희 사국(四國;사방 나라)과 다방(多方)에 고하노
라. 너희 은후(殷侯;은나라 등의 제후)로서 백성을 맡은 자들아! 내가 크게 너희들의 죄
를 강등(감형)하여 너희들의 목숨을 살려주었으니, 너희들은 이것을 알지 않음이 없어
야 할 것이다.

呂氏曰 先曰周公曰而復曰王若曰은 何也오 明周公傳王命이요 而非周公之命也
라 周公之命誥가 終於此篇이라 故로 發例於此하여 以見(현)大誥諸篇의 凡稱王曰
者 無非周公傳成王之命也니라 成王滅奄之後에 告諭四國殷民하고 而因以曉天
下也니 所主殷民이라 故로 又專提殷侯之正民者告之하니라 言殷民이 罪應誅戮이
어늘 我大降宥爾命하니 爾宜無不知也라

여씨(呂氏)가 말하였다. "먼저 '주공왈(周公曰)'을 말하고 다시 '왕약왈(王若曰)'을 말
한 것은 어째서인가? 주공이 왕명을 전한 것이요 주공의 명이 아님을 밝힌 것이다. 주
공의 명고(命誥)가 이 편에서 끝났으므로 여기에서 예(例)를 말하여, 〈대고(大誥)〉 등
여러 편에서 무릇 '왕왈(王曰)'이라고 칭한 것은 모두 주공이 성왕의 명을 전한 것임을
나타낸 것이다."

성왕이 엄(奄)나라를 멸한 뒤에 사방의 나라와 은나라 백성에게 고유(告諭)하고 인
하여 천하를 깨우친 것이니, 위 주한 바가 은나라 백성이므로 또 오로지 은후(殷侯)로
서 백성을 바로잡는 자들을 제기하여 고한 것이다. 은나라 백성들은 죄가 모두 마땅
히 주륙을 당하여야 할 터인데, 내가 크게 죄를 강등하여 너희들의 목숨을 용서하였
으니, 너희들은 마땅히 알지 않음이 없어야 한다고 말씀한 것이다.

3. 洪惟圖天之命하여 弗永寅念于祀하니라

··· 猷 : 감탄할 유　宥 : 용서할 유　寅 : 공경할 인

〈상(商)·엄(奄)이〉크게 하늘의 명(命)을 도모해서, 길이 공경하여 은나라의 제사를 〈보존하는 것을〉크게 생각하지 못하였다.

圖는 謀也라 言商、奄이 大惟私意로 圖謀天命하여 自底(지)滅亡하여 不深長敬念以保其祭祀[225]라 呂氏曰 天命은 可受而不可圖니 圖則人謀之私요 而非天命之公矣라 此蓋深示以天命不可妄干이니 乃多方一篇之綱領也라 下文에 引夏商所以失天命, 受天命者하여 以明示之하니라

'도(圖)'는 도모함이다. 상(商)·엄(奄)이 크게 사의(私意)로 천명을 도모하여 스스로 멸망에 이르러서 심장(深長)하게 공경히 생각하여 그 제사를 보존하지 못했음을 말한 것이다.

여씨(呂氏)가 말하였다. "천명은 받을 수는 있으나 도모할 수는 없으니, 도모한다면 인모(人謀;사람의 지모)의 사사로움이요, 천명의 공(公)이 아니다. 이는 천명을 함부로 요구할 수 없음을 깊이 보여준 것이니, 바로 〈다방〉 한 편의 강령(綱領)이다. 하문(下文)에 하나라와 상나라가 천명을 잃고 천명을 받은 것을 인증하여 분명히 보여주었다."

4. 惟帝降格于夏[226]어시늘 有夏誕厥逸하여 不肯感言于民하고 乃大淫昏하여 不克終日勸于帝之迪은 乃爾攸聞이니라

상제(上帝)가 하나라에 내려와 이르셨는데(강림하셨는데) 하나라가 크게 그 방일(放逸)하여 백성을 근심하는 말을 즐겨하지 않고, 마침내 크게 음탕하고 혼우(昏愚)하여 능히 종일토록 상제의 인도함에 힘쓰지 않았음은 네가 들어서 아는 바이다.

......
225 不深長敬念以保其祭祀 : 경문의 '弗永寅念于祀'를 부연 설명한 것으로, 호산은 《언해》의 해석은 주에 구애되어 본문(경문)의 문세를 잃었다.〔諺釋泥註, 而失本文之勢.〕하였다. 《詳說》《언해》에는 '기리(길이) 寅念하여 祀치 아니하니라'로 해석하였는바, 호산의 설을 따라 '길이 공경하여 은나라의 제사를 보존하는 것을 크게 생각하지 못한 것'으로 경문을 수정 번역하였다.

226 惟帝降格于夏 : 강격(降格)은 강림(降臨)과 같은 말로 상제(上帝)가 하나라에 내려와 이름을 뜻한다. 《집전》에는 이것을 '상제가 재이(災異)를 내려 걸(桀)을 견고(譴告)한 것'으로 부연 설명하였으나, 위의 〈다사(多士)〉의 '하나라가 편안함으로 나아가지 않자, 상제가 강격하였다.〔有夏不適逸, 則惟帝降格.〕'와 뒤의 〈여형(呂刑)〉의 '땅과 하늘의 통함을 끊어 강격함이 없었다.〔絶地天通, 罔有降格.〕' 한 것도 모두 강림의 뜻이다.

··· 誕 : 허탄할 탄 感 : 근심할 척

言帝降災異하여 以譴告桀이어시늘 桀이 不知戒懼하고 乃大肆逸豫하여 憂民之言도
尚不肯出諸口하니 況望其有憂民之實乎아 勸은 勉也라 迪은 啓迪也니 視聽動息
日用之間은 洋洋乎皆上帝所以啓迪開導斯人者라 桀이 乃大肆淫昏하여 終日之
間에 不能少勉하니 於是에 天理或幾乎息矣라 況望有惠迪而不違乎아 此乃爾之
所聞이니 欲其因桀而知紂也라 厥逸이 與多士引逸不同者는 猶亂之爲亂、爲治耳
라 逸豫는 以民言하고 淫昏은 以帝言은 各以其義也라 此章上에 疑有缺文이라

　　상제가 재이(災異)를 내려서 걸(桀)에게 견책하여 고하셨으나 걸은 경계하고 두려
워할 줄을 모르고 마침내 크게 일예(逸豫)하여 백성을 근심하는 말도 오히려 입에서
내기를 즐겨하지 않았으니, 하물며 백성을 근심하는 실제가 있기를 바라겠는가. '권
(勸)'은 힘씀이다. '적(迪)'은 열어 인도함[啓迪]이니, 보고 듣고 동하고 그치는 일상
생활하는 사이는 양양(洋洋)히 모두 상제가 이 사람들을 계적(啓迪)하여 개도(開導)하
는 것이다. 걸은 마침내 크게 음혼(淫昏)하여 종일의 사이에 조금도 힘쓰지 않으니, 이
에 천리(天理)가 혹 거의 종식된 것이다. 하물며 인도함에 순종하여 어기지 않음이 있
기를 바라겠는가. 이는 바로 너희들이 들은 것이니, 이는 걸(桀)을 인하여 주(紂)를 알
고자 한 것이다.

　　궐일(厥逸;그 방일함)이 〈다사(多士)〉의 인일(引逸;편안함으로 인도함)과 똑같지 않은
것은 난(亂)이 혼란함이 되고 다스림이 되는 것과 같다. 일예(逸豫)는 백성으로서 말
하고 음혼(淫昏)은 상제로서 말한 것은 각기 그 의의(意義)에 따른 것이다. 이 장(章)의
위에 결문(缺文)이 있는 듯하다.

5. 厥圖帝之命하여 不克開于民之麗(리)하고 乃大降罰하여 崇亂有夏하니 因
甲于內亂하여 不克靈承于旅하며 罔丕惟進之恭하여 洪舒于民이요 亦惟有
夏之民의 叨懫(도치)를 日欽하여 劓(의)割夏邑하니라
　상제의 명을 도모하여, 능히 백성들이 붙어서 사는 것을 열어주지 못하고, 마침내 크
게 벌을 내려 하나라에 난을 숭상하니(난이 자주 일어나니), 그 원인은 안(부인)의 혼란
함에서 비롯되어 능히 무리들을 잘 받들지 못하며, 크게 공손함에 나아가 크게 백성
들을 펴주지 못하고, 또한 하나라의 백성 중에 탐욕스럽고 분노해 하는 자들을 날로
공경하여(등용하여) 하나라 고을을 해쳤기 때문이다.

此章은 文多未詳이라 麗는 猶日月麗乎天之麗니 謂民之所依以生者也니 依於土,

… 譴 : 꾸짖을 견　麗 : 걸릴 리　叨 : 탐할 도　懫 : 성낼 치　劓 : 코벨 의

依於衣食之類라 甲은 始也라 言桀이 矯誣上天하고 圖度(탁)帝命하여 不能開民衣
食之原하여 於民依恃以生者에 一皆抑塞遏絕之하고 猶乃大降威虐于民하여 以增
亂其國하니 其所因은 則始于內嬖(폐)하여 蠱其心하고 敗其家하여 不能善承其衆하
고 不能大進於恭하여 而大寬裕其民이요 亦惟夏邑之民의 貪叨忿愭者를 則日欽
崇而尊用之하여 以戕害於其國也라

　　이 장은 글이 미상(未詳)한 것이 많다. '리(麗)'는 해와 달이 하늘에 붙어 있다는 리
(麗)와 같다. 백성들이 의지하여 사는 것을 이르니, 땅에 의지하고 의식(衣食)에 의지
하는 따위이다. '갑(甲)'은 비롯함이다. 걸(桀)이 상천(上天)을 칭탁하여 속이고 상제의
명을 도모해서 백성들의 의식의 근원을 열어주지 못하여, 백성들이 의지하여 믿고 사
는 것을 한결같이 억제하고 막아 끊고 오히려 위엄과 사나움을 백성들에게 크게 내려
서 그 나라에 혼란을 더하니, 그 원인은 안의 총애하는 여인에게서 비롯되어 그 마음
을 고혹(蠱惑)하고 그 집을 망쳐서 그 무리들을 잘 받들지 못하고, 크게 공손함에 나
아가 그 백성들을 크게 너그럽게 대하지 못하며, 또한 하나라 고을의 백성 중에 탐욕
스럽고 분해 하는 자들을 날마다 공경하고 높이 등용하여 그 나라를 해쳤기 때문임을
말한 것이다.

6. 天이 惟時求民主하사 乃大降顯休命于成湯하사 刑殄有夏하시니라
　　하늘이 이에 백성의 군주를 구하시어 이에 드러나고 아름다운 명을 성탕(成湯)에게
크게 내리시어 하나라를 형벌하여 끊으신 것이다.

言天惟是爲民求主耳라 桀旣不能爲民之主일새 天乃大降顯休命於成湯하사 使爲
民主하여 而伐夏殄滅之也라
　　하늘이 이 때문에 백성을 위하여 훌륭한 군주를 구하였다. 걸(桀)이 이미 백성의
군주가 될 수 없으므로, 하늘이 마침내 드러나고 아름다운 명을 성탕에게 크게 내려
서 백성의 군주가 되어 하나라를 쳐서 끊어 멸하게 하였음을 말한 것이다.

○ 呂氏曰 日求, 日降은 豈眞有求之降之者哉아 天下無統하여 渙散漫流면 勢不
得不歸其所聚어늘 而湯之一德은 乃所謂顯休命之實이니 一衆離而聚之者也라
民不得不聚於湯이요 湯不得不受斯民之聚니 是豈人爲之私哉리오 故로 日天求
之, 天降之也라하니라

··· 矯 : 속일 교　嬖 : 총애할 폐　蠱 : 혹할 고　戕 : 해칠 장　殄 : 끊을 진　渙 : 풀릴 환　漫 : 흩어질 만

○ 여씨(呂氏)가 말하였다. "하늘이 구한다 하고 내린다 함은 어찌 참으로 구하고 내림이 있겠는가? 천하에 통솔자가 없어 흩어지고 멋대로 흐르면 세(勢)가 모이는 곳으로 돌아가지 않을 수 없는데, 성탕의 한결같은 덕은 바로 드러나고 아름다운 명의 실제이니, 여러 흩어진 것을 하나로 통일시켜 모으는 것이다. 백성들은 성탕에게 모이지 않을 수 없고 성탕은 이 모인 백성들을 받지 않을 수 없었으니, 이 어찌 인위(人爲)의 사사로움이겠는가. 그러므로 하늘이 구했다고 하고 하늘이 내렸다고 한 것이다.

7. 惟天이 不畀純은 乃惟以爾多方之義民으로 不克永于多享이요 惟夏之恭多士는 大不克明保享于民이요 乃胥惟虐于民하여 至于百爲히 大不克開하니라

  하늘이 걸(桀)에게 천명을 주지 않는 큰 이유는, 바로 〈걸이〉 너희 다방(多方)의 의민(義民;현자)들을 데리고 복록을 많이 누림에 영원하지 못하였고, 하나라에서 공경하는 많은 선비들은 크게 백성들을 밝게 보존하여 합당하게 하지 못하고, 도리어 서로 백성들에게 포악하여 백 가지 행위에 이르기까지 크게 능히 열어주지 못해서였다.

純은 大也요 義民은 賢者也라 言天이 不與桀者大는 乃以爾多方賢者로 不克永于多享하여 以至于亡也라 言桀於義民에 不能用하고 其所敬之多士는 率皆不義之民이니 上文所謂叨懫日欽者라 同惡相濟하여 大不能明保享于民이요 乃相與播虐于民하여 民無所措其手足하여 凡百所爲가 無一能達하니 上文所謂不克開于民之麗者라 政暴民窮은 所以速其亡也라 此는 雖指桀多士나 爾殷侯尹民은 嘗逮事紂者니 寧不惕然內愧乎아

  '순(純)'은 큼이요, '의민(義民)'은 현자이다. 하늘이 걸(桀)에게 천명을 주지 않는 큰 이유는, 바로 너희 다방(多方)의 현자들을 데리고 복록을 많이 누림에 영원하지 못하여 멸망함에 이름을 말한 것이다. 걸이 의민에 있어서는 등용하지 못하고, 공경하는 많은 선비들은 대체로 모두 의롭지 않은 백성들이었으니, 상문(上文)에 이른바 '탐욕스럽고 분노해 하는 자들을 날로 공경했다.'는 것이다. 악한 짓을 함께 하여 서로 이루어서 크게 밝혀 보호하여 민심에 합당하게 하지 못하고, 도리어 서로 함께 사나움을 백성들에게 끼쳐서 백성들이 그 수족을 둘 곳이 없어 모든 행하는 바가 하나도 도달되지 못하였으니, 상문에 이른바 '능히 백성들이 붙어서 사는 것을 열어주지 못했다.'는 것이다. 정사가 포악하고 백성들이 곤궁함은 그 망함을 재촉한 것이다. 이는 비

... 畀 : 줄 비   速 : 부를 속   逮 : 미칠 체   惕 : 두려워할 척

록 걸의 많은 선비들을 가리킨 것이나 너희 은후(殷侯)로서 백성을 맡아 다스리는 자들은 일찍이 주(紂)를 미처 섬긴 자들이니, 어찌 척연(惕然;근심하고 두려워하는 모양)히 안(마음)에 부끄럽지 않겠는가.

8. 乃惟成湯이 克以爾多方簡으로 代夏하사 作民主하시니라

이에 성탕(成湯)이 너희 다방(多方)의 간택(선발)에 따라 하나라를 대신하여 백성들의 군주가 되셨다.

簡은 擇也니 民擇湯而歸之라

'간(簡)'은 간택함이니, 백성들이 성탕을 간택하여 돌아간 것이다.

9. 愼厥麗(리)하여 乃勸하신대 厥民이 刑하여 用勸하니라

〈성탕이〉그 붙어사는 것을 삼가 권면하시자, 그 백성들이 본받아 권면하였다.

湯이 深謹其所依하여 以勸勉其民이라 故로 民皆儀刑而用勸勉也라 人君之於天下에 仁而已矣니 仁者는 君之所依也라 君仁이면 則莫不仁矣니라

성탕이 백성들이 의지하는 바를 깊이 삼가 이로써 백성들을 권면하였다. 이 때문에 백성들이 모두 이것을 의형(儀刑)하여 (본받아) 권면한 것이다. 인군은 천하에 있어서 인(仁)할 뿐이니, 인(仁)은 인군이 의지하는 것이다. 인군이 인하면 인하지 않음이 없는 것이다.

10. 以至于帝乙히 罔不明德, 愼罰하사 亦克用勸하시니라

〈성탕으로부터〉제을(帝乙)에 이르기까지 덕을 밝히고 형벌을 삼가지 않음이 없으시어 또한 능히 권면하셨다.

明德則民愛慕之하고 謹罰則民畏服之하나니 自成湯으로 至于帝乙히 雖歷世不同이나 而皆知明其德, 謹其罰이라 故로 亦能用以勸勉其民也라 明德, 謹罰은 所以謹厥麗也니 明德은 仁之本也요 謹罰은 仁之政也라

〈군주가〉덕을 밝히면 백성들이 사랑하여 사모하고, 〈군주가〉형벌을 삼가면 백성들이 두려워하여 복종하니, 성탕으로부터 제을에 이르기까지 비록 지나온 세대는 똑

같지 않으나 모두 덕을 밝히고 형벌을 삼갈 줄 알았다. 그러므로 또한 능히 그 백성들을 권면한 것이다. 덕을 밝히고 형벌을 삼감은 백성들이 그 붙어서 사는 것을 삼가는 것이니, 덕을 밝힘은 인의 근본이고, 형벌을 삼감은 인의 정사이다.

11. 要囚를 殄戮多罪도 亦克用勸이며 開釋無辜도 亦克用勸이니라

요수(要囚;중요한 죄수)를 판결함에 죄가 많은 자를 끊어 죽임도 또한 능히 권면하는 것이요, 죄가 없는 자를 열어 석방함도 또한 능히 권면하는 것이다.

德은 明之而已요 罰은 有辟焉하고 有宥焉이라 故로 再言辟而當罪도 亦能用以勸勉이요 宥而赦過도 亦能用以勸勉이라하니 言辟與宥 皆足以使人勉於善也라

덕(德)은 밝힐 뿐이요, 형벌은 죽임도 있고 용서함도 있다. 그러므로 다시 말씀하기를 "죽여서 죄에 합당함도 또한 능히 권면하는 것이요, 용서하여 잘못(과오)을 용서함도 또한 능히 권면하는 것이다." 하였으니, 죽이고 용서함이 모두 사람들로 하여금 선(善)을 권면하게 하는 것임을 말하였다.

12. 今至于爾辟하여 弗克以爾多方으로 享天之命하니라

이제 너희의 임금에 이르러 능히 너희 다방(多方)으로도 천명을 누리지 못하였다."

呂氏曰 爾辟은 謂紂也라 商先哲王이 世傳家法하여 積累維持如此어늘 今一旦至于汝君하여 乃以爾全盛之多方으로도 不克坐享天命而亡之하니 是誠可悶也라 天命至公하여 操則存하고 舍則亡이라 以商先王之多와 基圖之大로도 紂曾不得席其餘蔭하여 其亡忽焉이라 危微操舍[227]之幾를 周公所以示天下深矣시니 豈徒曰慰解之而已哉아

여씨가 말하였다. "이벽(爾辟)은 주(紂)를 이른다. 상나라의 선철왕들이 대대로 가법(家法)을 전하여 많이 쌓고 유지함이 이와 같았는데, 이제 하루아침에 너희 군주에 이르러 마침내 너희 전성(全盛)한 다방으로도 앉아서 천명을 누리지 못하고 망하였으

......

227 危微操舍: '위미(危微)'는 《서경》〈대우모(大禹謨)〉의 "인심은 위태롭고 도심은 은미하다.〔人心惟危, 道心惟微.〕"를 축약한 것이며, '조사(操舍)'는 《맹자》〈고자 상(告子上)〉의 "마음은 잡으면 보존되고 놓으면 잃어버린다.〔操則存, 舍則亡.〕"라는 공자의 말씀을 축약한 것이다.

... 戮 : 죽일 륙　辜 : 죄 고　辟 : 형벌 벽, 임금 벽　蔭 : 음덕 음

니, 이는 진실로 민망해 할 만한 것이다. 천명은 지극히 공정(公正)하여, 잡으면 보존되고 놓으면 잃는다. 그리하여 상나라 선왕의 많음과 기도(基圖;터를 닦고 도모함)의 큼으로도 주(紂)가 일찍이 그 여음(餘蔭;선조의 음덕)을 의지하지 못해서 그 망함이 갑작스러웠다. 위미(危微)와 조사(操舍)의 기미를 주공이 천하에 보여주심이 깊으니, 어찌 다만 위로하여 풀어주었을 뿐이라고 말하겠는가.”

13. **嗚呼**라 **王若曰**(하사대) **誥告爾多方**하노라 **非天**이 **庸釋有夏**며 **非天**이 **庸釋有殷**이시니라

　아! 왕이 이렇게 말씀하였다. “너희 다방에게 가르쳐 고하노라. 하늘이 하나라를 버리시려는데 뜻을 둔 것이 아니며, 하늘이 은나라를 버리시려는데 뜻을 둔 것이 아니다.

先言嗚呼而後言王若曰者는 **唐孔氏曰 周公**이 **先自歎息而後**에 **稱王命以誥之也**라하니라 **庸**은 **用也**니 **有心之謂**라 **釋**은 **去之也**라 **上文**에 **言夏殷之亡**하고 **因言非天有心於去夏**요 **亦非天有心於去殷**이라하고 **下文**에 **遂言乃惟桀紂自取亡滅也**하니라

　먼저 ‘오호(嗚呼)’를 말하고 뒤에 ‘왕약왈(王若曰)’을 말한 것은, 당나라 공씨가 말하기를 “주공이 먼저 스스로 탄식한 뒤에 왕명을 칭하여 고한 것이다.” 하였다. ‘용(庸)’은 씀이니, 마음을 둠을 이른다. ‘석(釋)’은 버림이다. 상문(上文)에 하나라와 은나라의 망함을 말하고, 인하여 하늘이 하나라를 버리시려는데 마음이 있었던 것이 아니며 또한 하늘이 은나라를 버리시려는데 마음이 있었던 것이 아님을 말씀하고, 하문(下文)에 마침내 바로 걸(桀)·주(紂)가 스스로 멸망을 취하였음을 말씀하였다.

○ **呂氏曰 周公**이 **先自歎息**하고 **而始宣布成王之誥告**는 **以見周公未嘗稱王也**라 **入此篇之始**하여 **周公曰、王若曰**이 **複語相承**하니 **書無此體也**요 **至於此章**하여는 **先嗚呼而後王若曰**하니 **書亦無此體也**라 **周公**이 **居聖人之變**하시니 **史官**이 **豫憂來世傳疑襲誤**하여 **蓋有竊之爲口實矣**라 **故**로 **於周公誥命終篇**에 **發新例二**하여 **著周公實未嘗稱王**하시니 **所以別嫌明微而謹萬世之防也**니라

　○ 여씨가 말하였다. “주공이 먼저 스스로 탄식하고 비로소 성왕의 고고(誥告)를 선포한 것은, 이는 주공이 일찍이 왕을 칭하지 않았음을 나타내려고 한 것이다. 이 편의 처음에 들어와 ‘주공왈(周公曰)’, ‘왕약왈(王若曰)’의 중복된 말이 서로 이어지니《서경》에 이러한 체제가 없고, 이 장(章)에 이르러는 ‘오호(嗚呼)’를 먼저 말하고 ‘왕약왈’

··· 襲 : 인습할 습 竊 : 훔칠 절

을 뒤에 말하였으니 《서경》에 또한 이러한 체제가 없다. 주공이 성인(聖人)의 변고(섭정)에 처하시니, 사관(史官)이 미리 내세(來世)가 의심스러움을 전하고 잘못될 말을 이어서 이것(섭정)을 도둑질하여 구실로 삼아 섭정하는 자가 있을까 근심하였다. 그러므로 주공의 고명(誥命) 마지막 편에 새로운 예(例) 두 가지를 말하여, 주공이 실제로 일찍이 왕을 칭하지 않았음을 나타내었으니, 혐의를 분별하고 은미함을 밝혀서 만세(萬世)의 대방(大防:큰 예법)을 삼간 것이다.

14. **乃惟爾辟**이 **以爾多方**으로 **大淫圖天之命**하여 **屑**(설) **有辭**하니라

　마침내 너희 군주가 너희 다방의 많음으로써 크게 음탕하여 하늘의 명을 도모해서 자질구레하게 변명하는 말을 두었다(하였다).

紂以多方之富로 **大肆淫泆**하여 **圖度**(탁) **天命**하여 **瑣屑有辭**[228]하니 **與多士言桀大淫泆有辭**로 **義同**이라 **殷之亡**이 **非自取乎**아 **以下二章推之**컨대 **此章之上**에 **當有缺文**[229]이라

　주(紂)가 다방의 많음으로써 크게 음일(淫泆)하여 천명을 도모해서 자질구레하게 변명하는 말을 하였으니, 〈다사(多士)〉에 "걸(桀)이 크게 음일하여 변명하는 말을 하였다."는 것과 뜻이 같다. 은나라의 멸망이 자취(自取)한 것이 아니겠는가. 아래 두 장을 가지고 미루어 보면 이 장(章)의 위에 마땅히 빠진 글이 있을 것이다.

15. **乃惟有夏 圖厥政**호되 **不集于享**[230]한대 **天降時喪**하사 **有邦**으로 **間之**하시

‥‥‥‥

228　**瑣屑有辭**: 경문의 '설유사(屑有辭)'를 부연 설명한 것으로, 호산은 《언해》의 해석에 '유설사(有屑辭;자질구레한 말이 있었다.)'로 해석하였으니, 잘못되었다.〔諺釋作有屑辭, 誤矣.〕"하였다. 《詳說》《언해》에는 '屑한 辭를 두니라'로 해석하여 '자잘한 말'로 풀이하였는바, 호산의 설을 따라 '자질구레하게 변명하는 말을 한 것'으로 수정 번역하였다.

229　**此章之上 當有缺文**: 오윤상은 《집전》에 '乃惟辟의 위에 궐문이 있다.' 하였는데, 내 생각에는 '嗚呼王若曰' 이하의 한 단락은 비록 하나라의 흥망을 말하였으나 실로 상나라와 주나라의 흥망을 위주하여 말하였으니, 어세(語勢)가 주(主;상나라와 주나라)에 자세하고 객(客;하나라)에 소략하지 않을 수가 없는 것이니, 궐문이 아닐 듯하다.〔傳曰, 乃惟辟之上, 有闕文, 竊意嗚呼王若曰以下一段, 雖言夏之興亡, 實主商周之興亡而言, 語勢不得不詳於主而略於客也, 恐非闕文.〕"하였다.

230　**不集于享**: 오윤상은 "이 〈다방〉에 모두 일곱 개의 향(享) 자가 있는데 《집전》에는 오직 15절의 '不集于享'을 향유(享有;누리고 소유함)의 '향'으로 해석하였는바, 마땅히 글(경문)을 따라 다르게 해석하여야 할 듯하다. 7절의 '不克永于多享'과 12절의 '多方享天之命'과 15절의 '不集于享'

‥‥　屑 : 자질구레할 설　泆 : 방탕할 일　瑣 : 자질구레할 쇄

니라

　바로 하나라가 그 정사를 도모하되 나라를 향유(享有)함에 모이지 못하자, 하늘이 이 멸망을 내리시어 유방(有邦;은나라)으로 대신하게 하신 것이다.

集은 萃也라 享은 享有之享이라 桀圖其政호되 不集于享하고 而集于亡이라 故로 天降是喪亂하여 而俾有殷代之하니 夏之亡이 非自取乎아

　'집(集)'은 모임이다. '향(享)'은 향유(享有;나라를 누려 소유함)의 향(享)이다. 걸이 정사를 도모하되 나라를 향유함에 모이지 못하고 멸망함에 모였다. 그러므로 하늘이 이 상란(喪亂)을 내려서 은나라로 하여금 대신하게 한 것이니, 하나라의 망함이 자취한 것이 아니겠는가.

16. **乃惟爾商後王**이 **逸厥逸**하여 **圖厥政**호되 **不蠲**(견)**烝**한대 **天惟降時喪**하시니라

　너희 상나라의 후왕(後王;주(紂))이 그 편안함으로써 편안하여 정사를 도모하되 깨끗하게 하지 못하고 앞으로 나아가지 못하자, 하늘이 이 멸망을 내리셨다.

蠲은 潔이요 烝은 進也라 紂以逸居逸하여 淫湎無度라 故로 其爲政이 不蠲潔而穢惡하고 不烝進而怠惰한대 天以是降喪亡于殷하니 殷之亡이 非自取乎아 此上三節은 皆應上文非天庸釋之語니라

　'견(蠲)'은 깨끗함이요, '증(烝)'은 나아감이다. 주(紂)가 편안함으로써 편안함에 거하여 음탕함에 빠져서 법도가 없었다. 그러므로 그 정사가 깨끗하지 못하여 더럽고 앞으로 나아가지 못하여 게을러지자, 하늘이 이 때문에 상망(喪亡)을 은나라에 내리신 것이니, 은나라의 망함이 자취한 것이 아니겠는가? 이 위의 세 절(節)은 다 상문(上文)에 '하늘이 버리시려는데 뜻을 둔 것이 아니다.'라는 말에 응한 것이다.

••••••

과 21절의 '周王享天之命'의 네 형(享) 자는 마땅히 향유(享有)의 '享'으로 해석하여야 하고, 29절의 '不克享, 凡民惟曰不享'은 〈낙고(洛誥)〉의 '의식(예의)이 올리는 물건에 미치지 못하면 이것을 불향(不享)이라 한다.'는 훈을 따라 마땅히 조향(朝享;조회하고 물건을 올림)으로 해석하여야 하고, 7절의 '不克明保享于民'은 〈함유일덕(咸有一德)〉의 '克享天心(능히 하늘의 마음에 합당하다.)'의 훈을 따라 마땅히 당(當) 자로 해석하여야 하니, 능히 보전하고 편안히 하여 민심(民心)에 합당하게 함을 말한 것이다." 하였다.

••• 萃 : 모일 췌　俾 : 하여금 비　蠲 : 깨끗할 견　烝 : 나아갈 증

17. 惟聖이라도 罔念하면 作狂하고 惟狂이라도 克念하면 作聖하나니 天惟五年
을 須暇之子孫하사 誕作民主어시늘 罔可念聽하니라

성(聖)스러운 사람이라도 생각하지 않으면 미친 사람이 되고, 미친 사람이라도 능히
생각하면 성인이 되니, 하늘이 5년 동안 은나라 자손에게 기다리고 여가를 주어 크게
백성의 군주가 되게 하셨으나 주(紂)는 생각하고 들을 만한 것이 없었다.

聖은 通明之稱이라 言聖而罔念則爲狂矣요 愚而能念則爲聖矣라 紂雖昏愚나 亦
有可改過遷善之理라 故로 天又未忍遽絶之하여 猶五年之久를 須待暇寬於紂하여
覬(개)其克念하여 大爲民主어시늘 而紂無可念可聽者라 五年은 必有指實而言이
니 孔氏牽合歲月者는 非是[231]라 或曰 狂而克念이면 果可爲聖乎아 曰 聖은 固未易
(이)爲也어니와 狂而克念이면 則作聖之功이 知所向方이니 太甲이 其庶幾矣인저 聖
而罔念이면 果至於狂乎아 曰 聖은 固無所謂罔念也어니와 禹戒舜曰 無若丹朱傲
하사 惟慢遊是好라하니 一念之差 雖未至於狂이나 而狂之理는 亦在是矣라 此人心
惟危니 聖人拳拳告戒가 豈無意哉시리오

  '성(聖)'은 통명(通明;통달하고 지혜가 밝음)함의 칭호이다. 성인이라도 생각하지 않
으면 광인이 되고 어리석은 자라도 능히 생각하면 성인이 됨을 말한 것이다. 주(紂)가
비록 혼우(昏愚)하나 또한 개과천선할 이치가 있었다. 그러므로 하늘이 또 차마 대번
에 끊지 못하여 오히려 5년의 오램을 주(紂)에게 주어 개과천선할 기간을 주어서 주가
능히 생각하여 크게 백성의 군주가 되기를 기다렸는데, 주는 생각하고 들을 만한 것
이 없었다. 5년은 반드시 실제를 가리켜 말한 것일 것이니, 공씨(孔氏)가 세월을 억지
로 끌어대어 맞춘 것은 옳지 않다.

  혹자가 말하기를 "광인이라도 능히 생각하면 과연 성인이 될 수 있겠는가?" 하기
에, 다음과 같이 대답하였다. "성인은 진실로 쉽게 될 수 없으나 광인이라도 능히 생
각하면 성인이 되는 공부가 향방(向方)을 알 것이니, 태갑(太甲)이 이에 가까울 것이
다." 혹자가 말하기를 "성인이라도 생각하지 않으면 과연 광인에 이르는가?" 하기에,

●●●●●●
231 孔氏牽合歲月者 非是 : 5년의 기간에 대해 공안국의 전(傳)은 '무왕이 문왕의 상에 거상(居
喪)한 3년에 회군(回軍)한 2년을 합한 것'으로 보았다. 소식(蘇軾)은 이를 따랐으나, 임지기(林之
奇)는 무왕이 은나라의 주(紂)를 정벌하기 전 5년으로 보았으며, 여조겸(呂祖謙)은 "5년은 무왕과
주공만이 알 수 있는 일이니, 해설하는 자가 억지로 세월[日月]을 끌어다가 그 숫자(5년)를 맞춘
것은 또한 천착(穿鑿)한 것이다." 하였다.

●●● 須 : 기다릴 수 覬 : 엿볼 개 牽 : 끌 견 拳 : 정성 권, 돌아볼 권

다음과 같이 대답하였다. "성인은 진실로 이른바 '생각하지 않는다'는 것이 없으나 우(禹)가 순(舜) 임금을 경계하기를 '단주(丹朱)처럼 오만하여 태만히 노는 것을 좋아하지 마소서.' 하였으니, 한 생각의 잘못이 비록 광인에 이르지는 않으나 광인이 되는 이치는 또한 여기에 있는 것이다. 이는 인심(人心)이 위태로운 것이니, 성인이 권권(拳拳;간곡)히 고하여 경계한 것이 어찌 뜻이 없으시겠는가."

18. 天惟求爾多方하사 大動以威하여 開厥顧天이어시늘 惟爾多方이 罔堪顧之하니라

하늘이 〈백성의 군주를〉 너희 다방에서 구해서 위엄으로 크게 진동하여 하늘의 돌보아주는 명을 받을 자를 개발하려고 하셨는데, 너희 다방은 하늘의 돌보아주는 명을 감당하지 못하였다.

紂旣罔可念聽이라 天於是에 求民主於爾多方하사 大警動以祿祥譴告之威하여 以開發其能受眷顧之命者어시늘 而爾多方之衆이 皆不足以堪眷顧之命也라

주(紂)가 이미 생각하고 들을 만한 것이 없었다. 하늘이 이에 백성의 군주를 너희 다방에서 구하여 재앙[祿祥]으로 크게 견고(譴告)하는 위엄을 가지고 경동(警動)해서 하늘의 돌보아주는 명을 받을 자를 개발하려고 하셨는데, 너희 다방의 무리가 모두 하늘의 돌보아주는 명을 감당하지 못하였다.

19. 惟我周王이 靈承于旅하사 克堪用德[232]하사 惟典神天이실새 天惟式教我用休하사 簡畀殷命하사 尹爾多方하시니라

우리 주왕(周王)이 백성(사람)들을 잘 받들어 능히 덕을 감당하여 써서 신(神)과 하늘을 주장하시기에, 하늘이 우리를 가르치시되 아름다움으로써 하여 〈우리 주왕을〉 간택해서 은나라의 명(命)을 주시어 너희 다방을 바로잡게 하셨다.

••••••

232 克堪用德:감(堪)은 감당함으로 보는 것이 옳을 듯하다. 《집전》에 '극감(克堪)'을 능승(能勝)으로 훈한 것도 '능히 감당해내는 것'으로 보아야 할 것이다. 그러나 뒤이어 '덕을 거행하는 자는 이길 수 없다.〔德擧者, 莫能勝也.〕'고 하였는데, 선유(先儒) 중에 이에 언급한 분이 없으니, 의심할 만하다.

••• 祿 : 흉할 침 眷 : 돌아볼 권 靈 : 잘할 령

典은 主요 式은 用也라 克堪者는 能勝之謂也라 德輶如毛하나 民鮮克擧之하니 言
德擧者를 莫能勝也라 文武善承其衆하여 克堪用德하시니 是誠可以爲神天之主矣
라 故로 天式敎文武하사되 用以休美하여 簡擇畀付殷命하여 以正爾多方也라 呂氏
曰 式敎用休者는 如之何而敎之也오 文武旣得乎天하시니 天德日新하여 左右逢
原하여 其思也若或起之하고 其行也若或翼之하시니 乃天之所以敎而用以昌大休
明者也요 非諄諄然而敎之也라 此章은 深論天下向者天命未定하여 眷求民主之
時에 能者則得之하니 孰有遏汝者리오 乃無一能當天之眷이라가 今天이 旣命我周
而定于一矣어늘 爾猶洶洶不靖은 欲何爲耶아하니 明指天命하여 而讋(섭)服四海
姦雄之心者 莫切於是하니라

'전(典)'은 주장함이요, '식(式)'은 씀이다. '극감(克堪)'은 능히 이겨냄을 이른다. 덕
(德)은 가볍기가 털과 같으나 백성(사람)들이 능히 거행하는 이가 적으니, 덕을 거행하
는 자를 이겨낼 수 없음을 말한 것이다. 문왕과 무왕은 그 백성들을 잘 받들어서 능히
덕을 감당하여 쓰시니, 이는 진실로 신(神)과 하늘의 주인이 될 수 있었다. 그러므로
하늘이 문왕·무왕을 가르치시되 아름다움으로써 하여, 간택해서 은나라의 명을 맡
겨 주어 너희 다방을 바로잡게 한 것이다.

여씨(呂氏)가 말하였다. "가르치되 아름다움으로써 하였다는 것은 어떻게 하여 가
르친 것인가? 문왕·무왕이 이미 하늘에 명을 얻으셨으니, 하늘의 덕이 날로 새로워
져 좌우에서 근원을 만나 그 생각함에 혹 일으켜 주는 듯하고 그 행함에 혹 도와주는
듯하였으니, 이는 하늘이 가르쳐 주어서 창대(昌大)하고 휴명(休明)하게 한 것이요, 순
순연(諄諄然:간곡하게)히 가르쳐 준 것이 아니다."

이 장(章)은 '천하가 지난번에 천명이 아직 정해지지 않아서 하늘이 백성의 군주를
돌보아 구할 때에 유능한 자이면 천명을 얻을 수 있었으니, 누가 너를 막는 자가 있었
겠는가. 그런데 마침내 한 사람도 하늘의 돌봄을 감당하는 자가 없다가 이제 하늘이
이미 우리 주나라에게 명하여 통일시켰는데, 너희들은 아직도 흉흉하여 안정되지 않
음은 무엇을 하고자 하는 것인가'라고 깊이 논한 것이다. 천명(天命)을 분명히 가리켜
서 사해(四海)의 간웅(姦雄)들의 마음(야심)을 두렵게 하고 복종시킴이 이보다 간절한
것이 없다.

20. 今我는 曷敢多誥리오 我惟大降爾四國民命하니라
이제 나는 어찌 감히 많이 가르치겠는가. 나는 너희 죄를 크게 강등하여 너희 사국의

··· 輶:가벼울 유 翼:도울 익 諄:간곡할 순 遏:막을 알 洶:물결흉할 흉 讋:두려울 섭

백성들의 목숨을 살려주었다.

言今我何敢如此多誥리오 我惟大降宥爾四國民命이라하니 擧其宥過之恩하여 而
責其遷善之實也라

　'이제 내가 어찌 감히 이와 같이 많이 가르치겠는가. 나는 오직 죄를 크게 강등하
여 너희 사국 백성들의 목숨을 용서했다.' 하였으니, 허물을 용서한 은혜를 들어 개과
천선의 실제를 책한 것이다.

21. 爾는 曷不忱裕之于爾多方고 爾는 曷不夾介乂我周王享天之命고 今
爾尙宅爾宅하며 畋(전)爾田하나니 爾는 曷不惠王하여 熙天之命고
　너희는 어찌하여 너희 다방에게 성실하고 관유(寬裕)하게 하지 않는가. 너희는 어찌
하여 군주의 일을 다스려 우리 주왕(周王)이 천명을 누리는 것을 협조하고 돕지 않는
가. 지금 너희가 아직도 너희 집에 거주하며 너희 토지를 경작하고 있으니, 너희는 어
찌하여 왕실에 순종하여 천명을 넓히지 않는가.

夾은 夾輔之夾이요 介는 賓介之介라 爾何不誠信寬裕於爾之多方乎아 爾何不夾
輔介助我周王享天之命乎[233]아 爾之叛亂을 據法定罪하면 則潴(저)其宅하고 收其
田이 可也어늘 今爾猶得居爾宅하고 耕爾田하니 爾何不順我王室하여 各守爾典하
여 以廣天命乎아 此三節은 責其何不如此也라

　'협(夾)'은 협보(夾輔;좌우에서 보필함)의 협(夾)이고, '개(介)'는 빈개(賓介;부이(副貳)
가 되어 주인을 도와줌)의 개(介)이다. 너희는 어찌하여 너희 다방에게 성신(誠信)하고 관
유(寬裕)하게 하지 않는가. 너희는 어찌하여 〈군주의 일을 다스려〉 우리 주왕(周王)이
천명을 누리는 것을 협보하고 개조(介助)하지 않는가. 너희들의 반란을 법에 의거하여
죄를 단정한다면 그 집에 못을 파고 그 토지를 환수하는 것이 옳은데, 이제 너희가 아
직도 너희 집에 거주하고 너희 토지를 경작하고 있으니, 너희는 어찌하여 우리 왕실

••••••
233 爾何不夾輔介助我周王享天之命乎 : 경문의 '爾曷不夾介乂我周王享天之命'을 부연 설명한 것
으로, 호산은 《집전》의 훈석(訓釋)에 예(乂) 자를 생략함은 어째서인가?" 하고, 진대유(陳大猷)
의 '예아주왕(乂我周王)은 그 군주의 일을 다스림을 이른다.〔謂治其君之事〕'란 말을 인용하였다.
《詳說》이에 따라 경문과 《집전》을 보충 번역하였다.

•••　忱 : 정성 침　夾 : 도울 협　介 : 도울 개　畋 : 농사지을 전　潴 : 못 저

을 순종하여 각각 너희 법을 지켜서 천명을 넓히지 않는가. 이 세 절(節)은 어찌하여
이와 같이 하지 않느냐고 책망한 것이다.

22. 爾乃迪屢不靜하나니 爾心未愛아 爾乃不大宅天命가 爾乃屑播天命가 爾乃自作不典하여 圖忱于正가

　네가 여러 번 안정(安靜)하지 못함을 행하니, 너희 마음이 〈네 자신을〉 사랑하지 않
는가. 너희는 천명을 크게 편안히 여기지 않는가. 너희는 천명을 하찮게 버리는가. 너
희는 스스로 불전(不典:불법)을 저지르면서 바르다고 믿어주기를 도모하는가.

爾乃屢蹈不靜[234]하여 自取亡滅하니 爾心이 其未知所以自愛耶아 爾乃大不安天命
耶아 爾乃輕棄天命耶아 爾乃自爲不法하여 欲圖見信于正者를 以爲當然耶아 此
四節은 責其不可如此也라

　네가 여러 번 안정(安靖)하지 못함을 행하여 스스로 멸망을 취하니, 너희 마음이
네 자신을 사랑하는 바를 알지 못하는가. 너희는 스스로 천명을 크게 편안히 여기지
않는가. 너희는 천명을 가볍게 버리는가. 너희는 스스로 불법을 저지르면서 바르다고
믿어 주기를 도모하려 함을 당연하다고 여기는가. 이 네 절(節)은 이와 같이 해서는
안 됨을 책한 것이다.

23. 我惟時其教告之하며 我惟時其戰要囚之호되 至于再하며 至于三하니 乃有不用我의 降爾命하면 我乃其大罰殛之하리니 非我有周 秉德不康寧이라 乃惟爾自速辜니라

　내가 이렇게 가르쳐 고하며, 내가 이렇게 조심하여 죄수를 결단하되 재심(再審)에 이
르고 삼심(三審)에 이르노라. 너희들이 내가 목숨을 내려줌(살려줌)을 따르지 않으면
내 크게 형벌하여 죽일 것이니, 우리 주나라가 덕(마음)을 잡음이 강녕(康寧:안정)하지
않은 것이 아니라, 바로 너희가 스스로 죄를 부르는 것이다.”

・・・・・・
234 爾乃迪屢不靜 : 추계우(鄒季友)는 “〈강고(康誥)〉의 ‘적루(迪屢)’와 해석이 다르니, 마땅히 앞
의 설을 따라야 한다.” 하였다.《詳說》《집전》에 위 〈강고〉에서는 ‘迪之者雖屢;인도한 것이 비록 여
러 번이었으나’로 부연 설명하였는바, 여기서는 우선《언해》의 “네 자주 不靜을 迪하나니”를 따라
번역하였음을 밝혀둔다.

・・・　屢 : 여러 루　殛 : 죽일 극

我惟是教告而誨諭之하고 我惟是戒懼而要囚之호되 今至于再, 至于三矣로라 爾
不用我降宥爾命하고 而猶狃於叛亂反覆하면 我乃其大罰殛殺之하리니 非我有周
持德不安靜이라 乃惟爾自爲凶逆하여 以速其罪耳니라

　　내가 이렇게 가르쳐 타이르며, 내가 이렇게 계구(戒懼)하여(조심하여) 죄수를 결단
하되 이제 재심에 이르고 삼심에 이르노라. 너희들이 내가 너희들의 죄를 강등(감형)
하여 너희 목숨을 용서함을 따르지 않고 오히려 반란과 번복을 익히면 내 크게 너희
를 벌하여 죽일 것이니, 우리 주나라가 덕을 잡음이 안정하지 않은 것이 아니라, 바로
너희 스스로 흉역(凶逆)을 저질러서 그 죄를 부르는 것이다.

24. 王曰 嗚呼라 猷라 告爾有方多士와 曁殷多士하노라 今爾奔走臣我監이
五祀니라(어니라)

　　왕이 말씀하였다. "아! 너희 유방(有方)의 많은 선비와 은나라의 많은 선비에게 고하
노라. 이제 너희가 분주히 우리 감(監)에게 신하 노릇한 지가 오사(祀;5년)이다.

監은 監洛邑之遷民者也라 猶諸侯之分民하여 有君道焉하니 所以謂之臣我監也라
言商士遷洛하여 奔走臣服我監이 於今五年矣라 不曰年而曰祀者는 因商俗而言
也라 又按成周既成에 而成王即政하고 成王即政에 而商奄繼叛하니 事皆相因하여
纔一二年耳어늘 今言五祀하니 則商民之遷이 固在作洛之前矣 尤爲明驗이니라

　　'감(監)'은 낙읍(洛邑)으로 옮겨온 백성을 감독하는 자이다. '감(監)'은 제후가 백성
을 나누어 다스리는 것과 같아서 군주의 도(道)가 있으니, 이 때문에 '우리 감에게 신
하 노릇하였다.'고 말한 것이다. 상나라 선비가 낙읍으로 옮겨와서 분주히 우리 감에
게 신하로 복종한 지가 지금 5년이 되었다고 말한 것이다. 연(年)이라 말하지 않고 '사
(祀)'라고 말한 것은 상나라의 풍속을 따라서 말한 것이다.
　　또 살펴보건대 성주(成周)가 이미 이루어지자 성왕(成王)이 정사에 나아갔고(친정을
하였고), 성왕이 정사에 나아가자 상(商)·엄(奄)이 뒤이어 반란하였으니, 일이 모두 서
로 이어져서 겨우 1～2년 사이인데, 이제 5사(祀)라고 말하였으니, 그렇다면 상나라
백성을 옮긴 것이 진실로 낙읍을 짓기 이전에 있었음이 더욱 분명한 증거가 된다.

25. 越惟有胥、伯、小大多正아 爾罔不克臬(얼)이어다

　　서(胥)와 백(伯)과 대소(大小)의 많은 정(正)들아! 너희들은 일을 잘하지 않음이 없도

••• 誨:가르칠회 諭:가르칠유 狃:익힐뉴 曁:및기 纔:겨우재 胥:아전서 臬:일얼

록 할지어다.

臬은 事也라 周官은 多以胥以伯以正爲名[235]하니 胥、伯、小大衆多之正은 蓋殷多
士授職於洛하여 共長治遷民者也라 其奔走臣我監이 亦久矣니 宜相體悉하여 竭
力其職이요 無或反側偸(투)惰而不能事也라

　'얼(臬)'은 일이다. 주나라 관직은 서(胥)와 백(伯)과 정(正)으로 이름을 삼은 것이
많으니, 서와 백과 대소(大小)의 많은 정(正)은 은나라의 많은 선비로 낙읍에서 직책을
주어 함께 우두머리가 되어 옮겨온 백성들을 다스리는 자이다. 분주히 우리 감(監)에
게 신하 노릇한 지가 또한 오래이니, 마땅히 서로 체득하고 알아서 그 직책에 힘을 다
할 것이요, 혹시라도 반측(反側)하고 게을러 일을 잘하지 않음이 없어야 할 것이다.

26. 自作不和하니 爾惟和哉어다 爾室이 不睦하니 爾惟和哉어다 爾邑克明이
라사 爾惟克勤乃事니라
　스스로 불화(不和)를 저지르니, 너희가 화(和)하게 할지어다. 너희 집안이 화목하지
못하니, 너희가 화목하게 할지어다. 너희 고을이 능히 밝아야 너희가 능히 너희의 일
을 부지런히 할 것이다.

心不安靜이면 則身不和順矣요 身不安靜이면 則家不和順矣라 言爾惟和哉者는
所以勸勉之也라 和其身하고 睦其家而後에 能協于其邑이요 驩然有恩以相愛하고
粲然有文以相接하여 爾邑克明이라야 始爲不負其職하여 而可謂克勤乃事矣라 前
旣戒以罔不克臬이라 故로 以克勤乃事로 期之也니라
　마음이 안정되지 못하면 몸이 화순(和順)하지 못하고, 몸이 안정되지 못하면 집안
이 화순하지 못하다. 너희가 화목하게 하라고 말한 것은 권면한 것이다. 그 몸을 화하
게 하고 그 집안을 화목하게 한 뒤에야 그 고을을 화합하게 할 수 있으며, 즐겁게 은
혜로써 서로 사랑하고 찬란하게 문채로써 서로 접함이 있어서 너의 고을이 능히 밝아
져야 비로소 그 직책을 저버리지 아니하여, 능히 너희 일을 부지런히 한다고 이를 수

235　周官多以胥以伯以正爲名 : 서(胥)는 재주와 지혜가 있는 자이고 백(伯)과 정(正)은 모두 장
(長)의 뜻으로, 대서(大胥)·소서(小胥)·상서(象胥)·종백(宗伯)·궁정(宮正)·주정(酒正)의 따위를
이른다.

···　偸 : 도적질할 투, 구차할 투　驩 : 기쁠 환　粲 : 밝을 찬

있는 것이다. 앞에 이미 '일을 잘하지 않음이 없어야 한다.'고 경계하였으므로 너의 일을 부지런히 하라는 것으로 기대한 것이다.

27. 爾尙不忌于凶德하여 亦則以穆穆으로 在乃位하며 克閱于乃邑하여 謀介하라

너희는 부디 〈완악한 백성들의〉 흉덕(凶德)을 두려워하지 말고 또한 온화하고 공경함으로써 너의 지위에 거하며, 너의 고을에서 어진 사람을 잘 간택하여 도움을 받도록 하라.

忌는 畏也라 穆穆은 和敬貌라 頑民이 誠可畏矣나 然如上文所言爾多士 庶幾不至畏忌頑民凶德하여 亦則以穆穆和敬으로 端處爾位하여 以潛消其悍逆悖戾之氣하고 又能簡閱爾邑之賢者하여 以謀其助하면 則民之頑者 且革而化矣리니 尙何可畏之有哉아 成王이 誘掖商士之善하여 以化服商民之惡하니 其轉移感動之機가 微矣哉인저

'기(忌)'는 두려워함이다. '목목(穆穆)'은 화하고 공경하는 모양이다. 완악한 백성이 진실로 두려울 만하나 상문(上文)에 말한 바와 같이 너희의 많은 선비들이 거의 완악한 백성의 흉덕(凶德)을 두려워함에 이르지 않고, 또한 목목(穆穆)히 화경(和敬)함으로써 너의 지위에 단정히 처해서 그 한역(悍逆)하고 패려(悖戾)한 기운을 은근히 사라지게 하고, 또 너의 고을의 현자(賢者)들을 잘 간택하여 도와주도록 도모하면 백성 중에 완악한 자들이 장차 고쳐져서 교화될 것이니, 이렇게 하고도 어찌 두려워할 것이 있겠는가. 성왕이 상나라 선비 중에 선(善)한 자들을 유액(誘掖;잘 유도함)하여 상나라 백성 중에 악한 자들을 교화시키니, 전이(轉移)하고 감동하는 기틀이 은미(미묘)하다.

28. 爾乃自時洛邑으로 尙永力畋爾田하면 天惟畀矜爾하시며 我有周도 惟其大介賚爾하여 迪簡在王庭호리니 尙爾事어다 有服이 在大僚리라

너희가 이 낙읍으로부터 부디 길이 힘써서 너의 토지를 경작하면 하늘이 너희들을 도와주고 가엾게 여기실 것이며, 우리 주나라도 크게 너희들을 믿고 가엾게 여겨서 계도(啓導)하고 선발하여 왕의 조정〔王庭〕에 있게 할 것이니, 부디 너희들의 일을 힘쓸지어다. 일함이 대료(大僚;대관(大官))에 있을 것이다."

••• 悍 : 사나울 한　戾 : 어그러질 려　掖 : 부축할 액　賚 : 줄 뢰

爾乃自時洛邑_{으로} 庶幾可以保有其業_{하여} 力畋爾田_{하면} 天亦將畀予矜憐於爾_요
我有周도 亦將大介助賚錫於爾_{하여} 啓迪簡拔_{하여} 置之王朝矣_{리니} 其庶幾勉爾之
事_{어다} 有服在大僚가 不難至也라 多士篇_에 商民_이 嘗以夏迪簡在王庭_{하며} 有服
在百僚_로 爲言_{이라} 故_로 此因以勸勵(勵)之也라

  너희가 이 낙읍으로부터 부디 생업을 보유하여 힘써 너의 토지를 경작하면 하늘이
또한 장차 너희들을 도와주고 가엾게 여길 것이요, 우리 주나라 역시 장차 너희를 크
게 도와주어 계도하고 선발하여 왕의 조정에 둘 것이니, 부디 너희의 일을 힘쓸지어
다. 일함이 대료(大僚)에 있는 것이 이르기 어렵지 않을 것이다. 〈다사(多士)〉에 상나라
백성들이 일찍이 "하나라의 신하들을 계도하고 선발하여 상왕(商王)의 조정에 있었으
며, 일하는 자들이 백료(百僚)에 있었다."고 말하였으므로, 여기에서는 인하여 권면한
것이다.

29. 王曰 嗚呼라 多士아 爾不克勸忱(침)我命_{하면} 爾亦則惟不克享_{이라} 凡
民惟曰不享_{이라하리니} 爾乃惟逸惟頗_{하여} 大遠王命_{하면} 則惟爾多(方)[士]
探天之威라 我則致天之罰_{하여} 離逖爾土_{호리라}

  왕이 말씀하였다. "아! 많은 선비들아. 너희가 능히 나의 명을 권면하고 믿지 않으
면 너희들 또한 능히 윗사람을 잘 받들지(조향(朝享)하지) 못하는 것이다. 모든 백성들
이 굳이 윗사람을 잘 받들지 않아도 된다고 말할 것이니, 너희가 마침내 안일하고 편
벽되어 크게 왕명을 멀리하면(어기면) 너희 많은 선비(인사)들이 하늘의 위엄을 취하는
것이다. 나는 하늘의 벌을 내려서 너희가 살던 땅을 떠나 멀리 가게 할 것이다."

誥告將終_{일새} 乃歎息言 爾多士如不能相勸信我之誥命_{이면} 爾亦則惟不能享上
_{이라} 凡爾之民_이 亦惟曰上不必享矣_{라하리니} 爾乃放逸頗僻_{하여} 大違我命_{이면} 則
惟爾多士 自取天威라 我亦致天之罰_{하여} 播流蕩析_{하여} 俾爾離遠爾土矣_{리니} 爾
雖欲宅爾宅_{하고} 畋爾田_{이나} 尙可得哉아 多方_은 疑當作多士라 上章_엔 旣勸之以
休_{하고} 此章則董之以威_{하니} 商民_이 不惟有所慕而不敢違越_{이라} 且有所畏而不敢
違越矣_{리라}

  고고(誥告)가 장차 끝나려 하므로 마침내 탄식하고 말씀하기를 "너희 많은 선비들
이 만일 나의 고명을 서로 권면하고 믿지 않으면 너희들 또한 윗사람을 잘 받들지 못
하는 것이다. 무릇 너희 백성들 또한 말하기를 '윗사람을 굳이 잘 받들 것이 없다.'고

할 것이니, 너희가 방일(放逸)하고 편벽[頗僻]되어 나의 명령을 크게 어기면 너희 많은 선비가 스스로 하늘의 위엄을 취하는 것이다. 나 또한 하늘의 벌을 내려서 유리(流離)하고 흩어지게 하여 너희들로 하여금 너희가 살던 땅을 떠나 멀리 가게 할 것이니, 〈이렇게 되면〉 너희가 비록 너희 집에 거주하고 너희 토지를 경작하고자 하나 오히려 될 수 있겠는가."라고 하였다. 여기의 '다방(多方)'은 의심컨대 마땅히 '다사(多士)'가 되어야 할 듯하다.

상장(上章)에서는 이미 권면하기를 아름다움으로써 하였고, 이 장에서는 책하기를 위엄으로써 하였으니, 상나라 백성들이 단지 사모하는 바가 있어 감히 어기지 못할 뿐만 아니라, 또 두려워하는 바가 있어 감히 어기지 못할 것이다.

30. 王曰 我不惟多誥라 我惟祗告爾命이니라

왕이 말씀하였다. "내가 너희들에게 많이 고하려는 것이 아니라, 나는 너희들에게 권면하는 명령[誥命]을 공경히 고할 뿐이다."

我豈若是多言哉아 我惟敬告爾以上文勸勉之命而已라

내 어찌 이와 같이 말을 많이 하려는 것이겠는가. 나는 너희에게 상문(上文)에 권면하는 명령을 공경히 고할 뿐이다.

31. 又曰 時惟爾初니 不克敬于和하면 則無我怨하리라

또다시 말씀하였다. "이는 너희가 처음 새롭게 출발하는 것이니, 화(和)함에 공경하지 않으면 나를 원망하지 못할 것이다."

與之更始라 故로 曰時惟爾初也라하니라 爾民至此에도 苟又不能敬于和하여 猶復乖亂하면 則自底(지)誅戮이니 毋我怨尤矣라 開其爲善하고 禁其爲惡하니 周家忠厚之意를 於是篇에 尤爲可見이니라

백성과 더불어 다시 시작하므로 '이는 너희가 처음 새롭게 출발하는 것'이라고 말한 것이다. 너희 백성들이 이에 이르러도 만일 화함에 공경하지 아니하여 아직도 다시 괴란(乖亂)한 짓을 하면 스스로 주륙(誅戮)에 이르는 것이니, 나를 원망하지 못할 것이다. 선(善)을 하도록 열어주고 악(惡)을 함을 금하였으니, 주나라의 충후(忠厚)한 뜻을 이 편에서 더욱 볼 수 있다.

○ 呂氏曰 又曰二字는 所以形容周公之惓惓斯民하사 會已畢而猶有餘情하고 誥已終而猶有餘語하니 顧眄(면)之光이 猶曄(엽)然溢於簡册也니라

○ 여씨(呂氏)가 말하였다. '우왈(又曰)' 두 글자는 주공이 이 백성들을 연연해〔惓惓〕하여, 모임이 이미 끝났는데도 오히려 남은 정이 있고 가르치는 고명(誥命)이 이미 끝났는데도 오히려 남은 말씀이 있음을 형용한 것이니, 돌아보는 광채가 아직도 간책(簡册)에 분명히 넘쳐흐른다.

書經集傳 下

〈입정(立政)〉

吳氏曰 此書는 戒成王以任用賢才之道로되 而其旨意는 則又上戒成王專擇百官有司之長이니 如所謂常伯、常任、準人等云者라 蓋古者에 外之諸侯는 一卿을 已命於君하고 內之卿大夫는 則亦自擇其屬하니 如周公以蔡仲爲卿士하고 伯冏(경)謹簡乃僚之類라 其長旣賢이면 則其所擧用이 無不賢者矣리라 葛氏曰 誥體也라하니 今文古文皆有하니라

　　오씨(吳氏)가 말하였다. "이 글은 성왕(成王)에게 현재(賢才:어진이와 재주 있는 자)를 임용하는 방도를 경계한 것인데, 그 뜻은 또 위로 오로지 성왕에게 백관(百官)과 유사(有司)의 장(長)을 잘 선택할 것을 경계한 것이니, 이른바 상백(常伯)·상임(常任)·준인(準人) 등과 같은 것이다. 옛날에 밖의 제후는 한 명의 경(卿)을 군주(천자)에게서 임명받고 안(천자국)의 경대부(卿大夫)는 또한 스스로 그 관속(官屬)을 가려 뽑았으니, 주공이 채중(蔡仲)을 경사(卿士)로 삼고 백경(伯冏)이 관료를 삼가 간발한 것과 같은 따위이다. 그 장(長)이 이미 어질면 들어 쓰는 바가 현자가 아님이 없을 것이다."

　　갈씨(葛氏)는 "고체(誥體)이다." 하였으니, 금문(今文)과 고문(古文)에 모두 있다.

【小序】 周公이 作立政하니라

　　주공이 〈입정〉을 지었다.

1. 周公若曰 拜手稽首하여 告嗣天子王矣로이다 用咸戒于王曰 王左右는 常伯과 常任과 準人[236]과 綴(추)衣와 虎賁이니이다 周公曰 嗚呼라 休茲나 知恤이 鮮哉니이다

　　주공이 다음과 같이 말씀하였다. "배수계수(拜手稽首:손이 땅에 닿아 절하고 머리를 조아림)하여 사천자(嗣天子)인 왕께 아뢰옵니다." 〈여러 관원들과〉 함께 왕에게 경계하기를 "왕의 좌우에 있는 신하는 상백(常伯)과 상임(常任)과 준인(準人)과 추의(綴衣)와 호분

236 常伯 常任 準人:오윤상은 "여씨가 '상백과 상임, 준인은 군주를 보상(輔相)하는 직임의 별명이다.' 하였으니, 이 설이 매우 옳다. 그러므로 이 편 가운데 상백을 혹 목부(牧夫)·목인(牧人)이라 칭하고 상임을 혹 임인(任人)이라 칭하고 준인을 혹 준부(準夫)라 칭한 것이니, 만일 관직의 정해진 명칭이라면 어찌 이와 같을 수 있겠는가.〔呂氏以常伯常任準人, 爲輔相之別名, 此說甚是. 故篇中常伯或稱牧夫牧人, 常任或稱任人, 準人或稱準夫, 若官職之定名, 豈若是乎.〕" 하였다.

··· 冏 : 밝을 경　綴 : 꿰맬 추　賁 : 날랠 분

(虎賁)입니다." 하였다. 주공이 말씀하였다.

"아! 이 관직이 아름다우나 〈적임자를 얻음을〉 근심할 줄을 아는 자가 적습니다.

此篇은 周公所作이나 而記之者周史也라 故로 稱若日이라 言周公帥羣臣하여 進戒
于王하여 贊之日 拜手稽首하여 告嗣天子王矣라하니 羣臣이 用皆進戒日 王左右
之臣은 有牧民之長日常伯이요 有任事之公卿日常任이요 有守法之有司日準人이
며 三事之外에 掌服器者日綴衣요 執射御者日虎賁[237]이니 皆任用之所當謹者라하
니라 周公이 於是에 歎息言日 美矣此官이나 然知憂恤者 鮮矣라하시니 言五等官職
之美나 而知憂其得人者 少也라 吳氏日 綴衣、虎賁은 近臣之長也니라 葛氏日 綴
衣는 周禮司服之類요 虎賁은 周禮之虎賁氏也니라

이 편(篇)은 주공이 지은 것이나, 기록한 자는 주나라 사관(史官)이므로 '약왈(若
日)'이라고 칭한 것이다. 주공이 군신(羣臣)들을 거느리고 왕에게 경계 말씀을 올려 돕
기를 "배수계수하여 사천자(嗣天子)인 왕께 고합니다." 하니, 여러 신하들이 모두 경계
를 올려, "왕의 좌우에 있는 신하는 백성을 기르는 장(長)으로 상백(常伯)이 있고, 일을
맡은 공경(公卿)으로 상임(常任)이 있고, 법을 지키는 유사(有司)로 준인(準人)이 있으
며, 삼사(三事)의 밖에 의복과 기물을 관장하는 자는 추의(綴衣)이고, 활 쏘고 말 모는
것을 관장하는 자는 호분(虎賁)이니, 모두 임용함에 마땅히 삼가야 할 자들입니다."라
고 하였다. 주공이 이에 탄식하고 말씀하기를 "이 관직이 아름다우나 근심할 줄을 아
는 자가 적습니다." 하였으니, 다섯 등급의 관직이 아름다우나 그 인물을 얻음을 근심
할 줄을 아는 자가 적다고 한 것이다.

오씨(吳氏)가 말하였다. "추의와 호분은 근신(近臣)의 장(長)이다."

갈씨(葛氏)가 말하였다. "추의는 《주례》의 사복(司服) 따위이고, 호분은 《주례》의 호
분씨(虎賁氏)이다."

2. **古之人**이 迪하니 **惟有夏乃有室大競**하여 **籲**(유)**俊尊上帝**하니 **迪知忱恂**

----

237 執射御者日虎賁：《주례》〈하관(夏官)〉에 호분씨(虎賁氏)는 왕을 앞뒤에서 수행하며 왕이 외
출하면 왕의 마굿간을 지키고 왕이 서울에 있으면 왕궁(王宮)을 지키고 나라에 큰 일이 있으면 왕
문(王門)을 지킬 뿐, 활 쏘고 말 모는 일을 잡는 일이 없다. 또 여분(旅賁)이 있는데 창과 방패를
잡고 왕의 수레를 좌우에서 수행하는 임무를 맡고 있어, 《집전》의 내용과 다르다.

••• 競 : 강할 경 · 籲 : 부를 유　恂 : 믿을 순

(침순)**于九德**[238]**之行**하여 **乃敢告教厥后曰 拜手稽首后矣**로이다 **曰 宅乃事**하며 **宅乃牧**하며 **宅乃準**이라사 **茲惟后矣**니이다 **謀面**하여 **用丕訓德**이라하여 **則乃宅人**하면 **茲乃三宅**에 **無義民**하리이다

　옛사람들은 이 도(道)를 잘 행하였으니, 하나라가 왕실이 크게 강하자 준걸스러운 자들을 불러 상제를 높이 섬겼으니, 구덕(九德)의 행실을 실천하여 알고 참으로 믿고서 마침내 감히 그 임금에게 고하고 가르치기를 "임금님께 배수계수합니다. 〈구덕(九德)을 가진 인사들을 등용하여〉 당신의 사(事;상임)에 앉히고 당신의 목(牧;상백)에 앉히고 당신의 준(準;준인)에 앉히셔야 훌륭한 임금님이 될 수 있습니다. 만일 얼굴만 보고 도모하여 덕(德)에 크게 순하다고 여겨서 마침내 나쁜 사람을 이 자리에 앉히면 이 삼택(三宅)에 의민(義民;현자(賢者))이 없을 것입니다."

古之人이 **有行此道者**하니 **惟有夏之君**이 **當王室大强之時**하여 **而求賢以爲事天之實也**라 **迪知者**는 **蹈知而非苟知也**요 **忱恂者**는 **誠信而非輕信也**라 **言夏之臣**이 **蹈知誠信于九德之行**하고 **乃敢告教其君**이라 **曰拜手稽首后矣云者**는 **致敬以尊其爲君之名也**요 **曰宅乃事, 宅乃牧, 宅乃準, 茲惟后矣云者**는 **致告以敍其爲君之實也**라 **茲者**는 **此也**니 **言如此而後可以爲君也**니 **卽皐陶與禹言九德之事**라 **謀面者**는 **謀人之面貌也**라 **言非迪知忱恂于九德之行**이요 **而徒謀之面貌**하여 **用以爲大順於德**이라하여 **乃宅而任之**니 **如此則三宅之人**이 **豈復有賢者乎**아

　옛사람이 이 도를 행한 자가 있으니, 하(夏)나라의 군주(우왕)가 왕실이 크게 강할 때를 당하여 현자(賢者)를 구해서 하늘을 섬기는 실제로 삼았다. '적지(迪知)'는 실천하여 알고 구차히 아는 것이 아니며, '침순(忱恂)'은 진실로 믿고 가벼이 믿는 것이 아니다. 하나라의 신하들이 구덕(九德)의 행실을 실천하여 알고 참으로 믿고서 감히 그 군주에게 고하고 가르쳤음을 말한 것이다. 임금님께 배수계수하였다고 말한 것은 공경을 지극히 하여 군주가 된 명칭을 높인 것이며, '당신의 사(事)에 앉히고 당신의 목(牧)에 앉히고 당신의 준(準)에 앉히셔야 훌륭한 임금님이 될 수 있다.'고 말한 것은 고함을 지극히 하여 군주가 된 실제를 서술한 것이다. '자(茲)'는 이것이니, 이와 같이 한 뒤에야 군주가 될 수 있음을 말한 것이니, 바로 고요(皐陶)가 우(禹)와 함께 말한 구덕

・・・・・・

238　九德：아홉 가지 덕으로, 위 〈고요모(皐陶謨)〉에 보이는 고요의 말이다.

(九德)의 일이다. '모면(謀面)'은 사람의 얼굴과 모양만 보고 도모하는 것이니, 구덕의 행실을 실천하여 알고 참으로 믿지 않고서 한갓 얼굴과 모양만 보고 도모하여 덕에 크게 순하다고 여겨서 마침내 이들을 자리에 앉혀 임명하면 이와 같이 할 경우 삼택 (三宅)의 사람이 어찌 다시 현자가 있겠는가.

蘇氏曰 事는 則向所謂常任也요 牧은 則向所謂常伯也요 準은 則向所謂準人也라 一篇之中에 所論宅、俊者 參差(치)不齊나 然大要는 不出是三者요 其餘는 則皆小 臣百執事也니라 吳氏曰 古者에 凡以善言語人을 皆謂之敎니 不必自上敎下而後 謂之敎也니라

소씨(蘇氏)가 말하였다. "사(事)는 위에서 말한 상임(常任)이고, 목(牧)은 위에서 말한 상백(常伯)이고, 준(準)은 위에서 말한 준인(準人)이다. 한 편의 가운데에 논한 택 (宅)과 준(俊)이 서로 어긋나서 똑같지 않다. 그러나 대요(大要)는 이 세 가지에 벗어나 지 않고 그 나머지는 모두 작은 신하로 여러 집사(執事)들이다."

오씨(吳氏)가 말하였다. "옛날에 무릇 선한 말로 사람을 가르침을 다 교(敎)라 하였 으니, 반드시 위에서 아래를 가르친 뒤에야 교라고 하지는 않았다."

3. 桀德은 惟乃弗作往任하고 是惟暴德이라 罔後하니이다

걸(桀)의 악덕(惡德)은 옛날에 현자를 임용한 방법을 따르지 않고 오직 포악한 덕(마음)을 가진 자를 임용하였기 때문에 뒤가 없는 것입니다.

夏桀惡德은 弗作往昔先王任用三宅하고 而所任者 乃惟暴德之人이라 故로 桀以 喪亡無後니라

하걸(夏桀)의 악덕은 지난 날에 선왕(先王)이 삼택(三宅)을 임용한 것을 따르지 않고, 임명한 자가 바로 포악한 덕을 가진 사람이었다. 그러므로 걸이 상망(喪亡)하여 뒤 가 없는 것이다.

4. 亦越成湯이 陟丕釐(리)上帝之耿命은(하산든) 乃用三有宅이 克卽宅하며 曰三有俊이 克卽俊하여 嚴惟丕式하여 克用三宅、三俊하실새(하산들로) 其在

商邑_{하여는} 用協于厥邑_{하며} 其在四方_{하여는} 用丕式見德²³⁹_{하니이다}

　그리고 또한 성탕(成湯)이 올라가 천자가 되시어 상제의 밝은 명을 크게 다스리신 것은, 바로 등용한 삼유택(三有宅)이 능히 택(宅;지위)에 나아가며 이른바 삼유준(三有俊)이 능히 준(俊;덕)에 나아가서 엄숙히 생각하고 크게 본받아 삼택(三宅)과 삼준(三俊)을 잘 등용하셨으므로, 상나라 도읍에서는 그 읍에 화합하였으며 사방에서는 크게 본받아 덕을 보게 되었습니다.

亦越者_는 繼前之辭也_라 耿_은 光也_라 湯_이 自七十里_로 升爲天子_{하사} 典禮命討²⁴⁰가 昭著於天下_{하시니} 所謂陟丕釐上帝之光命也_라 三宅_은 謂居常伯、常任、準人之位者_요 三俊_은 謂有常伯、常任、準人之才者_라 克卽者_는 言湯所用三宅_이 實能就是位而不曠其職_{이요} 所稱三俊_이 實能就是德而不浮其名也_라 三俊_을 說者謂他日次補三宅者_{라하니} 詳宅_은 以位言_{이요} 俊_은 以德言_{이니} 意其儲養待用_이 或如說者所云也_라 惟_는 思_요 式_은 法也_라 湯於三宅、三俊_에 嚴思而丕法之_라 故_로 能盡其宅俊之用_{하여} 而宅者得以效其職_{하고} 俊者得以著其才_{하여} 賢智奮庸_{하여} 登于至治_라 其在商邑_{하여는} 用協于厥邑_{하니} 近者_는 察之詳_{하여} 其情_이 未易齊_{어늘} 畿甸之協_{이면} 則純之至也_요 其在四方_{하여는} 用丕式見德_{하니} 遠者_는 及之難_{하여} 其德_이 未易徧_{이어늘} 觀法之同_{이면} 則大之至也_라 至純, 至大_면 治道無餘蘊矣_라 曰邑, 曰四方者_는 各極其遠近而言耳_{니라}

　'역월(亦越;그리고 또한)'은 앞을 잇는 말이다. '경(耿)'은 빛남이다. 탕왕이 70리의 나라로부터 올라가 천자가 되시어 전례(典禮)와 명토(命討)가 천하에 밝게 드러났으니, 이른바 '올라가 상제의 빛나는 명을 크게 다스렸다.'는 것이다. '삼택(三宅)'은 상백(常伯)·상임(常任)·준인(準人)의 지위에 있는 자를 이르고, '삼준(三俊)'은 상백·상임·준인의 재주가 있는 자를 이른다. '극즉(克卽)'은 탕왕이 등용한 삼택이 실제로 이 지위에 나아가 그 직책을 폐기하지 않고, 삼준이라고 칭한 자들이 실제로 이 덕에 나

<hr>

239　用丕式見德 : 퇴계는 "덕(德)을 견(見)하야 식(式)하니이다"로 해석하고, "이는 비록 문법이 도치(倒置)되었으나 《집전》의 해석에 합치된다." 하여 '사방에서 덕을 보고 본받는 것'으로 해석하였다.

240　典禮命討 : 전례(典禮)는 오전(五典)과 오례(五禮)이고 명토(命討)는 천명(天命)과 천토(天討)로, 오전은 오륜에 대한 떳떳한 법칙이고 오례는 오륜에 대한 다섯 가지 례이며, 천명은 하늘이 덕이 있는 자에게 관작을 명하는 것이고 천토는 하늘이 죄가 있는 자를 토벌하는 것인데, 위 〈고요모(皐陶謨)〉에 자세히 보인다.

······　曠 : 빌 광　儲 : 쌓을 저　徧 : 두루 변　蘊 : 쌓을 온

아가 그 명칭에 과(過)하지 않음을 말한 것이다. 삼준을 해설하는 자들은 '후일에 다음으로 삼택에 보임(補任)될 자'라고 하였는데, 살펴보건대 택(宅)은 지위로써 말하였고 준(俊)은 덕(德)으로써 말하였으니, 짐작건대 저양(儲養;미리 양성함)하여 등용되기를 기다리는 것이 혹 해설하는 자가 말한 바와 같을 듯하다.

'유(惟)'는 생각함이요, '식(式)'은 본받음이다. 탕왕이 삼택과 삼준에 대하여 엄숙히 생각하고 크게 본받으셨다. 그러므로 능히 그 택·준의 등용을 다하여 지위에 있는 자는 그 직책을 바칠 수 있고, 준걸스러운 자는 그 재주를 드러낼 수 있어서 어질고 지혜로운 자가 분용(奮庸;분발)하여 지치(至治)에 오른 것이다.

상(商)나라 도읍에 있어서는 그 도읍에 화합하였으니, 가까운 곳은 살핌이 상세하여 그 정(情)이 똑고르기가 쉽지 않은데 기전(畿甸)이 화합하였다면 순수함이 지극한 것이다. 사방에 있어서는 크게 본받아 덕을 보였으니, 먼 곳은 미치기가 어려워서 덕이 두루 미치기가 쉽지 않은데 법이 똑같음을 보면 큼이 지극한 것이다. 지극히 순수하고 지극히 크면 치도(治道)가 남음이(미진함이) 없는 것이다. '읍(邑;도읍)'이라고 말하고 '사방'이라고 말한 것은 각각 원근(遠近)을 지극히 하여 말한 것이다.

5. **嗚呼**라 **其在受德暋**(민)**하여 惟羞刑暴德之人**으로 **同于厥邦하며 乃惟庶**
習逸德之人으로 **同于厥政**한대 **帝欽罰之**하사 **乃伻**(팽) **我有夏하여 式商受**
命하여 奄甸萬姓하시니이다

아! 수(受;주(紂))의 덕이 어두워 형벌을 숭상하는 포덕(暴德;포악한 마음)의 사람들과 함께 나라를 다스리며, 여러 추악한 것을 익힌 일덕(逸德;방일(放逸)한 마음)의 사람들과 함께 정사를 하니, 상제가 공경히 벌을 내리시어 마침내 우리로 하여금 하(夏)나라(중국)를 소유하여 상나라가 받았던 명을 사용해서 문득 만성(萬姓)을 다스리게 하셨습니다.

羞刑은 進任刑戮者也요 庶習은 備諸衆醜者也라 言紂德强暴하고 又所與共國者 惟羞刑暴德之諸侯요 所與共政者 惟庶習逸德之臣下라 上帝敬致其罰하사 乃使 我周로 有此諸夏하여 用商所受之命하여 而奄甸萬姓焉하니 甸者는 井牧其地하고

··· 暋 : 어둘 민(혼) 羞 : 나아갈 수 伻 : 하여금 팽 甸 : 다스릴 전 醜 : 추악할 추

什伍其民²⁴¹也라

　‘수형(羞刑)’은 형륙(刑戮)을 숭상하여 쓰는 자이고, ‘서습(庶習)’은 여러 추악함을 갖춘 자이다. 주(紂)의 덕이 강포(强暴)하였고, 또 더불어 나라를 함께 다스린 자가 오직 형벌을 숭상하는 포덕(暴德)의 제후였으며, 더불어 정사를 함께 한 자가 오직 여러 가지 추악함을 익힌 일덕(逸德)의 신하였다. 상제가 공경히 그 벌을 내리시어 마침내 우리 주나라로 하여금 이 제하(諸夏;중국)를 소유하여 상나라가 받았던 천명을 사용해서 문득 만성(萬姓)을 다스리게 한 것이다. ‘전(甸)’이라는 것은 그 땅을 정목(井牧;구획)하고 그 백성을 십(什)·오(伍)로 편성하는 것이다.

6. **亦越文王武王**이 **克知三有宅心**하시며 **灼見三有俊心**하사 **以敬事上帝**하시며 **立民長伯**하시니이다

　그리고 또한 문왕·무왕이 능히 삼유택(三有宅)의 마음을 아시고 삼유준(三有俊)의 마음을 분명히 보시어, 공경히 상제를 섬기시며 백성의 장(長)과 백(伯)을 세우셨습니다.

三宅、三俊을 文武克知灼見호되 皆曰心者는 卽所謂迪知忱恂而非謀面也라 三宅은 已授之位라 故曰克知요 三俊은 未任以事라 故曰灼見이라 以是敬事上帝하면 則天職修而上有所承이요 以是立民長伯하면 則體統立而下有所寄하니 人君이 位天人之兩間하여 而俯仰無怍者는 以是也라 夏之尊帝와 商之不聱와 周之敬事가 其義一也라 長은 如王制所謂五國以爲屬하니 屬有長이요 伯은 如王制所謂二百一十國以爲州하니 州有伯이 是也라

　삼택(三宅)과 삼준(三俊)을 문왕과 무왕이 능히 알고 분명히 보셨는데 모두 심(心)이라고 말한 것은, 이른바 ‘실천하여 알고 진실로 믿어서 얼굴만 보고 도모한 것이 아니다.’라는 것이다. 삼택은 이미 지위를 맡겨 주었기 때문에 능히 안다고 말하였고, 삼준은 아직 일을 맡기지 않았기 때문에 분명히 보았다고 말한 것이다. 이로써 공경

....

241　甸者井牧其地 什伍其民 : 전(甸)은 지역의 특성에 맞추어 토지를 구획하고 백성을 십(什)·오(伍)로 편성함을 이르는바, 《주례》〈대사도(大司徒)〉에 9부(夫)를 정(井), 4정을 읍(邑), 4읍을 구(丘), 4구를 전(甸), 4전을 현(縣), 4현을 도(都)라 하고, 5가(家)를 비(比), 5비를 려(閭), 4려를 족(族), 5족을 당(黨), 5당을 주(州), 5주를 향(鄕)이라 하며, 또 5인(人)을 오(伍), 〈10인을 십(什)〉 5오를 량(兩), 4량을 졸(卒), 5졸을 려(旅), 5려를 사(師), 5사를 군(軍)이라 한다. 또한 5가(家)를 린(隣), 5린을 리(里), 4리를 찬(酇), 5찬을 비(鄙), 5비를 현(縣), 5현을 수(遂)라 하였다.

...　灼 : 밝을 작　怍 : 부끄러울 작

히 상제를 섬기면 천직(天職:관직)이 닦여져서 위로 받들 바가 있고, 이로써 백성의 장
(長)과 백(伯)을 세우면 체통이 서서 아래로 맡길 바가 있으니, 인군이 하늘과 인간 둘
사이에 위치하여 굽어보고 우러러봄에 부끄러움이 없는 것은 이 때문이다. 하나라가
상제를 높임과 상나라가 크게 다스림과 주나라가 공경히 섬김이 그 의의(意義)가 똑같
다. '장(長)'은 《예기》〈왕제(王制)〉에 이른바 "5국(國)을 속(屬)으로 삼으니 속에 장(長)
이 있다."는 것과 같으며, '백(伯)'은 〈왕제〉에 이른바 "2백 10국을 주(州)로 삼으니 주
에 백(伯)이 있다."는 것과 같다.

7. 立政에 任人과 準夫와 牧으로 作三事하시니이다

정사를 세움에 임인(任人)과 준부(準夫)와 목(牧)으로 세 가지 일을 하게 하셨습니다.

言文武立政三宅之官也라 任人은 常任也요 準夫는 準人也요 牧은 常伯也니 以職
言이라 故曰事라

문왕과 무왕이 정사를 세우는 삼택의 관원을 말한 것이다. '임인(任人)'은 상임(常
任)이고 '준부(準夫)'는 준인(準人)이고 '목(牧)'은 상백(常伯)이니, 직책을 말했기 때문
에 일이라고 한 것이다.

8. 虎賁과 綴(추)衣와 趣馬와 小尹과 左右攜(휴)僕과 百司와 庶府와

호분과 추의와 취마와 소윤과 좌우의 휴복(攜僕)과 백사와 서부와

此는 侍御之官也라 趣馬는 掌馬之官이요 小尹은 小官之長이요 攜僕은 攜持僕御
之人이요 百司는 若司裘、司服이요 庶府는 若內府、大府之屬也라

이는 임금을 시어(侍御)하는 관원이다. '취마(趣馬)'는 말을 관장하는 관원이고, '소
윤(小尹)'은 소관(小官)의 장(長)이고, '휴복(攜僕)'은 물건을 휴대하고 복어(僕御;마부노
릇)하는 사람이고, '백사(百司)'는 사구(司裘)·사복(司服)과 같은 것이고, '서부(庶府)'
는 내부(內府)·대부(大府)와 같은 등속이다.

9. 大都와 小伯과 藝人과 表臣百司와 太史와 尹伯이 庶常吉士니이다 (러라)

대도의 백(伯)과 소도의 백과 예인과 표신인 백사와 태사와 윤백이 모두 떳떳한 〈덕
의〉 길한(선(善)한) 선비(인사)였습니다.

••• 趣 : 달릴 추 攜 : 끌 휴 僕 : 마부 복 裘 : 갓옷 구

此는 都邑之官也라 呂氏曰 大都、小伯者는 謂大都之伯、小都之伯[242]也니 大都에 言都不言伯하고 小伯에 言伯不言都는 互見(현)之也라 藝人者는 卜祝、巫匠이니 執技以事上者라 表臣百司는 表는 外也니 表는 對裏之詞라 上文百司는 蓋內百司니 若內府、內司服之屬이니 所謂裏臣也요 此百司는 蓋外百司니 若外府、外司服之屬이니 所謂表臣也라 太史者는 史官也라 尹伯者는 有司之長이니 如庖人、內饔、膳夫는 則是數尹之伯也요 鐘師尹鐘, 磬師尹磬, 大(太)師司樂은 則是數尹之伯也라 凡所謂官吏는 莫不在內外百司之中이어늘 至於特見(현)其名者는 則皆有意焉이라 虎賁、綴衣、趣馬、小尹、左右攜僕은 以扈(호)衛親近而見이요 庶府는 以冗(용)賤하여 人所易忽而見이요 藝人은 恐其或興淫巧機詐以蕩上心而見이요 太史는 以奉諱惡[243]하여 公天下後世之是非而見이요 尹伯은 以大小相維하여 體統所係而見이요 若大都、小伯은 則分治郊畿하니 不預百司之數者라 既條陳歷數文武之衆職하고 而總結之曰庶常吉士라하니 庶는 衆也니 言在文武之廷이 無非常德吉士也라

이는 도읍(都邑)의 관원이다. 여씨(呂氏)가 말하기를 "대도(大都)와 소백(小伯)은 대도의 백(伯)과 소도의 백(伯)을 이르니, 대도에는 도(都)를 말하고 백(伯)을 말하지 않고, 소백에는 백을 말하고 도를 말하지 않은 것은 서로 나타낸 것이다." 하였다. '예인(藝人)'은 복서(卜筮)하는 자와 축관(祝官)과 무당과 관곽(棺槨)을 만드는 목수이니, 기예(技藝)를 잡아 임금을 섬기는 자이다. '표신(表臣)의 백사(百司)'는 표(表)는 밖이니, 표는 리(裏;안)와 대칭되는 말이다. 상문(上文)의 백사는 아마도 내백사(內百司)이니, 내부(內府)·내사복(內司服)과 같은 등속으로 이른바 리신(裏臣)이라는 것이며, 여기의 백사는 아마도 외백사(外百司)이니, 외부(外府)·외사복(外司服)과 같은 등속으로 이른바 표신(表臣)이라는 것이다. '태사(太史)'는 사관(史官)이다. '윤백(尹伯)'은 유사(有司)의 장(長)이니, 〈음식을 주관하는〉 포인(庖人)·내옹(內饔)·선부(膳夫)와 같은 것은 여러 윤(尹)의 백(伯)이며, 종(鐘)을 맡은 종사(鐘師)와 석경(石磬)을 맡은 경사(磬師)와 악(樂)을 맡은 태사(太師)는 곧 여러 윤의 백이다.

무릇 이른바 관리라는 것은 내외의 백사 가운데 들어있지 않음이 없는데, 특별히

------

242 大都之伯 小都之伯：대도(大都)는 큰 고을로 공(公)의 채읍(采邑)이고, 소도(小都)는 작은 고을로 경(卿)의 채읍이다.

243 諱惡：휘(諱)는 선왕의 이름이고, 악(惡)은 죽은 날짜인 기일(忌日)을 이른다.

··· 裏 : 속 리　庖 : 푸줏간 포　饔 : 아침밥 옹　鐘 : 큰종 종　磬 : 경쇠 경　扈 : 호위할 호　冗 : 잡될 용　諱 : 숨길 휘

그 이름을 드러냄에 이른 것은 모두 뜻이 있다. 호분(虎賁)·추의(綴衣)·취마(趣馬)·소윤(小尹)·좌우의 휴복(攜僕)은 임금을 호위하고 친근히 하기 때문에 드러낸 것이요, 서부(庶府)는 잡되고 천하여 사람들이 소홀히 여기기 쉽기 때문에 드러낸 것이며, 예인(藝人)은 혹 지나친 공교로움과 기사(機詐;속임수)를 일으켜 임금의 마음을 방탕하게 할까 염려하여 드러낸 것이요, 태사(太史)는 선왕의 휘(諱)와 악(惡;기일)을 받들어 기록해서 천하 후세의 시비를 공정히 하기 때문에 드러낸 것이며, 윤백(尹伯)은 대소(大小)가 서로 유지하여 체통이 관계되기 때문에 드러낸 것이요, 대도(大都)의 백(伯)과 소도(小都)의 백으로 말하면 교(郊)와 기(畿)를 나누어 다스리니, 백사(百司)의 수에 참여되지 않는다. 이미 문왕·무왕의 여러 직책을 조목조목 진열하여 일일이 세고, 총결(總結)하기를 "모두 떳떳한 덕의 길사(吉士)이다." 하였으니, 서(庶)는 여럿이니 문왕·무왕의 조정에 있는 자가 떳떳한 덕을 간직한 길사가 아님이 없음을 말한 것이다.

10. 司徒와 司馬와 司空과 亞와 旅와

　사도(司徒)와 사마(司馬)와 사공(司空)과 아(亞)와 려(旅)와

此는 諸侯之官也라 司徒는 主邦教하고 司馬는 主邦政하고 司空은 主邦土하며 餘見(현)牧誓하니 言諸侯之官이 莫不得人也라 諸侯之官에 獨擧此者는 以其名位 通於天子歟인저

　이는 제후의 관원이다. '사도(司徒)'는 나라의 가르침을 주관하고, '사마(司馬)'는 나라의 정사(국방)를 주관하고, '사공(司空)'은 나라의 토목을 주관하며, 나머지는 위 〈목서(牧誓)〉에 보이니, 제후의 관원이 인재를 얻지 않음이 없음을 말한 것이다. 제후의 관원에 유독 이들을 든 것은 그 명칭과 지위가 천자국과 공통되기 때문인 듯하다.

11. 夷와 微와 盧烝과 三亳과 阪(판)尹이니이다(이러라)

　이(夷)와 미(微)와 로(盧)의 증(烝)과 삼박(三亳)과 판(阪)의 윤(尹)이었습니다.

此는 王官之監於諸侯、四夷者也라 微、盧는 見經하고 亳은 見史하니라 三亳은 蒙爲北亳이요 穀熟爲南亳이요 偃師爲西亳이라 烝은 或以爲衆이라하고 或以爲夷名이라하니라 阪은 未詳이라 古者에 險危之地의 封疆之守를 或不以封하고 而使王官治之하여 參錯於五服之間하니 是之謂尹이라 地志에 載王官所治 非一이니 此는 特

… 亳 : 땅이름 박　阪 : 산비탈 판(반)　偃 : 누울 언　錯 : 섞일 착

擧其重者耳라 自諸侯三卿以降으로 惟列官名而無他語는 承上庶常吉士之文하여
以內見(현)外也라 夫上自王朝로 內而都邑과 外而諸侯와 遠而夷狄이 莫不皆得人
以爲官使하니 何其盛歟아

　　이는 왕관(王官;원자국의 관원)으로서 제후와 사방 오랑캐들을 감독하는 자이다. '미
(微)'와 '로(盧)'는 《서경》에 보이고, '박(亳)'은 《사기》에 보인다. '삼박(三亳)'은 몽(蒙)
은 북박(北亳)이고, 곡숙(穀熟)은 남박(南亳)이고, 언사(偃師)는 서박(西亳)이다. '증
(烝)'은 혹자는 무리라 하고 혹자는 오랑캐의 이름이라고 한다. '판(阪)'은 미상이다.
옛날에 위험한 지역에 봉강(封疆;국경)의 지킴을 혹 봉지(封地)로 봉해주지 않고 왕관
으로 하여금 다스리게 해서 오복(五服)의 사이에 뒤섞여 있게 하였으니, 이것을 '윤
(尹)'이라 이른다. 《한서(漢書)》〈지리지(地理志)〉에 왕관의 다스린 바를 기재한 것이
한두 가지가 아니니, 이는 다만 그 중한 것을 들었을 뿐이다.

　　제후의 삼경(三卿)으로부터 이하로는 오직 관명만 나열하고 다른 말이 없는 것은
위의 '모두 떳떳한 덕의 길사(吉士)였다.'라는 글을 이어서 안으로써 밖을 나타낸 것이
다. 위로 왕의 조정으로부터 안으로 도읍과 밖으로 제후와 멀리 이적(夷狄)에 이르기
까지 모두 인재를 얻어서 관사(官使)를 삼지 않음이 없으니, 어쩌면 그리도 훌륭한가.

12. 文王이 惟克厥宅心하사 乃克立茲常事、司牧人하사되 以克俊有德하시니이다 (으로하더시다)

　문왕(文王)이 삼택(三宅)의 마음에 능하시어 이 상사(常事)와 사목인(司牧人)을 잘 세
우시되 능히 준걸스런 자와 덕이 있는 자로 하셨습니다.

文王이 惟能其三宅之心이라 能者는 能之也니 知之至, 信之篤之謂라 故能立此常
任、常伯하되 用能俊有德也라 不言準人者는 因上章言文王用人하여 而申克知三
有宅心之說이라 故로 略之也라

　　문왕이 삼택의 마음에 능하셨다. '능(能)'은 능한 것이니, 앎이 지극하고 믿음이 돈
독함을 이른다. 그러므로 능히 이 상임(常任)과 상백(常伯)을 세우되 능히 준걸스럽고
덕이 있는 자를 등용한 것이다. 준인(準人)을 말하지 않은 것은 상장(上章)에 문왕이
인재를 등용한 것을 말하여 능히 삼유택(三有宅)의 마음을 알았다는 말을 거듭하였으
므로 생략한 것이다.

13. **文王**은 **罔攸兼于庶言、庶獄、庶愼**하시고 **惟有司之牧夫**를 **是訓用違**하
시니이다(하시니라)

　문왕은 서언(庶言)・서옥(庶獄)・서신(庶愼)을 겸하신 바가 없으셨고, 오직 유사(有
司)인 목부(牧夫)에게만 명령을 따르는 자와 어기는 자를 훈계하셨습니다.

庶言은 號令也요 庶獄은 獄訟也요 庶愼은 國之禁戒儲備也라 有司는 有職主者요
牧夫는 牧人也[244]라 文王이 不敢下侵庶職하사 惟於有司牧夫에 訓勅用命及違命
者而已라 漢孔氏曰 勞於求才하고 逸於任賢이니라

　‘서언(庶言)’은 호령이고, ‘서옥(庶獄)’은 옥송(獄訟)이고, ‘서신(庶愼)’은 나라의 금계
(禁戒)와 저비(儲備;식량과 비축)이다. ‘유사(有司)’는 맡은 직책이 있는 자이고, ‘목부(牧
夫)’는 목인(牧人)이다. 문왕이 감히 아래로 여러 직책을 침해하지 아니하여 오직 유사
인 목부에게만 명령을 따르는 자와 명령을 어기는 자를 훈칙(訓勅)했을 뿐이다. 한나
라 공씨는 말하였다. “인재를 구함에 수고롭고 현자를 임용함에 편안하다.”

14. **庶獄、庶愼**을 **文王**이 **罔敢知于兹**하시니이다(하시니라)
　서옥과 서신을 문왕은 감히 이에 대하여 알려고 하지 않으셨습니다.

上言罔攸兼은 則猶知之로되 特不兼其事耳요 至此罔敢知하여는 則若未嘗知有其
事하니 蓋信任之益專也라 上言庶言이로되 此不及者는 號令은 出於君하여 有不容
不知者故也니라 呂氏曰 不曰罔知于兹하고 而曰罔敢知于兹者는 徒言罔知면 則
是莊老之無爲也요 惟言罔敢知然後에 見文王敬畏하사 思不出位之意하니 毫釐
之辨을 學者宜精察之니라

　위에 ‘겸하신 바가 없다〔罔攸兼〕’이라고 말한 것은 오히려 알되 다만 그 일을 겸하
지 않았을 뿐이요, 여기에 ‘감히 알려고 하지 않으셨다〔罔敢知〕’라고 말함에 이르러는
일찍이 그 일이 있음을 알지 못한 것이니, 신임함이 더욱 전일(專一)한 것이다. 위에는
서언(庶言)을 말했으나 여기에는 언급하지 않은 것은 호령은 군주에게서 나와 알지 않

- - - - - -

244　有司有職主者 牧夫牧人也 : 경문에는 ‘惟有司之牧夫’라 하여 유사인 목부로 보아야 하는데,
《집전》에는 유사와 목부를 둘로 나누어 훈하였는바, 경문을 따라야 할 것으로 보인다. 경문의 ‘惟
有司之牧夫’는 뒤에도 보인다.

・・・　釐 : 털끝 리

을 수 없기 때문이다.

여씨(呂氏)가 말하였다. "이에 대하여 알지 않았다고 말하지 않고, 감히 이에 대하여 알려고 하지 않았다고 말한 것은 한갓 알지 않았다고 말하면 이는 노장(老莊)의 무위(無爲)이고, 오직 감히 알려고 하지 않았다고 말한 뒤에야 문왕이 공경[敬畏]하여 생각이 지위를 벗어나지 않으신 뜻을 볼 수 있으니, 호리(毫釐)의 구분을 배우는 자가 마땅히 정밀히 살펴야 한다."

15. 亦越武王이 率惟敉(미)功하사 不敢替厥義德하시며 率惟謀하사 從容德하사 以竝受此丕丕基하시니이다

그리고 또한 무왕은 문왕이 천하를 편안히 하신 공(功)을 따르시어 감히 의덕(義德)이 있는 자들을 버리지 않으셨으며, 문왕의 계책을 따르시어 용덕(容德)이 있는 자들을 따라 함께 이 크고 큰 기업을 받으셨습니다.

率은 循也라 敉功은 安天下之功이라 義德은 義德之人이요 容德은 容德之人이라 蓋義德者는 有撥亂反正之才요 容德者는 有休休樂善之量이니 皆成德之人也라 周公이 [承]上文言 武王이 率循文王之功하사 而不敢替其所用義德之人하고 率循文王之謀하사 而不敢違其容德之士라하니 意如虢叔、閎夭、散宜生、泰顚、南宮括之徒 所以輔成王業者를 文用之於前하고 武任之於後라 故周公이 於君奭에 言 五臣이 克昭文王하여 受有殷命하고 武王은 惟玆四人이 尙迪有祿이라하니 正猶此 敍文武用人하고 而言竝受此丕丕基也니라

'솔(率)'은 따름이다. '공(功)'은 천하를 편안히 하는 공이다. '의덕(義德)'은 의(義)로운 덕이 있는 사람이요, '용덕(容德)'은 포용하는 덕이 있는 사람이다. 의덕은 난을 다스려 바름으로 되돌리는 재주가 있고, 용덕은 휴휴(休休;마음이 곱고 고움)하여 선(善)을 좋아하는 도량이 있으니, 모두 성덕(成德;덕을 이룸)한 사람이다. 주공이 상문(上文)을 이어 말씀하기를 "무왕은 문왕이 천하를 편안히 하신 공을 따르시어 등용한 의덕이 있는 사람을 감히 버리지 않으시고, 문왕의 계책을 따르시어 용덕이 있는 선비를 감히 어기지 않으셨다." 하였으니, 짐작건대 괵숙(虢叔)·굉요(閎夭)·산의생(散宜生)·태전(泰顚)·남궁괄(南宮括)과 같은 무리로서 왕업(王業)을 보좌하여 이룩한 자들을, 문왕이 앞에서 등용하고 무왕이 뒤에서 임명하였다. 그러므로 주공이 〈군석(君奭)〉에서 "다섯 신하가 능히 문왕의 덕을 밝혀 은(殷)나라의 명을 받았고, 무왕은 이 네 사람

··· 敉 : 편안할 미 替 : 폐할 체 撥 : 다스릴 발 虢 : 나라이름 괵 閎 : 클 굉

이 인도하여 록을 두셨다.”고 말씀하였으니, 바로 여기에서 문왕·무왕의 인재 등용을 서술하고 함께 '이 크고 큰 기업을 받았다.'고 아울러 말씀한 것과 똑같다.

16. **嗚呼**라 **孺子王矣**시니 **繼自今**으로 **我其立政**에 **立事**와 **準人**과 **牧夫**를 **我其克灼知厥若**하여 **丕乃俾亂**하여 **相我受民**하시며 **和我庶獄庶愼**하시고 **時則勿有間之**하소서

　아! 유자(孺子;성왕을 가리킴)께서 왕이 되셨으니, 지금부터 이후로 우리 왕께서는 정사를 세우실 적에 입사(立事)와 준인(準人)과 목부(牧夫)의 임용을 우리 왕께서 그 순히 여기시는 바를 분명히 아시어 크게 다스려서, 우리 왕께서 〈하늘과 선조로부터〉 받으신 백성을 도와주시며, 우리 서옥(庶獄)과 서신(庶愼)을 화평하게 하시고, 이에 소인으로 끼게 하지 마소서.

書經集傳　下

我者는 **指王而言**이라 **若**은 **順也**라 **周公**이 **旣述文武基業之大**하시고 **歎息而言曰 孺子今旣爲王矣**시니 **繼此以往**으로 **王其於立政**에 **立事、準人、牧夫之任**을 **當能明知其所順**이라하니 **順者**는 **其心之安也**라 **孔子曰 察其所安**이면 **人焉廋哉**[245]리오하시니 **察其所順者**는 **知人之要也**라 **夫旣明知其所順**하여 **果正而不他然後**에 **推心而大委任之**하여 **使展布四體以爲治**하여 **相助左右所受之民**하고 **和調均齊獄愼之事**하며 **而又戒其勿以小人間之**하여 **使得終始其治**하니 **此**는 **任人之要也**라 **民而謂之受者**는 **言民者**는 **乃受之於天**이요 **受之於祖宗**이니 **非成王之所自有也**일새니라

　'아(我)'는 왕을 가리켜 말한 것이다. '약(若)'은 순함이다. 주공이 이미 문왕·무왕의 기업(基業)의 큼을 서술하시고, 탄식하여 말씀하기를 "이제 유자(孺子)가 왕이 되셨으니, 이를 이어 이후로 왕께서는 정사를 세울 적에 입사·준인·목부를 임용함에 마땅히 순(順)히 여기는 바를 분명히 아시라." 하였으니, '순(順)'은 그 마음에 편안히 여기는 것이다. 공자께서 말씀하시기를 "편안히 여기는 바를 살피면 사람이 어찌 숨기겠는가?" 하셨으니, 순히 여기는 바를 살피는 것은 사람을 아는 요점이다.

　이미 그 순히 여기는 바를 분명히 알아서 과연 바르고 딴 마음이 없은 뒤에야 마음을 미루어 크게 위임하여 사체(四體)를 펴 다스려서 〈하늘과 선조로부터〉 받은 바의

. . . . . .

245 孔子曰……人焉廋哉 : 이 내용은 《논어》〈위정(爲政)〉에 보인다.

··· 孺 : 어릴 유　廋 : 숨길 수

백성을 상조(相助)하고 좌우(佐佑)하게 하며, 서옥(庶獄)과 서신(庶愼)의 일을 조화롭게 하고 똑고르게 할 것이며, 또 소인을 끼게 하지 말아서 그 다스림을 끝마치도록 경계 하였으니, 이는 사람을 임용하는 요점이다. 백성을 받았다고 말한 것은, 백성은 바로 하늘에게서 받았고 조종(祖宗)에게서 받은 것이니, 성왕(成王)이 스스로 소유한 것이 아님을 말한 것이다.

17. 自一話一言으로 我則末惟成德之彦하사 以乂我受民하소서
　한 대화와 한 말씀으로부터 우리 왕께서는 끝까지 성덕(成德)한 아름다운 선비들을 생각하시어 우리가 받은 백성을 다스리소서.

末은 終이요 惟는 思也라 自一話一言之間으로 我則終思成德之美士하여 以治我所 受之民하여 而不敢斯須忘也라
　'말(末)'은 끝마침(끝내)이요, '유(惟)'는 생각함이다. 한 대화와 한 말씀의 사이로부 터 우리 왕께서는 끝까지 성덕한 아름다운 선비들을 생각하시어 우리가 받은 백성을 다스려서 감히 잠시라도 잊지 않아야 할 것이다.

18. 嗚呼라 予旦은 已受人之徽言으로 咸告孺子王矣로니 繼自今으로 文子、 文孫은 其勿誤于庶獄、庶愼하시고 惟正을 是乂之하소서
　아! 저 단(旦)은 이미 남에게서 받은(얻어들은) 아름다운 말씀을 모두 유자인 왕께 아 뢰었사오니, 지금부터 이후로 문자(文子)와 문손(文孫)은 서옥과 서신을 그르치지 마 시고, 오직 정(正;담당관)을 다스리소서.

前所言禹、湯、文、武任人之事는 無非至美之言이니 我聞之於人者를 已皆告孺子 王矣라 文子、文孫者는 成王은 武王之文子요 文王之文孫也라 成王之時에 法度 彰하고 禮樂著하여 守成尙文이라 故曰文이라 誤는 失也니 有所兼하고 有所知하여 不付之有司하고 而以己誤之也라 正은 猶康誥所謂正人과 與官正、酒正之正이니 指當職者爲言이라 不以己誤庶獄、庶愼하고 惟當職之人을 是治니 下文에 言 其勿誤庶獄하고 惟有司之牧夫가 卽此意라
　앞에서 말한 '우왕(禹王)·탕왕(湯王)·문왕·무왕이 사람을 임용한 일은 지극히 아름다운 말씀 아님이 없으니, 제가 남에게서 얻어들은 것을 이미 유자인 왕에게 모

두 아뢰었습니다.' 한 것이다. '문자(文子)'와 '문손(文孫)'은, 성왕은 무왕의 문자이고 문왕의 문손인 것이다. 성왕 때에 법도가 밝고 예악(禮樂)이 드러나서 성공을 지키고 문(文)을 숭상하므로 문(文)이라 한 것이다. '오(誤)'는 그르침이니, 〈군주가〉 겸하는 바가 있고 아는 바가 있어서 유사(有司)에게 맡기지 않고 자기의 의견으로써 그르치는 것이다. '정(正)'은 〈강고(康誥)〉에 이른바 정인(正人)과 관정(官正)·주정(酒正)의 정(正)과 같으니, 직책을 담당한 자를 가리켜 말한 것이다. 자기로써 서옥(庶獄)과 서신(庶慎)을 그르치지 말고 오직 직책을 담당한 사람을 이에 다스려야 하니, 하문(下文)에 서옥을 그르치지 말고 오직 유사인 목부(牧夫)에게 맡기시라고 말씀한 것이 바로 이 뜻이다.

19. **自古**, **商人**과 **亦越我周文王**이 **立政**에 **立事**와 **牧夫**와 **準人**을 **則克宅之**하시며 **克由繹之**[246]하시니 **兹乃俾乂**하시니이다

　자고(自古;옛날 하나라)와 상나라 사람과 또한 우리 주나라 문왕께서 정사를 세우실 적에 입사(立事)와 목부와 준인(準人)을 능히 제자리에 앉히시며 능히 말미암아 생각하시어, 이에 잘 다스려지게 되었습니다.

自古及商人及我周文王이 **於立政**에 **所以用三宅之道**를 **則克宅之者**는 **能得賢者**하여 **以居其職也**요 **克由繹之者**는 **能紬繹用之**하여 **而盡其才也**라 **既能宅其才**하여 **以安其職**하고 **又能繹其才**하여 **以盡其用**하니 **兹其所以能俾乂也歟**인저

　자고(自古)와 상나라 사람과 우리 주나라 문왕이 정사를 세울 적에 삼택(三宅)을 임용하신 바의 방도를, 능히 제자리에 앉혔다는 것은 능히 현자를 얻어 직책에 있게 한 것이고, 능히 말미암아 생각했다는 것은 능히 주역(紬繹;단서를 생각하여 찾음)하여 써서 그 재주를 다하게 한 것이다. 이미 능히 그 인재를 자리에 앉혀 직책을 편안히 수행하게 하고, 또 능히 인재를 생각하여 그 씀을 다하였으니, 이 때문에 능히 이들로 하여금 다스리게 할 수 있었던 것이다.

......

246 克由繹之:오윤상은 "克由繹之는 이미 지위에 거하게 하고 다시 살펴보는 것이니, 이는 성적을 고과한 법인 듯하다.〔克由繹之, 既宅而更繹之, 恐是考績之法.〕" 하였다.

···　繹 : 궁구할 역, 끝찾을 역　紬 : 끝찾을 주

20. **國則罔有立政**에 **用憸**(험)**人**이니 **不訓于德**이라 **是罔顯在厥世**하리이다
繼自今으로 **立政**에 **其勿以憸人**하시고 **其惟吉士**하사 **用勱**(매)**相我國家**하소서

 나라에서는 정사를 세울 적에 험인(憸人;약삭빠른 사람)을 등용하지 않았으니, 이들은 덕(德)에 순하지 못하므로 광현(光顯;밝게 드러남)하여 세상에 있지 못할 것입니다. 지금부터는 정사를 세울 적에 험인을 쓰지 마시고 오직 길사(吉士;선인(善人))를 등용하시어 우리 국가를 힘써 돕게 하소서.

自古爲國에 **無有立政用憸利小人者**하니 **小人而謂之憸者**는 **形容其沾**(첨)**沾便捷之狀也**라 **憸利小人**은 **不順于德**하니 **是無能光顯以在厥世**라 **王當繼今以往**으로 **立政**에 **勿用憸利小人**하고 **其惟用有常吉士**하사 **使勉力以輔相我國家也**라 **呂氏曰 君子**는 **陽類**라 **用則升其國於明昌**하고 **小人**은 **陰類**라 **用則降其國於晻**(엄)**昧**하니 **陰陽升降**이 **亦各從其類也**니라

 예로부터 나라를 다스림에 정사를 세우면서 험리(憸利)한 소인을 등용하지 않았으니, 소인을 험(憸)이라고 이른 것은 첨첨(沾沾;스스로 잘난체함)히 편첩(便捷;약삭빠르고 말을 잘함)한 모양을 형용한 것이다. 험리한 소인은 덕에 순하지 못하니, 능히 광현(光顯)하여 세상에 있지 못할 것이다. 왕은 마땅히 지금부터 이후로는 정사를 세울 적에 험리한 소인을 등용하지 말고 오직 떳떳함이 있는 길사(吉士)를 등용하여 힘써 우리 국가를 돕게 하셔야 할 것이다.

 여씨(呂氏)가 말하였다. "군자는 양(陽)의 류(類)이므로 등용하면 그 나라를 밝고 창성함에 올려놓고, 소인은 음(陰)의 류이므로 등용하면 그 나라를 어둡고 어둠에 내려놓으니, 음(陰)과 양(陽)의 오르내림이 또한 각기 그 류를 따르는 것이다."

21. **今文子、文孫孺子王矣**시니 **其勿誤于庶獄**하시고 **惟有司之牧夫**하소서

 지금 문자(文子), 문손(文孫)이신 유자(孺子)께서 왕이 되셨으니, 서옥(庶獄)을 그르치지 마시고 오직 유사인 목부에게 맡기소서.

始言和我庶獄、庶愼하고 **時則勿有間之**라하고 **繼言其勿誤于庶獄、庶愼**하고 **惟正是乂之**라하고 **至是**하여는 **獨曰其勿誤于庶獄**하고 **惟有司之牧夫**라하니 **蓋刑者**는 **天下之重事**라 **挈**(설)**其重而獨擧之**하여 **使成王**으로 **尤知刑獄之可畏**하여 **必專有司**

牧夫之任이요 而不可以己誤之也니라

　처음에는 "우리 서옥(庶獄)과 서신(庶愼)을 화(和)하게 하고 이에 소인을 끼게 하지 말라." 하였고, 뒤이어 "서옥과 서신을 그르치지 말고 오직 정(正)을 다스리라." 하였고, 이에 이르러는 홀로 "서옥을 그르치지 말고 오직 유사인 목부에게 맡기라." 하였으니, 형벌은 천하의 중요한 일이므로 그 중한 것(목부)을 들어 홀로 거론해서 성왕(成王)으로 하여금 더욱 형옥(刑獄)이 두려울 만한 일임을 알아, 반드시 유사인 목부의 임무를 전일(專一)하게 하고 자기의 의견으로써 그르치지 않게 한 것이다.

22. 其克詰(힐)爾戎兵하여 以陟禹之迹하여 方行天下하여 至于海表히 罔有不服케하사 以覲文王之耿光하시며 以揚武王之大烈하소서

　능히 당신의 융복(戎服；군복)과 병기를 다스려서 우왕(禹王)의 옛 자취에 올라 사방으로 천하에 행해서 해표(海表；해외)에 이르기까지 복종하지 않는 자가 없게 하시어, 문왕의 밝은 덕을 보시고 무왕의 큰 공렬(功烈)을 드날리소서.

詰은 治也니 治爾戎服、兵器也라 陟은 升也라 禹迹은 禹服舊迹也라 方은 四方也요 海表는 四裔也니 言德威所及에 無不服也라 覲은 見也라 耿光은 德也요 大烈은 業也니 於文王稱德하고 於武王稱業은 各於其盛者에 稱之라 呂氏曰 兵은 刑之大也라 故로 旣言庶獄하고 而繼以治兵之戒焉이니라 或曰 周公之訓은 稽其所弊하면 得無啓後世好大喜功之患乎아 曰 周公詰兵之訓이 繼勿誤庶獄之後하니 犴(한)獄之間에도 尙恐一刑之誤어든 況六師萬衆之命을 其敢不審而誤擧乎아 推勿誤庶獄之心하여 而奉克詰戎兵之戒하면 必非得已不已而輕用民命者也시리라

　'힐(詰)'은 다스림이니, 당신의 융복(戎服)과 병기를 다스리는 것이다. '척(陟)'은 오름이다. '우적(禹迹)'은 우왕(禹王)의 오복(五服)의 옛 자취이다. '방(方)'은 사방이고 '해표(海表)'는 사예(四裔)이니, 덕과 위엄이 미치는 바에 복종하지 않음이 없음을 말한 것이다. '근(覲)'은 봄이다. '경광(耿光)'은 밝은 덕(德)이고, '대렬(大烈)'은 큰 공업(功業)이니, 문왕에게는 덕을 말하고 무왕에게는 공업을 말한 것은 각각 그 성대(盛大)한 것을 가지고 말한 것이다.

　여씨가 말하였다. "병(兵)은 형벌 중에 큰 것이므로 이미 서옥(庶獄)을 말하고 병을 다스리라는 경계로써 뒤이은 것이다."

　혹자는 말하기를 "주공의 가르침은 그 병폐를 상고해 보면 후세에 영토가 큰 것을

좋아하고 공을 기뻐하는 병통을 열어 놓지 않겠습니까?" 하기에, 다음과 같이 대답하였다. "주공의 병(兵)을 다스리라는 가르침이 서옥을 그르치지 말라는 말씀 뒤에 이어졌으니, 한옥(狂獄;감옥)의 사이에도 오히려 한 형벌이라도 잘못될까 두려워하였는데, 하물며 육사(六師;육군(六軍))의 수많은 무리의 목숨을 어찌 감히 신중히 하지 않고 함부로 동원하겠는가. 서옥을 그르치지 말라는 마음을 미루어서 군복과 병기를 다스리라는 경계를 받든다면, 반드시 전쟁을 그만 둘 수 있는데도 그만두지 아니하여 백성들의 목숨을 가볍게 쓰는 분이 아니실 것이다."

23. **嗚呼**라 **繼自今**으로 **後王**은 **立政**에 **其惟克用常人**하소서

  아! 지금부터 이후로 후왕(後王)께서는 정사를 세울 적에 능히 떳떳한 사람을 등용하소서."

幷周家後王而戒之也라 **常人**은 **常德之人也**라 **皐陶曰 彰厥有常**이 **吉哉**라하니 **常人與吉士**는 **同實而異名者也**라

  주나라[周家]의 후왕까지 아울러 경계한 것이다. '상인(常人)'은 떳떳한 덕을 간직한 사람이다. 〈고요모(皐陶謨)〉에 고요가 말하기를 "몸에 드러나서 시종 떳떳함이 있는 것이 길사(吉士)이다." 하였으니, 상인과 길사는 실제는 같으나 이름이 다른 것이다.

24. **周公**이 **若曰 太史**아 **司寇蘇公**이 **式敬爾由獄**[247]하여 **以長我王國**하니 **茲式有愼**하면 **以列**로 **用中罰**하리라 (하리이다)

  주공이 다음과 같이 말씀하였다. "태사(太史)야! 사구(司寇)인 소공(蘇公)이 그 행할 옥사(獄事)를 공경하여 우리 왕국(王國)을 장구히 하였으니, 이에 법받아 신중히 하면 조목으로 나열하여 알맞은 형벌을 쓸 것이다."

此는 **周公**이 **因言愼罰**하여 **而以蘇公敬獄之事**로 **告之太史**하고 **使其幷書**하여 **以爲後世司獄之式也**[248]라 **蘇**는 **國名也**니 **左傳**에 **蘇忿生**이 **以溫爲司寇**라하니라 **周公**이

• • • • • •

247　式敬爾由獄 : 퇴계는 《집전》의 해석을 따라 이(爾)를 기(其) 자로 풀이하였으므로 이것을 따랐음을 밝혀둔다.

248　周公因言愼罰……以爲後世司獄之式也 : 진아언(陳雅言)이 말하였다. "비록 이 내용을 태사

告太史호되 以蘇忿生爲司寇하여 用能敬其所由之獄하여 培植基本하여 以長我王
國하니 令於此取法而有謹焉이면 則能以輕重條列로 用其中罰하여 而無過差之患
矣라하시니라

　　이는 주공이 형벌을 삼감을 말씀함으로 인해서 소공이 옥사를 공경한 일을 태사
에게 고하고 아울러 기록해서 후세에 옥사를 맡은 자의 법식으로 삼게 한 것이다. '소
(蘇)'는 나라 이름이니, 《춘추좌씨전》 성공(成公) 11년에 "소분생(蘇忿生)이 온읍(溫邑)
의 대부로 사구(司寇)가 되었다." 하였다. 주공이 태사에게 고하기를 "소분생을 사구로
삼아 행할 바의 옥사를 공경해서 기본(基本)을 배식(培植)하여 우리 왕국을 장구하게
하였으니, 여기에서 법을 취하여 신중히 하면 능히 경중(輕重)의 조목을 나열한 것을
가지고 알맞은 형벌을 써서 잘못되는 병통이 없을 것이다."라고 한 것이다.

....

에게 고하였으나 실제로는 왕에게 고하여 후세의 사옥(司獄;형옥을 맡은 자)으로 하여금 길사와
상인을 얻게 한 것이다.〔雖以告太史, 而實告於王, 使後世司獄得吉士常人也.〕"《詳說》○ 호산은
《언해》의 구두에 왕에게 고하는 것으로 하였으니, 다시 자세히 살펴보아야 한다.〔諺讀作告王, 更
詳之.〕" 하였다. 《언해》에 '用中罰하리이다'로 현토되어 있는바, 호산의 설을 따라 현토를 수정 번역
하였다.

〈주관(周官)〉

成王이 訓迪百官이어시늘 史錄其言하고 以周官名之하니 亦訓體也라 今文無, 古文
有하니라

　　성왕이 백관을 훈적(訓迪;훈도)하시자, 사관(史官)이 그 말씀을 기록하고 '주관(周
官)'이라고 이름하였으니, 또한 훈체(訓體)이다. 금문(今文)에는 없고 고문(古文)에는
있다.

○ 按此篇은 與今周禮不同하니 如三公, 三孤는 周禮皆不載라 或謂 公, 孤는 兼官
이요 無正職이라 故로 不載라 然三公은 論道經邦하고 三孤는 貳公弘化하니 非職乎
아 職任之大가 無踰此矣니라 或又謂師氏는 卽太師요 保氏는 卽太保라 然以師保
之尊으로 而反屬司徒之職은 亦無是理也라 又此言六年에 五服一朝어늘 而周禮에
六服諸侯 有一歲一見(현)者하고 二歲一見者하고 三歲一見者[249]하여 亦與此不合
하니 是固可疑라 然周禮는 非聖人이면 不能作也니 意周公이 方條治事之官하되 而
未及師保之職이니 所謂未及者는 鄭重而未及言之也라 書未成而公亡하니 其間에
法制有未施用이라 故로 與此異요 而冬官亦缺이라 要之컨대 周禮는 首末未備[250]하
니 周公未成之書也니 惜哉라 讀書者參互而考之면 則周公經制를 可得而論矣리라

　　○ 살펴보건대, 이 편은 지금의 《주례》와 똑같지 않으니, 삼공(三公)·삼고(三孤)와
같은 것은 《주례》에 모두 실려 있지 않다. 혹자는 말하기를 "공(公)과 (孤)는 겸관(兼
官;겸직)이고 정직(正職)이 없으므로 기재하지 않은 것이다."라고 한다. 그러나 삼공은
도(道)를 논하고 나라를 다스리며, 삼고는 공(公)의 다음이고 조화를 넓히니, 이것이

249　六服諸侯……三歲一見者 : 《주례》〈추관(秋官)〉에 "후복(侯服)은 1년에 한번 왕을 뵙고, 전
복(甸服)은 2년에, 남복(男服)은 3년에, 채복(采服)은 4년에, 위복(衛服)은 5년에, 요복(要服)은
6년에 한번 뵈며, 구주(九州)의 밖에 있는 이복(夷服)·진복(鎭服)·번복(蕃服)을 번국(蕃國)이라
하는데 이들 나라는 군주가 즉위하면 한번 찾아와 뵙는다." 하였다.

250　首末未備 : '수말(首末)'에 대하여 호산은 "수(首)는 공(公)·고(孤)이고, 말(末)은 동관(冬官)
이다.〔首公孤, 末冬官.〕" 하였다. 《詳說》 동관은 사공(司空)을 가리킨 것으로, 육경(六卿)은 천관경
(天官卿)인 총재(冢宰), 지관경(地官卿)인 사도(司徒), 춘관경(春官卿)인 종백(宗伯), 하관경(夏官
卿)인 사마(司馬), 추관경(秋官卿)인 사구(司寇), 동관경인 사공(司空)인바, 이들은 우리 조선조의
이(吏)·호(戶)·예(禮)·병(兵)·형(刑)·공(工)의 관서에 해당한다. 그러나 《주례》에는 동관이 빠져
있으므로 한(漢)나라 유자(儒者)들이 한대(漢代)에 지어진 〈고공기(考工記)〉로 대체하였다.

직책이 아니겠는가. 직임(職任)의 큼이 이보다 더할 수 없다. 혹자는 또 말하기를 "《주례》의 사씨(師氏)는 바로 태사(太師)이고, 보씨(保氏)는 바로 태보(太保)이다."라고 한다. 그러나 사(師)·보(保)의 높음으로 도리어 사도(司徒)의 직책에 소속됨은 또한 이러할 이치가 없다.

또 여기에서는 6년에 오복(五服)의 제후가 한 번 조회한다고 말하였는데,《주례》〈행인(行人)〉에는 육복(六服)의 제후가 1년에 한 번 뵙는 자가 있고, 2년에 한 번 뵙는 자가 있고, 3년에 한 번 뵙는 자가 있어 또한 이와 부합되지 않으니, 이는 진실로 의심할 만하다. 그러나《주례》는 성인(聖人)이 아니면 지을 수 없으니, 짐작건대 주공이 일을 다스리는 관직(육경(六卿))만을 조열(條列)하여 사(師)·보(保)의 직책에는 미치지 못한 듯하니, 이른바 '미치지 못했다'는 것은 정중히 여겨 미처 말씀하지 않은 것이다.《주례》책이 이루어지기 전에 주공이 별세하였으니, 그 사이에 법제가 시행되지 못함이 있었기 때문에 이와 다른 것이며,〈동관(冬官)〉역시 빠져 있다. 요컨대《주례》는 처음과 끝이 완비되지 못했으니, 주공의 미완성된 책이니, 애석하다. 책을 읽는 자가 서로 참조〔參互〕하여 살펴보면 주공이 나라를 다스린 제도를 논할 수 있을 것이다.

【小序】 成王이 旣黜殷命하고 滅淮夷하고 還歸在豐하여 作周官하니라

　　성왕(成王)이 은나라 명(命)을 내치고 회이(淮夷)를 멸망하고서 풍읍(豐邑)으로 돌아와 〈주관(周官)〉을 지었다.

【辨說】 成王이 黜殷久矣어늘 而於此復言은 何耶오

　　성왕이 은나라를 내친 지가 오래되었는데, 여기에서 다시 말한 것은 어째서인가.

1. 惟周王이 撫萬邦하사 巡侯甸하사 四征弗庭하사 綏厥兆民하신대 六服羣辟이 罔不承德이어늘 歸于宗周하사 董正治官하시다

　　주왕(周王)이 만방(萬邦)을 어루만져 후복(侯服)·전복(甸服)에 순행하시어 곧지 않은 자들을 사방으로 정벌하여 조민(兆民)들을 편안히 하시자, 육복(六服)의 제후들이 덕(德)을 받들지 않는 자가 없었다. 이에 종주(宗周)로 돌아와 다스리는 관원들을 감독하여 바로잡으셨다.

··· 綏 : 편안히할 수　董 : 감독할 동

此는 書之本序也라 庭은 直也니 葛氏曰 弗庭은 弗來庭者[251]라하니라 六服은 侯、甸、男、采、衛에 幷畿內爲六服也라 禹貢五服은 通畿內요 周制五服은 在王畿外也라 周禮에 又有九服하니 侯、甸、男、采、衛、蠻、夷、鎭、蕃(藩)이니 與此不同하니라 宗周는 鎬京也라 董은 督也라 治官은 凡治事之官也라 言成王이 撫臨萬國하사 巡狩侯甸하여 四方征討不庭之國하여 以安天下之民한대 六服諸侯之君이 無不奉承周德이라 成王이 歸于鎬京하여 督正治事之官하니 外攘之功擧에 而益嚴內治之修也라 唐孔氏曰 周制엔 無萬國하고 惟伐淮夷요 非四征也니 大言之爾니라

이는 〈주관(周官)〉의 본서(本序)이다. '정(庭)'은 곧음이니, 갈씨(葛氏)가 말하기를 "불정(弗庭)은 바름에 오지 않는 자이다." 하였다. '육복(六服)'은 후(侯)·전(甸)·남(男)·채(采)·위(衛)에 기내(畿內)를 아울러 육복이라 한 것이다. 〈우공(禹貢)〉의 오복(五服)은 기내까지 통틀은 것이고, 주나라 제도의 오복은 왕기(王畿)의 밖에 있었다. 《주례》〈직방씨(職方氏)〉에는 또 구복(九服)이 있으니, 후·전·남·채·위·만(蠻)·이(夷)·진(鎭)·번(蕃)으로 여기와 같지 않다. '종주(宗周)'는 호경(鎬京)이다. '동(董)'은 감독함이다. '치관(治官)'은 모든 일을 다스리는 관원이다.

성왕(成王)이 만방(萬邦)을 어루만지고 군림하사 후·전을 순수(巡狩)해서 불정(不庭)의 나라들을 사방으로 정토(征討)하여 천하의 백성을 편안히 하시니, 육복의 제후의 군주들이 주나라 덕을 받들지 않는 자가 없으므로 성왕이 호경(鎬京)으로 돌아와 일을 다스리는 관원을 감독하여 바로잡음을 말한 것이니, 외양(外攘:밖으로 적을 물리침)하는 공이 거행됨에 내치(內治)의 닦음을 더욱 엄하게 한 것이다.

당나라 공씨가 말하였다. "주나라 제도에는 만국(萬國)이 없으며, 오직 회이(淮夷)를 정벌한 것이요 사방을 정벌한 것이 아니니, 이는 크게(과장해서) 말했을 뿐이다."

2. 王曰 若昔大猷에 制治于未亂하며 保邦于未危하시니라

왕(王)이 말씀하였다. "옛날 대유(大猷:대도(大道))의 세상에는 혼란하지 않을 때에 다스림을 만들고 위태롭지 않을 때에 나라를 보존하셨다."

••••••

251 庭 直也……弗來庭者:정(庭)은 정(挺)과 통하므로 《집전》에 직(直)으로 훈하고 갈씨(葛氏)의 설(說)을 인용하였으나, 불정(弗庭)과 불래정(弗來庭)은 조정에 와서 귀부(歸附)하지 않는 것으로 해석함이 타당할 듯하다.

若昔大道之世에 制治保邦于未亂未危之前하니 卽下文明王立政이 是也라

　　옛날 대도(大道)의 세상에는 아직 혼란하거나 위태롭기 전에 다스림을 만들고 나
라를 보존하였으니, 하문(下文)에 명왕(明王)이 정사를 세웠다는 것이 이것이다.

3. 曰 唐、虞稽古하여 建官惟百하시니 內有百揆、四岳하고 外有州牧、侯伯하
여 庶政이 惟和하여 萬國이 咸寧하니라 夏、商은 官倍하나 (하여) 亦克用乂하니
明王立政은 不惟其官이라 惟其人이니라

　　왕이 말씀하였다. "당(唐)·우(虞)가 옛날 제도를 상고하여 관원을 세우되 백 명으로
하였으니, 안에는 백규(百揆)와 사악(四岳)이 있고 밖에는 주목(州牧)과 후백(侯伯)이
있어 모든 정사가 조화로워 만국(萬國)이 다 편안하였다. 하(夏)와 상(商)은 관원이 배
가(倍加)되었으나 또한 잘 다스려졌으니, 명왕(明王)이 정사를 세움은 오직 관원을 많
게 하려는 것이 아니요, 오직 훌륭한 인물을 얻을 뿐이었다.

百揆는 無所不總者요 四岳은 總其方岳者요 州牧은 各總其州者요 侯伯은 次州牧
而總諸侯者也라 百揆、四岳은 總治于內하고 州牧、侯伯은 總治于外하여 內外相承
하여 體統不紊이라 故로 庶政惟和하여 而萬國咸安이라 夏、商之時엔 世變事繁하니
觀其會通²⁵²하여 制其繁簡하여 官數加倍나 亦能用治하니 明王立政은 不惟其官之
多라 惟其得人而已니라

　　'백규(百揆)'는 총괄하지 않는 바가 없는 자이고, '사악(四岳)'은 방악(方岳;사방의 산
악)을 총괄하는 자이고, '주목(州牧)'은 각각 그 주(州)를 총괄하는 자이고, '후백(侯伯)'
은 주목(州牧)의 다음이 되어 제후를 총괄하는 자이다. 백규와 사악은 안에서 다스림
을 총괄하고 주목과 후백은 밖에서 다스림을 총괄하여, 안팎이 서로 이어받아서 체통
이 문란하지 않았다. 이 때문에 모든 정사가 조화로워 만국이 다 편안했던 것이다. 하
(夏)·상(商)의 때에는 세상이 변하고 일이 많아졌으니, 그 회(會)와 통(通)을 보아 번
다함과 간략함을 알맞게 하여 관원의 수가 배가(倍加)되었으나 또한 능히 잘 다스려졌
으니, 명왕(明王)이 정사를 세움은 오직 관원을 많게 하려는 것이 아니요, 오직 훌륭한

......

252　會通 : 회(會)는 여러 이치가 복잡하게 모여 있는 부분이고, 통(通)은 이치가 소통하여 처리하
기 쉬운 부분으로, 여기서는 일이 많아지고 일이 적어짐에 따라 관원의 수를 줄이기도 하고 늘리기
도 함을 말한 것이다.

인물을 얻을 뿐이었다.

4. 今予小子는 祗勤于德하여 夙夜에 不逮하여 仰惟前代時若하여 訓迪厥官하노라

이제 나 소자(小子)는 공경히 덕(德)에 부지런하여 밤낮으로 미치지 못할 듯이 여겨서, 전대(前代)를 우러러보아 이에 순히 따라 관원들을 훈도(訓導)하노라.

逮는 及이요 時는 是요 若은 順也라 成王이 祗勤于德하여 早夜에 若有所不及然하니 蓋修德者는 任官之本也라

'체(逮)'는 미침이요, '시(時)'는 이것이요, '약(若)'은 순함이다. 성왕(成王)이 덕에 공경히 부지런해서 밤낮으로 미치지 못하는 바가 있는 듯이 여겼으니, 군주가 덕을 닦음은 관원을 임용하는 근본이다.

5. 立太師、太傅、太保하노니 兹惟三公이니 論道經邦하며 燮理陰陽하나니 官不必備라 惟其人이니라

태사(太師)·태부(太傅)·태보(太保)를 〈처음〉 세우노니 이가 삼공(三公)이니, 도(道)를 논하고 나라를 다스리며 음(陰)·양(陽)을 조화하여 다스리니, 삼공의 관원은 반드시 구비할 것이 아니요, 오직 그러한 사람이 있으면 임명하여야 한다.

立은 始辭也니 三公이 非始於此로되 立爲周家定制는 則始於此也라 賈誼曰 保者는 保其身體요 傅者는 傅之德義요 師는 道(導)之敎訓이라하니 此所謂三公也라 陰陽은 以氣言이요 道者는 陰陽之理니 恒而不變者也라 易曰一陰一陽之謂道 是也라 論者는 講明之謂요 經者는 經綸之謂요 燮理者는 和調之也니 非經綸天下之大經하고 參天地之化育者면 豈足以任此責이리오 故로 官不必備요 惟其人也니라

'입(立)'은 비로소(처음으로 세움)란 말이니, 삼공이 이 때에 비롯된 것은 아니나 세워서 주나라의 정한 제도를 삼음은 이 때에 비롯된 것이다. 가의(賈誼)가 말하기를 "보(保)는 군주의 신체를 보호함이요, 부(傅)는 군주에게 덕의(德義)를 붙여줌이요, 사(師)는 군주를 교훈으로 인도함이다." 하였으니, 이것이 이른바 삼공이다. 음·양은 기(氣)로 말하였고, 도(道)는 음·양의 이치이니 항상하여 변치 않는 것이다. 《주역》〈계사전 상(繫辭傳上)〉에 "한 번 음하고 한 번 양하게 하는 것(이치)을 도라 한다." 한 것이

··· 傅：스승 부　燮：화할 섭　誼：옳을 의

이것이다. '논(論)'은 강명(講明)함을 이르고, '경(經)'은 경륜함을 이르고, '섭리(燮理)'는 조화하여 고르게 하는 것이니, 천하의 대경(大經)을 경륜하고 천지의 화육(化育)에 참여하는 자가 아니면 어찌 이 책임을 맡겠는가. 그러므로 관원은 굳이 구비할 것이 아니고, 오직 그러한 사람이 있으면 임명하는 것이다.

6. **少師**、**少傅**、**少保**는 **曰三孤**라 **貳公弘化**하여 **寅亮天地**하여 **弼予一人**하나니라

　소사(少師)·소부(少傅)·소보(少保)를 삼고(三孤)라 하니, 공(公)의 다음이 되어 조화를 넓혀 천지를 공경하여 밝혀서 나 한 사람(군주)을 보필한다.

孤는 **特也**니 **三少**는 **雖三公之貳**나 **而非其屬官**이라 **故曰孤**라 **天地**는 **以形言**이요 **化者**는 **天地之用**이니 **運而無迹者也**라 **易曰範圍天地之化** **是也**라 **弘者**는 **張而大之**요 **寅亮者**는 **敬而明之也**라 **公**은 **論道**하고 **孤**는 **弘化**하며 **公**은 **燮理陰陽**하고 **孤**는 **寅亮天地**하며 **公**은 **論於前**하고 **孤**는 **弼於後**하니 **公**、**孤之分**이 **如此**하니라

　'고(孤)'는 특별함이니, 삼소(三少)는 비록 삼공의 이(貳:부관)나 속관(屬官)이 아니므로 '고(孤)'라 한 것이다. 천지(天地)는 형체로 말한 것이고, 화(化)는 천지의 용(用)이니 운행하나 흔적이 없는 것이다. 《주역》〈계사전 상(繫辭傳上)〉에 "천지의 조화를 범위한다."는 것이 이것이다. '홍(弘)'은 넓혀서 키움이요, '인량(寅亮)'은 공경하여 밝힘이다. 공(公)은 도(道)를 논하고 고(孤)는 조화를 넓히며, 공은 음양을 조화하여 다스리고 고는 천지를 공경하여 밝히며, 공은 앞에서 논하고 고는 뒤에서 보필하니, 공과 고의 구분이 이와 같다.

7. **冢宰**는 **掌邦治**하니 **統百官**하고(하여) **均四海**하나니라

　총재(冢宰)는 나라의 다스림을 관장하니, 백관을 통솔하고 사해를 고르게 다스린다.

冢은 **大**요 **宰**는 **治也**라 **天官卿**은 **治官之長**이니 **是爲冢宰**라 **內統百官**하고 **外均四海**하니 **蓋天子之相也**라 **百官異職**이어늘 **管攝**하여 **使歸于一**을 **是之謂統**이요 **四海異宜**어늘 **調劑**하여 **使得其平**을 **是之謂均**이니라

　'총(冢)'은 큼이요 '재(宰)'는 다스림이다. 천관경(天官卿)은 다스리는 관원의 우두머리이니, 이를 총재라 한다. 안으로 백관을 통솔하고 밖으로 사해를 고르게 하니, 천

자의 정승이다. 백관이 맡은 직책이 다른데 이것을 관섭(管攝;주관)하여 하나로 돌아가게 함을 '통(統)'이라 이르며, 사해에 마땅함이 다른데 이를 조제(調劑;조절)하여 균평함을 얻게 함을 '균(均)'이라 이른다.

8. 司徒는 掌邦敎하니 敷五典하여 擾兆民하나니라

　사도(司徒)는 나라의 교육을 관장하니, 오전(五典)을 펴서 조민(兆民)을 길들인다.

擾는 馴也라 地官卿은 主國敎化하니 敷君臣、父子、夫婦、長幼、朋友五者之敎하여 以馴擾兆民之不順者하여 而使之順也라 唐虞司徒之官이 固已職掌如此하니라

　'요(擾)'는 길들여 순하게 함이다. 지관경(地官卿)은 나라의 교화를 관장하니, 군신(君臣) · 부자(父子) · 부부(夫婦) · 장유(長幼) · 붕우(朋友) 다섯 가지의 가르침을 펴서 조민(兆民)의 순하지 않은 자들을 길들여 순하게 하는 것이다. 당(唐) · 우(虞) 시대에 사도의 관직이 진실로 이미 주관하여 맡음이 이와 같았다.

9. 宗伯은 掌邦禮하니 治神人하여 和上下하나니라

　종백(宗伯)은 나라의 예를 관장하니, 신(神)과 사람을 다스려 상하를 화(和)하게 한다.

春官卿은 主邦禮하니 治天神、地祇(기)、人鬼之事하여 和上下尊卑等列이라 春官은 於四時之序에 爲長이라 故로 其官을 謂之宗伯이라 成周는 合樂於禮官하니 謂之和者는 蓋以樂而言也라

　춘관경(春官卿)은 나라의 예를 주관하니, 천신(天神)과 지기(地祇)와 인귀(人鬼)의 일을 다스려서 상하와 존비의 등렬(等列)을 화하게 한다. 춘관(春官)은 사시(四時)의 순서에 우두머리가 되므로 그 관원을 '종백(宗伯)'이라 한 것이다. 성주(成周)는 악(樂)을 예관(禮官)에 합하였으니, 화(和)라고 이른 것은 악(樂)을 가지고 말한 것이다.

10. 司馬는 掌邦政하니 統六師하여 平邦國하나니라

　사마(司馬)는 나라의 정사를 관장하니, 육사(六師)를 통솔하여 방국(邦國)을 평치(平治)한다.

夏官卿은 主戎馬之事하여 掌國征伐하니 統御六軍하여 平治邦國이라 平은 謂强不

得陵弱하고 衆不得暴寡하여 而人皆得其平也라 軍政은 莫急於馬라 故로 以司馬
名官이라 何莫非政이리오마는 獨戎政을 謂之政者는 用以征伐하여 而正彼之不正하
니 王政之大者也일새라

하관경(夏官卿)은 융마(戎馬;군마)의 일을 주관하여 나라의 정벌을 관장하니, 육군
(六軍)을 통솔하여 방국(邦國)을 평치(平治)한다. '평(平)'은 강한 자가 약한 자를 능멸
하지 못하고 병력이 많은 자가 적은 자를 포악히 하지 못하여, 사람들이 모두 그 공평
함을 얻음을 이른다. 군정(軍政)은 말보다 급한 것이 없으므로 '사마(司馬)'로써 관명
을 삼은 것이다. 어느 것인들 정사가 아니겠는가마는 유독 융정(戎政;군정(軍政))을 정
(政)이라 이른 것은 정벌하여 저(상대방)의 바르지 않음을 바로잡으니, 왕정(王政)의 큰
것이기 때문이다.

書經集傳 下

11. **司寇**는 **掌邦禁**하니 **詰姦慝**하며 **刑暴亂**하나니라
　사구(司寇)는 나라의 금함을 관장하니, 간특(姦慝)함을 다스리며 포악하여 난을 일으
키는 자들을 형벌한다.

秋官卿은 主寇賊法禁하니 羣行攻劫曰寇라 詰姦慝하고 刑彊暴作亂者라 掌刑을
不曰刑而曰禁者는 禁於未然也라 呂氏曰 姦慝은 隱而難知라 故謂之詰이니 推鞫
窮詰而求其情也요 暴亂은 顯而易(이)見하니 直刑之而已니라

　추관경(秋官卿)은 구적(寇賊)과 법금(法禁)을 주관하니, 떼지어 다니며 공격하고 겁
탈함을 '구(寇)'라 한다. 간특함을 다스리고 강포(强暴)하여 난을 일으키는 자를 형벌
한다. 형(刑)을 관장함을 형이라고 말하지 않고 '금(禁)'이라고 말한 것은 미연(未然)에
금하기 때문이다.
　여씨(呂氏)가 말하였다. "간특은 숨어서 알기 어려우므로 힐(詰)이라고 하였으니
추국(推鞫)하고 궁힐(窮詰;힐문)하여 그 실정을 찾아내는 것이며, 포란(暴亂)은 드러나
서 보기 쉬우니 곧바로 형벌할 뿐이다."

12. **司空**은 **掌邦土**하니 **居四民**하며 **時地利**하나니라
　사공(司空)은 나라의 땅을 관장하니, 사민(四民)을 거주하게 하며 지리(地利)를 때에
맞추어 일으킨다.

••• 詰 : 다스릴 힐　慝 : 간사할 특　鞫 : 국문할 국

冬官卿은 主國空土하여 以居士、農、工、商四民하고 順天時하여 以興地利라 按周禮冬官은 則記考工之事하여 與此不同하니 蓋本闕冬官이어늘 漢儒以考工記當之也라

　동관경(冬官卿)은 나라의 빈 땅을 주관하여 사(士)·농(農)·공(工)·상(商)의 사민(四民)을 거주하게 하고, 천시(天時)에 순응하여 지리(地利)를 일으킨다. 살펴보건대 《주례》의 〈동관(冬官)〉은 고공(考工)의 일을 기록하여 이와 똑같지 않으니, 본래 〈동관〉이 빠져 있었는데, 한(漢)나라 유자들이 '고공기(考工記)'로 대신한 것이다.

13. 六卿이 分職하여 各率其屬하여 以倡九牧하여 阜成兆民하나니라

　육경(六卿)이 직책을 나누어 각기 관속을 거느리고서 구주(九州)의 목(牧)을 창도하여 조민(兆民)을 부유하게 이룬다.

六卿分職하여 各率其屬官하고 以倡九州之牧하여 自內達之於外하여 政治明하고 敎化洽하여 兆民之衆이 莫不阜厚而化成也라 按周禮에 每卿은 六十屬이니 六卿은 三百六十屬也라 呂氏曰 冢宰는 相天子하고 統百官하니 則司徒以下 無非冢宰所統이어늘 乃均列一職하여 而倂數之爲六者는 綱在網中也일새라 乾坤之與六子 並列於八方[253]하고 冢宰之與五卿이 並列於六職也니라

　육경(六卿)이 직책을 나누어 각각 그 속관(屬官)을 거느리고 구주(九州)의 목(牧)을 창도해서, 안으로부터 밖에 이르게 하여 정치가 밝아지고 교화가 흡족해서 조민(兆民)의 무리가 부후(阜厚)해서 교화하여 이루지〔化成〕 않음이 없는 것이다. 살펴보건대 《주례》에 경(卿)마다 60명의 속관이 있으니, 육경은 총 360명의 속관이 있는 것이다.

　여씨(呂氏)가 말하였다. "총재(冢宰)는 천자를 도와 백관을 통솔하니, 사도(司徒) 이하가 총재의 통솔하는바 아님이 없는데, 마침내 똑같이 한 직책에 나열하여 아울러 세어서 육경이라 한 것은, 그물에 벼릿줄이 그물 가운데 있기 때문이다. 건(乾)·곤

......

253　乾坤之與六子 並列於八方 : 육자(六子)는 여섯 자식이란 뜻으로 《주역》의 팔괘(八卦) 가운데 장남(長男)인 진(震 ☳)과 중남(中男)인 감(坎 ☵), 소남(少男)인 간(艮 ☶) 그리고 장녀(長女)인 손(巽 ☴), 중녀(中女)인 리(離 ☲), 소녀(少女)인 태(兌 ☱)를 이른다. 복희선천도(伏羲先天圖)에 부(父)인 건(乾 ☰)이 남(南)에 있고 모(母)인 곤(坤 ☷)이 북(北)에 있어 종축(縱軸)을 이루고 나머지 여섯 괘가 횡으로 나열되어 있으므로 말한 것이다. 팔방은 동·서·남·북의 네 방위에 서북인 건(乾), 동북인 간(艮), 동남인 손(巽), 서남인 곤(坤)을 넣은 것이다.

(坤)과 육자(六子)가 아울러 팔방(八方)에 진열되고, 총재와 오경(五卿)이 아울러 육직(六職)에 진열된 것이다.

14. 六年에 五服이 一朝어든 又六年에 王乃時巡하여 考制度于四岳하시며(이어시든) 諸侯各朝于方岳이어든 大明黜陟하나니라

6년에 오복(五服)의 제후가 한 번 조회오거든 또 6년에 왕이 때로 순행하여 제도를 사악(四岳)에게서 상고하시며, 제후가 각기 방악(方岳)에서 조회하거든 크게 출척(黜陟;내치고 올려줌)을 밝힌다."

五服은 侯、甸、男、采、衛也니 六年에 一朝會京師어든 十二年에 王一巡狩라 時巡者는 猶舜之四仲巡狩也요 考制度者는 猶舜之協時月、正日, 同律、度、量、衡等事也라 諸侯各朝方岳者는 猶舜之肆覲東后也요 大明黜陟者는 猶舜之黜陟幽明也[254]라 疏數(삭)異時하고 繁簡異制하니 帝王之治 因時損益者를 可見矣니라

'오복(五服)'은 후(侯)·전(甸)·남(男)·채(采)·위(衛)이니, 6년에 한 번 경사(京師)에 조회오면 12년에 왕이 한 번 순수(巡狩)한다. 때로 순수한다는 것은 순(舜)이 사중(四仲;사시의 중월(仲月))에 순수한 것과 같은 것이며, 제도를 상고한다는 것은 순이 시(時;철)와 월(月)을 맞추고 일(日;일진)을 바로잡으며, 율(律)·도(度)·량(量)·형(衡)을 통일하는 등의 일과 같은 것이다. 제후가 각기 방악(方岳)에서 조회한다는 것은 순이 동쪽 제후〔東后〕를 만나본 것과 같은 것이며, 크게 출척(黜陟)을 밝힌다는 것은 순이 성적이 어둡고 밝은 자를 내치고 올려줌과 같은 것이다. 드물게 조회하고 자주 조회함이 때가 다르고, 번다하고 간략함이 제도가 다르니, 제왕의 다스림이 때에 따라 손익(損益;가감)함을 볼 수 있다.

15. 王曰 嗚呼라 凡我有官君子아 欽乃攸司하며 愼乃出令하라 令出은 惟行이라 弗惟反이니 以公滅私하면 民其允懷하리라

왕이 말씀하였다. "아! 무릇 우리의 관직을 소유한 군자들아! 너희가 맡은 직책을 공경히 수행하며 너희가 내는 명령을 삼가라. 명령을 냄은 행하려 함이요 막히고 거스

......
254 猶舜之肆覲東后也……猶舜之黜陟幽明也:이 내용은 모두 위 〈순전(舜典)〉에 보인다.

··· 覲:만나볼 근 欽:공경할 흠

르려 함이 아니니, 공(公)으로 사(私)를 멸하면 백성들이 믿고 복종할 것이다."

建官之體統은 前章에 旣訓迪之矣요 此則居守官職者咸在하니 曰凡有官君子者
는 合尊卑小大而同訓之也라 反者는 令出에 不可行而壅逆之謂라 言敬汝所主之
職하고 謹汝所出之令하라 令出은 欲其行이니 不欲其壅逆而不行也라 以天下之公
理로 滅一己之私情이면 則令行而民莫不敬信懷服矣리라

　　관직을 세운 체통은 앞장에 이미 훈적(訓迪;훈계)하였고, 여기에는 관직에 거하여
맡은 자가 모두 있으니, '무릇 관직을 소유한 군자'라고 말한 것은 존비(尊卑)와 소대
(小大)를 합하여 함께 훈계한 것이다. '반(反)'은 명령이 나옴에 행할 수가 없어서 막히
고 거슬림을 이른다. 너희가 맡은 바의 직책을 공경하고 너희가 내는 바의 명령을 삼
가라. 명령을 냄은 행하려고 하는 것이니, 막히고 거슬려 행하지 못하고자 하는 것이
아니다. 천하의 공리(公理)로써 일신(一身)의 사정(私情)을 없애면, 명령이 행해져서
백성들이 공경하여 믿고 그리워하여 복종하지 않음이 없을 것이다.

16. 學古入官하여 議事以制[255]하여사 政乃不迷하리니 其爾는 典常으로 作之
師하고 無以利口로 亂厥官하라 蓄疑하면 敗謀하며 怠忽하면 荒政하며 不學하
면 牆面이라 莅事惟煩하리라

　옛 법을 배우고서 관(官)에 들어가 일을 의논하여 맞게 하여야 정사가 비로소 잘못되
지 않을 것이니, 너희는 떳떳한 법을 스승으로 삼고, 말 잘하는 입으로 관직을 어지럽
히지 말라. 의심이 쌓이면 계책을 무너뜨리며, 게으르고 소홀히 하면 정사를 황폐시
키며, 배우지 않으면 담장에 얼굴을 대고 서 있는 것과 같아서 일을 당함에 번거로울
것이다.

學古는 學前代之法也라 制는 裁度(탁)也요 迷는 錯繆(착류)也라 典常은 當代之法
也라 周家典常은 皆文、武、周公之所講畫이라 至精至備하니 凡莅官者 謹師之而

• • • • • •
255　學古入官 議事以制 : 오윤상은 "옛것을 배워 관청에 들어가서 일을 의논하여 맞게 하면 옛것
에 어둡지 않을 것이요, 네가 떳떳한 법으로 스승을 삼으면 지금에 어그러지지 않을 것이다. 그러
나 옛것을 배워 의리의 근본을 밝힌 뒤에야 떳떳한 법으로 스승을 삼을 수 있으니, 이는 본말과 선
후의 순서이다.〔學古入官, 議事以制, 則不昧於古, 其爾典常, 作之師, 則不悖於今. 然學古以明義理
之本然後, 以典常爲師, 本末先後之序.〕" 하였다.

• • •　壅 : 막을 옹　牆 : 담 장　莅 : 임할 리　錯 : 어그러질 착　繆 : 어그러질 류

已요 不可喋(첩)喋利口로 更(경)改而紛亂之也라 積疑不決하면 必敗其謀하고 怠
惰忽略하면 必荒其政하며 人而不學이면 其猶正牆面而立하니 必無所見하여 而擧
錯(措)煩擾也라

'학고(學古)'는 전대(前代)의 법(法)을 배우는 것이다. '제(制)'는 재탁(裁度;헤아려 맞
게 함)함이요, '미(迷)'는 착류(錯繆;잘못됨)함이다. '전상(典常)'은 당대의 법이다. 주나
라의 전상은 모두 문왕·무왕·주공이 강론하고 계획한 것이므로 지극히 정밀하고
지극히 구비하였으니, 무릇 관직에 임한 자들은 삼가 이것을 본받을 뿐이요, 첩첩(喋
喋;거침없이)히 말 잘하는 입으로 함부로 고쳐서 분란시키지 말아야 한다. 의심을 쌓고
결단하지 않으면 반드시 계책을 무너뜨리고, 게으르고 소홀히 하면 반드시 정사를 황
폐시키고, 사람으로서 배우지 않으면 바로 얼굴을 담장에 대고 선 것과 같으니, 반드
시 보는 바가 없어서 거조(擧措)가 번거롭고 어지러울 것이다.

○ 蘇氏曰 鄭子産이 鑄刑書한대 晉叔向이 譏之曰 昔先王이 議事以制하여 不爲刑
辟[256]이라하니 其言이 蓋取諸此라 先王은 人法竝任이로되 而任人爲多라 故로 律은
設大法而已요 其輕重之詳은 則付之人하여 臨事而議하여 以制其出入이라 故로 刑
簡而政淸이라 自唐以前으로는 治罪科條 止於今律令[257]而已하니 人之所犯은 日變
無窮하고 而律令은 有限이라 以有限으로 治無窮이로되 不聞有所闕하니 豈非人法
兼行하여 吏猶得臨事而議乎아 今엔 律令之外에 科條數萬이로되 而不足於用하여
有司請立新法者 日益不已하니 嗚呼라 任法之弊 一至於此哉인저

○ 소씨(蘇氏)가 말하였다. "정(鄭)나라 자산(子産)이 형서(刑書)를 주조(鑄造)하자,
진(晉)나라 숙향(叔向)이 비판하기를 '옛날 선왕은 일을 의논하여 맞게 해서(옛 의리로
재탁해서) 형벽(刑辟)의 글을 만들지 않았다.' 하였으니, 그 말이 여기에서 취해 온 것
이다. 선왕은 사람과 법에 함께 맡겼으나 사람에게 맡김이 많았다. 이 때문에 율(律)
은 큰 법을 설치했을 뿐이요, 경중(輕重)의 자세함은 사람(법관)에게 맡겨 일(사전)에
임하여 의논해서 그 출입(죄의 경중에 따라 조치함)을 맞게 하였으므로 형벌이 간략하고

---

256 鄭子産……不爲刑辟 : 이 내용은 《춘추좌씨전》 소공(昭公) 6년에 보인다.

257 律令 : 법전(法典)을 이른다. 전국시대(戰國時代) 위 문후(魏文侯)가 이회(李悝)를 시켜 지은
《법경(法經)》 6편(篇)이 기준이 되었는데, 그후 한(漢)나라 때 소하(蕭何)가 《익률(益律)》 3편을
추가하였고, 숙손통(叔孫通)·장탕(張湯)·조우(趙禹) 등이 다시 추가하여 도합 60여 편이 되었으
며, 이외에 상황에 따라 처리한 일을 《영갑(令甲)》으로 만든 3백 편이 있다.

··· 喋 : 말잘할 첩　鑄 : 쇠녹여만들 주　譏 : 비난할 기

정사가 깨끗하였다.

　당(唐)나라 이전에는 죄를 다스리는 과조(科條)가 지금 전하는 율령(律令)에 그쳤을 뿐이니, 사람들의 범죄는 날로 변하여 무궁하고 율령은 한계가 있다. 한계가 있는 율령으로 무궁한 죄를 다스렸으나 부족한 바가 있다는 말을 듣지 못하였으니, 어찌 사람과 법이 함께 행해져서 관리가 옛날처럼 여전히 일에 임하여 의논할 수 있었던 때문이 아니겠는가. 지금은 율령 이외에 과조가 수만 가지인데도 사용함에 부족해서 유사(有司)가 새 법을 만들 것을 청하는 자가 날로 늘어나 그치지 않으니, 아! 법에 맡기는 폐단이 마침내 이에 이른단 말인가."

17. **戒爾卿士**하노니 **功崇**은 **惟志**요 **業廣**은 **惟勤**이니 **惟克果斷**하야사 **乃罔後艱**하리라

　너희 경사(卿士)들에게 경계하노니, 공(功)이 높아짐은 의지(意志) 때문이요, 업(業)이 넓어짐은 부지런함 때문이니, 능히 과단하여야 뒤에 어려움이 없을 것이다.

此下는 **申戒卿士也**라 **王氏曰 功以志崇**이요 **業以仁廣**이요 **斷以勇克**이니 **此三者**는 **天下之達(道)[德]**[258]**也**라 **呂氏曰 功者**는 **業之成也**요 **業者**는 **功之積也**니 **崇其功者**는 **存乎志**요 **廣其業者**는 **存乎勤**이요 **勤**은 **由志而生**하고 **志**는 **待勤而遂**하며 **雖有二者**라도 **當幾而不能果斷**이면 **則志與勤虛用**하여 **而終蹈後艱矣**리라

　이 이하는 경사(卿士)들을 거듭 경계한 것이다.

　왕씨(王氏)가 말하였다. "공(功)은 의지로 말미암아 높아지고, 업(業)은 인(仁)으로 말미암아 넓어지고, 과단(결단성)은 용(勇)으로 말미암아 능해지니, 이 세 가지는 천하의 달덕(達德)이다."

　여씨(呂氏)가 말하였다. "공은 업이 이루어진 것이요 업은 공이 쌓여진 것이니, 공을 높임은 의지에 달려 있고, 업을 넓힘은 부지런함에 달려 있으며, 부지런함은 의지로 말미암아 생기고, 의지는 부지런함을 기다려 이루어지며, 비록 이 두 가지가 있더

258　天下之達德 : 달덕(達德)은 누구나 함께 간직하고 있는 덕으로, 《중용장구》20장에 '지(智)·인(仁)·용(勇) 세 가지는 천하의 달덕이다.'라고 보인다. 원문에는 '달도(達道)'로 되어 있으나 달도는 누구나 함께 행하여야 할 도리로 오륜(五倫)을 가리키는바, 여기와는 부합하지 않는다. 한편 《중용장구》20장에 "부자간과 군신간과 부부간과 장유간과 붕우간의 사귐 다섯 가지는 천하의 달도이다."라고 하여, 바로 달덕 위에 보인다.

라도 기회를 당하여 과단하여 결행하지 못하면 뜻과 부지런함이 헛되이 쓰여져서 끝
내 뒤에 어려움을 밟을(당할) 것이다.”

18. 位不期驕[259]며 祿不期侈니 恭儉惟德이요 無載爾僞하라 作德하면 心逸하
여 日休하고 作僞하면 心勞하여 日拙하나니라
　지위는 교만함과 기약하지 않으며 녹(祿)은 사치함과 기약하지 않으니, 공검(恭儉)을
덕으로 삼고 너의 거짓을 행하지 말라. 덕을 행하면 마음이 편안하여 날로 아름다워
지고, 거짓을 행하면 마음이 수고로워 날로 졸렬해진다.

貴는 不與驕期로되 而驕自至하고 祿은 不與侈期로되 而侈自至라 故로 居是位면 當
知所以恭이요 饗是祿이면 當知所以儉이라 然恭儉을 豈可以聲音笑貌爲哉리오 當
有實得於己요 不可從事於僞라 作德則中外惟一故로 心逸而日休休焉하고 作僞
則揜(엄)護不暇故로 心勞而日著其拙矣라 或曰 期는 待也니 位는 所以崇德이요
非期於爲驕며 祿은 所以報功이요 非期於爲侈라하니 亦通이니라
　귀함은 교만함과 기약하지 않아도 교만함이 저절로 이르고, 녹은 사치함과 기약하
지 않아도 사치함이 저절로 이른다. 그러므로 이 지위에 있으면 마땅히 공손해야 할
것을 알아야 하고, 이 녹을 누리면 마땅히 검소해야 할 것을 알아야 하는 것이다. 그
러나 공손함과 검소함을 어찌 음성과 웃음과 외모로 하겠는가. 마땅히 자신에게 실제
로 얻음이 있어야 하고, 거짓에 종사하지 말아야 한다. 덕을 하면 중심과 외모가 하나
가 되므로 마음이 편안하여 날로 아름다워지고, 거짓을 행하면 잘못을 가리고 비호하
기에 겨를이 없으므로 마음이 수고로워 날로 졸렬함이 드러나는 것이다. 혹자는 말하
기를 “기(期)는 기대함이니, 지위는 덕이 있는 이를 높이기 위한 것이요 교만한 짓을
하라고 기대한 것이 아니며, 녹은 공이 있는 자에게 보답하기 위한 것이요 사치함을

書經集傳　下

......
259　位不期驕 :《언해》에는 《집전》의 설명을 따라 “지위는 기약하지 않아도 교만해지며”로 풀이하
였으나, 퇴계는 위의 해석을 비판하고 '위(位)는 교(驕)로(교와 더불어) 기(期)치 아니며' 또는 '교
(驕)를 기(期)하는주리(기(期)하려는 것이) 아니며'가 타당한 것으로 보았으므로 위와 같이 해석
하였다. 아래의 '록불기치(祿不期侈)' 역시 그러하다. 퇴계는 “이 문세(文勢)는 위의 〈고요모(皐陶
謨)〉의 '하늘이 귀밝게 듣고 눈밝게 봄은 우리 백성들의 보고 들음을 통하여 귀밝게 듣고 눈밝게
보는 것이며, 하늘이 밝혀 주고 두렵게 함은 백성들의 좋아하고 미워함을 통하여 밝혀 주고 두렵
게 하는 것이다.〔天聰明自我民聰明, 天明畏自我民明畏.〕'와 똑같으니, 참고하라.” 하였다.

... 　饗 : 누릴 향　揜 : 가릴 엄

하라고 기대한 것이 아니다."라고 하니, 또한 통한다.

19. 居寵思危하여 罔不惟畏하라 弗畏면 入畏하리라

　총성(寵盛;은총과 녹봉이 성대함)에 거하면 위태로움을 생각하여 두려워하지 않음이 없도록 하라. 두려워하지 않으면 두려움으로 들어갈 것이다.

居寵盛이면 則思危辱하여 當無所不致其祗畏니 苟不知祗畏하면 則入于可畏之中矣리라 後之患失者는 與思危相似나 然思危者는 以寵利爲憂하고 患失者는 以寵利爲樂하니 所存이 大不同也니라

　총성에 거하면 위태로움과 욕됨을 생각하여 마땅히 공경과 두려움을 지극히 하지 않음이 없어야 하니, 만일 공경하고 두려워할 줄을 알지 못하면 두려워할 만한 가운데로 빠져 들어갈 것이다. 후세에 부귀(富貴)를 잃을까 근심하는 자는 위태로움을 생각하는 자와 서로 유사하나, 위태로움을 생각하는 자는 총리를 걱정거리로 여기고, 부귀를 잃을까 근심하는 자는 총리를 낙으로 여기니, 마음에 두고 있는 것이 크게 같지 않다.

20. 推賢讓能하면 庶官이 乃和하고 不和하면 政厖(방)하리니 擧能其官이면(이) 惟爾之能이며 稱匪其人이면(이) 惟爾不任이니라

　어진이에게 미루고(양보하고) 능한 이에게 사양하면 모든 관원들이 화(和)하고, 화하지 않으면 정사가 잡될 것이니, 천거된 자가 그 관직을 잘 수행하면 이는 너희가 능한 것이며, 천거된 자가 훌륭한 사람이 아니면 이는 너희가 책임을 감당하지 못하는 것이다."

賢은 有德者也요 能은 有才者也라 王氏曰 道는 二니 義利而已라 推賢讓能은 所以爲義니 大臣이 出於義면 則莫不出於義하리니 此庶官所以不爭而和요 蔽賢害能은 所以爲利니 大臣이 出於利면 則莫不出於利하리니 此庶官所以爭而不和니 庶官不和면 則政必雜亂而不理矣리라 稱亦擧也니 所擧之人이 能修其官이면 是亦爾之所能이요 擧非其人이면 是亦爾不勝任이라 古者大臣이 以人事君에 其責如此하니라

　'현(賢)'은 덕(德)이 있는 자이고, '능(能)'은 재주가 있는 자이다.

・・・　厖 : 잡될 방　稱 : 들 칭

왕씨(王氏)가 말하였다. "도(道;길)는 두 가지이니 의(義)와 리(利) 뿐이다. 어진이에게 미루고 능한 이에게 사양함은 의(義)를 하는 것이니, 대신(大臣)이 의(義)에서 나오면 의에서 나오지 않음이 없을 것이니, 이는 여러 관원들이 다투지 아니하여 화(和)한 까닭이다. 현자(賢者)를 엄폐하고 능한 이를 해침은 리(利)를 하는 것이니, 대신이 리에서 나오면 리에서 나오지 않음이 없을 것이니, 이는 여러 관원들이 다투어 불화(不和)하게 되는 이유이니, 여러 관원이 불화하면 정사가 반드시 잡란하여 다스려지지 못할 것이다."

'칭(稱)' 또한 듦(천거함)이니, 들어서 쓴 사람이 관직을 잘 수행하면 이 또한 너희가 능한 것이며, 들어서 쓴 사람이 현자가 아니면 이 또한 너희가 책임을 감당하지 못하는 것이다. 옛날 대신이 사람으로써 군주를 섬김에 그 책임이 이와 같았다.

21. 王曰 嗚呼라 三事曁大夫[260]아 敬爾有官하며 亂爾有政[261]하여 以佑乃辟하여 永康兆民하여 萬邦이 惟無斁(역)케하라

왕이 말씀하였다. "아! 삼사(三事)와 대부들아. 네가 보유한 관직을 공경히 수행하며 네가 보유한 정사를 다스려서 너희 군주를 도와 길이 조민(兆民)을 편안히 해서 만방(萬邦)이 싫어함이 없게 하라."

三事는 卽立政三事也[262]라 亂은 治也라 篇終에 歎息하여 上自三事로 下至大夫히 而申戒勅之也라 其不及公、孤者는 公、孤는 德尊位隆하여 非有待於戒勅也일새라

'삼사(三事)'는 곧 〈입정(立政)〉의 삼사(三事)이다. '난(亂)'은 다스림이다. 편의 맨끝

• • • • • •

260 三事曁大夫 : 오윤상은 《집전》에 '삼사(三事)는 바로 〈입정〉의 삼사이다.' 하였다. 살펴보건대 〈입정〉의 삼사는 바로 상백과 상임, 준인을 가리킨 것이니, 〈주관〉에 서술한 관제(官制) 가운데 반드시 상백과 상임, 준인 등의 직임(職任)이 있었을 것이다. 그러나 글에 따라 해석을 달리함은 글을 해석하는 활법(活法;널리 활용하는 방법)이다. 여기의 삼사는 삼공을 가리킨 듯하니, '三事曁大夫'는 위로 삼공으로부터 아래로 대부에 이른 것이다.[三事曁大夫, 傳曰, 三事卽立政三事. 按立政三事, 是指常伯常任準人, 周官所敍官制中, 必有如常伯常任準人等職任. 然隨文異釋, 解書之活法, 此三事, 恐指三公, 上自三公, 下曁大夫云爾.]" 하였다.

261 敬爾有官 亂爾有政 : 유(有)를 허자(虛字)로 보아 '네 관직을 공경하며 네 정사를 다스려'로 해석하여도 된다.

262 三事 卽立政三事也 : 삼사(三事)는 상백(常伯)·상임(常任)·준인(準人)으로 위 〈입정(立政)〉의 주(《집전》)에 자세히 보인다.

··· 斁 : 싫을 역

에 탄식하여 위로 삼사로부터 아래로 대부에 이르기까지 거듭 경계하고 신칙한 것이다. 공(公)·고(孤)에 미치지 않은 것은 공·고는 덕이 높고 지위가 높아서 경계하고 신칙함을 기다림이 있지(필요로 하지) 않기 때문이다.

〈군진(君陳)〉

君陳은 臣名이라 唐孔氏曰 周公이 遷殷頑民於下都하고 周公이 親自監之러시니 周公旣歿에 成王이 命君陳하여 代周公하니 此其策命之詞라 史錄其書하고 以君陳名篇이라하니 今文無, 古文有하니라

　　군진(君陳)은 신하의 이름이다. 당나라 공씨가 말하기를 "주공이 은나라의 완악한 백성들을 하도(下都;낙양)에 옮기고 주공이 친히 감시하셨는데, 주공이 별세하자 성왕(成王)이 군진을 명하여 주공을 대신하게 하니, 이것이 그 책명(策命)한 말씀이다. 사관(史官)이 이 글을 기록하고 군진이라고 편을 이름하였다." 하였으니, 금문(今文)에는 없고 고문(古文)에는 있다.

【小序】 周公이 旣沒에 命君陳하여 分正東郊成周하여 作君陳하니라

　　주공이 별세하자, 군진을 명하여 동교(東郊)인 성주(成周)를 나누어 다스리게 하면서 〈군진(君陳)〉을 지었다.

1. 王若曰 君陳아 惟爾令德은 孝恭이니 惟孝[263]하며 友于兄弟하여 克施有政할새 命汝하여 尹玆東郊하노니 敬哉하라

　　왕이 다음과 같이 말씀하였다.

　　"군진아! 너의 훌륭한 덕은 효도와 공손함이니, 부모에게 효도하고 형제에게 우애하여 능히 정사에 시행하기에 너를 명하여 이 동교(東郊)를 다스리게 하노니, 공경하라.

言君陳이 有令德하여 事親孝하고 事上恭하니 惟其孝友於家라 是以로 能施政於邦이라 孔子曰 居家理故로 治可移於官[264]이라하시니라 陳氏曰 天子之國은 五十里爲近郊니 自王城言之하면 則下都는 乃東郊之地라 故로 君陳、畢命에 皆指下都爲東

· · · · · ·

263　孝恭惟孝:《논어(論語)》〈위정(爲政)〉에 '서운 효호유효(書云 孝乎惟孝)'라고 보이는데, 주자(朱子)는 이 편(篇)을 참고하여 '서운효호(書云孝乎)'로 구(句)를 떼었으나 청대(淸代)의 고증학자(考證學者)들은 "매색(梅賾)이 《논어》 등을 참고하여 위고문상서(僞古文尙書)를 지을 적에 잘못 인용한 것으로 보아 '효호유효(孝乎惟孝)'가 맞다."고 하였으며, 정다산(丁茶山)은 '효호유효(孝乎惟孝)'를 '효성스럽다! 효도하며'로 해석하여 앞의 '효호(孝乎)'는 효(孝)를 감탄한 것으로 설명하였다.

264　孔子曰……治可移於官:이 내용은 《효경(孝經)》에 보인다.

郊하니라

　　군진이 훌륭한 덕이 있어 어버이를 섬김이 효성스럽고 윗사람을 섬김에 공손하였으니, 집에서 효도하고 우애하였기 때문에 나라에 정사를 베풀 수 있음을 말한 것이다. 공자가 말씀하시기를 "집에 거(居)함에 다스려지기 때문에 다스려짐을 관청에 옮길 수 있다." 하셨다.

　　진씨(陳氏)가 말하였다. "천자의 나라는 50리(里)를 근교(近郊)라 하니, 왕성(王城)으로부터 말하면 하도(下都)는 바로 동교(東郊;낙양)의 땅이다. 그러므로 〈군진〉과 〈필명(畢命)〉에 모두 하도를 가리켜 동교라 한 것이다."

2. 昔에 周公이 師保萬民하신대 民懷其德하나니 往愼乃司하여 兹率厥常하여 懋昭周公之訓하면 惟民其乂하리라
　옛날에 주공이 만민(萬民)을 가르치고 보호하시자 백성들이 그 덕을 그리워하니, 네가 가서 맡은 직책을 삼가 그 떳떳함을 따라서 주공의 가르침을 힘써 밝히면 백성들이 다스려질 것이다.

周公之在東郊에 有師之尊하고 有保之親이라 師敎之하고 保安之하여 民懷其德하나니 君陳之往에 但當謹其所司하여 率循其常하여 勉明周公之舊訓이면 則民其治矣리라 蓋周公旣歿에 民方思慕周公之訓하니 君陳이 能發明而光大之하면 固宜其翕然聽順也리라

　　주공이 동교에 있을 적에 스승의 존귀함이 있고 보(保)의 친함이 있었다. 스승이 되어 가르치고 보(保)가 되어 편안히 해서 백성들이 그 덕을 그리워하고 있으니, 군진이 감에 다만 맡은 바를 삼가 그 떳떳함을 따라서 주공의 옛 가르침을 힘써 밝히면 백성들이 다스려질 것이다. 주공이 별세함에 백성들이 막 주공의 가르침을 사모하고 있으니, 군진이 능히 그 가르침을 발명하여 빛나고 크게 하면 진실로 흡연(翕然)히 따라 순종할 것이다.

3. 我聞호니 曰 至治는 馨(형)香하여 感于神明하나니 黍稷이 非馨이라 明德이 惟馨이라하니 爾尙式時周公之猷訓하여 惟日孜孜하여 無敢逸豫하라
　내가 들으니, 이르기를 '지극한 정치는 향기로워 신명(神明)을 감동시키나니, 서직(黍稷)이 향기로운 것이 아니라 밝은 덕이 향기롭다.' 하였다. 너는 부디 이 주공의 유훈

周書
君陳

··· 懋 : 힘쓸 무　翕 : 합할 흡　馨 : 향기 형　猷 : 꾀 유　孜 : 부지런할 자

(獻訓)을 본받아서 날로 부지런히 힘쓰고 부지런히 힘써서 감히 일예(逸豫)하지 말라.

呂氏曰 成王이 旣勉君陳昭周公之訓하고 復擧周公精微之訓하여 以告之하시니 至治馨香以下四語는 所謂周公之訓也라 旣言此하고 而揭之以爾尙式是周公之獻訓이면 則是四言은 爲周公之訓이 明矣라 物之精華는 固無二體나 然形質止而氣臭升하니 止者는 有方하고 升者는 無間²⁶⁵하니 則馨香者는 精華之上達者也라 至治之極에 馨香發聞하여 感格神明하여 不疾而速하니 凡昭薦黍稷之苾(필)芬이 是豈黍稷之馨哉아 所以苾芬者는 實明德之馨也라 至治는 擧其成이요 明德은 循其本이니 非有二馨香也라 周公之訓이 固爲精微어늘 而擧以告君陳하니 尤當其可라 自殷頑民言之하면 欲其感格인댄 非可刑驅而勢迫이니 所謂洞達無間者를 蓋當深省也요 自周公法度言之하면 典章雖具나 苟無前人之德이면 則索(삭)然萎荼(날)하여 徒爲陳迹也라 故로 勉之以用是獻訓하여 惟日孜孜하여 無敢逸豫焉이라 是訓也至精至微하니 非日新不已하여 深致敬篤之功이면 孰能與於斯리오

여씨(呂氏)가 말하였다. "성왕이 이미 군진에게 주공의 가르침을 밝힐 것을 권면하고 다시 주공의 정미(精微)한 가르침을 들어 고(告)하셨으니, '지치형향(至治馨香)'이하의 네 말씀은 이른바 주공의 가르침이란 것이다. 이미 이것을 말씀하고 '너는 부디 주공의 유훈(獻訓)을 본받으라.'고 게시하였다면 이 네 말씀은 주공의 가르침이 됨이 분명하다."

물건의 정화(精華)는 진실로 두 체(體)가 없으나 형질(形質)은 그치고 기취(氣臭;향기로운 내음)는 올라간다. 그치는 것은 일정한 방소(方所)가 있고 올라가는 것은 간격이 없으니, '형향(馨香)'은 정화가 위로 도달하는 것이다. 지치(至治)가 지극함에 형향이 발문(發聞;풍김)하여 신명을 감동시켜서 빠르지 않으면서도 속하니, 무릇 향기로운 서직(黍稷;세수)을 밝게 올리는 것이 어찌 서직의 향기로움 때문이겠는가. 향기로운 까닭은 실로 명덕(明德)이 향기롭기 때문이다. 지치는 그 성공을 든 것이요, 명덕은 그 근본을 따른 것이니, 두 가지 향기로움이 있는 것이 아니다. 주공의 가르침이 진실로 정미(精微)한데 이것을 들어서 군진에게 고하였으니, 더욱 그 가(可)함에 마땅하다.

은나라의 완악한 백성의 입장에서 말하면 이들을 감동시키려고 할진댄 형벌로 몰

------

265 止者有方 升者無間 : 그침[止]은 서직(黍稷)과 희생(犧牲)인데, 이러한 것들은 제기(祭器)에 담겨져 일정한 방소(方所)가 있는 반면 올라감은 향기이므로 '간격이 없다[無間]'고 말한 것이다.

··· 苾 : 향기로울 필 芬 : 향기로울 분 索 : 쓸쓸할 삭 萎 : 시들 위 荼 : 파리할 날

고 세력으로 핍박할 것이 아니니, 이른바 '통달하여 간격이 없다.'는 것을 마땅히 깊이 살펴야 할 것이며, 주공의 법도의 입장에서 말하면 전장(典章)이 모두 갖춰졌으나 만약 전인(前人)의 덕이 없으면 삭연(索然)히 위날(萎苶;피폐)하여 한갓 묵은 자취가 될 뿐이다. 그러므로 이 유훈(猷訓)을 따라 날로 부지런히 부지런히 해서 감히 일예(逸豫)하지 말라고 권면한 것이다. 이 교훈은 지극히 정밀하고 지극히 은미하니, 날로 새로워지고 그치지 아니하여 공경하고 돈독히 하는 공부를 깊이 다하는 자가 아니면 누가 능히 여기에 참여하겠는가.

4. 凡人이 未見聖하여는 若不克見하다가 旣見聖하여는 亦不克由聖하나니 爾其戒哉어다 爾는 惟風이요 下民은 惟草니라

  무릇 사람들이 성인(聖人)을 보기 전에는 능히 보지 못할 듯이 여겨 안달하다가 성인을 보고 나서는 또한 성인을 따르지 않으니, 너는 이것을 경계할지어다. 비유하면 너는 바람이고 하민(下民)은 풀이다.

未見聖하여는 如不能得見이라가 旣見聖하여는 亦不能由聖은 人情皆然이로되 君陳은 親見周公故로 特申戒以此하니라 君子之德은 風也요 小人之德은 草也니 草上之風이면 必偃²⁶⁶하나니 君陳이 克由周公之訓이면 則商民亦由君陳之訓矣리라

  성인을 보기 전에는 능히 보지 못할 듯이 여기다가 이미 성인을 보고 나서는 또한 성인을 따르지 못함은, 인정(人情)이 다 그러하나 군진(君陳)은 친히 주공을 보았으므로 특별히 이로써 거듭 훈계한 것이다. 군자의 덕(德;영향력)은 바람이고 소인의 덕은 풀이니, 풀에 바람이 가해지면 반드시 쏠리니, 군진이 능히 주공의 가르침을 따르면 상나라 백성들 또한 군진의 가르침을 따를 것이다.

5. 圖厥政호되 莫或不艱하여 有廢有興에 出入을 自爾師(로) 虞하여 庶言同則繹하라

  그 정사를 도모하되 혹시라도 어렵게 여기지 않음이 없어서, 폐지할 것이 있고 일으킬 것이 있을 적에 출입하고 반복하기를(이리 생각하고 저리 생각함) 너의 무리들로부터

......

266 君子之德……必偃:'草上之風'은 草尙之風으로도 표기하는바, '풀 위에 바람을 가하면 풀은 바람 부는 데로 쏠린다.'는 뜻으로 이 내용은 본래 《논어》〈안연(顔淵)〉에 보이는 공자의 말씀이다.

··· 偃 : 누울 언 虞 : 헤아릴 우 繹 : 생각할 역

헤아려서 여러 말이 똑같거든 다시 생각하라.

師는 衆이요 虞는 度(탁)也라 言圖謀其政호되 無小無大히 莫或不致其難하여 有所當廢하고 有所當興에 必出入反覆을 與衆共虞度之하여 衆論旣同이어든 則又紬繹而深思之而後行也라 蓋出入自爾師虞者는 所以合乎人之同이요 庶言同則繹者는 所以斷於己之獨이라 孟子曰 國人皆曰賢然後察之하고 國人皆曰可殺然後察之라하니 庶言同則繹之謂也니라

'사(師)'는 무리이고 '우(虞)'는 헤아림이다. 정사를 도모하되 작은 것과 큰 것 할 것 없이 혹시라도 어렵게 여기지 않음이 없어서, 마땅히 폐지할 것이 있고 마땅히 일으킬 것이 있을 적에 반드시 출입하고 반복하기를 무리들과 함께 헤아려서 여러 의논이 이미 같거든 또 주역(紬繹;실마리를 찾아 연구함)하여 깊이 생각한 뒤에 행하라고 말씀한 것이다. '출입하기를 너의 무리들로부터 헤아리라'는 것은 남들의 같음에 합하는 것이요, '여러 말이 같거든 다시 생각하라'는 것은 자기 혼자서 결단하는 것이다.《맹자》〈양혜왕 하(梁惠王下)〉에 "국인(國人)이 모두 어질다고 말한 뒤에 살펴보고, 국인이 모두 죽일 만하다고 말한 뒤에 살펴본다." 하였으니, 여러 말이 같으면 다시 생각함을 말한 것이다.

6. 爾有嘉謀嘉猷어든 則入告爾后于內하고 爾乃順(訓)之于外하여 曰 斯謀斯猷 惟我后之德이라하라 嗚呼라 臣人이 咸若時라사 惟良顯哉인저

너는 아름다운 계책과 아름다운 말씀이 있거든 궁중에 들어와 안에서 네 임금에게 고(告)하고, 너는 마침내 밖에 가르쳐 말하기를 '이 계책과 이 말씀은 우리 임금님의 덕이다.'라고 하라. 아! 신하가 모두 이와 같이 하여야 어질고 드러날 것이다."

言切於事를 謂之謀요 言合於道를 謂之猷니 道與事 非二也요 各擧其甚者言之라 良은 以德言이요 顯은 以名言이라 或曰 成王이 擧君陳前日已陳之善하여 而歎息以美之也라하니라

말이 일에 간절함을 '모(謀)'라 하고, 말이 도(道)에 합함을 '유(猷)'라 하니, 도와 일은 두 가지가 아니요 각기 그 심한 것을 들어 말한 것이다. '량(良)'은 덕으로 말하였고, '현(顯)'은 명성으로 말한 것이다. 혹자는 말하기를 "성왕은 군진이 전일(前日)에 이미 말했던 선언(善言)을 거론하여 탄식하고 찬미(贊美)한 것이다." 한다.

○ 葛氏曰 成王이 殆失斯言矣라 欲其臣善則稱君은 人臣之細行也라 然君旣有是心인댄 至於有過면 則將使誰執哉아 禹는 聞善言則拜하시고 湯은 改過不吝[267]하시니 端不爲此言矣시리라 嗚呼라 此其所以爲成王歟인저

○ 갈씨(葛氏)가 말하였다. "성왕이 자못 이 말씀을 실수하였다. 신하가 선(善)한 일에 군주를 칭하고자 함은 신하의 작은 행실이다. 그러나 군주가 이러한 마음이 있다면 잘못이 있음에 이를 경우 장차 누구로 하여금 잘못을 잡게(지적하게) 하겠는가. 우왕(禹王)은 선언(善言)을 들으시면 절하셨고, 탕왕(湯王)은 잘못을 고침에 인색하지 않으셨으니, 결단코 이러한 말씀을 하지 않았을 것이다. 아! 이것이 겨우 성왕이 된 이유일 것이다."

7. 王曰 君陳아 爾惟弘周公丕訓하여 無依勢作威하며 無倚法以削하고 寬而有制하며 從容以和하라

왕이 말씀하였다.

"군진아! 너는 주공의 큰 가르침을 넓혀서 세력에 의지하여 위엄을 부리지 말며, 법에 의지하여 〈백성들을〉 침삭(侵削;침해)하지 말고, 너그러우면서도 제재가 있으며, 종용(從容;여유로워)하여 화(和)하도록 하라.

此篇에 言周公訓者三이니 曰懋昭라하고 曰式時라하고 至此則弘周公之丕訓이라하니 欲其盆張而大之也라 君陳이 何至依勢以爲威하고 倚法以侵削者리오 然勢는 我所有也요 法은 我所用也니 喜怒、予奪을 毫髮不於人而於己면 是私意也요 非公理也니 安能不作威以削乎아 君陳之世는 當寬和之時也라 然寬不可一於寬이요 必寬而有其制며 和不可一於和요 必從容以和之니 而後에 可以和厥中也니라

이 편에 주공의 가르침을 말한 것이 세 번이니, '힘써 밝히라.' 하고, '이것을 본받으라.' 하였고, 이에 이르러는 '주공의 큰 가르침을 넓히라.' 하였으니, 더욱 넓혀서 키우고자 한 것이다. 군진이 어찌 세력에 의지하여 위엄을 부리며 법에 의지하여 백성들을 침삭(侵削)함에 이르는 자이겠는가. 그러나 세력은 자신이 소유하였고 법은 자신이 운용하고 있으니, 기쁨과 노여움의 감정에 따라 주고 빼앗을 적에 털끝만큼이라도

......

267 禹聞善言則拜 湯改過不吝 : 윗구는 《맹자》〈공손추 상(公孫丑上)〉에 보이고, 아랫구는 위 〈중훼지고(仲虺之誥)〉에 보인다.

상대방에게 〈객관적으로〉 하지 않고 자신을 위주로 한다면 이것은 사의(私意)이고 공리(公理)가 아니니, 어찌 위엄을 부리고 침해하지 않겠는가. 군진의 세대는 마땅히 너그럽고 화(和)해야 할 때이다. 그러나 너그러움은 너그러움에 한결같이 하지(일변도로 하지) 말고 반드시 너그러우면서도 제재가 있어야 하며, 화함은 화함에 한결같이 하지 말고 반드시 종용하여 화해야 하니, 그런 뒤에야 중도(中道)에 화할(맞을) 것이다.

8. **殷民**이 **在辟**이어든 **予曰辟**이라도 **爾惟勿辟**하며 **予曰宥**라도 **爾惟勿宥**하고 **惟厥中**하라

　은나라 백성이 형벌(죄)에 있거든 내가 죄를 주라 하여도 너는 〈곧바로〉 죄를 주지 말며, 내가 용서하라 하여도 너는 〈곧바로〉 용서하지 말고 오직 그 중(中)으로 하라.

上章은 **成王**이 **慮君陳之徇己**하고 **此則慮君陳之徇君也**라 **言殷民之在刑辟者**를 **不可徇君以爲生殺**이요 **惟當審其輕重之中也**라

　상장(上章)은 성왕이 군진이 자신의 사욕을 따름을 염려하였고, 여기서는 군진이 임금을 따름을 염려한 것이다. 은나라 백성 중에 형벽(刑辟)에 있는 자를 군주를 따라 살리거나 죽이지 말고, 오직 그 경중의 중(中;알맞음)을 살펴야 함을 말한 것이다.

9. **有弗若于汝政**하며 **弗化于汝訓**이어든 **辟以止辟**이어사 **乃辟**하라

　너의 정사에 순종하지 않고 너의 가르침에 교화되지 않는 자가 있거든 형벌하여 형벌을 그칠 수 있는 경우에야 비로소 형벌하라.

其有不順于汝之政하며 **不化于汝之訓**이어든 **刑之可也**라 **然刑期無刑**이니 **刑而可以止刑者**라야 **乃刑之**라 **此**는 **終上章之辟**이니라

　너의 정사에 순종하지 않고 너의 가르침에 교화되지 않는 자가 있으면 형벌함이 가(可)하다. 그러나 형벌은 형벌이 없음을 기약하여야 하니, 형벌하여 형벌이 그칠 수 있는 경우에야 비로소 형벌하라. 이는 상장(上章)의 형벌함을 끝맺은 것이다.

10. **狃于姦宄**(귀)하며 **敗常亂俗**은 **三細**라도 **不宥**니라

　간귀(姦宄)에 익숙하며 떳떳한 법을 무너뜨리며 풍속을 어지럽힘, 이 세 가지는 작은 죄라도 용서하지 말아야 한다.

··· 辟 : 형벌 벽　狃 : 익힐 뉴　宄 : 바깥도적 귀　宥 : 용서할 유

狃는 習也라 常은 典常也요 俗은 風俗也라 狃于姦宄와 與夫毁敗典常하고 壞亂風
俗은 人犯此三者면 雖小罪라도 亦不可宥니 以其所關者大也라 此는 終上章之宥
하니라

　'뉴(狃)'는 익힘이다. '상(常)'은 떳떳한 법이요, '속(俗)'은 풍속이다. 간귀(姦宄)에
익숙한 자와 전상(典常)을 훼손하고 풍속을 괴란(壞亂)시킴은 사람이 이 세 가지를 범
하면 비록 작은 죄라도 또한 용서하지 말아야 하니, 이것이 관계되는 바가 크기 때문
이다. 이는 상장(上章)의 용서함을 끝맺은 것이다.

11. **爾無忿疾于頑**하며 **無求備于一夫**하라

　너는 완악한 자에 분노하거나 미워하지 말며, 한 지아비에게 완비하기를 요구하지
(바라지) 말라.

無忿疾人之所未化하고 **無求備人之所不能**이니라

　사람이 교화되지 않는 것에 분노하거나 미워하지 말며, 사람이 능하지 못한 것에
완비하기를 요구하지 말라.

12. **必有忍**이라사 **其乃有濟**하며 **有容**이라사 **德乃大**[268]하리라

　반드시 참음이 있어야 비로소 이룸이 있으며, 포용함이 있어야 덕이 비로소 커질 것
이다.

孔子曰 小不忍則亂大謀[269]라하시니 **必有所忍而後**에 **能有所濟**라 然이나 **此猶有堅**
制力蓄之意요 **若洪裕寬綽**(작)하여 **恢恢乎有餘地者**는 **斯乃德之大也**라 **忍**은 **言事**
요 **容**은 **言德**이니 **各以深淺言也**니라

　공자(孔子)께서 말씀하시기를 "작은 일을 참지 않으면 큰 계책을 어지럽힌다." 하
셨으니, 반드시 참는 바가 있은 뒤에 이루는 바가 있는 것이다. 그러나 이것은 오히려

------

268 必有忍……德乃大 : 오윤상은 "'참음이 있어야 비로소 이룸이 있다.'는 것은 '분노하고 미워함
이 없다.'는 글에 응하고, '포용함이 있어야 덕이 비로소 커진다.'는 것은 '완비하기를 요구하지 말
라.'는 글에 응한다.〔有忍其乃有濟, 應無忿疾 ; 有容德乃大, 應無求備.〕" 하였다.
269 孔子曰 小不忍則亂大謀 : 이 내용은 《논어》〈위령공(衛靈公)〉에 보인다.

… 疾 : 미워할 질　頑 : 완악할 완　綽 : 너그러울 작　恢 : 넓을 회

억지로 제재하고 힘써 저지하는 뜻이 있으며, 홍유(洪裕)하고 관대(寬大)하여 회회(恢恢;드넓게)하게 여지(餘地)가 있는 것으로 말하면 이는 바로 덕의 큰 것이다. '인(忍)'은 일로 말하고 '용(容)'은 덕으로 말하였으니, 각기 깊고 얕음으로써 말한 것이다.

13. 簡厥修호되 亦簡其或不修하며 進厥良하여 以率其或不良하라
　직무를 잘 닦는 자를 간발(簡拔;가려서 구별함)하되 또한 혹 닦지 못하는 자도 간발하며, 어진 사람을 진용(進用)하여 혹 어질지 못한 자를 이끌도록 하라.

王氏曰 修는 謂其職業이요 良은 謂其行義라 職業이 有修與不修하니 當簡而別之면 則人勸功이요 進行義之良者하여 以率其不良이면 則人勵行이니라
　왕씨(王氏)가 말하였다. "수(修)는 직업(직무)을 이르고 량(良)은 행의(行義;훌륭한 행실)를 이른다. 직업(직무)은 닦여지고 닦여지지 않음이 있으니, 마땅히 간발하여 구별하면 사람들이 공(功)을 권면할 것이요, 행의가 어진 자를 등용하여 어질지 못한 자를 이끌게 하면 사람들이 행실을 힘쓴다."

14. 惟民生厚하나 因物有遷이라 違上所命하고 從厥攸好하나니 爾克敬典在德하면 時乃罔不變이라 允升于大猷하리니 惟予一人이 膺受多福하며 其爾之休도 終有辭於永世하리라
　백성들이 태어날 적에는 그 마음이 후(厚)하였으나 사물에 따라 옮겨간다. 윗사람의 명령하는 바를 어기고 그(윗사람)의 좋아하는 바를 따르니, 네가 능히 떳떳한 도(道)를 공경하되 덕에 있게 하면 이에 변하지 않는 자가 없어 진실로 대유(大猷;대도)에 오를 것이니, 나 한 사람이 많은 복을 응하여 받을 것이며 너의 아름다움도 끝내 영원한 세상에 훌륭한 명성이 있을 것이다."

言斯民之生이 其性本厚나 而所以澆(요)薄者는 以誘於習俗하여 而爲物所遷耳라 然厚者旣可遷而薄이면 則薄者豈不可反而厚乎아 反薄歸厚는 特非聲音笑貌之所能爲爾라 民之於上에 固不從其令이요 而從其好하나니 大學言 其所令이 反其所好면 則民不從이라하니 亦此意也라 敬典者는 敬其君臣、父子、兄弟、夫婦、朋友之常道也요 在德者는 得其典常之道하여 而著之於身也라 蓋知敬典而不知在德이면 則典與我猶二也요 惟敬典而在德焉이면 則所敬之典이 無非實有諸己니 實

之感人이 捷於桴(부)鼓라 所以時乃罔不變하여 而信升于大猷也라 如是면 則君受
其福하고 臣成其美하여 而有令名於永世矣리라

　이 백성이 태어날 적에는 그 성(性)이 본래 후(厚)하였으나 흐리고 박하게 되는 까
닭은, 습속(習俗)에 유인되어 사물에 의하여 옮겨지기 때문이다. 그러나 후한 것이 옮
겨져서 박해졌으면 박한 것이 어찌 돌이켜 후해지지 않겠는가. 박한 것을 돌이켜 후
함으로 돌아가게 함은 다만 음성이나 웃음과 외모로 할 수 있는 것이 아니다. 백성들
은 윗사람에 대하여 진실로 그 명령을 따르지 않고 그 좋아함을 따르니,《대학(大學)》
에 “그(군주의) 명령하는 바가 그 좋아하는 바와 반대이면 백성이 따르지 않는다.”고
하였으니, 또한 이러한 뜻이다.

　‘경전(敬典)’은 군신(君臣)·부자(父子)·형제(兄弟;장유(長幼))·부부(夫婦)·붕우
(朋友)의 떳떳한 도를 공경하는 것이며, ‘재덕(在德)’은 떳떳한 도를 얻어 몸에 드러내
는 것이다. 떳떳한 도(道)를 공경할 줄만 알고 덕에 있을 줄을 모르면 떳떳한 도와 내
가 오히려 둘이 되고(따로따로이고), 오직 떳떳한 도를 공경하면서 덕에 있게 하면 떳떳
한 도가 실제로 자기 몸에 있지 않음이 없을 것이니, 실제가 사람을 감동시킴이 북채
로 북을 치는 것보다도 빠르다. 이 때문에 이에 변화하지 않는 자가 없어 진실로 대유
(大猷)에 오르는 것이다. 이와 같다면 군주가 그 복을 받고 신하가 아름다움을 이루어
서 영원한 세상에 훌륭한 명성이 있을 것이다.

··· 捷 : 빠를 첩　桴 : 북채 부

〈고명(顧命)〉

顧는 還視也라 成王將崩할새 命羣臣하여 立康王이어시늘 史序其事爲篇하니 謂之顧命者는 鄭玄云 回首曰顧니 臨死에 回顧而發命也라하니라 今文古文皆有하니라

'고(顧)'는 돌아봄이다. 성왕(成王)이 장차 별세하려 할 적에 군신(羣臣)들에게 명하여 강왕(康王)을 세우게 하였는데, 사관(史官)이 이 일을 서술하여 편을 만들었으니, 이를 고명(顧命)이라고 말한 것은, 정현(鄭玄)이 이르기를 "머리를 돌림을 고(顧)라 하니, 죽음에 임하여 머리를 돌려 명령을 낸 것이다." 하였다. 금문(今文)과 고문(古文)에 모두 있다.

○ 呂氏曰 成王이 經三監之變하여 王室幾搖라 故로 此는 正其終始에 特詳焉이라 顧命은 成王所以正其終이요 康王之誥는 康王所以正其始니라

○ 여씨(呂氏)가 말하였다. "성왕이 삼감(三監)의 변란을 겪어 왕실(王室)이 거의 동요할 뻔하였다. 그러므로 이는 그 종(終)과 시(始)를 바로잡음에 특별히 자세한 것이다. 〈고명〉은 성왕이 그 끝마침(죽음)을 바룬 것이고, 〈강왕지고(康王之誥)〉는 강왕(康王)이 그 시작(즉위)을 바룬 것이다."

【小序】 成王將崩에 命召公、畢公하여 率諸侯하여 相康王할새 作顧命하니라

성왕이 장차 승하하려 할 적에 소공(召公)과 필공(畢公)을 명하여 제후들을 거느리고 강왕(康王)을 돕게 하였다. 그리하여 〈고명〉을 지었다.

1. 惟四月哉生魄에 王이 不懌(역)하시다

사월 재생백(哉生魄)에 성왕이 기쁘지 않으셨다.(편찮으셨다.)

始生魄은 十六日이라 王有疾故로 不悅懌이라

비로소 어둠이 생긴 것[哉生魄]은 16일이다. 성왕이 병환이 있었기 때문에 기쁘지 않은 것이다.

2. 甲子에 王이 乃洮頮(조회)水어시늘 相이 被冕服한대 憑(빙)玉几하시다

갑자일(甲子日)에 왕이 마침내 물로 손을 씻고 얼굴을 씻자 상(相;부축하는 자)이 면복(冕服)을 입히니, 옥궤(玉几)에 기대셨다.

王이 **發大命**하고 **臨羣臣**엔 **必齊**(재)**戒沐浴**이로되 **今疾病危殆**라 **故**로 **但洮盥頮面**이어늘 **扶相者被以袞冕**한대 **憑玉几以發命**이라

왕이 큰 명령을 발하고 군신(羣臣)에게 임할 적에는 반드시 재계하고 목욕하는데, 지금 병이 심하여 위독하시므로 다만 손을 씻고 얼굴을 씻자 부축하여 돕는 자가 곤면(袞冕)을 입히니, 왕이 옥궤(玉几)에 기대어 명령을 발한 것이다.

3. **乃同召太保奭**과 **芮**(예)**伯**과 **彤**(동)**伯**과 **畢公**과 **衛侯**와 **毛公**과 **師氏**와 **虎臣**과 **百尹**과 **御事**하시다

이에 태보(太保)인 석(奭)과 예백(芮伯)·동백(彤伯)·필공(畢公)·위후(衛侯)·모공(毛公)·사씨(師氏)·호신(虎臣)·백윤(百尹)·어사(御事)들을 함께 부르셨다.

同召六卿하고 **下至御治事者**라 **太保、芮伯、彤伯、畢公、衛侯、毛公**은 **六卿也**라 **冢宰第一**이니 **召公領之**[270]하고 **司徒第二**니 **芮伯爲之**하고 **宗伯第三**이니 **彤伯爲之**하고 **司馬第四**니 **畢公領之**하고 **司寇第五**니 **衛侯爲之**하고 **司空第六**이니 **毛公領之**라 **太保、畢、毛**는 **三公兼也**요 **芮、彤、畢、衛、毛**는 **皆國名**이니 **入爲天子公卿**이라 **師氏**는 **大夫官**이요 **虎臣**은 **虎賁氏**요 **百尹**은 **百官之長及諸御治事者**라 **平時則召六卿**하여 **使帥**(솔)**其屬**이로되 **此則將發顧命**일새 **自六卿至御事**히 **同以王命召也**라

육경(六卿)을 함께 부르고 아래로 일을 다스리는 자(어사(御事))에 이른 것이다. 태보·예백·동백·필공·위후·모공은 육경이다. 총재(冢宰)가 첫 번째이니 태보인 소공(召公)이 거느렸고(겸하였고), 사도(司徒)가 두 번째이니 예백이 사도가 되었고, 종백(宗伯)이 세 번째이니 동백이 종백이 되었고, 사마(司馬)가 네 번째이니 필공이 겸하였고, 사구(司寇)가 다섯 번째이니 위후가 사구가 되었고, 사공(司空)이 여섯 번째이니 모공이 겸하였다. 태보와 필공·모공은 삼공(三公)이 겸하였고, 예(芮)·동(彤)·필

------

270 召公領之: 영(領)은 고관(高官)이 낮은 벼슬을 겸임하는 것으로 당시 소공(召公)은 삼공(三公)의 하나인 태보(太保)가 되어 총재를 겸하였다.

••• 盥 : 세수할 관 芮 : 성 예 彤 : 붉을 동

(畢)ㆍ위(衛)ㆍ모(毛)는 모두 나라의 이름이니, 들어와서 천자의 공경(公卿)이 된 것이다. '사씨(師氏)'는 대부(大夫)의 관원이고, '호신(虎臣)'은 호분씨(虎賁氏)이고, '백윤(百尹)'은 백관의 우두머리 및 여러 일을 다스리는 자이다. 평상시에는 육경을 불러 그 관속을 거느리게 하는데, 이때에는 장차 고명(顧命)을 내리려 하였으므로 육경으로부터 어사(御事)에 이르기까지 똑같이 왕명으로 부른 것이다.

4. 王曰 嗚呼라 疾이 大漸惟幾하여 病日臻하여 旣彌留일새 恐不獲誓言嗣하여 茲予審訓命汝하노라

왕이 말씀하였다.

"아! 나의 병이 크게 번져 위태로워서 병이 날로 이르러 이미 더 심해지고 오래 지체하므로 맹세하는 말을 하여 〈나의 뜻을 제대로〉 잇지 못할까 두려워, 이에 내 살펴 가르쳐 너희들을 명하노라.

此下는 成王之顧命也라 自嘆其疾大進하여 惟危殆하여 病日至하여 旣彌甚而留連일새 恐遂死하여 不得誓言以嗣續我志하니 此我所以詳審發訓命汝라 統言曰疾이요 甚言曰病이라

이 이하는 성왕의 고명이다. 스스로 탄식하기를 "병이 크게 진전되어 위태로워져 병이 날로 이르러 이미 더 심해지고 유련(留連)하기에 마침내 죽어서 맹세하는 말을 하여 나의 뜻을 잇게 하지 못할까 두려우니, 이 때문에 내 자세히 살펴 훈계를 내어 너희를 명하는 것이다. 통합하여 말하면 '질(疾)'이라 하고, 심한 것으로 말하면 '병(病)'이라 한다.

5. 昔君文王, 武王이 宣重光하사 奠麗(리)陳教하신대 則肄(예)하여 肄不違하여 用克達殷하여 集大命하시니라

옛날 군주이신 문왕ㆍ무왕이 거듭 빛난 덕(德)을 베푸시어 〈백성들이〉 의지하여 살 바를 정해주고 가르침을 펴시자, 백성들이 익히고 행해서 어기지 아니하여 가르침이 능히 은나라에 도달해서 큰 명을 모으셨다.

··· 臻 : 이를 진 彌 : 더할 미 嗣 : 이을 사 奠 : 정할 전 肄 : 익힐 예

武猶文일새 謂之重光하니 猶舜如堯일새 謂之重華也[271]라 奠은 定이요 麗는 依也라
言文武宣布重明之德하사 定民所依하고 陳列教條하신대 則民習服하여 習而不違
하여 天下化之하니 用能達於殷邦하여 而集大命於周也라

　무왕이 문왕과 같으셨으므로 '중광(重光)'이라 이른 것이니, 순(舜)이 요(堯)와 같았
으므로 순을 중화(重華)라 이른 것과 같다. '전(奠)'은 정함이고, '리(麗)'는 의지함이다.
문왕·무왕이 거듭 밝은 덕을 베풀어서 백성들의 의지할 바를 정해주고 가르침의 조
목을 진열하자, 백성들이 습복(習服;익혀 잘 행함)하여 익히고 어기지 아니하여 천하가
교화되었으니, 이 때문에 능히 은나라에 도달해서 큰 명을 주나라에 모았다고 말한
것이다.

6. 在後之侗(통)하여 敬迓天威하여 嗣守文武大訓하여 無敢昏逾호라
　뒤의 어리석은 나에 있어서는 하늘의 위엄을 공경히 맞이하여 문왕·무왕의 큰 교
훈을 이어 지켜서 감히 어둡거나 넘음이 없었노라.

侗은 愚也니 成王自稱이라 言其敬迎上天威命하여 而不敢少忽하여 嗣守文武大訓
하여 而無敢昏逾라 天威는 天命也요 大訓은 述天命者也라 於天에 言天威하고 於
文武에 言大訓은 非有二也라

　'통(侗)'은 어리석음이니, 성왕이 자칭한 것이다. 상천(上天)의 위명(威命)을 공경히
맞이해서 감히 소홀히 하지 아니하여, 문왕·무왕의 큰 교훈을 이어 지켜서 감히 어
둡거나 넘음이 없었음을 말한 것이다. 하늘의 위엄〔天威〕은 천명(天命)이고, 큰 가르
침〔大訓〕은 천명을 전술(傳述)하는 것이다. 하늘에는 천위(天威)를 말하고 문왕·무왕
에는 대훈(大訓)을 말한 것은 두 가지가 있는 것이 아니다.

7. 今天이 降疾하사 殆弗興弗悟로소니 爾尚明時朕言하여 用敬保元子釗
(소)하여 弘濟于艱難하라
　이제 하늘이 나에게 병을 내리시어 위태로워 일어나지 못하고 깨닫지 못하게 되었

271　猶舜如堯 謂之重華也：중화(重華)는 거듭 빛나는 것으로, 〈순전(舜典)〉 첫머리에 '日若稽古
帝舜, 日重華協于帝.'라고 보이는바, 이는 "옛날 제순을 상고해 보건대 거듭 빛나심이 제요(帝堯)에
부합하였다."는 뜻이다.

•••　侗 : 지각없을 통　迓 : 맞을 아　逾 : 넘을 유　悟 : 깨달을 오　釗 : 힘쓸 소

으니, 너희는 부디 나의 이 말을 밝혀서 원자(元子)인 소(釗)를 공경히 보호하여 어려움을 크게 구제하도록 하라.

釗는 康王名이라 成王言 今天이 降疾我身하여 殆將必死하여 弗興弗悟로소니 爾庶幾明是我言하여 用敬保元子釗하여 大濟于艱難이라 曰元子者는 正其統也라

'소(釗)'는 강왕(康王)의 이름이다. 성왕이 말씀하기를 "이제 하늘이 내 몸에 병을 내려 위태로워 장차 반드시 죽어서 일어나지 못하고 깨닫지 못할 것이니, 너는 부디 나의 이 말을 밝혀서 원자인 소(釗)를 공경히 보호하여 어려움을 크게 구제하라." 한 것이다. '원자(元子)'라고 말한 것은 왕통(王統)을 바르게 한 것이다.

8. 柔遠能邇하며 安勸小大庶邦하라

멀리 있는 자를 회유(懷柔)하고 가까이 있는 자를 잘 길들이며, 작고 큰 여러 나라들을 편안히 하고 권면하라.

懷來馴擾하고 安寧勸導는 皆君道所當盡者라 合遠邇小大而言하니 又以見(현)君德所施 公平周溥(보)하여 而不可有所偏滯也라

회유하여 오게 하고 길들이며 안녕하게 하고 권도(勸導)함은 모두 군주의 도리에 마땅히 다해야 할 것들이다. 원근(遠近)과 소대(小大)를 합하여 말했으니, 또 이로써 군주의 덕을 베푸는 것이 공평하고 두루하여 편벽되거나 막히는 바가 있어서는 안 됨을 나타낸 것이다.

9. 思夫人은 自亂于威儀니 爾無以釗로 冒貢于非幾하라

생각하건대 사람은 스스로 위의(威儀)를 다스려야 하니, 너희들은 소(釗)를 데리고 비기(非幾 ; 나쁜 기미)에 무릅쓰고 나아가지 말라."

亂은 治也라 威者는 有威可畏요 儀者는 有儀可象이니 舉一身之則(칙)而言也라 蓋人이 受天地之中以生이라 是以로 有動作威儀之則하니 成王이 思夫人之所以爲人者는 自治於威儀耳라 自治云者는 正其身而不假於外求也라 貢은 進也라 成王이 又言 羣臣은 其無以元子而冒進於不善之幾也라 蓋幾者는 動之微로 而善惡之所由分也니 非幾는 則發於不善而陷於惡矣라 威儀는 舉其著於外者而勉之也요

··· 馴 : 길들일 순 擾 : 길들일 요 溥 : 넓을 보(부) 冒 : 무릅쓸 모 貢 : 나아갈 공

非幾는 擧其發於中者而戒之也라 威儀之治 皆本於一念一慮之微하니 可不謹乎
아 孔子所謂知幾와 子思所謂謹獨과 周子所謂幾善惡[272]者 皆致意於是也라 成王
垂絶之言에 而拳拳及此하시니 其有得於周公者 亦深矣로다

'난(亂)'은 다스림이다. '위(威)'는 위엄이 있어 두려울 만한 것이요, '의(儀)'는 예의
가 있어 본받을 만한 것이니, 〈위의는〉 한 몸의 법칙을 들어 말한 것이다. 사람이 천
지의 중(中;이치)을 받아 태어났다. 이 때문에 동작(動作)과 위의(威儀)의 법칙이 있으
니, 성왕이 생각하건대 사람이 사람이 되는 까닭은 스스로 위의를 다스리기 때문이라
고 여긴 것이다. '스스로 다스린다.'는 것은 자기 몸을 바루고 밖에 구함을 빌리지 않
는 것이다. '공(貢)'은 나아감이다. 성왕이 또 말씀하기를 "여러 신하들은 원자(元子)를
데리고 불선(不善)한 기미(幾微)에 무릅쓰고 나아가지 말라." 하였다. '기(幾)'는 동함이
은미한 것으로 선(善)·악(惡)이 말미암아 나누어지는 것이니, '비기(非幾)'는 〈마음이
(생각이)〉 불선에서 나와 악에 빠지는 것이다. 위의는 밖에 드러나는 것을 들어 권면한
것이요, 비기는 마음속에 발하는 것을 들어 경계한 것이다.

위의의 다스림이 모두 한 생각과 한 사려(思慮)의 작은 것에서 근본하니, 삼가지
않을 수 있겠는가. 공자(孔子)의 이른바 '기미를 안다〔知幾〕.'는 것과, 자사(子思)의 이
른바 '홀로를 삼간다〔愼獨〕.'는 것과, 주자(周子)의 이른바 '기(幾)에 선·악이 있다〔幾
善惡〕.'는 것이 다 여기에 뜻을 지극히 한 것이다. 성왕의 수절(垂絶;임종)하는 말씀에
권권(拳拳)히 여기에 미쳤으니, 주공(周公)에게서 얻음이 또한 깊도다.

○ 蘇氏曰 死生之際는 聖賢之所甚重也라 成王將崩之一日에 被冕服하여 以見百
官하여 出經遠保世之言하시니 其不死於燕安婦人之手也 明矣라 其致刑措[273]宜哉
인저
　　○ 소씨(蘇氏)가 말하였다. "사생(死生)의 즈음은 성현(聖賢)이 매우 중하게 여기는

......

272 孔子所謂知幾……幾善惡 : 공자의 말씀은 《주역》〈계사전 하(繫辭傳下)〉에 "지기여신(知幾
如神)"이라고 보이고, 자사(子思)의 말씀은 《중용》의 "군자신기독(君子愼其獨)"을 가리킨 것이며,
주자(周子)는 주렴계(周濂溪)로 '기선악(幾善惡)'은 그의 저서인 《통서(通書)》에 보인다.

273 刑措 : 형조불용(刑措不用)의 줄임말로 나라가 잘 다스려지고 백성들이 악한 자가 없어 형벌
을 버려두고 쓰지 않는 것이다. 《사기》〈주본기(周本紀)〉에 "성왕과 강왕의 사이에 천하가 편안하
여 형벌을 버려두고 쓰지 않은 것이 40여 년이었다.〔成康之際, 天下安寧, 刑措不用四十餘年.〕"라고
보인다.

··· 拳 : 생각할 권　措 : 버려둘 조

바이다. 성왕이 장차 별세하려는 하루 전에 면복(冕服)을 입고서 백관을 만나보아 영원함을 경영(도모)하여 세상을 보존할 말씀을 내셨으니, 그 편안히 부인의 손에서 죽지 않았음이 분명하다. 형벌을 버려두고 쓰지 않음을 이룬 것이 당연하구나.”

10. **玆旣受命還**커늘 **出綴**(추)**衣于庭**하더니 **越翼日乙丑**에 **王**이 **崩**하시다
　신하들이 이미 명을 받고 돌아가자, 추의(綴衣)를 노침(路寢)의 뜰에 내놓았는데, 다음날 을축일(乙丑日)에 왕이 붕(崩)하셨다.

綴衣는 **幄帳也**[274]니 **羣臣旣退**에 **徹出幄帳於庭**이라 **喪大記云 疾病**이어든 **君徹懸**하고 **東首於北牖下 是也**라 **於其明日**에 **王崩**이라
　‘추의(綴衣)’는 악장(幄帳;휘장)이니, 군신(羣臣)이 이미 물러가자 악장을 거두어 뜰에 내놓았다.《예기》〈상대기(喪大記)〉에 “군주가 병이 심해지면 매달아 놓은 악기(종(鐘)·경(磬))를 철거하고 군주를 북쪽 창문 아래에 눕히되 동쪽으로 머리를 둔다.”는 것이 이것이다. 그 다음날에 왕이 붕한 것이다.

11. **太保命仲桓、南宮毛**하여 **俾爰齊侯呂伋**으로 **以二干戈**와 **虎賁百人**으로 **逆子釗**(소)**於南門之外**하여 **延入翼室**하여 **恤宅宗**하니라(하시다)
　태보(太保;소공)가 중환(仲桓)과 남궁모(南宮毛)에게 명하여 제후(齊侯)인 여급(呂伋)으로 하여금 간(干)·과(戈) 둘과 호분(虎賁) 백 명으로 태자 소(釗)를 남문(南門)의 밖에서 맞이하여, 익실(翼室;협실)로 인도해 들어와 휼택(恤宅;여막)에 종주가 되게 하였다.

桓、毛는 **二臣名**이라 **伋**은 **太公望子**니 **爲天子虎賁氏**라 **延**은 **引也**라 **翼室**은 **路寢旁左右翼室也**라 **太保以冢宰攝政**하여 **命桓、毛二臣**하여 **使齊侯呂伋**으로 **以二干戈**와 **虎賁百人**으로 **逆太子釗于路寢門外**하여 **引入路寢翼室**하여 **爲憂居宗主也**라 **呂氏曰 發命者**는 **冢宰**요 **傳命者**는 **兩朝臣**이요 **承命者**는 **勳戚顯諸侯**라 **體統尊嚴**하고 **樞機周密**하니 **防危慮患之意 深矣**라 **入自端門**하여 **萬姓咸覯**는 **與天下共之也**

· · · · · ·
274　綴衣 幄帳也 : 악장(幄帳)은 비단을 꿰매어 연결해서 만든 휘장 따위로, 좌우(左右)의 옆에 있는 것을 장(帳)이라 하고 위에 있는 것을 막(幕)이라 하고 여러 방을 사방으로 싸고 있는 것을 악(幄)이라 한다.

··· 綴 : 꿰맬 추　幄 : 장막 악　帳 : 휘장 장　牖 : 창문 유　伋 : 생각할 급　賁 : 날랠 분　延 : 맞이할 연

요 **延入翼室**하여 **爲憂居之宗**은 **示天下不可一日無統也**라 **唐穆、敬、文、武以降**으로 **閹寺**(엄시)**執國命**하여 **易**(역)**主於宮掖**호되 **而外廷猶不聞**하니 **然後**에 **知周家之制 曲盡備豫**하여 **雖一條一節**이라도 **亦不可廢也**로라

'환(桓)'과 '모(毛)'는 두 신하의 이름이다. '급(伋)'은 태공(太公) 망(望)의 아들이니, 천자국의 호분씨(虎賁氏)가 되었다. '연(延)'은 인도함이다. '익실(翼室)'은 노침(路寢) 곁에 있는 좌우의 익실이다. 태보(太保)가 총재로서 섭정하여 환(桓)·모(毛) 두 신하에게 명해서 제후(齊侯)인 여급(呂伋)으로 하여금 간(干)·과(戈) 둘과 호분(虎賁) 백 명으로 태자 소(釗)를 노침의 문 밖에서 맞이하여 노침의 익실로 인도해 들어와 우거(憂居;居喪)의 종주가 되게 한 것이다.

여씨(呂氏)가 말하였다. "명령을 발한 것은 총재이고, 명령을 전달한 것은 두 조신(朝臣;중환과 남궁모)이며, 명령을 받든 것은 훈척(勳戚;공로가 있는 외척)의 유명한 제후(여급)였다. 체통이 존엄하고 추기(樞機)가 주밀(周密)하니, 위험을 막고 화(過)를 염려한 뜻이 깊다. 단문(端門;궁전의 정문)으로 들어와 만백성이 모두 보게 한 것은 천하 사람들과 함께 한 것이며, 익실로 맞이하여 들어와 우거(憂居)의 종주가 되게 한 것은 천하에 단 하루라도 통치자가 없어서는 안 됨을 보여준 것이다. 당(唐)나라는 목종(穆宗)·경종(敬宗)·문종(文宗)·무종(武宗) 이후로 엄시(閹寺;환관)들이 나라의 명(정권)을 잡아 궁액(宮掖;궁중)에서 군주를 바꿔도 밖의 조정에서는 오히려 듣지 못하였으니, 이러한 뒤에야 주나라의 제도가 곡진하고 미리 대비하여 비록 한 조목과 한 절목(節目)이라도 또한 버릴 수 없음을 알겠노라."

12. **丁卯**에 **命作册度**하시다

정묘일(丁卯日)에 사관에게 명하여 책과 법도를 만들게 하셨다.

命史하여 **爲册書、法度**하여 **傳顧命於康王**이라

사관에게 명하여 책서(册書)와 법도를 만들어 고명(顧命)을 강왕에게 전한 것이다.

13. **越七日癸酉**에 **伯相**이 **命士須材**하니라

7일(6일)이 지난 계유일(癸酉日)에 백상(伯相;소공)이 사(士)에게 명하여 〈관곽(棺槨)의〉 재목(목재)을 취해오게 하였다.

··· 閹:내시 엄 寺:내시 시 掖:대궐곁담 액

伯相은 召公也니 召公이 以西伯爲相이라 須는 取也니 命士取材木하여 以供喪用이라

'백상(伯相)'은 소공(召公)이니, 소공이 서백(西伯)으로 상(相;정승)이 되었다. '수(須)'는 취함이니, 사(士)에게 명하여 재목을 취해 오게 해서 상사(喪事)에 쓰도록 한 것이다.

14. 狄이 設黼扆(依)와 綴衣하니라

적(狄)이 보의(黼扆)와 추의(綴衣)를 진설하였다.

狄은 下士라 祭統云 狄(翟)者는 樂吏之賤者也라하고 喪大記에 狄人이 設階라하니 蓋供喪役而典設張之事者也라 黼扆는 屏風에 畫爲斧文者니 設黼扆幄帳하여 如成王生存之日也라

'적(狄)'은 하사(下士)이다. 《예기》〈제통(祭統)〉에 "적(狄)은 악리(樂吏) 중에 천한 자이다." 하였고, 〈상대기(喪大記)〉에는 "적인(狄人)이 계단을 설치한다." 하였으니, 〈적(狄)은〉 상중(喪中)의 일에 종사하여 악장(幄帳)을 진설하는 일을 맡은 자이다. '보의(黼扆)'는 병풍에 도끼 문양을 그린 것이니, 보의와 악장을 진설하여 성왕이 생존했던 날과 똑같게 한 것이다.

15. 牖間에 南嚮하여 敷重篾(멸)席黼純(준)하니 華玉仍几러라

유(牖)의 사이에 남향하여 이중으로 된 멸석(篾席)을 보(黼)로 선두른 것을 펴니, 화옥(華玉)으로 된 궤(几;안석)는 그대로 두었다.

此는 平時見羣臣、觀諸侯之坐也라 敷設重席은 所謂天子之席三重[275]者也라 篾席은 桃竹枝席[276]也라 黼는 白黑雜繒[277]이라 純은 緣也라 華는 彩色也니 華玉以飾几라 仍은 因也니 因生時所設也라 周禮에 吉事變几하고 凶事仍几 是也라

<hr>

275 天子之席三重:호산은 "삼(三)은 오(五)의 오자인 듯하다.〔三恐五之訛〕" 하였다.《詳說》

276 桃竹枝席:《채전방통》에 "도죽지(桃竹枝)는 마땅히 도지죽(桃枝竹)이 되어야 한다. 도지(桃枝)는 대나무의 이름으로 4촌(寸)마다 마디가 있으며 표피가 매끄러워 자리를 만들기에 적합하다." 하였으므로 이를 따라 수정 번역하였다.

277 黼白黑雜繒:보(黼)는 백색과 흑색이 차례로 섞여 있는 비단에 도끼모양의 자수를 놓은 것이다.

··· 黼:보불 보 扆:병풍 의 敷:펼 부 篾:대껍질 멸 純:선두를 준 繒:비단 증 緣:선두를 연

이는 성왕이 평상시 군신(羣臣)을 만나보고 제후들에게 조회 받던 자리이다. 중석(重席)을 편 것은 《예기》〈예기(禮器)〉에 이른바 '천자의 자리가 삼중이라'는 것이다. '멸석(篾席)'은 도지(桃枝)의 대나무로 만든 자리이다. '보(黼)'는 백색과 흑색이 섞여 있는 비단이다. '준(純)'은 선을 두른 것이다. '화(華)'는 채색이니, 채색이 있는 옥으로 궤(几)를 꾸민 것이다. '잉(仍)'은 인함(따름)이니, 생존시에 설치했던 것을 그대로 따른 것이다. 《주례》〈사궤연(司几筵)〉에 "길사(吉事;제례(祭禮))에는 궤(几)를 바꾸고 흉사(凶事;상례(喪禮))에는 궤를 그대로 둔다."는 것이 이것이다.

16. **西序**에 **東嚮**하여 **敷重底席綴純**(추준)하니 **文貝仍几**러라

　서서(西序)에 동향하여 이중으로 된 지석(底席;밑의 깔자리)을 여러 문채로 선두른 것을 펴니, 문패(文貝)로 꾸민 궤(几)는 그대로 두었다.

此는 **旦夕聽事之坐也**라 **東西廂**을 **謂之序**라 **底席**은 **蒲席也**라 **綴**는 **雜彩**라 **文貝**는 **有文之貝**니 **以飾几也**라

　이는 성왕이 아침저녁으로 정사를 다스리던 자리이다. 동서(東西)의 상(廂;행랑)을 '서(序)'라 이른다. '지석(底席)'은 부들로 만든 자리이다. '추(綴)'는 여러 가지 채색이다. '문패(文貝)'는 무늬가 있는 자개이니, 이것으로 궤를 꾸민 것이다.

17. **東序**에 **西嚮**하여 **敷重豐席**[278]**畫純**하니 **雕玉仍几**러라

　동서(東序)에 서향하여 이중으로 된 풍석(豐席)을 채색으로 선두른 것을 펴니, 조옥(雕玉)으로 꾸민 궤는 그대로 두었다.

此는 **養國老, 饗羣臣之坐也**라 **豐席**은 **(筍)[莞]席也**[279]라 **畫**는 **彩色**이라 **雕**는 **刻鏤**

- - - - - -
278 豐席:풍석(豐席)에 대하여 오윤상은 《집전》에 '풍석은 순석(筍席;댓순의 자리)이다.' 하였으나, 〈18절의〉 서협(西夾)에 이미 순석을 폈다면 이는 반드시 순석이 아닐 것이다. 공전(孔傳)은 지석(底席)은 약초(蒻草;부들속)라 하고 풍석을 완석(莞席;왕골자리)이라 하였으나 당나라 공씨는 '약초와 완석은 모두 부들자리이다.' 하였으니, 그렇다면 공전의 설도 통하지 못한다. 정현(鄭玄)은 '동죽(凍竹)을 벗겨서 만든 자리이다.' 하였으니, 이것이 옳은지는 알지 못하겠다.〔顧命, 豐席, 傳謂筍席, 西夾, 旣敷筍席, 則此必非筍席. 孔傳, 以底爲蒻草, 以豐爲莞, 而唐孔氏, 以蒻草莞皆爲蒲, 然則孔傳說亦不通. 鄭玄云, 豐刮凍竹席, 未知是否.〕하였다.

279 豐席 莞席也:《채전방통》에 아래에 별도로 순석(筍席)이 있음을 상기하고 고주(古註)를 들

- - - 廂:행랑 상　蒲:부들 포　雕:조각할 조　莞:왕골 관　鏤:새길 루

也라

　　이는 국로(國老)를 기르고 군신(羣臣)을 연향하는 자리이다. '풍석(豐席)'은 완석(莞席;왕골자리)이다. '화(畵)'는 채색이다. '조(雕)'는 조각한 것이다.

18. 西夾에 南嚮하여 敷重筍席玄紛純하니 漆仍几러라

　서협(西夾)에 남향하여 이중으로 된 순석(筍席;대자리)을 검정색을 섞어 선두른 것을 펴니, 옻칠한 궤는 그대로 두었다.

此는 親屬私燕之坐也니 西廂夾室之前이라 筍席은 竹席也라 紛은 雜也니 以玄黑之色으로 雜爲之緣이라 漆은 漆几也라 牖間兩序西夾에 其席有四하니 牖戶之間을 謂之扆(의)라 天子 負扆朝諸侯하니 則牖間南嚮之席은 坐之正也요 其三席은 各隨事以時設也라 將傳先王顧命일새 知神之在此乎아 在彼乎아 故로 兼設平生之坐也라

　　이는 친속(親屬)을 사사로이 잔치하는 자리이니, 서상(西廂;서쪽 행랑) 협실(夾室)의 앞이다. '순석(筍席)'은 대자리이다. '분(紛)'은 섞임이니, 현흑(玄黑)의 색깔을 섞어 선두른 것이다. '칠(漆)'은 옻칠한 궤이다. 유(牖)의 사이와 양서(兩序)와 서협(西夾)에 자리 네 개가 있으니, 유(牖;들창)와 호(戶;문의 입구)의 사이를 의(扆;병풍으로 군주가 의지하는 물건)라 이른다. 천자는 의(扆)를 등지고 제후에게 조회 받으니, 유(牖)의 사이에 남향한 자리는 자리 중에 바른 것이며, 나머지 세 자리는 각각 일에 따라 수시로 설치한 것이다. 장차 선왕의 고명(顧命)을 전하려 하는데 신(神)이 여기에 계신지 저기에 계신지 알 수 있겠는가. 그러므로 평소의 자리를 겸하여 설치한 것이다.

19. 越玉五重하고(하며) 陳寶하니 赤刀와 大訓과 弘璧과 琬琰(완염)은 在西序하고 大玉과 夷玉과 天球와 河圖는 在東序하고 胤之舞衣와 大貝와 鼖(분)鼓는 在西房하고 兌(태)之戈와 和之弓과 垂之竹矢는 在東房하니라

　옥(玉)을 오중(五重)으로 진열하고 보물을 진열하니, 적도(赤刀)와 대훈(大訓)과 홍벽(弘璧;큰 벽옥)과 완염(琬琰)은 서서(西序)에 있고, 대옥(大玉;큰 옥)과 이옥(夷玉;보통 옥)

・・・・・・

어 "순(筍)은 마땅히 완(莞;왕골)이 되어야 한다." 하였으므로 이에 의거하여 수정하였다.

・・・　筍 : 대순 순　琬 : 아름다운옥 원(완)　琰 : 아름다운옥 염　鼖 : 큰북 분　兌 : 기쁠 태, 사람이름 태

과 천구(天球)와 하도(河圖)는 동서(東序)에 있고, 윤(胤)나라에서 만든 춤추는 옷과 대패(大貝;큰 조개)와 큰 북은 서방(西房)에 있고, 태(兌)가 만든 창과 화(和)가 만든 활과 수(垂)가 만든 대나무 화살은 동방(東房)에 있었다.

於東西序坐北에 列玉五重하고 及陳先王所寶器物이라 赤刀는 赤削也라 大訓은 三皇五帝之書니 訓、誥亦在焉이요 文、武之訓을 亦曰大訓이라 弘璧은 大璧也라 琬琰은 圭名이라 夷는 常也요 球는 鳴球也라 河圖는 伏羲時에 龍馬負圖하고 出於河하니 一六位北하고 二七位南하고 三八位東하고 四九位西하고 五十居中者[280]니 易大傳所謂河出圖 是也라 胤은 國名이니 胤國所制舞衣라 大貝는 如車渠[281]라 鼖鼓는 長八尺이라 兌、和는 皆古之巧工이요 垂는 舜時共工이라 舞衣、鼖鼓、戈弓、竹矢는 皆制作精巧하여 中法度라 故로 歷代傳寶之하니라 孔氏曰 弘璧、琬琰、大玉、夷玉、天球는 玉之五重也라

　　동서(東序)와 서서(西序)의 자리 북쪽에 옥(玉)을 오중(五重)으로 진열하고 선왕이 보물로 여긴 기물들을 진열한 것이다. '적도(赤刀)'는 붉은 삭도(削刀)이다. '대훈(大訓)'은 삼황(三皇)·오제(五帝)의 글이니 삼대(三代)의 훈고(訓誥) 또한 여기에 들어 있으며, 문왕·무왕의 가르침을 또한 대훈이라고도 한다. '홍벽(弘璧)'은 큰 벽옥(璧玉)이다. '완염(琬琰)'은 규(圭)의 이름이다. '이(夷)'는 보통이요, '구(球)'는 명구(鳴球;석경(石磬))이다. '하도(河圖)'는 복희씨(伏羲氏) 때에 용마(龍馬;큰 말)가 그림을 지고 하수(河水;황하)에서 나오니, 1·6은 북쪽에 위치하고 2·7은 남쪽에 위치하고 3·8은 동쪽에 위치하고 4·9는 서쪽에 위치하고 5·10은 중앙에 위치하였으니,《주역》〈대전(大傳;계사전)〉에 이른바 "하(河)에서 도(圖)가 나왔다."는 것이 이것이다.

　　'윤(胤)'은 나라의 이름이니, 윤(胤)나라에서 만든 춤추는 옷이다. '대패(大貝)'는 거거(車渠)와 같은 것이다. '분고(鼖鼓)'는 길이가 8척이다. '태(兌)'와 '화(和)'는 모두 옛

280　河圖……五十居中者 : 하도는 복희씨 때에 황하에서 나온 용마(龍馬)의 등에 그려져 있던 그림으로 1~10까지 모두 55개의 둥근 점이 있었는바, 1·3·5·7·9의 홀수에는 백색의 권점(圈點;○)이, 2·4·6·8·10의 짝수에는 흑색의 권점(●)이 그려져 있었다 한다. 복희씨는 이것을 보고 팔괘(八卦)를 그려 《주역》의 기초를 이루었다 하는바, 위 〈홍범(洪範)〉 첫 번째 부분에 하도의 그림을 덧붙였으니, 참고하기 바란다.

281　大貝如車渠 : 거거(車渠)는 큰 바다조개의 이름으로 크기가 수레바퀴의 도랑과 같다 하여 붙인 이름이라 하며, 또한 거(渠)는 망(罔;그물)과 통하는바, 조개의 껍데기가 수레의 그물 모양과 같기 때문에 이름하였다고도 한다.

······　削 : 삭도 삭　渠 : 개천 거, 조개이름 거

날에 공교로운 공인(工人)이며, '수(垂)'는 제순(帝舜) 때의 공공(共工)이다. 춤추는 옷과 큰 북과 창과 활과 대나무 화살은 모두 제작이 정교하여 법도에 맞는 까닭에 역대에 전하여 보물로 여긴 것이다.

공씨(孔氏)가 말하였다. "홍벽(弘璧)·완염(琬琰)·대옥(大玉)·이옥(夷玉)·천구(天球)가 오중의 옥이다."

呂氏曰 西序所陳은 不惟赤刀、弘璧이라 而大訓參之하고 東序所陳은 不惟大玉、夷玉이라 而河圖參之하니 則其所寶者를 斷可識矣로다 愚謂寶玉器物之陳은 非徒以爲國容觀美라 意者컨대 成王平日之所觀閱로 手澤在焉하니 陳之는 以象其生存也라 楊氏中庸傳曰 宗器를 於祭陳之는 示能守也요 於顧命陳之는 示能傳也라 하니라

여씨(呂氏)가 말하였다. "서서(西序)에 진열한 것은 단지 적도(赤刀)·홍벽(弘璧)만이 아니요 대훈(大訓)이 참여되었으며, 동서(東序)에 진열한 것은 단지 대옥(大玉)·이옥(夷玉)만이 아니요 하도(河圖)가 참여되었으니, 그렇다면 그 보물로 여긴 것을 단정코 알 수 있다."

내가 생각하건대 보옥(寶玉)과 기물을 진열한 것은 한갓 나라의 위용(威容)을 아름답게 보이기 위해서가 아니요, 짐작건대 성왕이 평소에 보시던 것으로 손때가 남아 있으니, 이것들을 진열한 것은 그 생존함을 형상한 것이다. 양씨(楊氏)의 《중용전(中庸傳)》에 "종묘의 제기〔宗器〕를 제사할 때에 진열함은 잘 지킴을 보이는 것이며, 고명(顧命)에 진열함은 잘 전함을 보이는 것이다." 하였다.

20. 大(太)輅는 在賓階하여 面하고 綴(추)輅는 在阼階하여 面하고 先輅는 在左塾之前하고 次輅는 在右塾之前하니라

태로(太輅)는 빈계(賓階;서쪽 뜰)에 있어 남향하고, 추로(綴輅)는 조계(阼階;동쪽 뜰)에 있어 남향하고, 선로(先輅)는 좌숙(左塾)의 앞에 있고, 차로(次輅)는 우숙(右塾)의 앞에 있었다.

大輅는 玉輅也요 綴輅는 金輅也요 先輅는 木輅也요 次輅는 象輅, 革輅也라 王之

五輅²⁸²에 玉輅는 以祀不以封하니 爲最貴요 金輅는 以封同姓하니 爲次之요 象輅는 以封異姓하니 爲又次之요 革輅는 以封四衛하니 爲又次之요 木輅는 以封蕃國하니 爲最賤이라 其行也는 貴者宜自近이요 賤者宜遠也라 王乘玉輅하니 綴之者는 金輅也라 故로 金輅를 謂之綴輅요 最遠者는 木輅也라 故로 木輅를 謂之先輅라 以木輅爲先輅면 則革輅、象輅 爲次輅矣라 賓階는 西階也요 阼階는 東階也라 面은 南嚮也라 塾은 門側堂也라 五輅陳列은 亦象成王之生存也라 周禮典路(輅)云 若有大祭祀면 則出路하고 大喪, 大賓客에도 亦如之라하니 是大喪出輅는 爲常禮也라 又按 所陳寶玉器物을 皆以西爲上者는 成王殯이 在西序故也라

'태로(大輅)'는 옥로(玉輅)이고, '추로(綴輅)'는 금로(金輅)이고, '선로(先輅)'는 목로(木輅)이고, '차로(次輅)'는 상로(象輅)와 혁로(革路)이다. 왕의 다섯 가지 수레 중에 옥로는 왕이 타고서 제사만 하고 봉하는 데는 쓰지 않으니 가장 귀하고, 금로는 동성(同姓)을 봉할 때에 쓰니 다음이 되고, 상로는 이성(異姓)을 봉할 때에 쓰니 또 그 다음이 되고, 혁로는 사위(四衛)를 봉할 때에 쓰니 또 그 다음이 되고, 목로는 번국(蕃國)을 봉할 때에 쓰니 가장 천하다. 그 항렬은 귀한 것이 자연 왕과 가까이 있어야 하고 천한 것이 마땅히 왕과 멀리 있어야 한다. 왕은 옥로를 타니, 그 사이를 연결하는 것이 금로이므로 금로를 추로라 하였고, 가장 멀리 있는 것은 목로이므로 목로를 선로(맨 앞에 있음)라 하였다. 목로를 선로라 한다면 혁로와 상로는 차로(다음 수레)가 되는 것이다.

'빈계(賓階)'는 서쪽 계단이고, '조계(阼階)'는 동쪽 계단이다. '면(面)'은 남향이다. '숙(塾)'은 문 곁에 있는 당(堂)이다. 오로(五輅)를 진열함은 또한 성왕이 생존함을 형상한 것이다.《주례》〈전로(典路)〉에 "만약 큰 제사가 있으면 수레를 내놓고, 큰 초상과 큰 빈객에도 또한 이와 같이 한다." 하였으니, 이 대상(大喪)에 수레를 내놓음은 떳떳한 예(禮)이다. 또 살펴보건대 진열한 보옥(寶玉)과 기물을 모두 서쪽을 상(上)으로 삼은 것은, 성왕의 빈소가 서서(西序)에 있기 때문이다.

21. 二人은 雀弁으로 執惠하여 立于畢門之內하고 四人은 綦弁으로 執戈上刃하여 夾兩階戺(사)하고 一人은 冕으로 執劉하여 立于東堂하고 一人은 冕으

......

282 王之五輅：옥로(玉輅)와 금로(金輅)·상로(象輅)는 옥(玉)과 금(金)과 상아(象牙)로 수레의 끝을 장식한 것이며, 혁로(革輅)는 가죽으로 위를 덮고 옻칠한 것이며, 목로(木輅)는 가죽으로 덮지 않고 나무에 옻칠만 한 것이다. 輅는 로(路)로도 표기한다.

··· 殯 : 빈소 빈 雀 : 참새 작 惠 : 세모진창 혜 綦 : 얼룩무늬 기 戺 : 섬돌 사 劉 : 도끼 류

로 **執鉞**하여 **立于西堂**하고 **一人**은 **冕**으로 **執戣**(규)하여 **立于東垂**(陲)하고 **一人**은 **冕**으로 **執瞿**(戵)하여 **立于西垂**하고 **一人**은 **冕**으로 **執**(銳)[鈗]하여 **立于側階**하니라

　두 사람은 작변(雀弁)으로 세모진 창[惠]를 잡고서 필문(畢門)의 안에 서 있고, 네 사람은 기변(綦弁;얼룩무늬 두건)으로 창을 잡되 칼날을 위로 하여 두 계단의 섬돌에 좌우로 늘어서고, 한 사람은 면복(冕服)으로 도끼[劉]를 잡고서 동당(東堂)에 서 있고, 한 사람은 면복으로 도끼[鉞]를 잡고서 서당(西堂)에 서 있고, 한 사람은 면복으로 양지창[戣]을 잡고서 동쪽 귀퉁이에 서 있고, 한 사람은 면복으로 세모창[瞿]을 잡고서 서쪽 귀퉁이에 서 있고, 한 사람은 면복으로 창[鈗]을 잡고서 옆 계단에 서 있었다.

弁은 **士服**이라 **雀弁**은 **赤色弁也**요 **綦弁**은 **以文鹿子皮爲之**라 **惠**는 **三隅矛**라 **路寢門**을 **一名畢門**이라 **上刃**은 **刃外嚮也**라 **堂廉曰仄**라 **冕**은 **大夫服**이라 **劉**는 **鉞屬**이요 **戣, 瞿**는 **皆戟屬**이라 **銳**는 **當作鈗**이라 **說文曰 鈗**은 **侍臣所執兵**이니 **從金允聲**이라 **周書曰 一人**은 **冕執鈗**하니 **讀若允**이라하니라 **東西堂**은 **路寢東西廂之前堂也**요 **東西垂**는 **路寢東西序之階上也**요 **側階**는 **北陛之階上也**라

　'변(弁;두건)'은 사(士)의 복식이다. '작변(雀弁)'은 적색의 변이고, '기변(綦弁)'은 얼룩무늬의 사슴새끼 가죽으로 만든 변이다. '혜(惠)'는 세모진 창이다. 노침(路寢)의 문을 일명 '필문(畢門)'이라 한다. '상인(上刃)'은 칼날이 밖을 향하게 한 것이다. 당(堂)의 모서리를 '사(仄)'라 한다. '면(冕)'은 대부의 복식이다. '류(劉)'는 월(鉞)의 등속이고, '규(戣)'와 '구(瞿)'는 모두 극(戟;갈래진 창)의 등속이다. '예(銳)'는 마땅히 윤(鈗)이 되어야 한다. 《설문(說文)》에 "윤(鈗)은 모시는 신하가 잡는 병기이니, 금(金)을 따르고 윤(允)의 음이다. 〈주서(周書)〉에 '한 사람은 면복으로 윤(鈗)을 잡았다.' 하였는데, 읽기를 윤(允)과 같이 한다." 하였다. '동서당(東西堂)'은 노침(路寢)의 동상(東廂)·서상(西廂)의 앞에 있는 당(堂)이며, '동서수(東西垂)'는 노침의 동서(東序)·서서(西序)의 뜰 계단 위이고, '측계(側階)'는 북쪽 뜰의 계단 위이다.

○ **呂氏曰 古者**에 **執戈戟**하여 **以宿衛王宮**이 **皆士大夫之職**이라 **無事而奉燕私**면 **則從容養德**하여 **而有膏澤之潤**하고 **有事而司禦侮**면 **則堅明守義**하여 **而無腹心之**

虞하니 下及秦、漢에도 陛楯[283]執戟이 尙餘一二라 此制旣廢에 人主接士大夫者는 僅有視朝數刻이요 而周廬[284]陛楯을 或環以椎埋嚚悍(은한)之徒하니 有志於復古者는 當深繹也니라

○ 여씨(呂氏)가 말하였다. "옛날에 과(戈)와 극(戟)을 잡고 왕궁(王宮)을 숙위(宿衛)하는 것이 모두 사(士)와 대부의 직책이었다. 일이 없어 사사로울 때 군주를 받들어 모시면 종용(從容)히 덕(德)을 길러 고택(膏澤)의 윤택함(도움)이 있고, 일이 있어 어모(禦侮)를 맡으면 〈사대부로서〉 지켜야할 의(義)를 굳게 밝혀 복심(腹心)의 근심이 없었으니, 아래로 진(秦)·한(漢)에 이르기까지 폐순(陛楯)과 창을 잡는 자들이 아직도 한두 명이 남아 있었다. 이 제도가 이미 폐해짐에 임금이 사와 대부를 접견하는 것은 겨우 조회 볼 때의 몇 시각일 뿐이며, 주려(周廬)와 폐순을 혹 추매(椎埋;사람을 때려 죽여 파묻음)하는 거짓말하고 사나운 무리로 빙 둘러 놓았으니, 옛날의 제도를 회복하려는 데 뜻이 있는 자는 마땅히 깊이 생각하여야 할 것이다."

22. 王이 麻冕、黼裳으로 由賓階하여 隮커시늘 卿士、邦君은 麻冕、蟻裳으로 入卽位하니라

　왕이 마면(麻冕)과 보상(黼裳)으로 빈계(賓階)를 따라 오르시자, 경사(卿士)와 방군(邦君;제후)들은 마면과 의상(蟻裳;검은 치마)으로 들어가 자리에 나아갔다.

麻冕은 三十升麻로 爲冕也라 隮는 升也라 康王이 吉服으로 自西階升堂하여 以受先王之命이라 故로 由賓階也라 蟻는 玄色이니 公卿大夫及諸侯 皆同服은 亦廟中之禮라 不言升階者는 從王賓階也라 入卽位者는 各就其位也라

　'마면(麻冕)'은 30승(升;새) 삼베로 면류관을 만든 것이다. '제(隮)'는 오름이다. 강왕(康王)이 길복(吉服)을 입고 서쪽 계단으로부터 당(堂)에 올라 선왕의 명령을 받았으므로 빈계(賓階)를 따라 올라간 것이다. '의(蟻)'는 검정색이니, 공(公)·경(卿)·대부와 제후가 모두 똑같은 의복을 입은 것은 또한 사당 가운데의 예(禮)이다. 계단을 오름을 말하지 않은 것은 왕을 따라 빈계로 올랐기 때문이다. 들어가 자리에 나아갔다

　　· · · · · ·

283　陛楯 : 폐순(陛楯)은 어전(御前)에서 방패를 잡고 호위하는 자이다.

284　周廬 : 주려(周廬)는 왕궁(王宮) 주위에 설치한 경호사(警護舍)로 곧 여기에서 근무하는 자이다.

· · ·　楯 : 방패 순　廬 : 집 려　嚚 : 어리석을 은　隮 : 오를 제　蟻 : 검을 의

는 것은 각기 자기 자리로 나아간 것이다.

○ 呂氏曰 麻冕、黼裳은 王祭服也라 卿士、邦君、祭服之裳이 皆纁이어늘 今蟻裳者
는 蓋無事於奠祝하니 不欲純用吉服이요 有位於班列하니 不可純用凶服일새 酌吉
凶之間하여 示禮之變也니라

　　○ 여씨(呂氏)가 말하였다. "마면(麻冕)과 보상(黼裳)은 왕의 제복(祭服)이다. 경사
(卿士)와 방군(邦君;제후)의 제복의 치마는 모두 붉은 색인데 이제 검은 치마를 입은 것
은, 제수를 올리고 축(祝)을 읽을 일이 없으니 순전히 길복(吉服)을 쓰고자 하지 않은
것이고, 반열(班列)에 자리가 있으니 순전히 흉복(凶服)을 쓸 수가 없으므로 길 · 흉의
중간을 참작하여 예(禮)의 변(變)함을 나타낸 것이다."

23. 太保와 太史와 太宗은 皆麻冕、彤裳이러니 太保는 承介圭하고 上宗은 奉
同、瑁하여 由阼階隮하고 太史는 秉書하여 由賓階隮하여 御王册命하니라

　　태보(太保)와 태사(太史)와 태종(太宗)은 모두 마면에 붉은 치마를 입었는데, 태보는
개규(介圭;큰 규)를 받들고, 상종(上宗)은 동(同;술잔)과 모(瑁;규의 덮개)를 받들어 조계
(阼階)로 오르고, 태사는 책을 잡고서 빈계(賓階)로 올라 왕에게 책명(册命)을 바쳤다.

太宗은 宗伯也라 彤은 纁也라 太保受遺하고 太史奉册하고 太宗相禮라 故로 皆祭
服也라 介는 大也라 大圭는 天子之守니 長尺有二寸이라 同은 爵名이니 祭以酌酒
者라 瑁는 方四寸이니 邪刻之하여 以冒諸侯之珪璧하여 以齊瑞信也라 太保, 宗伯
은 以先王之命으로 奉符寶[285]하여 以傳嗣君하니 有主道焉이라 故로 升自阼階요 太
史는 以册命御王이라 故로 持書하여 由賓階以升이라 蘇氏曰 凡王所臨、所服用을
皆曰御니라

　　'태종(太宗)'은 종백(宗伯)이다. '동(彤)'은 붉음이다. 태보는 유명(遺命)을 받고 태사
는 책을 받들고 태종은 예(禮)를 돕는 까닭에 모두 제복을 입은 것이다. '개(介)'는 큼
이다. '대규(大圭)'는 천자가 지키는(잡고 있는) 것이니, 길이가 1척 2촌이다. '동(同)'은
술잔의 이름이니, 제사에 술을 따르는 것이다. '모(瑁)'는 사방 4촌이니, 위를 기울게

------

285 奉符寶 : 부(符)는 모(瑁)를 가리키고 보(寶)는 개규(介圭)를 가리킨다.

· · · 　纁 : 붉을 훈　介 : 클 개　瑁 : 서옥뚜껑 모　邪 : 기울 사　珪 : 홀 규

깎아서 제후의 규벽(珪璧)에 뒤집어 씌워 서신(瑞信;규)을 맞추는 것이다. 태보와 종백
은 선왕의 명으로 부보(符寶)를 받들어 사군(嗣君)에게 전하니 주인의 도리가 있으므
로 조계(阼階)로부터 올라가고, 태사는 책명(册命)을 가지고 왕에게 올리므로 책을 잡
고서 빈계(賓階)를 따라 올라간 것이다.

　　소씨(蘇氏)가 말하였다. "무릇 왕이 임하는 바와 입고 쓰는 것을 모두 어(御)라 한
다."

24. 曰 皇后憑玉几하사 道揚末命하사 命汝嗣訓하노니 臨君周邦하여 率循大卞하여 爕和天下하여 用答揚文武之光訓하라하시다

〈태사(太史)가〉 다음과 같이 말하였다. "황후(皇后;위대한 군주)께서 옥궤(玉几)에 기대
시어 마지막 명령을 도양(道揚;말씀)하사 너(새로 즉위한 왕)에게 명하여 가르침을 계승
하게 하시니, '주나라에 군림하여 군주노릇해서 대변(大卞;큰 법)을 따라 천하를 섭화
(爕和;조화)하여 문왕·무왕의 빛나는 가르침을 답양(答揚)하라.' 하셨습니다."

成王顧命之言은 書之册矣니 此는 太史口陳者也라 皇은 大요 后는 君也라 言大君
成王이 力疾하고 親憑玉几하사 道揚臨終之命하여 命汝嗣守文武大訓이라 曰汝者
는 父前子名之義라 卞은 法也라 臨君周邦은 位之大也요 率循大卞은 法之大也요
爕和天下는 和之大也니 居大位하고 由大法하고 致大和然後에 可以對揚文武之光
訓[286]也라

　　성왕(成王)이 고명(顧命)한 말씀은 책에 썼으니, 이는 태사가 입으로 진술한 것이
다. '황(皇)'은 큼이요, '후(后)'는 군주이다. 대군(大君)인 성왕이 힘을 다해 병든 몸
을 부축하고 친히 옥궤(玉几)에 기대시어 임종의 명령을 말씀해서 너에게 명하여 문
왕·무왕의 큰 가르침을 이어 지키라고 하셨음을 말한 것이다. '너'라고 말한 것은 아
버지 앞에서는 자식의 이름을 부르는 의(義)이다. '변(卞)'은 법이다. 주나라에 군림하
여 군주 노릇함은 지위의 큰 것이고, 큰 법을 따름은 법의 큰 것이요, 천하를 섭화(爕

● ● ● ● ● ●

286　對揚文武之光訓 : 대양(對揚)은 경문의 '답양(答揚)'과 같은바, 왕의 명령이나 가르침에 답하
여 세상에 널리 선양(宣揚)함을 이른다. 추계우(鄒季友)는 "문왕·무왕의 빛나는 가르침을 대양한
다는 것은 바로 위에서 말한 '사훈(嗣訓;가르침을 이음)이다.(答揚文武光訓, 卽所謂嗣訓也.)" 하였
다.《詳說》

● ● ●　憑 : 기댈 빙　卞 : 법 변

和)함은 화함의 큰 것이니, 대위(大位)에 거하고 대법(大法)을 따르고 대화(大和)를 이룬 뒤에야 문왕·무왕의 빛나는 가르침을 대양(對揚)할 수 있는 것이다.

25. 王이 再拜興하사 答曰 眇眇予末小子 其能而(如)亂四方하여 以敬忌天威아

왕이 재배하고 일어나 답하였다. "묘묘(眇眇;하찮은)한 나 말소자(末小子)가 어찌 능히 〈부(父)·조(祖)와〉 같이 사방을 다스려 하늘의 위엄을 공경하고 삼가겠는가."

眇는 小요 而는 如요 亂은 治也라 王拜受顧命하여 起答太史曰 眇眇然予微末小子 其能如父祖治四方하여 以敬忌天威乎아하니 謙辭退托於不能也라 顧命에 有敬迓天威, 嗣守文武大訓之語라 故로 太史所告와 康王所答이 皆於是致意焉하니라

'묘(眇)'는 작음이고, '이(而)'는 여(如;같음)이고, '난(亂)'은 다스림이다. 왕(王)이 절하고 고명(顧命)을 받은 다음 일어나 태사에게 답하기를 "묘묘(眇眇)한 나 미말(微末)의 소자가 어찌 능히 부(父)·조(祖)와 같이 사방을 다스려 하늘의 위엄을 공경하고 삼가겠는가." 하였으니, 겸사로 능하지 못하다고 퇴탁(退托;겸양)한 것이다. 〈고명〉에 "공경히 하늘의 위엄을 맞이하고 문왕·무왕의 큰 가르침을 이어 지키라."는 말씀이 있었다. 그러므로 태사가 고한 것과 강왕(康王)이 답한 것이 모두 여기에 뜻을 지극히 한 것이다.

26. 乃受同, 瑁하사 王이 三宿, 三祭, 三咤(타)하신대 上宗曰 饗이라하다 (이라하시다)

〈왕이〉 마침내 동(同)과 모(瑁)를 받아 왕(王)이 세 번 숙(宿;술잔을 잡고 엄숙히 신(神)에게 나아감)하고 세 번 제(祭;술을 땅에 부음)하고 세 번 타(咤;다시 술잔을 신에게 올림)하시자, 상종(上宗)이 "흠향했노라." 하였다.

王受瑁爲主하고 受同以祭라 宿은 進爵也요 祭는 祭酒也[287]요 咤는 奠爵也니 禮成於三이라 故로 三宿, 三祭, 三咤라 葛氏曰 受上宗同, 瑁면 則受太保介圭를 可知니

287 祭 祭酒也 : 오윤상은 "삼숙(三宿)은 세 번 술잔을 올리는 것이요 삼제(三祭)는 세 번 술잔으로 제(祭;고수레)하는 것이다.〔三宿, 進三爵也, 三祭, 祭三爵也.〕" 하였다.

··· 眇 : 작을 묘　咤 : 잔올릴 타　饗 : 흠향할 향　爵 : 술잔 작

라 宗伯曰饗者는 傳神命하여 以饗告也라

왕(王)이 모(瑁)를 받아 상(喪)의 주인이 되고 동(同)을 받아 제(祭:강신)한 것이다. '숙(宿)'은 술잔을 올리는 것이요, '제(祭)'는 술로 제(祭)하는 것이요, '타(咤)'는 잔을 제자리에 놓는 것이니, 예(禮)가 세 번에 이루어지기 때문에 세 번 숙(宿)하고 세 번 제(祭)하고 세 번 타(咤)한 것이다.

갈씨(葛氏)가 말하기를 "상종(上宗)의 동과 모를 받았으면 태보의 개규(介圭)를 받았음을 알 수 있다." 하였다. 종백(宗伯)이 '흠향했다.'고 말한 것은 신(神)의 명령을 전달해서 '흠향했노라.'고 고한 것이다.

27. **太保受同**하여 **降盥**하고 **以異同**으로 **秉璋以酢**(작)하고 **授宗人同**하고 **拜**한대 **王**이 **答拜**[288]하시다

 태보가 동(同)을 받아 내려와 손을 씻고는 딴 동으로 장(璋;술을 따르는 옥으로 만든 국자)을 잡아 술을 따르고 종인(宗人)에게 동을 준 뒤에 절하자, 왕이 답배하셨다.

太保受王所咤之同하여 而下堂盥洗하고 更用他同하여 秉璋以酢이라 酢은 報祭也니 祭禮에 君執圭瓚祼尸어든 太宗이 執璋瓚亞祼이라하니 報祭는 亦亞祼之類라 故로 亦秉璋也라 以同授宗人하고 而拜尸에 王答拜者는 代尸拜也라 宗人은 小宗伯之屬이니 相太保酢者也라 太宗供王이라 故로 宗人供太保하니라

 태보가 왕이 타(咤)한 동(同)을 받아 당(堂)에서 내려와 손을 씻고는 다시 딴 동을 사용하여 장(璋)을 잡고 술을 따른 것이다. '작(酢)'은 보제(報祭:아헌(亞獻))이니, 제례(祭禮:《예기》〈제통〉)에 "군주가 규찬(圭瓚)을 잡고 시(尸)에게 술을 따르거든 태종(太宗)이 장찬(璋瓚)을 잡고 아관(亞祼)을 한다." 하였으니, 보제 또한 아관의 류(類)이므로 또한 장(璋)을 잡은 것이다. 동을 종인(宗人)에게 주고 시(尸)에게 절하자 왕이 답배한

• • • • • •

288 太保受同……答拜 : 오윤상은 "소공의 절함이 만약 성왕에게 절한 것이라면 시동(尸童)에게 절하는 절차가 없으니 이는 의심할 만한 듯하고, 성왕이 시동을 대신하여 답배한 것은 지극히 무의미하다. 또 '三宿三祭三咤'의 아래와 '上宗曰饗'의 위, 그리고 '秉璋以酢'의 아래와 '授宗人同'의 위에 시동에게 절하는 예가 있었는데, 사관이 기록하지 않은 것임을 어찌 알겠는가.〔周公之拜, 若是拜成王, 則無拜尸節次, 是似加疑. 王代答拜, 極爲無意. 且三宿三祭三咤之下, 上宗曰饗之上, 秉璋以酢之下, 授宗人同之上, 安知有拜尸之禮, 而史不記之耶.〕" 하고, "신안 진씨가 '왕이 재차 답배한 것은 주공의 절에 답배한 것이다.' 하였으니, 이 말이 좋은 듯하다.〔新安陳氏以王再次答拜, 謂答周公之拜, 似好.〕" 하였다.

••• 璋 : 옥잔 장 酢 : 술따를 작 瓚 : 옥잔 찬 祼 : 강신할 관

것은 시를 대신하여 절한 것이다. '종인'은 소종백(小宗伯)의 관속이니, 태보를 도와
술을 따른 자이다. 태종이 왕을 위해 술을 따르므로 종인이 태보를 위해 술을 따른 것
이다.

28. 太保受同하여 祭嚌(제)하고 宅하여 授宗人同하고 拜한대 王이 答拜하시다
　태보가 동(同)을 받아 제(祭)하고 술을 이[齒]에만 대고는 물러가 자기 자리로 가서
종인(宗人)에게 동을 준 뒤에 절하자, 왕이 답배하셨다.

以酒至齒曰嚌니 太保復受同以祭하고 飮福至齒라 宅은 居也라 太保退居其所하여
以同授宗人하고 又拜한대 王復答拜라 太保飮福至齒者는 方在喪疚하여 歆神之賜
로되 而不甘其味也라 若王則喪之主니 非徒不甘味라 雖飮福이라도 亦廢也니라
　술잔을 이[齒]에만 대는 것을 '제(嚌)'라 하니, 태보가 다시 동(同)을 받아 제(祭)하
고, 음복(飮福)하여 이(이빨)에만 댄 것이다. '택(宅)'은 거(居)함이다. 태보가 물러가 자
기 자리에 있으면서 동을 종인에게 주고 다시 절하자, 왕이 다시 답배한 것이다. 태보
가 음복하되 이에만 댄 것은 막 상구(喪疚 ; 상중)에 있어 신(神)이 주신 것을 먹되 그 맛
을 달게 여기지 않은 것이다. 왕으로 말하면 상주(喪主)이니, 단지 맛을 달게 여기지
않을 뿐만 아니라, 비록 음복이라도 폐지해야 하는 것이다.

29. 太保降커늘 收하더니 諸侯出廟門하여 俟하니라
　태보가 당(堂)에서 내려오자 유사(有司)가 제기(祭器) 등을 거두더니, 제후가 묘문(廟
門)을 나와 기다렸다.

太保下堂이어늘 有司收撤器用이라 廟門은 路寢之門也니 成王之殯在焉이라 故로
曰廟라 言諸侯則卿士以下를 可知라 俟者는 俟見(현)新君也라
　태보가 당을 내려오자, 유사가 기용(器用 ; 제기)을 거둔 것이다. '묘문(廟門)'은 노침
(路寢)의 문이니, 성왕의 빈소가 여기에 있기 때문에 묘(廟)라 한 것이다. 제후를 말했
으면 경사(卿士) 이하를 알 수 있다. '사(俟)'는 새 군주를 뵙기를 기다리는 것이다.

··· 嚌 : 맛볼 제　疚 : 병들 구　歆 : 흠향할 흠　殯 : 빈소할 빈　俟 : 기다릴 사

〈강왕지고(康王之誥)〉

今文古文皆有로되 但今文은 合于顧命하니라

　　금문(今文)과 고문(古文)에 모두 있으나 다만 금문은 〈고명(顧命)〉에 합쳐져 있다.

【小序】 康王이 旣尸天子하고 遂誥諸侯하여 作康王之誥하니라

　　강왕이 이미 천자의 지위를 주관하고 마침내 제후들을 가르쳐 〈강왕지고(康王之誥)〉를 지었다.

【辨說】　尸天子는 亦無義理라 太康尸位와 羲和尸官은 皆言居其位而廢棄其事之稱이어늘 序書亦用其例하니 謬矣라

　　천자의 자리를 주장했다는 것은 또한 의리(義理:의의)가 없다. 태강(太康)의 시위(尸位)와 희화(羲和)의 시관(尸官)은 모두 그 지위에 거하였으나 그 일을 폐기함을 말한 칭호인데, 〈서서〉를 지은 자가 또한 그 예(例)를 그대로 따랐으니, 잘못된 것이다.

1. 王이 出在應門之內어시늘 太保는 率西方諸侯하여 入應門左하고 畢公은 率東方諸侯하여 入應門右하니 皆布乘黃朱러라 賓이 稱奉圭兼幣하여 曰 一二臣衛는 敢執壤奠이라하고 皆再拜稽首한대 王이 義嗣德이라 答拜하시다

　　왕이 나가서 응문(應門)의 안에 계시자, 태보는 서방의 제후를 거느려 응문으로 들어와 왼쪽에 서고, 필공(畢公)은 동방의 제후를 거느려 응문으로 들어와 오른쪽에 서니, 모두 승황(乘黃;네 마리의 황마(黃馬))에 갈기가 붉은 것을 진열하였다. 빈(賓:제후)이 받든 규(圭)와 겸하여 폐백을 들어 올리며 아뢰기를 "한두 명의 신위(臣衛)는 감히 토지에서 생산된 물건과 폐백을 잡아 올립니다." 하고, 모두 재배하고 머리를 조아리자, 왕이 〈전인(前人)의〉 덕(德)을 계승함이 마땅하므로 답배하셨다.

漢孔氏曰 王出畢門하여 立應門內라한대 鄭氏曰 周禮五門이니 一曰皋門이요 二曰雉門이요 三曰庫門이요 四曰應門이요 五曰路門이니 路門은 一曰畢門이라하니라 外朝는 在路門外하니 則應門之內는 蓋內朝所在也라 周中分天下諸侯하여 主以二

…　皋 : 높을 고

伯하여 自陝(섬)以東은 周公主之하고 自陝以西는 召公主之[289]하니 召公率西方諸
侯는 蓋西伯舊職이요 畢公率東方諸侯는 則繼周公하여 爲東伯矣라 諸侯入應門하
여 列于左右하니라 布는 陳也요 乘은 四馬也니 諸侯皆陳四黃馬而朱其鬣(렵)하여
以爲廷(庭)實이라 或曰 黃朱는 若篚厥玄黃之類라 實은 諸侯也라 稱은 擧也니 諸
侯擧所奉圭兼幣라 曰一二臣衛는 一二는 見(현)非一也니 爲王蕃衛故로 曰臣衛라
敢執壤地所出奠贄[290]라하고 皆再拜, 首至地하여 以致敬이라 義는 宜也니 義嗣德云
者는 史氏之辭也라 康王이 宜嗣前人之德이라 故로 答拜也라

　　한나라 공씨가 말하기를 “왕이 필문(畢門)을 나와 응문(應門)의 안에 섰다.” 하였는
데, 정씨(鄭氏)는 말하기를 “주나라 예(禮;제도)에 다섯 개의 문이 있으니, 첫 번째는 고
문(皐門)이고, 두 번째는 치문(雉門)이고, 세 번째는 고문(庫門)이고, 네 번째는 응문
(應門)이고, 다섯 번째는 노문(路門)이니, 노문은 일명 필문이라 한다.” 하였다. 외조(外
朝)는 노문(路門)의 밖에 있으니, 응문의 안은 내조(內朝)가 있는 곳일 것이다. 주나라
는 천하의 제후를 반으로 나누어 두 백(伯)에게 주관하게 하여, 섬(陝) 이동 지방은 주
공이 주관하고 섬(陝) 이서 지방은 소공이 주관하였으니, 소공이 서방의 제후를 거느
린 것은 서백(西伯)의 옛 직책이고, 필공이 동방의 제후를 거느린 것은 주공을 이어 동
백(東伯)이 된 것이다.

　　제후가 응문에 들어와 좌·우로 나열하였다. ‘포(布)’는 진열함이요 ‘승(乘)’은 네
필의 말이니, 제후가 모두 네 마리의 황마에 갈기가 붉은 것을 진열하여 정실(庭實;뜰
에 진열하는 예물)로 삼은 것이다. 혹자는 말하기를, “황주(黃朱)는 위 〈무성(武成)〉의 ‘검
은 비단과 누른 비단을 광주리에 담음〔篚厥玄黃〕’과 같다.” 한다. ‘빈(賓)’은 제후이다.
‘칭(稱)’은 듦이니, 제후가 받든 규(圭)와 겸하여 폐백을 들어 올린 것이다. ‘한두 명의
신위(臣衛)’라고 말한 것은, 일이(一二)는 하나가 아님을 나타낸 것이니, 〈제후는〉 왕의
번위(蕃衛;울타리가 되어 호위함)가 되었기 때문에 신위라고 한 것이다. 감히 토지에서
생산된 물건과 폐백을 잡아 올린다 하고, 모두 재배하고 머리가 땅에 이르러 공경을

- - - - - -

289　周中分天下諸侯……召公主之 : 이 내용은 《사기》 〈연세가(燕世家)〉에 보인다.

290　敢執壤地所出奠贄 : 경문의 ‘감집양전(敢執壤奠)’을 부연 설명한 것으로, 호산은 ‘양지소출전
　　지(壤地所出奠贄)’에 대해 “토지(제후국)에서 생산된 전헌(奠獻;바치는 물건)과 폐백이니, 《언해》
　　의 해석은 문세가 아닐 듯하다.〔土地所出之奠獻幣物也, 諺釋恐非文勢.〕” 하였다. 《詳說》 경문에
　　대한 《언해》의 해석은 ‘감히 壤을 執하여 奠하노이다.’로 되어 있는바, 《상설》을 따라 수정 번역하
　　였다.

··· 陝 : 땅이름 섬　鬣 : 말갈기 렵　篚 : 광주리 비

지극히 하였다. '의(義)'는 마땅함이니, 덕을 이음이 마땅하다는 것은 사관(史官)의 말이다. 강왕이 전인(前人)의 덕을 이음이 마땅하므로 답배한 것이다.

吳氏曰 穆公이 使人弔公子重耳한대 重耳稽顙而不拜하니 穆公曰 仁夫라 公子稽顙而不拜하니 則未爲後也[291]라하니 蓋爲後者는 拜하나니 不拜故로 未爲後也라 弔者, 含者, 襚(수)者 升堂致命이어든 主孤拜稽顙하나니 成爲後者也라 康王之見諸侯에 若以爲不當拜라하여 而不拜면 則疑未爲後也요 且純乎吉也니 答拜는 旣正其爲後요 且知其以喪見也니라

오씨(吳氏)가 말하였다. "진 목공(秦穆公)이 사람을 시켜 진(晉)나라의 공자(公子) 중이(重耳)에게 조문하게 하자, 중이가 머리를 조아리기만 하고 절하지 않으니, 목공이 말하기를 '인(仁)하도다. 공자가 머리를 조아리기만 하고 절하지 않으니, 후계자가 되지 않은 것이다.' 하였으니, 후계자가 된 자는 절하는데 절하지 않았으므로 후계자가 되지 않은 것이다. 외국의 사신으로 조문하는 자와 반함(飯含;시신의 입에 쌀을 넣어줌)하는 자와 수의(襚衣)를 입히는 자가 당(堂)에 올라가 명령을 올리면 상주(喪主)인 고(孤)가 절하고 머리를 조아리니, 이는 후계자가 됨을 이룬 것이다. 강왕이 제후를 만나볼 적에 만일 절해서는 안 된다 하여 절하지 않으면 후계자가 되지 않은가 의심되고 또 길함에 순수하니, 답배한 것은 이미 후계자가 됨을 바르게 하고, 또 상례(喪禮)로써 만나봄을 알게 한 것이다."

2. 太保曁(기)芮伯으로 咸進相揖하고 皆再拜稽首하여 曰 敢敬告天子하노이다 皇天이 改大邦殷之命이어시늘 惟周文武 誕受羑(유)若은 (하사) 克恤西土이시니이다

태보가 예백과 함께 나아가 서로 읍하고는 모두 재배하고 머리를 조아리고서 태보가 아뢰기를 "감히 천자께 공경히 아뢰옵니다. 황천(皇天)이 대방(大邦)인 은나라의 명을 바꾸시자, 우리 주나라의 문왕·무왕께서 크게 유약(羑若)을 받은 것은 능히 서쪽 지방의 백성을 구휼하셨기 때문입니다.

......
291 穆公曰……則未爲後也 : 이 내용은 《예기》〈단궁 하(檀弓下)〉에 보인다.

··· 稽 : 조아릴 계　顙 : 이마 상　襚 : 수의 수　曁 : 더불 기　羑 : 인도할 유

冢宰及司徒與羣臣이 皆進相揖하여 定位하고 又皆再拜稽首하여 陳戒於王曰 敢敬告天子라하니 示不敢輕告요 且尊稱之는 所以重其聽也라 曰大邦殷者는 明有天下 不足恃也라 羑若은 未詳이라 蘇氏曰 羑는 羑里也니 文王이 出羑里之囚에 天命自是始順이라하고 或曰 羑若은 卽下文之厥若也라하니 羑、厥에 或字有訛謬(와류)리라 西土는 文武所興之地니 言文武所以大受命者는 以其能恤西土之衆也[292]라 進告에 不言諸侯는 以內見(현)外라

　　총재(冢宰)와 사도(司徒)와 군신(羣臣)이 모두 나아가 서로 읍하여 자리를 정하고는 또 모두 재배하고 머리를 조아려 왕에게 경계 말씀을 올리기를 "감히 공경히 왕(천자)께 고합니다." 하였으니, 이는 감히 가볍게 고하지 못함을 보인 것이요, 또 천자라고 존칭한 것은 그 들음을 중하게 하기 위해서이다. 대방(大邦)인 은(殷)이라고 말한 것은 천하를 소유함이 믿을 것이 못됨을 밝힌 것이다. '유약(羑若)'은 자세하지 않다. 소씨(蘇氏)는 "유(羑)는 유리(羑里)이니, 문왕이 유리의 감옥에서 나오자, 천명이 이로부터 비로소 순해졌다." 하였고, 혹자는 "유약(羑若)은 곧 하문(下文)의 궐약(厥若:그 순히 함)이다."라고 하니, 유(羑)와 궐(厥)에 혹 글자가 오류가 있는 듯하다. 서쪽 지방은 문왕·무왕이 일어난 지역이니, 문왕·무왕이 크게 천명을 받은 까닭은 서쪽 지방의 백성을 구휼했기 때문임을 말한 것이다. 나아가 고할 적에 제후를 말하지 않은 것은 안(조정의 신하)으로써 밖(제후)을 나타낸 것이다.

3. **惟新陟王**이 **畢協賞罰**하사 **戡定厥功**하사 **用敷遺後人休**하시니 **今王**은 **敬之哉**하사 **張皇六師**[293]하사 **無壞我高祖**[294] **寡命**하소서

· · · · · ·

292 言文武所以大受命者 以其能恤西土之衆也 : 경문의 '유주문무 탄수유약 극휼서토(惟周文武 誕受羑若 克恤西土)'를 부연 설명한 것으로, 호산은 《언해》의 구두(현토)는 주(《집전》)의 뜻이 아닐 듯하다." 하였다. 《詳說》《언해》에는 '惟周文武 誕受羑若하사 克恤西土하시니라'로 현토하고 '周의 文武가 크게 羑若을 受하사 능히 西土를 恤하시니이다.'로 해석하였는바, 호산의 설을 따라 위와 같이 현토하고 수정 번역하였다.

293 張皇六師 : 육사(六師)는 육군(六軍)으로 융비(戎備;국방)를 크게 경계함을 이른다. 주자(朱子)는 이에 대하여 "옛날에는 군사가 모두 농민으로 편성되었기 때문에 육군(六軍)이 모두 농민에 소속되었으니, 장황육사(張皇六師)는 바로 백성을 정리한다는 뜻이다.〔古者兵藏於農, 故六軍皆寓於農, 張皇六師, 則是整理民衆底意思.〕" 하였다. 《朱子語類》

294 高祖 : 고조(高祖)에 대하여 《집전》에는 '문왕과 무왕'으로 말했으나, 《상설》에는 공씨(孔氏)의 '덕이 높은 할아버지이다.〔高德之祖〕' 한 것을 소개하였다.

· · ·　訛 : 그릇될 와　謬 : 그릇될 류　戡 : 이길 감　敷 : 펼 부

새로 승하하신 성왕께서 상(賞)과 벌(罰)을 모두 합당하게 내리시어 그 공을 이겨(충분히) 정하사 후인에게 아름다움을 물려주셨으니, 금왕(今王)께서는 공경하여 육사(六師)를 장황(張皇;크게 펼쳐 정돈함)해서 우리 고조(高祖)께서 어렵게 얻으신 명을 무너뜨리지 마소서."

陟은 升(昇)遐也니 成王初崩하여 未葬未諡라 故로 曰新陟王이라 畢은 盡이요 協은 合也라 好惡(오)在理하고 不在我라 故로 能盡合其賞之所當賞하고 罰之所當罰하여 而克定其功하여 用施(이)及後人之休美하니 今王嗣位에 其敬勉之哉인저 皇은 大也니 張皇六師하여 大戒戎備하여 無廢壞我文武艱難寡得之基命也라 按召公此言은 若導王以尙威武者라 然守成之世엔 多溺宴安하여 而無立志하나니 苟不詰爾戎兵하여 奮揚武烈이면 則廢弛怠惰하여 而陵遲之漸이 見(현)矣라 成、康之時에 病正在是라 故로 周公於立政에 亦懇懇言之하시니라 後世에 墜先王之業하고 忘祖父之讐하여 上下苟安하여 甚至於口不言兵²⁹⁵하니 亦異於召公之見矣니 可勝嘆哉아

'척(陟)'은 승하(昇遐)함이니, 성왕이 처음 별세하여 아직 장례하지 않고 시호를 짓지 않았으므로 '새로 승하한 왕'이라고 칭한 것이다. '필(畢)'은 다(모두)이고, '협(協)'은 합함이다. 좋아하고 미워함이 이치에 있고 자신에게 있지 않았다. 그러므로 상은 마땅히 상주어야 할 바와 벌은 마땅히 벌주어야 할 바에 모두 합당하여 그 공을 충분히 정해서 후인에게까지 아름다움이 뻗쳐 미치게 하였으니, 금왕(今王)은 지위를 이음에 공경하여 힘써야 할 것이다. '황(皇)'은 큼이니, 육사(六師)를 장황(張皇)하여 융비(戎備;국방)를 크게 경계해서 우리 문왕ㆍ무왕이 어렵게 얻으신 기명(基命)을 폐괴(廢壞)하지 마소서.

살펴보건대 소공의 이 말씀은, 왕을 위엄과 무력을 숭상함으로 인도하는 듯하다. 그러나 수성(守成)의 세대에는 대부분 편안함에 빠져서 입지(立志)가 없으니, 만약 그대의 융병(戎兵)을 다스려 무열(武烈)을 뽐내고 드날리지 않는다면, 해이해지고 나태하여 능지(陵遲;침체)의 징조가 나타난다. 성왕ㆍ강왕의 때에는 병통이 바로 여기에 있었다. 그러므로 주공이 〈입정(立政)〉에서 또한 간곡히 말씀한 것이다. 후세에는 선

387

......

295 後世……甚至於口不言兵 : 이에 대하여 호산은 "당(唐)나라의 덕종(德宗)과 대종(代宗), 송(宋;남송)나라가 남쪽으로 천도한 뒤에 이러한 일이 더욱 심했다.〔唐之德代, 宋之南渡, 其尤耳.〕" 하였다.《詳說》

··· 升 : 오를 승 施 : 뻗을 이 戎 : 전쟁 융 詰 : 다스릴 힐

왕의 기업(基業)을 실추하고 조(祖)·부(父)의 원수를 잊어서 상하(上下)가 구차히 편안하여 심지어는 입으로 병사(兵事)를 말하지 않기까지 하였으니, 또한 소공의 소견과 다르니, 이루 다 탄식할 수 있겠는가.

4. **王若曰 庶邦侯、甸、男、衛아 惟予一人釗는 報誥하노라**

  왕이 대략 이렇게 말씀하였다. "여러 나라의 후(侯)·전(甸)·남(男)·위(衛)아! 나 한 사람 소(釗)는 고(誥)에 답하노라.

報誥而不及羣臣者는 以外見內라 康王在喪이라 故로 稱名하니 春秋嗣王在喪에도 亦書名也[296]**하니라**

  고(誥)에 답하면서 군신(羣臣)을 언급하지 않은 것은 밖으로써 안을 나타낸 것이다. 강왕이 상중(喪中)에 있었으므로 이름을 칭한 것이니, 《춘추(春秋)》에 사왕(嗣王)이 상중에 있을 때에도 또한 이름을 썼다.

5. **昔君文武 丕平富하시며 不務咎하사 底(지)至齊信하사 用昭明于天下어시늘 則亦有熊羆(비)之士와 不二心之臣이 保乂王家하여 用端命于上帝하시니 皇天이 用訓厥道하사 付畀四方하시니라**

  옛날 군주이신 문왕·무왕께서 크게 균평(均平)하고 부유하게 하시며 남의 허물을 처벌하는 것을 힘쓰지 않으사, 미루어 행해서 지극함을 이루시며, 겸하여 극진하고 성신(誠信)하시어 천하에 밝혀지시자, 또한 웅비(熊羆:곰과 큰곰)와 같은 용사(勇士)와 두 마음을 품지 않은 신하들이 왕가(王家:왕실)를 보존하고 다스려서 상제(上帝)에게 바른 명을 받으시니, 황천이 이로써 문왕·무왕의 도를 순히 하시어 사방을 맡겨 주셨던 것이다.

• • • • • •

296　春秋嗣王在喪 亦書名也：《춘추좌씨전》에 "소공(昭公) 22년 여름 4월에 주(周)나라 경왕(景王)이 승하하자, 왕자 맹(猛)이 상중에 있었는데, 《춘추》에 쓰기를 '유자(劉子)와 선자(單子)가 왕맹(왕자 맹)을 데리고 황(皇) 땅에 거주했다.' 하였고, 가을에 유자와 선자가 왕맹을 데리고 왕성으로 들어왔다. 겨울 10월에 왕자 맹이 졸하였다.〔昭公二十二年夏四月, 景王崩, 王子猛在喪, 春秋書曰 劉子、單子以王猛居於皇, 秋, 劉子、單子以王猛入王城, 冬十月王子猛卒.〕"라고 보인다. 《蔡傳旁通》《詳說》

••• 釗:힘쓸소 조:클비 熊:곰웅 羆:큰곰비 畀:줄비

丕平富者는 溥博均平하고 薄斂富民이니 言文武德之廣也요 不務咎者는 不務咎惡하여 輕省(생)刑罰이니 言文武罰之謹也라 底至者는 推行而底其至也요 齊信者는 兼盡而極其誠也라 文武務德不務罰之心을 推行而底其至하고 兼盡而極其誠하여 內外充實이라 故로 光輝發越하여 用昭明于天下하니 蓋誠之至者 不可揜也요 而又有熊羆武勇之士와 不二心忠實之臣이 戮力同心하여 保乂王室하여 文武用受正命於天하시니 上天이 用順文武之道하사 而付之以天下之大也라 康王言此者는 求助羣臣諸侯之意라

'크게 균평하여 부유하게 했다'는 것은 널리 균평하게 하고 세금을 적게 거두어 백성을 부유하게 한 것이니, 문왕·무왕의 덕이 넓음을 말한 것이다. '남의 허물을 처벌하는 것을 힘쓰지 않았다'는 것은 남의 악(惡)을 처벌하는 것을 힘쓰지 아니하여 형벌을 가볍게 하고 줄인 것이니, 문왕·무왕이 형벌을 삼갔음을 말한 것이다. '지지(底至)'는 미루어 행해서 그 지극함을 이루는 것이요, '제신(齊信)'은 겸하여 극진히 해서 그 성신(誠信)을 지극히 하는 것이다. 문왕·무왕이 덕을 힘쓰고 형벌을 힘쓰지 않는 마음을 미루어 행해서 그 지극함을 이루고, 겸하여 극진히 해서 성신을 지극히 하여 안과 밖이 충실하였다. 그러므로 광휘(光輝)가 발양(發揚)하여 천하에 밝혀졌으니 성신이 지극함을 엄폐할 수 없으며, 또 웅비(熊羆)와 같은 무용(武勇)을 갖춘 용사와 두 마음을 품지 않은 충실한 신하들이 힘을 합하고 마음을 함께 하여 왕실을 보호하고 다스려서 문왕·무왕이 이로써 하늘에게 바른 명[端命]을 받으셨으니, 상천(上天)이 문왕·무왕의 도(道)를 순히 하사 천하의 큼을 맡겨주신 것이다. 강왕이 이것을 말한 것은 군신(羣臣)과 제후들에게 도움을 구하는 뜻이다.

6. 乃命建侯樹屛은 在我後之人이니 今予一二伯父는 尙胥曁顧綏爾先公之臣服于先王하여 雖爾身在外하나 乃心은 罔不在王室하여 用奉恤厥若하여 無遺鞠子羞하라

이에 명하여 후(侯)를 세워 번병(藩屛)을 세우심은 〈그 뜻이〉 우리 후인(後人)에게 있으셨으니, 이제 우리 한두 명의 백부(伯父)들은 부디 서로 함께 너희들의 선공(先公)이 선왕께 신복(臣服)했던 것을 돌아보고 편안히 여겨, 비록 너희들의 몸은 밖에 있으나 너희들의 마음은 왕실에 있지 않음이 없어, 이로써 윗사람의 근심함을 받들어 순히 이어서 국자(鞠子:강왕의 겸칭)에게 부끄러움을 끼치지 말도록 하라."

••• 溥 : 넓을 부(보) 揜 : 가릴 엄 屛 : 병풍 병, 제후나라 병 鞠 : 기를 국

天子稱同姓諸侯曰伯父라 康王言 文武所以命建侯邦하여 植(치)立蕃(藩)屏者는
意蓋在我後之人也니 今我一二伯父 庶幾相與顧綏爾祖考 所以臣服于我先王之
道하여 雖身守國在外나 乃心은 當常在王室하여 用奉上之憂勤하여 其順承之하여
毋遺我稚子之恥也니라

　　천자가 동성의 제후를 칭하여 '백부(伯父)'라 한다. 강왕이 말씀하기를 "문왕·무왕
이 명하여 제후국을 세워 번병을 세운 까닭은 그 뜻이 우리 후인(後人)에게 있으셨으
니, 지금 우리 한두 명의 백부들은 부디 서로 함께 너희들의 조(祖)·고(考)가 우리 선
왕께 신복(臣服)했던 바의 도(道)를 돌아보고 편안히 여겨, 비록 몸은 나라를 지키기
위해 밖에 있으나 너희들의 마음은 항상 왕실에 있어 윗사람의 근심하고 수고로운 마
음을 받들어 순히 이어서 나 치자(稚子)에게 부끄러움을 끼치지 말라."고 한 것이다.

7. **羣公**이 **旣皆聽命**하고 **相揖趨出**이어늘 **王**이 **釋冕**하시고 **反喪服**하시다
　　여러 공(公)들이 모두 명령을 듣고는 서로 읍하고 추창하여〔종종걸음으로〕 나가자, 왕
이 면복(冕服)을 벗고 다시 상복(喪服)을 입으셨다.

始相揖者는 揖而進也요 此相揖者는 揖而退也라 蘇氏曰 成王崩未葬에 君臣皆冕
服이 禮歟아 曰 非禮也라 謂之變禮 可乎아 曰 不可하다 禮는 變於不得已하나니 嫂
非溺이면 終不援也[297]라 三年之喪에 旣成服하고 釋之而卽吉은 無時而可者니라 曰
成王顧命을 不可以不傳이요 旣傳이면 不可以喪服受也니라 曰 何爲其不可也오
孔子曰 將冠子할새 未及期日하여 而有齊衰、大功之喪이면 則因喪服而冠[298]이라하
시니 冠은 吉禮也로되 猶可以喪服行之하니 受顧命, 見諸侯에 獨不可以喪服乎아
太保使太史奉冊하여 授王于次어든 諸侯入哭於路寢하고 而見(현)王於次하면 王은
喪服으로 受敎戒諫하고 哭踊答拜니 聖人復起라도 不易斯言矣시리라 春秋傳曰 鄭
子皮如晉하여 葬晉平公할새 將以幣行한대 子産曰 喪에 安用幣리오호되 子皮固請
以行이러니 旣葬에 諸侯之大夫 欲因見(현)新君한대 叔向이 辭之曰 大夫之事畢矣

......
297　嫂非溺 終不援也：《맹자》〈이루 상(離婁上)〉에 "제(齊)나라의 순우곤(淳于髡)이 '형수나 제
수가 물에 빠졌으면 손으로 구원해야 합니까? 하고 묻자, 맹자가 형수나 제수가 물에 빠졌는데도
구원하지 않으면 이는 시랑이다.〔嫂溺則援之以手乎? 孟子曰; 嫂溺不援, 是豺狼也.〕"라고 대답하
신 내용을 원용한 것이다.

298　孔子曰……則因喪服而冠：이 내용은《예기》〈증자문(曾子問)〉에 보인다.

···　稚 : 어릴 치　釋 : 벗을 석　冕 : 면류관 면　嫂 : 형수 수　踊 : 뛸 용

어늘 而又命孤하시니 孤는 斬焉在衰絰之中하시니 其以嘉服見이면 則喪禮未畢이요
其以喪服見이면 是는 重受弔也니 大夫將若之何오하니 皆無辭以退하니라 今康王
이 旣以嘉服見諸侯하고 而又受乘黃玉帛之幣하니 使周公在면 必不爲此하시리라
然則孔子何取此書也오 曰 至矣라 其父子君臣之間에 敎戒深切著明하여 足以爲
後世法하니 孔子何爲不取哉시리오 然이나 其失禮則不可不辨이니라

처음에 서로 읍(揖)한 것은 읍하고 나아간 것이요, 여기에 서로 읍한 것은 읍하고
물러간 것이다.

소씨(蘇氏)가 말하였다. "성왕이 별세하여 아직 장례하지 않았는데, 군주와 신하가
모두 면복(冕服)을 입는 것이 예(禮)인가? 예가 아니다. 변례(變禮)라고 하는 것이 가
(可)한가? 가하지 않다. 예는 부득이한 경우에만 변하는 것이니, 수(嫂;형수나 제수)가
물에 빠지지 않았으면 끝내 손으로 구원할 수 없는 것이다. 3년상에 이미 성복(成服)
한 뒤에 상복을 벗고 길복(吉服)에 나아감은 어느 때이든 옳지 않은 것이다. '성왕의
고명(顧命)을 전하지 않을 수 없고, 이미 전한다면 상복으로 받을 수 없다.' 어찌하여
불가하겠는가. 공자께서 말씀하시기를 '장차 자식을 관례(冠禮)하려 할 적에 그 날짜
에 미치지 못하여 자최(齊衰;기년(期年))와 대공(大功;9월)의 상(喪)이 있으면 상복을 그
대로 입고 관례한다.' 하셨으니, 관례는 길례(吉禮)인데도 오히려 상복을 입고 행하니,
고명을 받고 제후를 만나봄에 홀로 상복으로 행할 수 없단 말인가.

태보가 태사로 하여금 책을 받들어 상차(喪次;여막)에서 왕에게 올리거든 제후들이
노침(路寢)에 들어가 곡(哭)하면서 왕을 상차에서 뵈며, 왕은 상복으로 가르침과 경계
와 간언(諫言)을 받고는 곡하고 용(踊)하고 답배하여야 하니, 성인(聖人)이 다시 나오
셔도 이 말을 바꾸지 않으실 것이다.

《춘추좌씨전》 소공(昭公) 10년에 '정(鄭)나라 자피(子皮)가 진(晉)나라에 가서 진 평
공(晉平公)을 장례할 적에 장차 폐백을 가지고 가려 하자, 자산(子産)이 말하기를 「상
사(喪事)에 폐백을 어디에다가 쓰겠는가.」 하였으나 자피가 굳이 청하여 가지고 갔었
다. 장례를 마친 다음 제후의 대부들이 인하여 새 군주를 뵙고자 하자, 진나라의 숙향
(叔向)이 사양하기를 「대부의 일이 끝났는데 다시 고(孤;상주)에게 만나볼 것을 명하
니, 고(孤)는 매우 서글피 최질(衰絰)의 상중에 계시니, 가복(嘉服;길복)으로 만나본다
면 상례(喪禮)가 아직 끝나지 않았고, 상복으로 만나본다면 이는 거듭 조문을 받는 것
이니, 대부가 장차 어찌 이렇게 하겠는가?」라고 하니, 모두 할 말이 없어 스스로 물러
갔다.'"

··· 衰 : 상복 최 絰 : 수질 질

이제 강왕이 길복으로 제후를 만나보고 또 승황(乘黃)과 옥백(玉帛)의 폐백을 받았으니, 가령 주공이 살아 계셨다면 반드시 이렇게 하지 않으셨을 것이다. 그렇다면 공자께서 어찌하여 이 글을 취하셨는가? 지극하다. 부자간과 군신간의 가르침과 경계가 깊고 간절하고 밝게 드러나서 후세의 법이 될 만하니, 공자께서 어찌하여 취하지 않으시겠는가. 그러나 그 실례(失禮)는 분변하지 않을 수 없다."

〈필명(畢命)〉

康王이 以成周之衆으로 命畢公²⁹⁹ 保釐(리)하니 此其册命也라 今文無, 古文有하니라
○ 唐孔氏曰 漢律歷志云 康王畢命豐刑曰 惟十有二年六月庚午朏(비)에 王命作册書豐刑이라하니 此僞作者 傳聞舊語하여 得其年月이로되 不得以下之辭하여 妄言作豐刑耳라 亦不知豐刑之言이 何所道也로라

강왕이 성주(成周)의 무리를 필공(畢公)에게 명하여 보호하고 다스리게〔保釐〕 하였으니, 이것이 그 책명(册命;책명(策命))이다. 금문(今文)에는 없고 고문(古文)에는 있다.

○ 당나라 공씨가 말하였다. "《한서(漢書)》〈율력지(律曆志)〉에 '강왕의 〈필명(畢命) 풍형(豐刑)〉에 「12년 6월 경오비(庚午朏;초사흘)에 왕이 명하여 책서(册書)인 〈풍형〉을 짓게 했다.」 하였는데, 이는 고문상서를 위작(僞作)한 자가 옛말을 전해 들었으나 그 연월(年月;惟十有二年六月庚午朏)만 알고 그 이하의 내용은 알지 못하고서 망령되이 〈풍형〉을 지었다고 말한 것이다. 또한 풍형이란 말이 무엇을 말한 것인지 알 수 없다."

【小序】 康王이 命作册畢³⁰⁰하여 分居里하고 成周郊³⁰¹하여 作畢命하니라

강왕이 책명을 지어 필공(畢公)을 명해서 거주하는 마을을 분별하고 성주(成周)의 교(郊)를 이루게 하고서 〈필명〉을 지었다.

【辨說】 分居里者는 表厥宅里하고 殊厥井疆也라

거주하는 마을을 분별했다는 것은 그 택리(宅里)를 정표(旌表)하고 그 정(井)의 경계를 구별한 것이다.

1. 惟十有二年六月庚午朏(비)越三日壬申에 王이 朝步自宗周하사 至于

• • • • • •

299 畢公:호산은 "필공은 이름이 고(高)이니, 문왕의 서자이다.〔名高, 文王庶子.〕" 하였다.《詳說》

300 册畢:공씨가 말하였다. "명하여 책서(册書)를 만들어서 필공에게 명한 것이다.〔命爲册書, 以命畢公.〕"

301 成周郊:공씨가 말하였다. "동주(東周)의 교(郊)의 경계를 이루어 정한 것이다.〔成定東周郊境.〕"

• • • 釐:다스릴 리 朏:초사흘달 비

豐하사 **以成周之衆**으로 **命畢公**하여 **保釐東郊**[302]하시다

12년 6월 경오일(庚午日:초사흘〔朏〕)에서 3일(2일)이 지난 임신일(壬申日)에 왕이 아침에 종주(宗周;호경)로부터 걸어 풍(豐)에 이르사 성주의 무리를 필공에게 명하여 동교(東郊)에서 보리(保釐)하게 하셨다.

康王之十二年也라 **畢公**이 **嘗相文王**이라 **故**로 **康王**이 **就豐文王廟**하여 **命之**라 **成周**는 **下都也**라 **保**는 **安**이요 **釐**는 **理也**니 **保釐**는 **卽下文旌別淑慝之謂**니 **蓋一代之治體**요 **一篇之宗要也**라

강왕(康王)이 즉위한 12년이다. 필공이 일찍이 정승이 되어 문왕을 도왔으므로 강왕이 풍에 있는 문왕의 사당에 가서 명한 것이다. '성주(成周)'는 하도(下都;낙읍(洛邑))이다. '보(保)'는 편안함이요 '리(釐)'는 다스림이니, '보리(保釐)'는 곧 하문(下文)에 선(善)과 악(惡)을 표창하고 구별함을 말하니, 이는 한 시대의 다스리는 체통(體統)이요 한 편(篇)의 종요(宗要)이다.

2. **王若曰 嗚呼**라 **父師**아 **惟文王、武王**이 **敷大德于天下**하사 **用克受殷命**하시니라

왕이 다음과 같이 말씀하였다.

"아! 부사(父師)야. 문왕과 무왕이 큰 덕(德)을 천하에 펴시어 능히 은(殷)나라의 명(命)을 받으셨다.

畢公이 **代周公爲太師也**라 **文王、武王**이 **布大德于天下**하사 **用能受殷之命**하니 **言得之之難也**라

302 至于豐…保釐東郊:오윤상은 이에 대하여 "필공에게 명하여 동교(東郊)를 편안히 다스리게 하되 반드시 종주(宗周)인 문왕의 사당에서 한 것은, 《집전》에 '필공이 문왕을 도와 정승이 되었기 때문이다.' 하였는데, 적확(的確)하지 못한 듯하다. 〈소고〉의 '낙읍에 거주하면서 사당에 고한 것'으로 보면 큰일이 있을 적에 반드시 사당에 고하는 것은 예(禮)이니, 이 또한 큰일이기 때문에 사당에 고하여 명한 것이 아니겠는가. 혹자는 말하기를 '그렇다면 〈군진〉에는 어찌하여 풍읍의 사당에 나아가 명한 것이 없는가?' 하니, 이는 반드시 사씨(史氏;사관)의 기록에 자세하고 소략한 차이일 것이다.〔命畢公, 保釐東郊, 必於宗周文王廟者, 傳謂畢公相文王故也, 恐未的確. 以召誥宅洛告廟觀之, 大事必告廟, 禮也. 無乃此亦大事, 故告廟而命之歟? 或曰 然則君陳胡無就豐廟命之耶? 此必史氏記載之詳略.〕" 하였다.

• • • 旌 : 표할 정　淑 : 착할 숙　慝 : 간악할 특

필공이 주공을 대신하여 태사(太師)가 되었다. 문왕과 무왕이 큰 덕을 천하에 펴시어 능히 은나라의 명을 받았으니, 명을 얻기 어려움을 말한 것이다.

3. **惟周公**이 **左右先王**하여 **綏定厥家**하시고 **毖殷頑民**하여 **遷于洛邑**하여 **密邇王室**하시니 **式化厥訓**하여 **旣歷三紀**하여 **世變風移**하여 **四方無虞**하니 **予一人**이 **以寧**호라

　주공이 선왕을 도와 그 집(국가)을 편안히 안정시키시고, 은나라의 완악한 백성들을 수고롭게 하여 낙읍으로 옮겨서 왕실(王室)에 매우 가깝게 하시니, 이로써 그 가르침에 교화되어 이미 삼기(三紀)가 지나 세대가 변하고 풍속이 바뀌어 사방이 근심이 없으니, 나 한 사람이 편안하노라.

十二年曰紀요 父子曰世라 周公이 左右文、武、成王하여 安定國家하고 謹毖頑民하여 遷于洛邑하여 密近王室하시니 用化其敎하여 旣歷三紀에 世已變而風始移하여 今四方이 無可虞度(탁)之事하여 而予一人이 以寧이라하니 言化之之難也라

　12년을 '기(紀)'라 하고, 부자간(父子間)을 '세(世)'라 한다. '주공이 문왕·무왕·성왕을 도와서 국가를 안정시키고 완악한 백성들을 수고롭게 하여 낙읍으로 옮겨서 왕실에 매우 가깝게 하시니, 이로써 그 가르침에 교화되어 이미 3기(紀)가 지나자, 세대가 이미 변하고 풍속이 비로소 바뀌어서 이제 사방이 헤아릴(걱정할) 만한 일이 없어서 나 한 사람이 편안하다.' 하였으니, 교화하기 어려움을 말한 것이다.

4. **道有升降**하며 **政由俗革**하니 **不臧厥臧**하면 **民罔攸勸**하리라

　도(道)는 오르고 내림이 있으며 정사는 풍속을 따라 변혁하니, 선(善)을 선하게 여기지 않으면 백성들이 권면됨이 없을 것이다.

有升有降은 猶言有隆有汚(오)也라 周公은 當世道方降之時요 至君陳、畢公之世하여는 則將升於大猷矣라 爲政者 因俗變革이라 故로 周公毖殷而謹厥始하고 君陳有容而和厥中하니 皆由俗爲政者라 當今之政은 旌別淑慝之時也니 苟不善其善이면 則民無所勸慕矣리라

　오름이 있고 내림이 있다는 것은 성함이 있고 쇠함이 있다는 말과 같다. 주공은 세도(世道)가 막 내려가는 때를 당하였고, 군진(君陳)과 필공(畢公)의 세대에 이르러는

장차 대유(大猷:대도(大道))에 오르게 되었다. 정사를 하는 자는 풍속을 따라 변혁하여
야 한다. 그러므로 주공은 은나라 백성들을 수고롭게 하여 그 처음을 삼가셨고, 군진
은 포용함이 있어 그 중간을 화(和)하게 하였으니, 모두 풍속을 따라 정사한 것이다.
당금(當今)의 정사는 선(善)과 악(惡)을 표창하고 구별해야 할 때이니, 만약 선을 선하
게 여기지 않으면 백성들이 권면되고 사모하는 바가 없을 것이다.

5. **惟公**이 **懋德**으로 **克勤小物**하여 **弼亮四世**하여 **正色率下**한대 **罔不祗師言**
하여 **嘉績**이 **多于先王**하니 **予小子**는 **垂拱仰成**하노라

　공(公:필공)이 성대한 덕(德)으로 능히 작은 일(행실)도 부지런히 힘써 사대(四代)를
보필하고 밝혀서 얼굴빛을 바르게 하고 아랫사람들을 거느리자, 태사(太師)의 말을 공
경하지 않는 이가 없어 아름다운 공적이 선왕의 세대보다 많으니, 나 소자(小子)는 의
상(衣裳)을 드리우고 손을 마주잡고서[拱手] 이루어지기만을 바라노라."

懋는 **盛大之義**니 **予懋乃德之懋**라 **小物**은 **猶言細行也**라 **言畢公**이 **既有盛德**하고
又能勤於細行하여 **輔導四世**하여 **風采凝峻**하여 **表儀朝著**[303]한대 **若大若小**히 **罔不**
祗服師訓하여 **休嘉之績**이 **蓋多於先王之時矣**라 **今我小子** **復何爲哉**아 **垂衣拱手**
하여 **以仰其成而已**라 **康王**이 **將付畢公以保釐之寄**라 故로 **敍其德業之盛**하여 **而**
歸美之也니라

　'무(懋)'는 성대한 뜻이니, 〈대우모(大禹謨)〉의 "내 너의 덕을 성대히 여긴다.[予懋
乃德]"는 무(懋)이다. '소물(小物)'은 세행(細行:작은 행실)이란 말과 같다. "필공이 이미
성대한 덕이 있고 또 작은 행실도 부지런히 힘써 4대(代:문왕·무왕·성왕·강왕)를 보
도(輔導)해서 풍채가 응준(凝峻:진중하고 준엄함)하여 조저(朝著:조정)에 의표(儀表)가 되
어서 큰 사람과 작은 사람이 태사(太師)의 가르침에 공경히 복종하지 않는 이가 없어,
아름다운 공적(功績)이 선왕의 때보다 많다. 지금 나 소자(小子)는 다시 무엇을 하겠는
가. 의상(衣裳)을 드리우고 공수(拱手)하고서 그 이루어지기만을 바랄 뿐이다."라고 말
한 것이다. 강왕이 장차 필공에게 보리(保釐)를 맡기려 하였으므로 그 덕업(德業)의 성

---

303 表儀朝著:조저(朝著)는 조저(朝宁)로도 쓰는바, 조정을 이른다. 사계(沙溪)의 《경서변의》에
는 "조정의 안에 있는 여러 자리로 일정한 위치가 있다.[朝內列位有常處]" 하였다. '표의(表儀)'는
의표와 같다.

··· 懋 : 성대할 무　拱 : 손모을 공　凝 : 엄숙할 응

대함을 서술하여 그에게 아름다움을 돌린 것이다.

6. 王曰 嗚呼라 父師아 今予祗命公以周公之事하노니 往哉어다

왕이 말씀하였다.

"아! 부사(父師)야! 지금 나는 공에게 주공의 일을 공경히 명하노니, 낙읍으로 갈지
어다.

今我敬命公以周公化訓頑民之事하노니 公其往哉어다 言非周公所爲면 不敢屈公以行也라

지금 나는 공(公)에게 주공이 완악한 백성을 교화하고 가르치시던 일을 공경히 명
하노니, 공은 갈지어다. 이는 주공이 행한 바가 아니면 감히 공을 굽혀서 가게 할 수
없음을 말한 것이다.

7. 旌別淑慝하여 表厥宅里하며 彰善癉(단)惡하여 樹之風聲하며 弗率訓典이어든 殊厥井疆하여 俾克畏慕하며 申畫(획)郊圻하며 愼固封守하여 以康四海하라

선(善)과 악(惡)을 표창하고 구별하여 그 거주하는 마을을 정표(旌表)하며, 선을 드러
내고 악을 병들게 하여 풍성(風聲;지방 풍속에 따른 교화)을 세워주며, 가르치는 법을 따
르지 않거든 그 정강(井疆;마을의 경계)을 달리하여 두려워하고 사모하게 하며, 거듭 교
기(郊圻)를 구획하며 봉강(封疆)의 지킴을 삼가고 튼튼히 해서 사해(四海)를 편안하게
하라.

淑은 善이요 慝은 惡이요 癉은 病也라 旌善別惡은 成周今日에 由俗革之政也라 表
異善人之居里는 如後世旌表門間之類라 顯其爲善者하고 而病其爲不善者하여
以樹立爲善者風聲하여 使顯於當時而傳於後世가 所謂旌淑也요 其不率訓典者
는 則殊異其井里疆界하여 使不得與善者雜處라 禮記曰 不變이어든 移之郊하고 不
變이어든 移之遂가 卽其法也라 使能畏爲惡之禍하고 而慕爲善之福이 所謂別慝也
라 圻는 與畿同하니 郊圻之制를 昔固規畫矣니 曰申云者는 申明之也요 封域之險
을 昔固有守矣니 曰謹云者는 戒嚴之也라 疆域障塞(새)는 歲久則易湮하고 世平則
易玩하니 時緝而屢省之 乃所以尊嚴王畿니 王畿安이면 則四海安矣리라

　'숙(淑)'은 선(善)이요 '특(慝)'은 악(惡)이요, '탄(癉)'은 병들게 함이다. 선을 드러내고 악을 구별함은 성주(成周)가 오늘날 풍속을 따라 변혁할 정사이다. 선인(善人)이 거주하는 마을을 표이(表異)함은 후세에 문려(門閭)를 정표(旌表)하는 류(類)와 같은 것이다. 그 선(善)을 하는 자를 드러내고 그 불선(不善)을 하는 자를 병들게 하여, 선을 하는 자의 풍성(風聲)을 세워주어 당시에 드러내고 후세에 전해지게 하는 것이 이른바 '선을 표창한다.'는 것이다. 그 가르치는 법을 따르지 않는 자는 그 정리(井里)의 강계(疆界;경계)를 다르게 하여 선한 자와 뒤섞여 살지 못하게 한다. 《예기》〈왕제(王制)〉에 "변하지 않거든 교(郊)로 옮기고 또다시 변하지 않거든 수(遂)로 옮긴다."는 것이 바로 이 법이다. 악행을 하면 화(禍)를 받는 것을 두려워하고 선행을 하면 복(福)을 받는 것을 사모하게 하는 것이 이른바 '악을 구별한다.'는 것이다.

　'기(圻)'는 기(畿)와 같으니, 교기(郊圻)의 제도를 옛날에 진실로 구획하였으니, 거듭한다고 말함은 거듭 밝히는 것이다. 봉역(封域)의 험함을 옛날에 진실로 지킴이 있었으니, 삼간다고 말함은 경계하고 엄하게 하는 것이다. 강역(疆域)과 장새(障塞;성과 요새)는 세월이 오래되면 무너지기 쉽고 세상이 태평하면 하찮게(우습게) 여기기 쉬운 바, 때때로 보수하고 여러 번 살핌은 바로 왕기(王畿)를 존엄히 하는 것이니, 왕기가 편안하면 사해가 편안할 것이다.

8. 政貴有恒이요 **辭尚體要**라 **不惟好異**니 **商俗**이 **靡靡**하여 **利口**를 **惟賢**하더니(하던) **餘風**이 **未殄**하니 **公其念哉**어다

　정사는 항상함을 귀하게 여기고, 말은 체(體)와 요(要)를 숭상한다. 괴이함을 좋아하지 않아야 하니, 상(商)나라 풍속이 미미(靡靡;사치하고 화려함)하여 말 잘하는 것을 어질게 여겼는데 남은 풍속이 아직도 끊기지 않으니, 공(公)은 이것을 생각할지어다.

對暫之謂恒이요 對常之謂異라 趣完具而已之謂體요 衆體所會之謂要라 政事純一하고 辭令簡實이니 深戒作聰明, 趨浮末, 好異之事라 凡論治體者 皆然이로되 而在商俗하여는 則尤爲對病之藥也니라 蘇氏曰 張釋之諫漢文帝호되 秦任刀筆之吏하여 爭以亟(극)疾苛察로 相高하니 其弊徒文具요 無惻隱之實이라 以故로 不聞其過하여 陵夷至於二世에 天下土崩이니이다 今以嗇夫口辯而超遷之하시면 臣恐天

　　… 靡 : 사치할 미, 쓰러질 미　殄 : 끊을 진　暫 : 잠깐 잠　亟 : 빠를 극　苛 : 까다로울 가　嗇 : 인색할 색

下隨風靡하여 爭口辯無其實[304]하노이다하니 凡釋之所論은 則康王以告畢公者也니라

　　잠시[暫]와 상대되는 것을 '항(恒)'이라 하고, 상(常)과 상대되는 것을 '이(異)'라 한다. 지취(志趣)가 완전히 갖추어졌을 뿐인 것을 '체(體)'라 하고, 여러 체가 모인 것을 '요(要)'라 한다. 정사(政事)는 순일(純一)하고 사령(辭令)은 간략하고 진실하여야 하니, 총명(聰明)을 일으키고(사사롭게 쓰고) 부말(浮末)에 치달리고 괴이함을 좋아하는 일을 깊이 경계한 것이다. 무릇 다스리는 체통을 논한 것이 모두 그러하나 상나라의 풍속에 있어서는 더욱 병에 대한 약이 된다.

　　소씨(蘇氏)가 말하였다. "장석지(張釋之)가 한(漢)나라 문제(文帝)에게 간하기를 '진(秦)나라는 도필(刀筆)의 아전에게 정사를 맡겨서 신속하게 처리하고 가혹하게 살핌을 다투어 서로 숭상하니, 그 병폐가 한갓 문구(文具;문식)만 있고 측은(惻隱)하게 여기는 실제가 없었습니다. 이 때문에 〈군주가 자신의〉 과오를 듣지 못하여 능이(陵夷;침체)해서 이세(二世)에 이르러는 천하가 토붕(土崩;민란이 일어나 나라가 멸망함)하였습니다. 지금 색부(嗇夫)가 구변이 있다 하여 크게 승진시키신다면, 신(臣)은 천하가 바람(소문)을 따라 쏠려서 구변만을 다투고 실제가 없을까 두렵습니다.' 하였으니, 무릇 장석지가 논한 것은 바로 강왕(康王)이 필공(畢公)에게 고한 것이다."

9. **我聞**호니 **曰 世祿之家**는 **鮮克由禮**하여 **以蕩陵德**하며 **實悖天道**하여 **敝化奢麗 萬世同流**라하니라(니라)

　내가 들으니, '세록(世祿;대대로 벼슬하여 국록을 먹음)의 집안들은 능히 예(禮)를 따르는 이가 적어서, 방탕함으로 덕(德)이 있는 이를 능멸하며 진실로 천도(天道)를 어지럽혀, 교화를 무너뜨려 사치하고 화려함이 만세(萬世)에 똑같이 흐른다.' 하였다.

古人論 世祿之家는 逸樂豢(환)養하여 其能由禮者鮮矣라 旣不由禮면 則心無所

- - - - - -

304　張釋之諫漢文帝……爭口辯無其實：장석지(張釋之)는 한(漢)나라 문제(文帝) 때의 명신이고, 색부(嗇夫)는 하급 관리이며 초천(超遷)은 벼슬을 몇 등급 올려 특진시킴을 이른다. 한나라 문제가 상림원(上林苑)에 가서 호랑이를 기르는 동물원을 구경하고 상림위(上林尉)에게 이곳에서 기르는 짐승과 새들의 숫자를 물었으나 제대로 대답하지 못하였다. 이때 마침 색부가 옆에 있다가 매우 자세하게 설명하니, 문제는 그를 상림원의 장(長)인 영(令)으로 삼고자 하였는데 장석지가 이에 대해 간(諫)한 일을 가리키니, 이 내용은 《사기(史記)》〈장석지열전(張釋之列傳)〉과 《자치통감(資治通鑑)》 등에 보인다. 옛날 하급 관리들은 칼과 붓을 잡고 죽간(竹簡)이나 목간(木簡)에 글을 쓰다가 잘못 쓰면 이를 칼로 깎아버렸으므로 이들을 도필리(刀筆吏)라고 칭하게 되었다.

··· 敝 : 무너질 폐　豢 : 기를 환

制하여 肆其驕蕩하여 陵蔑有德하고 悖亂天道하여 敝壞風化하여 奢侈美麗 萬世同一流也라 康王이 將言殷士怙(호)侈滅義之惡이라 故로 先取古人論世族者하여 發之하니라

옛사람이 논하기를 "세록(世祿)의 집안들은 일락(逸樂)하고 환양(豢養;잘 길러줌)하여 능히 예(禮)를 따르는 자가 적다. 이미 예를 따르지 않으면 마음이 제재하는 바가 없어서 교만함과 방탕함을 부려 덕(德)이 있는 이를 능멸하고 천도(天道)를 패란(悖亂)하여, 풍화(風化)를 무너뜨려 사치하고 화려함이 만세에 동일하게 흐른다." 하였다. 강왕(康王)이 장차 은나라 선비들의 세력을 믿고 사치하여 의(義)를 멸하는 악(惡)을 말하려 하였으므로, 먼저 고인(古人)이 세족(世族;벼슬을 대대로 계승한 집안)을 논한 것을 취하여 말씀한 것이다.

10. 玆殷庶士 席寵이 惟舊하여 怙(호)侈滅義[305]하며 服美于人하여 驕淫矜侉(誇)하여 將由惡終이러니 雖收放心하나 閑之惟艱이니라

이 은나라의 여러 선비들은 은총을 빙자(憑藉)한 지가 오래여서 사치함을 믿고서 의(義)를 멸하며 의복의 아름다움을 남에게 자랑하여, 교음(驕淫)하고 긍과(矜侉;자랑함)해서 장차 악(惡)으로 말미암아 끝마치게 되었었는데, 지금은 비록 방심(放心)을 거두었으나 이것을 막기가 어렵다.

呂氏曰 殷士憑藉光寵하여 助發其私欲者 有自來矣라 私欲、公義 相爲消長이라 故로 怙侈면 必至滅義니 義滅이면 則無復羞惡之端하여 徒以服飾之美로 侉之於人하고 而身之不美는 則莫之恥也라 流而不反하여 驕淫矜侉하여 百邪竝見(현)하여 將以惡終矣러니 洛邑之遷에 式化厥訓하여 雖已收其放心이나 而其所以防閑其邪者 猶甚難也라

여씨(呂氏)가 말하였다. "은나라 선비들이 영광과 은총을 빙자해서 그 사욕(私欲)을 조장해 냄은 유래(由來)가 있었다. 사욕과 공의(公義)는 서로 사라지고 자란다. 그러므로 세력을 믿고서 사치하면 반드시 의(義)를 멸함에 이르니, 의가 멸하면 다시는 수오(羞惡)하는 마음이 없게 되어 한갓 복식(服飾)의 아름다움을 남에게 과시하고 몸의 아

......
305 怙侈滅義:《언해》에는 '치(侈)를 호(怙)하여 의(義)를 멸(滅)하며'로 풀이하였으나, 퇴계(退溪)의 설(說)을 따라 수정하였다. 그러나 큰 차이가 없는 것으로 보인다.

··· 怙:믿을 호　侉:자랑할 과　閑:막을 한

름답지 못함은 부끄러워하지 않는다. 흘러가고 돌아오지 아니하여 교음(驕淫)하고 긍과(矜侉)하여 온갖 사악함이 아울러 나타나서 장차 악(惡)으로 끝마치게 되었는데, 낙읍으로 옮기자 가르침에 교화되어 이미 그 방심을 거두었으나 사악함을 막기가 아직도 심히 어려운 것이다.

11. 資富能訓이 惟以永年이니 惟德惟義 時乃大訓이니라 不由古訓이면 于何其訓이리오

　물자와 재물이 풍부하거든 잘 가르치는 것이 국가의 연수(年數)를 길게 하는 방도이니, 덕(德)과 의(義) 이것이 바로 큰 가르침이다. 옛날을 따라 가르치지 않으면 무엇으로써 가르치겠는가."

言殷士不可不訓之也라 資는 資財也라 資富而能訓이면 則心不遷於外物하여 而可全其性命之正也라 然이나 訓은 非外立敎條也요 惟德惟義而已니 德者는 心之理요 義者는 理之宜也라 德義는 人所同有也니 惟德義以爲訓이 是乃天下之大訓이라 然訓은 非可以己私言也요 當稽古以爲之說이라 蓋善無證이면 則民不從이니 不由古以爲訓이면 于何以爲訓乎아

　은나라 선비를 가르치지 않을 수 없음을 말한 것이다. '자(資)'는 자재(資財;물자와 재화)이다. 자재가 풍부하고서 가르치면 마음이 외물(外物)에 옮겨가지 아니하여 그 성명(性命)의 바름을 온전히 할 수 있다. 그러나 가르침은 겉으로 교조(敎條)를 세우는 것이 아니요 오직 덕(德)과 의(義)로써 할 뿐이니, 덕은 마음의 이치이고 의는 이치에 마땅한 것이다. 덕과 의는 사람이 똑같이 가지고 있는 것이니, 덕과 의로써 가르침이 바로 천하의 큰 가르침인 것이다. 그러나 가르침은 자기의 사사로운 생각으로 말할 것이 아니요, 마땅히 옛날을 상고하여 말해야 한다. 선(善)은 증거가 없으면 백성들이 따르지 않으니, 옛날을 따라 가르치지 않으면 무엇으로써 가르치겠는가.

12. 王曰 嗚呼라 父師아 邦之安危는 惟茲殷士니 不剛不柔라사 厥德이 允修하리라

　왕이 말씀하였다.

　"아! 부사(父師)야! 나라의 안위(安危)는 이 은나라 선비들에게 달려 있으니, 강(剛)하지도 않고 유(柔)하지도 않아야 그 덕이 진실로 닦여질 것이다.

是時에 四方無虞矣요 蕞(촬)爾殷民도 化訓三紀之餘하니 亦何足慮리오마는 而康王拳拳以邦之安危 惟繫於此라하여 其不苟於小成者如此하니 文、武、周公之澤이 其深長也 宜哉인저 不剛은 所以保之요 不柔는 所以釐之니 不剛不柔면 其德이 信乎其修矣리라

이때에 사방이 근심할 만한 일이 없었고, 작은 은나라 백성들도 가르침에 교화된 지가 3기(紀)가 넘었으니, 또한 어찌 우려할 것이 있겠는가마는 강왕(康王)이 권권(拳拳)히 나라의 안위(安危)가 여기에 달려 있다고 생각하여 작은 이룸에 구차하지 않음이 이와 같았으니, 문왕·무왕과 주공의 은택이 깊고 깊이 당연하다. 강(剛)하지 않음은 편안히 보호하는〔保〕 것이요 유(柔)하지 않음은 다스리는〔釐〕 것이니, 강하지도 않고 유하지도 않으면 그 덕이 진실로 닦여질 것이다.

13. 惟周公이 克愼厥始하시고(하여늘) 惟君陳이 克和厥中하니(하여늘) 惟公은(이) 克成厥終하여 三后協心하여 同底(지)于道하여 道洽政治하여 澤潤生民하여 四夷左衽이 罔不咸賴하면(하니) 予小子는 永膺多福이로다

주공께서 능히 그 처음을 삼가시고 군진(君陳)이 능히 그 중간을 화(和)하게 하였으니, 공(公)이 능히 그 끝을 이루어서 세 후(后:주공과 군진·필공)가 마음을 합하여 함께 도(道)에 이르러, 도가 흡족하고 정사가 잘 다스려져서 은택이 생민(生民)들에게 윤택하여, 좌임(左衽;옷섶을 왼쪽으로 하는 오랑캐의 풍습)을 하는 사방의 오랑캐들이 모두 의뢰하지 않음이 없으면 나 소자(小子)는 길이 많은 복을 응할(받을) 것이다.

殊厥井疆은 非治之成也요 使商民皆善然後에 可謂之成이어늘 此日成者는 預期之也라 三后所治者는 洛邑이로되 而施(이)及四夷하니 王畿는 四方之本也일새라 吳氏日 道者는 致治之道也라 始之, 中之, 終之 雖時有先後나 皆能卽其行事하여 觀其用心에 而有以濟之가 若出於一時하고 若成於一人하니 謂之協心이 如此하니라

그 정강(井疆)을 달리함은 다스림을 이룬 것이 아니요, 상나라 백성들을 모두 선(善)하게 만든 뒤에야 이루었다고 말할 수 있는데, 여기에 이루었다고 말한 것은 미리 기대한 것이다. 세 후(后)가 다스린 것은 낙읍이었으나 뻗쳐 사이(四夷)에 미쳤으니, 왕기(王畿)는 사방의 근본이기 때문이다.

오씨(吳氏)가 말하였다. "도(道)라는 것은 다스림을 지극히 하는 도이다. 처음에 시작하고 중간에 이어가고 뒤에 끝마침이 비록 때에는 선후(先後)가 있으나 모두 행한

··· 蕞 : 작을 촬　衽 : 옷깃여밀 임　施 : 뻗을 이

일을 가지고 그 용심(用心)을 살펴봄에 이룸이 있는 것이, 마치 한 때에 나온 듯하고 한 사람에게서 이루어진 듯하니, 마음을 합했다고 이르는 것이 이와 같다.

14. 公其惟時成周에 **建無窮之基**하면 **亦有無窮之聞**하리니 **子孫**이 **訓其成式**하여 **惟乂**하리라

  공(公)이 이 성주(成周)에 무궁한 기업(基業)을 세우면 또한 무궁한 명예가 있을 것이니, 자손들은 공들이 이루어놓은 법을 순히 따라 다스려질 것이다.

建은 **立**이요 **訓**은 **順**이요 **式**은 **法也**라 **成周**는 **指下都而言**이라 **呂氏曰 畢公**은 **四世元老**니 **豈區區立後世名者**리오마는 **而勳德之隆**을 **亦豈少**리오 **此**는 **康王所以望之者**라 **蓋相期以無窮事業**이니 **乃尊敬之至也**니라

  '건(建)'은 세움이요, '훈(訓)'은 순함이요, '식(式)'은 법이다. '성주(成周)'는 하도(下都)를 가리켜 말한 것이다.

  여씨가 말하였다. "필공(畢公)은 4대(代)의 원로(元老)이니, 어찌 후세에 이름을 세우는 데 구구(區區)한 자이겠는가마는 공덕(功德)의 융성함을 어찌 하찮게 여기겠는가. 이는 강왕이 바란 것이다. 서로 무궁한 사업으로 기약하였으니, 존경함이 지극하다."

15. 嗚呼라 **罔曰弗克**이라하여 **惟旣厥心**하며 **罔曰民寡**라하여 **惟愼厥事**하여 **欽若先王成烈**하여 **以休于前政**하라

  아! 능하지 못하다고 말하지 말고 그 마음을 다하며, 백성이 적다고 말하지 말고 그 일을 삼가서, 선왕이 이룬 공렬(功烈)을 공경하고 순히 해서 앞(옛) 정사를 아름답게 하라."

蘇氏曰 曰弗克者는 **畏其難而不敢爲者也**요 **曰民寡者**는 **易**(이)**其事以爲不足爲者也**라 **前政**은 **[謂]**[306] **周公、君陳也**라

  소씨(蘇氏)가 말하기를 "'능하지 못하다[弗克]'는 것은 그 어려움을 두려워하여 감

......
306 〔謂〕: 원문(저본)에는 없으나 소식(蘇軾)의 《서전(書傳)》에 의거하여 보충하였다.

히 하지 못하는 것이요, '백성이 적다[民寡]'는 것은 그 일을 쉽게 여겨 할 것이 없다
고 여기는 것이다." 하였다. '전정(前政:앞의 정사)'은 주공과 군진의 정사를 이른다.

〈군아(君牙)〉

君牙는 臣名이라 穆王이 命君牙하여 爲大司徒하니 此其誥命也라 今文無, 古文有하니라

　'군아(君牙)'는 신하의 이름이다. 목왕(穆王)이 군아를 명하여 대사도(大司徒)를 삼았으니, 이것이 그 고명(誥命)이다. 금문(今文)에는 없고 고문(古文)에는 있다.

【小序】 穆王이 命君牙하여 爲周大司徒하고 作君牙하니라

　목왕이 군아를 명하여 주나라의 대사도를 삼고 〈군아〉를 지었다.

【辨說】 序는 無所發明이요 曰周云者는 殊無意義라 或曰 此春秋王正月例也라하나 曰 春秋는 魯史라 故孔子繫之以王이어니와 此豈其例耶아 下篇亦然하니라

　〈서〉는 발명한 것이 없고, '주나라'라고 말한 것은 더더욱 의의(意義)가 없다. 혹자는 말하기를 '이는 《춘추(春秋)》의 왕정월(王正月)의 예(例)이다.' 하나, 《춘추》는 노(魯)나라의 역사이기 때문에 공자(孔子)가 여기에 왕(王) 자를 다신 것이지만, 이것이 어찌 그 준례(準例)이겠는가. 하편도 또한 그러하다.

1. 王若曰 嗚呼라 君牙아 惟乃祖乃父 世篤忠貞하여 服勞王家하여 厥有成績이 紀于太常하니라

　목왕이 다음과 같이 말씀하였다.

　"아! 군아야! 네 할아버지와 네 아버지가 대대로 충정(忠貞)을 돈독히 하여 왕가(王家)에 복로(服勞;수고함)하여 그 이룩한 업적이 태상(太常)에 기록되어 있다.

王은 穆王也니 康王孫이요 昭王子라 周禮司勳云 凡有功者는 銘書於王之太常이라하고 司常云 日月爲常이니 畵日月於旌旗也라하니라

　왕은 목왕이니, 강왕(康王)의 손자이고 소왕(昭王)의 아들이다. 《주례》〈사훈(司勳)〉에 "무릇 공(功)이 있는 자는 왕의 태상(太常)에 이름을 새긴다(기록한다)." 하였고, 〈사상(司常)〉에 "해와 달을 상(常)이라 하니, 해와 달을 정기(旌旗)에 그리는 것이다." 하였다.

2. 惟予小子 嗣守文、武、成、康遺緒인댄 (혼든) 亦惟[307]先王之臣이 克左右하여 亂四方이니 心之憂危 若蹈虎尾하며 涉于春冰호라

　　나 소자(小子)가 문왕·무왕·성왕·강왕이 남기신 전통을 이어 지키게 할진댄 또한 선왕의 신하들이 능히 좌우(佐佑;보좌)하여 사방을 다스려야 하니, 내 마음에 근심하고 위태롭게 여김이 범의 꼬리를 밟는 듯하며 봄에 살얼음을 건너는 듯하노라.

緒는 統緒也라 若蹈虎尾는 畏其噬요 若涉春冰은 畏其陷이라 言憂危之至하여 以見(현)求助之切也라

　　'서(緒)'는 통서(統緒;전통)이다. '범의 꼬리를 밟는 듯하다'는 것은 그 묾을 두려워하는 것이요, '봄에 살얼음을 건너는 듯하다'는 것은 빠질까 두려워하는 것이다. 근심하고 위태롭게 여김이 지극함을 말하여 도움을 구함이 간절함을 나타낸 것이다.

3. 今에 命爾하노니 予翼하여 作股肱心膂하여 纘乃舊服하여 無忝祖考하라

　　이제 너를 명하노니, 너는 나를 도와서 고굉(股肱)과 심려(心膂)가 되어 네 조(祖)·고(考)가 옛날 일하던 것을 이어서 네 조(祖)·고(考)에게 욕됨이 없도록 하라.

膂는 脊也라 舊服은 忠貞服勞之事라 忝은 辱也라 欲君牙以其祖考事先王者로 而事我也라

　　'여(膂)'는 등뼈이다. '구복(舊服)'은 충정(忠貞)으로 복로(服勞)한 일이다. '첨(忝)'은 욕됨이다. 군아가 그 조·고가 선왕을 섬기던 것으로 자신을 섬겨주기를 바란 것이다.

4. 弘敷五典하여 式和民則(칙)하라 爾身이 克正하면 罔敢弗正하리니 民心이 罔中이라 惟爾之中이니라

　　오전(五典)을 크게 하여 펴서 백성(사람)의 법을 공경하여 화(和)하게 하라. 네 몸이 능히 바르면 감히 바르지 않음이 없게 될 것이니, 백성들의 마음이 중(中)하지 못하

・・・・・・
307　亦惟 : 호산은 《언해》의 해석에 역유(亦惟)의 유(惟) 자를 생각하는 뜻으로 삼았으니, 다시 자세히 살펴야 한다.[諺釋, 亦惟之惟, 作思義, 更詳之.] 하였다. 《詳說》《언해》에는 "또한 先王의 臣이 능히 左右하여 사방을 난(亂;다스림)홈을 惟하노니."로 되어 있는바, 호산의 설을 따라 '유(惟)'를 조사로 보아 수정 번역하였다.

・・・　緒 : 실마리 서　蹈 : 밟을 도　噬 : 깨물 서　膂 : 힘 려, 등골뼈 려　纘 : 이을 찬　忝 : 욕될 첨　脊 : 등골뼈 척

니, 너의 중으로 하여야 한다.

弘敷者는 大而布之也요 式和者는 敬而和之也라 則은 有物有則[308]之則이니 君臣
之義, 父子之仁, 夫婦之別, 長幼之序, 朋友之信이 是也라 典은 以設敎言이라 故
曰弘敷요 則은 以民彝言이라 故曰式和라 此는 司徒之敎也나 然敎之本은 則在君
牙之身이라 正也中也는 民則之體니 而人之所同然也라 正은 以身言이니 欲其所
處無邪行也요 中은 以心言이니 欲其所存無邪思也라 孔子曰 子率以正이면 孰敢
不正[309]이리오하시고 周公曰 率自中[310]하라하시니 此는 告君牙以司徒之職也니라

　'홍부(弘敷)'는 크게 하여 폄이요, '식화(式和)'는 공경하여 화하게 하는 것이다. '칙
(則)'은 '사물이 있으면 법칙이 있다.〔有物有則〕'는 칙(則)이니, 군신(君臣)의 의(義)와
부자(父子)의 인(仁)과 부부(夫婦)의 분별〔別〕과 장유(長幼)의 질서〔序〕와 붕우(朋友)
의 신(信)이 이것이다. '전(典)'은 가르침을 베푸는 것으로 말하였기 때문에 크게 편다
고 말하였고, '칙(則)'은 백성(사람)의 떳떳한 윤리로 말하였기 때문에 공경하여 화하
게 한다고 말한 것이다. 이는 사도(司徒)의 가르침이지만 가르침의 근본은 군아(君牙)
자신에게 있는 것이다. 정(正)과 중(中)은 사람의 법칙의 체(體)이니, 사람들이 똑같이
옳게 여기는 것이다. 정(正)은 몸으로 말하였으니 처하는 바에 사벽(邪僻)한 행실이 없
고자 함이요, 중(中)은 마음으로 말하였으니 마음에 둔 것이 사벽한 생각이 없고자 한
것이다. 공자는 말씀하시기를 "그대가 바름으로 이끌면 누가 감히 바르지 않겠는가."
하셨고, 주공은 말씀하기를 "따르기를 중(中)으로부터 하라." 하셨으니, 이는 군아에
게 사도의 직책을 말한 것이다.

5. 夏暑雨에 小民이 惟曰怨咨하며 冬祁寒에 小民이 亦惟曰怨咨하나니 厥惟
艱哉인저 思其艱하여 以圖其易(이)하면 民乃寧하리라

　여름에 날씨가 무덥고 비가 내리면 소민(小民)들이 원망하며 겨울에 크게 추우면 소

......

308　有物有則 : 유물유칙(有物有則)은 '사물이 있으면 이에 따른 법칙이 있음'을 이른다. 물(物)은
　　군신(君臣)과 부자(父子) 따위를 이르고, 의(義)와 인(仁)은 바로 칙(則)인바, 이 내용은 《시경》〈대
　　아(大雅) 증민(烝民)〉에 "하늘이 여러 백성(사람)을 내시니, 사물이 있으면 법칙이 있다.〔天生烝民,
　　有物有則.〕"라고 보인다.

309　孔子曰……孰敢不正 : 이 내용은 《논어》〈안연(顏淵)〉에 보인다.

310　周公曰 率自中 : 이 내용은 위 〈채중지명(蔡仲之命)〉에 보인다.

...　咨 : 원망할 자　祁 : 성할 기　艱 : 어려울 간

민들이 또한 원망하니, 백성을 다스리기 어려운 것이다. 백성들의 어려움을 생각하여 쉽게 해줄 것을 도모하면 백성들이 이에 편안해질 것이다.

祁는 大也라 暑雨、祁寒에 小民怨咨는 自傷其生之艱難也라 厥惟艱哉者는 嘆小民之誠爲艱難也니 思念其難하여 以圖其易하면 民乃安也라 艱者는 飢寒之艱이요 易者는 衣食之易라 司徒는 敷五典하고 擾兆民하여 兼敎養之職하니 此는 又告君牙以養民之難也니라

　'기(祁)'는 큼이다. 날씨가 무덥고 비가 내리거나 큰 추위에 소민(小民)들이 원망함은 그 삶의 어려움을 스스로 서글퍼하는 것이다. 그 어렵다는 것은 소민들을 다스리기가 진실로 어렵다는 것을 탄식한 것이니, 그 어려움을 생각하여 쉽게 해줄 것을 도모하면 백성들이 이에 편안할 것이다. '간(艱)'은 기한(飢寒)의 어려움이요, '이(易)'는 의식(衣食)의 쉬움이다. 사도(司徒)는 오전(五典)을 펴고 조민(兆民)을 길들여서 가르치고 기르는 직책을 겸하였으니, 이는 또 군아에게 백성을 기르는 어려움을 말한 것이다.

6. 嗚呼라 丕顯哉라 文王謨여 丕承哉라 武王烈이여 啓佑我後人하사되 咸以正罔缺하시니 爾惟敬明乃訓하여 用奉若于先王하여 對揚文武之光命[311]하며 追配于前人하라

　아! 크게 드러나셨다. 문왕의 가르침이여! 크게 계승하셨다. 무왕의 공렬(功烈)이여! 우리 후인(後人)들을 계도(啓導)하고 도와주시되 모두 바름으로써 하고 결함이 없게 하셨으니, 너는 너의 가르침을 공경히 밝혀서 선왕을 받들고 순히 따라, 문왕·무왕의 빛나는 명을 대양(對揚)하며 전인(前人)에게 추배(追配:똑같게)하라."

丕는 大요 謨는 謀요 烈은 功也라 文顯於前하고 武承於後하니 曰謨, 曰烈은 各指其實而言之라 咸以正者는 無一事不出於正이요 咸罔缺者는 無一事不致其周密이라 若은 順이요 對는 答이요 配는 匹也라 前人은 君牙祖父라

　'비(丕)'는 큼이요, '모(謨)'는 말씀(가르침)이요, '열(烈)'은 공이다. 문왕은 앞에서 드러났고 무왕은 뒤에서 이었으니, '모'라 하고 '열'이라 함은 각기 그 실제를 가리켜 말

311　對揚文武之光命 : 대양(對揚)은 군주의 명령에 대답하여(응하여) 그 뜻을 백성들에게 널리 선양(宣揚)함을 이른다.

・・・　擾 : 길들일 요　缺 : 이지러질 결

한 것이다. 모두 바름으로써 했다는 것은 한 가지 일도 바름에서 나오지 않음이 없는 것이요, 모두 결함이 없게 했다는 것은 한 가지 일도 주밀(周密)함을 지극히 하지 않음이 없는 것이다. '약(若)'은 순함이요, '대(對)'는 답함이요, '배(配)'는 짝함이다. '전인(前人)'은 군아의 조(祖)·부(父)이다.

7. **王若曰 君牙**아 **乃惟由先正舊典**하여 **時式**하라 **民之治亂**이 **在兹**하니 **率乃祖考之攸行**하여 **昭乃辟之有乂**하라
　왕이 다음과 같이 말씀하였다.
　"군아야! 너는 선정(先正)의 옛 법을 따라서 이에 법받으라. 백성의 다스려지고 어지러움이 이에 달려 있으니, 네 조(祖)·고(考)가 행하신 바를 따라 네 군주의 다스림을 밝혀라."

先正은 **君牙祖父也**라 **君牙由祖父舊職而是法之**하니 **民之治亂**이 **在此而已**니 **法則治**하고 **否則亂也**라 **循汝祖父之所行**하여 **而顯其君之有乂**라하니 **復申戒其守家法以終之**라 **按此篇**은 **專以君牙祖父爲言**하여 **曰纘舊服, 曰由舊典, 曰無忝, 曰追配, 曰由先正舊典, 曰率祖考攸行**이라하니 **然則君牙之祖父 嘗任司徒之職**이요 **而其賢可知矣**라 **惜載籍之無傳也**여 **陳氏曰 康王時**에 **芮伯**이 **爲司徒**하니 **君牙豈其後耶**아
　'선정(先正)'은 군아의 조(祖)·부(父)이다. 군아가 조·부의 옛 직책을 따라 법받아야 하니, 백성의 다스려지고 어지러움이 이에 달려 있을 뿐이니, 법받으면 다스려지고 그렇지 않으면 어지러운 것이다. 네 조·부가 행하신 바를 따라 군주의 다스림을 드러내라 하였으니, 다시 가법(家法)을 지킬 것을 거듭 경계하여 끝맺은 것이다.
　살펴보건대, 이 편은 오로지 군아의 조·부를 가지고 말하여 '옛 일을 이으라' 하고, '옛 법을 따르라' 하고, '욕되게 하지 말라' 하고, '추배(追配)하라' 하고, '선정의 옛 법을 따르라' 하고, '조·고가 행하신 바를 따르라' 하였으니, 그렇다면 군아의 조·부가 일찍이 사도(司徒)의 직책을 맡았고 그 어질었음을 알 수 있다. 재적(載籍)에 전하지 않음이 애석하다.
　진씨(陳氏)가 말하기를 "강왕 때에 예백(芮伯)이 사도가 되었으니, 군아가 아마도 그의 후손인가 보다." 하였다.

穆王이 命伯冏하여 爲太僕正하니 此其誥命也라 今文無, 古文有하니라
○ 呂氏曰 陪僕褻(설)御之臣을 後世에 視爲賤品하여 而不之擇者는 曾不知人主
朝夕與居하여 氣體移養[312]이 常必由之하니 潛消黙奪於冥冥之中하고 而明爭顯諫
於昭昭之際는 抑末矣라 自周公作立政으로 而嘆綴(추)衣虎賁知恤者鮮하시니 則
君德之所繫를 前此知之者 亦罕矣러니 周公이 表而出之하사 其選始重이라 穆王
之用太僕正에 特作命書하여 至與大司徒略等[313]하니 其知本哉인저

　　목왕(穆王)이 백경(伯冏)을 명하여 태복 정(太僕正)을 삼았으니, 이것이 그 고명(誥
命)이다. 금문(今文)에는 없고 고문(古文)에는 있다.

　　○ 여씨(呂氏)가 말하였다. "배복(陪僕;모시는 마부)과 설어(褻御;가까이 모시는 자와 수
레를 모는 자)의 신하를, 후세에서는 천한 품류(品類)로 보아 선발하여 임용하지 않는
것은 이는 일찍이 인주(人主)가 조석으로 함께 거처하여 거처가 기체(氣體)를 옮기고
봉양이 신체를 바꿔놓음이 항상 반드시 여기에서 말미암음을 알지 못한 것이다. 어둡
고 어두운 가운데에 은근히 선(善)한 마음이 사라지고 묵묵히 빼앗기고는 밝고 밝은
즈음에 밝게 간(諫)하고 드러나게 간하는 것은 말(末)이다. 주공이 〈입정(立政)〉을 지
음으로부터 추의(綴衣;가까이 모시는 신하)와 호분(虎賁)을 임용함에 삼감 줄 아는 자가
적음을 한탄하셨으니, 군주의 덕(德)에 관계되는 것을 이보다 앞서 안 자가 또한 드물
었는데, 주공이 표출(表出)하여 그 선임(選任)을 비로소 중하게 하신 것이다. 목왕은
태복 정을 등용할 적에 특별히 명하는 글을 지어 대사도(大司徒)와 대략 비등하게 함
에 이르렀으니, 그 근본을 알았다고 할 것이다.

【小序】 穆王이 命伯冏하여 爲周太僕正하고 作冏命하니라
　　목왕이 백경을 명하여 주나라의 태복 정(太僕正)을 삼고 〈경명(冏命)〉을 지었다.

312　氣體移養 : 《맹자》〈진심 상(盡心上)〉의 "거처가 기상(氣象)을 바꿔놓고 봉양이 신체를 바꿔
놓는다.[居移氣, 養移體.]"라는 맹자의 말씀을 축약 인용한 것으로, 거(居)는 그 거하는 바의 지위
를 이른다.

313　至與大司徒略等 : 대사도(大司徒)는 바로 아래에 보이는 군아(君牙)로, 목왕은 그를 대사도
로 명하면서 〈군아〉를 지었으므로 말한 것이다.

··· 冏 : 빛날 경　陪 : 모실 배　褻 : 가까이모시는사람 설　罕 : 드물 한

1. **王若曰 伯冏**아 **惟予弗克于德**하여 **嗣先人宅丕后**하니 (하여) **怵惕**(출척)**惟厲**하여 **中夜以興**하여 **思免厥愆**하노라

왕이 대략 다음과 같이 말씀하였다.

"백경아! 나는 덕(德)에 능하지 못하면서 선인(先人)을 이어 임금의 큰 자리에 거하니, 두려워하고 위태롭게 여겨서 한밤중에 일어나 허물을 면할 것을 생각하노라.

伯冏은 **臣名**이라 **穆王言 我不能于德**하여 **繼前人**하여 **居大君之位**하니 **恐懼危厲**하여 **中夜以興**하여 **思所以免其咎過**라

백경은 신하의 이름이다. 목왕이 말하기를 "내 덕에 능하지 못하면서 전인(前人)을 이어 대군(大君)의 지위에 거하니, 공구(恐懼)하고 위려(危厲)하여 한밤중에 일어나 허물을 면할 것을 생각한다." 한 것이다.

2. **昔在文武**[314] (하사) **聰明齊聖**이어시늘 **小大之臣**이 **咸懷忠良**[315]하며 **其侍御僕從**[316]이 **罔匪正人**이라 **以旦夕**에 **承弼厥辟**일새 (혼들로) **出入起居**에 **罔有不欽**하며 **發號施令**에(을) **罔有不臧**한대 **下民**이 **祗若**하며 **萬邦**이 **咸休**하니라

옛적에 문왕·무왕이 총명하고 공경하며 성(聖)스러우셨는데, 작고 큰(높고 낮은) 신하들이 모두 충량(忠良)한 마음을 생각하며 시어(侍御)와 복종(僕從)들이 올바른 사람 아닌 이가 없었다. 그리하여 아침부터 저녁까지 그 군주를 받들어 순종하고 보필하였으므로, 출입(出入)하고 기거(起居)함에 공경하지 않음이 없었으며 호령을 냄에 불선(不善)함이 없었으니, 하민(下民)들이 공경하여 순종하며 만방(萬邦)이 모두 아름다웠다.

• • • • • •

314 昔在文武 : 《언해》에는 '옛날에 文武에 在하사'로 해석하였으나, '昔在'는 '昔者'와 같은 뜻이므로, '옛적에 문왕·무왕이'로 수정 번역하였다.

315 小大之臣 咸懷忠良 : 오윤상은 "작고 큰(낮고 높은) 신하가 모두 충량(忠良)한 마음을 품고 있으면 시어(侍御)와 복종(僕從)은 절로 이 가운데에 포함되는데, 특별히 이것을 말한 것은 막 백경에게 명하여 태복 정(太僕正)을 삼았기 때문에 어세(語勢)가 자연 이와 같은 것이다. 그런데 《집전》에 '작고 큰 신하가 모두 충량을 품고 있으면 진실로 시어와 복종이 군주를 받들고 보필할 필요가 없다.' 하였으니, 만일 《집전》의 해석과 같다면 시어와 복종은 작고 큰 신하에 포함되지 않는 것이니, 옳지 못할 듯하다.〔小大之臣, 咸懷忠良, 則侍御僕從, 自包其中, 而特別言之者, 方命伯冏爲太僕正, 故語勢自爾如此. 傳曰 小大之臣, 咸懷忠良, 固無待於侍御僕從之承弼者, 若如傳釋, 則侍御僕從不包於小大之臣矣, 恐未然.〕" 하였다.

316 其侍御僕從 : 《언해》에는 "시어(侍御)하는 복종(僕從)"으로 해석하였으나, 《집전》을 참고하여 '시어하는 자와 복종'으로 나누었다.

··· 怵 : 두려울 출 惕 : 두려울 척 厲 : 위태로울 려 愆 : 허물 건

侍는 給侍左右者요 御는 車御之官이며 僕從은 太僕羣僕으로 凡從王者라 承은 承
順之謂요 弼은 正救之謂라 雖文武之君이 聰明齊聖하고 小大之臣이 咸懷忠良하니
固無待於侍御僕從之承弼者라 然이나 其左右奔走 皆得正人이면 則承順正救 亦
豈小補哉아

　'시(侍)'는 좌우에서 심부름하고(일하고) 모시는 자이고, '어(御)'는 수레를 모는 관
원이며, '복종(僕從)'은 태복(太僕)의 여러 복(僕)으로 무릇 왕을 따르는 자이다. '승
(承)'은 받들어 순종함을 이르고, '필(弼)'은 바로잡음을 이른다. 비록 문왕·무왕의 군
주가 총명하고 공경하고 성스러웠으며 작고 큰 신하가 모두 충량(忠良)한 마음을 생각
하였으니, 진실로 시어(侍御)와 복종이 받들어 순종하고 보필할 필요가 없었으나, 좌
우에서 분주히 봉직하는 자들이 모두 올바른 사람을 얻는다면 군주를 받들어 순종하
고 바로잡음이 또한 어찌 작은 도움이겠는가.

3. 惟予一人이 無良하여 實賴左右前後有位之士의 匡其不及하며 繩愆糾
謬(승건규류)하여 格其非心하여 俾克紹先烈하노라
　나 한 사람이 어질지 못하여 실로 좌우(左右), 전후(前後)의 지위에 있는 선비들(신하)
이 나의 미치지 못함을 도우며, 나의 허물을 바로잡고 잘못을 바로잡음을 힘입어 나
의 나쁜 마음을 바루어서 선조(先祖)의 공렬(功烈)을 계승하고자 하노라.

無良은 言其質之不善也라 匡은 輔助也라 繩은 直이요 糾는 正也라 非心은 非僻之
心也라 先烈은 文武也라
　'무량(無良)'은 그 자질이 좋지 않음을 말한 것이다. '광(匡)'은 보조(輔助)함이다.
'승(繩)'은 곧게 폄이요, '규(糾)'는 바로잡음이다. '비심(非心)'은 비벽(非僻;나쁘고 사벽
함)한 마음이다. '선렬(先烈)'은 문왕·무왕이다.

4. 今予命汝하여 作大正하노니 正于羣僕侍御之臣하여 懋乃后德하여 交修
不逮하라
　이제 나는 너를 명하여 대정(大正)을 삼노니, 군복(羣僕)과 시어(侍御)하는 신하들을
바로잡아 네 임금의 덕(德)을 힘써서 서로 미치지 못하는 것을 닦아라.

大正은 太僕正也라 周禮에 太僕은 下大夫也라 羣僕은 謂祭僕、隸僕、戎僕、齊僕[317]
之類라 穆王이 欲伯冏正其羣僕侍御之臣하여 以勉進君德하여 而交修其所不及
이라 或曰 周禮에 下大夫는 不得爲正이라하고 漢孔氏 以爲太御는 中大夫라하니 蓋
周禮에 太御最長하고 下又有羣僕하니 與此所謂正于羣僕者合이요 且與君同車하
여 最爲親近也라

   '대정(大正)'은 태복 정(太僕正)이다. 《주례》에 '태복(太僕)은 하대부(下大夫)이다.'
하였다. '군복(羣僕)'은 제복(祭僕)·예복(隸僕)·융복(戎僕)·재복(齊僕)의 따위를 이
른다. 목왕은 백경이 군복과 시어하는 신하를 바로잡아 군주의 덕을 힘써 나아가게
해서 그 미치지 못하는 바를 서로 닦고자 한 것이다. 혹자는 말하기를 《주례》에 '하대
부는 정(正)이 될 수 없다.' 하였고, 한나라 공씨는 '태어(太御)는 중대부(中大夫)이다.'
하였으니, 《주례》에 태어가 가장 우두머리이고 아래에 또 군복이 있는바, 여기의 이
른바 '군복을 바로잡는다.'는 말과 합하며, 또 군주와 함께 수레를 타서 가장 친근함이
된다.

5. 愼簡乃僚호되 無以巧言、令色、便辟[318]、側媚하고 其惟吉士하라
   네 막료들을 삼가 선발하되 말을 잘하고 얼굴빛을 좋게 하며 편벽(便辟)하고 측미(側
媚)한 자를 쓰지 말고 길사(吉士)를 쓰도록 하라.

巧는 好요 令은 善也니 好其言하고 善其色하여 外飾而無質實者也라 便者는 順人
之所欲이요 辟者는 避人之所惡(오)며 側者는 姦邪요 媚者는 諛悅이니 小人也라 吉
士는 君子也라 言當謹擇汝之僚佐호되 無任小人이요 而惟用君子也라 又按此言
謹簡乃僚라하니 則成周之時에 凡爲官長者 皆得自擧其屬이요 不特辟除府、史、

<hr>

317   祭僕隸僕戎僕齊僕 : 모두 《주례(周禮)》〈하관(夏官)〉에 소속되어 있는 낮은 신하들인데, 제
복(祭僕)은 제사할 때에 모시는 자로 품계가 중사(中士)이고, 예복(隸僕)은 이예(吏隸)란 뜻으로
하사(下士)이며, 융복(戎僕)은 융거(戎車:병거(兵車))에서 모시는 자로 중대부(中大夫)이고, 재복
(齊僕)은 재계(齋戒)할 때에 모시는 자로 하대부(下大夫)이다.

318   便辟 : 《집전》은 辟을 피(避)로 해석하였으나, 《논어》〈계씨(季氏)〉의 '우편벽(友便辟)'을 주자
의 《집주》에 "편(便)은 익히고 숙달함이니, 편벽(便辟)은 위의(威儀)에만 숙달하고 정직하지 못한
것이다.〔便, 習熟也, 便辟, 謂習於威儀而不直.〕"라고 풀이하였는바, '편벽'은 용모나 위의에만 익숙
함을 이른다. 《언해》에도 '편벽'으로 표기하였다.

•••   側:기울 측 便:잘할 편 辟:한쪽 벽, 부를 벽 媚:아첨할 미 諛:아첨할 유

胥、徒³¹⁹而已니라

'교(巧)'는 좋게 함이요 '령(令)'은 잘함이니, 말을 듣기 좋게 하고 얼굴빛을 잘하여 겉만 꾸미고 실질(實質)이 없는 자이다. '편(便)'은 남이 하고자 하는 바를 순종함이요 '피(辟)'는 남이 싫어하는 바를 피하는 것이며, '측(側)'은 간사함이요 '미(媚)'는 아첨함이니, 〈이들은〉 소인이다. '길사(吉士)'는 군자이다. 마땅히 너의 요좌(僚佐)들을 삼가 선발하되 소인에게 맡기지 말고 오직 군자를 쓰라고 말한 것이다. 또 살펴보건대 여기에 "네 막료들을 삼가 선발하라." 하였으니, 성주(成周)의 때에 모든 관장(官長)이 된 자들은 모두 자기의 관속(官屬)을 스스로 들어 쓸 수 있었고, 비단 부(府)·사(史)와 서(胥)·도(徒)를 불러 제수할 뿐만이 아니었다.

6. 僕臣正이면 厥后克正하고 僕臣諛면 厥后自聖하리니 后德도 惟臣이며 不德도 惟臣이니라

복신(僕臣)이 바르면 군주가 능히 바르고, 복신이 아첨하면 군주가 스스로 성인(聖人)이라고 여길 것이니, 군주가 덕(德)이 있는 것도 신하 때문이며, 덕이 없는 것도 신하 때문이다.

自聖은 自以爲聖也라 僕臣之賢否 係君德之輕重이 如此라 呂氏曰 自古小人之敗君德하여 爲昏, 爲虐하고 爲侈, 爲縱이 曷其有極이리오 至於自聖하여는 猶若淺之爲害로되 穆王이 獨以是蔽之者는 蓋小人之蠱其君에 必使之虛美熏心하여 傲然自聖하면 則謂人莫己若이라하여 而欲予言莫之違하나니 然後에 法家拂(弼)士日遠하여 而快意肆情之事 亦莫或齟齬(저어)其間이니 自聖之證이 旣見(현)에 而百疾從之라 昏、虐、侈、縱은 皆其枝葉이니 而不足論也니라

'자성(自聖)'은 스스로 성인이라고 여기는 것이다. 복신(僕臣)의 어질고 어질지 않음이 군주의 덕(德)의 경중(輕重)에 관계됨이 이와 같다.

여씨(呂氏)가 말하였다. "예로부터 소인들이 군주의 덕을 무너뜨려 혼우(昏愚)하게 만들고 사납게 만들고 사치하게 만들고 방종하게 만듦이 어찌 다함(끝)이 있겠는가. 스스로 성인이라고 여김에 이르러는 오히려 해됨이 얕을 듯한데도 목왕이 오히려 이

....
319 府史胥徒：모두 하급관리인데, 부(府)·사(史)는 지금의 서기(書記)와 같고 서(胥)·도(徒)는 민간인으로 관청에서 심부름하는 자들이다.

••• 縱：방종할 종　蔽：덮을 폐, 결단할 폐　熏：태울 훈　齟：어긋날 저　齬：어긋날 어

것으로 결단한 것은, 소인이 군주를 고혹(蠱惑)시킬 적에 반드시 헛된 칭찬으로 마음
을 부풀려서 오만하게 스스로 성인이라고 여기게 만든다. 그러면 군주는 사람들이 자
기만 못하다고 여겨 자신의 말을 어기지 않기를 바라니, 그런 뒤에 법도 있는 집안과
보필하는 신하가 날로 멀어져서 뜻(마음)을 쾌하게 하고 정욕을 부리는 일이 또한 혹
시라도 그 사이에 저어(齟齬;막힘)함이 없게 되니, 스스로 성인이라고 여기는 증세가
이미 나타남에 백 가지 병통이 뒤따르게 된다. 혼우하고 사납고 사치하고 방종함은
모두 그 지엽이니, 족히 논할 것이 못된다."

7. **爾無昵**(닐)**于憸**(섬)**人**하여 **充耳目之官**하여 **迪上以非先王之典**하라
　너는 간사한 사람을 친히 하여 이목(耳目)의 관원에 채워서 군상(君上)을 선왕의 법
이 아닌 것으로 인도하지 말라.

汝無比近小人하여 充我耳目之官하여 導君上以非先王之典이라 蓋穆王이 自量其
執德未固하여 恐左右以異端[320] 進而蕩其心也라
　'너는 소인들을 비근(比近;친근)히 하여 나의 이목(耳目)의 관직에 채워서 군상(君
上)을 선왕의 법이 아닌 것으로 인도하게 하지 말라.' 하였으니, 목왕이 스스로 헤아려
봄에 그 덕(德;마음)을 잡음(지킴)이 견고하지 못하여 좌우(左右)가 이단(異端)을 올려
그 마음을 방탕하게 할까 두려워한 것이다.

8. **非人其吉**이요 **惟貨其吉**이면 **若時癏**(환)**厥官**하리니 **惟爾大弗克祗厥辟**
이라 **惟予汝辜**호리라
　사람을 선(善)하게 여기지 않고 재물을 선하게 여기면 이에 그 관직을 폐하게 될 것
이니, 이는 네가 네 군주를 크게 공경하지 않는 것이다. 나는 너를 죄줄 것이다."

戒其以貨賄(회)任羣僕也라 言不于其人之善이요 而惟以貨賄爲善이면 則是曠厥
官이니 汝大不能敬其君이라 而我亦汝罪矣리라
　재화(財貨)와 뇌물로 군복(羣僕)을 선임(選任)함을 경계한 것이다. 사람의 선(善)함

<hr>

320　異端 : 바르지 못한 사냥이나 놀이 등을 가리킨 것이다.

･･･　昵 : 친할 닐　憸 : 간사할 섬　癏 : 병들 환　賄 : 뇌물 회　曠 : 빌 광　辟 : 임금 벽

으로 임용하지 않고 오직 재화와 뇌물을 선하게 여겨 임용하면 이는 그 관직을 폐하
는 것이니, 네가 네 군주를 크게 공경하지 않는 것이다. 나 또한 너를 죄줄 것이다.

9. 王曰 嗚呼라 欽哉하여 永弼乃后于彝憲하라

왕이 말씀하였다. "아! 공경하여 네 군주를 떳떳한 법으로 길이 도와라."

彝憲은 常法也라 呂氏曰 穆王卒章之命에 望於伯囧者 深且長矣러니 此心不繼하
여 造父(보)爲御하여 周遊天下하여 將必有車轍馬迹이라 導其侈者 果出於僕御之
間하니 抑不知伯囧猶在職乎否也로라 穆王이 豫知所戒하여 憂思深長이로되 猶不
免躬自蹈之하니 人心操捨之無常이 可懼哉인저

'이헌(彝憲)'은 떳떳한 법이다.

여씨(呂氏)가 말하였다. "목왕이 마지막 장(章)의 명령에 백경에게 바란 것이 깊고
또 길었는데, 이 마음이 계속되지 못하여 조보(造父)를 마부로 삼아 천하를 두루 유람
하여 장차 반드시 수레바퀴 자국과 말 발자국을 남기게 되었다. 그리하여 그 사치함
을 인도한 자가 과연 복어(僕御)의 사이에서 나왔으니, 백경이 이 때까지도 태복의 직
책에 있었는지 알 수 없다. 목왕이 미리 경계할 바를 알아 근심하는 생각이 깊고 길었
는데도 오히려 몸소 스스로 잘못을 범함을 면치 못하였으니, 인심을 잡고 놓아버림의
무상(無常)함이 두려울 만하다."

書經集傳　下

〈여형(呂刑)〉

呂侯爲天子司寇어늘 穆王이 命訓刑하여 以詰四方한대 史錄爲篇하니 今文古文皆
有하니라

　여후(呂侯)가 천자의 사구(司寇)가 되자, 목왕(穆王)이 명하여 형벌을 가르쳐 사방
을 다스리게 하였다. 사관(史官)이 이것을 기록하여 편(篇)을 만들었으니, 금문(今文)
과 고문(古文)에 모두 있다.

○ 按此篇은 專訓贖刑하니 蓋本舜典金作贖刑之語나 今詳此書하면 實則不然이라
蓋舜典所謂贖者는 官府、學校之刑爾요 若五刑則固未嘗贖也라 五刑之寬은 惟處
以流하고 鞭、扑(복)之寬이라야 方許其贖이어늘 今穆王贖法은 雖大辟이라도 亦與其
贖免[321]矣라 漢張敞(창)이 以討羌할새 兵食不繼라하여 建爲入穀贖罪之法이나 初亦
未嘗及夫殺人及盜之罪로되 而蕭望之等이 猶以爲如此면 則富者得生하고 貧者
獨死하니 恐開利路以傷治化[322]라하니 曾謂唐、虞之世에 而有是贖法哉아 穆王이
巡遊無度하여 財匱民勞러니 至其末年하여는 無以爲計일새 乃爲此一切(절)權宜之
術하여 以斂民財하니 夫子錄之는 蓋亦示戒라 然其一篇之書 哀矜惻怛하여 猶可
以想見三代忠厚之遺意云爾라 又按書傳[323]引此에 多稱甫刑이라하고 史記에 作甫
侯言於王하여 作修刑辟이라하니 呂後爲甫歟인저

　○ 살펴보건대, 이 편(篇)은 오로지 속형(贖刑)을 가르쳤으니, 이는 〈순전(舜典)〉에
“금(金)으로 속형을 만든다.”는 말에 근본한 것이나 이제 이 글을 살펴보면 실제는 그
렇지 않다. 〈순전〉에 이른바 ‘속형’이라는 것은 관부(官府)와 학교의 작은 형(刑)일 뿐
이요, 오형(五刑)으로 말하면 진실로 일찍이 속죄(贖罪)해 주지 않았다. 오형의 관대함
은 오직 유형(流刑)으로 처리하였고, 관부의 채찍과 학교의 회초리의 관대함이어야 비
로소 속죄를 허락하였는데, 이제 목왕의 속죄법은 비록 대벽(大辟;사형)이라도 또한

....

321　亦與其贖免 : 호산은 여기의 여(與) 자를 허락(허여)하는 것〔許也〕으로 보았다. 《詳說》이에
따라 허락하는 것으로 번역하였으나, 참여시키는 것으로 보아도 될 듯하다.

322　漢張敞……以傷治化 : 이 내용은 《한서(漢書)》〈소망지전(蕭望之傳)〉에 보인다.

323　書傳 : 여기의 서전(書傳)에 대하여 호산은 “옛 전기(傳記)로서 《예기》의 〈표기(表記)〉·〈치의
(緇衣)〉와 같은 종류이다.〔古傳記, 如禮記表記、緇衣之類.〕” 하였다. 《詳說》

⋯　詰 : 다스릴 힐 贖 : 속죄할 속 鞭 : 채찍 편 扑 : 회초리칠 복 辟 : 법 벽, 형벌 벽 敞 : 밝을 창 匱 : 다할 궤
　恒 : 측은히여길 달

속면(贖免)을 허락하였다.

　한나라 장창(張敞)이 오랑캐를 토벌할 적에 병식(兵食;군량)이 계속되지 못한다 하여 곡식을 납입하고 속죄 받는 법을 만들 것을 건의하였는데, 애당초 또한 일찍이 살인자와 도둑질한 죄인에게는 미치지 않았다. 그러나 소망지(蕭望之) 등은 오히려 말하기를 “이와 같이 하면 부유한 자들은 살고 가난한 자들만이 죽을 것이니, 이익의 길을 열어놓아 치화(治化)를 손상할까 두렵다.” 하였으니, 일찍이 당(唐)·우(虞)의 세대에 이러한 속죄법이 있었다고 말하겠는가.

　목왕은 순유(巡遊)하기를 한도 없이 하여 재물이 다하고 백성들이 수고로웠는데, 말년에 이르러는 재원(財源)을 마련할 계책을 낼 수 없으므로 마침내 이러한 일절 권의(權宜;일시방편)의 방법을 만들어 백성들의 재물을 거둔 것이니, 부자(夫子)가 이것(여형)을 기록하신 것은 또한 경계를 보인 것이다. 그러나 한 편의 글이 애긍(哀矜;가엾게 여김)하고 측달(惻怛)하여 오히려 삼대(三代)의 충후(忠厚)한 남은 뜻을 상상해 볼 수 있다.

　또 살펴보건대 ‘서전(書傳)’에 이 편을 인용하면서 많이 ‘보형(甫刑)’이라 칭하였고, 《사기》〈주기(周紀)〉에 “보후(甫侯)가 왕에게 말하여 형벽(刑辟)을 지어 닦았다.”라고 하였으니, 여씨(呂氏)가 뒤에 보씨(甫氏)가 되었는가 보다.

【小序】　呂命[324]하고 穆王訓夏贖刑하여 作呂刑하니라

　여후를 명하여 〈사구(司寇)를 삼고〉 목왕이 중하(中夏)의 속형(贖刑)을 가르쳐 〈여형(呂刑)〉을 지었다.

【辨說】　此序亦無所發明이요 但增一夏字하니 自古刑辟之制가 豈專爲夷狄이요 不爲中夏耶아 或曰 訓夏贖刑은 謂訓夏后氏之贖刑也라하니 曰 夏承虞治하여 不聞變法이요 周禮亦無五刑之贖하니 其非古制明甚이라 穆王耄荒하여 車轍馬跡이 無所不至라 呂侯竊舜典贖刑二字하여 作爲此刑하여 以聚民財하여 資其荒用이라 夫子以其書猶有哀矜之意而錄之로되 至其篇首하여는 特以耄荒二字發之하시니 其意微矣라 詳見本篇하니라

　이 〈서〉는 또한 발명한 바가 없고 다만 한 하(夏) 자를 더하였으니, 예로부터 형벽

324　呂命:공씨가 말하였다. “여급(呂伋)이 명을 받아 사구(司寇)가 된 것이다.〔呂伋見命爲司寇.〕”

(刑辟)의 제도가 어찌 오로지 오랑캐를 위하고 중하(中夏)를 위하지 않았겠는가. 혹자는 '하(夏)의 속형(贖刑)을 가르쳤다는 것은 하후씨(夏后氏)의 속형을 훈(訓)한 것이다.' 하기에, 내가 말하였다. "하나라는 우(虞)나라의 다스림을 그대로 계승해서 법을 변경했다는 말은 듣지 못하였고,《주례(周禮)》에도 또한 오형(五刑)에 대한 속죄가 없으니, 그 옛날 제도가 아님이 매우 분명하다. 목왕이 나이가 늙어 황폐해서 수레바퀴 자국과 말발굽 자국이 이르지 않은 곳이 없었다. 여후가 〈순전(舜典)〉의 속형이란 두 글자를 도둑질하여 이 형벌을 만들어서 백성의 재물을 모아 그 황폐하게 쓰는 것을 도와주었다. 부자(夫子;공자)는 이 책이 아직도 백성을 가엾게 여기는 뜻이 있다 하여 기록하신 듯한데, 편 머리에 이르러는 특별히 모황(耄荒)이란 두 글자로 발명하셨으니, 그 뜻이 은미하다. 본편에 자세히 보인다."

1. **惟呂**를 **命**하시니 **王**이 **享國百年**에 **耄荒**하여 **度**(탁)**作刑**하여 **以詰四方**하시다
  여후(呂侯)를 명하니, 왕이 나라를 누린 지 백 년에 모황(耄荒)하여, 헤아려 형벌을 만들어 사방을 다스렸다.

惟呂命은 **與惟說命**[325]으로 **語意同**하니 **先此**하여 **以見**(현)**訓刑**이 **爲呂侯之言也**라 **耄**는 **老而昏亂之稱**이요 **荒**은 **忽也**라 **孟子曰 從獸無厭**을 **謂之荒**이라하니라 **穆王**이 **享國百年**에 **車轍馬跡**이 **遍于天下**라 **故**로 **史氏以耄荒二字發之**하니 **亦以見贖刑**이 **爲穆王耄荒所訓耳**라 **蘇氏曰 荒**은 **大也**니 **大度**(탁)**作刑**은 **猶禹曰予荒度土功**[326]이니 **荒當屬下句**라하니 **亦通**이라 **然耄亦貶之之辭也**니라

  '유려명(惟呂命)'은 유열명(惟說命)과 말뜻이 같으니, 이것을 먼저 말하여 형벌을 가르침이 여후(呂侯)의 말임을 나타낸 것이다. '모(耄)'는 늙어서 혼란함을 일컫고 '황(荒)'은 소홀함이니,《맹자》〈양혜왕 하(梁惠王下)〉에 "짐승을 좇아 사냥함에 만족함이 없음을 황이라 한다." 하였으니, 목왕이 나라를 누린 지 백 년에 수레바퀴 자국과 말발굽 자국이 천하에 두루 미쳤다. 그러므로 사관(史官)이 '모황(耄荒)'이라는 두 글자

------

325 惟說命:위의 〈열명 중(說命中)〉에 "부열을 명하여 백관을 총괄하게 하였다.〔惟說命, 總百官.〕라고 보인다.

326 禹曰予荒度土功:위의 〈익직(益稷)〉에 "토목의 일을 크게 헤아려 임금을 도와 오복을 이루어서 5천 리에 이르렀다.〔惟荒度土功, 弼成五服, 至于五千.〕라고 한 우(禹)의 말씀이 보인다.

··· 耄 : 늙을 모 荒 : 사냥에빠질 황, 클 황 遍 : 두루할 변(편) 貶 : 폄하할 폄

로 발하였으니, 또한 속형(贖刑)은 목왕이 모황하여 가르친 것임을 나타낸 것이다.

소씨(蘇氏)는 말하기를 "황은 큼이니, 크게 헤아려 형벌을 만들었다는 것은 우 임금이 '내 토목의 일을 크게 헤아렸다.'고 말씀한 것과 같다. '황(荒)'자는 마땅히 아래 구(句)에 연결해야 한다." 하였으니, 또한 통한다. 그러나 모(耄)는 또한 폄하(貶下)한 말이다.

2. 王曰 若古에 有訓³²⁷하니 蚩(치)尤³²⁸惟始作亂한대 延及于平民하여 罔不寇賊하여 鴟義姦宄(귀)하며 奪攘矯虔하니라

왕이 말씀하였다.

"옛날에 가르침이 있었으니, 치우(蚩尤)가 처음으로 난을 일으키자 화가 뻗쳐 평민에게까지 미쳐서 구적(寇賊)이 되지 않는 자가 없어, 치장(鴟張;사나움을 펼침)함을 의(義)로운 것으로 여겨 도둑질하고 빼앗으며 속이고 죽였다.

言鴻荒之世에 渾厚敦厖(방)이러니 蚩尤始開暴亂之端하여 驅扇熏炙(자)에 延及平民하여 無不爲寇爲賊이라 鴟義者는 以鴟張跋扈爲義요 矯虔者는 矯詐虔劉也라

홍황(鴻荒;태고)의 세대에 혼후(渾厚)하고 돈방(敦厖;돈후(敦厚))하였는데, 치우가 처음으로 포란(暴亂)의 단서를 열어 〈신하들을〉 몰아서 선동하고 훈자(熏炙)함에 화가 평민에게까지 뻗쳐 구적(寇賊)이 되지 않음이 없음을 말한 것이다. '치의(鴟義)'는 치장(鴟張)하고 발호(跋扈)함을 의(義)로 여기는 것이요, '교건(矯虔)'은 교사(矯詐;속임)하고 건류(虔劉;죽임)하는 것이다.

3. 苗民³²⁹이 弗用靈하여 制以刑이요 惟作五虐之刑曰法이라하여 殺戮無辜하

書經集傳　下

327　若古有訓:오윤상은 "'若古有訓'은 얼핏 보면 글뜻이 서로 연속되지 않는 듯하니, 이는 치우(蚩尤)와 묘민(苗民)의 사나움을 인용하여 경계해서 삼후(三后)가 백성을 삼가는 공을 이루고 사(士)가 백성을 형벌의 중도(中道)로 법도를 삼게 한 것이니, 이것이 이른바 가르침이 있다〔有訓〕는 것이다.〔若古有訓, 驟看, 文意似不連屬, 蓋引蚩尤苗氏之虐爲戒, 言三后恤功, 士制刑之中爲法, 此所謂有訓.〕" 하였다.

328　蚩尤:황제(黃帝) 때의 제후로 구려(九黎)의 군주인데 황제의 토벌을 받고 패망하였다 한다.

329　苗民:실제는 삼묘(三苗;유묘(有苗))의 군주인데 완악함이 무식한 백성과 같다 하여 이렇게 칭했다 한다. 일설(一說)에는 그를 미워하여 군주로 대하지 않고 비천(卑賤)하게 호칭한 것이라 한다.

••• 蚩:어리석을 치 鴟:마음대로날뛸 치 宄:바깥도적 귀 矯:속일 교 虔:죽일 건 厖:클 방 熏:연기낄 훈

니 爰始淫爲劓刵椓黥(의이탁경)하여 越玆麗(리)刑하고(하여) 幷制하여 罔差
有辭하니라

　묘민(苗民)이 선(善)을 써서 형벌을 제재하지 않고, 오직 다섯 가지 사나운 형벌을 만들고는 이것을 법이라고 하여 무고(無辜)한 자들을 살륙(殺戮)하니, 이에 처음으로 지나치게 코 베고 귀 베고 구멍(음부(陰部))을 손상하고 얼굴을 자자(刺字)하여, 죄에 걸린 자들을 형벌하고 죄가 없는 자까지 아울러 제재해서, 논죄(論罪)하는 말로 차별을 둠이 없었다.

苗民이 承蚩尤之暴하여 不用善而制以刑하고 惟作五虐之刑하여 名之曰法이라하여 以殺戮無罪라 於是에 始過爲劓鼻、刵耳、椓竅³³⁰、黥面之法하여 於麗(리)法者에 必刑之하고 幷制無罪하여 不復以曲直之辭로 爲差別하고 皆刑之也라

　　묘민이 치우의 포악함을 이어 선을 써서 형벌을 제재하지 않고, 오직 다섯 가지 사나운 형벌을 만들고는 이것을 법이라고 이름하여, 무죄(無罪)한 자를 살륙하였다. 이에 비로소 코를 베고 귀를 베고 구멍(음부)을 손상하고 얼굴을 자자(刺字)하는 법을 지나치게 만들어 법에 걸린 자를 반드시 형벌하고 무죄한 자까지 아울러 제재해서 다시는 곡직(曲直)을 가리는 말로 차별하지 않고 모두 형벌한 것이다.

4. 民興胥漸하여 泯泯棼(분)棼하여 罔中于信이요 以覆(복)詛盟하니 虐威庶
戮이 方告無辜于上한대 上帝監民하시니 罔有馨香德이요 刑發聞이 惟腥이
러라

　백성들이 일어나 서로 물들어서 어둡고 어지러워 마음속에 성신(誠信)으로 하지 않고 저주와 맹약을 반복하니, 사나운 정사로 위엄을 베풀어 여러 형벌을 받은 자들이 무고(無辜)함을 막 상천(上天)에 하소연하였다. 상제(上帝)께서 삼묘의 백성을 굽어보시니, 향기로운 덕이 없고 형벌의 발문(發聞;냄새가 풍김)이 비린내 나는 악취뿐이었다.

泯泯은 昏也요 棼棼은 亂也라 民相漸染하여 爲昏爲亂하여 無復誠信하고 相與反
覆詛盟而已라 虐政作威하여 衆被戮者 方各告無罪於天한대 天視苗民하니 無有

......

330　椓竅 : 음행(淫行)을 저지른 남자(男子)는 거세(去勢)하고 부인(婦人)은 음부(陰部)를 손상시키는 것이라 한다.

･･･　刵 : 귀벨 이　椓 : 찍을 탁　黥 : 자자할 경　泯 : 어둘 민　棼 : 어지러울 분　詛 : 저주할 저　腥 : 비린내날 성

馨香德이요 而刑戮發聞이 莫非腥穢라 呂氏曰 形於聲嗟는 窮之反也요 動於氣臭
는 惡之熟也라 馨香은 陽也요 腥穢는 陰也라 故로 德爲馨香이요 而刑發腥穢也라

'민민(泯泯)'은 어두움이요, '분분(棼棼)'은 어지러움이다. 백성들이 서로 물들어서
어두운 짓을 하고 어지러운 짓을 하여, 다시는 성신(誠信)함이 없고 서로 저주와 맹약
을 반복할 뿐이었다. 사나운 정사로 위엄을 세워 모든 형벌을 받은 자들이 막 각기 자
신의 무죄함을 하늘에 하소연하였다. 하늘이 묘민(苗民)을 살펴보니, 향기로운 덕(德)
이 없고 형륙(刑戮)의 냄새가 풍겨 성예(腥穢;더러운 비린내) 아님이 없었다.

여씨(呂氏)가 말하였다. "목소리에 서글퍼함이 나타남은 곤궁하여 근본으로 돌아
옴이요, 기취(氣臭;냄새)에 동함은 악(惡)이 성숙한 것이다. 형향(馨香)은 양(陽)이고 성
예(腥穢)는 음(陰)이다. 그러므로 덕은 형향이 되고 형벌은 성예를 풍기는 것이다.

5. 皇帝哀矜庶戮之不辜하사 報虐以威하사 遏絕苗民[331]하여 無世在下하시니라

황제(순 임금)께서 여러 형벌을 받은 자의 무죄함을 가엾게 여기시어, 사나움을 갚되
위엄으로써 하여 묘민(苗民)을 끊어서 대를 이어 하국(下國)에 있지 못하게 하셨다.

皇帝는 舜也라 以書攷之컨대 治苗民과 命伯夷、禹、稷、皐陶는 皆舜之事라 報苗之
虐호되 以我之威라 絕은 滅也니 謂竄與分北(背)之類[332]니 遏絕之하여 使無繼世在
下國이라

'황제'는 순(舜) 임금이다. 《서경》〈순전(舜典)〉을 가지고 살펴보면 묘민을 다스린
것과 백이(伯夷) · 우(禹) · 직(稷) · 고요(皐陶)에게 명한 것은 모두 순 임금의 일이다.

••••••
331 皇帝哀矜庶戮之不辜 報虐以威 遏絕苗民 : 오윤상은 이렇게 말하였다. "이전(二典)과 삼모(三
謨)를 상고해보면 순 임금이 요 임금의 정사를 섭정하면서 삼묘를 삼위로 금고시켰고, 순 임금이
즉위해서는 또 우(禹)에게 명하여 정벌해서 삼묘를 나누어 보냈으니[分北], 삼묘를 토벌한 일이 아
마도 두 번인 듯하다. 〈5절의〉'皇帝哀矜庶戮之不辜' 이하는 순 임금이 섭정할 때에 삼묘를 금고시
킨 것을 가리킨 듯하고 〈7절의〉'皇帝淸問' 이하는 순 임금이 즉위한 뒤에 삼묘를 나누어 보낸 일
을 가리킨 듯하다.〔考典謨, 舜攝堯政, 竄三苗于三危, 暨舜卽位, 又命禹征而分北之, 討苗之役, 蓋
再次. 皇帝哀矜庶戮之不辜以下, 似指舜攝政時竄三苗也, 皇帝淸問以下, 似指舜卽位後分北三苗
也.〕"
332 竄與分北之類 : 위의 〈순전(舜典)〉에 '삼묘를 삼위로 금고시켰다.〔竄三苗于三危〕'는 것과 '삼묘
를 나누어 등져 보내었다.〔分北三苗〕'라고 각각 보인다.

••• 竄 : 귀양갈 찬

묘(苗)의 사나움을 갚되 자신의 위엄으로써 하셨다. '절(絶)'은 멸함이니, 찬(竄;금고시킴)과 분패(分北;나누어 등지고 가게 함)의 류(類)를 이르니, 끊고 멸하여 대를 이어 하국(下國)에 있지 못하게 한 것이다.

6. 乃命重、黎하사 絶地天通하사 罔有降格케하신대 羣后之逮在下 明明棐常하여 鰥寡無蓋하니라

〈순 임금은〉 마침내 중(重)·려(黎)에게 명하여 땅이 하늘과 통함을 끊어 강격(降格;강림)함이 없게 하시니, 여러 제후와 아래에 있는 자들이 명명(明明)하게 떳떳한 도(道)를 도와 환과(鰥寡)가 가리워짐이 없었다.

重은 少昊之後요 黎는 高陽之後니 重은 卽羲요 黎는 卽和也[333]라 呂氏曰 治世엔 公道昭明하여 爲善得福하고 爲惡得禍하여 民曉然知其所由하여 則不求之渺茫冥昧之間이러니 當三苗昏虐하여는 民之得罪者 莫知其端하여 無所控訴하여 相與聽於神하여 祭非其鬼하여 天、地、人神之典이 雜糅(揉)瀆亂하니 此는 妖誕之所以興이요 人心之所以不正也라 在舜에 當務之急이 莫先於正人心일새 首命重、黎하여 修明祀典하사 天子然後에 祭天地하고 諸侯然後에 祭山川하여 高卑、上下 各有分限하여 絶地天之通하고 嚴幽明之分[334]하여 焄蒿(훈호)妖誕之說[335]이 擧皆屛息한대 羣后及在下之羣臣이 皆精白一心하여 輔助常道하니 民卒善而得福하고 惡而得禍하여 雖鰥寡之微라도 亦無有蓋蔽而不得自伸者也하니라

• • • • • •

333 重卽羲 黎卽和也:구산 양씨(龜山楊氏)가 말하였다. "양웅(揚雄)이 이르기를 '희(羲)는 중(重)에 가깝고(비슷하고) 화(和)는 려(黎)에 가까울 뿐이요, 희·화가 중·려는 아니다.' 하였다. 중·려는 하늘과 땅을 맡고 희·화는 사시(四時)를 맡으니, 봄과 여름은 양(陽)이므로 희가 중에 가깝고 가을과 겨울은 음(陰)이므로 화가 려에 가깝다 한 것이다.〔揚雄云, 羲近重, 和近黎, 羲和非重黎也. 重、黎司天地, 羲、和掌四時. 春夏陽也, 故羲近重; 秋冬陰也, 故和近黎.〕"《詳說》

334 絶地天之通 嚴幽明之分:호산이 말하였다. "사람은 명(明)이니 땅에 있고, 신은 유(幽)이니 하늘에 있다.〔人, 明也, 在地; 神, 幽也, 在天.〕" 하였다.《詳說》○ 장씨(張氏)가 말하였다. "땅에 있는 백성(사람)을 끊어 사람들로 하여금 요망한 방법으로 하늘에 있는 신에게 이르지 못하게 하고, 하늘에 있는 신을 끊어 사람들로 하여금 천신(天神)이라는 명자(名字;이름)를 빌려 땅에 있는 백성에게 내려오지 못하게 한 것이다.〔絶在地之民, 使人不得以妖術格在天之神; 絶在天之神, 使人不得假其名字, 以降于在地之民.〕"《大全本》

335 焄蒿妖誕之說:훈호(焄蒿)는 쑥 등의 향기가 나는 물건을 태우는 것으로, 분향(焚香)하여 신(神)을 강림하게 한다는 등의 요망하고 허황된 말을 이른다.

••• 逮 : 미칠 체 渺 : 아득할 묘 茫 : 아득할 망 控 : 하소연할 공 糅 : 섞일 유 焄 : 태울 훈 蒿 : 쑥 호

'중(重)'은 소호(少昊)의 후손이고 '려(黎)'는 고양(高陽;전욱(顓頊))의 후손이니, 중(重)은 곧 희(羲)이고 려(黎)는 곧 화(和)이다.

여씨(呂氏)가 말하였다. "치세(治世)에는 공정(公正)한 도가 밝아져서 선을 하면 복을 얻고 악을 하면 화를 얻어, 백성들이 분명히 그 이유를 알아서 아득하고 어두운 사이(귀신)에 구하지 않았다. 그런데 삼묘(三苗)의 어둡고 사나운 때를 당해서는 백성 중에 죄를 얻은 자가 그 단서(까닭)를 알지 못하여 공소(控訴;하소연)할 곳이 없어서, 서로 더불어 신(神)에게 명령을 들어 자신의 조상신(祖上神)이 아닌 것에 제사하였다. 그리하여 하늘과 땅과 사람의 신에 대한 예(禮)가 혼잡하고 독란(瀆亂)하니, 이는 요탄(妖誕)한 설이 일어나는 이유이고 인심(人心)이 바르지 못하게 된 까닭이다. 순 임금에게 있어 마땅히 힘써야 할 급선무가 인심을 바로잡는 것보다 먼저 할 것이 없었으므로, 먼저 중(重)·려(黎)에게 명하여 제사하는 예를 수명(修明)해서, 천자인 뒤에야 하늘과 땅에 제사하고 제후인 뒤에야 산천(山川)에 제사하여, 존비(尊卑)와 상하(上下)가 각각 분한(分限)이 있어, 천(天)·지(地)의 통함을 끊고 유(幽)·명(明)의 구분을 엄격히 해서 훈호(焄蒿)의 요탄(妖誕)한 말이 모두 감춰져 종식되니, 여러 제후와 아래에 있는 신하들이 모두 깨끗한[精白] 마음으로 떳떳한 도(道)를 도왔다. 그리하여 백성들이 마침내 선하면 복을 얻고 악하면 화를 얻어, 비록 환과(鰥寡)의 미천한 자라도 또한 가리워져 스스로 펴짐을 얻지 못한 자가 없었다."

○ 按國語曰 少皞氏之衰에 九黎[336]亂德하니 民神雜糅(유)하여 家爲巫史하고 民瀆齊盟[337]하여 禍災荐(천)臻이러니 顓頊이 受之하여 乃命南正重司天하여 以屬神하고 北正黎司地하여 以屬民하여 使無相侵瀆하다 其後에 三苗復九黎之德이어늘 堯復育重、黎之後하니 不忘舊者하여 使復典之라하니라

○ 살펴보건대 《국어(國語)》〈노어(魯語)〉에 "소호씨(少皞氏;소호(少昊))가 쇠하자 구려(九黎)가 덕(德)을 어지럽히니, 백성과 신(神)이 혼잡하여 집집마다 무사(巫史;무

......

336 九黎:소호씨(少昊氏) 때의 제후(諸侯)로 려씨(黎氏) 중에 아홉 사람이 있어 붙인 칭호이며 치우(蚩尤)의 무리라 한다.

337 民瀆齊盟:齊에 대하여 호산은 "저주(詛呪)의 저(詛)와 같다." 하고, 혹자는 '재계함이다.'라고 한 것[猶詛也, 或曰齋也.]을 소개하였다. 《詳說》 옛날 맹약(盟約)을 할 때 하늘이나 황하(黃河)의 신, 또는 오악(五嶽)의 신 앞에서 우리 두 사람이 이러한 맹약을 하니, 누구이든 이 맹약을 어기면 하늘 또는 여러 신이 화를 내린다고 약속하고 이 약속을 어길 경우 저주를 하였다.

••• 皞:흴 호 荐:거듭 천 臻:이를 진 顓:어리석을 전 頊:굽신거릴 욱 瀆:번거로울 독

당)를 위하고 백성들이 번독(煩瀆)하게 서로 맹약하여 재앙이 거듭 이르렀는데, 전욱 (顓頊)이 이를 받아서 마침내 남정(南正)인 중(重)을 명하여 하늘을 맡아 신을 소속시 키고, 북정(北正)인 려(黎)로 땅을 맡아 백성을 소속시켜 서로 침란(侵亂)하고 번독함 이 없게 하였다. 그 후 삼묘(三苗)가 구려의 덕을 회복하므로 요(堯)가 다시 중(重)·려 (黎)의 뒤를 길렀으니, 이는 옛날을 잊지 아니하여 다시 옛 관직을 주관하게 한 것이 다.” 하였다.

7. **皇帝淸問下民**하시니 **鰥寡有辭于苗**어늘 **德威**하신대 **惟畏**하고 **德明**하신대 **惟明**하니라

황제(순 임금)께서 하민(下民)들에게 겸허히 물으시니, 환과(鰥寡)들이 묘(苗)에 원망 하는 말이 있었다. 황제께서 덕으로 위엄을 보이시자 두려워하고, 덕으로 밝히시자 밝아졌다.

淸問은 **虛心而問也**라 **有辭**는 **聲苗之過也**라 **苗以虐爲威**하고 **以察爲明**이어늘 **帝反 其道**하사 **以德威而天下無不畏**하고 **以德明而天下無不明也**라

‘청문(淸問)’은 마음을 비우고 묻는 것이다. ‘유사(有辭)’는 묘(苗)의 잘못을 성토하 는 말이다. 묘는 사나움을 위엄으로 삼고 까다롭게 살핌을 밝음으로 삼았는데, 순 임 금이 그 도를 반대로 하시어 덕으로 위엄을 보이시자 천하가 두려워하지 않음이 없 고, 덕으로 밝히시자 천하가 밝지 않음이 없었다.

8. **乃命三后**하사 **恤功于民**하시니 **伯夷**는 **降典**하여 **折(絕)民惟刑**[338]하고 **禹平 水土**하여 **主名山川**하고 **稷降播種**하여 **農殖嘉穀**하니 **三后成功**하여 **惟殷于 民**하니라

이에 세 후(后;제후)를 명하여 백성을 구휼하는 공을 세우게 하시니, 백이(伯夷)는 예 (禮)를 내려 백성들이 형벌에 들어감을 끊고(꺾고), 우(禹)는 수토(水土)를 다스려 유명 한 산천(山川)을 주관하게 하고, 직(稷)은 파종하는 법을 내려 농사에 아름다운 곡식이

------

338 折民惟刑 : 오윤상은 “‘백이(伯夷)가 백성의 형벌을 끊었다’는 것은 백성들이 만약 예(禮)를 범 하면 형관(刑官)에게 보내어서 법으로 다스리게 한 것이요 예를 맡으면서 사형(司刑)을 겸한 것이 아니다.〔伯夷之折民惟刑, 蓋民若犯禮, 則送于刑官, 治之以法, 非典禮而兼司刑也.〕” 하였다.

••• 播 : 뿌릴 파 殖 : 번식할 식

번식하니, 세 후가 공을 이루어 백성들을 번성하게 하였다.

恤功은 致憂民之功也라 典은 禮也라 伯夷降天、地、人之三禮하여 以折民之邪妄
이라 蘇氏曰 失禮則入刑하니 禮刑이 一物也라 伯夷降典하여 以正民心하고 禹平水
土하여 以定民居하고 稷降播種하여 以厚民生하니 三后成功하여 而致民之殷盛富
庶也라 吳氏曰 二典에 不載有兩刑官[339]하니 蓋傳聞之謬也리라 愚意皐陶未爲刑官
之時에 豈伯夷實兼之歟아 下文에 又言伯夷播刑之迪이라하니 不應如此謬誤니라

　　'휼공(恤功)'은 백성을 근심하는 공을 이루는 것이다. '전(典)'은 예(禮)이다. 백이는
천(天)·지(地)·인(人)의 세 가지 예를 내려 백성들의 사망(邪妄)한 짓을 끊었다.

　　소씨(蘇氏)가 말하였다. "예를 잃으면 형벌로 들어가니, 예와 형벌은 똑같은 일이
다. 백이가 예를 내려 민심을 바로잡고, 우(禹)가 수토를 다스려 백성들의 거처를 안
정시키고, 직(稷)이 파종하는 법을 내려 백성들의 삶을 후(厚)하게 하니, 세 후가 공을
이루어 백성들이 많아지고 부유함을 이루었다."

　　오씨(吳氏)가 말하기를 "이전(二典;〈요전〉과 〈순전〉)에 두 형관(刑官)이 실려 있지 않
으니, 아마도 전문(傳聞)의 오류일 것이다." 하였는데, 내 생각에는 고요(皐陶)가 형관
이 되기 전에 아마도 백이가 실제로 형관을 겸직한 듯하다. 하문(下文)에 또 백이가 형
벌을 베풀어 인도했다고 말하였으니, 응당 이와 같이 잘못되지는 않았을 것이다.

9. 士制百姓于刑之中하여 以敎祗德[340]하니라

　　사(士)가 백성들을 형벌의 중(中)으로 통제하여 공경하는 덕(德)을 가르쳤다.

命皐陶爲士하여 制百姓于刑辟之中하니 所以檢其心而敎以祗德也라

　　고요(皐陶;형관)를 명하여 사(士;사사(士師))를 삼아 백성들을 형벽(刑辟)의 중(中;중
도)으로 통제하니, 이는 그 마음을 검속하여 공경하는 덕을 가르친 것이다.

○ 吳氏曰 皐陶不與三后之列하여 遂使後世로 以刑官爲輕이라 後漢楊賜 拜廷尉

. . . . . .

339　兩刑官 : 두 명의 형관으로 백이와 고요를 가리킨 것이다.

340　以敎祗德 : 《언해》에는 "써 덕(德)의 지(祗)함을 교(敎)하니라"로 풀이하였으나, 퇴계의 설을
따라 '공경하는 덕을 가르쳤다.'로 수정 번역하였다.

에 自以代非法家라하여 言曰 三后成功하여 惟殷于民이어늘 皇陶不與[341]라하니 蓋
吝之也라 是는 後世非獨人臣以刑官爲輕이요 人君亦以爲輕矣라 觀舜之稱皇陶
曰 刑期于無刑하여 民協于中이 時乃功이라하시고 又曰 俾予從欲以治하여 四方風
動이 惟乃之休라하시니 其所繫 乃如此하니 是可輕哉아 呂氏曰 呂刑一篇은 以刑
爲主라 故로 歷敍本末하고 而歸之於皇陶之刑하니 勢不得與伯夷、禹、稷雜稱이니
言固有賓主也니라

○ 오씨(吳氏)가 말하였다. "고요가 세 후(后)의 열에 참여되지 아니하여, 마침내 후
세로 하여금 형관(刑官)을 경시하게 하였다. 후한(後漢)의 양사(楊賜)가 형관인 정위
(廷尉)에 제수되자, 스스로 가문이 대대로 법가(法家)가 아니라 하여 말하기를 '세 후
가 공을 이루어 백성을 번성하게 하였는데, 고요가 참여되지 않았다.' 하였으니, 정위
를 하찮게 여긴 것이다. 이는 후세에 신하만이 홀로 형관을 경시했을 뿐이 아니요 인
군 또한 경시한 것이다. 〈대우모(大禹謨)〉에 순 임금이 고요를 칭찬한 것을 보면, 말씀
하기를 '형벌은 형벌이 없음에 기약하여 백성이 중(中)에 화합함이 너의 공이다.' 하셨
고, 또 말씀하기를 '나로 하여금 하고자 하는 바에 따라 다스려져서 사방이 풍동(風動)
함이 너의 아름다움이다.' 하셨으니, 그 관계되는 바가 이와 같으니, 이 가볍게 여길
수 있겠는가."

여씨(呂氏)가 말하였다. "〈여형〉 한 편은 형벌을 위주하였기 때문에 본말을 낱낱이
서술하고 고요의 형벌에 귀결하였으니, 문세가 백이(伯夷)와 우(禹)와 직(稷)과 뒤섞어
서 칭할 수 없으니, 말에 진실로 빈(賓;세 후)·주(主;고요)가 있는 것이다."

10. **穆穆在上**하며 **明明在下**하여 **灼于四方**하여 **罔不惟德之勤**하니 **故乃明
于刑之中**하여 **率乂于民**하여 **棐彛**하니라
〈군주는〉 목목(穆穆)하게 위에 있고 〈신하는〉 명명(明明)하게 아래에 있어 사방에 빛
나서 덕을 부지런히 힘쓰지 않음이 없었으니, 그러므로 마침내 형벌의 중(中)을 밝혀
서 백성을 모두 다스려 떳떳한 성품을 도왔다.

------

341 後漢楊賜……皇陶不與 : 호산은 "이 내용은 《후한서(後漢書)》〈양사본전(楊賜本傳)〉에 보이
니, 양사는 4대에 걸쳐 다섯 명의 공(公)이 나온 가문이므로 그 말이 이와 같았던 것이다.〔見後漢
書楊賜本傳, 是四世五公之家, 故其言如此.〕" 하였다. 《詳說》

··· 吝 : 하찮게여길 린, 부끄러울 린 灼 : 밝을 작 棐 : 도울 비

穆穆者는 和敬之容也요 明明者는 精白之容也라 灼于四方者는 穆穆明明하여 輝
光發越而四達也라 君臣之德이 昭明如是라 故로 民皆觀感動盪하여 爲善而不能
自已也라 如是而猶有未化者라 故로 士師明于刑之中하여 使無過不及之差하여
牽乂于民하여 輔其常性하니 所謂刑罰之精華也라

　'목목(穆穆)'은 화경(和敬)하는 모양이요, '명명(明明)'은 정백(精白)한 모양이다. '사
방에 빛났다'는 것은 목목하고 명명하여 빛나는 광채가 발양(發揚)해서 사방으로 도달
한 것이다. 군주와 신하의 덕이 밝음이 이와 같았으므로 백성들이 모두 보고 감동하
고 동탕(動盪;마음을 분발함)하여 선(善)을 해서 능히 스스로 그치지 않았다. 그러나 이
와 같은데도 오히려 교화되지 않는 자가 있었다. 그러므로 사사(士師)가 형벌의 중(中)
을 밝혀서 과(過)·불급(不及)의 잘못이 없게 하여 백성을 모두 다스려서 그 떳떳한 성
품을 도왔으니, 이른바 형벌의 정화(精華)라는 것이다.

11. 典獄이 非訖于威라 惟訖于富니 敬忌하여 罔有擇言在身하여 惟克天德
이라사 自作元命하여 配享在下하리라
　옥(獄)을 맡은 자는 위엄을 부리는 권력가에게만 법을 다 적용할 것이 아니라, 뇌물
을 주는 부자에게도 다 적용해야 하니, 공경하고 조심해서 가릴(버릴) 말이 몸이 있지
않게 하여 능히 하늘의 덕을 간직하여야 스스로 큰 명(命)을 만들어서 하늘과 짝하여
누려 아래에 있을 것이다.”

訖은 盡也라 威는 權勢也요 富는 賄賂(회뢰)也라 當時典獄之官은 非惟得盡法於權
勢之家라 亦惟得盡法於賄賂之人이니 言不爲威屈하고 不爲利誘也라 敬忌之至하
여 無有擇言在身하여 大公至正하여 純乎天德하여 無毫髮不可擧以示人者리니 天
德在我[342]하면 則大命自我作하여 而配享在下矣라 在下者는 對天之辭니 蓋推典獄
用刑之極功하여 而至於與天爲一者 如此하니라
　'흘(訖)'은 다함이다. '위(威)'는 권세이고 '부(富)'는 뇌물이다. 당시에 옥(獄)을 맡

- - - - - -
342　天德在我 : 경문의 '惟克天德'을 부연 설명한 것으로, 호산은 "惟克天德에 대한 《언해》의 해석
은 다시 자세히 살펴보아야 한다.〔惟克天德, 諺釋更詳.〕" 하였다. 《언해》에는 '능히 天德이라사'로
풀이하였으나, 《집전》과 호산의 지적에 따라 '능히 하늘의 덕을 자기 몸에 간직하여야'로 번역하였
음을 밝혀둔다.

··· 盪 : 일렁일 탕　訖 : 다할 흘　賄 : 재물 회　賂 : 재물 뢰

은 관원은 오직 권세 있는 집안에만 법을 다 적용할 것이 아니라 또한 뇌물을 주는 사람에게도 법을 다 적용하였으니, 위엄에 굽히지 않고 이익에 유혹되지 않음을 말한 것이다. 공경하고 조심함이 지극하여 가릴 말이 몸에 없으면 대공(大公)하고 지정(至正)하여 하늘의 덕에 순수해서 털끝만큼이라도 들어서 남에게 보일 수 없는 것이 없을 것이니, 하늘의 덕이 자신에게 있으면 큰 명(命)이 자신으로부터 시작되어서 하늘과 짝하여 누려 아래에 있을 것이다. 아래에 있다는 것은 하늘과 상대한 말이니, 옥사를 주관하는 자가 형벌을 쓰는 지극한 공을 미루어서 하늘과 함께 하나가 됨에 이름이 이와 같은 것이다.

12. 王曰 嗟四方司政典獄아 非爾惟作天牧가 今爾는 何監고 非時伯夷播刑之迪가 其今爾何懲고 惟時苗民이 匪察于獄之麗(리)하며 罔擇吉人하여 觀于五刑之中이요 惟時庶威奪貨로 斷制五刑하여 以亂無辜한대 上帝不蠲(견)하사 降咎于苗하시니 苗民이 無辭于罰하여 乃絶厥世하니라

　왕이 말씀하였다. "아! 사방에 정사를 맡아 옥사를 주관하는 자들아. 네가 천목(天牧: 하늘을 대신하여 백성을 길러 줌)이 되지 않았는가? 이제 너는 무엇을 보고 감계(監戒)로 삼을 것인가? 백이(伯夷)가 형벌을 베풀어 백성을 인도함이 아니겠는가. 지금 너는 무엇을 징계(懲戒)로 삼을 것인가? 묘민(苗民)들이 옥사에 걸림을 살피지 않으며, 길인(선인)을 가려 오형(五刑)의 알맞음을 보여주지 않고, 오직 여러 위엄과 재물(뇌물)로 법을 빼앗는 자들로 하여금 오형을 단제(斷制)하게 해서 무고(無辜)한 자들을 어지럽히자, 상제(上帝)가 용서하지 않으사 허물(벌)을 묘(苗)에 내리시니, 묘민이 하늘의 벌에 할 말이 없어 마침내 그 대를 끊게 되었다."

司政典獄은 漢孔氏曰 諸侯也라하니 爲諸侯主刑獄而言이라 非爾諸侯 爲天牧養斯民乎아 爲天牧民이면 則今爾何所監懲고 所當監者 非伯夷乎아 所當懲者 非有苗乎아 伯夷布刑하여 以啓迪斯民하니 捨皐陶而言伯夷者는 探本之論也라 麗는 附也라 苗民이 不察於獄辭之所麗하고 又不擇吉人하여 俾觀于五刑之中하고 惟是貴者以威亂政하고 富者以貨奪法하여 斷制五刑하여 亂虐無罪한대 上帝不蠲貸而降罰于苗하시니 苗民이 無所辭其罰하여 而遂殄滅之也라

　'정사를 받아 옥사를 주관함'은 한나라 공씨가 말하기를 "제후이다." 하였으니, 제후 중에 형옥(刑獄)을 주관하는 자를 위하여 말한 것이다. 너 제후는 하늘을 위하여 이

백성을 길러주는[牧養] 자가 아니겠는가. 하늘을 위하여 백성을 기른다면 지금 너는 무엇을 보고 감계로 삼을 것인가? 마땅히 보고 감계해야 하는 것은 백이가 아니겠는가. 마땅히 징계로 삼을 것은 묘(苗)가 아니겠는가. 백이가 형벌을 베풀어 이 백성을 계적(啓迪;인도)했다 하였으니, 고요를 버리고 백이를 말한 것은 근본을 탐구한 말이다. '리(麗)'는 붙음(걸림)이다. 묘민(苗民)이 옥사에 걸림을 살피지 않고 또 길인(吉人)을 가려 써서 오형(五刑)의 알맞음을 보여주지 않고, 오직 귀한 자는 위엄으로 정사를 어지럽히고, 부유한 자는 재물로 법을 빼앗아서 오형을 단제(斷制)하여 무죄한 자들을 어지럽히고 포악히 하자, 상제가 용서하지 않으시어 묘(苗)에 벌을 내리시니, 묘민이 그 벌에 할 말이 없어서 마침내 끊겨 멸망하게 된 것이다.

13. 王曰 嗚呼라 念之哉어다 伯父와 伯兄과 仲叔과 季弟와 幼子와 童孫아 皆聽朕言하라 庶有格命³⁴³하니라 今爾罔不由慰日勤하나니 爾罔或戒不勤하라 天齊于民이라 俾我一日이시니라(이시니) 非終惟終이 在人하니 爾尚敬逆天命하여 以奉我一人하여 雖畏(威)나 勿畏하며 雖休나 勿休하여 惟敬五刑하여 以成三德하면 一人有慶하며 兆民賴之하여 其寧惟永하리라

　왕이 말씀하였다.

"아! 생각할지어다. 백부(伯父)와 백형(伯兄)과 중숙(仲叔;둘째아우와 셋째아우)과 계제(季弟)와 유자(幼子)와 동손(童孫)들아. 모두 짐(朕)의 말을 들어라. 거의 지극한 명령이 있을 것이다. 지금 너희가 말미암아 위로함이 날로 부지런하지 않음이 없으니, 너는 혹시라도 부지런하지 않음을 경계하지 말라. (혹시라도 부지런히 하지 않고서 추후에 뉘우치지 말라.) 하늘이 백성들을 가지런히 하기 위하여 나로 하여금 하루만 형벌을 쓰게 하신 것이다. 비종(非終)과 유종(惟終)이 사람에게 달려있으니, 너희들은 부디 천명(天命)을 공경히 맞이해서 나 한 사람을 받들어라. 그리하여 내가 비록 형벌하여 위엄을 보이라 하더라도 형벌하지 말고, 내가 비록 아름답게 용서하라 하더라도 용서하지 말아서, 오형(五刑)의 사용을 공경하여 삼덕(三德)을 이루면 나 한 사람에게 복경(福慶)

．．．．．．
343 庶有格命：우선 《언해》의 해석을 따랐으나 《채전방통》에는 "지명(至命;격명)은 어떤 명(命)인지 모르겠다."라고 전제하고, 신안 호씨(新安胡氏)의 '하문(下文)에 경역천명(敬逆天命)이란 말이 있으니, 이것은 마땅히 '거의 천명을 감격(感格)함이 있어야 한다'로 해석해야 한다.'는 설을 병기(倂記)하였다.

이 있을 것이며, 조민(兆民)들이 힘입어 그 편안함이 영원할 것이다."

此는 告同姓諸侯也라 格은 至也라 參錯訊鞫하여 極天下之勞者 莫若獄이니 苟有
毫髮怠心이면 則民有不得其死者矣라 罔不由慰日勤者는 爾所用以自慰者 無不
以日勤이라 故로 職擧而刑當也라 爾罔或戒不勤者는 刑罰之用은 一成而不可變
者也니 苟頃刻之不勤이면 則刑罰失中하여 雖深戒之나 而已施者亦無及矣라 戒
固善心也나 而用刑을 豈可以或戒也哉아 且刑獄은 非所恃以爲治也니 天以是整
齊亂民하여 使我爲一日之用而已라 非終은 卽康誥大罪非終之謂니 言過之當宥
者요 惟終은 卽康誥小罪惟終之謂니 言故之當辟者라 非終、惟終이 皆非我得輕
重이요 惟在夫人所犯耳니 爾當敬逆天命하여 以承我一人이라 畏、威는 古通用하니
威는 辟之也요 休는 宥之也라 我雖以爲辟이라도 爾惟勿辟하며 我雖以爲宥라도 爾
惟勿宥하고 惟敬乎五刑之用하여 以成剛、柔、正直之德이면 則君慶於上하고 民賴
於下하여 而安寧之福이 其永久而不替矣리라

　　이는 동성(同姓)의 제후에게 고한 것이다. '격(格)'은 지극함이다. 교착(交錯;번갈아)
하여 심문하고 국문해서 천하에 지극히 수고로움이 옥사(獄事)보다 더한 것이 없으니,
만일 털끝만치라도 게으른 마음이 있으면 백성들이 그 올바른 죽음을 얻지 못하는 자
가 있을 것이다. '말미암아 위로함이 날로 부지런하지 않음이 없다.'는 것은 네 스스로
〈직책을 열심히 수행해서〉 위로함이 날로 부지런하지 않음이 없으므로 직책이 거행되
어 형벌이 합당한 것이다. '너는 혹시라도 부지런히 하지 않고서 경계하지(뒤에 뉘우치
지) 말라.'는 것은 형벌의 씀은 한 번 이루어지면 다시는 변경할 수 없으니, 만일 경각
(頃刻)이라도 부지런하지 않으면 형벌이 알맞음을 잃어서 비록 깊이 경계하더라도 이
미 형벌을 시행한 자에게는 미칠 수가 없다. 경계함은 진실로 좋은 마음이나 형벌을
씀을 어찌 혹시라도 경계할 수 있겠는가. 또 형옥(刑獄)은 믿고서 다스릴 수 있는 것이
아니니, 하늘이 이로써 어지러운 백성들을 정제(整齊)하여 나로 하여금 하루의 씀을
하게 할 뿐이다.

　　'비종(非終)'은 곧 〈강고(康誥)〉에 큰 죄라도 종(終;재범 삼범)이 아니라는 것이니 〈모
르고 지은〉 과실로서 마땅히 용서해야 할 자를 말한 것이며, '유종(惟終)'은 곧 〈강고〉
에 작은 죄라도 종(終)이라는 것이니 고의범으로서 마땅히 형벌해야 할 자를 말한 것
이다. 비종(非終)과 유종(惟終)이 모두 내가 마음대로 죄를 가볍게 하거나 무겁게 할
수 있는 것이 아니요, 오직 저 사람의 범한 바에 달려 있을 뿐이니, 너는 마땅히 천명

··· 訊 : 물을 신　鞫 : 국문할 국

(天命)을 공경히 맞이해서 나 한 사람을 받들라는 것이다.

　외(畏)와 위(威)는 옛날에 통용되었으니, '위(威)'는 형벌하는 것이고 '휴(休)'는 용서하는 것이다. 내가 비록 형벌하라 하더라도 너는 형벌하지 말고, 내가 비록 용서하라 하더라도 너는 용서하지 말고, 오직 오형(五刑)의 운용을 공경하여 강(剛)·유(柔)와 정직(正直)의 세 가지 덕(德)을 이루면 군주는 위에서 복경(福慶)이 있고 백성들은 아래에서 힘입어 안녕(安寧)한 복이 영구하여 폐해지지 않을 것이다.

14. **王曰 吁**라 **來**하라 **有邦有土**아 **告爾祥刑**하노라 **在今爾安百姓**인댄 **何擇**고 **非人**가 **何敬**고 **非刑**가 **何度**(탁)고 **非及**가
　왕이 말씀하였다.

　"아! 이리 오너라. 나라를 소유하고 토지를 소유한 자(제후)들아. 너희들에게 상서로운 형벌을 고하노라. 이제 너희들이 백성을 편안히 하려 할진댄 무엇을 가려야 하는가? 사람이 아니겠는가. 무엇을 공경해야 하는가? 형벌이 아니겠는가. 무엇을 헤아려야 하는가? 옥사에 미치는 것이 아니겠는가.

有民社者는 **皆在所告也**라 **夫刑**은 **凶器也**어늘 **而謂之祥者**는 **刑期無刑**하여 **民協于中**이면 **其祥莫大焉**이라 **及**은 **逮也**라 **漢世**에 **詔獄所逮** **有至數萬人者**하니 **審度**(탁)**其所當逮者而後**에 **可逮之也**라 **曰何, 曰非**는 **問答以發其意**하여 **以明三者之決不可不盡心也**니라
　백성과 사직(社稷)을 소유한 자(제후)가 모두 고할 대상(對象)에 있는 것이다. 형벌은 흉기(凶器)인데 상서롭다고 말한 것은, 형벌은 형벌이 없음을 기약하여 백성들의 행위가 중(中)에 맞으면 그 상서로움이 이보다 더 큰 것이 없는 것이다. '급(及)'은 미침이다. 한(漢)나라 때에 조명(詔命)으로 다스리는 옥사(獄事)에 연관되어 체포된 자가 수만 명에 이른 경우가 있었으니, 마땅히 옥사에 미쳐야 할 자를 살펴 헤아린 뒤에 미치게 하는 것이다. '하(何)'라고 말하고 '비(非)'라고 말한 것은, 문답하여 그 뜻을 나타내어서 세 가지에 결코 마음을 다하지 않을 수 없음을 밝힌 것이다.

15. **兩造**요 **具備**어든 **師聽五辭**호리니 **五辭**에 **簡孚**어든 **正于五刑**하며 **五刑**에 **不簡**이어든 **正于五罰**하며 **五罰**에 **不服**이어든 **正于五過**하라
　〈다투는 자〉 두 사람이 모두 법정(法廷)에 이르고 〈말과 증거가〉 구비되었으면 여러

··· 造 : 나올 조　孚 : 믿을 부

사(士;법관)가 오사(五辭)를 들을 것이니, 오사에 진실하고 믿을 만하거든 오형(五刑)에 질정하며, 오형에 진실하지 않거든 오벌(五罰;다섯 가지 벌금형)에 질정하며, 오벌에 복종하지 않거든 오과(五過;다섯 가지 과오)에 질정하라.

兩造者는 兩爭者皆至也니 周官에 以兩造聽民訟하니라 具備者는 詞證皆在也라 師는 衆也라 五辭는 麗(리)於五刑之辭也라 簡은 核(覈)其實也요 孚는 無可疑也라 正은 質也니 五辭簡核而可信이라야 乃質于五刑也라 不簡者는 辭與刑이 參差(치) 不應이니 刑之疑者也라 罰은 贖也니 疑於刑則質于罰也라 不服者는 辭與罰이 又 不應也니 罰之疑者也라 過는 誤也니 疑於罰이면 則質于過而宥免之也라

'양조(兩造)'는 두 다투는 자(원고와 피고)가 모두 〈법정에〉 이르는 것이니, 《주관(주례)》〈대사구(大司寇)〉에 "두 사람이 이르면 백성의 송사를 다스린다." 하였다. '구비(具備)'는 말과 증거가 모두 있는 것이다. '사(師)'는 여러 명의 사(士)이다. '오사(五辭)'는 오형에 걸린(해당하는) 말(공초(供招))이다. '간(簡)'은 그 진실함을 조사함이요, '부(孚)'는 의심이 없는 것이다. '정(正)'은 질정함이니, 오사가 진실하여 믿을 만하여야 비로소 오형에 질정하는 것이다. '불간(不簡)'은 말과 형(刑)이 어긋나서 응하지(맞지) 않는 것이니, 형벌함에 의심스러운 것이다. '벌(罰)'은 속(贖;벌금형)이니, 형벌함에 의심스러우면 벌금형에 질정하는 것이다. '불복(不服)'은 말과 벌금형이 또 응하지 않는 것이니, 벌금형에 의심스러운 것이다. '과(過)'는 과오이니, 벌금형에 의심스러우면 과(過)에 질정하여 용서해서 벌금형을 면하는 것이다.

16. 五過之疵는 惟官과 惟反과 惟內와 惟貨와 惟來니 其罪惟均하니 其審克之하라

오과(五過)의 병폐는 관권(官權)과 반(反;보복과 보답)과 내(內;궁녀의 청탁)와 뇌물과 래(來;간청)이니 이들은 그 죄가 똑같으니, 살펴서 능함을 다하게 하라.

疵는 病也라 官은 威勢也요 反은 報德怨也요 內는 女謁也요 貨는 賄賂(회뢰)也요 來는 干請也라 惟此五者之病으로 以出入人罪하면 則以人之所犯坐之也[344]라 審克者

344 惟此五者之病 以出入人罪 則以人之所犯坐之也 : 사건을 담당한 법관이 다섯 가지의 병통으로 죄인의 죄를 올리거나 낮추어 처벌하면 그 법관을 죄인이 범한 죄로 다스림을 말한 것이다.

••• 核 : 조사할 핵 差 : 어긋날 치 贖 : 속바칠 속 疵 : 병폐 자

는 察之詳而盡其能也니 下文에 屢言하여 以見其丁寧忠厚之志라 疵於刑罰에 亦
然이로되 但言於五過者는 舉輕以見(현)重也니라

'자(疵)'는 병통이다. '관(官)'은 위세(威勢)요, '반(反)'은 사사로운 은덕과 원한에 보
답함이요, '내(內)'는 궁녀의 청탁이요, '화(貨)'는 뇌물이요, '래(來)'는 간청이다. 이 다
섯 가지의 병통으로써 사람의 죄를 내고(낮추고) 들이면(올리면) 그 담당관에게 그 죄
인이 범한 죄로 좌죄(坐罪)하는 것이다. '심극(審克)'은 살피기를 자세히 하여 그 능함
을 다하는 것이니, 하문(下文)에 여러 번 말하여 정녕(丁寧)하고 충후(忠厚)한 뜻을 나
타내었다. 병통은 형(刑;다섯 가지 형벌)과 벌(罰;다섯 가지 벌금)에 있어서도 또한 그러하
나 다만 다섯 가지 과오에 말한 것은 가벼운 것을 들어서 무거운 것을 나타낸 것이다.

17. **五刑之疑 有赦**하고 **五罰之疑 有赦**하니 **其審克之**하라 **簡孚有衆**이라도
(이어든) **惟貌有稽**니 **無簡**이어든 **不聽**하여 **具嚴天威**하라
오형(五刑)에 의심스러운 것은 사면함이 있고, 오벌(五罰)에 의심스러운 것도 사면함
이 있으니, 살펴서 능함을 다하게 하라. 진실을 조사하여 믿을 만한 것이 많더라도 죄
인의 얼굴빛을 상고함이 있어야 하니, 진실하지 않거든 감형(減刑)을 듣지 말아서 모
두 하늘의 위엄을 두려워하라.

刑疑有赦는 正于五罰也요 罰疑有赦는 正于五過也라 簡核情實하여 可信者衆이라
도 亦惟考察其容貌니 周禮所謂色聽[345]이 是也라 然聽獄은 以簡核爲本이니 苟無
情實이면 在所不聽이라 上帝臨汝하시니 不敢有毫髮之不盡也니라

'오형에 의심스러움은 사면함이 있다.'는 것은 오벌(五罰;다섯 가지 벌금형)에 질정
함이요, '오벌에 의심스러움은 사면함이 있다.'는 것은 오과(五過;다섯 가지 과실)에 질
정하는 것이다. 실정을 조사하여 믿을 만한 것이 많더라도 또한 그(죄인)의 용모를 살
펴야 하니,《주례(周禮)》〈소사구(小司寇)〉에 이른바 "얼굴빛을 보고 죄를 다스린다."는

......
345 周禮所謂色聽：색청(色聽)은 옥송(獄訟)을 다스릴 적에 죄인의 얼굴빛을 보고 정직한가 정
직하지 않은가를 가려냄을 이른다.《주례》〈소사구(小司寇)〉에 다섯 가지 방법으로 죄인이나 쟁송
(爭訟)하는 자들을 살펴보아 옥송(獄訟)을 다스리는바, 첫째는 사청(辭聽)으로 말소리를 살펴보
는 것이고, 둘째는 색청(色聽)으로 얼굴빛을 살펴보는 것이고, 셋째는 기청(氣聽)으로 숨 쉼을 살
펴보는 것이고, 넷째는 이청(耳聽)으로 말소리를 제대로 듣는가를 살펴보는 것이고, 다섯째는 목청
(目聽)으로 눈동자나 시선을 살펴보는 것이다.

··· 屢 : 여러 루

것이 이것이다. 그러나 옥사를 다스림은 진실하게 조사함을 근본으로 삼으니, 만약 실정이 없으면 다스리지 않아야 하는 것이다. 상제(上帝)가 너를 굽어보고 계시니, 털 끝만큼이라도 미진함이 있어서는 안 된다.

18. 墨辟疑赦는 其罰이 百鍰(환)이니 閱實其罪하라 劓(의)辟疑赦는 其罰이 惟倍니 閱實其罪하라 剕(비)辟疑赦는 其罰이 倍差니 閱實其罪하라 宮辟疑赦는 其罰이 六百鍰이니 閱實其罪하라 大辟疑赦는 其罰이 千鍰이니 閱實其罪하라 墨罰之屬이 千이요 劓罰之屬이 千이요 剕罰之屬이 五百이요 宮罰之屬이 三百이요 大辟之罰이 其屬이 二百이니 五刑之屬이 三千이라(이니) 上下比罪[346]하여 無僭亂辭하며 勿用不行이요 惟察惟法하여 其審克之하라

　　묵벽(墨辟;묵형)에 의사(疑赦;의심스러워 사면함)은 그 벌금이 1백 환(鍰)이니, 그 죄를 열실(閱實;자세히 조사하여 진실히 함)하라. 의벽(劓辟)에 의사는 그 벌금이 배이니, 그 죄를 열실하라. 비벽(剕辟)에 의사는 벌금이 배하고 차이가 있으니, 그 죄를 열실하라. 궁벽(宮辟)에 의사는 그 벌금이 6백 환이니, 그 죄를 열실하라. 대벽(大辟)에 의사는 그 벌금이 1천 환이니, 그 죄를 열실하라. 묵벌(墨罰)의 종류가 천이고 의벌(劓罰)의 종류가 천이고 비벌(剕罰)의 종류가 5백이고 궁벌(宮罰)의 종류가 3백이고 대벽의 벌이 종류가 2백이니, 오형의 종류가 모두 3천 가지이다. 형벌을 올리고 내려 죄를 붙여서 어지러운 말에 잘못되지 말며, 지금에 시행하지 않는 법을 쓰지 말고 법을 잘 살펴서, 그 살펴 능함을 다하도록 하라.

墨은 刻顙(상)而涅(날)之也요 劓는 割鼻也요 剕는 刖(월)足也라 宮은 淫刑也니 男子는 割勢하고 婦人은 幽閉라 大辟은 死刑也라 六兩曰鍰이라 閱은 視也라 倍는 二百鍰也라 倍差는 倍而又差니 五百鍰也라 屬은 類也요 三千은 總計之也라 周禮에 司刑所掌은 五刑之屬이 二千五百이니 刑雖增舊나 然輕罪는 比舊爲多하고 而重罪는 比舊爲減也[347]라 比는 附也니 罪無正律이면 則以上下刑하여 而比附其罪也

• • • • • •

346 上下比罪：오윤상은 "〈18절의〉'올리고 낮추어 죄를 붙임[上下比罪]'은 형률에 올릴 수도 있고 낮출 수도 있는 것이요, 〈19절의〉'상형(上刑)이라도 가벼운 죄에 맞게 하고 하형(下刑)이라도 무거운 죄에 맞게 한다[上刑適輕, 下刑適重.]'는 것은 인정을 가지고 죄의 경중을 논한 것이다.[上下比罪, 於律可上可下也, 上刑適輕, 下刑適重, 以情論輕重也.]" 하였다.

347 周禮司刑所掌……比舊爲減也：《주례》〈대사구(大司寇)〉에는 묵형(墨刑)과 의형(劓刑), 월형

• • •　鍰：여섯냥 환　閱：살펴볼 열　剕：발벨 비　顙：이마 상　涅：검은물들일 날　刖：발벨 월

라 無僭亂辭, 勿用不行은 未詳이라 或曰 亂辭는 辭之不可聽者요 不行은 舊有是
法而今不行者라하니 戒其無差誤於僭亂之辭[348]하고 勿用今所不行之法이요 惟詳
明法意而審克之也라

　‘묵(墨)’은 이마에 새겨(각인하여) 먹물을 들임이요, ‘의(劓)’는 코를 벰이요, ‘비(剕)’
는 발꿈치를 벰이다. ‘궁(宮)’은 음란한 자에 대한 형벌〔淫刑〕이니, 남자는 거세(去勢)
하고 부인(婦人)은 음부를 유폐시킨다. ‘대벽(大辟)’은 사형(死刑)이다. 여섯 냥을 ‘환
(鍰)’이라 한다. ‘열(閱)’은 살펴봄이다. ‘배(倍)’는 2백 환이다. ‘배차(倍差)’는 배하고
또 차이가 있는 것이니, 5백 환이다. ‘속(屬)’은 종류이고 3천 가지는 총계한 것이다.
《주례》〈사형(司刑)〉에 관장하는 것은 오형(五刑)의 종류가 2천 5백 가지이니, 형벌은
비록 옛날보다 증가하였으나 가벼운 죄는 옛날에 비하여 많고, 무거운 죄는 옛날에
비하여 줄어들었다. ‘비(比)’는 붙임이니, 죄에 마땅한(정당한) 법율(法律)이 없으면 형
(刑)을 올리고 내려서 그 죄를 붙이는 것이다. ‘무참란사 물용불행(無僭亂辭 勿用不行)’
은 자세하지 않다. 혹자는 말하기를 “난사(亂辭)는 말 중에 참란(僭亂)하여 들을 수 없
는 것이요, 불행(不行)은 옛날에는 이러한 법이 있었으나 지금은 시행하지 않는 것이
다.” 하니, 어지러운 말에 차오(差誤)하지 말고 지금 시행하지 않는 법을 쓰지 말고, 오
직 법의 뜻을 자세히 밝혀서 살펴 능하게 하라고 경계한 것이다.

○ 今按皐陶所謂罪疑惟輕者는 降一等而罪之耳어늘 今엔 五刑疑赦而直罰之以
金하니 是는 大辟、宮、剕、劓、墨이 皆不復降等用矣라 蘇氏謂 五刑疑를 各入罰
不降은 當因古制라하나 非也라 舜之贖刑은 官府學校鞭扑(편복)之刑耳라 夫刑莫
輕於鞭扑이니 入於鞭扑之刑하고 而又情法이 猶有可議者면 則是無法以治之라
故로 使之贖하니 特不欲遽釋之也어늘 而穆王之所謂贖은 雖大辟이라도 亦贖也하
니 舜豈有是制哉리오 詳見篇題하니라

(劓刑)과 궁형(宮刑) 및 사형에 해당하는 죄가 각각 5백 가지여서 도합 2천 5백 가지이므로 말한
것이다.

348　無差誤於僭亂之辭 : 경문의 ‘無僭亂辭’를 부연 설명한 것으로, 호산은 “어지러운 말에 잘못
되지 말라는 뜻이니, 《언해》의 해석은 다시 헤아려 보아야 한다.〔毋僭於亂辭也, 諺釋更商.〕” 하여,
‘위의 오(誤)를 참(僭)으로 보고 아래의 참(僭)은 혹 오자인 듯하다.’ 하였다. 《詳說》《언해》에는
‘僭亂한 辭에 말며’로 풀이하였으나, 호산의 설을 따라 ‘어지러운 말에 차오(差誤;잘못됨)하지 말
라.’로 번역하였다.

• • •　鞭 : 채찍 편　扑 : 종아리칠 복

○ 이제 살펴보건대 〈대우모(大禹謨)〉에서 고요(皐陶)의 이른바 '죄가 의심스러우면 가볍게 처벌한다.'는 것은 한 등급을 낮추어 죄주는 것이었는데, 지금은 오형(五刑)의 의사(疑赦)에 곧바로 벌금형으로 벌하였으니, 이는 대벽(大辟)과 궁(宮)·비(剕)·의(劓)·묵형(墨刑)에 모두 다시는 강등하여 쓰지 않은 것이다. 소씨(蘇氏)는 이르기를 "오형에 의심스러운 것을 각각 벌금형에 넣고 강등하지 않은 것은 마땅히 옛 제도를 따랐을 것이다." 하였는데, 이는 잘못이다. 순(舜)의 속형(贖刑)은 관부(官府)와 학교의 채찍과 회초리의 형벌일 뿐이었다. 형벌은 채찍과 회초리보다 더 가벼운 것이 없으니, 채찍과 회초리의 형벌에 들어가고 또 실정과 법이 오히려 의논할(고려할) 만한 것이 있으면, 이는 법으로 다스릴 수가 없으므로 속전(贖錢)을 내게 하였으니, 다만 대번에 석방시키고자 하지 않은 것이었다. 그런데 목왕(穆王)의 이른바 '속(贖)'은 비록 대벽이라도 또한 속면(贖免)하였으니, 순(舜)이 어찌 이러한 제도가 있었겠는가. 편 머리에 자세히 보인다.

19. **上刑**이라도 **適輕**이어든 **下服**하며 **下刑**이라도 **適重**이어든 **上服**하라 **輕重諸罰**이 **有權**하며 **刑罰**이 **世輕世重**하나니 **惟齊非齊**나 **有倫有要**하니라

　죄목(罪目)이 상형(上刑:상등의 형)이라도 가벼움에 적합하거든 아래로 적용하며, 죄목이 하형(下刑:하등의 형)이라도 무거움에 적합하거든 위로 적용하라. 여러 형벌을 가볍게 하고 무겁게 함이 권도(權道)가 있으며, 형과 벌이 세상에 따라 가볍게 하고 무겁게 하여야 하니, 똑같지 않은 형벌로 가지런히 하나 륜서(倫序:조리)가 있고, 요체(要體)가 있는 것이다.

事在上刑이라도 而情適輕이면 則服下刑이니 舜之宥過無大와 康誥所謂大罪非終者 是也라 事在下刑이라도 而情適重이면 則服上刑이니 舜之刑故無小와 康誥所謂小罪非眚者 是也라 若(謂)[諸]³⁴⁹罰之輕重이 亦皆有權焉하니 權者는 進退推移하여 以求其輕重之宜也라 刑罰世輕世重者는 周官에 刑新國엔 用輕典하고 刑亂國엔 用重典하고 刑平國엔 用中典이라하니 隨世而爲輕重者也라 輕重諸罰有權者는 權一人之輕重也요 刑罰世輕世重者는 權一世之輕重也라 惟齊非齊者는 法之權

- - - - - -
349　(謂)[諸]：저본에는 '謂'로 되어 있으나, 일본의 한문대계본(漢文大系本)을 의거하여 '諸'로 바로잡았다.

···　眚 : 모르고지은죄 생　權 : 저울질할 권

也요 有倫有要者는 法之經也라 言刑罰이 雖惟權變是適하여 而齊之以不齊焉이나
至其倫要所在하여는 蓋有截然而不可紊者矣니 此兩句는 總結上意하니라

　일(죄목)이 상형(上刑)에 해당하더라도 실정이 가벼움에 적합하면 하형(下刑)을 시
행하여야 하니, 〈대우모〉에 '순(舜)이 과오를 용서하여 크게 하지 않음'과 〈강고(康誥)〉
에 이른바 '큰 죄라도 종(終;재범과 삼범)이 아니라는 것'이다. 일이 하형에 해당하더라
도 실정이 무거움에 적합하면 상형을 시행하여야 하니, '순이 고의범을 형벌하여 작
게 형벌하지 않음'과 〈강고〉의 이른바 '작은 죄라도 과오가 아니라는 것'이다. 여러 형
벌을 가볍고 무겁게 함이 또한 권도(權道)가 있으니, '권(權;저울질함)'은 진퇴(進退)하
고 추이(推移)하여 경중(輕重)의 마땅함을 찾는 것이다. 형벌이 세상에 따라 가볍게 하
고 무겁게 한다는 것은 《주관(周官)》〈대사구(大司寇)〉에 "새로 창건한 나라를 형벌할
때에는 가벼운 법을 쓰고, 어지러운 나라를 형벌할 경우에는 무거운 법을 쓰고, 평범
한 나라를 형벌할 경우에는 중간의 형벌을 쓴다." 하였으니, 세상을 따라 가볍게 하고
무겁게 하는 것이다.

　여러 형벌의 가볍고 무거움이 권도가 있다는 것은 한 사람의 경중을 저울질함이
요, 형벌이 세상에 따라 가볍게 하고 무겁게 한다는 것은 한 세상의 경중을 저울질함
이다. 가지런하지 않음을 가지런히 한다는 것은 법의 권도이며, 륜서(倫序)가 있고 요
체(要體)가 있다는 것은 법의 경(經;원칙)이다. 형과 벌(벌금)이 비록 권변(權變)을 맞추
어 가지런하지 않음을 가지런히 하나 그 륜서와 요체가 있는 곳에 이르러는 절연(截
然;엄격)하여 문란할 수 없음을 말한 것이니, 이 두 구(句)는 상문(上文)을 총결(總結)한
것이다.

20. 罰懲이 非死나 人極于病하나니 非佞이 折獄이라 惟良이 折獄이라사 罔非
在中하리라 察辭于差하여 非從惟從[350]하며 哀敬折獄하며(하여) 明啓刑書하여
胥占이라사 咸庶中正하리니 其刑其罰을 其審克之하여사 獄成而孚하며 輸而
孚하리니 其刑을 上備호되 有幷兩刑하라

　벌금으로 징계함이 죽이는 것은 아니나 사람들이 지극히 괴로워하니, 말 잘하는 자
가 옥사를 결단할 것이 아니라, 선량한 자가 옥사를 결단하여야 옥사가 중(中)에 있지

350　非從惟從：마음속에 미리 어떤 법률을 적용하려고 단정하지 말고, 죄의 경중에 따라 적절하
게 처벌함을 이른다.

･･････　截：자를 절　佞：말잘할 녕　折：절단할 절

않음이 없을 것이다. 말을 어긋남에서 살펴 따르려 하지 않으면서 따르며 가엾게 여기고 공경하여 옥사를 결단해서 형서(刑書)를 밝게 펴보아 서로 점쳐야 형과 벌이 모두 거의 중정(中正)할 것이다. 형과 벌을 살펴서 능함을 다하게 하여야 옥사가 이루어짐에 백성들이 믿으며 위로 올림에 군주가 믿을 것이니, 형벌을 결단한 내용을 갖추어 올리되 두 가지 형을 겸하여 올려라.

罰以懲過는 雖非致人於死나 然民重出贖하니 亦甚病矣라 佞은 口才也라 非口才辯給之人이 可以折獄이요 惟溫良長者로 視民如傷者 能折獄이라야 而無不在中也니 此는 言聽獄者當擇其人也라 察辭于差者는 辭非情實이면 終必有差니 聽獄之要는 必於其差而察之라 非從惟從者는 察辭에 不可偏主니 猶曰不然而然이니 所以審輕重而取中也라 哀敬折獄者는 惻怛敬畏하여 以求其情也요 明啓刑書胥占者는 言詳明法律하여 而與衆占度(탁)也요 咸庶中正者는 皆庶幾其無過忒(특)也니 於是에 刑之罰之를 又當審克之也라 此는 言聽獄者 當盡其心也니 若是면 則獄成於下而民信之하고 獄輸於上而君信之라 其刑上備호되 有幷兩刑者는 言上其斷獄之書에 當備情節이니 一人而犯兩事면 罪雖從重이나 亦幷兩刑而上之也라 此는 言讞獄者 當備其辭也라

벌금으로 과오를 징계함은 비록 사람을 죽임에 이르게 하는 것은 아니나 백성들이 속전(贖錢)을 내는 것을 어렵게 여기니, 또한 심히 괴로워한다. '영(佞)'은 말재주이다. 말재주가 있어 변급(辯給;말을 잘함)한 사람이 옥사를 결단할 것이 아니요, 오직 온량(溫良)한 장자(長者)로서 백성을 보기를 상할 듯이(행여 다칠 듯이) 여기는 자가 옥사를 결단하여야 중(中)에 있지 않음이 없을 것이니, 이는 옥사를 결단하는 자는 마땅히 훌륭한 사람을 가려서 임명해야 함을 말한 것이다.

'말을 어긋남에서 살핀다'는 것은 말이 실정이 아니면 끝내는 반드시 어긋남이 있으니, 옥사를 다스리는 요점은 반드시 그 어긋남에서 살펴야 하는 것이다. '따르려 하지 않으면서 따른다'는 것은 말을 살핌에 편벽되이 한쪽을 주장해서는 안 되니, '그렇게 하려고 하지 않았는데 그렇게 되었다'는 말과 같으니, 경중을 살펴 중(中)을 취하는 것이다. '가엾게 여기고 공경하여 옥사를 결단한다'는 것은 측달(惻怛;슬퍼함)하고 경외(敬畏;공경)하여 그 실정을 찾는 것이며, '형서(刑書)를 밝게 펴보아 서로 점친다'는 것은 법률을 자세히 밝혀 여러 사람과 함께 점치고 헤아리는 것이며, '모두 거의 중정(中正)하다'는 것은 형벌에 모두 잘못됨이 없는 것이니, 이에 형벌을 가하되 또 마땅히

... 怛 : 슬플 달 忒 : 어그러질 특 讞 : 죄의논할 언

살펴 능함을 다하게 하여야 한다. 이는 옥사를 다스리는 자가 마땅히 그 마음을 다해야 함을 말한 것이니, 이와 같이 하면 옥사가 아래에서 이루어짐에 백성들이 믿고, 옥사를 위로 올림에 군주가 믿는다.

　'형벌을 결단한 내용을 갖추어 올리되 두 가지 형벌을 겸하여 올린다'는 것은 옥사를 결단한 글을 올릴 적에 마땅히 정절(情節;실정과 행위)을 구비하여야 하니, 한 사람이 두 가지 일을 범했으면 죄는 비록 무거운 쪽을 따르나 또한 두 형벌을 겸하여 올리는 것이다. 이는 옥사를 아뢰는 자가 마땅히 그 말을 갖춰야 함을 말한 것이다.

21. 王曰 嗚呼라 敬之哉어다 官、伯、族、姓아 朕言多懼하노라 朕敬于刑하노니 有德이라사 惟刑이니라 今天이 相民이시니 作配在下어다 明淸于單辭하라 民之亂은 罔不中聽獄之兩辭[351]니 無或私家于獄之兩辭하라 獄貨는 非寶라 惟府辜功하여 報以庶尤하나니 永畏는 惟罰이니라 非天이 不中이라 惟人이 在命하니 天罰이 不極이면 庶民이 罔有令政이(에) 在于天下하리라

　왕이 말씀하였다. "아! 공경할지어다. 옥사를 맡은 관원과 백(伯;제후)과 동족(同族)과 이성(異姓)들아. 짐(朕)은 형벌을 말하려 함에 많이 두렵노라. 짐은 형벌하는 것을 두려워하니, 덕(德)이 있어야 형벌할 수 있는 것이다. 이제 하늘이 형벌로써 백성을 도와 다스리시니, 하늘과 짝이 되어 아래에 있을지어다. 단사(單辭;증거가 없는 한 쪽의 말)에 분명하고 깨끗이 하라. 백성들의 다스림은 옥사(獄事)의 양사(兩辭;죄를 가볍게 하고 무겁게 하는 두 가지 말)를 알맞게 듣지 않음이 없어야 하니, 혹시라도 옥사의 양사로 사가(私家)에 치부(致富)하지 말라. 옥사를 재물로 여김은 보배가 아니요 고공(辜功;옥사를 잘못 처리한 죄상)을 모아서 온갖 허물로 보답하나니, 길이 두려워할 것은 형벌이다. 하늘이 중도(中道)로 대하지 않으시는 것이 아니라 사람들이 잘못을 저질러 재앙의 명을 취하는 것이니, 하늘의 벌이 지극하지 않으면 서민들이 훌륭한 정사가 천하에 있지 못할 것이다."

此는 總告之也라 官은 典獄之官也요 伯은 諸侯也요 族은 同族이요 姓은 異姓也라

351　獄之兩辭 : 오윤상은 《집전》에 분명한 해석이 없는데 형벌을 가볍게 할 수도 있고 무겁게 할 수도 있어서 사사로움을 용납하기 쉬운 옥사(獄事)를 가리킨 듯하다.〔獄之兩辭, 傳無明釋, 恐是可輕可重, 易以容私之獄也.〕" 하였다.

··· 亂 : 다스릴 난　府 : 모을 부　尤 : 허물 우

朕之於刑에 言且多懼하니 況用之乎아 朕敬于刑者는 畏之至也요 有德惟刑은 厚之至也라 今天이 以刑相治斯民하시니 汝實任責하여 作配在下 可也라 明淸以下는 敬刑之事也라 獄辭는 有單有兩하니 單辭者는 無證之辭也니 聽之爲尤難이라 明者는 無一毫之蔽요 淸者는 無一點之汚라 曰明曰淸은 誠敬篤至하고 表裏洞徹하여 無少私曲이니 然後에 能察其情也라 亂은 治也라 獄貨는 鬻(육)獄而得貨也라 府는 聚也라 辜功은 猶云罪狀也라 報以庶尤者는 降之百殃也라 非天不中이라 惟人在命者는 非天不以中道待人이요 惟人이 自取其殃禍之命爾라 此章은 文有未詳者하니 姑缺之하노라

　이는 총괄하여 고(告)한 것이다. '관(官)'은 옥사를 주관하는 관원이고, '백(伯)'은 제후이며, '족(族)'은 동족(同族)이고, '성(姓)'은 이성(異姓)이다. 짐(朕)은 형벌에 대하여 말하는 것도 많이 두려우니, 하물며 형벌을 씀에 있어서라. '짐은 형벌하는 것을 공경한다'는 것은 두려움이 지극함이요, '덕이 있어야 형벌할 수 있다'는 것은 후(厚)함이 지극한 것이다. 이제 하늘이 형벌로써 이 백성들을 도와 다스리시니, 너는 진실로 책임을 맡아 하늘과 짝이 되어 아래에 있어야 할 것이다. '명청(明淸)' 이하는 형벌을 두려워하는 일이다. 옥(獄)에 대한 말은 단(單;한 가지)이 있고 양(兩;두 가지)이 있으니, '단사(單辭)'라는 것은 증거가 없는 말이니, 다스리기가 더욱 어렵다. '명(明)'은 일호(一毫)의 가리움이 없는 것이요, '청(淸)'은 한 점의 더러움이 없는 것이다. 명과 청은 정성과 공경이 돈독하고 지극하며, 표리(表裏)가 통철(洞徹)해서 조금도 사곡(私曲)이 없는 것이니, 이렇게 한 뒤에야 그 실정을 살필 수 있는 것이다.

　'난(亂)'은 다스림이다. '옥화(獄貨)'는 옥사(獄事)를 팔아 재물을 얻는 것이다. '부(府)'는 모음이다. '고공(辜功)'은 죄장(罪狀)이라는 말과 같다. 온갖 허물로 보답한다는 것은 온갖 재앙을 내리는 것이다. '비천불중 유인재명(非天不中 惟人在命)'은 하늘이 중도(中道)로써 사람을 대하지 않는 것이 아니요 사람이 스스로 앙화(殃禍)의 명(命)을 취하는 것이다. 이 장(章)은 글이 자세하지 않은 부분이 많으니, 우선 빼놓는다.

22. 王曰 嗚呼라 嗣孫아 今往은 何監고 非德于民之中가 尙明聽之哉어다 哲人이 惟刑하여 無疆之辭는 屬于五極하여 咸中이라 有慶이니 受王嘉師는 監于玆祥刑이어다

　왕이 말씀하였다. "아! 사손(嗣孫)아. 지금부터 무엇을 보고 거울로(감계로) 삼아야 할 것인가? 덕으로 백성의 중(中)을 온전히 함이 아니겠는가. 부디 분명히 들을지어

다. 명철한 사람이 형벌하여 무궁한 칭찬의 말을 듣는 것은 오극(五極;오형)에 붙여 형벌이 모두 맞아서 복경(福慶)이 있는 것이니, 왕의 아름다운 무리(민중)를 받은 자들은 이 상서로운 형벌을 거울삼을지어다."

此는 詔來世也라 嗣孫은 嗣世子孫也라 言今往은 何所監視오 非用刑成德하여 而能全民所受之中者乎아 下文哲人은 卽所當監者라 五極은 五刑也라 明哲之人이 用刑而有無窮之譽는 蓋由五刑이 咸得其中이니 所以有慶也라 嘉는 善이요 師는 衆也라 諸侯受天子良民善衆이면 當監視于此祥刑이니 申言以結之也라

　　이것은 내세(來世)에 고(告)한 것이다. '사손(嗣孫)'은 대를 이은 자손이다. 지금부터는 무엇을 거울로 삼아 살펴보아야 할 것인가? 형벌을 써서 덕을 이루어 능히 백성들이 받은 바의 중(中;본성)을 온전히 함이 아니겠는가. 하문(下文)의 명철한 사람은 곧 마땅히 보고 거울로 삼아야 할 자이다. '오극(五極)'은 오형(五刑)이다. 명철한 사람이 형벌을 써서 무궁한 명예가 있는 것은 오형이 모두 그 중(中)을 얻어서이니, 이 때문에 복경이 있는 것이다. '가(嘉)'는 선(善)함이요, '사(師)'는 무리이다. 제후가 천자의 어진 백성과 선(善)한 무리를 받았으면 마땅히 이 상서로운 형벌을 거울로 삼아 살펴보아야 할 것이니, 거듭 말하여 끝맺은 것이다.

〈문후지명(文侯之命)〉

幽王이 爲犬戎所殺한대 晉文侯與鄭武公으로 迎太子宜臼하여 立之하니 是爲平王이라 遷於東都하다 平王이 以文侯爲方伯하고 賜以秬鬯(거창)、弓矢할새 作策書하여 命之어늘 史錄爲篇하니 今文古文皆有하니라

유왕(幽王)이 견융(犬戎)에게 살해당하자, 진(晉)나라 문후(文侯)가 정(鄭)나라 무공(武公)과 함께 태자(太子) 의구(宜臼)를 맞이하여 세우니, 이가 평왕(平王)인데 동도(東都;낙읍)로 천도하였다. 평왕은 문후를 방백(方伯)으로 삼고 검은 기장으로 빚은 울창주(鬱鬯酒)와 활과 화살을 내려줄 적에 책서(策書)를 만들어 명하였는데, 사관(史官)이 이것을 기록하여 편을 만들었으니, 금문(今文)과 고문(古文)에 모두 있다.

【小序】 平王이 錫晉文侯秬鬯、圭瓚하고 作文侯之命하니라

평왕이 진 문후에게 검은기장으로 빚은 울창주와 규찬(圭瓚)을 하사하고 〈문후지명(文侯之命)〉을 지었다.

【辨說】 經文에 止言秬鬯이어늘 而此益以圭瓚은 有所傳歟아 抑錫秬鬯者는 必以圭瓚[352]故로 經不言歟아

경문(經文)에는 다만 거창(秬鬯)을 말하였는데 이 〈서〉에서 규찬을 더한 것은 전수 받은 바가 있는가. 아니면 거창을 하사하는 자는 반드시 규찬을 주기 때문에 경문에 말하지 않은 것인가.

1. 王若曰 父義和아 丕顯文武 克愼明德하사 昭升于上하며 敷聞在下하신대 惟時上帝 集厥命于文王이어시늘 亦惟先正이 克左右(佐佑)하여 昭事厥辟하여 越小大謀猷에 罔不率從이라 肆先祖 懷在位하시니라

왕이 대략 다음과 같이 말씀하였다.

"부(父)인 의화(義和)야! 크게 드러나신 문왕 · 무왕께서 능히 밝은 덕을 삼가시어 밝게 위로 오르시며 펴져 아래에 있으면서 알려지시자, 이 상제(上帝)가 그 명을 문왕에게 모으셨는데, 또한 선정(先正;선현)들이 능히 도와서 그 임금을 밝게 섬겨서 크고 작

---

352 錫秬鬯者 必以圭瓚:규찬(圭瓚)은 울창주(鬱鬯酒)를 따르는 술잔이다.〔所以酌秬鬯酒.〕

··· 秬:검은기장 거 鬯:술이름 창 瓚:옥잔 찬

은 계책과 가르침에 따르지 않음이 없었다. 그러므로 선조께서 지위에 편안히 계셨던 것이다.

同姓故로 稱父라 文侯는 名仇요 義和는 其字니 不名者는 尊之也라 丕顯者는 言其德之所成이요 克謹者는 言其德之所修요 昭升, 敷聞은 言其德之所至也라 文武之德如此라 故上帝集厥命於文王이요 亦惟爾祖父 能左右하여 昭事其君하여 於小大謀猷에 無敢背違라 故로 先王得安在位라

　동성(同姓)이므로 '부(父)'라 칭하였다. 문후(文侯)는 이름이 구(仇)이고 의화(義和)는 그의 자(字)이니, 이름을 부르지 않음은 그를 높인 것이다. '비현(丕顯)'은 그 덕의 이룬 바를 말한 것이요, '극근(克謹)'은 그 덕의 닦여진 바를 말한 것이요, '소승(昭升; 밝게 위로 오름)'과 '부문(敷聞; 펴져 아래에 있으면서 알려짐)'은 그 덕의 이른 바를 말한 것이다. 문왕·무왕의 덕이 이와 같으셨으므로 상제(上帝)가 그 명을 문왕에게 모았고, 또한 너의 조(祖)·부(父)가 능히 도와서 그 군주를 밝게 섬겨서 작고 큰 계책과 가르침에 감히 위배함이 없었다. 그러므로 선왕이 지위에 편안히 계셨던 것이다.

2. 嗚呼라 閔予小子는 嗣造天丕愆하여 殄資澤于下民이라 侵戎我國家純이어늘 卽我御事 罔或耆壽、俊이 在厥服하며 予則罔克호라 曰 惟祖惟父 其伊恤朕躬고 嗚呼라 有績予一人이면 永綏在位하리라

　아! 불쌍한 나 소자(小子)는 지위를 계승한 초기에 하늘의 큰 허물(재앙)을 만나 자용(資用; 물자)과 은택이 하민(下民)들에게 끊겼다. 오랑캐가 우리 국가를 침해함이 컸는데, 나의 어사(御事)들은 혹시라도 기수(耆壽; 노성(老成))한 자와 준걸스러운 자가 신하의 자리에 있는 이가 없었으며, 나도 능하지 못하였노라. 조·부의 항렬에 있는 자들은 그 누가 짐의 몸을 구휼할 것인가? 아! 나 한 사람에게 공(功)이 있으면 길이 편안히 지위에 있을 것이다.

歎而自痛傷也라 閔은 憐也라 嗣造天丕愆者는 嗣位之初에 爲天所大譴하여 父死國敗也라 殄은 絶이요 純은 大也라 絶其資用惠澤於下民하여 本既先撥이라 故로 戎狄이 侵陵하여 爲我國家之害甚大어늘 今我御事之臣이 無有老成俊傑在厥官者하며 而我小子도 又才劣無能하니 其何以濟難고 又言 諸侯在我祖父之列者 其誰能恤我乎아 又歎息言호되 有能致功予一人이면 則可永安厥位矣라 蓋悲國之無人하

여 無有如上文先正之昭事하여 而先王得安在位也라

탄식하고 스스로 애통해 하고 서글퍼한 것이다. '민(閔)'은 불쌍함이다. '사조천비건(嗣造天丕愆)'은 왕위(嗣位)를 잇던 초기에 하늘에게 큰 견책을 당하여 아버지가 죽고 나라가 패망한 것이다. '진(殄)'은 끊김이요, '순(純)'은 큼이다. 그 자용(資用)과 혜택이 하민에게 끊겨 근본이 이미 먼저 뽑혔기 때문에 융적(戎狄)이 침릉(侵陵)하여 우리 국가의 폐해가 됨이 심히 컸는데, 지금 나의 일을 다스리는 신하들은 노성(老成)한 자와 준걸스러운 자가 그 관직에 있는 자가 없었으며, 나 소자(小子)도 재주가 용렬하여 무능하니, 그 어떻게 어려움을 구제하겠는가.

또 말하기를 "제후로서 나의 조·부의 항렬에 있는 자들은 그 누가 능히 나를 구휼하겠는가?" 하고, 또 탄식하고 말하기를 "능히 나 한 사람에게 공을 이루는 자가 있으면 길이 그 지위를 편안하게 할 것이다." 하였다. 이는 나라에 훌륭한 사람이 없어서 상문(上文)에 선정(先正)들이 밝게 섬겨 선왕이 편안히 지위에 계셨던 것처럼 하는 이가 없음을 슬퍼한 것이다.

3. 父義和아 汝克昭乃顯祖하여 汝肇刑文武하여 用會紹乃辟하여 追孝于前文人하라 汝多修扞我于艱하니 若汝는 予嘉니라

부(父)인 의화(義和)야! 너는 능히 너의 훌륭하신 선조를 밝혀, 네가 비로소 문왕·무왕을 본받아 네 임금을 모으고 이어서 전문인(前文人)을 따라 효도하라. 네가 닦아서 나를 어려움에서 호위함이 많으니, 너와 같은 이는 내 아름답게 여기노라."

顯祖、文人은 皆謂唐叔이니 卽上文先正昭事厥辟者也라 後罔或耆壽俊在厥服이면 則刑文武之道 絶矣니 今刑文武 自文侯始라 故로 曰肇刑文武라 會者는 合之而使不離요 紹者는 繼之而使不絶이라 前文人은 猶云前寧人이라 汝多所修完扞衛我于艱難하니 若汝之功은 我所嘉美也라

현조(顯祖)와 문인(文人)은 모두 진(晉)나라의 시조인 당숙(唐叔)을 이르니, 곧 상문(上文)에 선정(先正)이 그 임금을 밝게 섬겼다는 것이다. 뒤에 혹시라도 노성한 자와 준걸스러운 자가 신하의 자리에 있는 이가 없었다면 문왕·무왕의 도를 본받음이 끊길 것이니, 이제 문왕·무왕을 본받음이 문후(文侯)로부터 비롯되었다. 이 때문에 '비로소 문왕·무왕을 본받으라.'고 한 것이다. '회(會)'는 모아서 떠나지 않게 하는 것이요, '소(紹)'는 이어서 끊기지 않게 하는 것이다. '전문인(前文人)'은 전녕인(前寧人)이란

말과 같다. 네가 닦고 완전히 하여 나를 어려움에서 한위(扞衛;호위)함이 많으니, 너의 공(功)과 같은 것을 내 아름답게 여기는 바이다.

4. 王曰 父義和아 其歸視爾師하여 寧爾邦하라 用賚(뢰)爾秬鬯(거창)一卣(유)와 彤弓一과 彤矢百과 盧弓一과 盧矢百과 馬四匹하노니 父往哉하여 柔遠能邇하며 惠康小民하여 無荒寧하여 簡恤爾都하여 用成爾顯德하라

왕이 말씀하였다. "부(父)인 의화(義和)야! 돌아가 네 무리를 돌아보아 네 나라를 편안히 하라. 이로써 너에게 검은 기장으로 빚은 울창주(鬱鬯酒) 한 동이와 붉은 활 하나와 붉은 화살 백 개와 검은 활 하나와 검은 화살 백 개와 말 네 필을 하사하노니, 부(父)는 〈본국으로〉 가서 멀리 있는 자를 회유하고 가까이 있는 자를 길들이며, 소민(小民)들을 은혜롭고 편안히 하여 황녕(荒寧;게으르고 안일함)하지 말아서 네 도비(都鄙)를 간열(簡閱)하고 구휼하여 너의 드러난 덕을 이루도록 하라."

師는 衆也라 黑黍曰秬니 釀以鬯草라 卣는 中尊(樽)也라 諸侯受錫命이면 當告其始祖라 故賜鬯也라 彤은 赤이요 盧는 黑也라 諸侯有大功이면 賜弓矢하나니 然後에 得專征伐이라 馬는 供武用하니 四匹曰乘이라 侯伯之賜는 無常하여 以功大小爲度也라 簡者는 簡閱其士요 恤者는 惠恤其民이라 都者는 國之都鄙也라

'사(師)'는 무리이다. 검은 기장을 '거(秬)'라 하니, 〈검은 기장에다가〉 울창초(鬱鬯草;울금초(鬱金草))로 빚는다. '유(卣)'는 중준(中樽;중간 크기의 술동이)이다. 제후가 천자로부터 명을 내려줌을 받으면 마땅히 그 시조(始祖)에게 고유하여야 하므로 울창주를 하사한 것이다. '동(彤)'은 붉음이요, '노(盧)'는 검음이다. 제후가 큰 공이 있으면 궁시(弓矢)를 하사하니, 그런 뒤에야 정벌을 자유로이 할 수 있는 것이다. 마(馬)는 군용(軍用)에 제공하니, 네 필을 '승(乘)'이라 한다. 후백(侯伯)의 하사는 일정함이 없어서 공의 크고 작음으로 한도를 삼는다. '간(簡)'은 군사들을 간열(簡閱)함이요, '휼(恤)'은 백성들을 은혜롭게 구휼하는 것이다. '도(都)'는 나라의 도(都)와 비(鄙;시골)이다.

○ 蘇氏曰 予讀文侯篇하고 知東周之不復興也로라 宗周傾覆에 禍敗極矣니 平王

··· 賚:줄 뢰 卣:술그릇 유 彤:붉을 동 盧:검을 로

이 宜若衛文公、越句踐[353] 然이어늘 今其書乃旋旋焉하여 與平康之世無異라 春秋
傳曰 厲王之禍에 諸侯釋位하여 以間王政이러니 宣王이 有志而後에 效官이라하니
讀文侯之命하고 知平王之無志也로라

○ 소씨(蘇氏)가 말하였다. "나는 〈문후(文侯)〉편을 읽고 동주(東周)가 다시 흥왕하
지 못할 줄을 알았노라. 종주(宗周)가 경복(傾覆)함에 화패(禍敗)가 지극하였으니, 평
왕(平王)은 마땅히 위(衛)나라 문공(文公)과 월왕(越王) 구천(句踐)과 같이 〈복수심을
가졌어야〉 할 터인데, 이제 그 글이 마침내 선선(旋旋;온화하고 느슨함)하여 평강(平康)
한 세상과 다름이 없다.《춘추좌씨전》소공(昭公) 26년에 '여왕(厲王)의 화(禍)에 제후
들이 자신의 지위를 버리고 왕정(王政)을 간섭하였는데, 선왕(宣王)이 부흥(復興)할 의
지가 있은 뒤에 제후들이 관직(직책)을 바쳤다.' 하였으니, 〈문후지명(文侯之命)〉을 읽
고서 평왕이 중흥할 의지가 없었음을 알았노라."

愚按 史記에 幽王이 娶於申하여 而生太子宜臼러니 後에 幽王이 嬖褒姒(폐포사)하
여 廢申后하고 去太子한대 申侯怒하여 與繒、西夷、犬戎으로 攻王而殺之어늘 諸侯
卽申侯而立故太子宜臼하니 是爲平王이라 平王은 以申侯立己爲有德하여 而忘其
弑父爲當誅하고 方將以復讐討賊之衆으로 而爲戍申、戍許之擧[354]하니 其忘親背
義하여 得罪於天이 已甚矣니 何怪其委靡頹墮而不自振也哉아 然則是命也는 孔
子以其猶能言文武之舊而存之歟아 抑亦以示戒於天下後世而存之歟아

내(채침)가 살펴보건대,《사기》〈주기(周紀)〉에 유왕(幽王)이 신(申)나라에서 장가들
어 태자(太子) 의구(宜臼)를 낳았는데, 뒤에 유왕이 포사(褒姒)를 총애하여 신후(申后)
를 폐위하고 태자를 버리자, 신후(申侯)가 노하여 증(繒)나라와 서이(西夷)와 견융(犬
戎)과 함께 왕을 공격하여 시해하였다. 제후들이 신후(申侯)에게 찾아가 옛 태자인 의
구를 세우니, 이가 평왕이었다. 평왕은 신후가 자기를 왕으로 세워준 것을 은덕이 있

••••••

353 衛文公 越句踐:춘추(春秋)시대에 위(衛)나라가 적(狄)에게 패망한 뒤에 문공(文公)은 즉위
하여 삼베옷을 입는 등 검약하게 생활한 결과 끝내 나라를 부강(富强)하게 만들었으며, 월왕(越
王) 구천(句踐)은 회계산(會稽山)에서 오왕(吳王) 부차(夫差)에게 패하여 항복하고 와신상담(臥
薪嘗膽)하며 복수할 것을 도모한 결과 마침내 오(吳)나라를 멸망시키고 패자(霸者)가 되었다.

354 戍申戍許之擧:평왕(平王)이 외가(外家)의 나라인 신(申)과 그 부근인 허(許)나라를 위하여
파병(派兵)한 일을 이른다.《시경》〈왕풍(王風) 양지수(揚之水)〉는 바로 이것을 읊은 내용인데, 여
기에서 주자(朱子)는 평왕의 잘못을 극구 비판하였다.

••• 嬖:총애할 폐 褒:칭찬할 포 姒:성 사 繒:비단 증 戍:지킬 수

다고 여겨, 그 아버지를 시해한 자는 마땅히 주벌해야 함을 잊고, 장차 복수하여 역적을 토벌해야 할 군대로써 신(申)나라를 지키고 허(許)나라를 지키는 조처를 하였으니, 그 어버이를 잊고 의(義)를 저버려 하늘에 죄를 얻음이 너무 심하다. 위미(委靡;나약)하고 퇴타(頹墮;타락)하여 스스로 떨치지 못함이 어찌 괴이하겠는가. 그렇다면 이 명(命)은 공자(孔子)가 그래도 문왕·무왕의 옛것을 말하였다 하여 남겨두신 것인가? 아니면 또한 천하와 후세에 경계를 보이기 위하여 남겨두신 것인가?

〈비서(費誓)〉

費는 地名이라 准夷、徐戎이 竝起爲寇어늘 魯侯征之할새 於費誓衆이라 故로 以費誓名篇하니 今文古文皆有하니라

'비(費)'는 지명이다. 회이(准夷)와 서융(徐戎)이 함께 일어나 노(魯)나라를 침략하자, 노후(魯侯)가 정벌할 적에 비(費) 땅에서 군사들에게 맹세하였다. 그러므로 '비서(費誓)'라고 편명을 하였으니, 금문(今文)과 고문(古文)에 모두 있다.

○ 呂氏曰 伯禽이 撫封於魯하니 夷、戎이 妄意其未更(경)事하고 且乘其新造之隙이어늘 而伯禽應之者 甚整暇有序하여 先治戎備하고 次之以除道路하고 又次之以嚴部伍하고 又次之以立期會하여 先後之序 皆不可紊하니라 又按 費誓、秦誓는 皆侯國之事로되 而繫於帝王書末者는 猶詩之錄商頌、魯頌也니라

○ 여씨(呂氏)가 말하였다. "백금(伯禽)이 노나라에서 무봉(撫封;봉내(封內))의 인민을 안무(安撫)함)하니, 회이와 서융은 그가 일을 경험하지 못하였다고 망령되이 생각하였고 또 새로 나라를 창조한 틈을 타 공격하려 하였는데, 백금이 이에 대응함이 심히 정돈되고 차분하여 차례가 있었다. 그리하여 먼저 융비(戎備;군비)를 다스리고 다음에는 도로를 소제하고, 또 다음에는 부오(部伍)를 엄격히 정돈하고, 또 다음에는 기회(期會; 날짜를 약속하여 모임)를 세워서 선후(先後)의 순서가 모두 문란할 수 없었다."

또 살펴보건대 〈비서(費誓)〉와 〈진서(秦誓)〉는 모두 제후국의 일인데 제왕의 글 끝에 단 것은 《시경》에 〈상송(商頌)〉과 〈노송(魯頌)〉을 기록한 것과 같다.

【小序】 魯侯伯禽이 宅曲阜한대 徐、夷竝興하여 東郊不開어늘 作費誓하니라

노후(魯侯)인 백금(伯禽)이 곡부(曲阜)에 거주하자, 서이(徐夷)가 함께 일어나 동쪽 교외의 길이 열리지 않으므로 〈비서〉를 지었다.

【辨說】 徐는 徐戎也요 夷는 准夷也라

'서(徐)'는 서융(徐戎)이고 '이(夷)'는 회이(准夷)이다.

1. 公曰 嗟人아 無譁하여 聽命하라 徂茲准夷、徐戎이 竝興이로다

노공(魯公)이 말씀하였다.

··· 費 : 쓸 비 隙 : 틈 극 譁 : 떠들 화 徂 : 지나갈 조

"아! 사람들아. 떠들지 말고 나의 명령을 들으라. 지난번에 회이(淮夷)와 서융(徐戎)
들이 함께 일어났었다.

漢孔氏曰 徐戎、淮夷 竝起寇魯어늘 伯禽이 爲方伯하여 帥諸侯之師以征할새 歎而
勅之하여 使無誼譁(훤화)하여 欲其靜聽誓命이라 蘇氏曰 淮夷叛已久矣러니 及伯
禽就國에 又脅徐戎竝起라 故로 曰徂茲淮夷、徐戎竝興이라하니 徂茲者는 猶曰往
者云이라

　　한나라 공씨가 말하였다. "회이와 서융이 함께 일어나 노나라를 침략하자, 백금(伯
禽)이 방백(方伯)이 되어 제후의 군사들을 거느리고 정벌할 적에 탄식하고 신칙하여
떠들지 말고서 그의 맹세하는 명령을 고요히 듣게 하고자 한 것이다."
　　소씨(蘇氏)가 말하였다. "회이가 배반한 지 이미 오래였는데, 백금이 노나라로 가
자 또 서융을 위협하여 함께 일어나 침략하였다. 그러므로 '지난번에 회이와 서융이
함께 일어났었다.'고 말한 것이니, 조자(徂茲)는 왕자(往者)라는 말과 같다."

2. 善敹(료)乃甲胄하며 敿(교)乃干호되 無敢不弔(적)하며 備乃弓矢하며 鍛乃
戈矛하며 礪乃鋒刃호되 無敢不善하라

　네 갑주(甲胄)를 잘 수선하고 네 방패를 동여매되 감히 정밀하지 않음이 없으며, 네
궁시(弓矢)를 갖추고 네 과모(戈矛:여러 종류의 창)를 단련(담금질)하고 네 칼날을 갈되
감히 좋지 않음이 없도록 하라.

敹는 縫完也니 縫完其甲胄하여 勿使斷毀라 敿는 鄭氏云 猶繫也라하고 王肅云 敿
楯은 當有紛繫持之라하니라 弔은 精至也라 鍛은 淬(쉬)요 礪는 磨也라 甲胄는 所以
衛身이요 弓矢、戈矛는 所以克敵이니 先自衛而後攻人은 亦其序也라

　　'료(敹)'는 꿰매어 완전히 함이니, 갑주를 꿰매어 완전하게 해서 끊기거나 훼손되
지 않게 한 것이다. '교(敿)'는 정씨(鄭氏)는 "계(繫:동여맴)와 같다." 하였고, 왕숙(王肅)
은 "방패를 매닮은 마땅히 끈이 있어 동여매어 잡았을 것이다." 하였다. '적(弔)'은 정
밀함이 지극한 것이다. '단(鍛)'은 담금질이요, '려(礪)'는 숫돌로 가는 것이다. 갑주는
몸을 호위하는 것이고 궁시(弓矢)와 과모(戈矛)는 적을 이기는 것이니, 먼저 자기를 호
위하고 그런 뒤에 남을 공격함은 또한 그 순서이다.

••• 譁 : 떠들 훤　敹 : 꿰맬 료　胄 : 투구 주　敿 : 동여맬 교　鍛 : 단련할 단　鋒 : 칼날 봉　縫 : 꿰멜 봉　楯 : 방패 순
　　紛 : 끈 분　淬 : 담금질할 쉬

3. **今惟淫舍牿**(곡)**牛馬**호리니 **杜乃擭**(확)하며 **斂**(녑)**乃穽**하여 **無敢傷牿**하라 **牿之傷**하면 **汝則有常刑**하리라

　이제 우마(牛馬)가 머물 곡(牿;우리)을 크게 만들 것이니, 너의 덫을 막고(거두고) 너의 함정을 막아서 감히 우리의 마소를 상하게 하지 말라. 우리의 마소를 상하면 너는 떳 떳한 형벌이 있을 것이다.

淫은 大也요 牿은 閑牧也라 擭은 機檻也[355]요 斂은 塞(색)也라 師旣出이면 牛馬所舍 之閑牧이 大布於野하니 當窒塞其擭穽이라 一或不謹하여 而傷閑牧之牛馬하면 則 有常刑하니 此令軍在所之居民也라 擧此例之컨대 凡川梁藪澤險阻屛翳(예)에 有 害於師屯者 皆在矣니 此는 除道路之事라

　'음(淫)'은 큼이요 '곡(牿)'은 한목(閑牧;가축의 우리)이다. '확(擭)'은 기함(機檻;덫)이 요, '녑(斂)'은 막음이다. 군대가 이미 출동하면 우마(牛馬)가 머무는 한목(閑牧)이 들 판에 크게 펼쳐질 것이니, 마땅히 그 덫과 함정을 막아야 할 것이다. 한 가지라도 혹 삼가지 않아서 한목의 소와 말을 상하게 하면 떳떳한 형벌이 있을 것이니, 이는 군대 가 머물고 있는 곳의 거주민에게 명령한 것이다. 이 예(例)를 들어보면 무릇 천량(川 梁)과 수택(藪澤;숲과 늪)의 험하고 막혀 시야가 가려진 곳으로 군대의 주둔에 방해가 되는 것은 모두 이 안에 들어 있으니, 이는 도로를 소제하는 일이다.

4. **馬牛其風**[356]하며 **臣妾逋逃**어든 **勿敢越逐**하고(하며) **祗復**(복)**之**하라 **我商賚 汝**호리라 **乃越逐**하며 **不復**하면 **汝則有常刑**하리라 **無敢寇攘**하며 **踰垣墙**하여 **竊馬牛**하며 **誘臣妾**하라 **汝則有常刑**하리라

　마소가 바람나 도망하고 신첩(臣妾)이 도망하거든 감히 군대의 보루(堡壘)를 넘어 쫓 아가지 말고, 이것을 얻거든 원래의 주인에게 공경히 반환하라. 내가 헤아려 너에게 상을 줄 것이다. 마침내 보루를 넘어 쫓아가며 주인에게 반환하지 않으면 너에게는 떳떳한 형벌이 있을 것이다. 감히 구양(寇攘;도둑질함)하며 담을 넘어 마소를 훔치고

....

355 擭 機檻也 : 기함(機檻)은 짐승을 잡는 덫이다. 《서경정의(書經正義)》에 "확(擭)은 범이나 표 범을 잡기 위하여 땅을 깊이 파 함정을 만들어 놓고 그 위에 덫을 설치하여 짐승이 뛰어오르는 것 을 방지하는 것이며, 정(穽)은 작은 짐승을 잡기 위하여 함정만 파놓은 것이다." 하였다.

356 馬牛其風 : 풍(風)은 암소나 암말이 발정(發精)하여 암놈과 수놈이 서로 뛰쳐나옴을 이른다.

... 牿 : 외양간 곡　擭 : 덫 확　斂 : 막을 녑(념)　穽 : 함정 정　窒 : 막을 질　藪 : 수풀 수　翳 : 가릴 예　逋 : 도망갈 포 攘 : 도둑질 양

신첩을 유인하지 말라. 〈이것을 범하면〉 너에게는 떳떳한 형벌이 있을 것이다.

役人賤者를 **男曰臣**이요 **女曰妾**이라 **馬牛風逸**하고 **臣妾逋亡**이어든 **不得越軍壘**(루) **而逐之**라 **失主雖不得逐**이나 **而人得風馬牛、逃臣妾者**는 **又當敬還**이니 **我商度**(탁)**多寡**하여 **以賞汝**하리라 **如或越逐而失伍**하고 **不復而攘取**하면 **皆有常刑**이요 **有故竊奪**하며 **踰垣墻**하여 **竊人牛馬**하고 **誘人臣妾者**도 **亦有常刑**이니 **此**는 **嚴部伍之事**라

　사역하는 사람 중에 천한 자를, 남자는 '신(臣)'이라 하고 여자는 '첩(妾)'이라 한다. 마소가 바람나 도망가고 신첩(臣妾)이 도망하거든 보루를 넘어 쫓아가지 말라. 이것을 잃은 주인은 비록 쫓아갈 수 없으나 사람 중에 바람난 마소와 도망한 신첩을 얻은 자는 또 마땅히 주인에게 공경히 반환해야 하니, 내가 많고 적음을 헤아려 너에게 상을 줄 것이다. 만일 혹 보루를 넘어 쫓아가다가 대오를 잃거나 반환하지 않고 탈취하면 모두 떳떳한 형벌이 있을 것이요, 고의로 훔치고 빼앗으며 담장을 넘어가 남의 마소를 훔치고 남의 신첩을 유인하는 자가 있으면 또한 떳떳한 형벌이 있을 것이니, 이는 부오(部伍)를 엄격히 통제하는 일이다.

5. **甲戌**에 **我惟征徐戎**호리니 **峙乃糗**(구)**糧**호되 **無敢不逮**하라 **汝則有大刑**하리라 **魯人三郊、三遂**아 **峙乃楨榦**하라 **甲戌**에 **我惟築**하리니 **無敢不供**하라 **汝則有無餘刑**이나 **非殺**이니라 **魯人三郊、三遂**아 **峙乃芻茭**(추교)호되 **無敢不多**하라 **汝則有大刑**하리라

　갑술일(甲戌日)에 나는 서융(徐戎)을 정벌할 것이니, 네 구량(糗糧;말린 밥)을 준비하되 감히 미치지 못함이 없도록 하라. 너에게 큰 형벌이 있을 것이다. 노나라 백성들의 삼교(三郊)와 삼수(三遂)야! 네 정간(楨榦)을 준비하라. 갑술일에 내가 성을 쌓을 것이니, 감히 물자를 공급하지 못하는 일이 없도록 하라. 〈공급하지 못하면〉 너에게는 남은 형벌(여러 가지 형벌)이 있을 것이나 죽이지는 않을 것이다. 노나라 백성들의 삼교와 삼수야! 네 꼴과 마초(馬草)를 준비하되 감히 많지 않게 하지 말라. 〈꼴과 마초가 부족하면〉 너에게는 큰 형벌이 있을 것이다.

甲戌은 **用兵之期也**라 **峙**는 **儲備也**요 **糗糧**은 **食也**라 **不逮**는 **若今之乏軍興**이라 **淮夷、徐戎**이 **竝起**어늘 **今所攻**이 **獨徐戎者**는 **蓋量敵之堅瑕緩急而攻之也**라 **國外曰**

… **壘** : 보루 루　**峙** : 쌓을 치　**糗** : 미숫가루 구　**楨** : 담틀 정　**芻** : 꼴 추　**茭** : 마른꼴 교

郊요 郊外曰遂라 天子는 六軍이니 則六鄕、六遂요 大國은 三軍이라 故로 魯三郊、三遂也라 楨榦은 板築之木이라 題曰楨이니 牆端之木也요 旁曰榦이니 牆兩邊障土木也라 以是日征하고 是日築者는 彼方禦我之攻하여 勢不得擾我之築也일새라 無餘刑非殺者는 刑之非一이로되 但不至于殺爾라 芻茭는 供軍牛馬之用이라 軍은 以期會、芻糧으로 爲急이라 故로 皆服大刑이라 楨榦, 芻茭에 獨言魯人者는 地近而致便也일새라

갑술일(甲戌日)은 용병(用兵)하는 기일이다. '치(峙)'는 저축하여 대비하는 것이다. '구량(糗糧)'은 말린 밥이다. '불체(不逮)'는 지금에 군흥(軍興;군수품)을 결핍함과 같은 것이다. 회이(淮夷)와 서융(徐戎)이 함께 일어났는데, 이제 유독 서융을 정벌함은 적(敵)의 견고하고 견고하지 못함과 완급(緩急)을 헤아려 공격한 것이다. 국(國;서울)의 밖을 '교(郊)'라 하고, 교(郊)의 밖을 '수(遂)'라 한다. 천자는 6군(軍)이니, 6향(鄕)·6수(遂)이고, 대국(大國)은 3군(軍)이므로 노(魯)나라는 3교(郊)·3수(遂)인 것이다. '정간(楨榦)'은 판축(板築;판자로 축성함)하는 나무이다. 머리(위)에 있는 것을 정(楨)이라 하니 담장 맨 끝(위)에 있는 나무이며, 곁에 있는 것을 간(榦)이라 하니 담장의 양쪽 가에 있는 흙을 막는 나무이다. 이 날로 정벌하고 이 날로 축성한 것은 저들이 우리의 공격을 방어하느라 형편상 우리의 축성을 소요시킬 수 없기 때문이다. '남은 형벌이 있으나 죽이지는 않는다'는 것은 형벌을 한 가지로 시행하지 않으나 다만 죽임에는 이르지 않는 것이다. '꼴과 마초[芻茭]'는 군중(軍中)의 마소의 먹이에 공급하는 것이다. 군대는 기회(期會;약속한 날짜에 장소에 모임)와 마초와 군량을 시급한 것으로 여기기 때문에 모두 큰 형을 받는 것이다. 정간(楨榦)과 추교에 유독 노나라 사람을 말한 것은 땅(지역)이 가까워 가져오기가 편리하기 때문이다.

〈진서(秦誓)〉

左傳에 杞子自鄭으로 使告于秦曰 鄭人이 使我掌其北門之管하니 若潛師以來면
國可得也라하여늘 穆公이 訪諸蹇(건)叔한대 蹇叔曰 不可라하다 公辭焉하고 使孟明、
西乞、白乙로 伐鄭이러니 晉襄公이 帥師하여 敗秦師于殽(효)하고 囚其三帥하니라
穆公이 悔過하여 誓告羣臣이어늘 史錄爲篇하니 今文古文皆有하니라

　《춘추좌씨전》희공(僖公) 33년에 기자(杞子)가 정(鄭)나라에서 사람을 시켜 진(秦)
나라에 알리기를 "정나라 사람이 나로 하여금 북문(北門)의 열쇠를 관장하게 하였으
니, 만약 군대를 은밀히 출동하여 오면 정나라를 얻을 수 있다." 하였다. 목공(穆公)이
이것을 건숙(蹇叔)에게 물으니, 건숙은 "불가하다." 하였다. 목공은 사절하고 맹명(孟
明)·서걸(西乞)·백을(白乙)의 세 장수로 하여금 정나라를 공격하게 하였는데, 진(晉)
나라 양공(襄公)이 군대를 거느려 진군(秦軍)을 효(殽) 땅에서 패퇴시키고 세 장수를
사로잡아 가두었다. 이에 목공은 자신의 과오를 뉘우쳐 여러 신하들에게 맹세하여 고
하였는데, 사관(史官)이 이것을 기록하여 편을 만들었으니, 금문(今文)과 고문(古文)에
모두 있다.

【小序】 秦穆公이 伐鄭이러니 晉襄公이 帥師敗諸殽하고 還歸하여 作秦誓하니라

　　진 목공이 정나라를 정벌하자 진 양공(晉襄公)이 군대를 거느려 효산(殽山)에서 진
군(秦軍)을 패퇴시키고 돌아와 〈진서(秦誓)〉를 지었다.

【辨說】 以經文意考之하면 穆公之悔는 蓋悔用杞子之謀이요 不聽蹇叔之言이어늘
序文亦不明此意하니라

　　경문의 뜻을 가지고 상고해보면 목공이 후회한 것은 기자(杞子)의 첩보를 따르고
건숙의 말을 듣지 않은 것을 후회한 것인데, 〈서문〉에는 또한 이 뜻을 밝히지 않았다.

1. **公曰 嗟我士**아 **聽無譁**하라 **予誓告汝羣言之首**하노라

　목공(穆公)이 말씀하였다.

　"아! 나의 선비(인사)들아. 나의 말을 듣고 떠들지 말라. 내 맹세하여 너희에게 여러
말의 첫 번째를 고하노라.

··· 管 : 자물쇠 관　蹇 : 절 건, 사람이름 건　殽 : 안주 효　諜 : 첩자 첩　譁 : 떠들 화

首之爲言은 第一義也라 將擧古人之言이라 故로 先發此라

　‘수(首)’란 말은 제일(첫 번째)이라는 뜻이다. 장차 고인(古人)의 말을 꺼내려 하였으므로 먼저 이것을 말한 것이다.

2. 古人有言曰 民訖自若是多盤이라하니(하나니) 責人이 斯無難이라 惟受責俾如流 是惟艱哉인저

　고인이 말하기를 ‘백성(사람)들은 모두 본래 이와 같이 많이 자기의 뜻을 따름에 편안하다.’ 하였으니, 사람을 책함이 어려운 것이 아니라 오직 책함을 받아들이기를 흐르는 물처럼 함이 어려운 것이다.

訖은 盡이요 盤은 安也라 凡人은 盡自若是多安於徇己하니 其責人이 無難이라 惟受責於人을 俾如流水하여 略無扞格이 是惟難哉인저 穆公이 悔前日安於自徇하여 而不聽蹇叔之言하고 深有味乎古人之語라 故로 擧爲誓言之首也라

　‘흘(訖)’은 모두이고 ‘반(盤)’은 편안함이다. 범인(凡人)은 모두 스스로 이와 같이 자기를 따름에 편안하니, 사람을 책함이 어려운 것이 아니라, 오직 사람의 책함을 받아들이기를 흐르는 물처럼 하여 조금도 한격(扞格;막음)함이 없게 하는 것이 어려운 것이다. 목공이 전일(前日)에 자신의 생각을 따름에 편안하여 건숙(蹇叔)의 충고하는 말을 듣지 않은 것을 후회하고, 고인의 말에 깊은 재미가 있었으므로 이것을 들어 맹세하는 말의 첫 번째로 삼은 것이다.

3. 我心之憂는 日月이 逾邁라 若弗云來[357]니라

　내 마음의 근심은 세월이 흘러가서 다시는 오지 않을 듯함이니라.

已然之過는 不可追어니와 未遷之善은 猶可及이나 憂歲月之逝하여 若無復有來日也라

······

357 日月逾邁 若弗云來 : 오윤상은 “〈진서〉의 ‘해와 달(세월)이 빨리 흘러가서 다시는 오지 않을 것 같다.’는 것은 분신(奮迅)하고 부지런히 힘쓰는 뜻이 말 밖에 넘쳐나니, 〈문후지명〉에 비교하여 흥왕하고 쇠망하는 조짐이 스스로 힘쓰느냐 스스로 힘쓰지 않느냐에 판가름나는 것이다.〔秦誓, 日月逾邁, 若不云來, 奮迅勤厲之意, 溢乎言外, 較之文侯之命, 興衰之兆, 判於自强與不自强矣.〕” 하였다.

···　訖 : 다할 흘　逾 : 갈 유　邁 : 갈 매

이미 지나간 잘못은 쫓을(따를) 수 없지만 아직 옮기지 않은 선(善)은 오히려 미칠 수 있으나 세월이 빨리 흘러가서 다시는 내일이 없을 듯함을 근심한 것이다.

4. 惟古之謀人은(으란) **則曰未就予**라하여 **忌**하고 **惟今之謀人**은 **姑將以爲親**이라 **雖則云然**이나 **尙猷詢玆黃髮**하면 **則罔所愆**하리라

〈내가〉 옛날의 모인(謀人:도모하는 사람)은 나를 따르지 않는다 하여 싫어하고(미워하고), 지금의 모인은 우선 나를 순종한다 하여 친하였다. 그러나 행여 거의 황발(黃髮:백발의 노인)에게 물을 것을 도모하면 잘못되는 바가 없을 것이다.

忌는 **疾**이요 **姑**는 **且也**라 **古之謀人**은 **老成之士也**요 **今之謀人**은 **新進之士也**라 **非不知其爲老成**이나 **以其不就己而忌疾之**하고 **非不知其新進**이나 **姑樂其順便而親信之**라 **前日之過**는 **雖已云然**이나 **然尙謀詢玆黃髮之人**이면 **則庶罔有所愆**이니 **蓋悔其旣往之失**하고 **而冀其將來之善也**라

'기(忌)'는 미워함이요, '고(姑)'는 우선이다. 옛날의 모인(謀人)은 노성한 인사이고, 지금의 모인은 신진(新進)의 인사이다. 내 노성한 사람임을 모른 것이 아니나 자신을 따르지 않는다 하여 싫어하고 미워하였으며, 신진임을 모른 것이 아니나 우선 자신을 순종하고 친숙함을 좋아하여 친신(親信)하였다. 전일(前日)의 잘못은 비록 이미 그러하나 행여 이 황발(黃髮)의 노인에게 물을 것을 도모하면 거의 잘못되는 바가 없을 것이니, 이는 기왕의 잘못을 뉘우치고 장래의 선(善)을 바란 것이다.

5. 番番(皤皤)良士 旅力[358] **旣愆**은(으란) **我尙有之**하고 **仡**(흘)**仡勇夫 射御不違**는(란) **我尙不欲**하니 **惟截**(절)**截善諞**(편)**言**하여 **俾君子**로 **易**(역)**辭**를 **我皇**(遑)**多有之**아

파파(皤皤:백발)한 어진 선비로서 여력(膂力)이 이미 쇠한 자는 내 부디 소유할 것이요, 흘흘(仡仡:날랜)한 용부(勇夫)로서 활쏘기와 말타기를 어기지 않는(잘하는) 자는 내 부디 등용하려고 하지 않노니, 절절(截截)하게 말을 공교롭게 잘하여 군자로 하여금 말을 바꾸게 하는 자를 내 어느 겨를에 많이 소유하겠는가.

書經集傳　下

• • • • • •
358　旅力:고주(古註)에 여(旅)를 중(衆)의 뜻으로 보아 여러 가지 힘으로 해석하였으나, 여(旅)는 여(膂)와 통하므로 여력(膂力)으로 보는 것이 옳다. 여력(膂力)은 지체(肢體)의 근력을 이른다.

• • •　皤 : 흴 파　旅 : 힘 려(膂同)　仡 : 굳셀 흘　諞 : 말잘할 편　皇 : 겨를 황(遑同)

番番는 老貌요 仡仡은 勇貌요 截截은 辯給貌라 諞은 巧也라 皇은 遑通이라 旅力旣
愆之良士는 前日所詆墓木旣拱[359]者니 我猶庶幾得而有之요 射御不違之勇夫는
前日所誇過門超乘[360]者니 我庶幾不欲用之라 勇夫도 我尙不欲이어든 則辯給善巧
言하여 能使君子로 變易其辭說者를 我遑暇多有之哉아 良士는 謂蹇叔이요 勇夫는
謂三帥요 諞言은 謂杞子라 先儒皆謂穆公悔用孟明이라하나 詳其誓意하면 蓋深悔
用杞子之言也니라

　　'파파(番番)'는 늙은 모양이요, '흘흘(仡仡)'은 용맹한 모양이요, '절절(截截)'은 말을
잘하는 모양이다. '편(諞)'은 공교로움이다. '황(皇)'은 황(遑;겨를)과 통한다. 여력(膂
力)이 이미 쇠한 어진 선비는 전일(前日)에 묘(墓)의 나무가 이미 두 움큼이 되었을 것
이라고 꾸짖은 자이니 내 행여 부디 이러한 분을 얻어 소유할 것이요, 활쏘기와 말타
기를 어기지 않는 용부(勇夫)는 전일에 성문을 지나며 수레에 뛰어오름을 과시한 자이
니 내 행여 등용하려 하지 않는다. 용부도 내 오히려 등용하고자 하지 않는데, 구변(口
辯)으로 말을 공교롭게 잘하여 능히 군자로 하여금 그 말을 바꾸게 하는 자를 내 어느
겨를에 많이 소유하겠는가. '양사(良士)'는 건숙(蹇叔)을 이르고 '용부'는 세 장수를 이
르고, '편언(諞言)'은 기자(杞子)를 이른다. 선유(先儒)는 모두 '목공이 맹명(孟明)을 등
용한 것을 뉘우쳤다.'고 말하였으나 맹세한 말을 자세히 살펴보면 기자의 말을 따른
것을 깊이 뉘우친 것이다.

6. 昧昧我思之호니 如有一介臣이 斷斷猗(兮)無他技나 其心이 休休焉(한
지) 其如有容이라 人之有技를 若己有之하며 人之彦聖을 其心好之호되 不
啻如自其口出하면 是能容之라 以保我子孫黎民이니(이며) 亦職有利哉인저

　　매매(昧昧)히(곰곰이) 내 생각해보니, 만일 한 명의 신하가 성실하기만 하고 딴 기예
(技藝)가 없으나 그 마음이 곱고 고와 용납(포용)함이 있는 듯하여, 남이 가지고 있는

● ● ● ● ● ●

359 墓木旣拱 : 공(拱)은 두 손을 모은 것으로 죽은 지가 오래되어 묘(墓)에 심은 나무가 이미 커
서 두 움큼이 됨을 이른다. 목공(穆公)은 기자(杞子)의 연락을 받고 정(鄭)나라를 공격하려 하였
으나 노재상인 건숙(蹇叔)이 이에 반대하자, "그대가 너무 장수하였다. 그대가 보통사람의 수명이
었다면 묘에 심은 나무가 이미 두 움큼은 되었을 것이다. 늙은 그대가 무엇을 안다고 반대하는가."
하고 꾸짖었다

360 過門超乘 : 초승(超乘)은 몸이 날렵하여 달리는 수레에 뛰어오르는 것이다. 진(秦)나라 군사
들은 일찍이 주(周)나라의 북문(北門)을 지나가면서 투구를 벗고 달리는 수레에 뛰어올라 용맹을
과시하였으므로 말한 것이다.

● ● ● 　詆 : 꾸짖을 저　猗 : 어조사 의(兮同)　啻 : 뿐 시

기예를 자신이 소유한 것처럼 여기며, 남의 훌륭하고 성(聖)스러움을 마음속에 좋아하되 자기 입에서 나온 것보다도 더 좋아한다면 이는 남을 포용하는 것이다. 〈이 사람은〉 나의 자손(子孫)과 여민(黎民)을 보호할 것이니, 또한 이로움이 있음을 주장할 것이다.

昧昧而思者는 深潛而靜思也라 介는 獨也니 大學에 作箇하니라 斷斷은 誠一之貌라 猗는 語辭니 大學에 作兮하니라 休休는 易直好善之意라 容은 有所受也라 彦은 美士也요 聖은 通明也라 技는 才요 聖은 德也라 心之所好가 甚於口之所言也라 職은 主也라

　매매(昧昧)히 생각한다는 것은 깊이 잠겨서 고요히 생각하는 것이다. '개(介)'는 홀로이니, 《대학(大學)》에는 개(箇)로 되어 있다. '단단(斷斷)'은 성실하고 한결같은 모양이다. '의(猗)'는 어조사이니, 《대학》에는 혜(兮)로 되어 있다. '휴휴(休休)'는 마음이 평이하고 정직하여 선을 좋아하는 뜻이다. '용(容)'은 받아들이는 바가 있는 것이다. '언(彦)'은 아름다운 선비이며, '성(聖)'은 통명함이다. '기(技)'는 재주요, '성(聖)'은 덕이다. 마음에 좋아하는 바가 자기 입으로 말한 것보다도 더 심한 것이다. '직(職)'은 주장함이다.

7. **人之有技**를 **冒疾**(嫉)**以惡**(오)**之**하며 **人之彦聖**을 **而違之**하여 **俾不達**하면 **是不能容**이라 **以不能保我子孫黎民**이니(이며) **亦曰殆哉**인저
　남이 가지고 있는 기예를 시기하고 미워하며, 남의 훌륭하고 성(聖)스러움을 어겨서 영달하지 못하게 한다면 이것은 포용하지 못하는 것이다. 나의 자손과 여민(黎民)을 보호하지 못할 것이니, 또한 위태로울 것이다.

冒는 大學에 作媢하니 忌也라 違는 背違之也라 達은 窮達之達이라 殆는 危也라 蘇氏曰 至哉라 穆公之論此二人也여 前一人은 似房玄齡하고 後一人은 似李林甫하니 後之人主 監此면 足矣니라
　'모(冒)'는 《대학》에는 모(媢)로 되어 있으니, 시기함이다. '위(違)'는 등지고 어김이다. '달(達)'은 궁달(窮達)의 달(達)이다. '태(殆)'는 위태로움이다. 소씨(蘇氏)가 말하였다. "지극하다. 목공(穆公)이 두 사람을 논함이여, 앞의 한 사람은 당(唐)나라의 명재상인 방현령(房玄齡)과 같고, 뒤의 한 사람은 간신인 이림보(李林甫)와 같으니, 후세의 군

書經集傳　下

•••　冒 : 시기할 모　媢 : 시기할 모　疾 : 미워할 질

주가 이것을 거울로 삼으면 충분할 것이다."

8. **邦之杌隉**(올날)은 **曰由一人**이며 **邦之榮懷**는 **亦尙一人之慶**이니라
　나라가 올날(杌隉:위태로움)함은 한 사람 때문이며, 나라가 영화롭고 편안함 또한 거의 한 사람의 경사이다."

杌隉은 **不安也**라 **懷**는 **安也**라 **言國之危殆**가 **繫於所任一人之非**하고 **國之榮安**이 **繫於所任一人之是**하니 **申繳**(교)**上二章意**라
　'올날(杌隉)'은 편안하지 않음이다. '회(懷)'는 편안함이다. 나라의 위태로움이 임용하는 사람의 나쁨에 달려 있고, 나라의 영화롭고 편안함이 임용하는 사람의 옳음에 달려 있음을 말하였으니, 위의 두 장(章)의 뜻을 거듭 맺은 것이다.

···　杌 : 위태로울 올　隉 : 위태로울 날　繳 : 맺을 교

성백효成百曉

충남忠南 예산禮山 출생
가정에서 부친 월산공月山公으로부터 한문 수학
월곡月谷 황경연黃璟淵, 서암瑞巖 김희진金熙鎭 선생 사사
민족문화추진회 부설 국역연수원 연수부 수료
고려대학교 교육대학원 한문교육과 수료
한국고전번역원 교수 역임
전통문화연구회 부회장 역임
사단법인 해동경사연구소 소장(현)

번역서

사서집주四書集註, 『시경집전詩經集傳』
『서경집전書經集傳』, 『주역전의周易傳義』
『고문진보古文眞寶』, 『근사록집해近思錄集解』
『심경부주心經附註』, 『통감절요』
『당송팔대가문초唐宋八大家文鈔 소식蘇軾』
『고봉집高峰集』, 『독곡집獨谷集』, 『우계집牛溪集』
『다산시문집茶山詩文集』, 『송자대전宋子大全』
『약천집藥泉集』, 『양천세고陽川世稿』
『여헌집旅軒集』, 『율곡전서栗谷全書』
『잠암선생일고潛庵先生逸稿』
『존재집存齋集』, 『퇴계전서退溪全書』
『부안설 논어집주附按說論語集註』
『부안설 맹자집주附按說孟子集註』
『부안설 대학·중용집주附按說大學中庸集註』
『최신판 논어집주最新版論語集註』
『최신판 맹자집주最新版孟子集註』
『최신판 대학·중용집주最新版大學中庸集註』
『논어집주상설論語集註詳說』
『맹자집주상설孟子集註詳說』
『대학·중용집주상설大學中庸集註詳說』
『조선후기 한문비평1, 2』
『신역 주역전의新譯周易傳義』
『신역 시경집전新譯詩經集傳』

해동경사연구소 www.haedong.org

신역 서경집전 (하) – 新譯 書經集傳 (下)

1판 1쇄 발행 | 2025년 5월 02일
1판 1쇄 인쇄 | 2025년 4월 22일

역주 | 성백효

발행처 | 한국인문고전연구소   발행인 | 조옥임
출판등록번호 | 2012년 2월 1일 (제 406-251002012000027호)
주소 | 경기 파주시 가람로 70 (402-402)   전화 | 02-323-3635   팩스 | 02-6442-3634
이메일 | nlchan@naver.com

디자인 | 씨오디
지류 | 상산페이퍼
인쇄 | 다다프린팅

ISBN | 978-89-97970-94-0 04140
       978-89-97970-92-6 (set)